W0248256

Privates Wirtschaftsrecht

6., überarbeitete Auflage

von

ao. Univ.-Prof. Dr. Alfons Grünwald
Karl-Franzens-Universität Graz
Institut für Unternehmensrecht und
Internationales Wirtschaftsrecht

FH.-Prof. Mag. Dr. Werner Hauser
Fachbereichskoordinator für Recht an der
FH JOANNEUM in Graz
Honorarprofessor an der
Alpen-Adria-Universität Klagenfurt

Mag. Dr. Christian Schweighofer
FH Oberösterreich, Wels

nwv neuer wissenschaftlicher Verlag

RECHT

Wien · Graz 2015

Bibliografische Information Der Deutschen Nationalbibliothek

Die Deutsche Nationalbibliothek verzeichnet diese Publikation in der deutschen Nationalbibliografie; detaillierte bibliografische Daten sind im Internet über http://dnb.d-nb.de abrufbar.

ISBN 978-3-7083-1054-1
NWV Verlag GmbH
Faradaygasse 6, 1030 Wien, Österreich
Tel.: +43 1 796 35 62-24, Fax: +43 1 796 35 62-25
E-Mail: office@nwv.at

Geidorfgürtel 24, A-8010 Graz
E-Mail: office@nwv.at

www.nwv.at

Druck: OOK Press Kft., Veszprém (HU)

Vorwort zur sechsten Auflage

Seit der fünften Auflage dieses Lehrbuches hat es im „Privaten Wirtschaftsrecht“ tiefgreifende Reformen gegeben, die eine Neuauflage notwendig gemacht haben. Die sechste Auflage berücksichtigt – neben einer Reihe von Detailanpassungen – insbesondere die folgenden wesentlichen Neuerungen: Die Gesellschaftsrechts-Änderungsgesetze 2011 und 2013, das 2. Stabilitätsgesetz 2012, das Verbraucherrechte-Richtlinie-Umsetzungsgesetz, das Abgabenänderungsgesetz 2014, das Rechnungslegungs-Änderungsgesetz 2014, das GesbR-Reformgesetz, das Alternativfinanzierungsgesetz, das Zahlungsverzugsgesetz sowie die jüngsten Novellen zum Investmentfondsgesetz, zum Markenschutzgesetz, zum Patentgesetz und zum Urheberrechtsgesetz.

Einem wiederholt an den Verlag herangetragenen Wunsch entsprechend wurden überdies die im vorliegenden Buch behandelten Rechtsbereiche um das für das Private Wirtschaftsrecht besonders relevante Arbeitsrecht erweitert. Als Verfasser der diesbezüglichen Ausführungen konnte mit Herrn *Christian Schweighofer* ein profunder Kenner der Materie als Mitautor gewonnen werden, der dankenswerter Weise außerdem die Weiterbearbeitung des Bereiches „Privatrecht“ übernommen hat. Das Unternehmensrecht und das Gesellschaftsrecht wird wie bisher von Herrn *Alfons Grünwald*, das Wertpapierrecht und der Bereich Gewerblicher Rechtsschutz, Kartellrecht und Urheberrecht wird weiterhin von Herrn *Werner Hauser* bearbeitet.

Wie immer wollen wir an dieser Stelle jene Mitarbeiterinnen und Mitarbeiter hervorheben, durch deren Unterstützung die Aktualisierung des Lehrbuches maßgeblich erleichtert wurde; es sind dies Frau *Marielena Plieseis* von der Karl-Franzens-Universität Graz, Frau *Barbara Schweiger* von der FH JOANNEUM und die Tochter sowie der Sohn eines der Autoren, Frau *Caterina C. Hauser* sowie Herr *Christian C. Hauser* – ihnen allen sei für ihre Hilfe herzlichst gedankt.

Graz, im September 2015

Alfons Grünwald/Werner Hauser/Christian Schweighofer

Vorwort zur vierten Auflage

Beinahe vier Jahre liegt die dritte Auflage dieses Lehrbuches nun schon zurück. In dieser Zeit hat es im „Privaten Wirtschaftsrecht“ tiefgreifende Reformen gegeben, die eine Neuauflage notwendig gemacht haben. Die vierte Auflage berücksichtigt – neben einer Reihe von Detailanpassungen – insbesondere die folgenden wesentlichen Neuerungen: Das Darlehens- und Kreditrechts-Änderungsgesetz 2010, das Verbraucherkreditgesetz 2010, das Insolvenzrechtsänderungs-Begleitgesetz 2010, das Unternehmensrechts-Änderungsgesetz 2008, das Gesellschaftsrechtsänderungs-Gesetz 2007, das Aktienrechts-Änderungsgesetz 2009, das Zahlungsdienstegesetz 2009, die UWG-Novelle 2007 sowie die Änderungen des Patent-, Gebrauchsmuster- und Markenschutzgesetzes durch das BGBl I 2009/126.

Wie immer wollen wir an dieser Stelle jene Mitarbeiterinnen und Mitarbeiter hervorheben, durch deren Unterstützung die Aktualisierung des Lehrbuches maßgeblich erleichtert wurde; es sind dies Herr *Univ.-Ass. Mag. Christian Horn*, Frau *Mag. Sarah-Maria Nowak* und Frau *Sophie Malleg* von der Karl-Franzens-Universität Graz, Frau *Barbara Schweiger* von der FH Joanneum und der Sohn eines der beiden Autoren, Herr *Christian C. Hauser* – ihnen allen sei für ihre Hilfe herzlichst gedankt.

Graz, im Oktober 2010

Alfons Grünwald/Werner Hauser

Vorwort zur dritten Auflage

Seit der zweiten Auflage dieses Lehrbuchs sind rund viereinhalb Jahre vergangen. Das „Private Wirtschaftsrecht“ wurde in diesem Zeitraum durch eine Vielzahl neuer Rechtsvorschriften und Gesetzesänderungen einem zum Teil einschneidenden Wandel unterzogen, so dass eine Aktualisierung und Überarbeitung angebracht erschien. Die nunmehr vorliegende dritte Auflage berücksichtigt insbesondere folgende Reformschritte: Das Zessionsrechts-Änderungsgesetz 2005, die Wohnrechtsnovelle 2006, das Handelsrechts-Änderungsgesetz, das Publizitätsrichtlinie-Gesetz, die Gesellschaftsrechtsänderungsgesetze 2004 und 2005, das Eigenkapitalersatz-Gesetz, das Gesellschafter-Ausschlussgesetz, das SE-Gesetz, das Genossenschaftsrechtsänderungsgesetz 2006, die SCE-Verordnung und das SCE-Gesetz, die jüngsten Änderungen des Marken-, Patent- und Gebrauchsmusterrechts, das Kartellgesetz 2005 sowie die Urheberrechtsgesetznovellen 2005 und 2006.

Auch im Bereich der Verfasser trat eine bedeutende Änderung ein: Herr Prokurist *FH.-Prof. Dr. Peter Reininghaus* ersuchte uns auf Grund seiner vielfältigen anderweitigen beruflichen Verpflichtungen um Verständnis für sein Ausscheiden aus dem Kreis der Mitautoren. Wir haben dieses Anliegen mit Bedauern zur Kenntnis genommen und wollen uns an dieser Stelle für die hervorragende Zusammenarbeit bedanken. Dank gebührt schließlich auch Frau *FH.-Prof. Dr. Beatrix Schwar* und Herrn Assistenten *Mag. Georg Brünner* für die gewissenhafte Mitwirkung bei der Korrektur der Druckfahnen; Herr *Mag. Brünner* hat überdies an der Aktualisierung der Verzeichnisse mitgewirkt – auch dafür sei herzlich Danke gesagt.

Graz, im Februar 2007

Alfons Grünwald/Werner Hauser

Vorwort zur zweiten Auflage

Die erste Auflage dieses Lehrbuchs ist erfreulicherweise auf so großes Interesse gestoßen, dass sich der Verlag schon vor Ablauf eines Jahres nach deren Erscheinen zu einer Neuauflage entschloss. Diese war freilich nicht nur durch die gute Aufnahme des Buches, sondern auch wegen der jüngsten Rechtsentwicklungen angezeigt: Die wichtigsten Neuerungen, insbesondere das E-Commerce-Gesetz, das reformierte Wohnungseigentumsgesetz, die Verordnung über die Europäische Gesellschaft, das neue Vereinsgesetz sowie die aktuellen Änderungen im Bereich des Kartellrechts durch das Wettbewerbsgesetz und die Kartellgesetznovelle 2002 wurden berücksichtigt. Systematik und Stil des Buches blieben dabei unverändert, Detailverbesserungen wurden aber soweit erforderlich durchgeführt.

Nicht verabsäumt werden soll an dieser Stelle ein Hinweis auf den zeitgleich ebenfalls im Neuen Wissenschaftlichen Verlag erscheinenden „Materialienband Privates Wirtschaftsrecht". Mit diesem neuartigen Konzept wird das Ziel verfolgt, den Studierenden die im Lehrbuch allgemeinabstrakt dargestellten juristischen Grundsätze und Systemzusammenhänge in möglichst anschaulicher Weise anhand des im Begleitbuch aufbereiteten konkreten Rechtsmaterials näher zu bringen.

Graz, im August 2002

Alfons Grünwald/Werner Hauser/Peter Reininghaus

Vorwort zur ersten Auflage

Das gegenständliche Lehrbuch zum „Privaten Wirtschaftsrecht“ will einen grundlegenden Überblick zu den wichtigsten österreichischen Normen bieten, welche die Regelung von privatwirtschaftlichen Sachverhalten zum Gegenstand haben. Dabei wird zunächst ein Einblick in jene Grundbegriffe geboten, welche für das Verständnis des einschlägigen Normenmaterials von zentraler Bedeutung sind. In weiterer Folge werden die aus (privat)wirtschaftlicher Sicht bedeutendsten Aspekte des Zivilrechts beleuchtet. Die nachfolgenden Kapitel widmen sich dem Handelsrecht, dem Gesellschaftsrecht, dem Wertpapierrecht sowie dem Wettbewerbs- und Immaterialgüterrecht.

Die gewählte Systematik sowie die Intention, die jeweiligen Kernaspekte der einzelnen Materien in einer einfachen und leicht verständlichen Sprache darzustellen, sollen dazu beitragen, die Lektüre des Lehrbuches zu erleichtern. Den zahlreichen Querverbindungen, welche zwischen den in den einzelnen Kapiteln erfassten Materien bestehen, wurde durch die Aufnahme entsprechender Verweise Rechnung getragen. Überdies wurden die wichtigsten gesetzlichen Bestimmungen durch die Angabe der entsprechende Paragraphen substantiell zitiert; in diesem Zusammenhang sei das Nachlesen der gesetzlichen Bestimmungen im Originalwortlaut ausdrücklich empfohlen, da dies erfahrungsgemäß erheblich dazu beitragen kann, das Wesen und die Wirkungen des Rechtssystems besser erfahren bzw erfassen zu können.

Neben der bereits angesprochenen Vermittlung eines grundlegenden Überblickes zum einschlägigen Normenmaterial versteht sich das gegenständlich Lehrbuch insbesondere als Leitfaden bzw Anleitung zum Lösen von Standardrechtsfragen. Zur Erleichterung bei der Bewältigung von detaillierteren sowie tiefergehenden Rechtsfragen finden sich bei den einzelnen Kapiteln jeweils Hinweise zur wichtigsten weiterführenden Literatur; überdies findet sich im „Vorspann“ eine Übersicht der wichtigsten Literatur zu den einzelnen Rechtsbereichen. Zur besseren Handhabung des Buches wurden auch Randziffern sowie ein umfassendes Stichwortverzeichnis aufgenommen.

Entsprechend den dargelegten Zielsetzungen richtet sich das Lehrbuch „Privates Wirtschaftsrecht“ primär an Studentinnen und Studenten an Fachhochschul-Studiengängen sowie an Studierende von sozial- und wirtschaftswissenschaftlichen Studien; angesprochen sind aber auch Studierende der Rechtswissenschaften, die sich in der

Studieneingangsphase befinden sowie interessierte juristische Laien und Wirtschaftspraktiker.

Die Autoren bedanken sich bei Frau Assistentin *Dr. Beatrix Schwar* für die sorgfältige Erstellung der Verzeichnisse sowie für umsichtige Durchsicht der Druckfahnen.

Graz, im September 2001

Alfons Grünwald/Werner Hauser/Peter Reininghaus

Inhaltsverzeichnis

Vorwort zur sechsten Auflage ... 3
Vorwort zur vierten Auflage ... 5
Vorwort zur dritten Auflage ... 7
Vorwort zur zweiten Auflage ... 9
Vorwort zur ersten Auflage ... 11
Abkürzungsverzeichnis ... 31
Ausgewählte Literatur ... 39

I Einführung ... 49

A Grundlagen ... 49
1 Allgemeines ... 49
2 Öffentliches und privates Recht ... 52
3 Objektives Recht ... 53
a Materielles und formelles Recht ... 53
b Zwingendes und dispositives Recht ... 54
4 Subjektives Recht ... 54

B Auslegungsgrundsätze ... 55
1 Grammatikalische Auslegung ... 56
2 Systematische Auslegung ... 56
3 Teleologische Auslegung ... 57
4 Historische Auslegung ... 57
5 Gesetzeslücke ... 57
6 Weitere wichtige Auslegungsgrundsätze ... 58

II Grundzüge des Privatrechts ... 59

A Grundlagen ... 59

B Rechtssubjekte ... 62
1 Natürliche Personen ... 62
a Grundsätzliches ... 62
b Geschäftsfähigkeit ... 62
c Deliktsfähigkeit ... 65
2 Juristische Personen ... 66

a Begriff und Arten ... 66
b Entstehung (Gründung) ... 67
c Geschäftsfähigkeit ... 67
d Deliktsfähigkeit ... 67

C Stellvertretung ... 68
1 Grundsatz ... 68
2 Begründungsarten ... 69
a Gesetzliche Stellvertretung ... 69
b Organschaftliche Stellvertretung ... 70
c Rechtsgeschäftliche Stellvertretung ... 70
3 Vollmacht ... 70
a Begriff und Abgrenzung ... 70
b Vollmachtsarten ... 71
c Erlöschen ... 72
4 Scheinvertreter ... 73
5 Missbrauch der Vertretungsmacht ... 73
6 Insichgeschäft ... 74

D Sachenrecht ... 74
1 Allgemeines ... 74
2 Grundsätze des Sachenrechts ... 75
3 Arten von Sachen ... 76
a Öffentliche und private Sachen ... 76
b Herrenlose und nicht herrenlose Sachen ... 76
c Bewegliche und unbewegliche Sachen ... 76
d Teilbare und unteilbare Sachen ... 77
e Hauptsachen, Nebensachen und Gesamtsachen ... 77
f Verbrauchbare und unverbrauchbare Sachen ... 78
g Schätzbare und unschätzbare Sachen ... 78
h Gattungs- und Speziessachen ... 78
4 Innehabung und Besitz ... 79
a Innehabung ... 79
b Besitz ... 79
ba Sachbesitz und Rechtsbesitz ... 79
bb Rechtmäßiger und unrechtmäßiger Besitz ... 79
bc Redlicher und unredlicher Besitz ... 80
bd Echter und unechter Besitz ... 80
be Qualifizierter Besitz ... 80
bf Besitzerwerb ... 80
bg Besitzschutz ... 81
5 Eigentum ... 82
a Allgemeines ... 82
b Eigentumsarten ... 83

ba Alleineigentum ... 83
bb Miteigentum ... 83
bc Wohnungseigentum ... 84
bd Gesamthandeigentum ... 86
c Eigentumserwerb ... 86
ca Derivativer und originärer Eigentumserwerb ... 86
cb Eigentumserwerb vom Nichtberechtigten ... 87
cc Eigentumserwerb durch Zuwachs ... 87
cd Eigentumserwerb durch Fund oder Schatzfund ... 89
ce Sonstige Eigentumserwerbsarten ... 89
d Eigentumsschutz ... 90
6 Beschränkte dingliche Rechte ... 91
a Pfandrecht ... 91
b Dienstbarkeit ... 94
c Reallast ... 95
d Baurecht ... 95
7 Grundbuch ... 96
a Begriff und Aufbau ... 96
b Prinzipien ... 97

E Vertragsrecht ... 98
1 Begriffsgrundlagen ... 98
a Allgemeines ... 98
b Arten von Rechtsgeschäften ... 100
ba Einseitige und mehrseitige Rechtsgeschäfte ... 100
bb Einseitig und mehrseitig verpflichtende Rechtsgeschäfte ... 101
bc Privat- und Verbrauchergeschäfte sowie unternehmensbezogene Geschäfte ... 101
bd Verpflichtungs- und Verfügungsgeschäfte ... 102
be Kausale und abstrakte Rechtsgeschäfte ... 103
bf Ziel- und Dauerschuldverhältnisse ... 103
2 Vertragsvoraussetzungen ... 104
a Allgemeines ... 104
b Angebot ... 104
c Annahme ... 105
d Annahme unter Allgemeinen Geschäftsbedingungen ... 106
e Besonderheiten beim Vertragsabschluss im Fernabsatz und auf elektronischem Weg ... 106
f Willensmängel ... 110
fa Irrtum ... 111
fb List ... 112
fc Zwang bzw Drohung ... 113
fd Überrumpelung („Haustürgeschäft“) ... 113

fe Verkürzung über die Hälfte (laesio enormis) 114
g Nichtigkeitsgründe 115
ga Allgemeines 115
gb Gesetz- und Sittenwidrigkeit 116
gc Ursprüngliche Unmöglichkeit 117
gd Verletzung von Formgeboten 117
3 Leistungsstörungen 118
a Nachträgliche Unmöglichkeit 118
aa Vom Schuldner zu vertretende Unmöglichkeit der Leistungserbringung 119
ab Vom Gläubiger zu vertretende Unmöglichkeit der Leistungserbringung 119
ac Weder vom Schuldner noch vom Gläubiger zu vertretende Unmöglichkeit der Leistungserbringung 120
b Schuldnerverzug 120
ba Grundsätzliches 120
bb Objektiver Schuldnerverzug 121
bc Subjektiver Schuldnerverzug 122
bd Fixgeschäft 122
be Teilverzug 122
c Gläubigerverzug 123
d Gewährleistung 123
da Allgemeines 123
db Arten von Mängeln 124
dc Rechtsfolgen 125
dd Gewährleistungsfristen 126
de Gewährleistungsausschlüsse 127
df Mangel- und Mangelfolgeschaden 128
e Positive Vertragsverletzung 129
f Exkurs: Garantie 129
4 Änderungen des Vertragsverhältnisses 130
a Allgemeines 130
b Schlichte Schuldänderung 130
c Novation 130
d Vergleich 131
e Anerkenntnis 131
f Zession 131
g Schuldübernahme 133
h Vertragsübernahme 134
5 Vertragsende 134
a Erfüllung 135
b Einvernehmliche Auflösung 135
c Kündigung 136
d Hinterlegung 137

e Aufrechnung (Kompensation) ... 137
f Leistung an Zahlungs Statt ... 138
g Vereinigung (Konfusion) ... 139
h Verzicht (Entsagung) ... 139
i Zeitablauf ... 139
j Verjährung ... 140
k Bedingungseintritt ... 140
l Tod ... 141
6 Wichtige Vertragsarten im Überblick ... 141
a Grundsätzliches ... 141
b Gebrauchsüberlassungsverträge ... 144
ba Bestandverträge ... 144
bb Leihverträge ... 146
bc Darlehensverträge ... 146
bd Leasing- und Franchiseverträge ... 148
c Veräußerungsverträge ... 149
ca Kaufverträge ... 149
cb Tauschverträge ... 152
cc Schenkungsverträge ... 152
d Gesellschaftsverträge ... 152
e Dienstleistungsverträge ... 153
ea Arbeitsverträge (Dienstverträge) ... 153
eb Freie Dienstverträge ... 154
ec Werkverträge ... 154
ed Aufträge (Bevollmächtigungsverträge) ... 156
ee Verwahrungsverträge ... 157
f Sicherungsverträge ... 158
fa Bürgschaftsverträge ... 158
fb Pfandbestellungsverträge ... 160
g Glücksverträge ... 160
ga Wette und Spiel ... 160
gb Leibrentenverträge ... 161
gc Versicherungsverträge ... 161

F Gesetzliche Schuldverhältnisse ... 162
1 Begriff ... 162
2 Schadenersatzrecht ... 162
a Grundsätzliches ... 162
b Schadensbegriffe ... 163
ba Realer Schaden ... 163
bb Vermögensschaden ... 163
bc Ideeller Schaden ... 164
c Haftung im Schadenersatzrecht ... 164
ca Verschuldenshaftung ... 164
cb Gefährdungshaftung ... 168

cc Eingriffshaftung ... 170
3 Bereicherungsrecht ... 170
a Leistungskondiktion ... 171
b Verwendungsanspruch ... 171
4 Geschäftsführung ohne Auftrag ... 171
a Geschäftsführung im Notfall ... 172
b Nützliche Geschäftsführung ... 172
c Unnütze Geschäftsführung ... 172

III Grundzüge des Allgemeinen Unternehmensrechts ... 173

A Grundlagen ... 173

B Allgemeine Bestimmungen ... 174
1 Unternehmer ... 174
a Grundsätzliches ... 174
b Unternehmer kraft Betrieb eines Unternehmens ... 175
c Unternehmer kraft Rechtsform ... 178
d Unternehmer kraft Eintragung ... 178
e Scheinunternehmer kraft eigenen Verhaltens ... 179
2 Firmenbuch ... 179
a Grundsätzliches ... 179
b Eintragungen und deren Wirkungen ... 180
c Verfahren ... 182
3 Firma ... 183
a Grundsätzliches ... 183
b Firmenbildung ... 184
c Firmengrundsätze ... 186
d Firmenschutz ... 187
4 Unternehmensübergang ... 187
a Grundsätzliches ... 187
b Unternehmensübergang unter Lebenden ... 189
ba Übernahme von Rechtsverhältnissen ... 189
bb Haftung von Veräußerer und Erwerber ... 191
c Unternehmenserwerb von Todes wegen ... 194
5 Prokura und Handlungsvollmacht ... 194
a Grundsätzliches ... 194
b Prokura ... 195
c Handlungsvollmacht ... 196
6 Handelsvertreter und Handelsmakler ... 196
a Grundsätzliches ... 196
b Handelsvertreter ... 197
c Handelsmakler ... 199

C Unternehmensbezogene Geschäfte ... 199

1 Begriff und Bedeutung 199
2 Wichtige unternehmensbezogene Geschäfte 202
a Warenkauf 202
b Kommissionsgeschäft 204
c Speditionsgeschäft 205
d Frachtgeschäft 207
e Lagergeschäft 208
f Neue unternehmensrechtliche Vertragstypen 208

IV Grundzüge des Gesellschaftsrechts 211

A Grundlagen 211

B Personengesellschaften 213
1 Gesellschaft bürgerlichen Rechts 213
a Grundsätzliches 213
b Gründung 215
c Gesellschaftsvermögen und Vermögensordnung 216
d Innenverhältnis 218
da Grundsätzliches 218
db Gesellschaftsanteil 218
dc Beiträge, Einlagen und Kapitalanteil 218
dd Geschäftsführung 219
de Gesellschafterbeschlüsse 221
df Wettbewerbsverbot 221
dg Kontrollrechte 222
dh Ergebnisermittlung und -zuweisung, Gewinnausschüttung und Entnahmen 222
di Sonstige Regelungen 223
e Außenverhältnis 225
ea Grundsätzliches 225
eb Vertretung 225
ec Haftung 227
f Gesellschafternachfolge 228
fa Grundsätzliches 228
fb Rechtsübergang 229
fc Haftung 231
fd Auseinandersetzung 232
fe Fortsetzung mit den Erben 232
g Umwandlung 234
ga Grundsätzliches 234
gb Umwandlungsbeschluss 234
gc Rechtswirkungen 234
h Beendigung 235
ha Grundsätzliches 235

hb Auflösung ... 235
hc Liquidation ... 236
2 Offene Gesellschaft ... 237
a Grundsätzliches ... 237
b Gründung ... 238
c Gesellschaftsvermögen und Vermögensordnung ... 238
d Innenverhältnis ... 241
da Grundsätzliches ... 241
db Gesellschaftsanteil ... 241
dc Beiträge, Einlagen, Kapitalanteil und Nachschüsse ... 242
dd Geschäftsführung ... 245
de Gesellschafterbeschlüsse ... 246
df Wettbewerbsverbot ... 247
dg Kontrollrechte ... 247
dh Ergebnisermittlung und -zuweisung, Gewinnausschüttung und Entnahmen ... 247
di Sonstige Regelungen ... 249
e Außenverhältnis ... 250
ea Grundsätzliches ... 250
eb Vertretung ... 250
ec Haftung ... 252
f Gesellschafterwechsel ... 255
fa Grundsätzliches ... 255
fb Ausscheiden von Gesellschaftern ... 256
fc Eintritt von Gesellschaftern ... 260
g Beendigung ... 260
ga Grundsätzliches ... 260
gb Auflösung ... 261
gc Liquidation ... 262
3 Kommanditgesellschaft ... 263
a Grundsätzliches ... 263
b Gründung ... 264
c Innenverhältnis ... 264
ca Kapitalanteil ... 264
cb Geschäftsführung ... 265
cc Wettbewerbsverbot ... 265
cd Kontrollrechte ... 265
ce Ergebnisermittlung und -zuweisung, Gewinnausschüttung und Entnahmen ... 266
d Außenverhältnis ... 267
da Vertretung ... 267
db Haftung ... 267
e Gesellschafterwechsel ... 269
4 Stille Gesellschaft ... 270

5 Europäische wirtschaftliche Interessenvereinigung 270

C Kapitalgesellschaften 271
1 Gesellschaft mit beschränkter Haftung 272
a Grundsätzliches 272
b Gründung 273
ba Gesellschaftsvertrag 273
bb Kapitalaufbringung 273
bc Weiteres Gründungsverfahren 276
c Organe 277
ca Geschäftsführer 277
cb Aufsichtsrat 283
cc Generalversammlung 284
d Rechtsstellung der Gesellschafter 287
e Erwerb und Verlust der Mitgliedschaft 289
f Beendigung der Gesellschaft 291
2 Aktiengesellschaft 292
a Grundsätzliches 292
b Gründung 292
c Organe 294
ca Vorstand 294
cb Aufsichtsrat 294
cc Hauptversammlung 296
d Kapitalmaßnahmen 299
e Strukturmaßnahmen 301
3 Europäische Gesellschaft („Societas Europaea“) 303

D Sonstige Rechtsformen 305
1 Genossenschaft 305
2 Europäische Genossenschaft („Societas Cooperativa Europaea“) 307
3 Privatstiftung 308
4 Vereine iSd VerG 310
5 Gemeinnützige Stiftungen und Fonds 312

V Grundzüge des Wertpapierrechts 313

A Grundlagen 313
1 Wertpapierbegriff 313
2 Zweck und wirtschaftliche Bedeutung von Wertpapieren 314
3 Abgrenzungsfragen 314
4 Einteilung der Wertpapiere 315
a Einteilung nach der wirtschaftlichen Funktion 315

b Einteilung nach der Art und Weise des Rechtserwerbes ... 315
c Einteilung nach der Art des verbrieften Rechts ... 316
d Einteilung nach der Beziehung zum Grundgeschäft... 316
e Einteilung nach der Bedeutung der Urkundenausstellung für die Rechtsentstehung ... 317
5 Wertpapiertheorien ... 317
a Kreationstheorie und Eigentumstheorie ... 317
b Vertragstheorie und Rechtsscheintheorie ... 317
6 Übertragung ... 318
a Inhaberpapiere ... 318
b Orderpapiere ... 318
c Rektapapiere ... 319
7 Rechtsuntergang und Urkundenuntergang ... 319
a Untergang des verbrieften Rechts ... 319
b Untergang der Urkunde ... 319
8 Anweisung als Basis des Wertpapierrechts ... 320
a Begriff und Wesen ... 320
b Wirkung der Anweisung ... 321

B Unternehmerische Wertpapiere ... 322
1 Grundsätzliches ... 322
2 Unternehmerische Anweisung ... 322
3 Unternehmerischer Verpflichtungsschein ... 323
4 Ladeschein und Konnossement ... 324
5 Lagerschein ... 324

C Wechselrecht ... 325
1 Begriff ... 325
2 Arten ... 325
a Eigener Wechsel ... 325
b Gezogener Wechsel ... 325
3 Wechselstrenge ... 326
4 Wirtschaftliche Bedeutung ... 326
a Allgemeines ... 326
b Zahlungsfunktion ... 326
c Kreditfunktion ... 327
d Sicherungsfunktion ... 327
5 Wechselbestandteile ... 327
6 Wechselfähigkeit ... 328
7 Vertretung ... 329
8 (Ver-)Fälschung ... 329
a Fälschung ... 329
b Verfälschung ... 329

9 Blankowechsel 330
10 Akzept 330
a Wirkung 330
b Form 330
c Arten 331
11 Übertragung 331
a Zession 331
b Indossament 331
c Besondere Indossamente 332
ca Blankoindossament 332
cb Vollmachtsindossament 332
cc Pfandindossament 332
12 Verfall, Zahlung und Rückgriff 333
a Verfall 333
b Zahlung 333
c Rückgriff 334
ca Allgemeines 334
cb Materielle Rückgriffsvoraussetzungen 334
cc Formelle Rückgriffsvoraussetzungen 334
13 Wechselbürgschaft 335
a Wechselbürge 335
b Form und Wirkung 335
c Verkleidete Wechselbürgschaft 336
14 Wechselverjährung und Wechselbereicherung 336
a Wechselverjährung 336
b Wechselbereicherung 337
15 Wechselmandatsverfahren 337

D Scheckrecht 338
1 Allgemeines 338
a Begriff 338
b Wirtschaftliche Funktion 338
c Unterschiede zum Wechsel 339
2 Bestandteile 339
3 Übertragung 340
a Inhaberscheck 340
b Orderscheck 340
c Rektascheck 340
4 Vorlegung und Zahlung 340
5 (Ver-)Fälschung 341
6 Verrechnungsscheck 341
7 Rückgriff 341
8 Scheckkarte 342

9 Kreditkarte 342

E Wertpapiere der Kapital- und Vermögensanlage 344

1 Grundsätzliches 344
2 Sparbuch 345
3 Effekten 346
4 Aktie 350
a Begriff 350
b Arten 350
5 Schuldverschreibung 353
a Allgemeines 353
b Gewinnschuldverschreibung 353
c Wandelschuldverschreibung 354
d Optionsanleihe 354
e Pfandbrief 354
f Kommunalobligation 355
6 Sonstige Kapitalanlagepapiere 355
a Investmentzertifikat 355
b Genussschein 357
c Partizipationsschein 357

VI Grundzüge des gewerblichen Rechtsschutzes, des Kartellrechts und des Urheberrechts 359

A Grundlagen 359

B Wettbewerbsrecht 361

1 Bundesgesetz gegen den unlauteren Wettbewerb 361
a Anwendungsgrundsätze 361
b Wesentliche Anwendungsvoraussetzungen 362
c Generalklausel des § 1 UWG 363
ca Rechtsbruch 365
cb Täuschungshandlungen 365
cc Ausbeutung 366
cd Bezugnahme auf den Mitbewerber 367
ce Kundenfang 368
cf Behinderung 370
d Aggressive Geschäftspraktiken 371
e Irreführung 373
f Mogelpackung 378
g Herabsetzung eines Unternehmens 378
h Missbrauch von Unternehmenskennzeichen 379
i Zugaben 381
j Verbot des Verkaufes gegen Vorlage von Einkaufsausweisen und Berechtigungsscheinen 383

k Bestechungsverbot ... 383
l Verletzung von Betriebs- und Geschäftsgeheimnissen ... 383
m Vorlagenmissbrauch ... 384
n Schneeballsystem-Verträge ... 384
o Verbot der Anmaßung von Auszeichnungen und Vorrechten ... 384
p Ausverkäufe ... 385
2 Rechtsfolgen bei UWG-Verstößen ... 385
a Zivilrechtliche Ansprüche ... 385
aa Unterlassungsanspruch ... 385
ab Anspruch auf Urteilsveröffentlichung ... 387
ac Schadenersatzanspruch ... 387
ad Einstweilige Verfügung ... 387
b Strafgerichtliche Verfolgung ... 388
3 Auslandsberührung ... 388

C Markenrecht ... 389
1 Allgemeines ... 389
2 Marke ... 391
a Begriff ... 391
b Funktion ... 391
c Arten ... 392
3 Registrierungsverfahren ... 393
4 Schutzumfang des Markenrechts ... 395
5 Löschung des Markenrechts ... 396
6 Internationale Regeln zum Markenschutz ... 397

D Musterrecht ... 398
1 Grundsätzliches ... 398
2 Muster ... 399
3 Anspruchsberechtigter und Übertragung ... 400
4 Registrierungsverfahren ... 400
5 Schutzumfang des Musterrechts ... 402
6 Beendigung des Musterschutzes ... 402
7 Internationale Regeln zum Musterschutz ... 403

E Patentrecht ... 404
1 Funktionen des Patentrechtes ... 404
2 Erfindung ... 404
3 Patenterteilungsverfahren ... 407
4 Anspruchsberechtigte ... 410
a Grundsätzliches ... 410
b Doppelerfindung ... 410

c Dienstnehmererfindung ... 410
5 Schutzumfang des Patentrechts ... 412
a Allgemeines ... 412
b Patentschutz ... 413
c Lizenz ... 414
6 Beendigung des Patentrechts ... 415
7 Internationale Regeln zum Erfindungsschutz ... 416

F Gebrauchsmusterrecht ... 417
1 Grundsätzliches ... 417
2 Gebrauchsmuster ... 417
3 Registrierungsverfahren ... 418
4 Schutzumfang des Gebrauchsmusterrechts ... 419
5 Beendigung des Gebrauchsmusterrechts ... 420

G Halbleiterschutzrecht ... 421

H Kartellrecht ... 422
1 Grundsätzliches ... 422
2 Österreichisches Kartellrecht ... 425
a Grundsatz des generellen Kartellverbots ... 425
b Horizontale und Vertikale Beschränkungen ... 426
c Empfehlungskartelle ... 426
d Ausnahmen vom generellen Kartellverbot ... 427
da Generelle Legalausnahme ... 427
db Bagatellkartelle ... 428
dc Bereichsausnahmen ... 428
e Marktbeherrschende Stellung ... 428
f Unternehmenszusammenschlüsse ... 429
g Rechtsdurchsetzung ... 432

I Urheberrecht ... 433
1 Zwecksetzung des Urheberrechts ... 433
2 Schutzgegenstand ... 433
3 Urheber ... 435
4 Urheberrechtsschutz ... 436
5 Computerprogramme ... 439
6 Internationale Regeln zum Urheberschutz ... 439

VII Grundzüge des Arbeitsrechts ... 441

A Grundlagen ... 441

B Historischer Überblick ... 442

C Methodische Grundlagen ... 443

1 Der (arbeitsrechtliche) Stufenbau der Rechtsordnung 443
a Absolut zwingende Normen 444
b Relativ zwingende Normen 444
c Kollektivverträge 445
d Betriebsvereinbarungen 445
e Einzelarbeitsverträge 445
f Dispositive Normen 446
g Arbeitsrechtliche Weisung 446
2 Günstigkeitsprinzip und Gruppenvergleich 446

C Arbeiter und Angestellte 447
1 Berufsgruppen 447
2 Angestelltenschaft 447
3 Arbeiter 448
4 Berufsgruppeneigene Materiengesetze 448

D Der Arbeitnehmerbegriff aus der Sicht des Arbeitsvertrages 448
1 Zustandekommen 448
2 Dauerschuldverhältnis 449
3 Gattungsschuld 449
4 Beschäftigungspflicht 450
5 Abwägung im beweglichen System 450
6 Kriterien des echten Arbeitsvertrages 450

E Freier Dienstvertrag 451

F Werkvertrag 451

G Das Stadium vor Vertragsabschluss 452
1 Anbahnung des Arbeitsvertrages 452
2 Vorstellungskosten 453
3 Zulässigkeitsschranken von Fragen im Bewerbungsgespräch 454

H Abschluss des Arbeitsvertrages 455

I Stadium des aufrechten Arbeitsvertrages 456
1 Rechte und Pflichten im aufrechten Arbeitsverhältnis 456
2 Arbeitnehmerpflichten 456
a Höchstpersönliche Arbeitspflicht 456
b Geschuldete Arbeitsleistung 457
c Arbeitsort 457
d Arbeitszeit 458
da Ermächtigungsnormen 458
db Normalarbeitszeit 458

dc Alternative Verteilungsmodelle der Normalarbeitszeit 458
dd Überstunden 459
de Ruhepausen 459
df Überwachung der Arbeitszeiten 460
dg Treuepflicht 460
dh Weisungsrecht des Arbeitgebers 460
di Verschwiegenheitspflicht 461
dj „Verbot“ von Nebenbeschäftigungen 461
dk Geschenkannahmeverbot 461
dl Wettbewerbsverbot 461
3 Arbeitgeberpflichten 462
a Fürsorgepflicht des Arbeitgebers 462
b Entgeltzahlungspflicht 462
c Entgeltfortzahlung 463
d Urlaub 464
e Dienstfreistellung aus wichtigem Grund 465
f Pflegefreistellung 466
4 Gleichbehandlung im Arbeitsrecht 466
a Vorbemerkungen 466
b Normative Grundlagen 466
ba Europäisches Gleichbehandlungsrecht 467
bb Verfassungsrechtliches Gleichbehandlungsrecht 467
bc Einfachgesetzliches Gleichbehandlungsrecht 467
bd Judizielles Gleichbehandlungsrecht (arbeitsrechtlicher Gleichbehandlungsgrundsatz 468
c Unmittelbare und mittelbare Diskriminierung 468
ca Unmittelbare Diskriminierung 469
cb Mittelbare Diskriminierung 469
d Ungleichbehandlung durch Diskriminierung 470

J Beendigung von Arbeitsverhältnissen 471
1 Beendigungsarten 471
2 Pensionierung 471
3 Probezeit 471
4 Zeitablauf 472
5 Kettenarbeitsverträge 472
6 Einvernehmliche Auflösung 473
7 Sonderregelungen für Schwangere, Mütter, Väter und Lehrlinge 473
8 Kündigung 473
a Allgemeines 473

b Kündigungsfristen und Kündigungstermine nach dem Angestelltengesetz ... 474
c Die Kündigung nach dem Arbeitsverfassungsgesetz ... 475
ca Ausdrückliche Zustimmung des Betriebsrates ... 475
cb Ausdrücklicher Widerspruch des Betriebsrates ... 476
cc Keine Stellungnahme ... 476
d Kündigungsschutz ... 476
da Motivkündigung ... 476
db Sozial ungerechtfertigte Kündigung ... 477
e Das gerichtliche Anfechtungsverfahren ... 478
f Besonderer Kündigungsschutz ... 478

K Grundzüge des kollektiven Arbeitsrechts ... 479
1 Berufsverbandsrecht ... 479
2 Gesetzliche Interessenvertretungen ... 480
3 Arbeitskampfrecht ... 481
4 Kollektivverträge ... 482
5 Betriebsrat ... 484
a Betrieb ... 484
b Betriebsinhaber ... 484
c Arbeitnehmer ... 485
d Ausnahmen vom Arbeitnehmerbegriff ... 485
e Belegschaft ... 485
f Betriebsrat und Wahlverfahren ... 485
g Befugnisse des Betriebsrates ... 486
h Mitbestimmung des Betriebsrates ... 486
ha Zwingende Mitbestimmung ohne Rechtskontrolle ... 487
hb Zwingende Mitbestimmung mit Rechtskontrolle ... 487
hc Notwendige erzwingbare Mitbestimmung ... 487
hd Erzwingbare Mitbestimmung ... 487
he Fakultative Mitbestimmung ... 487
6 Betriebsvereinbarungen ... 488
a Formvorschriften ... 488
b Inhalt der Betriebsvereinbarung ... 488
c Erzwingbare Betriebsvereinbarungen ... 489
d „Freie“ Betriebsvereinbarungen ... 489
7 Tendenzbetrieb ... 490
a Bestimmungen des ArbVG, die in Tendenzbetrieben nicht anzuwenden sind ... 490
b Bestimmungen des ArbVG, die in Tendenzbetrieben bedingt anzuwenden sind ... 490

c Bedingungen des ArbVG, die in Tendenzbetrieben jedenfalls anzuwenden sind 491

Stichwortverzeichnis 493

Abkürzungsverzeichnis

1. Euro-JuBeG	1. Euro-Justiz-Begleitgesetz, BGBl I 1998/125
2. Euro-JuBeG	2. Euro-Justiz-Begleitgesetz, BGBl I 2001/98
2. StabG 2012	2. Stabilitätsgesetz 2012, BGBl I 2012/35
AbgÄG 2014	Abgabenänderungsgesetz 2014, BGBl I 2014/13
ABGB	Allgemeines bürgerliches Gesetzbuch, JGS 946 idgF
ABl	Amtsblatt der Europäischen Gemeinschaften
Abs	Absatz
ADV	Automationsunterstützte Datenübermittlung
AEUV	Vertrag über die Arbeitsweise der Europäischen Union
aF	alte Fassung
AG	Aktiengesellschaft
AGB	Allgemeine Geschäftsbedingungen
AHG	Amtshaftungsgesetz, BGBl 1949/20 idgF
AIF	Alternative Investmentfonds
AIFMG	Alternatives Investmentfonds Managergesetz, BGBl I 2013/135 idgF
AktG	Aktiengesetz, BGBl 1965/98 idgF
AktRÄG 2009	Aktienrechts-Änderungsgesetz 2009, BGBl I 2009/71
AltFG	Alternativfinanzierungsgesetz, BGBl I 2015/793
AMD-G	Bundesgesetz über audiovisuelle Mediendienste, BGBl I 2001/84
AngG	Angestelltengesetz, BGBl 1921/292 idgF
AÖSp	Allgemeine Österreichische Spediteurbedingungen, veröffentlicht im Amtsblatt der Wiener Zeitung vom 9.8.1947 idgF
ArbVG	Arbeitsverfassungsgesetz, BGBl 1974/22 idgF
ARGE	Arbeitsgemeinschaft
Art	Artikel
ASchG	ArbeitnehmerInnenschutzgesetz, BGBl 1972/234 idgF
ASVG	Allgemeines Sozialversicherungsgesetz, BGBl 1955/189 idgF
AtomHG	Atomhaftpflichtgesetz, BGBl 1964/117 idgF
ATS	Österreichischer Schilling
AußStrG	Außerstreitgesetz, RGBl 1854/208 idgF
AVG	Allgemeines Verwaltungsverfahrensgesetz (Wv), BGBl 1991/51 idgF
AVRAG	Arbeitsvertragsrechtsanpassungsgesetz, BGBl 1993/459 idgF
AZG	Arbeitszeitgesetz, BGBl 1969/461
BAG	Berufsausbildungsgesetz, BGBl 1969/142
BAO	Bundesabgabenordnung, BGBl 1961/194 idgF
BauRG	Baurechtsgesetz, RGBl 1912/86 idgF
Bd	Band
BFG	Beteiligungsfondsgesetz, BGBl 1982/111 [außer Kraft]
BGBl	Bundesgesetzblatt
BHAG-G	Buchhaltungsagenturgesetz, BGBl I 2004/37 idgF
BMJ	Bundesminister(ium) für Justiz

BMWA	Bundesminister(ium) für Wirtschaft und Arbeit
BörseG	Börsegesetz, BGBl 1989/555 idgF
BRD	Bundesrepublik Deutschland
Bsp	Beispiel
BStFG	Bundes-Stiftungs- und Fondsgesetz, BGBl 1975/11 idgF
BTVG	Bauträgervertragsgesetz, BGBl I 1997/7 idgF
BV	Betriebsvereinbarung
B-VG	Bundesverfassungsgesetz 1920 idF von 1929, BGBl 1930/1 idgF
BWG	Bankwesengesetz, BGBl 1993/532 idgF
bzw	beziehungsweise
CMR	Übereinkommen über den Beförderungsvertrag im internationalen Straßengüterverkehr, BGBl 1961/138 idgF
d	deutscher, -e, -es
DaKRÄG	Darlehens- und Kreditrechts-Änderungsgesetz, BGBl I 2010/28
DepG	Depotgesetz, BGBl 1969/424 idgF
dh	das heißt
DHG	Dienstnehmerhaftpflichtgesetz, BGBl 1965/80 idgF
DMSG	Denkmalschutzgesetz, BGBl 1923/533 idgF
ds	das sind
€	Euro
EAGV	Vertrag zur Gründung der Europäischen Atomgemeinschaft
ECG	E-Commerce-Gesetz, BGBl I 2001/152 idgF
EDV	Elektronische Datenverarbeitung
EG	Europäische Gemeinschaft
e.G.	Eingetragene Genossenschaft
EGG	Erwerbsgesellschaftengesetz, BGBl 1990/257 [außer Kraft]
EGKSV	Vertrag zur Gründung der Europäischen Gemeinschaft für Kohle und Stahl
EGN	Euro-Gerichtsgebühren-Novelle, BGBl I 2001/131
EGV	Vertrag zur Gründung der Europäischen Gemeinschaft (umbenannt in „Vertrag über die Arbeitsweise der Europäischen Union" bzw AEUV)
EheG	Ehegesetz, BGBl 1985/481 idgF
EisbBFG	Eisenbahn-Beförderungs- und Fahrgastrechtegesetz, BGBl I 2013/40
EKEG	Eigenkapitalersatz-Gesetz, BGBl I 2003/92 idgF
EKHG	Eisenbahn- und Kaftfahrzeughaftpflichtgesetz, BGBl 1959/48 idgF
EO	Exekutionsordnung, RGBl 1896/79 idgF
EPG	Eingetragene Partnerschaft-Gesetz, BGBl I 2009/135
ErbRÄG 2015	Erbrechts-Änderungsgesetz 2015, BGBl I 2015/87
ErgBd	Ergänzungsband
ErgLfg	Ergänzungs-Lieferung
ERV 2006	Verordnung der Bundesministerin für Justiz über den elektronischen Rechtsverkehr, BGBl II 2005/481 idgF
EStG	Einkommensteuergesetz, BGBl 1972/440 idgF
etc	et cetera
EU	Europäische Union

e.U.	Eingetragene/Eingetragener Unternehmer(in)
EU-GesRÄG	EU-Gesellschaftsrechtsänderungsgesetz, BGBl 1996/304
EuGH	Europäischer Gerichtshof
EUV	Vertrag über die Europäische Union
EU-VerschG	EU-Verschmelzungsgesetz, BGBl I 2007/72 idgF
EVHGB	Vierte Verordnung zur Einführung handelsrechtlicher Vorschriften im Lande Österreich, RGBl 1938 I 1999 [außer Kraft]
EVÜ	Europäisches Schuldvertragsübereinkommen
EWG	Europäische Wirtschaftsgemeinschaft
EWIV	Europäische wirtschaftliche Interessenvereinigung
EWIV-G	EWIV-Ausführungsgesetz, BGBl 1995/521 idgF
EWIV-VO	Verordnung des Rates über die Schaffung einer Europäischen wirtschaftlichen Interessenvereinigung, ABl 1985 L 199/1 idgF
EWR	Europäischer Wirtschaftsraum
EZ	Einlagezahl
f	und der, die folgende
FAGG	Fern- und Auswärtsgeschäfte-Gesetz, BGBl I 2014/33
FAQ	Frequently Asked Questions
FBG	Firmenbuchgesetz, BGBl 1991/10 idgF
ff	und der, die folgenden
FKG	Finanzkonglomerategesetz, BGBl I 2004/70 idgF
FMABG	Finanzmarktaufsichtsbehördengesetz, BGBl I 2001/97 idgF
G	Gesetz
GBG	Allgemeines Grundbuchsgesetz, BGBl 1955/39 idgF
gem	gemäß
Gen	Genossenschaft
GenG	Genossenschaftsgesetz, dRGBl 1873/70 idgF
GenRÄG 2006	Genossenschaftsrechtsänderungsgesetz 2006, BGBl I 2006/104
GenVG	Genossenschaftsverschmelzungsgesetz, BGBl 1980/223 idgF
GesAusG	Gesellschafter-Ausschlussgesetz, BGBl I 2006/75
GesbR	Gesellschaft bürgerlichen Rechts
GesbR-RG	GesbR-Reformgesetz, BGBl I 2014/83
GesRÄG 2005	Gesellschaftsrechtsänderungsgesetz 2005, BGBl I 2005/59
GesRÄG 2007	Gesellschaftsrechts-Änderungsgesetz 2007, BGBl I 2007/72
GesRÄG 2011	Gesellschaftsrechts-Änderungsgesetz 2011, BGBl I 2011/53
GesRÄG 2013	Gesellschaftsrechts-Änderungsgesetz 2013, BGBl I 2013/109
GewRÄG	Gewährleistungsrechts-Änderungsgesetz, BGBl I 2001/48
GGG	Gerichtsgebührengesetz, BGBl 1984/501 idgF
GlBG	Bundesgesetz über die Gleichbehandlung – Gleichbehandlungsgesetz, BGBl I 2004/66 idgF
GlSpG	Glücksspielgesetz, BGBl 1989/620 idgF
GmbH	Gesellschaft mit beschränkter Haftung
GmbHG	Gesetz über Gesellschaften mit beschränkter Haftung, RGBl 1906/58 idgF
GMG	Gebrauchsmustergesetz, BGBl 1994/211 idgF
GMGVO	Gemeinschaftsgeschmacksmuster-Verordnung, ABl 2002 L 3/1 idgF
GMVO	Gemeinschaftsmarkenverordnung, ABl 2009 L 78/1 idgF
GOG	Gerichtsorganisationsgesetz, RGBl 1896/217 idgF

GUG	Grundbuchsumstellungsgesetz, BGBl 1980/550 idgF
GütbefG	Güterbeförderungsgesetz (Wv), BGBl 1995/593 idgF
HaRÄG	Handelsrechts-Änderungsgesetz, BGBl I 2005/120 idgF
Hg	Herausgeber
HGB	Handelsgesetzbuch, RGBl 1897, 219; seit 1.1.2007: UGB
HlSchG	Halbleiterschutzgesetz, BGBl 1988/372 idgF
HVertrG	Handelsvertretergesetz, BGBl 1993/88 idgF
HypBG	Hypothekenbankgesetz, RGBl 1899/375 idgF
idF	in der Fassung
idgF	in der geltenden Fassung
idR	in der Regel
idS	in diesem Sinne
ieS	im engeren Sinn
iHv	in Höhe von
ImmoInvFG	Immobilien-Investmentfondsgesetz, BGBl I 2003/80 idgF
insbes	insbesondere
InvFG	Investmentfondsgesetz, BGBl I 2011/77 idgF
IO	Insolvenzordnung, RGBl 1914/337 idgF
IPR	Internationales Privatrecht
IPRG	Bundesgesetz über das Internationale Privatrecht, BGBl 1978/304 idgF
IRÄ-BG	Insolvenzrechtsänderungs-Begleitgesetz, BGBl I 2010/58
iSd	im Sinne des, der
iSv	im Sinne von
iVm	in Verbindung mit
iwS	im weiteren Sinn
iZm	im Zusammenhang mit
JGS	Justizgesetzsammlung
Jhdt	Jahrhundert
JN	Jurisdiktionsnorm, RGBl 1895/111 idgF
KapBG	Kapitalberichtigungsgesetz, BGBl 1967/171 idgF
KartG 2005	Kartellgesetz 2005, BGBl I 2005/61 idgF
KautSchG	Bundesgesetz, betreffend Kautionen, Darlehen und Geschäftseinlagen von Dienstnehmern – Kautionsschutzgesetz, BGBl 1937/229 idgF
KEG	Kraftloserklärungsgesetz, BGBl 1951/86 idgF bzw Kommandit-Erwerbsgesellschaft
KG	Kommanditgesellschaft
KMG	Kapitalmarktgesetz, BGBl 1991/625 idgF
KollV	Kollektivvertrag
korr	korrigierter, -e, -es
KöSt	Körperschaftsteuer
KSchG	Konsumentenschutzgesetz, BGBl 1979/140 idgF
KStG	Körperschaftsteuergesetz, BGBl 1988/401 idgF
LFG	Luftfahrtgesetz, BGBl 1957/253 idgF
MaklerG	Maklergesetz, BGBl 1996/262 idgF
MarkSchG	Markenschutzgesetz (Wv), BGBl 1970/260 idgF
Mio	Million(en)

MMA	Madrider Markenabkommen, BGBl 1970/45 idgF
MRG	Mietrechtsgesetz, BGBl 1981/520 idgF
MSchG	Mutterschutzgesetz, BGBl 1979/221 idgF
MuSchG	Musterschutzgesetz, BGBl 1990/497 idgF
mwN	mit weiteren Nachweisen
NotAktsG	Notariatsaktsgesetz, RGBl 1871/76 idgF
Nr	Nummer
NVG	Nahversorgungsgesetz, BGBl 1977/392 idgF
NWG	Notwegegesetz, RGBl 1896/140 idgF
ÖBB	Österreichische Bundesbahnen
OEG	Offene Erwerbsgesellschaft
OeNB	Oesterreichische Nationalbank
OG	Offene Gesellschaft
ÖGB	Österreichischer Gewerkschaftsbund
OGH	Oberster Gerichtshof
OGAW	Organismen zur gemeinsamen Veranlagung in Wertpapieren
OHG	Offene Handelsgesellschaft
OLG	Oberlandesgericht
OMV	Österreichische Mineralölverarbeitung
ORF	Österreichischer Rundfunk
ORF-G	Bundesgesetz über den Österreichischen Rundfunk, BGBl I 2001/83 idgF
OrgHG	Organhaftpflichtgesetz, BGBl 1967/181 idgF
passim	durchgehend
PatG	Patentgesetz (Wv), BGBl 1970/259 idgF
PCT	Patent Cooperation Treaty
PfandbriefG	Pfandbriefgesetz, dRGBl 1927 I 492 idgF
PHG	Produkthaftungsgesetz, BGBl 1988/99 idgF
PKW	Personenkraftwagen
PostG	Postgesetz, BGBl I 1998/18 idgF
PrAG	Preisauszeichnungsgesetz, BGBl 1992/146 idgF
PSG	Privatstiftungsgesetz, BGBl 1993/694 idgF
PuG	Publizitätsrichtlinie-Gesetz, BGBl I 2006/103
RÄG 2014	Rechnungslegungs-Änderungsgesetz 2014, BGBl I 2015/22
RGBl	Reichsgesetzblatt
RichtWG	Richtwertgesetz, BGBl 1993/800 idgF
RL	Richtlinie
Rom I-VO	Verordnung über das auf vertragliche Schuldverhältnisse anzuwendende Recht, ABl 2008 L 177/6 idgF
Rom II-VO	Verordnung über das auf außervertragliche Schuldverhältnisse anzuwendende Recht, ABl 2007 L 199/40 idgF
Rom III-VO	Verordnung zur Durchführung einer Verstärkten Zusammenarbeit im Bereich des auf die Ehescheidung und Trennung ohne Auflösung des Ehebandes anzuwendenden Rechts, ABl 2010 L 343/10
RPflG	Rechtspflegergesetz, BGBl 1985/560
Rz	Randzahl
s	siehe
SchG	Scheckgesetz, BGBl 1955/50 idgF

SCE	Societas Cooperativa Europaea (Europäische Genossenschaft)
SCEG	SCE-Gesetz, BGBl I 2006/104
SCE-VO	Verordnung des Rates über das Statut der Europäischen Genossenschaft, ABl 2003 L 207/1 idgF
SE	Societas Europaea (Europäische Gesellschaft)
SEG	SE-Gesetz, BGBl I 2004/67 idgF
SeilbG	Seilbahngesetz, BGBl I 2003/103 idgF
SE-VO	Verordnung des Rates über das Statut der Europäischen Gesellschaft, ABl 2001 L 294/1 idgF
SigG	Signaturgesetz, BGBl I 1999/190 idgF
SMS	Short Message Service (englisch für Kurznachrichtendienst)
SpaltG	Spaltungsgesetz, BGBl 1996/304 idgF
SpG	Sparkassengesetz, BGBl 1979/64 idgF
StGB	Strafgesetzbuch, BGBl 1974/60 idgF
StPO	Strafprozessordnung (Wv), BGBl 1975/631 idgF
TKG	Telekommunikationsgesetz, BGBl I 1997/100 idgF
TNG	Teilzeitnutzungsgesetz, BGBl I 1997/32
TP	Tarifpost
TRIPS	Agreement on Trade-Related Aspects of Intellectual Property Rights, Anhang 1C zum Abkommen zur Errichtung der Welthandelsorganisation (WTO), BGBl 1995/1 idgF
tw	teilweise
ua	unter anderem/und andere
UGB	Unternehmensgesetzbuch, BGBl I 2005/120 idgF
UmgrStG	Umgründungssteuergesetz, BGBl 1991/699 idgF
UmwG	Umwandlungsgesetz, BGBl 1996/304 idgF
URÄG 2008	Unternehmensrechts-Änderungsgesetz 2008, BGBl I 2008/70
URG	Unternehmensreorganisationsgesetz, BGBl 1997/106 idgF
UrhG	Urheberrechtsgesetz, BGBl 1936/111 idgF
UrlG	Urlaubsgesetz, BGBl 1976/390 idgF
uU	unter Umständen
UWG	Bundesgesetz gegen den unlauteren Wettbewerb 1984 (Wv), BGBl 1984/448 idgF
VAG	Versicherungsaufsichtsgesetz, BGBl 1978/569 idgF
VbVG	Verbandsverantwortlichkeitsgesetz, BGBl I 2005/151 idgF
VerG	Vereinsgesetz 2002, BGBl I 2002/66 idgF
VersVG	Versicherungsvertragsgesetz, BGBl 1959/2 idgF
vgl	vergleiche
VKI	Verein für Konsumenteninformation
VKrG	Verbraucherkreditgesetz, BGBl I 2010/28
VO	Verordnung
VRUG	Verbraucherrechte-Richtlinie-Umsetzungsgesetz, BGBl I 2014/33
VStG	Verwaltungsstrafgesetz (Wv), BGBl 1991/52 idgF
WAG	Wertpapieraufsichtsgesetz, BGBl 1996/753 idgF
WEG	Wohnungseigentumsgesetz, BGBl I 2002/70 idgF
WettbG	Wettbewerbsgesetz BGBl I 2002/62 idgF
WG	Wechselgesetz, BGBl 1955/59 idgF
Wv	Wiederverlautbarung

Z	Zahl/Ziffer
ZaDiG	Zahlungsdienstegesetz, BGBl I 2009/66 idgF
zB	zum Beispiel
ZinsRÄG	Zinsrechts-Änderungsgesetz, BGBl I 2002/118
ZivRÄG	Zivilrechts-Änderungsgesetz, BGBl I 2003/91
ZPO	Zivilprozessordnung, RGBl 1895/113 idgF
ZuKG	Zugangskontrollgesetz, BGBl I 2000/60
ZVG	Zahlungsverzugsgesetz, BGBl I 2013/50
ZvVG	Zentralverwahrer-Vollzugsgesetz, BGBl I 2015/69

Ausgewählte Literatur

A Lehrbücher, Systematische Darstellungen

Aicher/Schuhmacher, in *Krejci*, Unternehmensrecht[5] (2013)

Apathy/Riedler, Bürgerliches Recht Bd III. Schuldrecht/Besonderer Teil[5] (2015)

Apathy/Iro/Koziol (Hg) Österreichisches Bankvertragsrecht Bd I[2] (2006), Bd II[2] (2008), Bd III[2] (2007), Bd IV[2] (2012), Bd V[2] (2009), Bd VI[2] (2007), Bd VII[2] (2014), Bd VIII[2] (2012), Bd IX[2] (2011)

Barnert/Dolezal/Egermann/Illigasch, Societas Europaea (2005)

Barfuß/Wollmann/Tahdel, Österreichisches Kartellrecht (1996)

Bergmann/Ratka (Hg), Handbuch Personengesellschaften (2011)

Berka, Verfassungsrecht[5] (2013)

Binder, Das UGB-Firmenrecht – Grundlagen und Praxisfragen (2013)

Birnbauer, Muster zum Firmenbuch (2013)

Böhm, Sachenrecht, Allgemeiner Teil[7] (2014), Besonderer Teil[7] (2014)

Brändle/Rein, Das österreichische Vereinsrecht[5] (2015)

Brix, Handbuch Aktiengesellschaft (2014)

Brodil/Risak/Wolf, Arbeitsrecht in Grundzügen[8] (2013)

Butschek/Unger, Bankvertragsrecht (2010)

Bydlinski F, Grundzüge der juristischen Methodenlehre[2] (2011)

Bydlinski F, Juristische Methodenlehre und Rechtsbegriff – Nachdruck (2011)

Bydlinski P, Bürgerliches Recht Bd I. Allgemeiner Teil[6] (2013)

Bydlinski P, Grundzüge des Privatrechts[9] (2014)

Bydlinski S/Fritz, GesbR-RG – Reformgesetz zur Gesellschaft bürgerlichen Rechts (2015)

Ciresa, Österreichisches Urheberrecht (ab 1999)

Csoklich, Einführung in das Transportrecht (1990)

Cuber, UGB. Das neue Unternehmensgesetzbuch (2006)

Danzl, Das neue Firmenbuch (1991)

Dehn, Das neue Unternehmensgesetzbuch (2005)

Dehn/Krejci, Das neue UGB[2] (2007)

Donath, Konsumentenschutzrecht (2010)

Drs, Arbeits- und Sozialrecht. Lernen – Üben – Wissen[2] (2012)

Dullinger, Bürgerliches Recht Bd II. Schuldrecht/Allgemeiner Teil[5] (2014)

Duursma/Duursma-Kepplinger/Roth M, Handbuch zum Gesellschaftsrecht (2007)

Duursma/Duursma-Kepplinger/Roth M, Handbuch zum Gesellschaftsrecht (www.lexisnexis.com/at)

Eichinger/Kreil/Sacherer, Basiswissen Arbeits- und Sozialrecht[9] (2014)
Eilmansberger, Gewerblicher Rechtsschutz, in *Holoubek/Potacs* (Hg), Öffentliches Wirtschaftsrecht Bd I[3] (2013)
Elhenický, Vereinsrecht (2011)
Faber/Mader, Bürgerliches Recht – Allgemeiner Teil[9] (2014)
Fessler/Keller, Vereins- und Versammlungsrecht[3] (2013)
Flohr/Petsche (Hg), Franchiserecht – Deutschland und Österreich[2] (2008)
Floretta/Spielbücher/Strasser, Arbeitsrecht, Bd I Individualarbeitsrecht[4] (1998), bearbeitet von *Spielbücher* und *Grillberger*, Bd II Kollektives Arbeitsrecht[4] (2001), bearbeitet von *Strasser* und *Jabornegg*
Fremuth/Laurer/Linc/Pötzelberger/Strobl, Bankwesengesetz[2] (1999) und Ergänzungsband (2002)
Freylinger, Vereinsrecht, in *Holoubek/Potacs* (Hg), Öffentliches Wirtschaftsrecht Bd I[3] (2013)
Frischhut, Grundlagen des Rechts der Europäischen Union[3] (2013)
Fritz/Perktold, Die „neue" Gesellschaft bürgerlichen Rechts (2015)
Fritz/Perktold, Die „neue" Gesellschaft bürgerlichen Rechts (www.lexisnexis.com/at)
Fuchs/Winkler, Die GmbH – Recht und Steuern (2010)
Funk, Einführung in das österreichische Verfassungsrecht[14] (2011)
Gamerith/Mildner, Wettbewerbsrecht Bd I UWG[8] (2014)
Gamerith/Winner, Wettbewerbsrecht Bd II Kartellrecht[8] (2014)
Geymayer/Tröthan, Grundlagen des Umgründungsrechtes – Zivilrechtliche und außersteuerliche Aspekte[3] (2014)
Ginthoer & Partner, Hasch & Partner, Prokurist – Handlungsbevollmächtigter (2007)
Gisinger, Wirtschaftsprivatrecht I[2] (2014)
Graf/Gruber, Gesetzliche Schuldverhältnisse[10] (2013)
Gruber/Graf, Schuldrecht/Allgemeiner Teil[10] (2013)
Gruber, Unternehmensbezogene Geschäfte[11] (2013)
Grünwald, Gewerblicher Rechtsschutz Bd I Markenrecht (2015)
Grünwald/Schummer, Wertpapierrecht[6] (2010)
Gurmann, Grundzüge des Gesellschafts- und Insolvenzrechts (2014)
Hager-Rosenkranz, Grundbuchsrecht[4] (2014)
Harrer, Neue Vertragstypen im Handelsrecht (2001)
Harrer, Die Personengesellschaft als Trägerin eines Unternehmens (2010)
Harrer/Mader, Die HGB-Reform in Österreich (2005)
Hauser, Wechsel- und Scheckrecht[2] (1999)
Hauser/Thomasser, Wettbewerbs- und Immaterialgüterrecht (1998)
Hausmaninger/Feyl, Europäische Wirtschaftliche Interessenvereinigung (EWIV) (1995)
Hausmaninger/Gratzl/Justich (Hg), Handbuch zur Aktiengesellschaft (2012)
Haybäck, Das Recht am geistigen Eigentum[2] (2009)

Haybäck, Grundzüge des Marken- und Immaterialgüterrechts[4] (2014)
Heidinger, Patentrecht, in *Wiebe* (Hg), Wettbewerbs- und Immaterialgüterrecht[2] (2012)
Hochedlinger/Fuchs, Stille Gesellschaft (2006)
Hoffer/Barbist, Das neue Kartellrecht[2] (2013)
Höhne/Jöchl/Lummerstorfer, Das Recht der Vereine[4] (2013)
Höhne/Streit/Koukal/Jung, Urheberrecht für die Praxis (2010)
Holzhammer/Roth, Einführung in das Bürgerliche Recht und IPR[6] (2004)
Horn/Grünwald, Gewerblicher Rechtsschutz Bd II Patent-, Gebrauchs- und Geschmacksmusterrecht (2015)
Illedits/Illedits-Lohr, Wohnungseigentum kompakt[4] (2010)
Iro, Bürgerliches Recht Bd IV Sachenrecht[5] (2013)
Janisch/Mader, E-Business [3] (2006)
Kalss, Kapitalmarktrecht, in *Holoubek/Potacs* (Hg), Öffentliches Wirtschaftsrecht Bd II[3] (2013)
Kalss/Nowotny Ch/Schauer, Österreichisches Gesellschaftsrecht (2008)
Kalss/Nowotny Ch/Schauer, GesR online – Handbuch zum österreichischen Gesellschaftsrecht (rdb.manz.at)
Kalss/Schauer/Winner, Allgemeines Unternehmensrecht[2] (2014)
Karl, Urheberrecht (2010)
Karollus/Huemer/Harrer, Casebook Unternehmens- und Gesellschaftsrecht[5] (2014)
Keinert, Österreichisches Genossenschaftsrecht (1988)
Keinert, Das neue Unternehmensrecht (2006)
Koppensteiner, Österreichisches und europäisches Wettbewerbsrecht[3] (1997)
Kossak, Handbuch für Vereinsfunktionäre[2] (2013)
Kothbauer/Malloth, Mietrecht[2] (2013)
Koziol – Welser/Kletečka, Grundriss des bürgerlichen Rechts Bd I[14] (2014)
Koziol/Welser, Grundriss des bürgerlichen Rechts Bd II[13] (2006)
Krejci, Gesellschaftsrecht Bd I (2005)
Krejci, Privatrecht[8] (2010)
Krejci, Unternehmensrecht[5] (2013)
Kucsko, Geistiges Eigentum[2] (2010)
Kucsko, Markenschutzgesetz[3] (2014)
Kucsko (Hg), urheber.recht (2008)
Kucsko, Roadmap Geistiges Eigentum[2] (2010)
Kucsko/Schuhmacher (Hg), marken.schutz[2] (2013)
Liehr/Tolar, Der Verein[4] (2002)
Limberg/Tschugguel, Privatstiftung – Leitfaden für Stifter, Vorstand, Begünstigte & Gläubiger (2010)
Löffler, Die EWIV – Die Europäische Wirtschaftliche Interessenvereinigung in Österreich (1998)

Löschnigg, Arbeitsrecht[12] (2015) [bis zur 9. Auflage: *Schwarz/Löschnigg*, Arbeitsrecht]
Mader, Kapitalgesellschaften[9] (2014)
Marhold/Friedrich, Österreichisches Arbeitsrecht[2] (2012)
Markl/Pittl, Einführung in das Privat- und Wirtschaftsrecht[3] (2010)
Mayer-Maly, Einführung in die Rechtswissenschaft (1993)
Micheler, Wertpapierrecht zwischen Schuld- und Sachenrecht (2004)
Mogel, Europäisches Urheberrecht (2001)
Mohr, Der Franchisevertrag (1999)
Noss, Maklerrecht[4] (2014)
Nowotny G, Gesellschaftsrecht[4] (2009)
Oppitz M, Bankrecht, in *Holoubek/Potacs* (Hg), Öffentliches Wirtschaftsrecht Bd II[3] (2013)
Oppitz F, Grundlagen des Österreichischen Verfassungsrechts[2] (2013)
Pacic, Arbeits- und Sozialrecht. Ein Grundriss[2] (2015)
Perner/Spitzer/Kodek, Bürgerliches Recht[4] (2014)
Pöltner/Horak, Crowdfunding und Crowdinvesting (2015)
Posch, Einführung in das österreichische Recht (1985)
Rainer, Wohnungseigentum[4] (2010)
Ranacher/Staudigl/Frischhut (Hg), Einführung in das EU-Recht[3] (2015)
Raschauer, Allgemeines Verwaltungsrecht[4] (2013)
Ratka/Rauter/Völkl, Unternehmens- und Gesellschaftsrecht Bd I: Unternehmensrecht[2] (2013), Bd II: Gesellschaftsrecht[2] (2013)
Rauscher/Scherhak/Hinterleitner, Vereine[5] (2012)
Reich-Rohrwig, Das österreichische GmbH-Recht (1983)
Reich-Rohrwig, Das österreichische GmbH-Recht Bd I[2] (1997)
Reich-Rohrwig, Societas Europaea – SE (2006)
Reidlinger/Hartung, Das neue österreichische Kartellrecht[2] (2013)
Reisinger, Vereinsrecht (2013)
Rieder/Huemer, Gesellschaftsrecht[3] (2013)
Roth G, Grundriss des österreichischen Wertpapierrechts[2] (1999)
Roth G/Fitz, Unternehmensrecht – Handels- und Gesellschaftsrecht[2] (2006)
Roth G/Fitz, Unternehmensrecht – Handels- und Gesellschaftsrecht[2] (www.lexisnexis.com/at)
Rüffler/Steinwender, Allgemeines Wettbewerbsrecht, in *Holoubek/Potacs* (Hg), Öffentliches Wirtschaftsrecht Bd I[3] (2013)
Schindler, Die Europäische Aktiengesellschaft (2002)
Schönherr, Gewerblicher Rechtsschutz und Urheberrecht (1982)
Schrank/Mazal, Arbeitsrecht[4] (2008)
Schuhmacher, Europäisches Marken-, Muster- und Urheberrecht (2010)
Schuhmacher/Haybäck, Schuldverträge[8] (2014)
Schummer, Allgemeines Unternehmensrecht[8] (2013)

Schummer, Personengesellschaften[7] (2010)
Schummer/Kriwanek, Das neue Unternehmensgesetzbuch (2006)
Schütz/Schärmer, Transportrecht (2013)
Schwar, Die gemeinnützige Stiftung, der gemeinnützige Fonds[2] (2009)
Schweighofer, Individualarbeitsrecht[2] (2012)
Sedef, Immaterialgüterrecht und Kartellrecht, in *Wiebe* (Hg), Wettbewerbs- und Immaterialgüterrecht[2] (2010)
Staudegger/Thiele (Hg), Geistiges Eigentum. Jahrbuch 2012 ff (laufend ab 2012)
Straube/Aicher (Hg), Handbuch zur Europäischen Aktiengesellschaft (2005)
Thun-Hohenstein/Cede/Hafner, Europarecht[6] (2009)
Tomandl/Schrammel, Arbeitsrecht[8]: Bd I Gestalter und Gestaltungsmittel (2013), bearbeitet von *Kietaibl*, Bd II Sachprobleme (2013), bearbeitet von *Windisch-Graetz*
Torggler U, Gesellschaftsrecht – AT und Personengesellschaften (2013)
Umfahrer, GmbH – Handbuch für die Praxis[6] (2008)
Vögel/Egger/Steirer, Der neue Verein in 360 Fragen und Antworten[2] (2008)
Walter, Urheberrechtsgesetz 2006 (2007)
Walter/Mayer/Kucsko-Stadlmayer, Grundriss des österreichischen Bundesverfassungsrechts[11] (2015)
Weber, Unternehmens- und Gesellschaftsrecht – Eine Einführung[3] (2015)
Weiser, Österreichisches Patentgesetz[2] (2005)
Wiebe (Hg), Wettbewerbs- und Immaterialgüterrecht[2] (2012)
Wolf, Österreichische Privatstiftung[4] (2012)
Zankl, Bürgerliches Recht[6] (2012)
Zib/Verweijen, Das neue Unternehmensgesetzbuch (2006)
Ziegelwanger, Maklerrecht (2002)

B Kommentare

Arnold, Privatstiftungsgesetz – Kommentar[3] (2013)
Barth/Dokalik/Potyka, ABGB[24] (2014)
Brandl/Saria (Hg), Wertpapieraufsichtsgesetz (ab 2015)
Brändle/Rein, Das österreichische Vereinsrecht[5] (2015)
Brenn, ECG – E-Commerce-Gesetz (2002)
Dellinger (Hg), Genossenschaftsgesetz samt Nebengesetzen – Kommentar[2] (2014)
Dillenz, Praxiskommentar zum österreichischen Urheberrecht und Verwertungsgesellschaftenrecht[2] (2004)
Dittrich, Österreichisches und internationales Urheberrecht[6] (2012)
Dittrich/Tades, ABGB[23] (2010), nunmehr: *Barth/Dokalik/Potyka*, ABGB[24] (2014)

Diwok/Göth, Bankwesengesetz Bd I (2005)

Doralt/Nowotny Ch/Kalss (Hg), Privatstiftungsgesetz (1995)

Doralt/Nowotny Ch/Kalss (Hg), Kommentar zum Aktiengesetz, Bd I^2 (2012), Bd II^2 (2012)

Doralt/Nowotny Ch/Kalss (Hg), AktG online – Kommentar zum Aktiengesetz^2 (rdb.manz.at)

Eiselsberg/Schenk/Weißmann, Firmenbuchgesetz (1991)

Engin-Deniz, Markenschutzgesetz und weitere kennzeichenrechtliche Bestimmungen^2 (2010)

Feil, Firmenbuchgesetz – Praxiskommentar (2005)

Fritz, Die Europäische Wirtschaftliche Interessenvereinigung – Praxiskommentar (1997)

Fromherz, Kommentar zum Maklergesetz (1997)

Gartner/Karandi, Maklergesetz^2 (2013)

Gellis/Feil (Hg), Kommentar zum GmbH-Gesetz^7 (2009)

Gruber/Harrer, GmbHG-Kommentar (2014)

Gruber/Raschauer, Wertpapieraufsichtsgesetz Bd I (2010), Bd II (2010)

Gumpoldsberger/Baumann (Hg), Kommentar zum UWG (2006) und Ergänzungsband (2009)

Grünzweig, Markenrecht. Praxiskommentar zum Markenschutzgesetz (ab 2007)

Hasch & Partner (Hg), PSG – Privatstiftungsgesetz^2 (2014)

Hausmann/Vonkilch (Hg), Österreichisches Wohnrecht – Kommentar^3 (2013)

Hoffer, Kartellgesetz. Kommentar (2007)

Jabornegg/Artmann (Hg), Kommentar zum UGB, Bd I^2 (2010), Bd II^2 (2010)

Jabornegg/Artmann (Hg), Kommentar zum UGB^2 (www.lexisnexis.com/at)

Jabornegg, HVG – Handelsvertreterrecht und Maklerrecht (1997)

Jabornegg/Strasser, Kommentar zum Aktiengesetz, Bd I^5 (2011), Bd II^5 (2011)

Jabornegg/Strasser, AktG online – Kommentar zum Aktiengesetz^5 (rdb.manz.at)

Kalss/Hügel (Hg), Europäische Aktiengesellschaft – SE-Kommentar (2004)

Kalss/Oppitz M/Zollner, Kapitalmarktrecht^2 (2015)

Klang, Kommentar zum Allgemeinen bürgerlichen Gesetzbuch Bd I^2 bis Bd VI^2 und ErgBd (1950 bis 1978); erscheint aktuell unter der Herausgeberschaft von *Fenyves/Kerschner/Vonkilch* in 3. Auflage (in Teillieferungen ab 2000)

Kletečka/Schauer, ABGB-ON – Kommentar zum Allgemeinen bürgerlichen Gesetzbuch (rdb.manz.at)

Kodek/Nowotny G/Umfahrer, Firmenbuchgesetz^2 (2015)

Koppensteiner/Rüffler, GmbH-Gesetz – Kommentar^3 (2007)

Koppensteiner/Rüffler, GmbH-Gesetz – Kommentar^3 (www.lexisnexis.com/at)

Kosesnik-Wehrle, KSchG – Konsumentenschutzgesetz^3 (2010)

Koziol/Bydlinski P/Bollenberger (Hg), Kurzkommentar zum ABGB^4 (2014)

Krejci (Hg), Reform-Kommentar zum UGB-ABGB (2007)
Krejci (Hg), UGB/ABGB online – Reform-Kommentar zum UGB-ABGB (rdb.manz.at)
Krejci/Bydlinski S/Weber-Schallauer, Vereinsgesetz 2002^{2} (2009)
Laga/Sehrschön/Ciresa, E-Commerce-Gesetz – Praxiskommentar^{2} (2007)
Laurer/Borns/Strobl/Schütz M/Schütz O, Kommentar zum Bankwesengesetz – BWG^{3} (32. ErgLfg – 2014)
Markl, WEG – Wohnungseigentumsgesetz 2002 – Kurzkommentar (2002)
Nocker, Kommentar zum Handelsvertretergesetz 1993^{2} (2015)
Österreichischer Raiffeisenverband (Hg), Genossenschaftsrecht^{2} (1989)
Petsche/Petsche-Demmel, Handelsvertretergesetz – Praxiskommentar^{2} (2015)
Prader, MRG^{3} (2009)
Prader, WEG – Wohnungseigentumsgesetz 2002 (2006)
Rummel (Hg), Kommentar zum ABGB, Bd I^{3} (2007), Bd II^{3} (2007)
Rummel/Lukas (Hg), Kommentar zum ABGB^{4} – Teilband Vertragsrecht (2014)
Rummel/Lukas (Hg), Kommentar zum ABGB (rdb.manz.at)
Schiemer/Jabornegg/Strasser, Kommentar zum Aktiengesetz^{3} (1993)
Schwimann/Kodek (Hg), Praxiskommentar zum Allgemeinen bürgerlichen Gesetzbuch samt Nebengesetzen, Bd I^{4} (2011), Ergänzungsband zu Bd I^{4} (2013), Bd II^{4} (2012), Bd III^{4} (2012), Bd IV^{4} (2014), Bd V^{4} (2014), Bd VI^{3} (2006), Bd VII^{3} (2005), Ergänzungsband zu Bd IV^{3} bis VII^{3} (2007)
Schwimann/Kodek (Hg), Praxiskommentar zum Allgemeinen bürgerlichen Gesetzbuch samt Nebengesetzen, Bd I^{4}, Ergänzungsband zu Bd I^{4}, Bd II^{4}, Bd III^{4}, Bd IV^{4}, Bd V^{4}, Bd VI^{3}, Bd VII^{3}, Ergänzungsband zu Bd IV^{3} bis VII^{3} (www.lexisnexis.com/at)
Schwimann (Hg), ABGB – Taschenkommentar^{2} (2012)
Schwimann (Hg), ABGB – Taschenkommentar^{2} (www.lexisnexis.com/at)
Straube (Hg), Wiener Kommentar zum UGB, Bd I^{4} (2014), Bd II^{3} (2012)
Straube/Ratka/Rauter (Hg), UGB online – Wiener Kommentar zum Unternehmensgesetzbuch (rdb.manz.at)
Straube/Ratka/Rauter (Hg), Wiener Kommentar zum GmbHG (2015)
Straube/Ratka/Rauter (Hg), GmbHG online – Wiener Kommentar zum GmbHG (rdb.manz.at)
Temmel, Börsegesetz – Praxiskommentar (2011)
Temmel, Börsegesetz – Praxiskommentar (www.lexisnexis.com/at)
Torggler U, UGB – Kommentar (2013)
Torggler U, GmbHG – Kurzkommentar (2014)
Vartian, Vereinsrecht – Kommentar zum Vereinsgesetz (2002)
Vogl, VerG – Vereinsgesetz 2002 – Kommentar (2002)
Walter/Lewinski/Dreier/Blocher/Dillenz, Europäisches Urheberrecht^{2} (2001)
Wiebe/Kodek, Kommentar zum UWG^{2} (2013)
Wiebe/Kodek, UWG online – Kommentar zum UWG (rdb.manz.at)

Wiltschek, Patentrecht[3] (2013)

Wiltschek, UWG – Gesetz gegen den unlauteren Wettbewerb[7] (2003) und Ergänzungsband (2007)

Zib/Dellinger (Hg), Unternehmensgesetzbuch – Kommentar, Bd 1.1 (2010)

Zib/Dellinger (Hg), Unternehmensgesetzbuch – Kommentar, Bd 1.1 (www.lexisnexis.com/at)

C Rechtstexte

Bydlinski F, Österreichische Gesetze: Loseblattsammlung aller wichtigen Privatrechtsgesetze (laufend aktualisiert)

Cuber (Hg), Gesetzbuch Unternehmensrecht (vormals Handelsrecht)[9] (2008)

Eiselsberg/Haslwanter, PrivatstiftungG[2] (2014)

Geist/Lindner, Unternehmensgesetzbuch (2006)

Gräser/Kucsko, Halbleiterschutzgesetz (1988)

Heidinger, Aktiengesetz (2007)

Knittel/Kucsko, Musterschutzgesetz (1991)

Kucsko, Markenschutzgesetz[3] (2014)

Tades/Hopf/Kathrein/Stabentheiner, Das Allgemeine bürgerliche Gesetzbuch – ABGB[37] (2009)

Zib/Verweijen, Das neue Unternehmensgesetzbuch (2006)

Einschlägige Rechtstexte der Verlage Manz, LexisNexis ARDOrac/Linde (Kodex des österreichischen Rechts) und des Verlages Österreich

D Entscheidungssammlungen

Entscheidungen des österreichischen Obersten Gerichtshofes in Zivil- (und Justizverwaltungs-)sachen, 1919 bis 1938 und ab 1946 (SZ)

Handelsrechtliche Entscheidungen, hg von *Eckart*, seit 1939 (HS)

Sammlung von Civilrechtlichen Entscheidungen des kk Obersten Gerichtshofes, begründet von *Glaser* und *Unger*, 1853 bis 1897 (GlU); als neue Folge 1898 bis 1915 (GlUNF)

E Zeitschriften

Der Gesellschafter (GesRZ)

ecolex, Fachzeitschrift für Wirtschaftsrecht

Europäische Zeitschrift für Wirtschaftsrecht (EuZW)

Gewerblicher Rechtsschutz und Urheberrecht (GRUR)

immolex, Fachzeitschrift für Wohnrecht
Juristische Ausbildung und Praxisvorbereitung (JAP)
Juristische Blätter (JBl)
Österreichische Blätter für gewerblichen Rechtsschutz und Urheberrecht (ÖBl)
Österreichische Juristenzeitung (ÖJZ)
Österreichische Notariatszeitung (NZ)
Österreichische Patentrechtliche Blätter (PBl)
Österreichische Richterzeitung (RZ)
Österreichische Zeitschrift für Wirtschaftsrecht (ÖZW)
Österreichisches Anwaltsblatt (AnwBl)
Österreichisches Bankarchiv (ÖBA)
Österreichisches Recht der Wirtschaft (RdW)
Österreichische Zeitschrift für Recht und Rechnungswesen (RWZ)
Wirtschaftsrechtliche Blätter (wbl)
Wohnrechtliche Blätter (WoBl)
Zeitschrift für Gesellschafts- und Steuerrecht (GeS)
Zeitschrift für Rechtsvergleichung (ZfRV)
Zivilrecht aktuell (Zak)

I Einführung

Literatur: *Antoniolli/Koja*, Allgemeines Verwaltungsrecht[3] (1996); *Berka*, Verfassungsrecht[5] (2013); *Bydlinski F*, Grundzüge der juristischen Methodenlehre[2] (2011); *Bydlinski F*, Juristische Methodenlehre und Rechtsbegriff – Nachdruck (2011); *Bydlinski P*, Bürgerliches Recht Bd I. Allgemeiner Teil[6] (2013); *Bydlinski P*, Grundzüge des Privatrechts[9] (2014); *Frischhut*, Grundlagen des Rechts der Europäischen Union[3] (2013); *Funk*, Einführung in das österreichische Verfassungsrecht[14] (2011); *Koziol – Welser/Kletečka*, Grundriss des bürgerlichen Rechts Bd I[14] (2014); *Markl/Pittl*, Einführung in das Privat- und Wirtschaftsrecht[3] (2010); *Oppitz F*, Grundlagen des Österreichischen Verfassungsrechts[2] (2013); *Ranacher/Staudigl/Frischhut* (Hg), Einführung in das EU-Recht[3] (2015); *Raschauer*, Allgemeines Verwaltungsrecht[4] (2013); *Walter/Mayer/Kucsko-Stadlmayer*, Grundriss des österreichischen Bundesverfassungsrechts[11] (2015).

A Grundlagen

1 Allgemeines

Jeder Mensch (bzw jedes „Rechtssubjekt"; s dazu Rz 40 ff) sieht sich einer Fülle von Normen bzw Verhaltensanordnungen ausgesetzt, die zu beachten sind. Die Summe jener Normen, welche das Zusammenleben der Menschen regeln und mit staatlicher Zwangsgewalt durchsetzbar sind, wird als **Rechtsordnung** bezeichnet. 1

Neben den generell zwingenden Verhaltensanordnungen der Rechtsordnung sind weitere – mitunter nicht schriftlich dokumentierte – Regelungen, wie die **Sitten-**, **Moral-** und auch **Religionsordnung**, wirksam. Diese durch die Evolution (mit)geprägten und mit der Geschichte der Menschheit eng verbundenen Ordnungen haben bisweilen wesentlichen Einfluss auf das menschliche Verhalten. Sie entfalten jedoch regelmäßig keinen staatlichen Zwangscharakter. Gelegentlich können aber auch derartige „außerrechtliche Zugänge" rechtliche Bedeutung erlangen. So gilt etwa kraft ausdrücklicher gesetzlicher Anordnung, dass den „Gewohnheiten und Gebräuchen" im Geschäftsverkehr **(Gebräuche im Geschäftsverkehr** bzw **Handelsbrauch, Handelssitte)** Rechtsverbindlichkeit zukommt (s etwa §§ 346 und 393 f UGB sowie Rz 573). 2

3 Damit die Rechtsunterworfenen ihre rechtliche Position erkennen und einschätzen können, ist es erforderlich, dass ihnen die entsprechenden Rechtsquellen zugänglich sind. Dabei versteht man unter **Rechtsquellen** jene Phänomene, aus denen das Recht erwächst bzw erkennbar wird.

4 Im Einzelnen kann zwischen **Entstehungsquellen des Rechts** als den staatlichen Rechtsschöpfungsakten (wie zB Gesetz, Verordnung, Gerichtsurteil, Bescheid) bzw den durch die staatliche Autorität anerkannten Rechtsschöpfungsakten (wie zB Vertrag) einerseits und den **Erkenntnisquellen des Rechts**, durch welche der Inhalt des Rechts in Erfahrung gebracht werden kann (zB Bundesgesetzblatt, Landesgesetzblatt, Amtsblatt der EU, schriftliches Gerichtsurteil, Vertragsurkunde) andererseits unterschieden werden.

5 Des Weiteren ist zwischen generellen und individuellen Rechtsquellen zu unterscheiden. Während sich **generelle Rechtsquellen** (zB Gesetz, Verordnung) idR an die Allgemeinheit oder zumindest an einen unbestimmten Adressatenkreis richten, sind die Adressaten von **individuellen Rechtsquellen** (zB Bescheid, Gerichtsurteil) idR einzelne, konkret benannte Personen.

6 In Österreich und auch den anderen europäischen Staaten entsteht der weitaus größte Teil der Rechtsordnung durch Rechtssetzungsakte des Gesetzgebers **(gesatztes Recht, positives Recht)**. Das Verfahren, mit dem auf Bundesebene durch das Parlament und auf Landesebene durch die Landtage Gesetze geschaffen werden, ist in den Verfassungen des Bundes und der Länder geregelt. Grundsätzlich entfaltet das gesatzte Recht seine Wirkung am Tag nach der Veröffentlichung im jeweiligen Kundmachungsorgan (zB Bundesgesetzblatt); es bleibt so lange in Kraft, bis es aufgehoben oder abgeändert wird. Von Bedeutung ist, dass sich „niemand damit entschuldigen kann", ein kundgemachtes Gesetz nicht gekannt zu haben (§ 2 ABGB).

7 Eine weitere Entstehungsquelle des Rechts, der jedoch im Verhältnis zum gesatzten Recht geringere Bedeutung beizumessen ist, ist das **Gewohnheitsrecht**. Grundvoraussetzung für die Entstehung von Gewohnheitsrecht ist eine **langdauernde, allgemeine und gleichmäßige Anwendung** bestimmter Regeln. Die Anwendung der Regeln muss darüber hinaus in der Überzeugung erfolgen, dass diese rechtens bzw rechtmäßig ist; vor allem durch dieses Voraussetzungselement unterscheidet sich das Gewohnheitsrecht von Bräuchen. Zwar besteht nach wie vor keine völlige Übereinstimmung darüber, ob durch die österreichische Rechtsordnung Gewohnheitsrecht anerkannt ist, doch wird dies überwiegend bejaht.

8 Obwohl das österreichische Rechtssystem ein so genanntes **Richterrecht** nicht als Rechtsquelle ausweist (vgl § 12 ABGB), kommt vor allem den höchstgerichtlichen Entscheidungen faktisch große Bedeutung bei der Rechtsauslegung und Rechtsfortbildung zu.

Die Rechtsordnung besteht aus einer Fülle von **Rechtsnormen**. Dabei handelt es sich um „Sollensanordnungen", welche regelmäßig einerseits eine typische Verhaltensweise bzw Situation abstrakt beschreiben **(Tatbestand)** und damit andererseits eine entsprechende rechtliche Konsequenz verbinden **(Rechtsfolge)**. 9

Gebote und Verbote in der Ausformung von Rechtsnormen regeln das gesellschaftliche Zusammenleben aller Rechtssubjekte. Die mitunter als Einschränkung empfundenen Normen sind wesentlicher Bestandteil einer funktionierenden Gesellschaftsordnung in der uns bekannten Form. Ohne ausgeprägte **Rechtssicherheit** ist eine soziale, wirtschaftliche und politische Entwicklung nur eingeschränkt möglich. Dies mag als wesentliche Begründung dafür gelten, dass die Rechtssubjekte idR nach rechtlicher Absicherung streben. Zusätzlich kommt den Rechtsnormen ein ausgeprägter **Präventivcharakter** zu, weil durch deren Geltung (massive) gesellschaftliche Konflikte bereits im Vorhinein eingedämmt werden. Durch die im Regelfall mit einem Sanktionsmechanismus bei Zuwiderhandeln ausgestalteten Normen sollen die Rechtssubjekte nämlich auch zur „freiwilligen" Einhaltung von Verpflichtungen motiviert werden. 10

Das (nationale) österreichische Rechtssystem ist durch eine nahezu unüberschaubare Vielzahl unterschiedlicher Rechtsnormen geprägt. Die einzelnen Normen stehen jedoch nicht in einem völlig beziehungslosen System zueinander; vielmehr sind sie – im Grundsätzlichen – durch den **„Stufenbau der Rechtsordnung"** aufeinander abgestimmt. Beim Stufenbau der Rechtsordnung handelt es sich um ein theoretisches Modell, welches in seinen Grundsätzen von den beiden österreichischen Juristen **Hans Kelsen** und **Adolf Julius Merkl** entwickelt wurde. Diese beiden Rechtsgelehrten ordneten die Rechtsordnung in ein hierarchisch gegliedertes System von über- und untergeordneten Normen (Baugesetze, Verfassungsgesetze, einfache Gesetze, Verordnungen, Bescheide/Gerichtsurteile/Verträge). Von Bedeutung ist dabei ua, dass das höherrangige Recht dadurch gekennzeichnet ist, dass es die Bedingungen für die Erzeugung des im Stufenbau nachrangigen Rechts enthält (zB: im B-VG sind die Regelungen zur Erzeugung von „einfachen" Gesetzen enthalten). 11

Die obersten Prinzipien, auf denen unsere gesamte Rechtsordnung aufgebaut ist, werden als **„Baugesetze"** (Grundprinzipien; „tragende Säulen") bezeichnet. Das sind die leitenden Grundsätze des Verfassungsrechts, deren Änderung bzw Beseitigung eine Gesamtänderung der Bundesverfassung bewirken würde. Gem Art 44 Abs 3 B-VG ist jede Gesamtänderung der Bundesverfassung einer Abstimmung des gesamten Bundesvolkes zu unterziehen **(obligatorische Volksabstimmung)**. Als Baugesetze bzw tragende Säulen der Bundesverfassung gelten 12

- das **demokratische Prinzip** (insbes Art 1 B-VG: Mitwirkung des Staatsvolkes an der Staatswillensbildung vor allem durch Wahlen),
- das **republikanische Prinzip** (insbes Art 1 B-VG: demokratische Legitimation des Staatsoberhauptes),
- das **bundesstaatliche Prinzip** (insbes Art 2 B-VG: föderalistische Aufteilung der Staatsfunktionen zwischen Bund und Bundesländern sowie Geltung der Gemeindeautonomie),
- das **rechtsstaatliche Prinzip** (insbes Art 18 Abs 1 und 2 B-VG: Bindung der staatlichen Vollziehung an kundgemachte Gesetze sowie Grundrechtsgeltung und Kontrolle durch Gerichtshöfe) und
- das **gewaltentrennende Prinzip** (insbes Art 94 B-VG: Trennung der Staatsfunktionen „Gesetzgebung", „Gerichtsbarkeit" und „Verwaltung").

13 Seit dem Beitritt Österreichs zur Europäischen Union mit Wirksamkeit vom 1.1.1995 ist zwar die Rechtssetzungshoheit der österreichischen Parlamente (auf Bundesebene: Nationalrat im Zusammenwirken mit dem Bundesrat; auf Landesebene: Landtage) eingeschränkt worden, da namentlich die europäischen Normen des **EU-Primärrechts** (das sind vor allem die Gründungsverträge, wie etwa EGKSV [außer Kraft], EAGV, EGV bzw AEUV, EUV, Vertrag von Maastricht, Vertrag von Amsterdam, Vertrag von Lissabon sowie ua die Beitrittsverträge) und des **EU-Sekundärrechts** (das sind vor allem Verordnungen, Richtlinien, Entscheidungen) „ohne Rücksicht" auf die Geltung des Stufenbaus der Rechtsordnung im innerstaatlichen Recht vorrangige Wirksamkeit entfalten **(Vorrang des Gemeinschaftsrechts)**. Dennoch wird davon auszugehen sein, dass Normen aus dem EU-Bereich nicht mit den Baugesetzen der österreichischen Verfassung in Widerspruch stehen bzw diese nicht „brechen" dürfen. Angemerkt sei schließlich, dass insbes die EU-Verordnungen unmittelbare Rechtsgeltung beanspruchen und – etwa im Unterschied zu den EU-Richtlinien – keiner Umsetzung durch weitere staatliche Akte (zB Beschlussfassung eines Gesetzes) bedürfen.

2 Öffentliches und privates Recht

14 Vor allem aus Gründen einer besseren systematischen Erfassung wird in Österreich seit langem zwischen dem **öffentlichen Recht**, das durch ein Unterordnungsverhältnis des Einzelnen gegenüber dem Staat charakterisiert ist, und dem **Privatrecht** (s dazu Rz 33 ff), bei dem eine (formale) Gleichrangigkeit zwischen den Beteiligten herrscht, unterschieden. Im Einzelfall ist die genaue Trennung zwischen Rechtsnormen des öffentlichen Rechts und solchen des privaten Rechts nicht immer ohne Weiteres möglich. Es herrscht diesbezüglich weitgehende Einigkeit darüber, dass immer dann, wenn ein Träger der hoheitlichen Gewalt (zB Bund, Land, Gemeinde) in Ausübung dieser Gewalt tätig wird (zB Enteignung eines Grundstücks durch Bescheid), das öffentliche Recht zur Anwendung gelangt; wenn hingegen ein Privater oder ein mit hoheitlicher Gewalt ausgestatteter Rechtsträger wie eine private Person handelt (zB eine Gemeinde kauft ein Grundstück und schließt dafür einen Vertrag ab), sind die Normen des Privatrechts (zB ABGB) zur Anwendung zu bringen.

Diese Unterscheidung ist insbes deshalb von grundlegender Be- 15
deutung, da abhängig von der Frage, ob in öffentlichrechtlicher oder privatrechtlicher Form gehandelt wird, auch die entsprechenden **Zuständigkeiten** für die Rechtsdurchsetzung gegeben sind: Während für die Durchsetzung öffentlichrechtlicher Ansprüche primär die (weisungsgebundenen) Verwaltungsbehörden zuständig sind, entscheiden in Privatrechtsstreitigkeiten generell die (weisungsfrei gestellten) Gerichte (§ 1 JN). Im Übrigen gilt in jenen Fällen, in denen es „in (hoheitlicher) Vollziehung der Gesetze" zu Schädigungen durch die Organe öffentlicher Rechtsträger kommt, das eigens dafür geschaffene **Amtshaftungsgesetz** (AHG; s dazu Rz 506).

3 Objektives Recht

Unter dem Begriff des **objektiven Rechts** versteht man die Gesamt- 16
heit der geltenden Rechtsnormen. Im Einzelnen kann zwischen folgenden Kategorien unterschieden werden:

a Materielles und formelles Recht

Das **materielle Recht** lässt sich als die Summe all jener Rechtsnor- 17
men, die durch ihren Inhalt das menschliche Zusammenleben ordnen, beschreiben. Zum materiellen Recht zählen ua das ABGB, das UGB, die Normen des Arbeitsrechts und des Strafrechts etc. All diese Gesetze befassen sich mit Umständen und Voraussetzungen der für Rechtssubjekte anwendbaren Rechte und Pflichten.

Für die Durchsetzung materieller Rechtsnormen sind Verfahren zur 18
Rechtsdurchsetzung notwendig. Jene Rechtsnormen, die das Verfahren der Abwicklung des materiellen Rechtsverkehrs vor staatlichen Einrichtungen (Behörden, Gerichte etc) regeln, werden als **formelles Recht** bezeichnet. Formelle Rechtsquellen sind ua die Strafprozessordnung (StPO), die Zivilprozessordnung (ZPO), das Allgemeine Verwaltungsverfahrensgesetz (AVG) oder etwa auch die Exekutionsordnung (EO).

b Zwingendes und dispositives Recht

19 Soweit bestimmte Rechtsnormen durch autonome Rechtsgestaltung nicht geändert bzw abbedungen werden können, wird von **zwingendem Recht** gesprochen. Wird dennoch Abweichendes vereinbart, hat dies regelmäßig die teilweise oder gänzliche Nichtigkeit (s dazu Rz 259 ff) des Vereinbarten zur Folge. Dabei kann zwischen absolut und relativ zwingendem Recht unterschieden werden.

20 Das **zweiseitig absolut zwingende Recht** ermöglicht keine Abweichung von der zwingenden Rechtsnorm; auch die Vereinbarung einer günstigeren Regelung ist daher nicht zulässig. Absolut zwingendes Recht schützt zumeist übergeordnete gesellschaftliche Allgemeininteressen (Ordnungsprinzipien); es findet sich häufiger im öffentlichen und nur vereinzelt auch im privaten Recht.

21 Bei den **relativ zwingenden Rechten** handelt es sich hingegen um einseitig zwingende Rechtsnormen, die einen Freiraum für günstigere Regelungen gewähren. Rechte dieser Ausprägung sind beispielsweise im Arbeitsrecht in der Form von Mindestansprüchen des Arbeitnehmers verankert. So hat ein Arbeitnehmer, der unter den Anwendungsbereich des UrlG fällt, einen gesetzlichen Urlaubsanspruch von 30 (bzw nach 25 Dienstjahren: 36) Werktagen pro Jahr (§ 2 Abs 1 UrlG). Der Dienstgeber kann aber zusätzliche Urlaubstage, die über das gesetzliche Ausmaß hinausgehen, gewähren.

22 Rechtsnormen, die sowohl eine günstigere als auch ungünstigere abweichende autonome Rechtsgestaltungsbefugnis vorsehen, werden als **dispositives (nachgiebiges) Recht** bezeichnet. Die Rechtssubjekte können sich von den durch den Gesetzgeber vorgezeichneten dispositiven Rechtsnormen so weit entfernen, als es durch die Art des rechtswirksam zu vereinbarenden Geschäfts sinnvoll erscheint und nicht die Grenzen der Gesetz- und Sittenwidrigkeit gem § 879 Abs 1 ABGB (s dazu Rz 262 ff) überschritten werden.

4 Subjektives Recht

23 Das **subjektive Recht** ist die durch die Rechtsordnung in ihrer Gesamtheit verliehene Befugnis, mit der das Rechtssubjekt eigene Interessen verfolgen kann. Die Durchsetzung der Rechte hat aus eigenem Antrieb des Rechtssubjektes zu erfolgen. Eine hoheitliche Automatik der Rechtsverfolgung, wie etwa in weiten Bereichen des Strafrechtes, ist den subjektiven Rechtsmaterien weitgehend unbekannt. Dennoch hat sich der Einzelne zur Durchsetzung seiner Rechte der staatlichen Zwangsgewalt bzw deren Organe (wie zB Gerichte und Verwaltungsbehörden) zu bedienen.

Von Bedeutung ist, dass die **absoluten Rechte** gegenüber jedermann durchgesetzt werden können. Jeder, der ein absolutes Recht beeinträchtigt, kann vom Berechtigten zur Einhaltung dieser Rechte rechtlich gezwungen werden. Absolute Rechte sind insbes: 24

- **Herrschaftsrechte**, die idR eine unmittelbare Einwirkung auf bestimmte (Rechts-)Objekte erlauben, wie etwa das „dingliche" Sachenrecht (§§ 285 ff ABGB; dazu Rz 91 ff) und das Recht an „geistigem Eigentum" (Immaterialgüterrecht; dazu Rz 942 und 1033 ff),
- **Persönlichkeitsrechte**, die höchstpersönlich wirken und nicht übertragen werden können, wie etwa das Recht auf Leben und auf körperliche Integrität, der Schutz der Ehre, der Schutz des Hausrechts, der Schutz des Brief- und Fernmeldegeheimnisses,
- **Erbrechte** (vgl §§ 531 ff ABGB),
- bestimmte **Familienrechte** (vgl §§ 15 ff ABGB).

Im Gegensatz zu den absoluten Rechten wirken die **relativen Rechte** grundsätzlich nur gegen ein bestimmtes Rechtssubjekt. Häufig sind dies Forderungsrechte bzw Ansprüche aus Schuldverhältnissen. So kann etwa ein Arbeitnehmer für seine geleistete Arbeit ein Entgelt beim Arbeitgeber (nicht aber zB bei dessen Mutter) einfordern oder kann beispielsweise der Vermieter einer Wohnung das vereinbarte Mietentgelt vom Mieter (nicht aber zB bei dessen Enkelkindern) gerichtlich einklagen. 25

B Auslegungsgrundsätze

Damit im Einzelfall ein bestehendes Problem oder ein Streitfall einer (juristischen) Lösung zugeführt werden kann, muss zunächst klar sein, welcher **Sachverhalt** dem konkreten Problem zugrunde liegt. Wenn der Sachverhalt klar festgestellt ist, gilt es zu prüfen, ob sich in der Rechtsordnung eine **Anspruchsgrundlage** findet. Damit ist gemeint, dass zu prüfen ist, ob sich der in Beurteilung gezogene Sachverhalt einem entsprechenden gesetzlichen **Tatbestand** zuordnen lässt. Da sich mit jedem Tatbestand auch eine **Rechtsfolge** verbindet, kann dann, wenn der Sachverhalt einem Tatbestand zugeordnet worden ist, auch abgeleitet werden, was „rechtens" ist. Dieser, in der juristischen Praxis alltägliche Vorgang, wird **Subsumtion** genannt. 25/1

Damit eine Rechtsnorm sinnvoll angewendet werden kann, muss diese auch richtig verstanden werden. Da sich der Gesetzgeber zur Darlegung seines Willens in Form von gesetzlichen Normen der Sprache bedienen muss, sind **Unklarheiten und Mehrdeutigkeiten** in den einzelnen Gesetzen nicht immer vermeidbar. Es kann auch nicht vollkommen ausgeschlossen werden, dass einzelne Rechts- 26 normen eine – zumindest oberflächlich betrachtet – widersprüchliche Struktur aufweisen. Das Vorliegen einer „missverständlichen Norm“ erfordert deren **Auslegung (Interpretation)**. Dabei wird der Sinngehalt der Norm ermittelt, um eine richtige Rechtsanwendung zu gewährleisten. Als grundsätzliche Methoden zur Auslegung, die einzeln oder kumulativ in Betracht gezogen werden können, sind die **grammatikalische Auslegung**, die **systematische Auslegung**, die **teleologische Auslegung** sowie die **historische Auslegung** anzuführen.

27 Trotz aller Unterschiedlichkeit und der Gefahr allfälliger widersprüchlicher Lösungsvorschläge durch die diversen Instrumente der Gesetzesinterpretation verfolgen die dargestellten Auslegungsregeln ein und dasselbe Ziel; dieses besteht darin, Sinn und Zweck einer Norm zu erkennen, um diese in weiterer Folge **richtig anwenden** zu können.

1 Grammatikalische Auslegung

28 Durch die **grammatikalische Interpretationsregel** (Wortinterpretation) wird überprüft, welche Bedeutung einem Wort oder auch einem ganzen Satz in einer konkreten Norm zukommt. Je nach Art des Begriffes oder Satzes ist zu entscheiden, ob der allgemeine oder der fachlich bzw rechtlich spezifische Sprachgebrauch zur Anwendung gelangen soll, um den tatsächlichen Sinn zu ergründen.

2 Systematische Auslegung

29 Die **systematische Auslegung** verfolgt einen ganzheitlichen Ansatz. Es wird nicht nur ein Begriff oder ein Wort interpretiert, sondern es wird darauf geachtet, welchen Stellenwert die auslegungsbedürftige Gesetzesstelle im Gesamtgefüge des gesetzlichen Regelungssystems einnimmt. Mit dieser Auslegungsregel wird dem Umstand Rechnung getragen, dass der Gesetzgeber Gesetze häufig in einer systematischen bzw sachlichen Gliederung erlässt. Durch das Herausnehmen einer einzelnen Gesetzesstelle aus dem Gesamtzusammenhang kann dieses Sinngefüge uU verloren gehen. Wenn nun eine Gesetzesstelle richtig verstanden werden soll, wird es daher mitunter notwendig sein, das gesamte gesetzliche Umfeld bzw den systematischen Zusammenhang zu betrachten.

3 Teleologische Auslegung

Durch die **teleologische Auslegung** („telos“ = Zweck) wird versucht, den Sinn und Zweck einer gesetzlichen Anordnung in objektiver Weise zu ergründen. Der teleologischen Auslegung ist insofern ein besonderer Stellenwert beizumessen, als dadurch die Ordnungsgesichtspunkte und Ziele einer Gesetzesstelle berücksichtigt werden können. 30

4 Historische Auslegung

Im Gegensatz zur teleologischen Auslegung, bei welcher der Zweck einer Norm in objektiver Weise ergründet werden soll, wird mit Hilfe der **historischen Auslegung** versucht, den eigentlichen subjektiven Willen des Gesetzgebers zu erforschen. Häufig bedient man sich bei dieser Interpretationsmethode ergänzender Gesetzesmaterialien, wie insbes der „Stenographischen Protokolle des Nationalrates“ und deren „Beilagen“ (dort finden sich ua Regierungsvorlagen, Initiativanträge sowie Ausschussberichte), in denen Erläuterungen zu den erlassenen Gesetzen schriftlich dokumentiert sind. 31

5 Gesetzeslücke

Dem Grunde nach setzt die Anwendbarkeit der erwähnten Auslegungsregeln eine interpretationsbedürftige Norm voraus. Denkbar ist aber auch, dass das Gesetz überhaupt keine Regelung vorsieht, obwohl eine solche erforderlich wäre **(unbeabsichtigte** bzw **planwidrige Lücke)**. In diesem Fall kann mitunter durch **Analogieschluss** eine Lösung erarbeitet werden, indem die wesentlichen Normen eines geregelten Falles auf einen ungeregelten Fall angewendet werden, der mit dem geregelten Fall vergleichbar ist. Die Schließung von unbeabsichtigten Gesetzeslücken durch das Instrument des Analogieschlusses ist jedoch mit Vorsicht zu betreiben, weil dadurch uU der an sich unerwünschten Rechtsunsicherheit „Vorschub geleistet“ werden könnte. Aus diesem Grund ist etwa das Strafrecht mit einem Analogieverbot ausgestattet, um insbes in diesem Bereich dem Ordnungsanliegen der Rechtssicherheit voll und ganz zu entsprechen. 32

6 Weitere wichtige Auslegungsgrundsätze

32/1 Gelegentlich kommt es vor, dass auf ein und denselben Sachverhalt unterschiedliche Gesetze zur Anwendung zu bringen sind. Das führt dann zu Problemen, wenn sich die Rechtsfolgen der **konkurrierenden Normen** widersprechen. Zur Lösung derartiger Probleme haben sich seit alters her folgende Grundsätze bewährt: Das speziellere Gesetz verdrängt das allgemeinere Gesetz (lex specialis derogat legi generali; wenn zB eine Bestimmung des UGB mit einer Bestimmung des ABGB in Widerspruch steht, so geht die Bestimmung des UGB als „speziellere Norm" jener des ABGB vor). Des Weiteren gilt der Grundsatz, dass die jüngere gesetzliche Bestimmung der älteren Norm vorgeht, sofern beide Bestimmungen auf denselben Anwendungsbereich abzielen (lex posterior derogat legi priori).

II Grundzüge des Privatrechts

Literatur: *Apathy/Riedler*, Bürgerliches Recht Bd III. Schuldrecht/Besonderer Teil[5] (2015); *Böhm*, Sachenrecht, Allgemeiner Teil[7] (2014), Besonderer Teil[7] (2014); *Bydlinski P*, Bürgerliches Recht Bd I. Allgemeiner Teil[6] (2013); *Bydlinski P*, Grundzüge des Privatrechts[9] (2014); *Barth/Dokalik/Potyka*, ABGB[24] (2014); *Donath*, Konsumentenschutzrecht (2010); *Dullinger*, Bürgerliches Recht Bd II. Schuldrecht/Allgemeiner Teil[5] (2014); *Faber/Mader*, Bürgerliches Recht – Allgemeiner Teil[9] (2014); *Gisinger*, Wirtschaftsprivatrecht I[2] (2014); *Graf/Gruber*, Gesetzliche Schuldverhältnisse[10] (2013); *Gruber/Graf*, Schuldrecht/Allgemeiner Teil[10] (2013); *Hager-Rosenkranz*, Grundbuchsrecht[4] (2014); *Hausmann/Vonkilch* (Hg), Österreichisches Wohnrecht – Kommentar[3] (2013); *Holzhammer/Roth*, Einführung in das Bürgerliche Recht und IPR[6] (2004); *Iro*, Bürgerliches Recht Bd IV. Sachenrecht[5] (2013); *Kosesnik-Wehrle*, KSchG – Konsumentenschutzgesetz[4] (2015); *Koziol/Bydlinski/Bollenberger* (Hg), Kurzkommentar zum ABGB[4] (2014); *Koziol – Welser/Kletečka*, Grundriss des bürgerlichen Rechts Bd I[14] (2014); *Koziol/Welser*, Grundriss des bürgerlichen Rechts Bd II[13] (2006); *Krejci*, Privatrecht[8] (2010); *Krejci* (Hg), Reform-Kommentar UGB-ABGB (2007); *Krejci* (Hg), UGB/ABGB online – Reform-Kommentar zum UGB-ABGB (rdb.manz.at); *Kothbauer/Malloth*, Mietrecht[2] (2013); *Perner/Spitzer/Kodek*, Bürgerliches Recht[4] (2014); *Rummel* (Hg), Kommentar zum ABGB, Bd I[3] (2007), Bd II[3] (2007); *Rummel/Lukas* (Hg), Kommentar zum ABGB[4] – Teilband Vertragsrecht (2014); *Rummel/Lukas* (Hg), Kommentar zum ABGB (rdb.manz.at); *Schuhmacher/Haybäck*, Schuldverträge[8] (2014); *Schwimann/Kodek* (Hg), Praxiskommentar zum Allgemeinen bürgerlichen Gesetzbuch samt Nebengesetzen, Bd I[4] (2011), Ergänzungsband zu Bd I[4] (2013), Bd II[4] (2012), Bd III[4] (2012), Bd IV[4] (2014), Bd V[4] (2014), Bd VI[3] (2006), Bd VII[3] (2005), Ergänzungsband zu Bd IV[3] bis VII[3] (2007); *Schwimann/Kodek* (Hg), Praxiskommentar zum Allgemeinen bürgerlichen Gesetzbuch samt Nebengesetzen, Bd I[4], Ergänzungsband zu Bd I[4], Bd II[4], Bd III[4], Bd IV[4], Bd V[4], Bd VI[3], Bd VII[3], Ergänzungsband zu Bd IV bis VII[3] (www.lexisnexis.com/at); *Schwimann* (Hg), ABGB – Taschenkommentar[2] (2012); *Schwimann* (Hg), ABGB – Taschenkommentar[2] (www.lexisnexis.com/at); *Tades/Hopf/Kathrein/Stabentheiner*, Das Allgemeine bürgerliche Gesetzbuch – ABGB[37] (2009); *Zankl*, Bürgerliches Recht[6] (2012).

A Grundlagen

Die Wurzeln des ABGB reichen bis in die Mitte des 18. Jahrhunderts 33
zurück. Die damalige Zeit war geprägt durch eine Vielzahl unterschiedlicher Kodifikationen und Landrechte, mit deren Zusammenfas-

sung im Jahr 1753 begonnen wurde. Das Ergebnis war der **„Codex Theresianus“** aus dem Jahr 1766, der ein umfangreiches, aber auch unübersichtliches Gesetzeswerk darstellte, weshalb rasch der Ruf nach entsprechenden Kürzungen und Vereinfachungen laut wurde. Einer der führenden Rechtsgelehrten der damaligen österreichisch-ungarischen Monarchie nahm sich der umfangreichen Materie an; der nach ihm benannte **„Entwurf Horten“** wurde schließlich als **„Josephinisches Gesetzbuch“** im Jahr 1786 kundgemacht.

34 Die Leistung **Hortens**, die komplexe Rechtsmaterie in eine logisch anwendbare Form zu gießen, ist unübersehbar; dennoch war das Josephinische Gesetzbuch in Bezug auf die praktische Anwendbarkeit noch unausgereift und dadurch überarbeitungsbedürftig. 1797 trat das reformierte Josephinische Gesetzbuch in dem Entwurf von **Martini** in Westgalizien und kurze Zeit später als **„Westgalizisches Gesetzbuch“** in Ostgalizien in Kraft. Die Bearbeitung dieses Gesetzbuches wurde durch eine Kommission fortgesetzt, deren Kommissionsreferent **Franz von Zeiller** war, der einen wesentlichen Beitrag zur Endredaktion leistete.

35 Das Ergebnis der Kommission wurde schließlich durch das Kaiserliche Patent vom 1.6.1811 als **„Allgemeines Bürgerliches Gesetzbuch“** (ABGB) kundgemacht, das mit 1.1.1812 in Kraft trat.

36 Mit der Kundmachung des ABGB im Jahr 1811 ist jedoch **kein Stillstand** in der Entwicklung des Privatrechtes eingetreten; vielmehr erfolgte eine Vielzahl von Novellen und es wurde eine Reihe selbständiger Nebengesetze geschaffen. Obwohl das ABGB seit seiner Kundmachung eine erhebliche Anzahl von Änderungen erfahren hat, trägt es dennoch in weiten Bereichen noch immer die Handschrift der Legisten des frühen 19. Jahrhunderts.

36/1 In der jüngeren Vergangenheit wurde das ABGB ua durch das **Gewährleistungsrechts-Änderungsgesetz** (GewRÄG, BGBl I 2001/48), durch welches die einschlägige EU-Richtlinie umgesetzt wurde, sowie etwa durch die Novelle BGBl I 2003/91 (im Bereich des „Nachbarrechts“) oder durch die Novelle BGBl I 2008/100 (im Bereich des „Grundbuchrechts“) geändert. Des Weiteren wurde zuletzt das im ABGB enthaltene Familienrecht durch das so genannte Familienrechts-Änderungsgesetz (FamRÄG 2009, BGBl I 2009/75) überarbeitet.

36/2 Die letzten wichtigen Novellen waren das **Darlehens- und Kreditrechts-Änderungsgesetz** (DaKRÄG, BGBl I 2010/28), das **Verbraucherrechte-Richtlinie-Umsetzungsgesetz** (VRUG, BGBl I 2014/33) und vor allem das **Erbrechts-Änderungsgesetz 2015** (ErbRÄG 2015, BGBl I, 2015/87. Seit dem Beitritt Österreichs zur EU findet zudem ein kontinuierlich verlaufender Prozess der Vereinheitlichung des Zivilrechts und der betreffenden Normen statt.

Aus dem ABGB hat sich eine Reihe von **Sonderprivatrechten** entwickelt, die für die rechtliche Organisation des Wirtschaftslebens von wesentlicher Bedeutung sind. Dabei handelt es sich insbes um 37

- das **Unternehmensrecht (früher: Handelsrecht)** als Sonder(privat)recht der Unternehmer bzw Kaufleute (s dazu Rz 525 ff),
- das **Mietrecht** als Sonderprivatrecht der Vermieter und Mieter,
- das **Arbeitsrecht** als Sonder(privat)recht der Arbeitnehmer sowie
- das **Verbraucherrecht** als Sonder(privat)recht der Verbraucher (s dazu Rz 209 f).

Diese Sonderprivatrechte bilden im Verhältnis zum ABGB als dem generellen Recht **(lex generalis)** die entsprechenden „Sonderrechte" **(lex specialis)**. Dabei ist von Bedeutung, dass spezielle Normen die generellen Normen verdrängen bzw derogieren (lex specialis derogat legi generali; s dazu Rz 32/1). Trotz der Ausformung diverser Sonderprivatrechte gilt das ABGB nach wie vor als eine der tragenden Säulen unseres Rechtssystems. Sofern nämlich die Spezialnormen keine präzisen Regelungen vorsehen, wird auf die Generalnormen des ABGB zurückgegriffen, in denen regelmäßig ein rechtlicher Rahmen für ein Tun oder Unterlassen festgelegt ist. 38

Beim **Internationalen Privatrecht** handelt es sich weder um Privatrecht noch um internationales Recht, sondern vielmehr um ein nationales Verweisungsrecht. Dieses ist für jene Fälle von Bedeutung, in denen es bezüglich privatrechtlicher Angelegenheiten zu Auslandsberührungen kommt (zB ein österreichischer Autohändler verkauft ein mangelhaftes Kraftfahrzeug nach Deutschland). In Österreich gilt auf diesem Gebiet ua das Gesetz über das internationale Privatrecht (IPRG) und galt bereits seit Ende 1998 auch das Europäische Schuldvertragsübereinkommen (EVÜ), welches per 17.12.2009 durch die europäische „Verordnung 593/2008 vom 17.6.2008 über das auf vertragliche Schuldverhältnisse anzuwendende Recht" („Rom I-VO") ersetzt wurde. Von Bedeutung sind überdies die europäische „Verordnung 864/2007 vom 11.7.2007 über das auf außervertragliche Schuldverhältnisse anzuwendende Recht" („Rom II-VO") sowie die „Verordnung 1259/2010 vom 20.12.2010 zur Durchführung einer Verstärkten Zusammenarbeit im Bereich des auf die Ehescheidung und Trennung ohne Auflösung des Ehebandes anzuwendenden Rechts" (Rom III-VO"). Daneben besteht eine Reihe von bilateralen (zwischenstaatlichen) Vereinbarungen, die dem IPRG in ihrer Rangordnung (ebenso wie das einschlägige EU-Recht) vorgehen. 39

B Rechtssubjekte

40 **Rechtssubjekte** sind Träger von Rechten und Pflichten. Sie können über Sachen (Rechtsobjekte; s dazu Rz 91 ff) verfügen. Bezüglich der Rechtssubjekte wird zwischen natürlichen und juristischen Personen unterschieden.

1 Natürliche Personen

a Grundsätzliches

41 Gem § 16 ABGB hat jeder Mensch „angeborene, schon durch die Vernunft einleuchtende Rechte und ist daher als eine Person zu betrachten“. Demnach kommt jedem Menschen die **Rechtsfähigkeit** zu, dh er kann Träger von Rechten und Pflichten sein. Grundsätzlich beginnt die Rechtsfähigkeit mit der vollendeten Geburt und endet mit dem Tod des Menschen. In bestimmten Fällen kann aber auch dem Ungeborenen (nasciturus) Rechtsfähigkeit zukommen (§ 22 ABGB).

42 Von der Rechtsfähigkeit ist die **Handlungsfähigkeit** zu unterscheiden. Diese vermittelt die Fähigkeit, sich einerseits durch eigenes rechtsgeschäftliches Handeln zu berechtigen oder zu verpflichten **(Geschäftsfähigkeit)**, und andererseits durch eigenes Verhalten schadenersatzpflichtig zu werden **(Deliktsfähigkeit)**.

b Geschäftsfähigkeit

43 Trotz der in § 16 ABGB gesetzlich verankerten Rechtsfähigkeit natürlicher Personen können diese nicht von Geburt an ihre Interessen hinreichend wahrnehmen. Es ist nahe liegend, dass beispielsweise ein zweijähriges Kind nicht selbst rechtsgeschäftliche Handlungen vornehmen kann. Der Gesetzgeber hat auf die langsam heranreifende Geschäftsfähigkeit natürlicher Personen Rücksicht genommen und sie daher nach Altersstufen unterschiedlich ausgestaltet.

44 **(Unmündige) Minderjährige** bis zu einem Alter von sieben Jahren (**„Kinder“**) können gem § 170 Abs 1 ABGB ohne ausdrückliche oder stillschweigende Einwilligung des gesetzlichen Vertreters rechtsgeschäftlich weder verfügen noch sich verpflichten. Personen in dieser Altersstufe sind demnach vollkommen geschäftsunfähig. Dennoch sieht der Gesetzgeber eine Ausnahme vor: Die von Minderjährigen dieses

Alters üblicherweise geschlossenen Rechtsgeschäfte über geringfügige Angelegenheiten des täglichen Lebens (zB Kauf einer Tafel Schokolade) können wirksam abgeschlossen werden, sofern die das Kind treffenden Verpflichtungen sofort erfüllt werden (§ 170 Abs 3 ABGB). Als zulässig wird auch angesehen, wenn in dieser Altersgruppe Geschenke von geringem Wert selbständig angenommen werden.

(Unmündige) Minderjährige im Alter von sieben bis 14 Jahren 45
können für sie vorteilhafte Versprechen, zB in Form eines Schenkungsvertrages, rechtswirksam abschließen. Sonstige verpflichtende Geschäfte des unmündigen Minderjährigen sind schwebend unwirksam. Ein solcherart mit einem unmündigen Minderjährigen abgeschlossenes Rechtsgeschäft ist nichtig, sofern nicht gem § 865 ABGB innerhalb angemessener Frist der gesetzliche Vertreter (das ist idR ein Elternteil, s dazu Rz 68 f) diesem Geschäft zustimmt. Bis zu dieser Zustimmung ist der Geschäftspartner des unmündigen Minderjährigen an seine Erklärung gebunden, kann aber eine angemessene Frist zur Erklärung verlangen.

(Mündigen) Minderjährigen im Alter von 14 bis 18 Jahren kom- 46
men alle Rechte, die auch den unmündigen Minderjährigen eingeräumt sind, zu. Überdies können mündige Minderjährige bestimmte Dienstverträge (nicht: Lehr- oder Ausbildungsverträge) abschließen und über ihr Einkommen aus eigenem Erwerb sowie über Sachen, die ihnen überlassen wurden, frei verfügen, sofern dadurch keine Gefährdung in der Befriedigung ihrer Lebensbedürfnisse eintritt (vgl § 170 Abs 2 und § 171 ABGB). In § 173 ABGB ist geregelt, dass „einsichts- und urteilsfähige Kinder“ Einwilligungen in medizinische Behandlungen nur selbst erteilen können; bei mündigen Minderjährigen (14 bis 18-Jährige) wird das Vorliegen der Einsichts- und Urteilsfähigkeit vermutet.

Volljährige – das sind Personen ab dem vollendeten 18. Lebensjahr 47
(§ 21 Abs 2 ABGB) – sind gewöhnlich voll geschäftsfähig, dh sie können alle zulässigen Rechtsgeschäfte tätigen.

Volljährigkeit bedeutet aber nicht unbedingt in jedem Fall auch volle 48
Geschäftsfähigkeit. Personen, die **„den Gebrauch der Vernunft nicht haben“** (zB Geisteskranke, aber auch ein Betrunkener für die Dauer seiner Trunkenheit), sind – von der Möglichkeit zum Abschluss von kleinen Alltagsgeschäften abgesehen – grundsätzlich geschäftsunfähig (§ 865 iVm § 170 Abs 3 ABGB). Einer an und für sich geschäftsunfähigen Person kommt im Rahmen eines **„lichten Moments“** (lucidum intervallum) hingegen die Geschäftsfähigkeit zu, sofern kein Sachwalter bestellt ist. In den Fällen des Bestehens einer andauernden Geschäftsunfähigkeit kann durch gerichtlichen Beschluss ein **Sachwalter** bestellt werden (§§ 273 ff ABGB), sofern von der betroffenen Person nicht eine so genannte **Vorsorgevollmacht** (§ 284f ff ABGB) errichtet worden ist. Was den Umfang der Befugnis-

se des Sachwalters betrifft, so kann dieser in Abhängigkeit vom Grad der Behinderung und der zu besorgenden Angelegenheiten

- mit der Besorgung **aller rechtlichen Angelegenheiten** oder
- mit der Besorgung **bestimmter Arten von Rechtshandlungen** (zB mit der Verwaltung eines Vermögensteils) oder auch nur
- mit der Besorgung **einzelner rechtlicher Angelegenheiten** (zB Abschluss eines Vertrages) betraut werden (§ 268 Abs 3 ABGB).

Eine solcherart von einem Sachwalter obsorgte natürliche Person ist in Fragen der Geschäftsfähigkeit weitgehend einem unmündigen Minderjährigen gleichgestellt (§ 280 ABGB). Allerdings lässt § 268 Abs 4 ABGB zu, dass – abhängig vom Grad der Behinderung – das Gericht der besachwalterten Person hinsichtlich bestimmter Sachen oder ihres Einkommens oder eines Teiles davon die **Verfügungsgewalt** belässt. Für eine Person kann immer nur ein Sachwalter bestellt werden. Wenn der Grund für die Sachwalterbestellung weggefallen ist, hat das Gericht die Bestellung aufzuheben (§ 278 Abs 2 ABGB).

48/1 Wie bereits erwähnt, ist ein Sachwalter nicht zu bestellen, sofern eine **Vorsorgevollmacht** (§ 284f ABGB) errichtet worden ist. Die Vorsorgevollmacht ist eine Vollmacht, die nach ihrem Inhalt dann wirksam werden soll, wenn der Vollmachtgeber die erforderliche Geschäftsfähigkeit verliert. In der Vorsorgevollmacht müssen alle Angelegenheiten ganz genau angeführt sein, für deren Besorgung (für den Fall des Verlustes der Geschäftsfähigkeit) die Vollmacht erteilt wird. Der Bevollmächtigte darf nicht in einem **Abhängigkeitsverhältnis** oder in einer anderen engen Beziehung zu einer Krankenanstalt, einem Heim oder einer sonstigen Einrichtung stehen, in der sich der Vollmachtgeber aufhält oder von der dieser betreut wird (§ 284f Abs 1 ABGB). Damit eine derartige Vollmacht wirksam ist, muss sie vom Vollmachtgeber **eigenhändig geschrieben und unterschrieben** werden; ist die Vollmacht nicht eigenhändig geschrieben worden, muss sie zu ihrer Gültigkeit von drei tauglichen Zeugen schriftlich bestätigt werden (§ 284f Abs 2 ABGB).

48/2 Durch § 284b ABGB ist grundgelegt, dass in bestimmten Fällen auch eine **Vertretungsbefugnis nächster Angehöriger** besteht. Eltern, Kinder, Ehegatte oder Lebensgefährte können nämlich betreffend die erforderlichen Geschäfte des täglichen Lebens sowie betreffend die Deckung des Pflegebedarfes Vertretungshandlungen für volljährige, geschäftsunfähige Personen vornehmen, soweit derartige Geschäfte den (üblichen) Lebensverhältnissen des Geschäftsunfähigen entsprechen (§ 284b Abs 1 ABGB). Der Vertretungsbefugnis der angeführten nächsten Angehörigen kann jederzeit wirksam vom Vertretenen widersprochen werden (§ 284d Abs 2 ABGB). Wer im Rahmen der dargestellten gesetzlichen Bestimmungen der §§ 284b ff ABGB Vertretungshandlungen setzen will, hat sich im österreichischen zentralen **Vertretungsverzeichnis** registrieren zu lassen (§ 284e Abs 2 ABGB).

Sofern eine Person psychisch krank ist und für sich oder die Umwelt eine ernstliche und erhebliche Gefährdung darstellt, kann gem den Bestimmungen des Unterbringungsgesetzes (UbG, BGBl 1990/155 idgF) eine **Unterbringung** in einer psychiatrischen Abteilung einer Krankenanstalt erfolgen, sofern die Gefährdungslage nicht durch andere Maßnahmen (zB ambulante Behandlung) abgewendet werden kann. Die zwangsweise Unterbringung ist nur auf der Basis eines ärztlichen Zeugnisses des zuständigen Abteilungsleiters der Krankenanstalt möglich; auf Verlangen des Betroffenen oder dessen Vertreters ist ein weiteres Gutachten zu erstellen (§ 10 UbG). Für jede untergebrachte Person ist vom zuständigen Gericht ein Patientenanwalt zu bestellen (§ 13 Abs 1 UbG). **49**

c Deliktsfähigkeit

Gem § 176 ABGB sind natürliche Personen mit dem vollendeten 14. Lebensjahr als **mündige Minderjährige** deliktsfähig. Der Gesetzgeber geht davon aus, dass mit Erreichen dieser Altersstufe ein Jugendlicher sehr genau zwischen Recht und Unrecht im Rahmen der gesetzlichen Schranken unterscheiden kann. Im Fall des Bestehens einer dauernden oder vorübergehenden Sinnesverwirrung ist keine Deliktsfähigkeit gegeben. Wer sich allerdings schuldhaft in einen Zustand versetzt, der die Deliktsfähigkeit ausschließt, ist sehr wohl haftbar (§ 1307 ABGB). **50**

Für **Kinder** und **unmündige Minderjährige** haften grundsätzlich die Aufsichtspersonen. Dies gilt jedoch nur dann, wenn sie ihre Aufsichtspflichten schuldhaft vernachlässigt haben (§ 1309 ABGB). Verursachen unmündige Minderjährige einen Schaden und fehlen die Haftungsvoraussetzungen der Aufsichtspersonen gem § 1309 ABGB, kann uU auch ein Jugendlicher in der Altersstufe zwischen sieben und 14 Jahren ersatzpflichtig werden (**„Billigkeitshaftung“**, § 1310 ABGB). Die Ersatzpflicht richtet sich in derartigen Fällen nach dem altersabhängigen Bewusstsein des unmündigen Minderjährigen über die Unrechtmäßigkeit der Tat sowie nach seiner Vermögenslage (zB der Minderjährige ist ein reicher Erbe; es besteht eine entsprechende Haftpflichtversicherung). Die Beurteilung, ob dem minderjährigen Schädiger die Unrechtmäßigkeit seiner Handlung bewusst sein musste, sowie die Höhe einer Ersatzleistung liegen im Ermessen des Richters. **51**

2 Juristische Personen

a Begriff und Arten

52 Im Gegensatz zu den natürlichen Personen sind juristische Personen keine physischen, sondern **„virtuelle" Subjekte"**, denen die Rechtsordnung entsprechende Rechtspersönlichkeit zuerkennt. Das ABGB verwendet den Begriff der juristischen Person nicht, sondern spricht von einer „moralischen Person", einer „erlaubten Gesellschaft" oder von „Gemeinden" (§§ 26 f ABGB).

53 Ganz allgemein kann in Hinblick auf das **Wesen der juristischen Person** festgehalten werden, dass es sich dabei um ein Gebilde handelt, dem von der Rechtsordnung die Eigenschaft zuerkannt wird, Träger von Rechten und Pflichten sein zu können. Dabei sind die Rechte und Pflichten, welche der juristischen Person zukommen, streng von jenen Rechten und Pflichten zu trennen, welche von jenen physischen Personen getragen werden, aus denen sich die juristische Person zusammensetzt. Weiters ist für das Wesen der juristischen Person charakteristisch, dass ihr Bestand und ihre Tätigkeit von ihren Mitgliedern unabhängig sind und das Vermögen der juristischen Person grundsätzlich in ihrem Volleigentum steht.

54 Als juristische Personen der österreichischen Rechtsordnung sind zunächst die **Personenverbände** anzuführen, die durch Zusammenschluss von natürlichen oder juristischen Personen entstehen und eine entsprechende Organisation aufweisen, wobei die Interessen von Verband und Mitgliedern idR voneinander abgrenzbar sind. Dazu zählen etwa die Körperschaften des öffentlichen Rechts (zB Bund, Länder, Gemeinden, Kammern, Sozialversicherungsträger), Parteien, Vereine, Genossenschaften und Kapitalgesellschaften (zB GmbH, AG). Im Unterschied dazu verfügen die **Vermögensgesamtheiten** über keine Mitglieder; es handelt sich dabei idR um entsprechende Vermögen, die mit einem bestimmten Widmungszweck versehen sind, der regelmäßig Destinatäre (Begünstigte) aufweist (zB Stiftungen, Fonds und Anstalten).

55 Weiters ist zwischen den **juristischen Personen des privaten Rechts** und den **juristischen Personen des öffentlichen Rechts** zu trennen. Als wesentliches Unterscheidungselement kann zunächst hervorgehoben werden, dass erstere auf freiwilliger Mitgliedschaft beruhen, während bei letzteren in aller Regel eine Zwangsmitgliedschaft festzustellen ist. Juristische Personen des öffentlichen Rechts können in Körperschaften (zB Bund), Anstalten (zB Krankenanstalt) und Fonds (zB Steiermärkischer Wissenschaftsfonds) eingeteilt werden; sie sind meist mit hoheitlichen Befugnissen ausgestattet und

(auch) zur Wahrnehmung von Aufgaben der öffentlichen Verwaltung berufen.

b Entstehung (Gründung)

Die Gründung einer **juristischen Person des öffentlichen Rechts** erfolgt idR durch einen staatlichen Gründungsakt (zB durch Gesetz) und wird in entsprechenden Publikationsorganen (zB im BGBl) ausdrücklich verlautbart. 56

Eine **juristische Person des privaten Rechts** entsteht idR in einem zweistufigen Verfahren. Der erste Teil besteht in der Vornahme eines privatrechtlichen Gründungsaktes; bei Kapitalgesellschaften ist das der Abschluss des Gesellschaftsvertrages (Satzung). Der zweite Teil wird durch den öffentlich-rechtlichen Akt der Anerkennung gebildet, der etwa bei einer GmbH oder AG durch die Eintragung in das Firmenbuch dokumentiert wird oder beim Verein in der behördlichen „Nichtuntersagung" bzw der so genannten „Einladung zur Aufnahme der Vereinstätigkeit" durch die Behörde besteht (s dazu Rz 742). 57

c Geschäftsfähigkeit

Juristische Personen sind „künstliche" Subjekte und können dementsprechend nicht unmittelbar selbst handeln; sie müssen sich dazu zwangsläufig natürlicher Personen bedienen, welche die notwendigen Vertretungshandlungen (**organschaftliche Vertretung**, Rz 70) ausführen. In welcher Form und durch welche Organe die juristische Person vertreten wird, bestimmt im Regelfall der Gesellschaftsvertrag. Dieser ist teilweise zwingenden gesetzlichen Regelungen bezüglich der organschaftlichen Vertretung unterworfen. 58

d Deliktsfähigkeit

Juristische Personen können auch physisch keine Delikte begehen. Dennoch nimmt das ABGB juristische Personen von der Deliktsfähigkeit nicht aus, sondern es begründen vielmehr die Handlungen der **statutarisch berufenen Organe** auch eine entsprechende Haftung der juristischen Person. Überdies kann eine Haftung der juristischen Person auch durch Handlungen von leitenden Personen mit größerem eigenständigen Verantwortungsbereich (**Machthaber**; § 337 ABGB) sowie im Wege der **Gehilfenhaftung** (§§ 1313a und 1315 ABGB, s dazu Rz 502 ff) begründet werden. 59

60 Bezüglich der **verwaltungsstrafrechtlichen Verantwortlichkeit** gilt, dass grundsätzlich die zur Vertretung der juristischen Person nach außen Berufenen einzustehen haben, sofern nicht eigens so genannte „verantwortliche Beauftrage" bestellt worden sind (§ 9 VStG).

60/1 Von Bedeutung ist überdies, dass juristische Personen seit dem In-Kraft-Treten des **Verbandsverantwortlichkeitsgesetzes** (VbVG, BGBl I 2005/151 idgF) für strafbare Handlungen ihrer Mitarbeiter bzw Entscheidungsträger verantwortlich gemacht werden können. Selbstverständlich kann eine juristische Person nicht „ins Gefängnis gesteckt werden", doch können gem VbVG vom Strafgericht Geldbußen verhängt werden.

61 Die juristische Person kann sich bei unrechtmäßigen bzw unverhältnismäßigen Handlungen ihrer Organe bzw Machthaber grundsätzlich an diesen **regressieren**.

C Stellvertretung

1 Grundsatz

62 Dem allgemeinen **Grundsatz der Privatautonomie** und einem großen **praktischen Bedürfnis** entsprechend können sich Rechtssubjekte bei der Vornahme von Rechtshandlungen (zB dem Abschluss eines Rechtsgeschäftes) vertreten lassen. Ein eingesetzter Stellvertreter handelt in dieser (befugten) Stellvertretungsfunktion rechtswirksam für den Vertretenen, den er im Rahmen der ihm übertragenen Aufgaben bestmöglich zu vertreten hat.

63 Im Rahmen der **aktiven Stellvertretung** kann der Stellvertreter für den Vertretenen rechtsverbindlich eine Willenserklärung abgeben; ein solcherart „aktiver" Stellvertreter kann beispielsweise rechtsverbindlich ein Anbot für den Vertretenen abgeben. Die **passive Stellvertretung** bezieht sich hingegen bloß auf die Entgegennahme von Erklärungen; sie bewirkt, dass eine vom Stellvertreter entgegengenommene Erklärung eines Dritten (zB die Kündigung des Vermieters oder die Mängelanzeige des Käufers) als dem Vertretenen zugegangen gilt.

64 Voraussetzung für eine wirksame Stellvertretung ist zunächst das **Vorliegen von Vertretungsmacht**; der Vertreter muss also die Befugnis haben, den Vertretenen zu vertreten. Je nach der Grundlage dieser Befugnis unterscheidet man zwischen gesetzlicher, organschaftlicher und rechtsgeschäftlicher Stellvertretung (s dazu Rz 68 ff).

65 Der Vertreter muss ferner dem Dritten gegenüber deutlich machen, dass er für den Vertretenen agiert. Für eine wirksame Stellvertretung

genügt es daher nicht, dass bloß „auf Rechnung“ des Vertretenen gehandelt wird; erforderlich ist vielmehr, auch „im Namen“ des Vertretenen zu handeln **(Offenlegungsgrundsatz)**. Wird hingegen zwar auf Rechnung eines anderen, aber im eigenen Namen gehandelt, so spricht man von **„mittelbarer Stellvertretung“**. Hierbei treten die Rechtswirkungen des Verhaltens nicht direkt beim Vertretenen, sondern (zunächst) beim Stellvertreter ein, der den Erfolg seiner Tätigkeit allenfalls im Zuge eines weiteren Rechtsgeschäftes an den Vertretenen herauszugeben hat.

Allerdings können nicht alle Rechtsgeschäfte durch einen Stellvertreter rechtsverbindlich abgeschlossen werden. Diese **stellvertretungsfeindlichen Rechtsgeschäfte**, wie die Eheschließung oder die letztwillige Verfügung (Testament), obliegen der höchstpersönlichen Eigendisposition des jeweiligen Rechtssubjektes. **66**

Vom Stellvertreter zu unterscheiden ist der **Bote**, der einem Dritten lediglich eine Willenserklärung eines anderen überbringt. Der **Vermittler** ist ebenfalls kein Vertreter eines anderen; seine Funktion besteht primär darin, potenzielle Vertragspartner zusammenzuführen, die dann gegebenenfalls selbst ein Rechtsgeschäft abschließen. Auch der **Treuhänder**, der grundsätzlich im eigenen Namen im Interesse von Dritten handelt, ist nicht als Stellvertreter zu qualifizieren. **67**

2 Begründungsarten

a Gesetzliche Stellvertretung

Bestimmten Rechtssubjekten wird direkt durch gesetzliche Normen die Vertretungsbefugnis eingeräumt. So sind zB die Eltern des minderjährigen ehelichen Kindes gleichzeitig auch dessen **gesetzliche Vertreter** (§ 158 ABGB). Wirksam ist hierbei grundsätzlich bereits die Vertretungshandlung eines Elternteiles (§ 167 Abs 1 ABGB; s aber auch § 167 Abs 2 und Abs 3 ABGB). **68**

Sind die Eltern nicht mehr vorhanden (zB verstorben) oder wurde ihnen die Obsorge entzogen, so ist eine **Obsorge durch andere Personen** möglich, denen dann auch die Funktion als Stellvertreter der betroffenen Minderjährigen zukommt (§§ 204 ff ABGB). **69**

b Organschaftliche Stellvertretung

70 Wie bereits erwähnt, sind juristische Personen, aber auch Gesamthandschaften (s dazu Rz 142 und 617) als „künstliche Gebilde“ an sich nicht handlungsfähig und müssen daher durch natürliche Personen vertreten werden. Diese **organschaftliche Vertretung** unterliegt den besonderen gesetzlichen Vorschriften des Gesellschaftsrechts (dazu insbes Rz 635 ff und 690).

c Rechtsgeschäftliche Stellvertretung

71 Eine rechtsgeschäftliche Stellvertretung wird durch ein Rechtsgeschäft begründet. Wesentlich bei der rechtsgeschäftlichen Stellvertretung ist, dass der Stellvertreter vom Vertretenen durch eine entsprechende **Vollmachtserteilung** (s dazu Rz 73 ff) zur Vornahme der Vertretungshandlung berechtigt wird.

72 Bemerkenswert ist, dass der Stellvertreter den Vertretenen selbst dann bindet, wenn der Stellvertreter die Kriterien der vollen Geschäftsfähigkeit nicht erfüllt (§ 1018 ABGB); es ist davon auszugehen, dass der Stellvertreter aber zumindest **beschränkt geschäftsfähig** sein muss. Der Vollmachtgeber muss hingegen jedenfalls ausreichend geschäftsfähig sein.

3 Vollmacht

a Begriff und Abgrenzung

73 Unter **Vollmacht** wird regelmäßig die dem Stellvertreter zustehende Rechtsmacht (zur Vertretung) verstanden; gelegentlich ist damit aber auch jene Urkunde gemeint, in welcher die Stellvertretungsbefugnis festgeschrieben ist (§ 1005 ABGB). Die Einräumung der Vollmacht selbst stellt sich als **einseitiges Rechtsgeschäft** dar. Auf Grund des besonderen Vertrauensverhältnisses zwischen Vollmachtgeber und Vollmachtnehmer darf letzterer eine weitere Vollmacht bzw Untervollmacht grundsätzlich nur mit Zustimmung des Vollmachtgebers erteilen (§ 1010 ABGB).

74 Bei der Vollmachtserteilung sind grundsätzlich **keine besonderen Formvorschriften** zu beachten (§ 1005 ABGB); es genügt idR der bloße (mündliche) Hinweis auf das Bestehen einer Vollmacht. Ausnahmen von dieser Regel bestehen freilich auch dabei (zB Erteilung

einer Prozessvollmacht). Sofern eine Vollmacht nicht schriftlich erteilt wurde, ist ihr Umfang aus dem Gegenstand und der Natur des Geschäftes zu beurteilen (§ 1029 Abs 1 ABGB).

Nicht zu verwechseln ist eine Vollmacht mit einem Auftrag oder einer Ermächtigung. Ein **Auftrag** wirkt nur im (Innen-)Verhältnis zwischen Auftraggeber und Auftragnehmer, weshalb der Auftragnehmer den Auftraggeber im Gegensatz zur Vollmacht nicht im Verhältnis zu einem Dritten unmittelbar berechtigen oder verpflichten kann. Gleiches wie für den Auftrag gilt auch für die **Ermächtigung**, wobei der Ermächtigte im Unterschied zum Beauftragten nicht zu einem Tätigwerden verpflichtet ist; er hat bloß die Möglichkeit dazu. 75

b Vollmachtsarten

In welchem **Umfang** ein Vollmachtgeber seinen Stellvertreter bevollmächtigen möchte, obliegt seinem eigenen Ermessen. Je nach Art des Geschäftes können unterschiedliche Arten einer Vollmacht erteilt werden (§§ 1006 ff ABGB und §§ 48 ff UGB). 76

Verfolgt der Vollmachtgeber das Interesse, sich nur bei einem konkreten Rechtsgeschäft vertreten zu lassen (zB Kauf einer Wohnung), so kann er seinen Vertreter mit einer **Einzelvollmacht** ausstatten. Bestimmte Rechtsgeschäfte können in gewissen Fällen trotz einer weiterreichenden Vollmacht nicht ohne eine zusätzliche Einzelvollmacht abgeschlossen werden. So kann etwa ein Bevollmächtigter nur auf Grundlage einer Einzelvollmacht einen Gesellschaftsvertrag für den Vollmachtgeber abschließen (vgl § 1008 ABGB). 77

Wenn eine Vollmacht auf bestimmte Arten von Geschäften begrenzt werden soll, bedient man sich einer **Gattungsvollmacht** (zB ständiger Einkauf von bestimmten Rohstoffen oder Betriebsmitteln). 78

Soll hingegen der Stellvertreter für alle Geschäfte, die einer Vollmacht zugänglich sind, bevollmächtigt werden, kann dies mit einer **Generalvollmacht** geschehen. 79

Das UGB kennt neben diesen drei Vollmachtsarten die **Handlungsvollmacht** und die **Prokura**. Während sich die Prokura auf grundsätzlich alle Geschäfte und Rechtshandlungen erstreckt, die der Betrieb eines Unternehmens mit sich bringt, ist die Handlungsvollmacht demgegenüber nicht so weit reichend (s dazu Rz 557 ff). 80

Vollmachten können – wie erwähnt – formfrei erteilt werden. Um Unklarheiten zu vermeiden, ist jedenfalls die schriftliche Erteilung zu empfehlen. Zu beachten ist, dass eine Bevollmächtigung uU auch durch schlüssiges Handeln zustande kommen kann. Ausformungen sind die **Duldungsvollmacht**, bei der durch Duldung bestimmter vollmachtsfähiger Handlungen eine schlüssige Vollmachtserteilung erfolgt. Werden etwa durch einen Angestellten ständig Waren be- 81 stellt, die der Geschäftsherr anstandslos bezahlt, kann dieser bei einer gleichartigen Bestellung die Zahlung nicht deshalb verweigern, weil der Angestellte nicht ausdrücklich bevollmächtigt worden war. Ähnliches gilt für die **Anscheinsvollmacht**, bei der ein Vertretener den Anschein einer Bevollmächtigung des scheinbaren Stellvertreters gesetzt hat. Wenn zB dem Geschäftsherrn bekannt ist, dass Briefpapier und Firmenstempel bereits einmal ohne seinen Willen im Umlauf waren, kann sich dieser nicht auf eine fehlende Bevollmächtigung berufen, sofern er Geschäftspapier und Firmenstempel weiterhin unversperrt für jedermann zugänglich liegen lässt, und diese Utensilien zur Vollmachtsfälschung verwendet wurden.

c Erlöschen

82 Bezüglich der **Beendigung einer Vollmacht** sind folgende Möglichkeiten denkbar (§§ 1020 ff ABGB):

- Befristete Vollmachten enden durch **Zeitablauf**.
- Sofern die Vollmacht an eine auflösende Bedingung geknüpft ist, endet sie durch **Eintritt der Bedingung**.
- Der **Abschluss** des Geschäftes, für welches die Vollmacht erteilt wurde, bringt diese zum Erlöschen.
- Weiters erlischt die Vollmacht durch **Widerruf** (einseitige Willenserklärung) des Vollmachtgebers,
- durch **Kündigung** des Stellvertreters sowie
- grundsätzlich durch den **Tod** des Vollmachtgebers oder seines Stellvertreters (nicht aber bei der Prokura, s dazu Rz 560) sowie jedenfalls, wenn der Bevollmächtigte verstirbt.

83 Ausnahmsweise können bereits **erloschene Vollmachten fortwirken**. Insbes geschieht dies bei Geschäften, die nicht aufgeschoben werden können. Wenn sich etwa trotz des Todes des Vollmachtgebers ein angefangenes Geschäft nicht ohne offenbaren Nachteil der Erben unterbrechen lässt, erstreckt sich die Vollmacht weiter (§ 1022 und § 1025 ABGB). Weiters ist davon auszugehen, dass gegenüber einer gutgläubigen Person, welcher ohne ihr Verschulden die Vollmachtsaufhebung nicht bekannt geworden ist, die Vollmacht als weiterbestehend anzusehen ist.

84 Für **Verbraucher** (s dazu Rz 209 f) findet sich im KSchG eine besondere Schutzvorschrift, der zufolge der Verbraucher davon ausgehen kann, dass der Vertreter eines Unternehmers alle Rechtshandlungen setzen darf, die derartige Geschäfte grundsätzlich mit sich bringen (§ 10 Abs 1 KSchG). Auf diesen „gewöhnlichen Vollmachtsumfang" kann sich der Verbraucher allerdings dann nicht berufen, wenn er von einer allfälligen Vertretungsbeschränkung wusste. Hat der Verbraucher bloß grob fahrlässig davon nicht Kenntnis genommen,

kann der Unternehmer lediglich vom Vertrag zurücktreten; dieses Rücktrittsrecht muss der Unternehmer unverzüglich ab Kenntnisnahme der Vertretungsüberschreitung geltend machen (§ 10 Abs 2 KSchG). Schließlich ist in § 10 Abs 3 KSchG geregelt, dass der Ausschluss der Rechtswirksamkeit von formlosen (mündlichen) Erklärungen des Vertreters im Namen des Unternehmers unwirksam ist; freilich wird dies nur dann gelten, wenn dem Konsumenten nicht bekannt ist, dass der Vertreter zur Abgabe derartiger Erklärungen nicht befugt ist.

4 Scheinvertreter

Hat der Stellvertreter entweder überhaupt **keine Vertretungsbefugnis** oder **überschreitet** er die ihm eingeräumten Befugnisse zur Vertretung und ist überdies weder eine Anscheins- oder Duldungsvollmacht (s dazu Rz 81) noch eine Fortwirkung erloschener Vollmachten (s dazu Rz 83) gegeben, kommt das Rechtsgeschäft mit dem angeblich Vertretenen grundsätzlich nicht zustande. Möglich ist allerdings, dass der Scheinvertretene das Geschäft nachträglich genehmigt (§ 1016 ABGB). 85

Sofern der angeblich Vertretene das Geschäft nicht nachträglich genehmigt, haftet der Scheinvertreter dem Dritten, der den Vollmachtsmangel weder kannte noch kennen musste, für den entstandenen Vertrauensschaden **(falsus procurator-Haftung)**. Er hat daher grundsätzlich all das zu ersetzen, was der Dritte im Glauben an das Bestehen der Vollmacht an Schaden erlitten hat (§ 1019 ABGB). Sofern dem Dritten der Vollmachtsmangel bekannt gewesen ist, hat er keinen Schadenersatzanspruch; wenn ihm der Mangel hätte bekannt sein müssen, wird der Ersatzanspruch im Verhältnis seines Mitverschuldens gemindert (§ 1304 ABGB). 86

5 Missbrauch der Vertretungsmacht

Überschreitet der Vertreter den ihm im Innenverhältnis erteilten Auftrag und hält sich dabei gleichzeitig an den Umfang der nach außen wirksamen Vollmacht, ist die gesetzte Vertretungshandlung grundsätzlich gültig. Allerdings wird der Stellvertreter seinem Auftraggeber im Innenverhältnis schadenersatzpflichtig. 87

Etwas anderes gilt, wenn der Stellvertreter und der Dritte absichtlich zum Nachteil des Vertretenen zusammenwirken **(Kollusion)**; in diesem Fall kann der Vertretene die Ungültigkeit des auftragswidrigen Geschäftes geltend machen. 88

6 Insichgeschäft

89 Ein Insichgeschäft ist vor allem in zwei Variationen denkbar: Möglich ist zum einen, dass der Vertreter selbst am Geschäftsabschluss mit dem Vertretenen interessiert ist **(Selbstkontrahieren)**. Zum anderen ist es denkbar, dass der Vertreter ein Rechtsgeschäft für zwei oder mehrere Vertretene, für die er vertretungsbefugt ist, abschließt **(Doppelvertretung)**.

90 Auf Grund der für den bzw die Vertretenen damit verbundenen Gefahren sind Insichgeschäfte **grundsätzlich unzulässig**, soweit nicht eine ausdrückliche Genehmigung zur Vornahme derselben eingeräumt wird oder rechtliche Nachteile für den Vertretenen gänzlich auszuschließen sind. Ein ausdrückliches gesetzliches Verbot besteht für den Bereich der gesetzlichen Stellvertretung; diesbezüglich ist die Bestellung eines Kollisionskurators durch das Gericht erforderlich (§§ 273 f ABGB).

D Sachenrecht

1 Allgemeines

91 Bei den Rechtssubjekten handelt es sich – wie dargelegt – um Träger von Rechten und Pflichten; sie allein sind in der Lage, über Sachen als Objekte des Rechtsverkehrs **(Rechtsobjekte)** zu verfügen.

92 Gem § 285 ABGB ist alles, was von einer Person zu unterscheiden ist und dem Gebrauch der Menschen dient, im rechtlichen Sinn eine **Sache**. Auf Grund dieser sehr weit formulierten Bestimmung lassen sich ua auch immaterielle Rechte (wie zB Patentrechte oder Urheberrechte) oder etwa auch Forderungsrechte (zB eine Geldforderung) unter den Sachbegriff des ABGB subsumieren.

93 Die **dinglichen Rechte** beziehen sich auf körperliche Sachen. Bei den **körperlichen Sachen** handelt es sich um solche, die „in die Sinne fallen“ (§ 292 ABGB). In diese Klassifikation würden grundsätzlich auch Tiere fallen, die jedoch gem § 285a ABGB keine Sachen sind und durch „besondere Gesetze“ geschützt werden; allerdings werden die für Sachen geltenden Regeln grundsätzlich auch auf Tiere angewendet.

94 Hingegen sind die **unkörperlichen Sachen** dadurch gekennzeichnet, dass sie ohne unmittelbaren Sachbezug sind; sie können nicht mit den Händen „begriffen“ werden. Dazu zählen etwa die Forderungsrechte oder auch die Immaterialgüterrechte.

2 Grundsätze des Sachenrechts

Da das Recht an körperlichen Sachen als dingliches Recht gegenüber jedermann durchsetzbar sein soll, muss es auch in seiner Existenz von jedermann erkannt werden können. Für das Sachenrecht gilt daher der Grundsatz der **Publizität**, der darin besteht, dass offenkundig sein muss, wem eine Sache zuzuordnen ist. Dieser Grundsatz wird idR dadurch gewährleistet, dass der Berechtigte die Sache in seiner Verfügungsgewalt hat. Bei unbeweglichen Sachen (Liegenschaften) ergibt sich die rechtliche Zugehörigkeit aus der Eintragung ins Grundbuch (s dazu Rz 179 ff). 95

Die Übertragung eines dinglichen Rechtes an einer Sache bedarf sowohl eines rechtlichen Titels (Rechtsgrund) als auch eines rechtlich anerkannten Modus (Erwerbungsart). Fehlen bzw fehlt **Titel** und/oder **Modus**, kann ein Recht an einer Sache grundsätzlich nicht begründet werden. Bei der Veräußerung eines Fernsehers bildet beispielsweise der Kaufvertrag den Titel und die körperliche Übergabe den Modus für den Eigentumsübergang. 96

Die Sachenrechte unterliegen nicht den privatautonomen Gestaltungsmöglichkeiten, sondern dem besonderen sachenrechtlichen **Typenzwang**. Das bedeutet, dass es bloß eine geschlossene Anzahl von Sachenrechten gibt. Die Rechtssubjekte können sich nur jener dinglichen Rechte bedienen, die durch die Rechtsordnung bereitgestellt werden. Zu den dinglichen Rechten zählen das Eigentum, das Pfandrecht, die Dienstbarkeit, die Reallast, das Baurecht und in eingeschränkter Form der Besitz. 97

Der Grundsatz der **Spezialität** bringt zum Ausdruck, dass ein Recht nur an jeweils einer Sache begründet oder geändert werden kann. Das bedeutet, dass zur Rechtsübertragung des (Gesamt-)Vermögens einer Person grundsätzlich jede Sache extra übertragen werden muss. Gem § 302 ABGB können jedoch uU mehrere besondere Sachen als eine Sache angesehen und somit als Ganzes betrachtet werden (**Gesamtsache**; s dazu Rz 109). Weiters gilt zu beachten, dass im Unterschied zur soeben beschriebenen **Einzelrechtsnachfolge**, welche die Übertragung jeder einzelnen Sache erfordert, für den Rechtsübergang bei der so genannten **Gesamtrechtsnachfolge** (zB bei einer Verschmelzung; s dazu Rz 729) bloß ein einziger Übertragungsakt ausreicht. 98

Sachenrechte können nur von demjenigen übertragen werden, der auch eine tatsächliche Berechtigung an der Sache hat. Es gilt der Grundsatz, dass eine Sache nur vom Berechtigten erworben werden kann **(Erwerb vom Berechtigten)**. Durchbrochen wird dieser Grundsatz durch die Möglichkeit des gutgläubigen Erwerbs von beweglichen Sachen vom Nichtberechtigten gem §§ 367 f ABGB (s dazu Rz 147). 99

3 Arten von Sachen

100 Vor allem im ABGB ist eine Reihe von unterschiedlichen Arten von Sachen definiert; an die jeweilige Qualifikation einer Sache sind vom Gesetz **unterschiedliche Rechtsfolgen** geknüpft.

a Öffentliche und private Sachen

101 Die Sachen in einem Staatsgebiet sind entweder Staats- oder Privatgut (§ 286 ABGB). Öffentliche Straßen oder Flüsse etwa sind **öffentliches Gut**, da sie sich im Eigentum des Staates befinden; sie dürfen von jedermann bestimmungsgemäß benützt werden. Ein privates Kraftfahrzeug steht hingegen im Eigentum einer Privatperson; der Staat oder andere Privatpersonen können daran (grundsätzlich) kein Eigentumsrecht geltend machen.

b Herrenlose und nicht herrenlose Sachen

102 Sachen, welche jedermann zur Zueignung überlassen sind (zB weggeworfene Güter), werden als freistehende Sachen **(herrenlose Sachen)** bezeichnet, die sich jeder aneignen kann (vgl §§ 287, 386 ABGB). So haben zB die im (unversperrten und öffentlich zugänglichen) Müllcontainer liegenden alten Zeitschriften keinen Eigentümer mehr, weshalb sie ohne weiters durch Zueignung in die Einflusssphäre eines neuen Eigentümers übertragen werden können. Alle anderen Sachen, die nicht herrenlos sind, müssen einen Eigentümer haben. Zu beachten gilt, dass jene Sachen, die **außer Verkehr** stehen, zwar herrenlose Sachen sind, aber gleichzeitig nur beschränkt oder gar nicht der Aneignung zugänglich sind (zB bestimmte geschützte Tierarten; Bodenschätze).

c Bewegliche und unbewegliche Sachen

103 Sachen, welche ohne Verletzung ihrer Substanz von einer Stelle zur anderen versetzt werden können, sind **beweglich**; im entgegengesetzten Fall sind sie **unbeweglich** (§ 293 ABGB). Eine frei stehende Sitzgruppe kann ohne Weiteres von einem Ort zum anderen transportiert werden, wohingegen ein Ortswechsel eines Einfamilienhauses nicht ohne Substanzverlust des Objektes abgewickelt werden kann. Als unbeweglich sind gem § 293 letzter Satz ABGB allerdings auch Sachen

bzw Gegenstände anzusehen, die das „Zugehör" einer unbeweglichen Sache bilden (zB Tiere eines landwirtschaftlichen Betriebes).

Bemerkenswert ist überdies, dass Bauwerke, die auf fremdem Grund in der Absicht errichtet sind, dass sie nicht stets darauf bleiben sollen **(Superädifikate** bzw **Überbauten)**, gem § 435 ABGB als beweglich angesehen werden; dies gilt selbst dann, wenn derartige Bauwerke mit dem Grundstück fest verbunden sind. Von den Superädifikaten zu unterscheiden ist das so genannte **Kellereigentum** (§ 300 ABGB); an Räumen und Bauwerken, die sich unter der Erdoberfläche der Liegenschaft eines anderen befinden und die nicht der Fundierung von über der Erdoberfläche errichteten Bauwerken dienen (zB Kellern oder Tiefgaragen), kann mit Einwilligung des Liegenschaftseigentümers gesondert Eigentum begründet werden. Im Gegensatz zu den Superädifikaten ist dabei eine Verbücherung im Grundbuch möglich, wodurch diese Räume bzw Bauwerke zu selbständigen unbeweglichen Sachen werden. **104**

d Teilbare und unteilbare Sachen

Sachen, die ohne wesentliche Wertminderung in ihre Einzelteile zerlegt werden können, sind **teilbar**; ansonsten sind sie **unteilbar**. Eine aus einem Tisch und vier Sesseln bestehende Sitzgruppe kann durchaus auch in Einzelteilen ohne wesentliche Schmälerung des Verkaufserlöses veräußert werden; der gemauerte Kamin eines Einfamilienhauses hingegen kann nicht ohne das Haus an sich in das Eigentum eines anderen übertragen werden. **105**

Von Bedeutung ist diese Unterscheidung vor allem beim Bestehen von Miteigentum (s dazu Rz 137 f); sofern dieses an unteilbaren Sachen besteht, sind im Fall der Auflösung der Miteigentumsgemeinschaft lediglich die Veräußerung und die Verteilung des Erlöses daraus möglich **(Zivilteilung)**. **106**

e Hauptsachen, Nebensachen und Gesamtsachen

Nebensachen (Zugehör) sind Sachen, die ohne die Hauptsache nicht gebraucht werden können oder die kraft Gesetzes oder durch den Willen des Eigentümers zum fortdauernden Gebrauch der Hauptsache bestimmt wurden (§ 294 ABGB). **107**

IdR soll der Eigentümer der Hauptsache auch **Eigentümer der Nebensache** sein. Eine Ausnahme bilden Maschinen, die unter der Voraussetzung der Anmerkung der Eigentümerschaft eines anderen als des Liegenschaftseigentümers im Grundbuch als selbständige Sachen qualifiziert werden können. Diese Anmerkung wirkt lediglich fünf **108**

Jahre ab der Eintragung und überdies wohl nur dann, wenn keine untrennbare Verbindung zwischen Maschine und Liegenschaft besteht (§ 297a ABGB).

109 Unter einer **Gesamtsache** versteht man den Inbegriff von mehreren besonderen Sachen, die als eine angesehen werden und idR mit einem gemeinschaftlichen Namen bezeichnet werden (§ 302 ABGB). Gesamtsachen bestehen demnach regelmäßig aus einer Vielzahl gleichgeordneter Sachen. Als Beispiele sind etwa eine Werkstätte, eine Bibliothek, ein Warenlager oder ein Unternehmen anzuführen.

f Verbrauchbare und unverbrauchbare Sachen

110 Sachen, welche ohne ihre Zerstörung oder Verzehrung den gewöhnlichen Nutzen nicht gewähren, heißen **verbrauchbare**; die von entgegengesetzter Beschaffenheit **unverbrauchbare Sachen** (§ 301 ABGB). So werden etwa alle Arten von Lebensmitteln nach deren Kauf regelmäßig durch deren Verzehr verbraucht. Eine unverbrauchbare Sache ist zB ein Grundstück oder ein Kraftfahrzeug.

g Schätzbare und unschätzbare Sachen

111 **Schätzbare Sachen** sind diejenigen, deren Wert durch Vergleich mit anderen bestimmt werden kann. Sachen, deren Wert durch einen Vergleich mit anderen im Verkehr befindlichen Sachen nicht bestimmt werden kann, sind hingegen **unschätzbare** (§ 303 ABGB).

h Gattungs- und Speziessachen

112 **Gattungssachen** (vertretbare Sachen) sind regelmäßig nur nach Maß, Zahl oder Gewicht bestimmt. So sind etwa Lebensmittel (zB Milch) in abgepackter Form erhältlich, die grundsätzlich in beliebigen Einheiten reproduzierbar sind und in ihrer Gattung keine ausgeprägten Unterschiede der verkehrsüblichen Eigenschaften aufweisen. **Speziessachen** (unvertretbare Sachen) sind durch individuelle Merkmale bestimmt und dementsprechend idR einzigartig und nicht beliebig reproduzierbar (zB ein Gemälde eines Künstlers).

4 Innehabung und Besitz

a Innehabung

Wer eine Sache in seiner Macht oder in seiner Gewahrsame hat, ist gem § 309 Satz 1 ABGB ihr **Inhaber**. Von Bedeutung ist bei diesem Begriff demnach der faktische Aspekt der Gewahrsamsausübung. 113

Während der **unmittelbare Inhaber** eine Sache in seinem eigenen Machtbereich hält, ist der **mittelbare Inhaber** durch Vermittlung zur Innehabung einer Sache angehalten (zB eine Sache wird für einen anderen aufbewahrt). 114

b Besitz

Hat der Inhaber einer Sache den Willen, diese als die seinige zu behalten, ist er deren **Besitzer** (§ 309 ABGB). Maßgeblich für den Besitzbegriff des ABGB ist der Wille, eine Sache zu behalten. Im Einzelnen können folgende Arten des Besitzes unterschieden werden: 115

ba Sachbesitz und Rechtsbesitz

Sachbesitzer ist, wer eine körperliche Sache mit dem Willen innehat, sie für sich zu behalten. Gem § 312 ABGB werden bewegliche Sachen durch physische Ergreifung, Wegführung oder Verwahrung, unbewegliche Sachen durch Betretung, Verrainung, Einzäunung, Bezeichnung oder Bearbeitung in Besitz genommen. 116

Sofern jemand eine körperliche Sache nicht als die seine innehat, sie aber so verwendet, wie es einer bestimmten Berechtigung an der Sache entspricht, ist er **Rechtsbesitzer** (zB Mieter einer Wohnung, Pächter eines Grundstücks). 117

bb Rechtmäßiger und unrechtmäßiger Besitz

Der Besitz einer Sache ist dann **rechtmäßig**, wenn er auf einem gültigen Titel (zB Kaufvertrag, Leihvertrag), dh auf einem zum Erwerb des Besitzes tauglichen Rechtsgrund, beruht (§ 316 ABGB). 118

Hat der bloße Inhaber jedoch einen Eigenbesitzwillen, ist er als **unrechtmäßiger Besitzer** anzusehen, da er nur einen Rechtstitel zur Innehabung und nicht auch zur Besitznahme hat (§ 318 ABGB). So ist etwa der Verwahrer einer Sache, dem die Innehabung gestattet ist, als unrechtmäßiger Besitzer anzusehen, wenn er einen entspre- 119 chenden Besitzwillen entwickelt.

120 Von Bedeutung ist, dass gem § 323 ABGB der Besitzer einer Sache die rechtliche **Vermutung eines gültigen Titels** für sich hat.

bc Redlicher und unredlicher Besitz

121 Gem § 326 ABGB ist derjenige, der aus wahrscheinlichen Gründen die Sache, die er besitzt, für die seine hält, ein **redlicher Besitzer**.

122 Ein **unredlicher Besitzer** ist hingegen derjenige, der weiß oder auf Grund der Umstände hätte erkennen können, dass die in seinem Besitz befindliche Sache einem anderen gehört. Im Zweifel wird die Redlichkeit des Besitzes vermutet (§ 328 ABGB).

bd Echter und unechter Besitz

123 Wird die Sache einem anderen gewaltsam oder heimlich entzogen, liegt **unechter Besitz** vor; dies gilt auch dann, wenn derjenige, dem eine Sache mit der Vereinbarung des jederzeitigen Widerrufs zum Gebrauch überlassen wurde (Bittleihe; s dazu Rz 406), damit beginnt, einen eigenen Besitzwillen zu bilden (§ 345 ABGB).

124 Sofern eine dieser Einschränkungen nicht gegeben ist, liegt **echter Besitz** vor.

be Qualifizierter Besitz

125 Obwohl das ABGB den Besitz zu den **dinglichen Rechten** zählt, genießt der Besitzer nicht diejenigen Schutzrechte, die mit dem Bestand eines Eigentumsrechtes verbunden sind.

126 Dennoch ist der **qualifizierte** bzw **rechtliche Besitz** vom ABGB mit weit reichenden rechtlichen Konsequenzen ausgestattet worden. Durch § 1466 ABGB ist nämlich sichergestellt, dass derjenige, der eine bewegliche Sache rechtmäßig, redlich und echt besitzt (qualifizierter Besitz), nach Ablauf einer Frist von **drei Jahren** das Eigentumsrecht daran erwerben (bzw ersitzen) kann. Sofern der Besitz lediglich redlich und echt ist, kann ein Eigentumserwerb daran erst nach Ablauf von **30 Jahren** erfolgen; diese so genannte lange Ersitzungsfrist gilt auch bei unbeweglichen Sachen (§ 1468 ABGB).

bf Besitzerwerb

127 Da zum Besitz der Wille gehört, eine Sache als die seinige zu betrachten, muss beim Erwerb von Besitz die Fähigkeit gegeben sein, einen solchen Willen zu bilden; **geschäftsunfähige Personen** können einen derartigen Willen grundsätzlich nicht bilden.

Damit es zum Besitzerwerb kommt, muss der Besitzwille auch nach außen durch eine entsprechende „Besitzergreifungshandlung" in Erscheinung treten. Dabei kann zum einen an eine **eigenmächtige Besitzergreifung** gedacht werden (zB Diebstahl; Aneignung einer herrenlosen Sache). Denkbar ist zum anderen auch der Rückgriff auf eine der gesetzlich vorgesehenen **Übergabearten** (körperliche Übergabe iSd § 426 ABGB, Übergabe durch Zeichen iSd § 427 ABGB, Übergabe durch Erklärung iSd § 428 ABGB, Versendung iSd § 429 ABGB; s dazu Rz 144). 128

bg Besitzschutz

Zunächst ist darauf zu verweisen, dass gem § 323 ABGB der Sachbesitzer und gem § 324 ABGB der (innehabende) Rechtsbesitzer die **Vermutung eines gültigen Titels** für sich haben; somit muss im Streitfall der Gegner darlegen, dass der (Rechts-)Besitzer die Sache unbefugt innehat. Darüber hinaus ist eine wesentliche Wirkung sowohl des Sach- als auch des Rechtsbesitzes durch den gerichtlichen Besitzschutz gegeben: Jeder echte Besitzer einer Sache kann im Wege des **Besitzstörungsverfahrens** (§§ 454 ff ZPO) in einer Streitsituation rasch Rechtshilfe erlangen. 129

Gem § 339 ABGB ist nämlich niemand befugt, den Besitz – von welcher Beschaffenheit er auch immer sein möge – eigenmächtig zu stören. Der besondere **Zweck** dieser Bestimmung besteht vor allem darin, dass Störungen, die eine generelle **Gefahr für den allgemeinen Rechtsfrieden** darstellen, möglichst rasch bzw einfach bereinigt werden können. Im Wege des Besitzstörungsverfahrens soll der letzte ruhige Besitzstand wiederhergestellt werden. Selbsthilfe ist nur zulässig, sofern „behördliche Hilfe" zu spät kommen würde (§ 344 ABGB). 130

Der gestörte Besitzer hat die Klage binnen **30 Tagen** ab Kenntnis von Störung (bzw Entziehung) und Störer einzubringen und seinen bisherigen Besitz sowie die Verletzung durch den Beklagten nachzuweisen. Im Zuge des Besitzstörungsverfahrens wird die Rechtmäßigkeit oder Redlichkeit des Besitzes nicht erörtert; von Bedeutung ist vielmehr der **letzte ruhige Besitz**. 131

Die **Einrede der Unechtheit** des Besitzes des Klägers ist zulässig (§ 345 ABGB). Sofern der Beklagte nachweisen kann, dass der Kläger ihm gegenüber kein echter Besitzer ist, wird die Besitzstörungsklage abgewiesen. 131/1

Der qualifizierte Besitzer kann sich überdies im Fall der Störung oder Entziehung seines Besitzes der **Klage aus dem rechtlich vermuteten Eigentum** (actio publiciana) bedienen (§ 372 ABGB; s dazu auch Rz 160). Nach dieser Bestimmung wird nämlich derjenige, der den gültigen Titel und die echte Art, wodurch er in den Besitz der Sache gelangt ist, dargetan hat, in Rücksicht auf jeden anderen Be- 132 sitzer, der keinen oder nur einen schwächeren Titel seines Besitzes angeben kann, für den wahren Eigentümer gehalten. Es obsiegt daher bei derartigen Konstellationen derjenige, der das „relativ bessere" Recht an der Sache hat. Wenn die beweisbaren Titel der Besitzer **„gleich stark"** sind, verbleibt die Sache beim Inhaber (beatus possidens; § 374 ABGB).

5 Eigentum

a Allgemeines

133 Das **Eigentumsrecht** ist das umfassendste aller dinglichen Rechte. Gem § 354 ABGB ist Eigentum eine als ein Recht zu betrachtende Befugnis, mit der Substanz und den Nutzungen einer Sache nach Willkür zu schalten und jeden anderen davon auszuschließen. Trotz dieser umfassenden Formulierung des § 354 ABGB gewährt das Eigentumsrecht keine grenzenlose Rechtsausübung. So wird etwa das Eigentumsrecht durch § 364 Abs 1 ABGB wie folgt eingeschränkt: „Überhaupt findet die Ausübung des Eigentumsrechtes nur insofern statt, als dadurch weder in die Rechte eines Dritten ein Eingriff geschieht, noch die in den Gesetzen zur Erhaltung und Beförderung des allgemeinen Wohles vorgeschriebenen Einschränkungen übertreten werden." Im Besonderen haben die **Eigentümer benachbarter Grundstücke** aufeinander Rücksicht zu nehmen.

134 Auf dem Gebiet der **privatrechtlichen Beschränkungen** kommt insbes dem so genannten **Nachbarrecht** erhebliche Bedeutung zu. In den §§ 364 ff ABGB sind die Rechte und Pflichten von benachbarten Grundstückseigentümern geregelt. Dabei gilt als Grundsatz, dass **ortsübliche Immissionen**, die von anderen Grundstücken ausgehen, zu dulden sind; ausschlaggebend ist dabei das „Empfinden eines Durchschnittsmenschen". Hingegen vermitteln **Immissionen** (zB Abwässer, Gerüche, Geräusche, Rauch), die das **gewöhnliche Ausmaß** überschreiten und die ortsübliche Nutzung des eigenen Grundstückes wesentlich beeinträchtigen, einen entsprechenden Unterlassungsanspruch (§ 364 Abs 2 ABGB). In § 364 Abs 3 ABGB ist überdies geregelt, dass im Falle der Unzumutbarkeit auch gegen den Entzug von Luft oder Licht vorgegangen werden kann, sofern diese Beeinträchtigungen von am Nachbargrundstück wachsenden Pflanzen ausgehen **(negative Immissionen)**. Zu beachten gilt dabei, dass vor der Klagsführung gegen negative Immissionen ein Einigungsversuch zwischen den Nachbarn (vor einem Mediator, dem Bezirksgericht oder einer Schlichtungsstelle) durchgeführt werden muss (Art III ZivRÄG 2004, BGBl I 2003/91).

Für **Immissionen von behördlich genehmigten Anlagen** gilt, dass diese vom Nachbarn auch dann zu dulden sind, wenn sie das ortsübliche Ausmaß überschreiten, allerdings besteht bei Beeinträchtigungen ein verschuldensunabhängiger Ausgleichsanspruch (**Eingriffshaftung**; § 364a ABGB bzw Rz 517).

Möglich ist auch, dass der Eigentümer seine Befugnisse durch eine entsprechende Vereinbarung im Interesse eines Dritten einschränkt. **134/1** So führt etwa ein so genanntes **Veräußerungsverbot** dazu, dass der Eigentümer ohne Zustimmung des Dritten seine Sache nicht veräußern darf; das so genannte **Belastungsverbot** bedeutet, dass ohne Zustimmung des Dritten keine Pfandrechte oder sonstigen Belastungen an der Sache begründet werden dürfen. Grundsätzlich wirken die genannten Verbote nur schuldrechtlich; eine verbotswidrige Veräußerung oder Belastung ist also wirksam, macht den Eigentümer aber nach allgemeinen Grundsätzen (s dazu Rz 478 ff) schadenersatzpflichtig. Bei Liegenschaften wird ein Veräußerungs- bzw Belastungsverbot durch eine Eintragung im Grundbuch allerdings verdinglicht, dh es gilt gegen jedermann (§ 364c ABGB). Zu beachten ist aber, dass eine solche Verdinglichung nur zwischen nahen Verwandten (insbes Ehegatten bzw Eltern und Kindern) oder eingetragenen Partnern iSd **Eingetragene Partnerschaft-Gesetzes** (EPG, BGBl I 2009/135) möglich ist.

Daneben besteht auch eine Reihe von **öffentlich-rechtlichen Beschränkungen** des Eigentumsrechts (zB durch das Raumordnungsrecht, das Naturschutz- und Landschaftsschutzrecht, das Forstrecht). **135**

b Eigentumsarten

ba Alleineigentum

Steht eine Sache im Eigentum nur eines Rechtssubjektes, ist diese natürliche oder juristische Person **Alleineigentümer**; das Alleineigentum ist der Regelfall im Eigentumsrecht. **136**

bb Miteigentum

Wenn mehrere Rechtssubjekte an einer Sache gemeinsam als Eigentümer berechtigt sind, liegt **Miteigentum** (vgl § 361 ABGB) vor. Dieses kann durch Gesetz, letztwillige Verfügung oder Vertrag entstehen. Gem § 825 ABGB bilden die Personen, denen ein und dasselbe Recht ungeteilt zukommt, eine Gemeinschaft. Miteigentümern steht ein ideeller Anteil bzw eine Quote an der gemeinsamen Sache zu. Über die ihm zustehende Quote kann jeder Miteigentümer selbstän- **137** dig verfügen (§ 829 ABGB).

138 Allerdings ist zur Vornahme von **Verwaltungsmaßnahmen** die Bildung einer entsprechenden Mehrheit unter den Miteigentümern erforderlich. Während bei Angelegenheiten, welche die **ordentliche Verwaltung** und Benützung der Sache betreffen, die nach Miteigentumsanteilen berechnete einfache Mehrheit ausreichend ist (§ 833 ABGB), bedürfen Maßnahmen der **außerordentlichen Verwaltung** (zB langfristige Vermietung des gesamten Objekts) grundsätzlich einer einstimmigen Willensbildung. Ist diese nicht zu erreichen, können zwar Miteigentümer, die mehr als die Hälfte der Anteile bilden, die Durchführung der gewünschten Maßnahme begehren. Die überstimmten Miteigentümer können aber Sicherstellung für künftige Schäden verlangen bzw bei grundloser Verweigerung dieser Sicherstellung aus der Gemeinschaft austreten. Wollen sie nicht austreten oder geschähe dies zur Unzeit, so entscheidet das Los, ein Schiedsrichter, oder – wenn auch hierüber keine Einigung zu erzielen ist – der Richter im Außerstreitverfahren (vgl §§ 834 f und § 838a ABGB).

138/1 In § 839 ABGB ist geregelt, dass die gemeinschaftlichen **Nutzungen** und **Lasten** aus dem Miteigentum nach dem Verhältnis der Anteile bemessen werden; davon abweichende Vereinbarungen sind zulässig.

139 Die **Aufhebung der Miteigentumsgemeinschaft** erfolgt im Einverständnis aller Miteigentümer; ist ein solches nicht zu erzielen, kann jeder Miteigentümer bei Gericht eine Teilungsklage (§§ 830 f ABGB) einbringen. Die Teilung vollzieht sich entweder durch natürliche Teilung der Sache **(Realteilung)** oder Veräußerung der Sache und Verteilung des Erlöses **(Zivilteilung)**. Eine Zivilteilung ist nur zulässig, wenn eine Realteilung entweder gar nicht oder nur unter beträchtlicher Wertminderung möglich wäre (§ 843 ABGB). Zur „Unzeit“ darf keine Teilung erfolgen (§ 830 Satz 2 ABGB).

bc Wohnungseigentum

140 Eine besondere Form des Miteigentums ist das **Wohnungseigentum** iSd WEG. Es räumt dem Miteigentümer einer Liegenschaft oder einer Eigentümerpartnerschaft (zB Ehegatten) das dingliche Recht ein, ein Wohnungseigentumsobjekt ausschließlich zu nutzen und darüber zu verfügen (§ 2 Abs 1 WEG). Wohnungseigentumsobjekte sind Wohnungen, sonstige selbständige Räumlichkeiten und Abstellplätze für Kraftfahrzeuge (wohnungseigentumstaugliche Objekte), an denen Wohnungseigentum begründet wurde; an Liegenschaftsteilen, die der allgemeinen Benützung dienen (zB Spielplatz) kann hingegen kein Wohnungseigentum begründet werden (§ 2 Abs 4 WEG). Das Wohnungseigentum kann entweder **einer einzigen (natürlichen oder juristischen) Person** bzw **Gesamthandschaft** oder einer **Eigentü-**

merpartnerschaft (vgl §§ 13 ff WEG) eingeräumt werden; letztere besteht aus zwei natürlichen Personen, die gemeinsam Wohnungseigentümer eines Wohnungseigentumsobjekts sind.

Was die **Nutzungsrechte** betrifft, so stehen diese grundsätzlich jedem Wohnungseigentümer für sein Wohnungseigentumsobjekt selbst zu; bezüglich der Benützung der verfügbaren allgemeinen Teile der Liegenschaft können sämtliche Wohnungseigentümer schriftlich eine Vereinbarung treffen (§§ 16 f WEG). Für die **Verwaltung der Liegenschaft** gelten weitgehend dieselben Regeln wie beim schlichten Miteigentum, wobei als Ausnahme dazu auch über außerordentliche Maßnahmen die Mehrheit entscheidet; überstimmte Wohnungseigentümer können allerdings das Gericht anrufen (vgl §§ 28 f WEG). Von besonderer Bedeutung sind dabei die im WEG niedergelegten **Minderheitsrechte**; so kann in Hinblick auf bestimmte Maßnahmen wie zB die Rücklagenbildung oder Verwalterbestellung, von jedem einzelnen Wohnungseigentümer eine verbindliche Gerichtsentscheidung verlangt werden (§ 30 Abs 1 WEG). 141

Betreffend die Verwaltung der „allgemeinen Teile der Liegenschaft" wird der so genannten **Eigentümergemeinschaft** eine beschränkte Rechtspersönlichkeit zugewiesen (§ 2 Abs 5 WEG). Diese Eigentümergemeinschaft wird – sofern kein Verwalter bestellt ist – durch die Mehrheit der Wohnungseigentümer vertreten (vgl § 18 Abs 3 WEG). Durch § 20 Abs 7 WEG ist sichergestellt, dass die den **Verwalter** treffenden Pflichten weder aufgehoben noch beschränkt werden können. Sofern der Verwalter unbefristet bestellt wurde, kann er unter Einhaltung einer dreimonatigen Frist jeweils zum Ende der Abrechnungsperiode (das wird idR der Jahresultimo sein) **gekündigt werden** bzw **selbst kündigen** (§ 21 Abs 1 WEG); sofern der Verwalter auf eine bestimmte, mehr als dreijährige Zeit bestellt wurde, kann eine Kündigung frühestens nach drei Jahren zum Ende jeder Abrechnungsperiode unter Einhaltung einer dreimonatigen Frist erfolgen (§ 21 Abs 2 WEG). Eine **vorzeitige Auflösung** aus wichtigem Grund ist jederzeit möglich (vgl § 21 Abs 3 WEG). Was die (generellen) **Aufwendungen** für die Liegenschaft betrifft, so haben die Wohnungseigentümer dafür anteilsmäßig einzustehen; sofern sämtliche Wohnungseigentümer zustimmen, kann auch ein davon abweichender Aufteilungsschlüssel festgelegt werden (§ 32 Abs 1 und Abs 2 WEG). 141/1

Damit überhaupt Wohnungseigentum **begründet** werden kann, muss eine schriftliche Vereinbarung zwischen den Miteigentümern abgeschlossen werden (so genannter **Wohnungseigentumsvertrag**; § 3 Abs 1 Z 1 WEG). Bei der Begründung von Wohnungseigentum ist für jedes wohnungseigentumstaugliche Objekt ein entsprechender **Nutzwert** festzusetzen. Dabei ergibt sich der Nutzwert eines Wohnungseigentumsobjektes aus dessen Nutzfläche und aus den Zu- und Abschlägen für werterhöhende oder wertmindernde Faktoren (§ 2 141/2

Abs 8 WEG). Jeder Wohnungseigentümer verfügt über einen so genannten **Mindestanteil**, dessen Größe sich aus dem Verhältnis des Nutzwertes des Objektes zur Summe der Nutzwerte aller Wohnungseigentumsobjekte ergibt. Das Wohnungseigentum ist mit dem Mindestanteil untrennbar verbunden, so dass darüber nur gemeinsam verfügt werden kann (§ 11 Abs 1 WEG). Im Falle einer so genannten **Eigentümerpartnerschaft** kann ausnahmsweise der Mindestanteil auch zwei natürlichen Personen je zur Hälfte eingeräumt werden.

bd Gesamthandeigentum

142 Über Sachen, die sich im **Gesamthandeigentum** befinden, kann nur in der Gemeinschaft verfügt werden. Der Gesamthandeigentümer hat keine ideelle Quote, über die er selbständig verfügen könnte, sondern nur ein Mitbestimmungsrecht im Rahmen der gemeinschaftlichen Verfügungen über die Sache im Gesamthandeigentum.

c Eigentumserwerb

143 Wie bereits dargelegt (s dazu Rz 96), kann ohne Rechtsgrund (zB Kaufvertrag) und ohne rechtliche Erwerbungsart (zB Übergabe der Sache) kein Eigentum erlangt werden (§ 380 ABGB). Somit ist der Eigentumserwerb durch einen zweiaktigen Vorgang gekennzeichnet, der aus **Rechtsgrund** bzw **Titel** und **rechtlicher Erwerbungsart** bzw **Modus** besteht. Betreffend den Eigentumserwerb als solchen kann zwischen einer Reihe verschiedener Arten unterschieden werden:

ca Derivativer und originärer Eigentumserwerb

144 Ein **derivativer Eigentumserwerb** liegt vor, wenn das Recht auf Eigentum unmittelbar durch die Übertragung dieses Rechtes vom Vormann abgeleitet wird. Bewegliche Sachen können entweder durch körperliche Übergabe (§ 426 ABGB), durch Zeichen (§ 427 ABGB) oder durch Erklärung (§ 428 ABGB) übertragen werden. Eine Sonderform des Eigentumserwerbes ist die Übergabe durch Versendung. Gem § 429 ABGB wird dem Erwerber dabei das Eigentum an einer beweglichen Sache bereits bei Übergabe der Sache (durch den Veräußerer) an den Transporteur übertragen, sofern der Erwerber diese Transportart genehmigt hat; dabei gilt der Versand durch die Post oder die Bahn als „genehmigte Überschickungsart".

145 Für die Übertragung unbeweglicher Sachen muss das Erwerbsgeschäft in den dazu bestimmten öffentlichen Büchern (Grundbuch) durch die **Einverleibung** (Intabulation) vermerkt werden (§ 431

ABGB; s dazu Rz 188).

Beim **originären Eigentumserwerb** entsteht – unabhängig von allfälligen Rechten des Vormannes – das Eigentumsrecht beim Erwerber gänzlich neu. So können herrenlose Sachen (s dazu Rz 102) nicht nur in Besitz genommen werden, sondern durch Zueignung (Okkupation) auch in das Eigentum des Erwerbers übergehen (vgl §§ 381 f ABGB). 146

cb Eigentumserwerb vom Nichtberechtigten

Das ABGB sieht lediglich unter ganz besonderen Voraussetzungen 147
die Möglichkeit des Eigentumserwerbes vom Nichtberechtigten (Nichteigentümer) vor: Wenn ein **redlicher Besitzer** eine **bewegliche Sache** in einer **öffentlichen Versteigerung** oder von einem **Unternehmer** im gewöhnlichen Betrieb seines Unternehmens oder vom **Vertrauensmann des Eigentümers entgeltlich** erworben hat, erwirbt er an der bereits **übergebenen Sache** Eigentum. Der vorige Eigentümer verliert den Eigentumsanspruch an der Sache und hat nur einen Schadenersatzanspruch gegen den veräußernden Nichtberechtigten (§ 367 ABGB). Die **Redlichkeit** des Besitzers wird dann angenommen, wenn dieser weder weiß noch vermuten muss, dass die Sache nicht dem Veräußerer gehört; beim Erwerb von einem Unternehmer (im gewöhnlichen Betrieb seines Unternehmens) genügt der gute Glaube an die Befugnis des Veräußerers, über die Sache zu verfügen (§ 368 Abs 1 ABGB). Wird allerdings bewiesen, dass der Besitzer entweder schon aus der Natur der Sache, oder aus dem auffallend zu geringen Preis derselben, oder aus den bekannten persönlichen Eigenschaften seines Vormannes, aus dessen Unternehmen oder anderen Verhältnissen einen begründeten **Verdacht gegen die Redlichkeit** seines Besitzes hätte schöpfen können, so hat der Besitzer die Sache dem Eigentümer zu überlassen.

Ein gutgläubiger Erwerb von **unbeweglichen Sachen** ist zunächst 148
dann denkbar, wenn ein qualifizierter Besitzer die Sache ersitzt; dabei beträgt die Ersitzungszeit grundsätzlich 30 Jahre (§§ 1452 ff ABGB; s dazu Rz 126). Überdies vermittelt der im Grundbuchsrecht verankerte Vertrauensgrundsatz, dass ein gutgläubiger Erwerber Eigentum von einer ins Grundbuch eingetragenen Person auch dann erwerben kann, wenn diese gar kein Eigentumsrecht hat und dies im Grundbuch nicht entsprechend vermerkt wurde (§§ 62 ff GBG; s dazu Rz 192).

cc Eigentumserwerb durch Zuwachs

Gem § 404 ABGB ist alles, was aus einer Sache entsteht oder zu 149
einer Sache hinzukommt, ohne dass es dem Eigentümer von jemand anderem übergeben worden ist, als **Zuwachs** zu bezeichnen. Das

ABGB unterscheidet zwischen natürlichem Zuwachs (§§ 405 ff ABGB), künstlichem Zuwachs durch Verarbeitung oder Vermengung (§§ 414 ff ABGB), insbes bei Bauführung (§§ 417 ff ABGB), und vermischtem Zuwachs (§§ 420 ff ABGB).

150 Die Eigentumsverhältnisse bei Zuwachs zu einer Sache lassen sich nur für den Bereich des **natürlichen Zuwachses** ohne detaillierte Behandlung des dem jeweiligen Zuwachs zugrunde liegenden Sachverhaltes lösen; demnach ist etwa der Eigentümer des Muttertieres nach § 405 ABGB auch gleichzeitig Eigentümer des zugehörigen Wurfes. Sonst erfolgt die Zuordnung der Eigentümereigenschaft – abhängig von der jeweiligen Fallkonstellation – nach Maßgabe der Regelungen der §§ 415 ff ABGB.

151 So gilt etwa in dem Fall, in welchem aus schon vorhandenen Sachen eine andere (neue) Sache entsteht **(Verarbeitung)**, dass – sofern vertragliche Vereinbarungen nicht bestehen und die Verarbeitung ohne Wertverlust nicht mehr rückgängig gemacht werden kann – zwischen dem Rohstoffeigentümer und dem Verarbeitenden im Verhältnis ihrer Anteile Miteigentum entsteht (§ 415 ABGB). Demjenigen Miteigentümer, den kein Verschulden an der Verarbeitung trifft, wird ein Wahlrecht eingeräumt, demzufolge er darüber entscheiden kann, ob er die gesamte Sache gegen entsprechenden Wertersatz an sich bringen oder ob er für seinen Anteil vom anderen Miteigentümer einen entsprechenden Ersatz erhalten will. Werden hingegen fremde Materialien nur zur **Ausbesserung** einer Sache verwendet, bleibt der Eigentümer der Hauptsache auch deren Alleineigentümer; der Eigentümer der Nebensache, mit welcher die Ausbesserung vorgenommen wurde, erhält einen entsprechenden Wertersatzanspruch (§ 416 ABGB).

152 Sofern es zu einer **Vermischung** von gleichartigen Sachen mehrerer Eigentümer kommt, kann grundsätzlich jeder Miteigentümer verlangen, dass ihm jene Menge ausgehändigt wird, die seinem Anteil entspricht. Zu beachten gilt, dass dann, wenn jemand **fremdes Geld** mit seinem eigenen Geld ununterscheidbar vermengt, er zum Alleineigentümer des Geldes wird (§ 371 ABGB); die Person, welche dadurch ihr Eigentumsrecht verliert, hat freilich einen schuldrechtlichen Anspruch auf Wertersatz.

153 Sofern bei einer **Bauführung** fremde Sachen verwendet werden, gilt der Grundsatz, dass der Grundeigentümer zum Eigentümer der fremden Sachen wird. Jedoch muss der Grundeigentümer dafür Ersatz leisten: Bei Redlichkeit muss der gemeine Wert ersetzt werden, bei Unredlichkeit ist hingegen der Höchstwert sowie ein Ausgleich von allfälligen weiteren Schäden zu ersetzen (§ 417 ABGB).

154 Sofern mit **eigenem Material auf fremdem Grund** gebaut wird, erwirbt der Grundeigentümer das Eigentum am Baumaterial, wenn er von der Bauführung nichts wusste. Dem redlichen Bauführer sind die notwendigen und nützlichen Kosten zu ersetzen, während die An-

sprüche des unredlichen Bauführers nach den Grundsätzen der Regeln über die Geschäftsführung ohne Auftrag (Rz 521 ff) behandelt werden. Wenn hingegen der Eigentümer des Grundstückes von der Bauführung gewusst und sie nicht sogleich untersagt hat, erwirbt der Bauführer das Grundeigentum, hat jedoch dem früheren Eigentümer den gemeinen Wert der Liegenschaft zu ersetzen (§ 418 ABGB).

cd Eigentumserwerb durch Fund oder Schatzfund

Wer auf eine verlorene oder vergessene bewegliche Sache stößt und diese an sich nimmt, ist iSv § 389 Abs 1 ABGB ein **Finder**. Die verlorene bzw vergessene Sache ist der **Fund**. Der Finder ist verpflichtet, den Fund bei der **zuständigen Behörde** (Bürgermeister) anzuzeigen und abzugeben (§ 390 ABGB). Diese Verpflichtung besteht dann nicht, wenn der Finder die gefundene Sache dem Verlustträger ausgefolgt hat oder wenn der Wert der gefundenen Sache € 10,– nicht übersteigt und gleichzeitig nicht erkennbar ist, dass die Wiedererlangung der Sache für den Verlustträger von erheblicher Bedeutung ist (§ 391 Z 2 ABGB). Mit Ablauf einer Frist von **einem Jahr** ab dem Zeitpunkt der Fundanzeige erwirbt der Finder daran das Eigentum, es sei denn, der Verlustträger hat die Sache vorher herausverlangt (§ 395 ABGB). In diesem Fall hat der Finder Anspruch auf **Ersatz seiner Auslagen** und auf den **Finderlohn**. Dieser beträgt bei verlorenen Sachen 10 % und bei vergessenen Sachen 5 % des gemeinen Wertes; sofern der gemeine Wert € 2.000,– übersteigt, beträgt der Finderlohn bezüglich des Mehrwertes jeweils die Hälfte der angeführten Sätze (§ 393 ABGB). 155

Setzen sich die entdeckten Sachen aus Vermögenswerten in Form von Geld, Schmuck oder anderen Kostbarkeiten, die solange im Verborgenen gelegenen haben, dass man den vorigen Eigentümer nicht mehr erfahren kann, zusammen, heißen sie Schatz (§ 398 ABGB). Den **Schatzfund** teilen sich grundsätzlich der Finder und der Eigentümer des Grundes oder der den Schatz bergenden Sache zu gleichen Teilen (§ 399 ABGB). Besondere Vorschriften zum Schatzfund finden sich in den §§ 9 ff DMSG. 156

ce Sonstige Eigentumserwerbsarten

Einen besonderen Eigentumserwerb sieht das ABGB für den hoheitlichen Bereich vor. Wenn es das **allgemein Beste** gebietet, muss ein Mitglied des Staates das vollständige Eigentum an einer Sache abtreten (§ 365 ABGB). Der Staat ist idR (auf Basis der einschlägigen Entschädigungsgesetze) zu einer angemessenen Entschädigung verpflichtet, erwirbt aber auch ohne das Einverständnis des bisherigen Eigentümers das Eigentumsrecht an der Sache. Diese nicht unum- 157 strittene Form des Eigentumsüberganges wird als **Enteignung** bezeichnet. So kann beispielsweise der Staat die Grundeigentümer jener Grundstücke enteignen, die für den Bau einer Autobahn notwendig sind. Möglich ist auch die Enteignung zu Gunsten von Privatrechtssubjekten (zB ÖBB).

158 Weitere Eigentumserwerbsarten sind insbes die Übertragung im Fall des rechtmäßigen Erbganges durch die **Einantwortung** und der **Zuschlag** bei einer Zwangsversteigerung. Bei beiden Eigentumserwerbsarten wird bei unbeweglichen Sachen (Liegenschaften) das Eintragungsprinzip durchbrochen, da schon vor der Intabulation in das Grundbuch die Eigentümereigenschaft unstrittig dokumentiert ist.

d Eigentumsschutz

159 Das ABGB gewährt dem Eigentümer einer Sache einen umfassenden **Eigentumsschutz** gegenüber jedermann. Wesentlich ist es daher, den rechtmäßigen Eigentümer mit Instrumenten auszustatten, die es ihm ermöglichen, seines Eigentums jederzeit habhaft zu werden. Von besonderer Bedeutung sind dabei insbes die folgenden Klagsmöglichkeiten:

160 Ein Eigentümer, der seine Sache nicht mehr in seinem Gewahrsam hat, kann die ihm vorenthaltene Sache vom Inhaber durch die **Eigentumsklage** gem § 366 ABGB gerichtlich einfordern. Dabei ist jedoch zu beachten, ob dem Inhaber einer Sache nicht ein Recht zur Innehabung – etwa durch einen Mietvertrag – zusteht. Um die Sache wieder durch Eigentumsklage in Besitz zu nehmen, hat der Eigentümer die Sache hinlänglich zu beschreiben (§ 370 ABGB). Überdies ist der tatsächliche Nachweis des Eigentums eine Voraussetzung für das Durchdringen des Eigentumsanspruches gegen den Inhaber bzw Besitzer (§ 369 ABGB). Da dies nicht immer einfach sein wird, kommt in derartigen Fällen vor allem auch der oben beschriebenen **Klage aus dem rechtlich vermuteten Eigentum** (§ 372 ABGB; s dazu Rz 132) besondere Bedeutung zu.

161 Zu beachten ist, dass dann, wenn der Inhaber bzw Besitzer **Aufwendungen** zur Erhaltung oder auch Verbesserung der Sache getätigt hat, er diese im Rahmen der Eigentumsklage entgegenhalten kann. Dabei hängt die Höhe des Aufwandersatzes davon ab, ob der Inhaber redlich oder unredlich war. Der redliche Besitzer kann vom Eigentümer den notwendigen und nützlichen Aufwand ersetzt verlangen (§ 331 ABGB); hingegen darf der unredliche Besitzer Ersatz lediglich im Umfang der Grundsätze der Geschäftsführung ohne Auftrag verlangen (§ 336 ABGB; s dazu Rz 521 ff). Gem § 471 ABGB kommt dem auf Herausgabe einer Sache belangten Inhaber ein **Zurückbehaltungsrecht** zu, wenn er für diese Sache Aufwendungen getätigt hat bzw wenn er durch sie zu Schaden gekommen ist; er hat

die Sache daher nur Zug um Zug gegen die Befriedigung seiner Forderungen herauszugeben. Ein derartiges Zurückbehaltungsrecht besteht dann nicht, wenn der Inhaber die Sache eigenmächtig oder listig entzogen hat oder wenn sie ihm zur Leihe, zur Verwahrung oder in Bestand gegeben wurde (§ 1440 ABGB). Zu beachten gilt des Weiteren, dass durch § 471 ABGB kein Befriedigungsrecht eingeräumt ist; es darf daher die Herausgabe der Sache lediglich verweigert, die Sache jedoch nicht verwertet werden (zu den weiter reichenden Wirkungen des Zurückbehaltungsrechts im UGB s Rz 573). Ein redlicher Besitzer kann für die **Verschlechterung** bzw den **Untergang der Sache** nicht verantwortlich gemacht werden; hingegen hat der unredliche Besitzer den allenfalls an der Sache entstandenen Schaden zu ersetzen (vgl §§ 329 und 335 ABGB).

Hat der besitzende Eigentümer die Absicht, Störungen gegen sein Eigentum abzuwehren, steht ihm das Instrument der **Eigentumsfreiheitsklage** (**actio negatoria**; § 523 ABGB) zu. Dabei hat der Kläger sein Eigentum und den Eingriff durch den Beklagten zu beweisen. Mit der Klage können die Wiederherstellung des vorigen Standes (Beseitigung der Störung) sowie die Unterlassung weiterer Störungen erwirkt werden. **162**

6 Beschränkte dingliche Rechte

Dingliche Rechte, die a priori keine Eigentumsrechte sind, werden als **beschränkte dingliche Rechte** bezeichnet. Dazu zählen insbes das Pfandrecht, die Dienstbarkeit, die Reallast und das Baurecht. **163**

a Pfandrecht

Durch das **Pfandrecht** wird dem Gläubiger (Pfandgläubiger) das dingliche Recht eingeräumt, aus einer Sache (Pfand) die (vorzugsweise) Befriedigung zu erlangen, wenn die Verbindlichkeit zur bestimmten Zeit nicht erfüllt wird (§ 447 ABGB). Verpfändet werden können alle verwertbaren Sachen, also nicht nur körperliche Sachen, sondern auch Forderungen (zB Gehaltsansprüche aus einem Arbeitsverhältnis) oder etwa auch Immaterialgüterrechte (zB ein Markenrecht, ein Patent). Zu beachten ist dabei, dass teilweise gesetzliche **Verpfändungsverbote** bestehen; so ist zB in der EO normiert, dass an Bezügen nur bis zum so genannten Existenzminimum Pfandrechte begründet werden können. Das Pfandrecht an beweglichen Sachen wird **Faustpfand**, jenes an unbeweglichen Sachen **Hypothek** genannt (§ 448 ABGB). **164**

165 Ebenso wie etwa beim Erwerb des Eigentumsrechtes ist auch beim Erwerb des Pfandrechtes grundsätzlich das Vorliegen von **Titel und Modus** erforderlich. Dabei besteht der Titel (Verpflichtungsgeschäft) in aller Regel im **Pfandbestellungsvertrag**, der zwischen Pfandgeber und Pfandnehmer abgeschlossen wird (s dazu Rz 470). Das Verfügungsgeschäft (Modus) besteht bei beweglichen Pfändern regelmäßig in der **Übergabe der Pfandsache**; bei unbeweglichen Pfandsachen wird das Pfandrecht grundsätzlich durch **Eintragung im Grundbuch** begründet. Sofern die Übergabe von „Hand zu Hand" untunlich sein sollte, kommt eine Übergabe durch „Zeichen" in Betracht (§ 452 ABGB; zB die Anbringung einer festverschraubten Tafel mit dem entsprechenden Verpfändungshinweis an einer sehr schweren bzw sperrigen Maschine). Denkbar ist auch ein **gutgläubiger Pfandrechtserwerb** (§ 456 ABGB). Von einer **gerichtlichen Pfändung** wird insbes dann gesprochen, wenn auf Grund eines rechtskräftigen Urteils ein entsprechender Exekutionstitel vorliegt. Daneben besteht eine Reihe von **gesetzlichen Pfandrechten**, die unmittelbar auf Grund der Erfüllung bestimmter gesetzlicher Tatbestände wirksam werden (zB Pfandrecht des Bestandgebers gem § 1101 ABGB; Pfandrecht des Kommissionärs gem § 397 UGB).

166 Für das Pfandrecht sind folgende sechs **Grundsätze** zu beachten, durch welche Wesen und Wirkung des Pfandrechts beschrieben werden:

- **Akzessorietät:** Der Bestand des Pfandrechtes hängt vom Bestand der besicherten Forderung ab. Wenn die besicherte Forderung untergeht, erlischt auch das Pfandrecht; ist die Schuld vollständig getilgt, ist auch die Pfandsache an den Schuldner zurückzugeben (§§ 467 ff ABGB).
- **Spezialität:** Pfandrechte können nur an individuell bestimmten Sachen begründet werden; außerdem muss die besicherte Forderung bestimmt sein.
- **Publizität:** Einem Dritten muss der Bestand eines Pfandrechtes erkennbar sein; bei unbeweglichen Sachen (Liegenschaften) ist die Eintragung in das Grundbuch erforderlich, bei beweglichen Sachen ist die Pfandsache an den Pfandgläubiger zu übergeben (§ 451 Abs 1 ABGB).
- **Priorität:** Das ältere Pfandrecht geht dem nachfolgend eingeräumten vor. Eine Liegenschaft kann durch mehrere Pfandrechte (Hypotheken) besichert sein, jedoch geht das im Grundbuch vorrangig (im ersten Rang) eingetragene Pfandrecht den nachfolgenden vor. Der im ersten Rang eingetragene Pfandrechtsgläubiger kann sich als erster in Höhe seiner Forderung aus der Pfandsache befriedigen.
- **Recht an fremder Sache:** Der Pfandgläubiger hat vorerst nur einen Befriedigungsanspruch aus der Pfandsache und keinen Eigentumsanspruch an dem Pfand. Eine Benutzung der Pfandsache durch

den Pfandgläubiger ist grundsätzlich nur mit Zustimmung des Pfandbestellers zulässig; sofern die Pfandsache schuldhaft beschädigt wird, hat der Pfandgläubiger dafür Ersatz zu leisten (§ 459 ABGB). Erst wenn die besicherte Forderung nicht ordnungsgemäß getilgt wird, kann sich der Pfandgläubiger aus der Pfandsache befriedigen. Die Pfandverwertung erfolgt dem gesetzlichen Grundmodell zufolge unter Mitwirkung des Gerichts (§§ 461 ff ABGB). Das gilt aber zwingend nur bei Liegenschaften und Forderungen; aus einer beweglichen körperlichen Sache kann sich der Pfandgläubiger nämlich auch durch den Verkauf der Sache – oder eine andere zwischen ihm und dem Pfandgeber vereinbarte Verwertungsart – befriedigen, sofern er bei der Verwertung der Sache angemessen auf die Interessen des Pfandgebers Bedacht nimmt (§ 466a ABGB). Dabei hat der Pfandgläubiger dem Pfandgeber grundsätzlich nach Eintritt der Fälligkeit der gesicherten Forderung den Verkauf der Pfandsache anzudrohen und ua die Höhe der ausstehenden Forderung anzugeben; weiters darf der Verkauf grundsätzlich erst einen Monat nach dessen Androhung stattfinden (§ 466b Abs 1 ABGB). Schließlich hat der Verkauf idR im Wege einer öffentlichen Versteigerung durch einen dazu befugten Unternehmer zu erfolgen (§ 466b Abs 2 ABGB); lediglich Sachen mit einem Börsen- oder Marktpreis dürfen vom Pfandgläubiger zu diesem Preis auch freihändig verkauft werden (§ 466b Abs 4 ABGB).

- **Ungeteilte Pfandhaftung:** Das gesamte Pfand haftet für die besicherte Forderung, auch wenn der Wert des Pfandes den der Forderung übersteigt. Wenn daher etwa nur ein Teil der Forderung getilgt wird, muss das Pfand grundsätzlich nicht zurück gestellt werden.

IZm der Besicherung von Krediten ist die **Höchstbetragshypothek** 167
(vgl § 14 Abs 2 GBG) von Bedeutung. Bei dieser wird nicht die Höhe der tatsächlich bestehenden Schuld, sondern ein entsprechender Höchstbetrag eingetragen, so dass Forderungen, die in weiterer Folge bis zu diesem Betrag entstehen, pfandrechtlich abgesichert sind. Hingegen berührt ein zwischenzeitliches Absinken der Schuld die Sicherungsposition des Gläubigers nicht.

Sofern für eine einzige Forderung mehrere Liegenschaften haften, 168
liegt eine **Simultanhypothek** (vgl §§ 105 ff GBG) vor. Bei dieser kann der Gläubiger grundsätzlich frei wählen, welche der als Sicherheit gegebenen Liegenschaften er für den Fall der Nichtbezahlung der gesicherten Schuld im Zeitpunkt der Fälligkeit verwertet.

Dem Pfandrecht verwandte Sicherungsrechte sind das Sicherungs- 169
eigentum und die Sicherungsabtretung sowie der Eigentumsvorbehalt. Beim **Sicherungseigentum** wird eine Sache nicht verpfändet, sondern dem Gläubiger in sein Eigentum übertragen, der sie nach Tilgung der Schuld wieder an den Schuldner zurück übertragen soll. Dem Sicherungseigentümer wird somit zwar das Eigentum an der

Sache eingeräumt, auf Grund der getroffenen Vereinbarung darf dieses Recht aber nur so weit ausgeübt werden, als es zur Sicherung der Forderung notwendig ist.

170 Bei der **Sicherungsabtretung** bzw **Sicherungszession** wird eine Forderung zur Sicherstellung einer offenen Schuld an den Gläubiger abgetreten. Der Sicherungsnehmer wird damit im Außenverhältnis zum Gläubiger der an ihn abgetretenen Forderung; im Innenverhältnis zu seinem Schuldner unterliegt er aber einer ähnlichen Bindung wie beim Sicherungseigentum.

171 Größere Bedeutung im Wirtschaftsleben ist dem Instrument des **Eigentumsvorbehaltes** beizumessen. Als Anwendungsfall dafür kann etwa der **Kreditkauf** (s dazu Rz 418) angeführt werden. Bei diesem behält sich der Verkäufer einer Sache – trotz bereits erfolgter Übergabe der Kaufsache – das Eigentumsrecht durch eine entsprechende Vereinbarung mit dem Käufer vor, bis der Kaufpreis zur Gänze bezahlt ist. Der Käufer verfügt über ein Anwartschaftsrecht an der Sache und kann diese überdies für seine (Geschäfts-)Zwecke benützen, obwohl ihm das Eigentumsrecht noch nicht übertragen wurde. Wenn der Käufer mit der Bezahlung seiner Schuld säumig wird, kann der Verkäufer die Sache unter Berufung auf sein Eigentumsrecht zurückverlangen; im Falle der Insolvenz des Käufers kommt dem Verkäufer ein Aussonderungsrecht zu (§ 44 IO).

b Dienstbarkeit

172 Durch das Recht der **Dienstbarkeit** (Servitut) wird der Eigentümer einer Sache verpflichtet, zugunsten Dritter etwas zu dulden oder zu unterlassen (§ 472 ABGB). Das Servitutsrecht verpflichtet somit den Eigentümer grundsätzlich nicht zu einem aktiven Handeln, sondern lediglich zu einer passiven Akzeptanz eines Umstandes. Überdies müssen Dienstbarkeiten so ausgeübt werden, dass sie den Verpflichteten möglichst wenig belasten; eine eigenmächtige Erweiterung des Servitutsrechts ist nicht zulässig (§ 484 ABGB).

173 Auch der **Erwerb von Dienstbarkeiten** setzt das Vorliegen von Titel und Modus voraus (s dazu Rz 96). Möglich ist aber etwa auch die Begründung durch Richterspruch gem den Grundsätzen des Notwegegesetzes (NWG, RGBl 1896/140 idgF); oder durch behördlichen Bescheid im Rahmen sogenannter **Bringungsrechte** (Güter- und Seilwege-Grundsatzgesetz, BGBl 1967/198 idgF).

174 Das ABGB unterscheidet zwischen Grunddienstbarkeiten (Realservituten) und persönlichen Dienstbarkeiten (Personalservituten). **Grunddienstbarkeiten** setzen zwei Grundbesitzer voraus; dem einen als Verpflichtetem gehört das dienstbare, dem anderen als Berechtigtem

das herrschende Gut (§ 474 ABGB). Grunddienstbarkeiten sind beispielsweise Haus-, Wege-, Weide- und Wasserrechte (§§ 475 ff ABGB).

Personalservitute sind gem § 478 ABGB der „nötige Gebrauch einer Sache", die Fruchtnießung und das Wohnungsrecht. Dabei sind diese Berechtigungen an jeweils eine bzw mehrere bestimmte Personen geknüpft und erlöschen idR mit dem Tod des Servitutsberechtigten. Die stärkste Ausformung der persönlichen Dienstbarkeit ist das Fruchtgenussrecht (Fruchtnießung), bei dem nicht nur die Nutzung (Gebrauch) einer Sache, sondern auch das Recht auf den vollen Ertrag an der Sache (§ 509 ABGB) dem Begünstigten zusteht; dabei gilt aber, dass die Substanz der Sache möglichst zu schonen ist. 175

c Reallast

Die dingliche Belastung eines Grundstücks mit der Haftung des Eigentümers für eine bestimmte (idR wiederkehrende) Leistung wird als **Reallast** bezeichnet. Im Unterschied zur Dienstbarkeit ist der Eigentümer des belasteten Grundstücks zu einem aktiven Tun verpflichtet. Sofern der Verpflichtete seinen Verpflichtungen nicht nachkommt, kann der Reallast-Berechtigte zur Befriedigung seiner Ansprüche mit Zwangsvollstreckung in die haftende Sache vorgehen. Eine bekannte Form der Reallast ist die Leibrente (s dazu Rz 474 f). 176

d Baurecht

Das **Baurecht** ist das dingliche Recht, auf oder unter der Grundfläche eines fremden Grundstückes ein Bauwerk zu haben (§ 1 BauRG). Es muss auf mindestens zehn, jedoch nicht länger als auf 100 Jahre begründet werden. Nach dem Erlöschen des Baurechts wird der Grundstückseigentümer auch Eigentümer des Bauwerks; allerdings muss der Bauberechtigte mit einem Viertel des Werts des vorhandenen Bauwerks entschädigt werden, sofern nichts anderes vereinbart ist (§ 9 Abs 2 BauRG). Die weiteren Einzelheiten sind im BauRG normiert. 177

Vom Baurecht zu unterscheiden ist das bereits erwähnte **Superädifikat** (s dazu Rz 104). Auch beim Superädifikat darf ein Gebäude auf fremdem Boden errichtet werden. Allerdings muss hierbei die Absicht bestehen, das Bauwerk nicht ständig dort zu belassen (§ 435 ABGB). Ebenfalls vom Baurecht zu unterscheiden ist das **Kellereigentum** (s dazu Rz 104). Davon spricht man, wenn mit Einwilligung des Liegenschaftseigentümers gesondert Eigentum an Räumen und Bauwerken, die sich unter der Erdoberfläche der Liegenschaft eines anderen befinden, begründet wird (§ 300 ABGB). 178

7 Grundbuch

a Begriff und Aufbau

179 Wie bereits oben ausgeführt, erfordert der Grundsatz der Publizität des Sachenrechts, dass Sachenrechte allgemein erkennbar sein müssen; dies gilt ganz besonders für unbewegliche körperliche Sachen. Für diese ist daher das **Grundbuch** von grundlegender Bedeutung.

180 Beim Grundbuch handelt es sich um ein von den (Bezirks-)Gerichten (weitgehend elektronisch) geführtes **öffentliches Register**, in welches die Grundstücke (Liegenschaften) und die an ihnen bestehenden dinglichen Rechte eingetragen sind. Das Grundbuch besteht aus dem Hauptbuch, der Urkundensammlung und weiteren Hilfsverzeichnissen (§ 1 GBG; § 4 GUG).

181 Das für jede Katastralgemeinde eingerichtete **Hauptbuch** besteht aus den verschiedenen Grundbuchseinlagen, die für die einzelnen flächenmäßigen Einheiten angelegt sind und eigene Einlagezahlen (EZ) aufweisen. Dabei besteht jede Grundbuchseinlage aus drei Blättern, und zwar aus dem Gutsbestandsblatt (A-Blatt), dem Eigentumsblatt (B-Blatt) und dem Lastenblatt (C-Blatt).

182 Das **Gutsbestandsblatt** weist die jeweilige Liegenschaftsbezeichnung auf und enthält als Abteilung 1 (A1) eine Aufzählung aller Grundstücke (bzw Parzellen) des Grundbuchskörpers mit der jeweiligen Grundstücksnummer (Katastralzahl) und der jeweiligen Widmung (Benützungsart etc). Die Abteilung 2 des Gutsbestandsblattes (A2) weist alle Veränderungen am Grundstückskörper, weiters die allenfalls bestehenden öffentlich-rechtlichen Beschränkungen sowie alle mit dem Eigentum an der jeweiligen Liegenschaft verbundenen Rechte (zB herrschende Grunddienstbarkeiten) aus.

183 Das **Eigentumsblatt** gibt darüber Auskunft, wer (in welchem Ausmaß) Eigentümer an der jeweiligen Liegenschaft ist. Des Weiteren werden im Eigentumsblatt allenfalls bestehende subjektive Beschränkungen in der Vermögensverwaltung des Eigentümers ersichtlich gemacht.

184 Aus dem **Lastenblatt** können die mit dem jeweiligen Eigentum an der Liegenschaft verbundenen Belastungen (zB dienende Dienstbarkeiten, Veräußerungs- und Belastungsverbote, Vor- bzw Wiederkaufsrechte, Hypotheken) ersehen werden.

185 Wie der Name bereits nahelegt, finden sich in der **Urkundensammlung** alle für Eintragungen ins Grundbuch erforderlich gewesenen Urkunden.

186 Zu den **Hilfsverzeichnissen** zählen ua das Personenverzeichnis (das ist eine Liste der Liegenschaftseigentümer in alphabetischer Rei-

henfolge) sowie etwa das Grundstücksverzeichnis (darin sind die einzelnen Grundstücke in der Reihenfolge ihrer Nummern angeführt).

Was die **Arten der Eintragungen** ins Grundbuch betrifft, so kann zwischen Einverleibungen (Intabulationen), Vormerkungen und Anmerkungen unterschieden werden (§ 8 GBG). 187

Durch die **Einverleibung** werden unbedingte dingliche Rechte (zB Eigentumsrecht, Pfandrecht) entweder begründet oder aufgehoben. Voraussetzung dafür ist die Vorlage von einverleibungsfähigen Urkunden. Diese müssen eine ausdrückliche Erklärung derjenigen Person enthalten, deren Recht aufgehoben oder beschränkt werden soll (**Aufsandungserklärung**; § 32 GBG); überdies sind die Unterschriften der Parteien gerichtlich oder notariell zu beglaubigen. 188

Eine **Vormerkung** wird dann vorgenommen, wenn eine Einverleibung noch nicht möglich ist, weil nicht alle dafür erforderlichen Voraussetzungen erfüllt sind (zB Fehlen der notariellen Beglaubigung einer Unterschrift). Durch das Nachreichen des Fehlenden erfolgt eine rückwirkende Sanierung; die Vormerkung wird zur Einverleibung. 189

Durch die **Anmerkung** werden idR rechtserhebliche Umstände ersichtlich gemacht. Mit einer Reihe von Anmerkungen treten besonders geregelte Rechtswirkungen ein (zB Anmerkung der Sachwalterbestellung). Besondere Bedeutung kommt der Streitanmerkung zu, durch welche ersichtlich gemacht wird, dass ein Zivilverfahren anhängig ist. Desgleichen ist auch die Anmerkung betreffend die **Zusage der Einräumung des Wohnungseigentumsrechtes** in der Praxis sehr wichtig; diese Anmerkung erfolgt auf Antrag des Wohnungseigentumswerbers oder auch des Wohnungseigentümerorganisators (§ 40 Abs 2 WEG). 190

b Prinzipien

Der **Grundsatz der Öffentlichkeit** (formelle Publizität) besagt, dass grundsätzlich jeder in das Grundbuch Einsicht nehmen und sich über die eingetragenen Rechtsverhältnisse informieren darf. Einschränkungen dieses Grundsatzes gelten etwa betreffend das Personenverzeichnis, aus dem lediglich bei Vorliegen eines rechtlichen Interesses eine entsprechende Auskunft gegeben werden darf. 191

Durch den so genannten **Vertrauensgrundsatz** (materielle Publizität) wird zum Ausdruck gebracht, dass prinzipiell jedermann auf die Richtigkeit der einzelnen Grundbuchseintragungen vertrauen darf. Geschützt sind allerdings grundsätzlich nur gutgläubige Personen; wer ganz genau weiß, dass der Grundbuchsstand nicht den Tatsachen entspricht, kann sich auch nicht darauf berufen. 192

Durch den **Eintragungsgrundsatz** (Intabulationsprinzip) ist sichergestellt, dass bücherliche Rechte grundsätzlich nur durch Eintragung 193 ins Grundbuch begründet, abgeändert oder aufgehoben werden können. Durchbrochen wird dieser Grundsatz durch die einzelnen Möglichkeiten des außerbücherlichen Eigentumserwerbes (zB Ersitzung, s dazu Rz 126, 148 oder Zuschlag, s dazu Rz 158).

194 Besondere Bedeutung kommt dem **Prioritätsprinzip** zu. Dieser Grundsatz besagt, dass abhängig vom jeweiligen zeitlichen Einlangen bei Gericht der frühere Antrag vor dem späteren behandelt wird. Sofern demnach etwa eine Liegenschaft mehrmals veräußert werden sollte, wird jene Person als neue bücherliche Eigentümerin eingetragen, die zuerst den Eintragungsantrag bei Gericht gestellt hat.

195 Als weitere Grundsätze sind anzuführen, dass Grundbuchseintragungen idR lediglich auf Antrag und nicht etwa von Amts wegen vorgenommen werden **(Antragsprinzip)**. Überdies findet vor der Eintragung ins Grundbuch eine formelle Prüfung der Anträge an Hand des Grundbuchstandes und der vorgelegten Urkunden statt **(Legalitätsprinzip)**; geprüft wird etwa, ob die Unterschriften notariell beglaubigt sind.

E Vertragsrecht

1 Begriffsgrundlagen

a Allgemeines

196 Die österreichische Rechtsordnung wird durch das Prinzip der **Vertragsfreiheit** entscheidend geprägt. Dieses stellt sich – generell betrachtet – als eine der wesentlichen Grundvoraussetzungen für eine liberale Wirtschaftsordnung dar, da auf Grund dieses Prinzips insbes die Inhalte von Verträgen grundsätzlich frei vereinbart werden können, solange nicht gegen zwingende Gesetze und Vorschriften oder gegen die guten Sitten iSd § 879 ABGB verstoßen wird. Dem Grunde nach kann jeder selbst darüber entscheiden,

- ob,
- wann,
- mit wem,
- mit welchem Inhalt bzw zu welchen Bedingungen er einen Vertrag abschließt und
- wie lange der Vertrag dauern soll **(„Privatautonomie")**.

Freilich gibt es eine Reihe von Ausnahmen von diesem Grundsatz. So besteht etwa für Monopol- bzw für monopolartige Betriebe, welche

Dienstleistungen bzw Güter anbieten, auf deren Inanspruchnahme der „durchschnittliche" Mensch regelmäßig angewiesen ist (zB öffentliche Verkehrsmittel), die grundsätzliche Verpflichtung, mit jedermann Verträge zu den üblichen Bedingungen abzuschließen **(Kontrahierungszwang)**.

Das „Vertragsrecht" und die zugehörigen Rechtsnormen werden im ABGB unter dem Oberbegriff des **Schuldrechtes** zusammengefasst. Dabei werden Verpflichtungen, die aus vertraglichen Vereinbarungen resultieren, als **vertragliche Schuldverhältnisse** bezeichnet. Diesen vertraglichen Schuldverhältnissen stehen die **gesetzlichen Schuldverhältnisse** (s dazu Rz 477 ff) gegenüber, die nicht durch privatautonom gestaltete Verträge, sondern unmittelbar aus gesetzlichen Tatbeständen (zB die gesetzliche Unterhaltspflicht der Eltern für ihre Kinder; Schadenersatzpflicht) abzuleiten sind. **197**

Zur besseren Erklärung der vielschichtigen Aspekte, welche im Vertragsrecht relevant sind, bietet sich der abstrakte Begriff des **Rechtsgeschäftes** an. Darunter versteht man die von Rechtssubjekten abgegebenen Willenserklärungen, auf Grund derer entsprechende Rechtswirkungen eintreten. **198**

Die **Willenserklärungen** selbst bedürfen eines hinreichend bestimmten Inhalts **(Inhaltswille)**, mit dem gleichzeitig die gewünschten Rechtsfolgen verknüpft sein müssen **(Geltungswille)**. Sofern bei einer Willenserklärung der Geltungswille fehlt **(mangelnde Ernstlichkeit)**, kann sie auch keine Verbindlichkeit entfalten (zB Erklärung im Scherz, die als solche erkennbar ist). Hingegen liegt eine rechtlich verbindliche Willenserklärung vor, wenn jemand zwar (in seinem Inneren) keinen Geltungswillen entwickelt, aber trotzdem außenwirksame Erklärungen abgibt **(geheimer Vorbehalt** bzw **Mentalreservation)**. **199**

Sofern Willenserklärungen bloß zum Schein abgegeben werden, liegt ein **Scheingeschäft** vor. Dieses wird als absolutes Scheingeschäft bezeichnet, wenn die beteiligten Vertragsparteien überhaupt nicht rechtsgeschäftlich tätig werden wollen. Sofern sie zwar rechtsgeschäftlich handeln wollen, jedoch in Wirklichkeit ein anderes Geschäft gewollt ist, spricht man vom **verdeckten Scheingeschäft**. Gem § 916 Abs 1 ABGB ist eine Willenserklärung, die einem anderen gegenüber mit dessen Einverständnis zum Schein abgegeben wird, nichtig. Das dadurch verdeckte Geschäft ist nach seiner wahren Beschaffenheit zu beurteilen, sofern es gem § 879 ABGB nicht überhaupt ungültig ist. Einem Dritten, der auf die Gültigkeit des Scheingeschäftes vertraut hat, kann hingegen die Scheinnatur des Geschäftes nicht entgegengehalten werden (§ 916 Abs 2 ABGB). Von Scheingeschäften sind **Umgehungsgeschäfte** zu unterscheiden; bei diesen ist zwar der wirtschaftliche Zweck ein anderer als jener, für den der konkrete Vertragstyp gewählt wurde, dennoch ist aber der Abschluss des Geschäftes als solches gewollt (zB Vereinbarung eines Eigentums- **200** vorbehaltes anstelle einer Pfandbestellung). Derartige Umgehungsgeschäfte sind grundsätzlich insoweit gültig, als nicht ihr Inhalt sittenwidrig ist.

201 Willenserklärungen können **ausdrücklich** (zB mündlich oder schriftlich) oder durch **konkludentes Handeln** (schlüssig) abgegeben werden. Bei den schlüssigen Willenserklärungen handelt es sich um solche, die mit Überlegung aller Umstände keinen vernünftigen Grund daran zu zweifeln übrig lassen, dass eine entsprechende Willenserklärung abgegeben werden soll (§ 863 ABGB). Willenserklärungen sind in aller Regel **zugangsbedürftig**, sie müssen also dem Erklärungsempfänger zugegangen sein, damit sie entsprechende Rechtsfolgen herbeiführen können. Etwas anderes gilt etwa für die Auslobung oder das Testament, die auch ohne Zugang Rechtswirksamkeit erlangen (s dazu Rz 206).

202 Gem § 914 ABGB ist bei der **Auslegung von Willenserklärungen** (bzw Verträgen) nicht nur der Wortsinn zu beachten, sondern vielmehr die tatsächliche Absicht der Parteien zu erforschen; im Zweifel ist bei der Interpretation die Übung des redlichen Verkehrs ausschlaggebend. Durch § 915 ABGB ist normiert, dass bei einseitig verbindlichen Verträgen im Zweifel angenommen wird, dass sich der Verpflichtete eher die geringere als die schwerere Last auferlegen wollte; bei zweiseitig verbindlichen Verträgen wirkt eine undeutliche Äußerung zum Nachteil desjenigen, der sich derselben bedient hat.

203 Von der Willenserklärung ist die **Wissenserklärung** zu unterscheiden, die nicht auf die Verwirklichung eines rechtsgeschäftlichen Willens gerichtet ist, sondern sich bloß als eine (richtige oder auch falsche) Nachricht über Tatsachen darstellt. Die Abgrenzung zwischen Wissens- und Willenserklärungen ist in der Praxis nicht immer einfach.

b Arten von Rechtsgeschäften

204 Im Folgenden sollen die wichtigsten Arten von Rechtsgeschäften im Überblick dargestellt werden:

ba Einseitige und mehrseitige Rechtsgeschäfte

205 Verträge kommen regelmäßig nur durch Willensübereinstimmung zustande. Dieser Umstand bedingt es auch, dass regelmäßig zumindest **zwei Parteien** an einem Vertrag beteiligt sein müssen, da sonst eine Willensübereinstimmung nicht möglich ist.

206 Als Beispiele, bei denen bereits durch eine **einseitige Willenserklärung** ein Rechtsgeschäft zustande kommen kann, sind die Bevollmächtigung (s dazu Rz 73 ff) oder die letztwillige Verfügung anzuführen. Gleiches gilt etwa auch für die Auslobung iSd § 860 ABGB, bei

der durch öffentliche Bekanntmachung für die Erbringung einer Leistung oder eines Erfolges eine entsprechende Belohnung in Aussicht gestellt wird (zB Preisausschreiben, Ankündigung eines Finderlohns).

bb Einseitig und mehrseitig verpflichtende Rechtsgeschäfte

Auch wenn für das Zustandekommen eines Vertrages regelmäßig die Willensübereinstimmung der am Vertrag beteiligten Parteien notwendig ist, sind dadurch noch nicht zwangsläufig alle Beteiligten verpflichtet. So ist beispielsweise die Schenkung zwar ein zweiseitiges Rechtsgeschäft, das jedoch nur einseitig verpflichtend wirkt, da lediglich der Schenkende zu einem aktiven Tun, nämlich der Geschenkübergabe, verpflichtet ist (§§ 938 ff ABGB; s dazu Rz 431). **Einseitig verpflichtende Rechtsgeschäfte** sind im Rechtsverkehr die Ausnahme; von weitaus größerer praktischer Bedeutung sind **mehrseitig verpflichtende Rechtsgeschäfte**, in denen sich die Vertragsparteien gegenseitig verpflichten und somit jeder der Vertragspartner zugleich Gläubiger und Schuldner ist (so genannte synallagmatische Verträge; zB Kauf, Tausch, Werkvertrag, Miete, s dazu Rz 398 ff, 415 ff, 430, 437 ff). **207**

bc Privat- und Verbrauchergeschäfte sowie unternehmensbezogene Geschäfte

Die Zuordnung zu einem dieser drei Geschäftstypen entscheidet über die Anwendung spezieller Rechtsnormen, durch die der Gesetzgeber den unterschiedlichen **Schutzbedürfnissen** der am Geschäft beteiligten Personen Rechnung trägt. Schließen **zwei Private** einen Vertrag, sind auf dieses **Privatgeschäft** regelmäßig die Vorschriften des ABGB anzuwenden. **208**

Geschäfte, die zwischen Unternehmern iSd KSchG und Nichtunternehmern abgeschlossen werden, werden als **Verbrauchergeschäfte** bezeichnet. Für sie gelten die speziellen Normen des KSchG, die dem beteiligten Nichtunternehmer besondere Schutzrechte zugestehen. **209**

Maßgeblich für das Vorliegen eines Verbrauchergeschäftes ist daher, dass auf der einen Seite ein **Unternehmer** und auf der anderen Seite ein **Nichtunternehmer** bzw **Verbraucher** als Vertragspartei auftritt. Als Unternehmer gilt dabei jemand, für den das Geschäft zum Betrieb seines Unternehmens gehört; als Verbraucher gilt derjenige, für den dies nicht zutrifft (§ 1 Abs 1 KSchG). Gesetzlich definiert wird dabei der Begriff des **Unternehmens**. Dabei handelt es sich um jede auf Dauer angelegte Organisation selbständiger wirtschaftlicher Tätigkeit, mag sie auch nicht auf Gewinn gerichtet sein; juristische Personen des öffentlichen Rechtes gelten immer als Unternehmer (§ 1 Abs 2 **210**

KSchG; vgl dazu auch die weitgehend deckungsgleiche Definition in § 1 Abs 2 UGB sowie dazu Rz 527 ff).

- Die Tätigkeit ist **auf Dauer angelegt**, wenn sie auf den Abschluss einer unbestimmten Vielzahl von Geschäften gerichtet ist, selbst wenn dies innerhalb einer von vornherein begrenzten Zeit (zB auf einer Messe) erfolgen sollte.
- Die Tätigkeit erfolgt **selbständig**, wenn rechtlich unabhängig und eigenverantwortlich gehandelt wird. Entscheidend ist, dass der Handelnde selbst das Unternehmerwagnis trägt.
- Die Tätigkeit ist **wirtschaftlicher Art**, wenn wirtschaftlich werthaltige Leistungen am Markt gegen Entgelt angeboten werden; auf das Vorliegen einer **Gewinnerzielungsabsicht** kommt es hierfür kraft ausdrücklicher gesetzlicher Anordnung allerdings nicht an.
- Die Tätigkeit muss im Rahmen einer **Organisation** betrieben werden, also innerhalb eines Ordnungssystems, das darauf ausgerichtet ist, ein bestimmtes Ziel unter rationalem Einsatz zweckdienlicher Mittel nachhaltig zu verfolgen.

Im Ergebnis liegt ein Unternehmen daher dann vor, wenn planmäßig unter Einsatz materieller und immaterieller Mittel, in der Regel unter Mitwirkung einer arbeitsteilig kooperierenden Personengruppe, auf einem Markt laufend wirtschaftlich werthafte Leistungen gegen Entgelt angeboten und erbracht werden. Von Bedeutung ist weiters, dass jene Geschäfte, die eine natürliche Person vor Aufnahme des Betriebes ihres Unternehmens zur Schaffung der Voraussetzungen dafür tätigt **(Vorbereitungsgeschäfte)**, noch nicht die Unternehmereigenschaft begründen (§ 1 Abs 3 KSchG; für das Unternehmensrecht vgl idS § 343 Abs 3 UGB sowie Rz 572).

211 Ist zumindest ein Unternehmer iSd §§ 1 bis 3 UGB (s dazu Rz 526 ff), für den das Geschäft zum Betrieb seines Unternehmens gehört, oder eine juristische Person des öffentlichen Rechts an einem Geschäft beteiligt, so liegt ein **unternehmensbezogenes Geschäft** vor und das Vierte Buch des UGB kommt zur Anwendung (s dazu Rz 572 ff).

bd Verpflichtungs- und Verfügungsgeschäfte

212 Verpflichtet sich ein Vertragspartner zu einer Leistung im Rahmen eines Vertrages, handelt es sich um ein **Verpflichtungsgeschäft**. Durch dieses werden Pflichten begründet, die erst in der Folge zu erfüllen sind.

213 **Verfügungsgeschäfte** wirken unmittelbar auf ein bestehendes Recht ein, indem sie es übertragen, aufheben oder beschränken. So bedarf etwa die Übertragung des Eigentums an einer Sache neben dem Verpflichtungsgeschäft (zB Kaufvertrag) auch eines entsprechenden Verfügungsgeschäftes (zB Übergabe oder Eintragung im Grundbuch; s dazu Rz 96, 143).

be Kausale und abstrakte Rechtsgeschäfte

Sowohl Verpflichtungsgeschäfte als auch Verfügungsgeschäfte können abstrakt oder kausal sein. **Verpflichtungsgeschäfte** sind **kausal**, wenn aus ihnen der damit verfolgte **wirtschaftliche Zweck** abgeleitet werden kann. Besteht also ein erkennbarer Zusammenhang zwischen einem Leistungsversprechen (zB zur Zahlung von € 100,–) und dem Anlass der Verpflichtung (zB als Gegenleistung für ein Werk), so handelt es sich um ein kausales Verpflichtungsgeschäft. Kann ein derartiger kausaler Zusammenhang nicht hergestellt werden, liegt ein **abstraktes Verpflichtungsgeschäft** vor. Abstrakte Verpflichtungsgeschäfte sind grundsätzlich als unwirksam anzusehen (vgl § 937 ABGB). Dies vor allem deshalb, da ansonsten auch gesetzeswidrige Rechtsgeschäfte durch Klage durchgesetzt werden könnten (Ausnahme: zB Wechselbegebung, s dazu Rz 808 ff). 214

Verfügungsgeschäfte sind **kausal**, wenn sie in ihrer Wirksamkeit von einem gültigen Rechtsgrund abhängig sind; andernfalls sind sie **abstrakt**. So verlangt etwa § 380 ABGB für den wirksamen Eigentumserwerb nicht nur die Übergabe der Sache, sondern auch einen gültigen Rechtsgrund (s dazu Rz 143). 215

bf Ziel- und Dauerschuldverhältnisse

Zielschuldverhältnisse sind auf die Erbringung einer einmaligen Leistung und nicht auf ein dauerndes oder wiederkehrendes Verhalten gerichtet. Mit der vertragsmäßigen Erfüllung der geschuldeten Leistung ist idR die Schuldverpflichtung aus einem Zielschuldverhältnis erloschen (zB Kauf, Tausch oder Schenkung, s dazu Rz 415 ff). 216

Bei **Dauerschuldverhältnissen** wird ein andauerndes bzw laufend wiederkehrendes Verhalten geschuldet. Die Leistungserbringung des Schuldners hat bei einem Dauerschuldverhältnis idR nicht die Auflösung des Vertrages zur Folge. Der Vertrag läuft solange weiter, bis er etwa durch Zeitablauf, Kündigung oder einvernehmliche Auflösung beendet wird. Zu beachten ist, dass bei Dauerschuldverhältnissen grundsätzlich eine Auflösung aus wichtigem Grund möglich ist (außerordentliches Kündigungsrecht, s dazu Rz 357). Typische Dauerschuldverhältnisse werden ua durch Arbeits-, Miet- oder Stromlieferungsverträge begründet. Sofern bei diesen oder anderen Dauerschuldverhältnissen keine Wertsicherungsklauseln vereinbart sind, ist vom Geldschuldner grundsätzlich lediglich der jeweils vereinbarte Nominalbetrag zu erbringen. 217

2 Vertragsvoraussetzungen

a Allgemeines

218 Wer einen Vertrag abschließen will, muss dies kundtun. Regelmäßig erfolgt dabei die entsprechende Kundgabe durch ein **Angebot** (Offerte) des Anbietenden (Offerent). Damit dieses Angebot zu einem gültigen Vertragsabschluss führt, ist das Vorliegen einer **Annahme** durch den Angebotsempfänger (Oblat) erforderlich (§ 861 ABGB). Im Übrigen ist zu beachten, dass die an einem Rechtsgeschäft beteiligten Personen einen Geschäftswillen jeweils nur im Rahmen ihrer **Geschäftsfähigkeit** (s dazu Rz 43 ff) entwickeln können. Weiters müssen Willenserklärungen, die im Hinblick auf den Abschluss eines Rechtsgeschäfts abgegeben werden, **ernst gemeint** und **frei von Irrtum**, **List** und **Zwang** sein. Überdies hat der Inhalt eines Rechtsgeschäfts **möglich** und **erlaubt** zu sein. Gelegentlich sind schließlich im Einzelfall auch besondere **Formvorschriften** zu beachten.

b Angebot

219 Der Inhalt eines Angebotes muss derart gestaltet sein, dass alle wesentlichen Angaben enthalten sind, die es dem Angebotsempfänger ermöglichen, durch die bloße Erklärung des Einverständnisses das Angebot annehmen zu können **(hinreichende inhaltliche Bestimmtheit)**. Es müssen also zumindest die Mindestbestandteile der angestrebten Vereinbarung dargelegt sein; idR genügt dafür auch die bloße Bestimmbarkeit der Hauptleistungspflichten (zB würde die Bezugnahme auf einen „Listenpreis" ausreichend sein).

220 Erforderlich ist überdies das Vorliegen eines entsprechenden **Bindungswillens** des Erklärenden. Mangels eines hinreichenden Bindungswillens sind etwa ein Zeitungsinserat, ein Versandhauskatalog, ausgestellte Waren in einer Auslage oder eine Website grundsätzlich nicht als Angebote zu qualifizieren; es handelt sich bei diesen und ähnlichen Fällen idR lediglich um bloße Aufforderungen an Dritte, ihrerseits ein entsprechendes Angebot zu stellen. Hingegen entfalten **Realofferte** (zB Zusenden unbestellter Waren) sehr wohl einen entsprechenden Bindungswillen des Offerenten. Bei unbestellten Zusendungen ist zu beachten, dass ein bloßes Behalten, Verwenden oder Verbrauchen nicht als Annahme gilt; der Empfänger ist auch nicht verpflichtet, die Sache zu verwahren oder zurückzuleiten, er darf sich ihrer auch entledigen. Ist die Sache allerdings irrtümlich an ihn gelangt und musste ihm dies auffallen, so hat der Empfänger dies in

angemessener Frist dem Absender mitzuteilen oder die Sache an diesen zurückzuleiten (§ 864 Abs 2 ABGB).

Mit Zugang des Angebotes an den Angebotsempfänger entfaltet das Angebot seine **Bindungswirkung**. Während der Dauer der Bindungswirkung ist es dem Anbietenden nicht möglich, das Angebot zu widerrufen. Dabei ist davon auszugehen, dass die Bindungswirkung – sofern diese vom Anbietenden nicht ausdrücklich zeitlich bestimmt ist – grundsätzlich die Zeitspanne der Übermittlungsdauer der Antwort an den Anbietenden inklusive einer hinreichenden Überlegungsfrist umfasst; ein unter Anwesenden oder per Ferngespräch gemachtes Angebot bindet nur während der Verhandlungsdauer (§ 862 ABGB). 221

Wird ein Angebot mit dem Hinweis „freibleibend", „unverbindlich" oder „ohne obligo" gekennzeichnet, handelt es sich nur mehr begrifflich, aber nicht rechtlich um ein Angebot, da es **keine verbindliche Wirkung** hat und dementsprechend keine direkten Rechtsfolgen ableitbar sind. 222

c Annahme

Ist der Empfänger mit dem Angebot einverstanden, kann er durch eine entsprechende Willenserklärung das Angebot annehmen. Die Ablehnung eines Angebotes beendet dessen Bindungswirkung, so dass das Angebot erlischt. Von Bedeutung ist, dass sich die Annahme mit dem Angebot (in seinen Hauptpunkten) vollinhaltlich decken muss **(Konsens)**; wenn dies nicht der Fall ist, kommt ein Vertrag nicht zustande **(Dissons)**. Wird ein Angebot nicht vollinhaltlich angenommen, sondern mit einer oder mehreren **Änderung(en)** (in den Haupt- oder Nebenpunkten) versehen, gilt das Angebot noch nicht als angenommen. Vielmehr führen derartige Modifizierungen zu einem Gegenangebot, das eine Annahme des ursprünglichen Angebotserstellers erforderlich macht, um ein Vertragsverhältnis entstehen zu lassen. 223

Die Annahme kann – wie grundsätzlich jede Willenserklärung (s dazu Rz 201) – entweder ausdrücklich durch **mündliche** oder **schriftliche Mitteilung** oder auch durch eine **schlüssige Handlung** des Angebotsempfängers erfolgen (§ 863 ABGB). 224

Eine Sonderform der Annahme ist jene durch **Willensbetätigung**. Hierbei ist keine ausdrückliche Erklärung der Annahme notwendig, vielmehr wird durch eine entsprechende Erfüllungshandlung der Vertrag direkt geschlossen (vgl § 864 Abs 1 ABGB). Diese Form der Annahme hat insbes für das Versandgeschäft eine wichtige faktische Bedeutung. Bei derartigen Geschäften erwartet nämlich der Besteller von Versandwaren grundsätzlich keine gesonderte Annahmeerklärung des Verkäufers, sondern bloß die umgehende Lieferung der Bestellung; durch diese wird das Rechtsgeschäft perfekt. 225

226 Aus dem bloßen **Stillschweigen** des Angebotsempfängers kann grundsätzlich keine für eine rechtsgültige Annahme eines Angebotes notwendige Willenserklärung abgeleitet werden; auch dann nicht, wenn der Angebotsersteller dem Angebot eine diesbezügliche Klausel (zB „bei Stillschweigen gilt das Angebot als angenommen") beigefügt hat.

d Annahme unter Allgemeinen Geschäftsbedingungen

227 Größere Unternehmen erstellen in ihrem täglichen Geschäftsverkehr idR eine Vielzahl von Angeboten, für die sie aus Spezialisierungs- und/oder Rationalisierungsgründen einheitliche, aber im Regelfall sehr umfangreiche Regelungsschablonen, so genannte **Allgemeine Geschäftsbedingungen** (AGB), entwickeln. Rechtskraft entfalten derartige AGB nur dann, wenn deren Geltung vereinbart wird. Bei Annahme eines Angebotes mit einem Hinweis auf die AGB (zB durch Aushang im Geschäftslokal) werden diese grundsätzlich zum Vertragsinhalt.

228 Allerdings unterliegen auch AGB den gesetzlichen Vorschriften, weshalb nicht automatisch alle in AGB vereinbarten Klauseln bei Annahme des Angebotes auch tatsächlich Rechtskraft entfalten. So haben etwa **ungewöhnliche nachteilige Bestimmungen**, mit deren Geltung nicht zu rechnen ist, gem § 864a ABGB oder **gröblich benachteiligende Nebenabreden** gem § 879 Abs 3 ABGB keine bindende Wirkung.

229 Für **Verbrauchergeschäfte** (s dazu Rz 209 f) sind im KSchG im Interesse einer **Vertragskontrolle** Vorschriften normiert, die erfüllt sein müssen, damit Vertragsbestimmungen im Allgemeinen bzw in AGB im Besonderen ihre Wirkung entfalten können (vgl § 6 Abs 1 und 2 KSchG). Im Übrigen normiert § 6 Abs 3 KSchG, dass eine in den AGB enthaltene Vertragsbestimmung unwirksam ist, wenn sie unklar oder unverständlich formuliert ist. Außerdem ist in § 28 Abs 3 KSchG angeordnet, dass der Verwender von AGB diese einer nach § 29 KSchG klagebefugten Einrichtung – zB dem ÖGB oder dem VKI – auf deren Verlangen binnen vier Wochen auszufolgen hat, sofern diese Einrichtung glaubhaft macht, dass deren Kenntnis zur Wahrnehmung der Interessen von Verbrauchern erforderlich ist.

e Besonderheiten beim Vertragsabschluss im Fernabsatz und auf elektronischem Weg

230 Auf Verbrauchergeschäfte (s dazu Rz 209 f), die unter ausschließlicher Verwendung eines oder mehrerer **Fernkommunikationsmittel** (zB durch Katalog, per Telefon, über das Internet) abgeschlossen wer-

den **(Fernabsatz)**, kommen die Sonderbestimmungen des Bundesgesetzes über Fernabsatz- und außerhalb von Geschäftsräumen geschlossene Verträge (Fern- und Auswärtsgeschäfte-Gesetz – FAGG; s auch Verbraucherrechte-Richtlinie-Umsetzungsgesetz – VRUG, BGBl I 2014/33) auf der Basis der Verbraucherrechte-Richtlinie zur Anwendung. Die Verbraucherrechte-Richtlinie verfolgt das Ziel einer vollen Harmonisierung des europäischen Verbraucherrechts. Nach diesem Regelungskonzept ist es den Mitgliedsstaaten verwehrt, weitergehende Maßnahmen zum Schutz ihrer Verbraucher zu erlassen oder beizubehalten. Im Binnenmarkt sollen einheitliche Regelungen gelten.

Für den **Vertrieb** an der **Haustür** und im **Fernabsatz** sieht das FAGG vorvertragliche und vertragliche Informationspflichten sowie ein Rücktrittsrecht vor. Diese Regelungen gelten allgemein für Fernabsatzgeschäfte sowie für außerhalb von Geschäftsräumen geschlossene Verträge zwischen Unternehmern und Verbrauchern. Der Verbraucherbegriff orientiert sich nach wie vor an § 1 KSchG. 230/1

Als **Haustürgeschäft** definiert § 3 Z 1 FAGG jeden Vertrag, der an einem Ort geschlossen wurde, der **kein Geschäftsraum des Unternehmers** ist, der in den Geschäftsräumen oder durch Fernabsatz geschlossen wurde, nachdem der Verbraucher **anderswo persönlich und individuell angesprochen** wurde, oder der auf einem vom Unternehmer oder seinem Beauftragten organisierten **Ausflug** geschlossen wurde. Als **Fernabsatz** definiert das FAGG jeden Vertrag, der **ohne gleichzeitige körperliche Anwesenheit des Unternehmers und des Verbrauchers** im Rahmen eines für den Fernabsatz organisierten Vertriebs- oder Dienstleistungssystems geschlossen wird. Im Wesentlichen deckt sich diese Definition mit § 5a Abs 1 KSchG alt. 230/2

Der Verbraucher soll durch **umfassende Informationspflichten** des Unternehmers geschützt werden. So muss der Verbraucher gem § 4 Abs 1 FAGG etwa vor Abgabe seiner Willenserklärung vom Unternehmer ua über Folgendes informiert werden: 230/3

- die wesentlichen **Eigenschaften der Ware oder Dienstleistung** in dem für das Kommunikationsmittel und die Ware oder Dienstleistung angemessenen Umfang,
- den **Namen oder die Firma des Unternehmers** sowie die Anschrift seiner Niederlassung,
- den **Gesamtpreis der Ware oder Dienstleistung** einschließlich aller Steuern und Abgaben, wenn aber der Preis auf Grund der Beschaffenheit der Ware oder Dienstleistung vernünftigerweise nicht im Voraus berechnet werden kann, die Art der Preisberechnung und gegebenenfalls alle zusätzlichen Fracht-, Liefer-, Versand- oder sonstigen Kosten oder, wenn diese Kosten vernünftigerweise nicht im Voraus berechnet werden können, das allfällige Anfallen solcher zusätzlichen Kosten,

- bei einem **unbefristeten Vertrag** oder einem **Abonnementvertrag** die für jeden Abrechnungszeitraum anfallenden Gesamtkosten, wenn für einen solchen Vertrag Festbeträge in Rechnung gestellt werden, die monatlichen Gesamtkosten, wenn aber die Gesamtkosten vernünftigerweise nicht im Voraus berechnet werden können, die Art der Preisberechnung,
- die **Kosten für den Einsatz der für den Vertragsabschluss genutzten Fernkommunikationsmittel**, sofern diese nicht nach dem Grundtarif berechnet werden,
- die **Zahlungs-, Liefer- und Leistungsbedingungen**, den Zeitraum, innerhalb dessen nach der Zusage des Unternehmers die Ware geliefert oder die Dienstleistung erbracht wird, sowie ein allenfalls vorgesehenes Verfahren beim Umgang des Unternehmers mit Beschwerden,
- bei **Bestehen eines Rücktrittsrechts** die Bedingungen, die Fristen und die Vorgangsweise für die Ausübung dieses Rechts, dies unter Zurverfügungstellung des Muster-Widerrufsformulars gem Anhang I Teil B des FAGG.

231 § 11 FAGG räumt dem Verbraucher ein **Rücktrittsrecht** bei Fernabsatzverträgen bzw außerhalb von Geschäftsräumen geschlossenen Verträgen ein. Der Rücktritt muss nicht begründet werden. Die Frist beginnt bei Dienstleistungsverträgen mit dem Tag des Vertragsabschlusses, bei Kaufverträgen und anderen auf den entgeltlichen Erwerb einer Ware gerichteten Verträgen mit dem Tag, an dem der Verbraucher den Besitz an der Ware erlangt. Die Rücktrittsfrist beträgt 14 Tage (vgl § 3 KSchG). Die 14-tägige Rücktrittsfrist verlängert sich um maximal zwölf Monate, wenn der Unternehmer nicht gesetzeskonform über die Bedingungen, die Fristen und die Vorgangsweise für die Ausübung des Rücktrittsrechts informiert (§ 12 Abs 1 FAGG).

231/1 Nach einem wirksamen Rücktritt des Verbrauchers hat der Unternehmer alle bereits geleisteten Zahlungen unverzüglich, spätestens aber innerhalb von 14 Tagen ab Zugang des Rücktritts zu erstatten. Der Unternehmer kann die Rückzahlung nur so lange verweigern, bis er entweder die Ware zurückerhalten oder vom Verbraucher einen Nachweis über die Rücksendung der Ware erhalten hat (§ 14 Abs 3 FAGG). Der Verbraucher hat die empfangene Ware unverzüglich, spätestens **binnen 14 Tagen** ab der Abgabe der Rücktrittserklärung an den Unternehmer zurückzustellen (§ 15 Abs 1 FAGG). Die **Kosten der Rücksendung** der Ware muss der Verbraucher tragen, es sei denn, dass sich der Unternehmer vorweg bereit erklärt hat, die Kosten zu übernehmen (§ 15 Abs 2 FAGG).

231/2 Nach § 15 Abs 4 FAGG ist der Verbraucher auch nicht unbedingt verpflichtet, für die **Benützung** der Sache ein **Entgelt** zu entrichten (abweichend § 4 KSchG).

Das **Rücktrittsrecht** steht dem Verbraucher nicht ausnahmslos zu. § 18 FAGG regelt zahlreiche **Ausnahmen**, in denen kein Rücktrittsrecht besteht (s § 5f KSchG aF). 231/3

§ 6 FAGG beinhaltet eine vereinfachte Informationserteilung für **Handwerkerverträge**. Darunter versteht § 6 Abs 1 FAGG Verträge über Reparatur- oder Instandhaltungsarbeiten, die außerhalb von Geschäftsräumen geschlossen werden und bei denen der Verbraucher das Kommen und die Dienste des Unternehmers ausdrücklich angefordert hat, das zu zahlende Entgelt € 200,– nicht übersteigt und die vertraglichen Verpflichtungen sofort erfüllt werden. Hier muss der Unternehmer dem Verbraucher nur wenige Informationen zur Verfügung stellen. § 7 Abs 1 FAGG bestimmt, dass die vorvertraglichen und vertraglichen **Informationen bei Fernabsatzverträgen** dem Verbraucher klar und verständlich in einer dem verwendeten Fernkommunikationsmittel angepassten Art und Weise bereitzustellen sind. Gem § 7 Abs 3 FAGG muss der Unternehmer dem Verbraucher innerhalb einer angemessenen Frist nach Vertragsabschluss, spätestens aber mit der Lieferung der Ware oder vor Beginn der Erbringung einer Dienstleistung den abgeschlossenen Vertrag bestätigen und die dabei in § 4 Abs 1 FAGG genannten Informationen bereitstellen (vgl dazu auch § 5d Abs 1 KSchG aF). 231/4

§ 8 FAGG sieht eine wesentliche Verbesserung für auf elektronischem Weg abgeschlossene Verträge vor. Verträge, die allein über **E-Mail** oder per **SMS**, also durch **individuelle elektronische Kommunikationsmittel** geschlossen werden, sind von dieser Neuregelung allerdings nicht umfasst. Für **Websiteverträge** hat sich das FAGG aber das Ziel gesetzt, Internetmissbrauch einzudämmen. Das erfolgt dadurch, dass der Unternehmer den Verbraucher vor Abgabe seiner Vertragserklärung klar und hervorgehoben auf bestimmte Kerninformationen hinweisen muss, nämlich die wesentlichen Eigenschaften der Ware oder Dienstleistung, den Gesamtpreis sowie die Berechnungsmodalitäten, die Gesamtkosten, die Laufzeit und die Kündigungsbedingungen sowie die Mindestdauer der Verpflichtung des Verbrauchers (§ 8 Abs 1 FAGG). Nach § 8 Abs 2 FAGG muss der Vertragsabschluss weiters so ausgestaltet sein, dass der Verbraucher bei der Bestellung ausdrücklich seine **Zahlungsverpflichtung** bestätigt. Wenn der Bestellvorgang die Aktivierung einer Schaltfläche oder einer vergleichbaren Bestätigung erfordert, muss diese Schaltfläche oder Funktion gut lesbar ausschließlich mit den Worten „zahlungspflichtig bestellen“ oder einer gleichermaßen eindeutigen Formulierung gekennzeichnet sein. Dem Verbraucher muss jedenfalls klar gemacht werden, dass diese Bestellung mit einer Zahlungsverpflichtung gegenüber dem Unternehmer verbunden ist. Wenn der Unternehmer diese formalen Anforderungen nicht erfüllt, ist der Verbraucher nicht an den Vertrag bzw an seine rechtsgeschäftliche Erklärung gebun- 231/5 den. Der Vertrag ist schwebend unwirksam. Es steht in der Disposition des Verbrauchers, ob er daran festhält und Erfüllung verlangt oder das Zustandekommen des Vertrages ablehnt.

231/6 § 9 FAGG enthält besondere Erfordernisse für **telefonisch abgeschlossene Verträge**. Der Unternehmer muss bei Ferngesprächen mit Verbrauchern, die auf den Abschluss eines Fernabsatzvertrages abzielen, dem Verbraucher zu Beginn des Gespräches seine Identität und den geschäftlichen Zweck des Gespräches offen legen (s dazu auch § 5c Abs 2 KSchG aF). § 9 Abs 2 FAGG bestimmt, dass sich der Verbraucher nicht schon während des Telefongespräches vertraglich binden kann. Dazu kommt es erst, wenn der Unternehmer dem Verbraucher eine Bestätigung seines Vertragsangebotes auf einem **dauerhaften Datenträger** zur Verfügung stellt und der Verbraucher dem Unternehmer daraufhin eine schriftliche Erklärung über die Annahme des Angebots auf einem dauerhaften Datenträger übermittelt.

232 Im Rahmen des **E-Commerce-Gesetzes** (ECG, BGBl I 2001/152 idgF) finden sich besondere Regelungen, die den Risiken und Gefahren der **Bestellung über eine Website** entgegenwirken sollen. So hat ein Diensteanbieter einen Nutzer vor Abgabe seiner Vertragserklärung über die in § 9 Abs 1 und 2 ECG genannten Belange zum Vertragsabschluss (zB Angaben zum technischen Ablauf des Vertragsabschlusses) zu informieren. Ferner müssen dem Nutzer angemessene, wirksame und zugängliche technische Mittel zur Verfügung gestellt werden, mit denen er Eingabefehler vor Abgabe der Vertragserklärung erkennen und berichtigen kann; der Zugang einer elektronischen Vertragserklärung ist dem Nutzer unverzüglich elektronisch zu bestätigen (§ 10 Abs 1 und 2 ECG). Die genannten Verpflichtungen können gem § 10 Abs 3 ECG zum Nachteil von Verbrauchern nicht abgeändert werden; sie gelten allerdings nicht für Verträge, die ausschließlich im Wege der elektronischen Post oder eines damit vergleichbaren individuellen elektronischen Kommunikationsmittels abgeschlossen werden.

f Willensmängel

233 Wie bereits ausgeführt, besteht eine der wesentlichen Voraussetzungen für das Zustandekommen eines Vertragsverhältnisses in der Willensübereinstimmung der Vertragsparteien, wobei die Willenserklärungen insbes frei von **Irrtum**, **List** und **Zwang** sein müssen. Liegt ein Willensmangel vor, wird dadurch die Rechtskraft eines Vertrages berührt, was bis zur Beseitigung eines Vertrages führen kann. Zu den Willensmängeln zählen neben Irrtum, List und Zwang auch die **„Überrumpelung“** und die **Verkürzung über die Hälfte**.

fa Irrtum

Der in der Praxis am häufigsten vorkommende Willensmangel ist wohl der Irrtum (§§ 871 ff ABGB). Unter einem **Irrtum** wird generell das Vorliegen einer falschen Vorstellung von der Wirklichkeit verstanden. Während zur Klärung der Frage, ob Konsens bzw Dissens vorliegt, lediglich die abgegebenen Erklärungen miteinander verglichen werden, ist im Unterschied dazu beim Irrtum zu prüfen, ob die von einer Person abgegebene Erklärung von ihrem wirklichen Willen abweicht oder nicht. 234

Nicht jeder Irrtum führt ohne weiteres zur **Anfechtbarkeit** eines Vertrages. Zunächst ist zwischen dem Motiv-, Erklärungs- und Geschäftsirrtum zu unterscheiden. 235

Beim **Motivirrtum** herrscht eine falsche Vorstellung bezüglich des Beweggrundes, aus dem heraus die Entscheidung zum Vertragsabschluss erfolgte (zB Kauf eines Buches, um damit einem Freund eine Freude zu bereiten, dieser hat das Buch jedoch bereits). Motivirrtümer sind grundsätzlich nicht dazu geeignet, einen Vertrag wegen Irrtums anzufechten. Ausnahmen gelten jedoch insbes bei unentgeltlichen Geschäften sowie bei letztwilligen Verfügungen. Unter ganz besonderen Voraussetzungen kann selbst ein Motivirrtum bei entgeltlichen Geschäften beachtlich werden: Haben sich nämlich die typischen Geschäftsvoraussetzungen in einem Ausmaß geändert, mit welchem die Vertragsparteien objektiv nicht rechnen konnten, und ist dieser Umstand nicht der Risikosphäre der Vertragsparteien zuzurechnen, so ist von einem **Wegfall der Geschäftsgrundlage** auszugehen, welche auf den Bestand des Vertrages rückwirkt (zB Ausbruch von Unruhen oder kriegerischen Ereignissen). Des Weiteren ist zu beachten, dass dann, wenn ein Motiv zum Geschäftsinhalt erhoben wird, sich der Irrtum über ein solches Motiv als rechtserheblicher Geschäftsirrtum (s dazu Rz 238) darstellt (zB Kauf des Buches unter der ausdrücklichen Bedingung, dass es der Freund noch nicht hat). Bezüglich der in der Praxis so bezeichneten **„Kalkulationsirrtümer"** gilt Folgendes: Sofern jemand die von ihm zu tragenden Kosten bzw den von ihm zu tätigenden Aufwand falsch einschätzt, liegt grundsätzlich ein unerheblicher Motivirrtum vor; wenn jedoch die Kalkulationsgrundlagen zum Vertragsinhalt gemacht wurden oder wenn es hinsichtlich des vereinbarten Preises lediglich zu einem Verschreiben, Verrechnen oder Versprechen kommt, liegt ein Geschäfts- bzw Erklärungsirrtum vor. 236

Ein **Erklärungsirrtum** liegt immer dann vor, wenn der Erklärende irrtümlich etwas anderes erklärt, als er zu erklären glaubt (zB jemand verspricht oder verschreibt sich), oder gar nicht erkennt, dass er eine Erklärung abgegeben hat. Ein Erklärungsirrtum liegt freilich dann nicht vor, wenn sich die Vertragsparteien lediglich bezüglich der kor- 237 rekten Bezeichnung täuschen, aber sehr genau wissen, was eigentlich gemeint ist; es liegt dann nur eine unbeachtliche Fehlbezeichnung und keine Fehlvorstellung vor.

238 Ein **Geschäftsirrtum** liegt vor, wenn der Erklärende zwar die richtige Vorstellung von seiner Äußerung hat, sich aber über

- die **Natur des Geschäftes** (zB jemand glaubt, es liegt ein unentgeltlicher Leihvertrag vor, in Wirklichkeit ist jedoch ein entgeltlicher Mietvertrag vorgesehen),
- den **Gegenstand des Geschäftes** (zB jemand meint, ein echtes Bild eines berühmten Malers gekauft zu haben, in Wirklichkeit stammt dieses jedoch von einem begabten Hobbymaler) oder
- über eine für das Geschäft **bedeutsame Eigenschaft in der Person des Geschäftspartners** (zB wenn dieser nicht über die für die Ausübung des Berufes eines Installateurs erforderlichen Kenntnisse und Fertigkeiten verfügt) irrt.

239 Voraussetzung für die Irrtumsanfechtung bei Erklärungs- und Geschäftsirrtümern ist gem § 871 Abs 1 ABGB,

- dass der Irrtum entweder **vom Vertragspartner veranlasst** wurde (zB der Vertragspartner hat unrichtige Auskünfte erteilt), oder
- der Vertragspartner den Irrtum **hätte erkennen können** (zB jemand bietet für eine vermeintlich echt antike Vase einen auffallend hohen Preis), oder
- der Irrtum **rechtzeitig aufgeklärt** wurde (damit ist gemeint, dass der Partner des Irrenden noch keine vermögenswerten Dispositionen im Vertrauen auf den Vertragsabschluss vorgenommen hat).

240 Bei Vorliegen einer der genannten Voraussetzungen kann der Irrtum zur Anfechtung bzw zur Anpassung des Vertrages führen.

- Liegt ein **wesentlicher Irrtum** vor (dh, das Geschäft wäre ohne Irrtum überhaupt nicht zustande gekommen; § 873 ABGB), kann es zu einer Vertragsanfechtung und damit zur Aufhebung des Vertrages kommen.
- Ist der Irrtum hingegen **unwesentlich** (dh, der Vertrag wäre ohne Irrtum mit einem anderen Inhalt abgeschlossen worden; § 872 ABGB), ist lediglich eine Adaptierung des Vertrages denkbar.

241 Irrtümer müssen innerhalb von **drei Jahren** ab dem Zeitpunkt des Vertragsabschlusses gerichtlich geltend gemacht werden (§ 1487 ABGB).

fb List

242 Gem § 870 ABGB ist derjenige, der von einem anderen durch **List** (bewusste Irreführung) zu einem Vertrag veranlasst wurde, an den Vertrag nicht gebunden. Der Überlistete hat dadurch die Möglichkeit, den gesamten Vertrag (und nicht bloß einen Teil) zu beseitigen und kann darüber hinausgehend gem § 874 ABGB einen Schadenersatz-

anspruch gegen den Überlistenden geltend machen. Selbst dann, wenn das listige Verhalten lediglich die Motivation zum Geschäftsabschluss betreffen sollte, kommt die Rechtsfolge des § 870 ABGB zum Tragen (§ 871 Abs 2 ABGB).

Das listige **Verhalten eines Dritten** berührt die Gültigkeit des Rechtsgeschäfts grundsätzlich nicht; der Dritte kann jedoch schadenersatzpflichtig werden (§ 875 ABGB). 243

Für die Geltendmachung der List gilt eine Frist von **30 Jahren**. 244

fc Zwang bzw Drohung

Wer durch „ungerechte und gegründete Furcht" unter **Zwang** bzw **Drohung** einen Vertrag abschließt, unterliegt keinem Irrtum, hat aber seinen Entschluss nicht frei gefasst und ist gem § 870 ABGB an den Vertrag nicht gebunden. Die Bedrohung muss dabei eine begründete Furcht auslösen, die nach der Wahrscheinlichkeit der Gefahr sowie nach der Art der Bedrohung zu beurteilen ist. Darüber hinaus muss die Drohung im direkten (kausalen) Zusammenhang zum Vertragsabschluss stehen. Wäre der Vertrag auch ohne Zwang abgeschlossen worden, kann der Bedrohte die Drohung nicht einwenden. 245

Da grundsätzlich nur **widerrechtliche Drohungen** die Rechtswirkung des § 870 ABGB auslösen, stellt sich etwa die Androhung der Einbringung einer Klage gegenüber einem Schädiger, der keinen Ersatz leisten will, als zulässig dar. 246

Die von einem **Dritten** erfolgte Drohung berührt die Gültigkeit des Rechtsgeschäfts grundsätzlich nicht; der Dritte kann jedoch schadenersatzpflichtig werden (§ 875 ABGB). 247

Für die Geltendmachung einer Drohung ist eine Frist von **drei Jahren** vorgesehen (§ 1487 ABGB). 248

fd Überrumpelung („Haustürgeschäft")

Das KSchG sieht für bestimmte Willenserklärungen, die häufig unbedacht (und nicht unbedingt irrtümlich) abgegeben werden, **besondere Regelungen** vor. 249

Handelt es sich um ein Verbrauchergeschäft (s dazu Rz 209 f), das nicht in den vom Unternehmer dauernd benutzten Räumlichkeiten abgeschlossen wurde (zB bei einem „Hausbesuch" oder einer Werbefahrt), kann der Konsument das von ihm ausgesprochene **Kaufangebot**, das noch nicht angenommen wurde, ohne zeitliche Befristung widerrufen. 250

Sofern bereits ein Vertrag zustande gekommen ist und der Käufer durch eine ihm ausgehändigte **Urkunde** sowohl über seine Rechte – insbes sein Rücktrittsrecht – als auch über den Namen und die Anschrift des Vertragspartners sowie über den wesentlichen Vertragsin- 251 halt aufgeklärt wurde, kann der Konsument **binnen 14 Tagen** vom Vertrag zurücktreten (§ 3 Abs 1 KSchG). Diese Frist beginnt ab dem Zeitpunkt der Aushändigung der Urkunde, frühestens jedoch mit dem Zustandekommen des Vertrages zu laufen.

252 Ist die **Ausfolgung einer solchen Urkunde unterblieben**, so steht dem Verbraucher das Rücktrittsrecht für eine Frist von zwölf Monaten und 14 Tagen ab Vertragsabschluss beziehungsweise Warenlieferung zu; wenn der Unternehmer die Urkundenausfolgung innerhalb von zwölf Monaten ab dem Fristbeginn nachholt, so endet die verlängerte Rücktrittsfrist 14 Tage nach dem Zeitpunkt, zu dem der Verbraucher die Urkunde erhält. Bei Versicherungsverträgen endet die Rücktrittsfrist spätestens einen Monat nach Zustandekommen des Vertrags (§ 3 Abs 1 KSchG).

253 Diese Rücktrittsmöglichkeit vom Vertrag gem § 3 KSchG kann einzelvertraglich nicht abgeändert werden **(zwingendes Recht)**.

254 Zu beachten ist, dass die Ausübung des Rücktrittsrechts dann **nicht in Frage** kommt, wenn der Konsument das Geschäft selbst angebahnt hat (§ 3 Abs 3 Z 1 KSchG; zB jemand reagiert auf eine Annonce eines Unternehmers und bestellt einen Verkaufsberater zu sich nach Hause). Auch bei sofort zu erfüllenden Geschäften, die üblicherweise außerhalb von Geschäftsräumen geschlossen werden und bei denen das Entgelt € 25,– nicht übersteigt, ist ein Rücktritt nicht möglich (zB Zeitungskauf). Gleiches gilt schließlich dann, wenn das Unternehmen seiner Natur nach nicht in ständigen Geschäftsräumen betrieben wird und das Entgelt maximal € 50,– beträgt (§ 3 Abs 3 Z 3 KSchG; zB Beförderungsvertrag mit einem Taxiunternehmen).

254/1 § 3a KSchG kennt weiter die Möglichkeit des Vertragsrücktritts des Verbrauchers in Fällen, in denen **Erwartungen des Verbrauchers** nicht erfüllt worden sind. Das ist dann der Fall, wenn bestimmte, für das Geschäft maßgebliche Umstände, die dem Verbraucher vom Unternehmer eingeredet worden sind, aus Gründen, die nicht in der Sphäre des Verbrauchers liegen, nicht oder nur in erheblich geringerem Ausmaß eingetreten sind.

255 Im Fall des **Immobilienkaufes** bzw der **Immobilienmiete** besteht ein einwöchiges Rücktrittsrecht, wenn durch diese Rechtsgeschäfte ein „dringendes Wohnbedürfnis" befriedigt wird (§ 30a KSchG).

fe Verkürzung über die Hälfte (laesio enormis)

256 Wenn bei zweiseitig verbindlichen Geschäften ein Teil nicht einmal die Hälfte dessen, was er dem anderen gegeben hat, von diesem an gemeinem Wert erhalten hat, wird dem verletzten Teil das Recht eingeräumt, die Aufhebung des Vertrages und die Herstellung des vorigen Zustands zu fordern (§ 934 ABGB). Wenn also Leistung und Gegenleistung in einem derartigen Missverhältnis zueinander stehen,

dass ein Vertragsteil nicht einmal 50 % vom gemeinen Wert seiner Leistung als Gegenleistung erhält, kann dieser das Geschäft wegen **Verkürzung über die Hälfte** anfechten. Der Vertragspartner kann aber dadurch das Geschäft aufrechterhalten, dass er die Differenz auf den gemeinen Wert ersetzt.

§ 934 ABGB stellt **zwingendes Recht** dar. Allerdings ist eine Anfechtung wegen Verkürzung über die Hälfte ua dann nicht möglich, wenn dem Verkürzten der **Wert der Sache bekannt ist** oder sie von ihm auf Grund **besonderer Vorliebe** erworben wird (§ 935 ABGB). Außerdem kann die Anwendung des § 934 ABGB **zulasten eines Unternehmers** vertraglich ausgeschlossen werden (§ 351 UGB; s dazu Rz 573). 257

Gem § 1487 ABGB besteht für die Geltendmachung der laesio enormis eine Verjährungsfrist von **drei Jahren**. 258

g Nichtigkeitsgründe

ga Allgemeines

Unter bestimmten Voraussetzungen können Rechtsgeschäfte **nichtig** sein. Dabei wird generell zwischen den Fällen der absoluten und jenen der relativen Nichtigkeit unterschieden. 259

Als **absolut nichtig** sind Rechtsgeschäfte anzusehen, welche gegen Gesetze verstoßen, die den Zweck haben, Allgemeininteressen bzw die öffentliche Ordnung und Sicherheit zu schützen. Auf die absolute Nichtigkeit kann sich grundsätzlich jedermann berufen, ohne dass dazu eine besondere Anfechtung erforderlich wäre. Eine zeitliche Begrenzung zur Geltendmachung besteht nicht. Absolut nichtig sind etwa Verträge, die von nicht ausreichend Geschäftsfähigen oder von Personen, denen die Vertretungsmacht fehlt, abgeschlossen wurden. Regelmäßig führen darüber hinaus die Verletzung von Formvorschriften sowie dem Grunde nach die meisten Fälle der Gesetz- und Sittenwidrigkeit iSv § 879 ABGB (s dazu Rz 262 ff) zur absoluten Nichtigkeit; auch im Fall der ursprünglichen Unmöglichkeit (s dazu Rz 267) kann eine wirksame Vereinbarung nicht zustande kommen. 260

Sofern hingegen gegen Regelungen verstoßen wird, die lediglich zum Schutz eines der Vertragspartner erlassen wurden, liegt ein Fall der **relativen Nichtigkeit** vor. Die relative Nichtigkeit kann immer nur von demjenigen geltend gemacht werden, der durch die jeweilige Nichtigkeitsanordnung geschützt ist. Dazu zählt etwa der Wucher sowie die Unwirksamkeit von grob benachteiligenden Nebenbestimmungen in Allgemeinen Geschäftsbedingungen gem § 879 Abs 3 ABGB (s dazu Rz 228). Die relative Nichtigkeit eines Vertrages kann grundsätzlich innerhalb von **30 Jahren** geltend gemacht werden. 261

gb Gesetz- und Sittenwidrigkeit

262 In § 879 Abs 1 ABGB ist normiert, dass ein Vertrag, der gegen ein **gesetzliches Verbot** oder gegen die **guten Sitten** verstößt, nichtig ist.

263 Allerdings führen nicht alle **Gesetzesverstöße** zwangsläufig zur Nichtigkeit eines Vertrages. Es gilt diesbezüglich zwischen Abschlussverboten und Inhaltsverboten zu differenzieren. **Abschlussverbote** beziehen sich auf die Art und Weise des Zustandekommens eines Geschäftes. Sie bewirken regelmäßig keine Nichtigkeit eines unter Missachtung der entsprechenden Vorschrift abgeschlossenen Vertrages, sondern ziehen allenfalls schadenersatz- oder verwaltungsrechtliche Sanktionen nach sich (zB Verkauf von Waren nach dem gesetzlichen Geschäftsschluss).

264 Wird allerdings gegen Verbote verstoßen, die den Inhalt der rechtsgeschäftlichen Willenserklärung betreffen **(Inhaltsverbote)**, wirkt sich das auf die Gültigkeit des Gesamtvertrages aus (zB Verkauf von verbotenen Drogen).

265 Eine Reihe solcher gegen Inhaltsverbote verstoßender Vereinbarungen wird in § 879 Abs 2 Z 1 bis 4 und § 879 Abs 3 ABGB präzisiert. Der in der Praxis bekannteste dieser ausdrücklich geregelten Fälle ist der des **Wuchers**: Ein Vertrag ist gem § 879 Abs 2 Z 4 ABGB dann nichtig, wenn jemand den Leichtsinn, die Zwangslage, die Verstandesschwäche, die Unerfahrenheit oder die Gemütsaufregung eines anderen dadurch ausbeutet, dass er sich oder einem Dritten für eine Leistung eine Gegenleistung versprechen lässt, deren Vermögenswert zu dem Wert der Leistung in einem auffallenden Missverhältnis steht. Da der Wuchertatbestand durch seine Formulierung eine Ähnlichkeit zu den Willensmängeln aufweist, ist davon auszugehen, dass es vom Bewucherten abhängt, ob er den Vertrag zur Auflösung bringt oder nicht (relative Nichtigkeit).

266 Schwerer zu fassen ist hingegen der Begriff der **guten Sitten**. Generell gesprochen kann man darunter jene Rechtsnormen verstehen, die im Gesetz nicht ausdrücklich ausgesprochen sind, sich jedoch aus einer richtigen Betrachtung der rechtlichen Interessen der Vertragspartner ergeben. Als sittenwidrig sind insbes vertragliche Bestimmungen anzusehen, durch welche es zu massiven Einschränkungen der persönlichen Freiheit kommt (zB die Verpflichtung, seinen Beruf nie zu wechseln). Als sittenwidrig sind auch so genannte **Knebelungsverträge** anzusehen, durch welche etwa ein Vertragspartner den Dispositionen des anderen Teiles mehr oder weniger unbeeinflussbar ausgeliefert ist oder durch welche ein Vertragspartner auf übermäßig lange Dauer an den anderen gebunden wird.

gc Ursprüngliche Unmöglichkeit

Alles, was geradezu (und ursprünglich) **unmöglich** ist, kann nicht Gegenstand eines gültigen Vertrages werden (zB Verkauf von sprechenden Ameisen). Dieses durchaus logische Prinzip findet in § 878 ABGB seinen Niederschlag. Ist sowohl Mögliches als auch Unmögliches vereinbart, sind primär nur jene Teile des Vertrages als nichtig anzusehen, die sich auf das Unmögliche beziehen. Voraussetzung ist jedoch, dass das Mögliche vom Unmöglichen abgegrenzt werden kann. **267**

Wer bei Abschluss des Vertrages die Unmöglichkeit kannte oder kennen musste, sieht sich nicht nur mit der Nichtigkeit des Vertrages konfrontiert, sondern hat seinem Vertragspartner den Schaden zu ersetzen, den er durch das Vertrauen auf die Gültigkeit des Vertrages erlitten hat **(Vertrauensschaden)**. **268**

gd Verletzung von Formgeboten

Im ABGB ist der **Grundsatz der Formfreiheit** von Verträgen verankert. Gem § 883 ABGB kann ein Vertrag grundsätzlich mündlich oder schriftlich, vor Gericht oder außerhalb des Gerichtes, mit oder ohne Zeugen errichtet werden. **269**

Die Formfreiheit von Verträgen erfährt jedoch insofern eine **Einschränkung**, als für gewisse Verträge oder Urkunden entweder die einfache oder die gerichtliche bzw notarielle Schriftform notwendig ist. **270**

Mit **Schriftlichkeit** ist grundsätzlich die „Unterschriftlichkeit" (Leistung der Unterschrift am Vertrag durch die Parteien) gemeint (§ 886 ABGB). Die Schriftlichkeit iSv § 886 ABGB kann gem § 4 Abs 1 Signaturgesetz (SigG, BGBl I 1999/190 idgF) auch durch eine „qualifizierte elektronische Signatur" herbeigeführt werden; ausgenommen davon sind gem § 4 Abs 2 SigG jedoch ua Rechtsgeschäfte des Familien- und Erbrechts sowie bestimmte Bürgschaftserklärungen (s dazu Rz 460). Das SigG selbst dient dem Zweck der möglichst sicheren Zuordnung einer elektronischen Erklärung zu der als Absender bezeichneten Person; dieser Zwecksetzung dient ua die Erlassung einer Reihe von Normen für „Zertifizierungsdiensteanbieter" (§§ 6 ff SigG) bzw die Installierung der behördlichen Aufsicht über diese durch die Telekom-Control-Kommission (§§ 13 ff SigG). **271**

Bei der **gerichtlichen** bzw **notariellen Schriftform** muss die Unterschrift der Parteien für die Rechtsgültigkeit des Rechtsgeschäftes gerichtlich oder notariell beglaubigt oder beurkundet werden. **272**

Die Verletzung gesetzlicher Formvorschriften führt regelmäßig dazu, dass das vereinbarte Rechtsgeschäft **nichtig** ist. Allerdings gilt es dabei zu beachten, dass die in einem formungültigen Rechtsgeschäft vereinbarte Verbindlichkeit des Schuldners zwar nicht eingeklagt, sehr wohl aber rechtsgültig erfüllt werden kann; eine Rückforderung **273** nach der Leistungserbringung ist ausgeschlossen (**Naturalobligation**; § 1432 ABGB).

274 Sofern im Zuge der Verhandlung eines Vertrages von den Verhandlungspartnern darin übereingestimmt wird, eine bestimmte Formvorschrift betreffend den Abschluss oder die Abänderung des in Aussicht genommenen Vertrages vorzusehen, so ist ihnen dies unbenommen **(gewillkürte Form)**. Von derartigen gewillkürten Formregeln können die Vertragspartner im Einvernehmen wieder abweichen, wobei davon auszugehen ist, dass ein Abweichen regelmäßig auch lediglich in der (einvernehmlich gewählten) mündlichen Form zulässig ist. Zu beachten ist, dass gem § 6 Abs 1 Z 4 KSchG bei Verbrauchergeschäften (s dazu Rz 209 f) im Verhältnis zwischen Unternehmern und Verbrauchern für Erklärungen bzw Anzeigen des Kunden keine strengere Form als die Schriftform wirksam vereinbart werden kann.

3 Leistungsstörungen

275 Der Bereich der Willensmängel und Nichtigkeitsgründe bei Verträgen bezieht sich auf das fehlerhafte Zustandekommen eines Vertrages. Hingegen nehmen die **Leistungsstörungen** auf jene Fehler und Mängel Bezug, die bei der Erfüllung bzw Abwicklung eines mängelfrei errichteten Vertrages auftreten. Das bedeutet, dass der Vertrag gar nicht, zu spät oder mangelhaft erfüllt wird. Dabei kann zwischen den folgenden Arten von Leistungsstörungen unterschieden werden:

- Nachträgliche Unmöglichkeit,
- Schuldnerverzug (Leistungsverzug),
- Gläubigerverzug (Annahmeverzug),
- Gewährleistung,
- Positive Vertragsverletzung.

a Nachträgliche Unmöglichkeit

276 Die **nachträgliche Unmöglichkeit** einer vertraglich zugesicherten Leistung im Sinne einer Leistungsstörung ist nicht mit der Vereinbarung einer (ursprünglich) geradezu unmöglichen Leistung, die gem § 878 ABGB regelmäßig zur Nichtigkeit des Vertrages führt (dazu Rz 267 f), zu verwechseln. Vielmehr ist bei der nachträglichen Unmöglichkeit etwas grundsätzlich Mögliches vertraglich vereinbart, jedoch kann der verpflichtete Schuldner die Leistung nach dem Vertragsabschluss – endgültig – nicht erbringen (§§ 918 ff ABGB). Die verschiedenen, nachfolgend beschriebenen Fälle der Unmöglichkeit und deren gesetzliche Regeln beziehen sich nicht auf Geldschulden. Bei Geld-

schulden, die endgültig nicht mehr getilgt werden können, greifen vor allem die Bestimmungen des Insolvenzrechts ein.

aa Vom Schuldner zu vertretende Unmöglichkeit der Leistungserbringung

Die Unmöglichkeit der Leistungserbringung kann in die Sphäre des 277
Schuldners fallen. Das ist der Fall, wenn er selbst – vorsätzlich oder fahrlässig – die Unmöglichkeit verschuldet hat, wenn einer seiner Gehilfen (s dazu Rz 503) den Untergang der Leistung verschuldet hat, oder wenn die Sache während eines vom Schuldner verschuldeten Verzugs (s dazu Rz 287) durch Zufall untergeht. In diesen Fällen steht dem Gläubiger gem § 920 ABGB ein Wahlrecht zu. Zum einen hat er die Möglichkeit, am Vertrag festzuhalten, somit seine eigene Leistung zu erbringen und den Wert der unmöglich gewordenen Gegenleistung einzufordern. Dieser **Austauschanspruch** wird vom Gläubiger insbes bei jenen Geschäften gefordert werden, bei denen er sich seiner Gegenleistung in Form einer Ware entledigen möchte (zB beim Tausch).

Zum anderen kann der Gläubiger vom Vertrag zurücktreten. In diesem 278
Fall kann der Gläubiger den **Differenzanspruch** geltend machen, der sich aus dem Wert der vereitelten Schuldnerleistung abzüglich seiner nicht erbrachten Gegenleistung errechnet. Der Wertausgleich erfolgt regelmäßig in Form einer Geldleistung.

ab Vom Gläubiger zu vertretende Unmöglichkeit der Leistungserbringung

Für den Fall, dass der Gläubiger selbst die Leistung des Schuldners 279
unmöglich macht, hat er seine (Gegen-)Leistung zu erbringen, ohne die geschuldete Leistung vom Schuldner zu erhalten. Dies gilt dann, wenn der Gläubiger die geschuldete Leistung nicht zeitgerecht entgegen nimmt (**Gläubiger-** bzw **Annahmeverzug**; s dazu Rz 292 ff) und die Sache zufällig zerstört wird (zB durch ein Feuer nach einem Blitzschlag), weiters, wenn der Gläubiger die Sache **selbst zerstört** (zB die zu übereignende Glasvase fallen lässt), und schließlich dann, wenn der Gläubiger den vertraglich geschuldeten **Erfolg selbst herbeiführt** (zB weil ihm die Reparatur des defekten Fahrzeuges vor Eintreffen des Pannendienstes selbst gelingt).

ac Weder vom Schuldner noch vom Gläubiger zu vertretende Unmöglichkeit der Leistungserbringung

280 Gem § 1447 ABGB hebt der zufällige gänzliche Untergang einer bestimmten Sache jede Verbindlichkeit, auch die, den Wert der Sache zu vergüten, auf. Geht daher die geschuldete Sache zufällig unter, **erlischt** das **Schuldverhältnis**. Noch ausstehende Leistungen müssen nicht mehr erbracht werden und bereits Geleistetes ist zurückzugeben. Es soll damit der Zustand vor vertraglicher Verfügung über die zufällig untergegangene Sache wieder hergestellt werden.

281 Etwas Besonderes gilt dann, wenn der Leistungsgegenstand zwar zerstört, an dessen Stelle jedoch ein vermögenswerter Ersatz getreten ist (zB für das abgebrannte Holzhaus wird eine Versicherungssumme ausbezahlt). In diesen Fällen soll der Gläubiger die Möglichkeit erhalten, an Stelle der Vertragsauflösung den entsprechenden Gegenwert als Ersatz des ursprünglich Geschuldeten zu erlangen **(stellvertretendes commodum)**.

b Schuldnerverzug

ba Grundsätzliches

282 Wenn der Schuldner seine geschuldete Leistung zum Fälligkeitszeitpunkt überhaupt nicht oder nicht ordnungsgemäß auf die gehörige Art und Weise anbietet, sie aber grundsätzlich zu einem späteren Zeitpunkt erbringen könnte, liegt ein **Schuldnerverzug** (Leistungsverzug) vor (§ 918 ABGB).

283 Zum Verzug führt demnach das Unterbleiben der geschuldeten Leistung zum Fälligkeitszeitpunkt, aber auch das Anbieten der Leistung in einer anderen als der vereinbarten Qualität oder Quantität. Verzug liegt aber ua auch dann vor, wenn die Leistung am falschen Ort angeboten wird. Dabei gilt, dass die Festsetzung des **Erfüllungsortes** grundsätzlich der Parteienvereinbarung vorbehalten ist. Liegt eine derartige Vereinbarung nicht vor, bestimmt sich der Erfüllungsort nach der Natur und dem Zweck des Geschäftes. Wenn auch der Zweck und die Natur des Geschäftes eine sichere Feststellung des Leistungsortes nicht zulassen, gilt, dass jeder Vertragsteil die von ihm zu erbringende Verpflichtung an seinem Wohnort bzw am Ort seiner geschäftlichen Niederlassung zu erfüllen hat (**Holschuld**; § 905 ABGB); möglich ist auch die Vereinbarung einer **Bringschuld** oder einer **Schickschuld**.

283/1 **Geldschulden** sind **Bringschulden**. Eine Geldschuld ist am Wohnsitz oder an der Niederlassung des Gläubigers zu erfüllen, indem der Geldbetrag dort übergeben oder auf ein vom Gläubiger bekanntgegebenes Bankkonto überwiesen wird (vgl § 907a ABGB).

Was den **Fälligkeitszeitpunkt** für die Leistungserbringung betrifft, so gilt gem § 904 ABGB, dass dafür primär die vertragliche Vereinbarung und sekundär die Natur des Geschäftes ausschlaggebend ist. Sofern sich der Zeitpunkt der Leistungserbringung dadurch nicht ermitteln lässt, kann die Gegenleistung sofort gefordert werden. Gem § 1052 ABGB hat der Schuldner seine Leistung – sofern nichts anderes vereinbart ist – grundsätzlich **Zug um Zug** gegen Bewirkung der Gegenleistung zu erbringen. Wenn der Vertragspartner seine Leistung nicht erbringt und gleichzeitig die Bewirkung der Gegenleistung einfordert, kann ihm die **Einrede des nicht erfüllten Vertrages** entgegengehalten werden. Dies gilt freilich dann nicht, wenn den Vertragspartner eine Vorleistungspflicht trifft; gem § 1052 Satz 2 ABGB besteht diesbezüglich lediglich die Möglichkeit einer **Unsicherheitseinrede**, durch welche im Fall der verschlechterten Vermögenslage des Vertragspartners nur geleistet werden muss, wenn der Vertragspartner entweder seine Leistung erbringt oder zumindest eine Sicherstellung für deren Erbringung anbietet. 284

bb Objektiver Schuldnerverzug

Trifft den Schuldner am Verzug der zu erbringenden Leistung kein Verschulden, liegt ein **objektiver Schuldnerverzug** vor. Auch wenn dem Schuldner kein Vorwurf am Verzug zu machen ist, wird er nicht aus der Verpflichtung gegenüber dem Gläubiger entlassen. Der Gläubiger kann bei Verzug nach wie vor auf die **Erfüllung des Vertrages** bestehen und diesen Erfüllungsanspruch auch gerichtlich durchsetzen. Ist der Gläubiger hingegen an der Erfüllung nicht mehr interessiert, kann er von seiner Wahlmöglichkeit Gebrauch machen und statt der Geltendmachung des Erfüllungsanspruches unter ausdrücklicher Setzung einer angemessenen **Nachfrist**, in der der Schuldner seine Leistung noch erbringen könnte, **vom Vertrag zurücktreten**. Nützt der Schuldner die Nachfrist nicht, gilt der Vertrag als aufgelöst. Eine Nachfrist muss dann nicht eingeräumt werden, wenn eine Erfüllung nicht mehr zu erwarten ist (zB wenn der Schuldner ausdrücklich und nachweislich die spätere Erfüllung verweigert). 285

Bei geschuldeten **Geldleistungen** hat der Schuldner für den gesamten Verzugszeitraum **Verzugszinsen** zu bezahlen. Liegen keine gesonderten Vereinbarungen vor, kommen die gesetzlichen Zinssätze zur Anwendung; diese betragen gem § 1000 Abs 1 ABGB grundsätzlich 4 % pro Jahr. Im Wechsel- und Scheckrecht beträgt der Verzugszinssatz 6 % (Art 48 Abs 1 Z 2 WG bzw Art 45 Z 2 SchG). Zum Zahlungsverzug iZm Geldforderungen zwischen Unternehmern aus unternehmensbezogenen Geschäften s Rz 373. 286

bc Subjektiver Schuldnerverzug

287 Ist der Schuldner für den Verzug subjektiv (schuldhaft) verantwortlich, treffen diesen zusätzlich zu den Rechtsfolgen des objektiven Schuldnerverzuges noch Schadenersatzpflichten. Auch beim subjektiven Schuldnerverzug hat der Gläubiger ein Wahlrecht: Wenn er nach wie vor an der Erfüllung des Vertrages interessiert ist, hat ihm der Schuldner den **Verspätungsschaden** zu ersetzen. Der Schuldner muss jenen Nachteil ausgleichen, der dem Gläubiger dadurch entstanden ist, dass die geschuldete Leistung nicht rechtzeitig und ordnungsgemäß erbracht wurde.

288 Wählt der Gläubiger hingegen den Rücktritt vom Vertrag, hat er Anspruch auf den **Nichterfüllungsschaden**. Der Schuldner hat dem Gläubiger den Nachteil, der ihm aus der Nichterfüllung des Vertrages entstanden ist, zur Gänze zu ersetzen.

bd Fixgeschäft

289 Ist die Erfüllung zu einer bestimmten Zeit oder binnen einer bestimmten Frist bei sonstigem Rücktritt ausdrücklich bedungen oder ergibt sich aus der Natur des Geschäftes, dass der Gläubiger an einer nachträglichen Erfüllung kein Interesse hat, handelt es sich um ein **Fixgeschäft** (§ 919 ABGB). Hält der Schuldner in einem derartigen Fall den vereinbarten Termin nicht ein, gilt der Vertrag auch ohne Setzung einer Nachfrist und ohne Erklärung eines Rücktrittes grundsätzlich als erloschen. Bei schuldhafter Nichteinhaltung des Termins hat der Schuldner dem Gläubiger Schadenersatz zu leisten. Hat der Gläubiger trotz Nichteinhaltung des Termins den Wunsch an der verspäteten Erbringung der Leistung und damit an der Aufrechterhaltung des Vertrages, hat er dies dem Schuldner unverzüglich mitzuteilen. Dieses nachträgliche Erfüllungsbegehren kann in jenen Fällen von Bedeutung sein, in denen es sich um ein **relatives Fixgeschäft** handelt, dh, dass die Erfüllung grundsätzlich noch möglich ist (zB kann die für den Geburtstag bestellte Geburtstagstorte auch noch am nächsten Tag gegessen werden). Hingegen ist der Vertrag bei einem **absoluten Fixgeschäft** als jedenfalls erloschen anzusehen (zB wenn der für die Taufe des Kindes bestellte Fotograf nicht erscheint).

be Teilverzug

290 Bei Teilverzug ist entscheidend, ob die geschuldete Leistung unter Berücksichtigung der Interessen des Gläubigers geteilt werden kann. Sofern die geschuldete Leistung idS teilbar ist, kann der Rücktritt vom Vertrag nur hinsichtlich des noch nicht geleisteten Teiles erklärt wer-

den **(Teilrücktritt)**, ansonsten kann vom gesamten Vertrag zurückgetreten werden **(Gesamtrücktritt)**.

Besonderes gilt für Verträge, die von **beiden Teilen** in **Teilleistungen** zu erfüllen sind. Dabei hat der Gläubiger das Wahlrecht, ob er nicht nur hinsichtlich der versäumten Teilleistungen, sondern auch bezüglich aller weiteren, noch ausstehenden und noch gar nicht fälligen Teilleistungen vom Vertrag zurücktreten möchte (vgl § 918 Abs 2 ABGB). 291

c Gläubigerverzug

Nimmt der Gläubiger die vom Schuldner vertragsgemäß angebotene Leistung nicht an, liegt ein **Gläubigerverzug** (Annahmeverzug) vor. Im Gegensatz zum Schuldner, der durch eine Leistungserbringungspflicht gebunden ist, besteht für den Gläubiger grundsätzlich keine Verpflichtung, die Leistung anzunehmen. Etwas anderes gilt freilich dann, wenn (ausnahmsweise) eine Annahmepflicht des Gläubigers vereinbart sein sollte (zB in Form einer Verpflichtung zur Abnahme von Wertpapieren bei bestimmten Optionsgeschäften); in einem derartigen Fall gelten für einen allfälligen Gläubigerverzug die Regelungen des Schuldnerverzuges. 292

Ansonsten gilt für den Fall, dass der Gläubiger mit der Leistungsannahme in Verzug gerät, dass ihn gem § 1419 ABGB die **Preisgefahr** trifft. Das bedeutet, dass der Gläubiger seine Gegenleistung auch dann zu erbringen hat, wenn die Leistung der geschuldeten Sache durch zufälligen Untergang unmöglich geworden ist (s dazu Rz 279). Darüber hinaus wird die **Sorgfaltspflicht des Schuldners** herabgesetzt. Dieser haftet regelmäßig nur mehr für vorsätzliche und grob fahrlässige Beschädigung oder Zerstörung der geschuldeten Leistung, nicht jedoch für leichte Fahrlässigkeit. 293

In bestimmten Fällen besteht überdies die Möglichkeit, dass der Schuldner bei Annahmeverzug des Gläubigers den geschuldeten Leistungsgegenstand unter gerichtlicher Mitwirkung bzw bei Gericht **hinterlegen** kann (§ 1425 ABGB; s dazu Rz 359). 294

d Gewährleistung

da Allgemeines

Durch § 922 Abs 1 ABGB ist geregelt, dass derjenige, der einem anderen eine Sache gegen Entgelt überlässt, dafür **Gewähr** zu leisten hat, dass die Sache dem Vertrag entspricht. Der Übergeber hat dem- 295 nach dafür einzustehen, dass die Sache die bedungenen oder gewöhnlich vorausgesetzten Eigenschaften aufweist bzw dass sie seiner Beschreibung, einer Probe oder einem Muster entspricht und dass die Sache der Natur des Geschäftes oder der getroffenen Vereinbarung gemäß verwendet werden kann.

296 Die Frage, ob die Sache dem Vertrag entspricht, ist insbes danach zu beurteilen, was der Übernehmer (Gläubiger) auf Grund der über die Sache gemachten **öffentlichen Äußerungen des Übergebers** oder auch des **Herstellers** (zB in der Werbung) erwarten kann. Das gilt auch für öffentliche Äußerungen einer Person, welche die Sache in den Europäischen Wirtschaftsraum eingeführt hat oder die sich durch die Anbringung ihres Namens, ihrer Marke oder eines anderen Kennzeichens an der Sache als Hersteller bezeichnet. Derartige öffentliche Äußerungen binden den Übergeber jedoch dann nicht, wenn er sie weder kannte noch kennen konnte, weiters, wenn sie beim Abschluss des Vertrages berichtigt worden sind oder wenn sie den Vertragsabschluss nicht beeinflussen konnten (§ 922 Abs 2 ABGB).

297 Von der **Gewährleistung** sind die Fälle des bereits oben dargestellten **Verzugs** zu unterscheiden. Sofern entweder eine erkennbar mangelhafte Leistung angeboten wird oder überhaupt etwas anderes geliefert wird **(Falsch-** bzw **Aliudlieferung)** und der Gläubiger daher die Annahme der Leistung verweigert, liegt Verzug vor (zur unternehmensrechtlichen Rügeobliegenheit bei Falschlieferungen s Rz 575). Sofern die geschuldete Leistung hingegen zumindest äußerlich dem vertraglich vereinbarten Leistungsgegenstand entspricht und daher vom Gläubiger entgegengenommen wird, kommen die Regeln des Gewährleistungsrechts zur Anwendung.

db Arten von Mängeln

298 Weicht eine gelieferte Sache von den vertraglich vereinbarten oder den gewöhnlich aus der Natur und dem Zweck des Geschäftes voraussetzbaren Eigenschaften ab, liegt ein **Sachmangel** vor (zB Veräußerung eines Kfz mit einem Motorschaden).

299 Sofern der Gläubiger nicht die ihm zugesagte Rechtsposition über den Leistungsgegenstand erlangt, liegt ein **Rechtsmangel** vor (zB Veräußerung einer mit einer nicht aus dem Grundbuch ersichtlichen Dienstbarkeit belasteten Liegenschaft). Die Unterscheidung zwischen Sach- und Rechtsmangel ist vor allem im Hinblick auf den Beginn der Gewährleistungsfristen (s dazu Rz 308) von Bedeutung.

300 Von untergeordneter Bedeutung ist hingegen seit der Reform des Gewährleistungsrechtes im Jahr 2001 die zuvor noch wichtige Differenzierung in **behebbare** und **unbehebbare Mängel** bzw **wesentliche** und **unwesentliche Mängel**, da die in weiterer Folge darzustellenden Rechtsbehelfe grundsätzlich unabhängig von der Art und der

Gewichtigkeit des Mangels zum Tragen kommen. Naturgemäß kommt allerdings bei unbehebbaren Mängeln die Vornahme einer Verbesserung nicht in Betracht. Besonderes gilt überdies bei bloß **„geringfügigen Mängeln"**, bei deren Vorliegen eine Wandlung ausgeschlossen ist (s dazu Rz 303).

dc Rechtsfolgen

Der Übernehmer kann wegen eines Mangels die **Verbesserung** (Nachbesserung bzw Nachtrag des Fehlenden), den **Austausch** der Sache, eine **Preisminderung** (angemessene Minderung des Entgelts) oder die **Wandlung** (Aufhebung des Vertrags) einfordern (§ 932 Abs 1 ABGB). Dabei ist im Interesse einer unveränderten Aufrechterhaltung der jeweiligen Leistungsverpflichtungen ein **Vorrang von Verbesserung und Austausch** gegenüber den beiden anderen Rechtsbehelfen vorgesehen. **301**

Zunächst kann der Übernehmer daher **nur** die **Verbesserung** oder den **Austausch** der Sache verlangen, es sei denn, dass die Verbesserung oder der Austausch unmöglich ist oder für den Übergeber, verglichen mit der anderen Abhilfe, mit einem unverhältnismäßig hohen Aufwand verbunden wäre. Ob dies der Fall ist, richtet sich auch nach dem Wert der mangelfreien Sache, der Schwere des Mangels und den mit der anderen Abhilfe für den Übernehmer verbundenen Unannehmlichkeiten. Zwischen Verbesserung und Austausch steht dem Übernehmer grundsätzlich ein **Wahlrecht** zu; allerdings kommen Austauschansprüche nur bei Gattungssachen (s dazu Rz 112) in Betracht. Jedenfalls ist die Verbesserung bzw ein allfälliger Austausch in einer **angemessenen Frist** und mit möglichst **geringen Unannehmlichkeiten** für den Übernehmer zu bewirken; dabei sind die Art der Sache und der damit verfolgte Zweck zu berücksichtigen (§ 932 Abs 2 und 3 ABGB). **302**

Sofern sowohl die Verbesserung als auch der Austausch **unmöglich** oder für den Übergeber mit einem **unverhältnismäßig hohen Aufwand** verbunden sind, hat der Übernehmer das Recht auf **Preisminderung**. Wenn es sich dabei nicht bloß um einen **geringfügigen Mangel** handelt, hat der Übernehmer in diesen Fällen das Recht auf **Wandlung**, also auf Auflösung des Vertrages. Das Recht auf Preisminderung bzw gegebenenfalls das Recht auf Wandlung steht auch dann zu, wenn der Übergeber die Verbesserung oder den Austausch verweigert bzw nicht in angemessener Frist vornimmt, diese Abhilfen für den Übernehmer mit erheblichen Unannehmlichkeiten verbunden wären oder wenn sie ihm aus triftigen, in der Person des Übergebers liegenden Gründen unzumutbar sind (§ 932 Abs 4 ABGB). **303**

Sofern ein **Unternehmer einem Verbraucher** (s dazu Rz 209 f) Gewähr geleistet hat, kann er bei seinem Vormann, wenn auch dieser **304** ein Unternehmer ist, auch nach Ablauf der Fristen des § 933 ABGB (s dazu Rz 306) selbst Gewährleistung geltend machen. Dasselbe gilt für frühere Übergeber im Verhältnis zu ihren Vormännern, wenn sie selbst wegen der Gewährleistungsrechte des letzten Käufers ihrem Nachmann Gewähr geleistet haben. Der jeweilige Anspruch ist mit der Höhe des eigenen Aufwandes beschränkt (§ 933b Abs 1 ABGB). Derartige Ansprüche sind innerhalb von **zwei Monaten** ab Erfüllung der eigenen Gewährleistungspflicht gerichtlich geltend zu machen; die Haftung eines Rückgriffspflichtigen verjährt jedenfalls innerhalb von **fünf Jahren** nach Erbringung seiner Leistung (§ 933b Abs 2 ABGB).

305 Ist ein Unternehmer gegenüber einem Verbraucher (s dazu Rz 209 f) zur Verbesserung oder zum Austausch einer mangelhaften Sache gem § 932 ABGB verpflichtet, hat er diese Pflicht grundsätzlich an dem **Ort** zu erfüllen, **an dem die Sache dem Verbraucher übergeben** worden ist. Der Verbraucher kann aber auch verlangen, dass die Sache an dem Ort verbessert oder ausgetauscht wird, an dem sie sich gewöhnlich befindet, sofern dieser Ort im Inland gelegen ist und dieser für den Unternehmer insbes nicht überraschend sein musste (§ 8 Abs 1 KSchG). Der Unternehmer kann allerdings auch verlangen, dass ihm der Verbraucher, sofern es für diesen tunlich ist, die Sache übersendet; in diesem Fall hat der Unternehmer die Gefahr der Übersendung zu tragen (§ 8 Abs 2 KSchG). Die notwendigen Kosten der Verbesserung oder des Austausches, insbes Versand-, Arbeits- und Materialkosten, hat der Unternehmer zu tragen (§ 8 Abs 3 KSchG).

dd Gewährleistungsfristen

306 Gem § 933 Abs 1 Satz 1 ABGB muss das Recht auf Gewährleistung bei **unbeweglichen Sachen** innerhalb einer Frist von **drei Jahren** und bei **beweglichen Sachen** innerhalb einer Frist von **zwei Jahren** gerichtlich geltend gemacht werden. Zu beachten ist dabei, dass etwa auch Mängel, die bei der Bearbeitung von unbeweglichen Sachen entstehen (zB Einbau eines neuen Kamins), unter die Dreijahresfrist fallen. Bei **Viehmängeln** beträgt die Gewährleistungsfrist lediglich **sechs Wochen** (§ 933 Abs 2 ABGB).

307 Zwar ist von Gesetzes wegen eine **gerichtliche Geltendmachung** innerhalb der erwähnten Fristen vorzunehmen, doch kommt auch der (außergerichtlichen) Anzeige des Mangels Bedeutung zu; diese bewirkt nämlich gem § 933 Abs 3 ABGB, dass der Übernehmer dem Übergeber die Mangelhaftigkeit im Zuge einer Kaufpreiszahlungsklage entgegenhalten kann.

308 Die Frist beginnt grundsätzlich mit dem **Tag der Ablieferung** der Sache zu laufen. Bei **Rechtsmängeln** beginnt die Gewährleistungsfrist jedoch erst mit dem Tag, an dem der Mangel dem Übernehmer bekannt geworden ist (§ 933 Abs 1 Satz 2 ABGB).

Eine **Verlängerung** oder **Verkürzung** der Gewährleistungsfrist durch die Vertragspartner ist grundsätzlich möglich (§ 933 Abs 1 Satz 3 ABGB). Dies gilt bezüglich der Verkürzung jedoch nicht bei **Verbrauchergeschäften** (s dazu Rz 209 f); hierbei kann lediglich bei der Veräußerung gebrauchter beweglicher Sachen die Gewährleistungsfrist auf ein Jahr herabgesetzt werden, sofern dies im Einzelnen ausgehandelt wird. Bei Kraftfahrzeugen ist eine solche Verkürzung überdies nur dann wirksam, wenn seit dem Tag der ersten Zulassung mehr als ein Jahr verstrichen ist (§ 9 Abs 1 KSchG). 309

Die beschriebenen Gewährleistungsfristen sind als **Verjährungsfristen** anzusehen. Ein allfälliger Fristablauf ist daher nicht von Amts wegen, sondern auf Grund einer diesbezüglichen **Einrede** wahrzunehmen. 310

de Gewährleistungsausschlüsse

Zu beachten gilt, dass der Übergeber gem § 924 ABGB nur für jene Mängel Gewähr zu leisten hat, die bereits **im Zeitpunkt der Übergabe** vorhanden sind. Sofern der Mangel innerhalb von **sechs Monaten** nach der Übergabe hervorkommt, wird allerdings bis zum Beweis des Gegenteils vermutet, dass der Mangel im Zeitpunkt der Übergabe bereits vorhanden war **(Vermutung der Mangelhaftigkeit)**. Diese Vermutung tritt jedoch nicht ein, wenn sie mit der Art der Sache oder des Mangels unvereinbar ist (zB bei offensichtlichen Gebrauchsfolgen, wie etwa einer verkalkten Kaffeemaschine). 311

Sofern ein Mangel vorliegt, der bei Vertragsabschluss augenfällig war, hat der Übergeber nur dann für einen derartigen Mangel Gewähr zu leisten, wenn er ihn arglistig verschwiegen hat; dh, der Übernehmer hat bei einem **offenkundigen Mangel** regelmäßig das Gewährleistungsrisiko selbst zu tragen (§ 928 ABGB). 312

Werden Sachen **in Pausch und Bogen** erworben, nämlich so wie sie stehen und liegen (ohne Zahl, Maß und Gewicht) übergeben, ist der Übergeber grundsätzlich für die daran bestehenden Fehler nicht verantwortlich (§ 930 ABGB). 313

Zwar handelt es sich bei den Gewährleistungsregeln grundsätzlich um **dispositives (abänderbares) Recht**, so dass insbes sogar ein vertraglicher Gewährleistungsausschluss in Betracht kommt. Es gilt dabei aber zu beachten, dass namentlich der gänzliche Ausschluss des Gewährleistungsrechts beim Erwerb fabriksneuer Waren von der Rechtsprechung als sittenwidrig iSv § 879 ABGB angesehen wird. 314

Besonderes gilt wiederum für **Verbrauchergeschäfte** (s dazu Rz 209 f): Durch § 9 Abs 1 KSchG ist festgelegt, dass die Gewährleistungsrechte des Verbrauchers vor der Kenntnis des Mangels **weder ausgeschlossen noch eingeschränkt** werden können. Überdies ist durch § 9a KSchG sichergestellt, dass dann, wenn der Unterneh- 315 mer nach dem Vertrag zur **Montage** verpflichtet ist, er auch für einen dabei durch sein unsachgemäßes Verhalten an der Sache verursachten Mangel zu haften hat. Dasselbe gilt auch dann, wenn die Sache zur Montage durch den Verbraucher bestimmt war und die unsachgemäße Montage auf einem Fehler in der Montageanleitung beruht.

df Mangel- und Mangelfolgeschaden

316 Sofern der Schuldner schuldhaft Mängel an einer Sache verursacht, kann der Erwerber nicht nur (verschuldensunabhängige) Gewährleistungsansprüche, sondern – bei Vorliegen der gesetzlich geforderten Voraussetzungen (s dazu Rz 488 ff) – auch **Schadenersatzansprüche** geltend machen. Dabei ist zwischen Mangel- und Mangelfolgeschaden zu unterscheiden:

317 Beim **Mangelschaden** haftet der schuldhafte Veräußerer bezüglich jenes Schadens, der durch den Mangel an der Sache selbst entstanden ist. Bei Schäden dieser Art stehen Ansprüche aus dem Titel der Gewährleistung und des Schadenersatzes grundsätzlich in Konkurrenz zueinander.

318 In § 933a Abs 1 ABGB ist dementsprechend normiert, dass der Übernehmer **auch Schadenersatz** fordern kann, wenn der Übergeber den Mangel verschuldet hat. Allerdings kann der Übernehmer wegen des Mangels selbst auch als Schadenersatz **zunächst** nur die **Verbesserung** oder den **Austausch** verlangen. Er kann jedoch **Geldersatz** verlangen, wenn sowohl die Verbesserung als auch der Austausch unmöglich sind oder für den Übergeber mit einem unverhältnismäßig hohen Aufwand verbunden wären. Dasselbe gilt, wenn der Übergeber die Verbesserung oder den Austausch verweigert oder nicht in angemessener Frist vornimmt, weiters, wenn diese Abhilfen für den Übernehmer mit erheblichen Unannehmlichkeiten verbunden wären oder wenn sie ihm aus triftigen, in der Person des Übergebers liegenden Gründen unzumutbar sind (§ 933a Abs 2 ABGB).

319 Schäden, die der Erwerber einer mangelhaften Sache an anderen Rechtsobjekten erleidet **(Mangelfolgeschäden)**, können bei Verschulden des Veräußerers ebenfalls vom Erwerber aus dem Titel des Schadenersatzes geltend gemacht werden. Erwirbt zB ein Gärtner für seinen Rasenmäher minderwertiges Benzin, muss dieser Mangel vom Veräußerer des Treibstoffes aus dem Titel der Gewährleistung behoben werden. Für den auf Grund des minderwertigen Treibstoffes entstandenen Schaden am Motor des Rasenmähers hat der Veräußerer dann aufzukommen, wenn er die Mangelhaftigkeit des Treibstoffes schuldhaft nicht erkannt hat.

320 Zu beachten ist, dass nach Ablauf von **zehn Jahren** seit der Übergabe der Sache der **Beweis des Verschuldens des Übergebers** in den Fällen der Geltendmachung von Mangel- bzw von Mangelfolge-

schäden dem Übernehmer obliegt (§ 933a Abs 3 ABGB); somit kommt es durch diese Bestimmung zu einer zeitlichen Beschränkung der Beweislastumkehr des § 1298 ABGB (s dazu Rz 489).

e Positive Vertragsverletzung

Von **positiver Vertragsverletzung** (Schlechterfüllung) wird dann gesprochen, wenn der Schuldner im Zuge der (mangelhaften oder mangelfreien) Erbringung der vertraglich vereinbarten Hauptleistungspflicht(en) bestehende vertragliche **Nebenpflichten** (insbes Sorgfaltspflichten) vernachlässigt und den Gläubiger dadurch schädigt (Beispiel: durch unsachgemäßes Hantieren des Elektrikers, der eine kaputte Steckdose repariert, wird ein Schaden am Sicherungskasten verursacht). 321

Grundsätzlich hat der schädigende Schuldner für die positiven Vertragsverletzungen **Schadenersatz** zu leisten. Voraussetzung für eine Leistung aus dem Titel des Schadenersatzes ist dabei regelmäßig, dass der Schaden durch den Schädiger schuldhaft verursacht wurde (s dazu Rz 497 ff). 322

Sofern es im Zuge der Erfüllung von **Dauerschuldverhältnissen** zu positiven Vertragsverletzungen kommt, kann dies einen wichtigen Grund zur vorzeitigen Auflösung des Vertragsverhältnisses bilden. 323

f Exkurs: Garantie

Häufig erhält der Erwerber einer noch fabriksneuen Sache vom Veräußerer oder Hersteller eine so genannte **„Garantiezusage"** (zum davon zu unterscheidenden „Garantievertrag" s Rz 469). Stammt diese Garantiezusage vom **Veräußerer** (Händler), führt diese in der Praxis regelmäßig lediglich zu einer **Modifizierung** der gesetzlichen Gewährleistungsbestimmungen. So werden etwa häufig die Gewährleistungsfristen verlängert oder es wird die Haftung für alle Arten von Mängeln unabhängig vom Zeitpunkt ihres Auftretens übernommen. 324

Übernimmt hingegen der **Hersteller** eine Garantieverpflichtung, besteht diese selbständig **neben** den gesetzlichen Gewährleistungspflichten des Veräußerers. 325

Besonderes gilt gem § 9b KSchG für vertragliche Garantien, die von Unternehmern gegenüber **Verbrauchern** (s dazu Rz 209 f) erklärt werden: Zunächst ist der Garantiegeber dazu verpflichtet, auf die bestehende gesetzliche Gewährleistungspflicht des Übergebers hinzuweisen. Weiters muss die **Garantieerklärung** den Namen und die Anschrift des Garanten sowie den Inhalt, die Dauer, die räumliche Geltung und die sonstigen, für die Inanspruchnahme der Garantie nötigen Angaben in einfacher und verständlicher Form enthalten. So- 326 fern aus der Erklärung des Garanten die garantierten Eigenschaften nicht hervorgehen, haftet der Garant dafür, dass die Sache die gewöhnlich vorausgesetzten Eigenschaften hat (§ 9b Abs 2 KSchG). Verstößt der Garant gegen eine dieser Bestimmungen, so haftet er für den dadurch verschuldeten Schaden; die Gültigkeit der Garantie ist durch einen derartigen Verstoß jedenfalls nicht berührt (§ 9b Abs 4 KSchG).

4 Änderungen des Vertragsverhältnisses

a Allgemeines

327 Ein bestehendes Schuldverhältnis kann auf unterschiedliche Arten geändert werden. Denkbar sind zum einen **Änderungen des Schuldinhaltes** (schlichte Schuldänderung, Novation, Vergleich und Anerkenntnis). Möglich ist aber auch, dass der Inhalt des Schuldverhältnisses gleich bleibt, dass es aber zu **Änderungen der beteiligten Personen** kommt (Zession, Schuldübernahme, Vertragsübernahme).

b Schlichte Schuldänderung

328 Im Rahmen der bestehenden Vertragsautonomie haben die Parteien eines Vertrages die Möglichkeit, den von ihnen festgelegten Vertragsinhalt auch nachträglich wieder abzuändern, sofern diesbezüglich Einvernehmen herrscht. Bei der **schlichten Schuldänderung** werden lediglich solche Änderungen des Vertragsinhaltes vorgenommen, dass sich weder der Rechtsgrund noch der Hauptgegenstand des Schuldverhältnisses ändert (zB durch bloßes Hinausschieben der Fälligkeit einer Forderung). Bürgen und Pfänder haften bei einer schlichten Schuldänderung weiter, allerdings nicht in größerem Umfang als vor der Schuldänderung **(„Verschlechterungsverbot“)**.

c Novation

329 Im Unterschied zur schlichten Schuldänderung werden bei der **Novation** (§§ 1376 ff ABGB) nicht bloß Nebenbestimmungen des Vertragsverhältnisses geändert, sondern es wird vielmehr der Rechtsgrund des Schuldverhältnisses (zB Miete statt Leihe) oder der Hauptgegenstand des Vertrages (zB Kauf eines Mopeds statt eines Fahrrades) abgeändert. Von Bedeutung ist insbes, dass die mit der vorigen Hauptverbindlichkeit verknüpften Bürgschafts-, Pfand- und anderen Rechte durch

die Novation erlöschen, sofern die Sicherungsgeber nicht auch die Haftung für die Neuverbindlichkeit übernommen haben (§ 1378 ABGB).

d Vergleich

Als Form einer Vertragsänderung anzusehen ist auch der **Vergleich** (§§ 1380 ff ABGB). Das Besondere beim Vergleich besteht darin, dass er strittige bzw zweifelhafte Rechte zum Inhalt hat. Jene Aspekte, die unklar bzw strittig waren, werden im Einvernehmen neu festgelegt. Da der Vergleich konstitutiv wirkt, sind die daran beteiligten Parteien an den Vergleichsinhalt gebunden; so ist etwa die Geltendmachung von Irrtum (s dazu Rz 234 ff) oder laesio enormis (s dazu Rz 256 ff) grundsätzlich unzulässig (§§ 1385 f ABGB). 330

e Anerkenntnis

Auch das **Anerkenntnis** wirkt konstitutiv; im Unterschied zum Vergleich kommt es hierbei jedoch nicht zu einem einvernehmlichen (beiderseitigen) Nachgeben der beteiligten Parteien, sondern es liegt vielmehr lediglich ein einseitiges Nachgeben einer Partei bezüglich eines bezweifelten Rechtes vor. Ein solches Anerkenntnis kann auch schlüssig erfolgen, etwa durch die Zusage, einen verursachten Schaden zu beheben. 331

Vom konstitutiv wirkenden Anerkenntnis zu unterscheiden ist das **deklaratorische** bzw **deklarative Anerkenntnis**. Dabei handelt es sich lediglich um eine Wissenserklärung (s dazu Rz 203) über das umstrittene Recht; der Schuldner bestätigt hiermit bloß, dass das vom Gläubiger behauptete Recht seines Wissens Bestand hat, ohne dass damit die Herbeiführung von Rechtsfolgen verbunden sein soll. So hat zB ein bloßes Schuldbekenntnis nach einem Verkehrsunfall nach der ständigen Rechtsprechung lediglich die Wirkung eines deklarativen Anerkenntnisses. 332

f Zession

Bei der **Zession** (Abtretung) scheidet eine Forderung aus dem Vermögen des **bisherigen Gläubigers** (Zedent) aus und wird an den **Neugläubiger** (Zessionar) übertragen (§ 1392 ABGB); es kommt somit zu einem Gläubigerwechsel. 333

334 Den **Gegenstand** der Zession bilden idR Forderungsrechte; höchstpersönliche Rechte (zB Unterhaltsansprüche) können jedoch grundsätzlich nicht abgetreten werden.

335 Es kann zwischen vertraglicher und gesetzlicher Zession unterschieden werden. In den Fällen der **gesetzlichen Zession** (Legalzession) tritt derjenige, der für eine fremde Schuld haftet (zB ein Bürge), durch die Befriedigung des Gläubigers automatisch in die Gläubigerrechte ein, ohne dass es dazu noch weiterer Erklärungen bedürfte (§ 1358 ABGB).

336 Die **vertragliche Zession** erfordert das Bestehen einer Willensübereinstimmung zwischen Zedenten und Zessionar. Besondere Formvorschriften sind dabei grundsätzlich nicht zu beachten. Abgetreten werden können auch noch nicht fällige, bedingte oder erst zukünftig entstehende Forderungen.

337 Das Vorliegen der **Zustimmung des Schuldners** (debitor zessus) ist für die Zession nicht erforderlich. Eine derartige Zustimmung ist vor allem deshalb nicht erforderlich, weil die Zession den Inhalt der Forderung nicht berührt (§ 1394 ABGB). Dem Schuldner stehen nämlich gegenüber dem Zessionar alle Einwendungen zu, die er auch gegen den Zedenten geltend machen konnte.

338 Von Bedeutung ist aber, dass der Schuldner solange **schuldbefreiend** an den Zedenten leisten kann, als er noch keine Kenntnis von der Abtretung hat (§§ 1395 f ABGB). Etwas anderes gilt dabei allerdings ausnahmsweise bei Zessionsverboten zwischen Unternehmern, bei denen sogar eine schuldbefreiende Leistung eines leicht fahrlässigen Schuldners in Betracht kommt (s dazu Rz 338/1). Es ist daher sinnvoll, den Schuldner von der erfolgten Abtretung umgehend in Kenntnis zu setzen, wenn nicht ausnahmsweise eine so genannte **stille Zession** beabsichtigt ist.

338/1 Eine Sonderregelung enthält § 1396a ABGB für vertraglich vereinbarte **Zessionsverbote** von Geldforderungen zwischen Unternehmern aus unternehmerischen Geschäften. Solche Vereinbarungen sind nur verbindlich, wenn sie im Einzelnen ausgehandelt wurden und den Gläubiger unter Berücksichtigung aller Umstände des Falles nicht gröblich benachteiligen. Eine entgegen einem vereinbarten Verbot dennoch vorgenommene Abtretung ist aber dennoch wirksam und der Dritte erwirbt daher die betreffende Forderung **(relative Wirkung des Zessionsverbotes)**. Sobald die Zession und der Zessionar dem Schuldner bekannt gemacht worden sind, kann dieser – sofern ihm nicht nur leichte Fahrlässigkeit zur Last fällt – nicht mehr mit schuldbefreiender Wirkung an den Zedenten leisten. Eine vom Zedenten entgegen einem wirksamen Zessionsverbot erfolgte Abtretung bildet eine Vertragsverletzung, aus der dem Schuldner Rechte gegen den Zedenten, etwa Schadenersatzansprüche oder Kündigungsrechte, erwachsen können (§ 1396a Abs 2 ABGB).

Gem § 1397 ABGB hat der Zedent dem Zessionar in den Fällen der entgeltlichen Abtretung für die **Richtigkeit** und **Einbringlichkeit** der Forderung bis zur Höhe des erhaltenen Entgelts einzustehen. Von einer **unrichtigen Forderung** spricht man ua dann, wenn die Forderung gar nicht entstanden ist oder dem Schuldner Einreden zustehen. **Uneinbringlich** ist eine Forderung dann, wenn der Schuldner zahlungsunfähig ist. Sofern der Zedent bei der Zession schuldhaft gehandelt hat, kann er dem Zessionar überdies auch **schadenersatzpflichtig** werden. 339

g Schuldübernahme

Im Unterschied zum Gläubigerwechsel ist der **Wechsel des Schuldners** grundsätzlich nur dann zulässig, wenn der verbleibende Vertragspartner, hier also der Gläubiger, dazu seine Zustimmung erteilt (§ 1405 ABGB). Sofern der Gläubiger seine Zustimmung zum Schuldnerwechsel erteilt, wird der Altschuldner zur Gänze aus der Haftung entlassen. Daraus folgt, dass die Personen, welche für den Altschuldner Sicherheiten bestellt haben (zB Bürgen), nur dann für die Verpflichtung des Neuschuldners einzustehen haben, wenn sie dem ausdrücklich zugestimmt haben. 340

Sofern der Gläubiger seine Zustimmung zum Schuldnerwechsel verweigert, wird der Neuschuldner gegenüber dem Altschuldner im Innenverhältnis zur Befriedigung des Gläubigers verpflichtet (§ 1405 ABGB). Wenn von vornherein zwischen Altschuldner und Neuschuldner vereinbart war, dass sich der Neuschuldner zur Bezahlung der Schuld des Altschuldners verpflichtet, ohne dass dies Bedeutung im Verhältnis zum Gläubiger haben soll, spricht man von einer **Erfüllungsübernahme** (§ 1404 ABGB); dem Gläubiger erwächst daraus kein unmittelbares Recht. 341

Besonders geregelt ist auch der Fall der **Hypothekenübernahme**. Sofern jemand eine mit einer Hypothek belastete Liegenschaft erwirbt, ist eine ausdrückliche Zustimmung zum Schuldnerwechsel grundsätzlich nicht erforderlich. Es genügt gem § 1408 ABGB vielmehr, dass der Gläubiger nach dem Eigentumswechsel zur Annahme des neuen Schuldners aufgefordert wird und sich dazu innerhalb einer Frist von sechs Monaten nicht ablehnend äußert. 342

Sofern neben den bisherigen Schuldner ein weiterer Schuldner tritt, liegt ein Fall des **Schuldbeitrittes** vor. Eine Zustimmung des Gläubigers ist dazu nicht erforderlich, da seine Position nicht verschlechtert wird. Von besonderer Bedeutung sind dabei insbes die Fälle des gesetzlichen Schuldbeitrittes im Falle der Übernahme eines Vermögens bzw eines Unternehmens (§ 1409 ABGB und § 38 UGB; s dazu Rz 550 ff). 343

344 Zu erwähnen bleibt noch, dass eine **Personenmehrheit auf Schuldnerseite** (Schuldnermehrheit) auch dadurch zustande kommen kann, dass zwei oder mehrere Personen gemeinsam einen Vertrag mit einer anderen Person abschließen (zB eine Eigentumswohnung wird durch Ehegatten erworben). Sofern die Schuld, zu der sich zwei oder mehrere Personen gemeinsam verpflichtet haben, teilbar ist, ist im Zweifel vom Bestehen einer **Teilschuld** auszugehen (§ 889 ABGB; zur gesamtschuldnerischen Haftung im Unternehmensrecht s Rz 573). Häufig wird jedoch vertraglich in derartigen Fällen eine **Solidarschuld** (Gesamtschuld) vereinbart; dies bedeutet, dass jeder Gesamtschuldner die ganze Leistung schuldet. Der Gläubiger kann sich grundsätzlich aussuchen, welchen der Gesamtschuldner er in Anspruch nehmen will. Sofern ein Schuldner die Leistung erbringt, sind die übrigen Gesamtschuldner von der Verpflichtung zur Leistungserbringung gegenüber dem Gläubiger befreit. Allerdings hat jener Gesamtschuldner, der die Leistung erbracht hat, einen Rückgriffsanspruch gegenüber den übrigen Gesamtschuldnern. Dieser Regressanspruch richtet sich nach dem Innenverhältnis der Gesamtschuldner; sofern nichts anderes geregelt ist, wird nach Köpfen geteilt (§ 896 ABGB).

h Vertragsübernahme

345 Zwar finden sich im ABGB keine Bestimmungen zur Übertragung der **gesamten Vertragspartnerposition**; diese ist jedoch im Rahmen der dargestellten Bedingungen iZm dem Gläubiger- und Schuldnerwechsel als grundsätzlich zulässig anzusehen.

346 In bestimmten Fällen bedarf es keines eigenen Rechtsgeschäftes, um eine Vertragsübernahme zu bewirken **(gesetzliche Vertragsübernahme)**; so gehen zB gem § 12a MRG im Fall der Unternehmensveräußerung bestehende Mietverträge des Veräußerers auf den Unternehmenserwerber über (s dazu auch Rz 550/5).

5 Vertragsende

347 Im Folgenden sollen die wichtigsten Aspekte dargestellt werden, die zu einer Beendigung von Vertragsverhältnissen führen können; nicht behandelt werden die bereits oben (s dazu Rz 233 ff) dargestellten Fälle der Mängel beim Vertragsabschluss bzw bei der Vertragsabwicklung, die im Einzelfall zur Vertragsauflösung berechtigen.

a Erfüllung

Die in der Praxis wohl häufigste Form, eine vertragliche Verpflichtung zu beenden, ist die **Erfüllung**. Gem § 1412 ABGB gilt eine Verbindlichkeit als erfüllt, wenn man leistet, was geschuldet ist. Voraussetzung für die schuldbefreiende Wirkung der Leistung des Schuldners ist, dass diese von ihm entsprechend der vertraglichen Vereinbarung (am richtigen Ort, zur vereinbarten Zeit, in der gehörigen Form etc) angeboten wird und der Gläubiger die Leistung annimmt. 348

Als Grundsatz gilt, dass die geschuldete Leistung **vom Schuldner** (persönlich oder durch Gehilfen) zu erbringen ist. Sofern aber keine höchstpersönliche Leistung geschuldet ist, kann sie auch von einem Dritten erbracht werden; wenn in einem derartigen Fall der Gläubiger zustimmt, kann der Dritte sogar gegen den Willen des Schuldners die Erfüllungshandlung setzen (§ 1423 ABGB). 349

Eine Verpflichtung zur Annahme von **Teilleistungen** besteht für den Gläubiger nicht (§ 1415 ABGB). 350

Bestehen **mehrere Verbindlichkeiten** und tilgt die vom Schuldner erbrachte Leistung die Schuld nicht zur Gänze, ist von den Vertragsparteien zu klären, welche Schuld als beglichen anzusehen ist. Kommt keine Einigung zustande, bestimmt sich die Reihenfolge der Tilgung nach § 1416 ABGB: Zinsen vor dem Kapital, fälliges Kapital vor nicht fälligem Kapital, bei mehreren fälligen Kapitalbeträgen die bereits eingeforderten vor den noch nicht eingeforderten Beträgen, sodann die für den Schuldner beschwerlichere Verpflichtung vor der weniger beschwerlichen Verpflichtung und schließlich bei gleich beschwerlichen Verpflichtungen eine verhältnismäßige Tilgung. Darüber hinausgehend ist gesetzlich vorgesehen, dass die ältere Schuld vor der jüngeren bezahlt wird (vgl § 1429 ABGB), was insbes für allfällige Verjährungstatbestände von Bedeutung ist. 351

Wenn eine Leistung als erfüllt angesehen werden kann, hat der Schuldner Anspruch auf Ausstellung einer **Quittung** bzw der Gläubiger hat den Schuldschein an den Schuldner zurückzugeben (vgl §§ 1426 bis 1430 ABGB). 352

b Einvernehmliche Auflösung

Die Vertragsparteien haben regelmäßig die Möglichkeit, ein bestehendes Vertragsverhältnis **einvernehmlich** vor der Erfüllung des Vertrages aufzulösen. Ausschlaggebend ist der gemeinsame Wille beider Parteien. Zu beachten ist jedoch, dass manche – insbes arbeitsrechtliche – Bestimmungen iZm einvernehmlichen Auflösungen besondere Formvorschriften normieren. 353

354 Hingegen ist der einzelne Vertragspartner zum **einseitigen Vertragsrücktritt** grundsätzlich nur dann berechtigt, wenn diese Möglichkeit vorweg vertraglich vereinbart wurde bzw von Gesetzes wegen eingeräumt ist (zB beim Haustürgeschäft gem § 3 KSchG, s dazu Rz 249 ff). Der Rücktritt vom Vertrag beseitigt den Vertrag regelmäßig zur Gänze. Es ist somit grundsätzlich jener Zustand wiederherzustellen, der vor Abschluss des Vertrages vorgelegen hat; alle einseitigen oder gegenseitigen Leistungen sind, soweit dies möglich ist, dem jeweiligen Vertragspartner zurückzuerstatten.

c Kündigung

355 Obwohl das ABGB **keine allgemeinen Regeln** über die Kündigung von auf unbestimmte Zeit abgeschlossenen Verträgen kennt, finden sich in einer Reihe von Sondergesetzen – wie etwa im Arbeitsrecht, Mietrecht oder Gesellschaftsrecht – eindeutige gesetzliche Normen hierzu.

356 Generell kann zwischen ordentlicher und außerordentlicher Kündigung unterschieden werden. Eine **ordentliche Kündigung** erfolgt ohne Angabe eines Auflösungsgrundes und ist idR mit einer **Kündigungsfrist** (Zeitspanne zwischen Zugang des Kündigungsausspruches und tatsächlicher Wirksamkeit) verbunden und zu bestimmten, teilweise gesetzlichen oder uU vertraglich vereinbarten **Kündigungsterminen** (Zeitpunkt der Beendigung des Vertragsverhältnisses) wirksam. So sind etwa in den §§ 20 f Angestelltengesetz (AngG) genaue Kündigungstermine und -fristen für auf ohne Zeitbestimmung eingegangene Dienstverhältnisse normiert.

357 **Außerordentliche Kündigungen** (vorzeitige Auflösung aus wichtigem Grund) bedürfen zu ihrer Wirksamkeit eines **wichtigen Grundes**. Liegt ein wichtiger Grund vor, wirkt eine solcherart deklarierte, außerordentliche Kündigung ohne Fristen und Termine sofort. Als wichtig wird ein Grund dann angesehen, wenn die Fortsetzung des Vertrages für den Kündigenden **nicht mehr zumutbar** ist, weil das gegenseitige Vertrauensverhältnis (zu) stark belastet wurde. Ein gänzlicher Ausschluss des Rechts, Dauerschuldverhältnisse aus wichtigem Grund aufzulösen, wird als unwirksam angesehen. Im Bereich des AngG wird die außerordentliche Kündigung, die von der Arbeitgeberseite ausgeht, als **Entlassung** bezeichnet. Geht sie von der Arbeitnehmerseite aus, handelt es sich um einen **vorzeitigen Austritt** (vgl §§ 25 bis 32 AngG; s dazu aber generell den Abschnitt **„Arbeitsrecht"**, Rz 1265 ff).

358 Für **Verbraucher** (s dazu Rz 209 f) gelten Besonderheiten bezüglich des Rechts zur Kündigung: Verträge, durch die sich der Unternehmer zur wiederholten Lieferung beweglicher körperlicher Sachen (einschließlich Energie) oder zu wiederholten Werkleistungen und der

Verbraucher zu wiederholten Geldzahlungen verpflichten und die für eine unbestimmte oder eine ein Jahr übersteigende Zeit abgeschlossen wurden, kann der Verbraucher unter Einhaltung einer zweimonatigen Frist zum Ablauf des ersten Jahres und danach zum Ablauf jedes halben Jahres kündigen (§ 15 Abs 1 KSchG). Weiters wird eine Kündigung des Verbrauchers, die nicht fristgerecht ausgesprochen wurde, zum nächsten, nach Ablauf der Kündigungsfrist liegenden Kündigungstermin wirksam (§ 15 Abs 4 KSchG).

d Hinterlegung

Bietet der Schuldner seine Leistung gehörig an und wird diese durch **359** Umstände, die in der Sphäre des Gläubigers liegen (zB Gläubigerverzug, Abwesenheit des Gläubigers), nicht angenommen, kann er bei Gericht oder bei einem vom Gericht bestellten Verwahrer seine Leistung **hinterlegen** (vgl § 1425 ABGB; zur erweiterten Hinterlegungsmöglichkeit im Unternehmensrecht s Rz 575). Voraussetzung ist jedoch, dass sich die geschuldete Leistung zur Hinterlegung eignet. So können etwa verderbliche Waren (zB Lebensmittel) regelmäßig nicht hinterlegt werden. Für den Schuldner **schuldbefreiend** wirkt die Hinterlegung aber nur dann, wenn sie rechtmäßig ist, dem Gläubiger bekannt gemacht wurde und beim Gericht des Erfüllungsortes erfolgt ist.

e Aufrechnung (Kompensation)

Treffen Forderungen und Schulden so zusammen, dass sie sich aus- **360** gleichen, kann es unter bestimmten Voraussetzungen zu einer gegenseitigen **Aufhebung der Verbindlichkeit** kommen (vgl §§ 1438 bis 1443 ABGB). In diesem Fall wird eine Forderung des Gläubigers durch eine Gegenforderung des Schuldners an den Gläubiger aufgehoben. Schuldet zB Werner seinem Freund Peter € 1.000,–, der wiederum Schulden in Höhe von € 800,– bei Werner hat, können die beiden Forderungen in der Form kompensiert werden, dass Werner an Peter € 200,– schuldbefreiend leistet.

Der Aufrechnung kommt im Wirtschaftsverkehr, insbes bei Geld- **361** geschäften, eine nicht unbedeutende Rolle zu, weil sie vier wesentlichen **Zwecken** dienlich ist. Dazu zählen

- der **Befreiungszweck** (die eigene Verbindlichkeit wird durch Kompensation ganz oder teilweise gelöscht),
- der **Befriedigungszweck** (durch die in der Aufrechnung liegende Erfüllung durch den Schuldner kommt es zur Befriedigung des Gläubigers),

- der **Verrechnungszweck** (der Austausch der gegenseitigen Leistungen – also deren „Hin- und Herschieben" – ist nicht erforderlich),
- der **Sicherungszweck** (die eigene Forderung wird durch eine Gegenforderung abgesichert).

362 Sind die Forderungen **gegenseitig**, **fällig**, **gültig** und **gleichartig**, kann **einseitig** kompensiert werden (§§ 1438 ff ABGB); dh auch ohne den Willen des einen Vertragspartners kann der andere die Forderungen aufrechnen.

- Die **Gegenseitigkeit** bezeichnet das Verhältnis der beiden Vertragspartner. Die Aufrechnenden müssen beide im Verhältnis zueinander Gläubiger und Schuldner zugleich sein.
- Die **Fälligkeit** der Forderungen bedeutet, dass die gegenseitigen Forderungen bereits vom Termin her bestehen müssen. So darf zB am 1. Juli die Forderung, die am 1. Jänner bereits bezahlt werden hätte müssen, nicht mit jener einseitig kompensiert werden, die erst in drei Monaten am 1. Oktober zur Zahlung fällig wäre.
- Die **Gültigkeit** der Forderungen bezieht sich auf zweierlei: Die Forderungen müssen gültig (rechtmäßig) zustande gekommen und auch klagbar sein; mit einer Naturalobligation (s dazu Rz 273) kann daher nicht aufgerechnet werden.
- Um das Kriterium der **Gleichartigkeit** zu erfüllen, müssen die Forderungen von gleicher Art und Güte sein; bei Geldforderungen kann dies vermutet werden.

363 Im Gegensatz zur einseitigen muss bei der **einvernehmlichen Kompensation** lediglich das Merkmal der Gegenseitigkeit erfüllt sein, damit den Vertragsparteien die Aufrechnung ihrer gegenseitigen Forderungen auf freiwilliger Basis möglich ist.

364 Zur Kompensation ist die Abgabe einer **Aufrechnungserklärung** erforderlich. Diese wirkt grundsätzlich auf den Zeitpunkt zurück, zu welchem sich die Forderungen erstmals kompensierbar gegenüberstanden.

365 Regelmäßig unmöglich sind Kompensationsgeschäfte dann, wenn **gesetzliche Aufrechnungsverbote** vorliegen. Neben den Aufrechnungsverboten des ABGB (§§ 1440 f ABGB; zB listig entzogene Sachen) sind auch in anderen Gesetzen, wie zB der Exekutionsordnung (EO), Beschränkungen vorgesehen.

f Leistung an Zahlungs Statt

366 Kann der Schuldner die von ihm geschuldete Leistung nicht erbringen, so kann gem § 1414 ABGB mit Zustimmung des Gläubigers auch eine andere Leistung mit schuldbefreiender Wirkung erfolgen. Die andere Leistung ist dann jene, die **an Zahlungs Statt** vom Schuldner an den Gläubiger gegeben wird.

Es gilt jedoch, die Leistung an Zahlungs Statt von der **Leistung zahlungshalber** zu unterscheiden. Die Leistung zahlungshalber wird auf die geschuldete Leistung lediglich angerechnet, wodurch die Forderung bis zu ihrer vollständigen Tilgung aufrecht ist. Schuldbefreiend wirkt die Leistung nur dann, wenn sie an Zahlungs Statt erfolgt und vom Gläubiger akzeptiert wird. 367

Im Zweifel werden körperliche Sachen grundsätzlich an Zahlungs Statt gegeben; hingegen wird ein Wechsel oder ein Scheck im Zweifel bloß zahlungshalber gegeben. 368

g Vereinigung (Konfusion)

In § 1445 ABGB ist als Grundsatz verankert, dass keiner **gegen sich selbst Forderungen** geltend machen kann. Fällt die Position des Schuldners mit jener des Gläubigers zusammen, so erlischt das vorher zwischen mehreren Personen bestandene Schuldverhältnis. Praktische Bedeutung hat diese Regelung insbes im Erbrecht. Wenn etwa der Erbe im Erbwege ua die beim Verstorbenen ihm selbst gegenüber bestandene Forderung erbt, kann diese Forderung durch Konfusion als erloschen angesehen werden. 369

h Verzicht (Entsagung)

Dem Gläubiger steht es frei, auf die Leistung des Schuldners zu **verzichten**, um dadurch die Verbindlichkeit des Schuldners aufzuheben. § 1444 ABGB schränkt die Möglichkeiten des privatautonomen Verzichts jedoch auf jene Bereiche ein, „in welchen der Gläubiger berechtigt ist, sich seines Rechtes zu begeben". Das bedeutet, dass der Gläubiger einen Verzicht nicht wirksam vornehmen kann, wenn dies gesetzlich untersagt ist. So hat etwa ein **Angestellter** (Gläubiger) gem § 23 AngG einen Anspruch auf Abfertigung vom Unternehmer (Schuldner), auf den er gem § 40 AngG **nicht wirksam verzichten** kann. 370

Zu beachten ist, dass ein Verzicht grundsätzlich nur dann **rechtswirksam** wird, wenn eine Zustimmung des Schuldners vorliegt, weil kein Zwang zur Annahme einer Schenkung besteht. 371

i Zeitablauf

Ist der Vertrag von vornherein befristet bzw mit einem Endtermin versehen, endet er grundsätzlich durch **Zeitablauf** (§ 1449 ABGB). 372

j Verjährung

373 Ansprüche aus Verträgen können auch durch Verjährung eine zeitliche Endigungsgrenze finden. Dabei ist unter **Verjährung** der Verlust eines Rechts auf Geltendmachung eines Anspruches durch Zeitablauf zu verstehen. Zu beachten ist, dass das verjährte Recht grundsätzlich lediglich nicht mehr gerichtlich geltend gemacht werden kann; es bleibt jedoch als **Naturalobligation** bestehen. Das bedeutet, dass dann, wenn eine bereits verjährte Schuld erfüllt wird, die Leistung nicht bereicherungsrechtlich wegen fehlender Rechtsgrundlage (s dazu Rz 519) zurückgefordert werden kann (§ 1432 ABGB, s dazu Rz 273).

374 Weiters ist zu beachten, dass nicht alle Rechte der Verjährung zugänglich sind; zu den **unverjährbaren Rechten** zählen etwa Persönlichkeitsrechte, das Eigentumsrecht sowie staatliche Hoheitsrechte.

375 Die Rechtsordnung kennt eine Reihe von unterschiedlichen Verjährungsvorschriften. Von grundsätzlicher Bedeutung ist die Unterscheidung zwischen der **kurzen Verjährungsfrist**, welche drei Jahre, und der **langen Verjährungsfrist**, welche im Grundfall dreißig Jahre beträgt. Von der kurzen Verjährungsfrist sind insbes (Geld-)Forderungen des täglichen Lebens (vgl § 1486 ABGB) sowie Schadenersatzansprüche (vgl § 1489 ABGB) umfasst. Das Recht, ein rechtskräftiges Gerichtsurteil zwangsweise durchsetzen zu können (Judikatschuld), verjährt hingegen regelmäßig erst nach Ablauf der langen Verjährungsfrist.

376 Die Verjährung **beginnt** im Regelfall mit jenem Zeitpunkt, in welchem das Recht zuerst hätte ausgeübt werden können; bei Schadenersatzansprüchen beginnt die Verjährung ab dem Zeitpunkt der Kenntnis von Schaden und Schädiger (s dazu auch Rz 507).

377 Durch die **Verjährungshemmung** (vgl §§ 1494 ff ABGB) wird der Beginn bzw der Fort- oder Ablauf der Verjährungsfrist hinausgeschoben (zB Stundung einer fälligen Forderung; ernsthaft geführte Vergleichsverhandlungen).

378 Hingegen führt eine **Unterbrechung der Verjährung** (vgl § 1497 ABGB) dazu, dass nach Wegfall des Unterbrechungsgrundes die Frist wiederum gänzlich neu zu laufen beginnt (zB Anerkennung einer Forderung durch den Schuldner; klagsweise Geltendmachung eines Rechtes).

k Bedingungseintritt

379 Vertragsverhältnisse können an **Bedingungen** geknüpft sein, die für den Bestand des Vertrages von wesentlicher Bedeutung sind. Im Regelfall handelt es sich bei Bedingungen um Ereignisse, deren Ein-

tritt oder Nichteintritt bei Vertragsabschluss nicht definitiv bekannt ist. Bedingungen können suspensiv oder resolutiv sowie potestativ oder von einem Zufall abhängig sein.

Suspensivbedingungen haben aufschiebenden Charakter. Bis 380
zum Eintritt der Suspensivbedingung hat der Berechtigte lediglich eine Anwartschaft auf den Vertragsgegenstand, erst danach wird die Anwartschaft zu einem vollwertigen Recht (Bsp: Werner erhält von seinem Onkel € 10.000,–, sobald er sein Studium abschließt).

Resolutivbedingungen hingegen haben auflösenden Charakter. 381
Bis zum Eintritt der Resolutivbedingung steht das vereinbarte Recht zu, nach dem Eintritt erlischt es. Tritt die Resolutivbedingung gar nicht ein, steht das Recht auf Dauer zu (Bsp: Solange Werner studiert, bekommt er monatlich € 300,– von seinem Vater).

Kann der Eintritt vom Willen einer Vertragspartei beeinflusst werden, 382
handelt es sich um eine **Potestativbedingung** (Bsp: Wenn Werner heiratet, erhält er von seiner Großmutter den Familienschmuck).

Im Gegensatz dazu stehen **Zufallsbedingungen**, die ausschließ- 383
lich von Umständen abhängen, die durch die Vertragsparteien nicht beeinflusst werden können (Bsp: Wenn es im nächsten Winter nicht schneit, schenkt Werner seinem Freund Peter seine Schiausrüstung).

I Tod

Durch den **Tod** einer Vertragspartei endet nicht zwangsläufig das 384
Vertragsverhältnis. Vielmehr gehen die Forderungen bzw Schulden auf die Erben des Gläubigers bzw des Schuldners im Wege der Gesamtrechtsnachfolge über. Dies gilt aber nicht für höchstpersönliche Schuldverhältnisse, die ausschließlich durch den Verpflichteten erfüllt werden können; diese enden grundsätzlich mit dem Tod des Verpflichteten. So kann etwa das in Auftrag gegebene, aber durch den Tod des Künstlers unvollendete Werk regelmäßig nicht durch dessen Erben vollendet werden.

6 Wichtige Vertragsarten im Überblick

a Grundsätzliches

Wie bereits dargelegt, kommt die überwiegende Anzahl der einzelnen 385
Vertragsarten allein durch entsprechende Willensübereinstimmung der am Vertrag beteiligten Partner zustande (s dazu Rz 205, 218 ff).

Die durch Willensübereinstimmung geschlossenen Verträge werden unter dem Begriff der **Konsensualverträge** zusammengefasst.

386 Gelegentlich kommt es vor, dass zum Zustandekommen eines Vertrages neben der Willensübereinstimmung auch noch eine zusätzliche faktische Leistung erforderlich ist (zB ist bei einem Leihvertrag neben dem Vorliegen der entsprechenden Willensübereinstimmung zwischen Verleiher und Entlehner auch die Übergabe der Leihsache an den Entlehner notwendig, damit der Vertrag tatsächlich zustande kommen kann); derartige Verträge bezeichnet man als **Realverträge**.

387 Der Gesetzgeber hat das Vertragsrecht am Grundsatz der **Inhaltsfreiheit** ausgerichtet. Demgemäß können die Vertragsparteien innerhalb der weiten gesetzlichen Grenzen vertragliche Vereinbarungen nach freiem Belieben abschließen. Gleichzeitig hat der Gesetzgeber die im praktischen Leben wichtigsten Vertragstypen mehr oder weniger detailliert geregelt. Bei diesen Regelungen handelt es sich in der Mehrzahl um **dispositive Normen**, deren Abänderbarkeit im freien Ermessen der Vertragspartner liegt. Zulässig ist ua die Kreation von neuen „Mischformen", welche aus zwei oder mehreren gesetzlich geregelten Vertragstypen bestehen (zB Mietkauf); zulässig wäre aber auch die Etablierung von gänzlich neuen Vertragstypen (zB Leasingvertrag, s dazu Rz 411 f).

388 Zu den **gesetzlich geregelten Vertragstypen** zählen insbes die Gebrauchsüberlassungsverträge, die Veräußerungsverträge, die Gesellschaftsverträge, die Dienstleistungsverträge, die Sicherungsverträge sowie die Glücksverträge.

389 Sofern – aus welchen Gründen auch immer – ein Hauptvertrag (noch) nicht abgeschlossen werden soll, kann auch auf das Rechtsinstitut des **Vorvertrages** zurückgegriffen werden. Mittels eines Vorvertrages verpflichten sich die Vertragspartner zum Abschluss des Hauptvertrages. Den Leistungsgegenstand des Vorvertrages bildet somit der Abschluss des Hauptvertrages; aus einem Vorvertrag kann demgemäß nicht auf die Erfüllung des Gegenstandes des Hauptvertrages geklagt werden, da dieser erst abgeschlossen werden muss. Damit der Vorvertrag gültig ist, müssen zumindest die notwendigen **Mindestbestandteile** des in Aussicht genommenen Vertragstypus vorhanden und der **Abschlusszeitpunkt des Hauptvertrages** festgelegt sein. Gem § 936 ABGB muss längstens **innerhalb eines Jahres** nach dem vorgesehenen Abschlusszeitpunkt der Abschluss des Hauptvertrages erfolgen bzw dieser eingeklagt werden, da andernfalls das Recht aus dem Vorvertrag erlischt. Weiters entfällt die Verpflichtung zum späteren Abschluss des Hauptvertrages auch dann, wenn die maßgeblichen Vertragspunkte durch eine wesentliche Änderung der Umstände nicht mehr erreicht werden können oder wenn ein Vertragspartner aus berechtigten Gründen das Vertrauen in den anderen verliert **(clausula rebus sic stantibus)**.

Möglich ist es auch, in den Hauptvertrag **Vertragsbestandteile** aufzunehmen, durch welche die vertraglich übernommenen Hauptpflichten abgesichert oder auch abgeschwächt werden sollen. Dazu zählen insbes das Angeld, das Reugeld, die Vertragsstrafe sowie die Vereinbarung eines Terminverlustes. 390

Das **Angeld** wird bei der Abschließung eines Vertrages übergeben (§ 908 ABGB). Sofern der Vertrag durch die Schuld desjenigen, der das Angeld geleistet hat, nicht erfüllt werden sollte, verliert dieser das hingegebene Angeld. Wenn es hingegen durch die Schuld des Angeldnehmers zur Nichterfüllung des Vertrages kommt, muss dieser die doppelte Summe an den Angeldgeber zurückerstatten. Zu beachten ist, dass eine bloße **Anzahlung** des Kaufpreises grundsätzlich nicht als Angeld interpretiert werden kann. 391

Das **Reugeld** wird für den Fall der Ausübung eines vertraglich vereinbarten Rücktrittsrechts versprochen (§ 909 ABGB). In der Praxis des täglichen Geschäftslebens wird das Reugeld häufig als **Stornogebühr** bezeichnet. 392

Das von einem **Verbraucher** (s dazu Rz 209 f) versprochene Angeld bzw Reugeld unterliegt gem § 7 KSchG einem **richterlichen Mäßigungsrecht**. 393

Durch eine **Vertragsstrafe** (Konventionalstrafe) verpflichtet sich der Schuldner dazu, für den Fall des Unterbleibens der ordnungsgemäßen Vertragserfüllung eine bestimmte Geldsumme zu bezahlen (§ 1336 Abs 1 ABGB). Bei der Vertragsstrafe handelt es sich um einen **pauschalierten Schadenersatz**; im Zweifel ist somit nur im Falle des Verschuldens eine Vertragsstrafe zu leisten. Der Nachweis eines entstandenen Schadens ist hingegen keine Voraussetzung für den Anspruch auf Bezahlung der Vertragsstrafe. Ist die vereinbarte Vertragsstrafe im Verhältnis zum wirklich eingetretenen Schaden als übermäßig anzusehen, besteht ein **richterliches Mäßigungsrecht** (§ 1336 Abs 2 ABGB). Ist der tatsächliche Schaden größer als die Vertragsstrafe, so kann der Gläubiger auch den **übersteigenden Schaden** geltend machen; falls der Schuldner ein Verbraucher iSd KSchG ist (s dazu Rz 209 f), so muss dies aber im Einzelnen ausgehandelt werden (§ 1336 Abs 3 ABGB). 394

Vor allem bei Ratengeschäften wird häufig vereinbart, dass der Schuldner alle noch offenen Raten sofort zu bezahlen hat, wenn er mit einer oder mehreren Ratenzahlung(en) in Verzug gerät **(Terminverlust)**. Durch § 14 Abs 3 Verbraucherkreditgesetz (VKrG, BGBl I 2010/28 idgF) ist normiert, dass bei Ratengeschäften mit Verbrauchern (s dazu Rz 209 f) der Gläubiger einen Terminverlust nur dann geltend machen kann, wenn seine Leistungen bereits erbracht wurden, weiters mindestens eine Rate des Verbrauchers seit sechs Wochen fällig ist und überdies der Verbraucher unter ausdrücklicher 395

Androhung des Terminverlustes und unter Setzung einer Nachfrist von mindestens zwei Wochen erfolglos gemahnt wurde.

396 Zu erwähnen ist noch, dass uU bereits im Zuge der Anbahnung geschäftlicher Kontakte **vorvertragliche Pflichten** entstehen können, deren Verletzung regelmäßig Schadenersatzpflichten auslösen. Zu diesen vorvertraglichen Verpflichtungen zählen etwa Aufklärungs-, Schutz- und Sorgfaltspflichten.

b Gebrauchsüberlassungsverträge

397 Durch einen **Gebrauchsüberlassungsvertrag** wird jemandem die Nutzung einer Sache ermöglicht, ohne dass gleichzeitig das Eigentum der zum Gebrauch überlassenen Sache übertragen wird. Zu den Gebrauchsüberlassungsverträgen können insbes Bestandverträge, Leihverträge, Darlehensverträge sowie Leasing- und Franchiseverträge gezählt werden.

ba Bestandverträge

398 Ein Vertrag, wodurch jemand den Gebrauch einer unverbrauchbaren Sache auf eine gewisse Zeit und gegen einen bestimmten Preis erhält, heißt **Bestandvertrag** (§ 1090 ABGB). Zu den Bestandverträgen zählen Miete und Pacht.

399 Durch den **Mietvertrag** wird eine bewegliche oder unbewegliche Sache auf eine bestimmte Zeit zum Gebrauch überlassen. Die regelmäßig dispositiven Regelungen des ABGB zum Mietrecht (§§ 1091 ff ABGB) wurden in Bezug auf die Anmietung von Wohn- und Geschäftsräumlichkeiten weitgehend durch zwingende Sonderregelungen, insbes durch das Mietrechtsgesetz (MRG, BGBl 1981/520 idgF), ersetzt.

400 So wurden beispielsweise für die meisten Bestandsobjekte je nach **Ausstattungskategorie** (A bis D) Mietzinsobergrenzen definiert (§ 15a MRG). Für Mietverträge, die nach dem 1.3.1994 abgeschlossen wurden, gilt jedoch (mit Ausnahme für Wohnungen der Kategorie D) das im Richtwertgesetz (RichtWG, BGBl 1993/800 idgF) näher geregelte **Richtwertsystem**. Dieses basiert darauf, dass eine „mietrechtliche Normwohnung" definiert wird (brauchbarer Wohnungszustand in einem Gebäude mit ordnungsgemäßem Erhaltungszustand in durchschnittlicher Lage; vgl dazu im Detail § 2 RichtWG), der durch eigene Verordnungen ein je nach Bundesland unterschiedlicher Richtwertmietzins zugeordnet ist. Ausgehend vom jeweiligen Richtwertmietzins wird durch Zuschläge für positive Abweichungen (zB sehr gute Lage, Garten) bzw durch Abstriche für negative Abweichungen (zB schlechte Lage, mangelhafte Ausstattung) der höchstzulässige Mietzins ermittelt

(§ 16 Abs 2 MRG). Abstriche sind auch dann vorgesehen, wenn der Mietvertrag befristet abgeschlossen wird (§ 16 Abs 7 MRG). Weitere Schutzbestimmungen für den Mieter finden sich etwa in § 16b MRG, der nähere Vorgaben zur Veranlagung und Rückstellung einer allfälligen **Kaution** enthält, sowie in § 27 MRG, worin normiert ist, dass die so genannte **„Ablöse"** eines Mieters, der keine tatsächliche Leistung gegenübersteht, verboten ist; eine tatsächlich geleistete, verbotene Ablöse kann zurückverlangt werden.

Von grundlegender Bedeutung im Verhältnis zwischen Vermieter 401
und Mieter sind auch die im MRG enthaltenen Regeln iZm der **Beendigung des Mietverhältnisses**. Diesbezüglich ist vor allem darauf zu verweisen, dass **Befristungen von Mietverhältnissen** bei Wohnungen regelmäßig nur im Ausmaß von mindestens drei Jahren zulässig sind (§ 29 Abs 1 Z 3 MRG). Dem Mieter steht jedoch das Recht zu, bereits nach Ablauf des ersten Jahres unter Einhaltung einer Kündigungsfrist von drei Monaten jeweils zum Monatsende das Mietverhältnis durch gerichtliche oder schriftliche Kündigung zur Auflösung zu bringen (§ 29 Abs 2 MRG). Bemerkenswert ist überdies, dass befristete Mietverträge bei Nichtauflösung nach Vertragsablauf zunächst einmalig als auf drei Jahre erneuert gelten; wird der Mietvertrag nach Ablauf dieser drei Jahre ein weiteres Mal nicht aufgelöst, so gilt er als auf unbestimmte Zeit erneuert (vgl § 29 Abs 3 lit b MRG). Außerdem ist von besonderer Bedeutung, dass befristete und unbefristete Mietverträge vom Vermieter grundsätzlich nur aus **wichtigem Grund** (zB Nichtzahlung des Mietzinses, vgl § 30 MRG) gekündigt werden können. Überdies können Mietverträge vom **Mieter gerichtlich oder schriftlich**, vom **Vermieter jedoch nur gerichtlich** gekündigt werden. Geht dem Vermieter eine schriftliche Kündigung des Mieters erst nach Beginn der für den darin genannten Kündigungstermin einzuhaltenden Kündigungsfrist zu, so ist sie für den ersten späteren Kündigungstermin wirksam, für den die Frist zu diesem Zeitpunkt noch offen war (vgl § 33 MRG).

Zu erwähnen ist noch, dass grundsätzlich der Vermieter das Risiko 402
für die **mangelnde Benutzbarkeit des Mietgegenstandes** zu tragen hat; wenn etwa der Mietgegenstand ohne Verschulden des Mieters unbenützbar wird, muss dieser auch keinen Mietzins bezahlen (§ 1096 Abs 1 Satz 2 ABGB). Auch die Kosten für Erhaltungsmaßnahmen hat grundsätzlich der Vermieter aus den Mietzinseinnahmen zu tragen; sofern diese nicht ausreichen, kann es unter bestimmten Voraussetzungen zur Erhöhung des Mietzinses (§ 18 MRG) kommen. Eine weitere Erhöhungsmöglichkeit sieht § 45 MRG für Altmietverträge im Interesse der Wertbeständigkeit des Mietzinses (früher: „Erhaltungs- und Verbesserungsbeitrag") vor. Unabhängig davon ist der Vermieter dazu verpflichtet, den Mietgegenstand in einem vertragsgemäßen und brauchbaren Zustand zu erhalten (§ 1096 Abs 1 Satz 1 ABGB)

bzw nach Maßgabe der rechtlichen, wirtschaftlichen und technischen Gegebenheiten und Möglichkeiten dafür zu sorgen, dass das Haus, die Mietgegenstände und die dazugehörigen Anlagen im ortsüblichen Zustand erhalten und allfällige Gefahren für die Gesundheit der Bewohner beseitigt werden (§ 3 Abs 1 MRG).

403 Im Unterschied zur Miete wird bei der **Pacht** die Sache nicht nur gebraucht, sondern zur wirtschaftlichen Nutzung eingesetzt; die Regeln des MRG finden auf Pachtverträge keine Anwendung. Dem Pächter wird durch einen Pachtvertrag auf eine bestimmte Zeit gegen entgeltliche Überlassung das Recht des Fruchtgenusses an der Sache eingeräumt. So wird etwa eine Jagd gepachtet, da auch der Wildbestand gejagt und erlegt (Fruchtgenuss) wird, wohingegen ein PKW idR zum reinen Gebrauch überlassen und dementsprechend vermietet wird.

404 Zum **Schutz von Nutzungsberechtigten** an Gebäuden oder Wohnungen, die erst zu errichten oder durchgreifend zu sanieren sind, findet sich im Bauträgervertragsgesetz (BTVG, BGBl I 1997/7 idgF) eine Reihe von besonderen Normen. Einen ähnlichen Schutzcharakter verfolgt auch das Teilzeitnutzungsgesetz (TNG, BGBl I 1997/32 idgF), welches auf Verträge zur Anwendung kommt, durch welche ein Unternehmer einem Verbraucher (s dazu Rz 209 f) für mindestens drei Jahre ein dingliches oder obligatorisches Nutzungsrecht an Wohnungen oder Häusern einräumt **(Time-sharing-Verträge)**.

bb Leihverträge

405 Wenn jemandem eine unverbrauchbare Sache bloß zum unentgeltlichen Gebrauch auf eine bestimmte Zeit übergeben wird, entsteht gem § 971 ABGB ein **Leihvertrag**. Die wesentlichen Kriterien des Leihvertrages sind demnach die Unentgeltlichkeit und die Übergabe einer Sache auf Zeit. Da für das Zustandekommen des Leihvertrages die Übergabe der Leihsache notwendig ist (§ 971 Satz 2 ABGB), wird dieser Vertragstypus den Realverträgen (s dazu Rz 386) zugeordnet. Wird die geliehene Sache durch das Verschulden des Entlehners beschädigt oder zerstört, hat dieser dafür einzustehen; zufällige Beschädigungen treffen hingegen den Verleiher (§§ 978 ff ABGB).

406 Eine Sonderform des Leihvertrages ist die Bittleihe (**Prekarium**; vgl § 974 ABGB); anders als bei der Leihe besteht beim Prekarium eine jederzeitige Rückgabepflicht der Sache durch den Entlehner bei Aufforderung durch den Verleiher.

bc Darlehensverträge

407 Das Darlehensrecht des ABGB wurde durch das Darlehens- und Kreditrechts-Änderungsgesetz (DaKRÄG, BGBl I 2010/28) neu geregelt. Demnach versteht man unter einem **Darlehensvertrag** einen Vertrag,

bei dem sich der Darlehensgeber verpflichtet, dem Darlehensnehmer vertretbare Sachen mit der Bestimmung zu übergeben, dass der Darlehensnehmer über die Sachen nach seinem Belieben verfügen kann. Der Darlehensnehmer wiederum ist verpflichtet, dem Darlehensgeber spätestens nach Vertragsende ebenso viele Sachen derselben Gattung und Güte zurückzugeben (§ 983 ABGB). Der Darlehensvertrag stellt daher grundsätzlich einen **Konsensualvertrag** (s dazu Rz 386) dar. Zum Schutz vor Übereilung ist allerdings in § 984 Abs 2 ABGB vorgesehen, dass ein **unentgeltlicher Darlehensvertrag ohne Übergabe der Sache** nur wirksam ist, wenn der Darlehensgeber seine Vertragserklärung **schriftlich** abgibt.

Gegenstand eines Darlehensvertrages können **Geld oder andere vertretbare Sachen** sein. Der Darlehensvertrag bedingt **grundsätzlich keine Entgeltlichkeit**; wenn die Parteien allerdings nichts über ein Entgelt vereinbaren, gilt der Darlehensvertrag im Zweifel als entgeltlich (§ 984 Abs 1 ABGB). Tatsächlich ist im Wirtschaftsverkehr insbes das entgeltliche Gelddarlehen von Bedeutung, das als **Kreditvertrag** (s dazu Rz 408/1) bzw **Verbraucherkreditvertrag** (s dazu Rz 409) Sonderregelungen unterworfen wurde. Darlehensverträge können auf **bestimmte oder unbestimmte Zeit** geschlossen werden; Erstere enden durch Zeitablauf, Letztere können durch jeden Vertragspartner unter Einhaltung einer einmonatigen Frist gekündigt werden (§ 986 ABGB). Außerdem gilt – wie auch sonst bei Dauerschuldverhältnissen (s dazu Rz 357) – dass der Darlehensvertrag jederzeit ohne Einhaltung einer Frist von jedem Vertragsteil gekündigt werden kann, wenn ihm die Aufrechterhaltung des Vertrages aus wichtigen Gründen unzumutbar ist (**außerordentliche Kündigung**; § 987 ABGB). 408

Der zwischen einem Kreditgeber und einem Kreditnehmer abgeschlossene **entgeltliche Darlehensvertrag über Geld (Kreditvertrag)** wird in den §§ 988 bis 991 ABGB einer Sonderregelung unterworfen; die genannten Vorschriften gelten auch für den so genannten **Krediteröffnungsvertrag**, mit dem ein Geldbetrag auf Abruf zur Verfügung gestellt wird. Das Entgelt besteht dabei idR in vom Kreditnehmer zu zahlenden **Zinsen**, die gewöhnlich in Form eines bestimmten Prozentsatzes der Darlehenssumme ermittelt werden; im Zweifel bemisst sich der Zinssatz gem § 988 Satz 3 ABGB nach § 1000 Abs 1 ABGB, er beträgt daher 4 % (s dazu Rz 286). Bemerkenswerte Sonderregeln im Zusammenhang mit Kreditverträgen bestehen in der Anordnung, dass sich bei diesen Verträgen eine **bestimmte Vertragsdauer** nicht bloß aus einer datumsmäßigen Festlegung eines Endtermines, sondern auch aus anderen Umständen (Vereinbarungen über den Kreditbetrag, Art der Rückzahlung, zu leistende Zinsen) ergeben kann (§ 989 ABGB), in der **Unwirksamkeit bestimmter sachlich nicht gerechtfertigter Kündigungsrechte des Kreditgebers** (vgl § 990 ABGB) sowie in einer besonderen kreditvertragsrechtlichen **Un-** 408/1

sicherheitseinrede (s dazu auch Rz 284), derzufolge der Kreditgeber die Auszahlung des Kreditbetrags unter bestimmten, seinen Rückzahlungsanspruch gefährdenden Umständen verweigern kann (§ 991 ABGB).

409 Ein **Verbraucherkreditvertrag** ist ein Kreditvertrag iSd § 988 ABGB, an dem ein Unternehmer als Kreditgeber und ein Verbraucher (s dazu Rz 209 f) als Kreditnehmer beteiligt ist. Derartige Verträge haben im **Verbraucherkreditgesetz** (VKrG, BGBl I 2010/28) eine umfassende Regelung erfahren. Besondere Bestimmungen finden sich insbes zu den **vorvertraglichen Informationspflichten des Kreditgebers** (§§ 6 ff VKrG), seinen **Pflichten beim Vertragsabschluss** (§§ 9 f VKrG), den **Rechten des Kreditnehmers zum Rücktritt vom Vertrag** (§ 12 VKrG), der **Kündigung des Vertrags** durch den Kreditgeber und den Kreditnehmer (§§ 14 f VKrG), dem **Recht des Kreditnehmers auf vorzeitige Rückzahlung des Kreditbetrages** (§ 16 VKrG) und den **Pflichten von Kreditvermittlern** (vgl zB § 6 Abs 8, § 19 Abs 5 VKrG).

bd Leasing- und Franchiseverträge

410 Obwohl sowohl Leasing- als auch Franchiseverträge zu den **gesetzlich nicht ausgeformten Vertragstypen** gehören, können sie zu den Gebrauchsüberlassungsverträgen gezählt werden. Im Wirtschaftsprozess ist diesen beiden Vertragstypen eine immer größere Bedeutung beizumessen, weshalb in der Folge ihre Charakteristika in ihren wesentlichsten Ausprägungen erklärt werden sollen.

411 Der **Leasingvertrag** hat sich in der Praxis primär aus steuerrechtlichen Erwägungen, nämlich um Vorteile für den Unternehmer nutzbar zu machen, etabliert. Dem Leasingnehmer wird eine Sache – ähnlich wie bei einem Mietvertrag – gegen ein monatliches oder auch jährliches Leasingentgelt zum Gebrauch überlassen. Die entsprechenden Aufwendungen können dabei regelmäßig als Betriebsausgabe gewinnmindernd geltend gemacht werden, während im Gegenzug beim Kauf der Gewinnminderungseffekt über das Instrument der Abschreibung, jedoch in Abhängigkeit von den Eigenschaften und der Beschaffenheit der Sache, über mehrere Jahre hinweg erfolgt. Denkbar ist auch, dass das Leasinggeschäft einen ausgeprägten Finanzierungscharakter aufweist; dies ist insbes dann der Fall, wenn der Leasinggeber nach den Vorstellungen des Leasingnehmers zunächst eine Sache erst erwirbt und sie in der Folge dem Leasingnehmer überlässt. In derartigen Fällen kommt dem Leasinggeber die Funktion eines vorfinanzierenden Geldgebers zu.

412 Für den Leasingvertrag ist charakteristisch, dass der Leasingnehmer im Unterschied etwa zum Mieter die Gefahr des teilweisen oder vollständigen **Untergangs des Leasinggegenstandes** während der

Vertragsdauer zu tragen hat. Darüber hinaus werden häufig diverse Gewährleistungsrechte ausgeschlossen; der Leasingnehmer erhält dafür im Gegenzug regelmäßig jene Rechtsposition eingeräumt, welche dem Leasinggeber gegenüber dem Lieferanten des Leasingobjekts zukommt.

Ein **Franchisevertrag** liegt dann vor, wenn ein Franchisegeber dem Franchisenehmer das Recht und die Pflicht einräumt, genau festgelegte Waren oder Dienstleistungen unter Nutzung der gewerblichen Schutzrechte (Marken, Namen, Firmenzeichen, Patente etc) sowie seines betriebswirtschaftlichen Know-hows am – häufig gebietsmäßig genau definierten – Markt abzusetzen. Im Gegenzug verpflichtet sich der Franchisenehmer zur aktiven Nutzung der Franchise-Leistungen des Franchisegebers, zur Bereitstellung von Arbeitskraft und Kapital, zur Einhaltung der Systemvereinbarungen sowie zur Zahlung von Gebühren als Entgelt für die vom Franchisegeber erbrachten Leistungen. Das charakteristische Wesensmerkmal von Franchiseverträgen ist darin zu sehen, dass der Franchisenehmer trotz der Abhängigkeit vom Franchisegeber eigenverantwortlicher, selbständiger Unternehmer bleibt. Die Zunahme von Franchisekonzepten und damit Franchiseverträgen lässt sich vor allem durch die gegenseitigen Vorteile beider Vertragspartner erklären. Der Franchisenehmer kann in aller Regel von der Erfahrung, einem ausgereiften Konzept sowie einer bereits am Markt etablierten Marke (s dazu Rz 1045 ff) profitieren, wohingegen der Franchisegeber eine größere Marktdurchdringung seiner Produkte erreichen und sich durch vereinbarte Entgelte für Konzepte, Waren und Werbemaßnahmen regelmäßige Einnahmen sichern kann. 413

c Veräußerungsverträge

Mit Veräußerungsverträgen sollen **Sachen** in das Eigentum anderer **übertragen** werden. Zu Verträgen dieses Typs zählen insbes Kaufverträge, Tauschverträge sowie Schenkungsverträge. 414

ca Kaufverträge

Durch einen **Kaufvertrag** wird eine Sache um einen bestimmten Geldbetrag (Kaufpreis) einem anderen überlassen (§ 1053 ABGB). Wesentliche Merkmale beim Kaufvertrag sind, dass der Käufer den vereinbarten Kaufpreis leistet und der Verkäufer dem Erwerber Eigentum an der Sache verschafft. Kaufobjekte können nicht nur körperliche Sachen bzw Gesamtsachen (§ 302 ABGB, s dazu Rz 109) sein, sondern auch immaterielle Vermögenswerte bzw -rechte in Form von Patenten, Marken, Forderungen, Werknutzungsrechten, Mustern etc. 415

416 Je nach Vereinbarung kann der geschuldete Geldbetrag **in bar** oder in Form von **Buchgeld** (das ist die Zurverfügungstellung des geschuldeten Geldbetrages am Konto des Gläubigers) entrichtet werden.

417 Ist nichts anderes vereinbart, wird gem § 1062 ABGB die Kaufsache Zug um Zug gegen Barzahlung geschuldet; bei dieser Form handelt es sich um den **Handkauf**, bei dem Sache und Geld sofort ausgetauscht werden.

418 Wird die Sache zwar gleich übergeben, aber der Kaufpreis nicht gleich entrichtet, handelt es sich um einen **Kreditkauf**. Gem § 1063 ABGB geht die Sache beim Kreditkauf regelmäßig mit ihrer Übergabe auch in das Eigentum des Käufers über (Ausnahme: Eigentumsvorbehalt, s dazu Rz 171), obwohl dieser den Kaufpreis noch nicht entrichtet hat.

419 Für **Abzahlungsgeschäfte** bzw **Ratenkäufe** von Verbrauchern finden sich im VKrG (s dazu Rz 409) einige Besonderheiten, so etwa in § 6 zu den vorvertraglichen Informationspflichten, in § 9 zum Mindestinhalt von Verbraucherkreditverträgen und in § 28 Z 1 und Z 4 zur Verwaltungsstrafsanktion bei Nichtausstellung von Ratenbriefen.

420 Ausdrücklich zu erwähnen ist im gegebenen Zusammenhang ferner § 13 VKrG über **verbundene Kreditverträge**. Diese Bestimmung regelt den so genannten **Einwendungsdurchgriff**, dem vor allem bei **drittfinanzierten Käufen** von Verbrauchern eine besondere Bedeutung zukommt. Ein verbundener Kreditvertrag ist demnach ein Kreditvertrag, der ganz oder teilweise der **Finanzierung über die Lieferung bestimmter Waren** oder über die **Erbringung einer bestimmten Dienstleistung** dient und der mit dem finanzierten Vertrag objektiv eine **wirtschaftliche Einheit** bildet. Eine wirtschaftliche Einheit liegt dabei vor allem dann vor, wenn sich ein Dritter als Kreditgeber bei der Vorbereitung oder dem Abschluss des Kreditvertrags der Mitwirkung des Warenlieferanten bzw Dienstleistungserbringers bedient oder wenn diese Personen miteinander wegen derartiger Finanzierungen in ständiger Geschäftsverbindung stehen. Eine zentrale Folge des Vorliegens eines verbundenen Kreditvertrages besteht darin, dass der Verbraucher die Befriedigung des Kreditgebers verweigern kann, soweit ihm **Einwendungen** aus dem Rechtsverhältnis zum Lieferanten oder Dienstleistungserbringer gegen diesen zustehen und von ihm erfolglos gegen den Lieferanten oder Dienstleistungserbringer geltend gemacht wurden (§ 13 Abs 2 VKrG). Außerdem wirkt ein allfälliger nach verbraucherschutzrechtlichen Vorschriften erklärter **Rücktritt** vom Warenlieferungsvertrag bzw vom Vertrag über die Erbringung von Dienstleistungen auch als Rücktritt vom damit verbundenen Kreditvertrag (§ 13 Abs 3 VKrG).

421 Wird in einem Vertrag der systematische Ankauf von Forderungen vereinbart, spricht man vom **Factoring** (s dazu Rz 589). Dabei kommt es regelmäßig zur Übertragung der Forderungen durch Zession (s zur Zession bereits oben Rz 333 ff).

Vor allem im Wirtschaftsprozess sieht man sich häufig mit speziellen **Nebenvereinbarungen** zu den einzelnen Kaufverträgen konfrontiert. Von Bedeutung sind dabei insbes folgende Sonderformen: 422

Der **Kauf auf Probe** (§§ 1080 ff ABGB) wird unter der im Belieben des Käufers stehenden Bedingung geschlossen, dass er die Ware genehmigt. Der Käufer kann nach seinem eigenen Ermessen die Ware annehmen oder auch ablehnen; vor der Genehmigung ist der Käufer an den Kauf nicht gebunden. Ist keine Probezeit vereinbart worden, so kann der Verkäufer dem Käufer eine angemessene Frist als Probezeit setzen (§ 1082 ABGB). 423

Beim **Kauf nach Probe** muss die Qualität der Ware jener eines bereits vorher begutachteten oder schon gekauften Probeexemplars entsprechen. 424

Der **Kauf zur Probe** bezeichnet die unverbindliche Absicht des Käufers, nach erfolgter Prüfung der bereits erstandenen Ware eine größere Quantität derselben zu erwerben. 425

Beim **Vorkaufsrecht** muss der Eigentümer eine Sache, die er weiterverkaufen will, jenem zum Kauf anbieten, der mit einem Vorkaufsrecht an der Sache ausgestattet ist (§ 1072 ABGB). Der Berechtigte muss, sofern vertraglich nicht etwas anderes vereinbart ist, den vollständigen Preis, der von einem Dritten angeboten wurde, entrichten, wenn er die Sache tatsächlich erwerben möchte (§ 1077 ABGB). Über die Einlösung seines Vorkaufsrechtes hat der Berechtigte bei beweglichen Sachen innerhalb von 24 Stunden und bei unbeweglichen innerhalb von 30 Tagen nach der Anbietung zu entscheiden (§ 1075 ABGB). Vorkaufsrechte sind idR persönliche Rechte und wirken daher nur gegenüber dem Vertragspartner; ihre Missachtung macht allenfalls schadenersatzpflichtig. Sie können aber bei unbeweglichen Gütern gem § 1073 ABGB durch Eintragung in das Grundbuch in dingliche Rechte verwandelt werden, die dann gegenüber jedermann wirken. 426

Durch das **Wiederkaufsrecht** wird dem Verkäufer einer Sache das Recht eingeräumt, diese zu einem bestimmten Preis zurückzukaufen (§ 1068 ABGB). Allerdings ist ein Wiederkaufsrecht grundsätzlich nur bei unbeweglichen Sachen zulässig und besteht überdies nur für die Dauer der Lebenszeit der Verkäufers (§ 1070 ABGB). 427

Sofern dem Käufer das Recht eingeräumt wird, die Sache dem Verkäufer wieder zurückzuverkaufen, liegt ein **Rückverkaufsrecht** vor (§ 1071 ABGB). 428

Zu beachten gilt, dass ein **Umtauschrecht** des Käufers grundsätzlich nur dann besteht, wenn es ausdrücklich oder zumindest schlüssig vereinbart wurde; etwas anderes gilt freilich, sofern im Fall von Mängeln das Gewährleistungsrecht zur Anwendung gelangt. 429

cb Tauschverträge

430 Beim **Tausch** handelt es sich gem § 1045 ABGB um einen Vertrag, durch den eine Sache gegen eine andere Sache überlassen wird. Die Urform des Handels ist der Tausch; er stellt auch im Vergleich zum Kauf die weitaus ältere Handelsform dar. Auch wenn der Kaufvertrag im täglichen Geschäftsverkehr den Tauschvertrag mehr und mehr zurückgedrängt hat, haben Tauschgeschäfte jüngst im Rahmen so genannter **„Tauschbörsen"** wieder Bedeutung erlangt. Hinzuweisen ist allerdings darauf, dass sich im Internet betriebene Tauschbörsen – insbes solche zum Tausch von Musik – mitunter am Rande bzw jenseits der Legalität bewegen und daher mit entsprechender Vorsicht benutzt werden sollten. Auch im internationalen Warenverkehr spielt der Tausch eine beachtliche Rolle; so werden etwa beim **Bartergeschäft** die gewünschten Waren nicht mit Geld, sondern mit Waren bezahlt. Diese Form des Warenaustausches hat mitunter steuerliche Vorteile und ermöglicht auch Ländern ohne größere Devisenreserven, am Weltmarkt Handel zu treiben.

cc Schenkungsverträge

431 In einem **Schenkungsvertrag** verpflichtet sich der Geschenkgeber, dem Beschenkten eine Sache unentgeltlich in dessen Eigentum zu übertragen (§ 938 ABGB). Der Schenkungsvertrag bedarf zu seiner Gültigkeit entweder der **Übergabe des Schenkungsgegenstandes** oder eines **Notariatsaktes** (§ 943 ABGB bzw § 1 Abs 1 lit d NotAktsG); ein bloß formfreies Schenkungsversprechen begründet lediglich eine Naturalobligation (s dazu Rz 273). Schenkungsverträge sind zwar mit den Realverträgen nahe verwandt, können aber nicht zu ihnen gezählt werden, da die Schenkung durch Notariatsakt auch ohne Übergabe des Schenkungsgegenstandes gültig ist. Ein Schenkungsvertrag kann gem § 946 ABGB grundsätzlich **nicht widerrufen** werden; etwas anders gilt allerdings insbes dann, wenn sich der Beschenkte eines groben Undankes gegen den Schenkenden schuldig macht (§§ 948 f ABGB). Zu beachten ist weiters, dass bei einer Schenkung auch **Motivirrtümer** zur Vertragsanfechtung berechtigen (§ 901 ABGB; s dazu Rz 236).

d Gesellschaftsverträge

432 Das wesentliche Kennzeichen eines **Gesellschaftsvertrages** besteht darin, dass sich idR zwei oder mehrere Rechtssubjekte als Gesellschafter zur Verfolgung eines gemeinsamen Gesellschaftszweckes zusammenschließen und dies auch vertraglich dokumentieren wollen

bzw müssen. Darüber hinaus bringen die Gesellschafter auch regelmäßig ihre persönlichen Fähigkeiten und/oder ihr Kapital in die Gesellschaft ein. Das primäre Ziel der Gesellschafter besteht gewöhnlich darin, sich mit vereinten Kräften erfolgreich am Markt zu positionieren. Im Gegensatz zu Dienstleistungsverträgen beruhen Gesellschaftsverträge auf dem **Prinzip der Gleichordnung** und nicht auf einem Verhältnis der Über- und Unterordnung (zum Gesellschaftsrecht s im Detail Rz 592 ff).

e Dienstleistungsverträge

Den Vertragsgegenstand von **Dienstleistungsverträgen** bilden nicht Sachen, sondern er wird vielmehr durch den Einsatz von Arbeitskraft natürlicher Personen gebildet. Der Schuldner erbringt die in einem Dienstleistungsvertrag definierten Leistungen entweder persönlich oder unter Beiziehung von ihn unterstützenden Hilfspersonen. 433

ea Arbeitsverträge (Dienstverträge)

Wenn sich jemand auf eine gewisse Zeit zur Dienstleistung für einen anderen verpflichtet, liegt gem § 1151 Abs 1 ABGB ein **Arbeits- bzw Dienstvertrag** vor. Wesentliches Merkmal des Arbeitsverhältnisses im Rahmen eines Arbeitsvertrages ist die **persönliche Abhängigkeit** des Arbeitnehmers, der die versprochene Arbeit in eigener Person und ohne den Arbeitsort, die Arbeitszeit sowie das arbeitsbezogene Verhalten frei bestimmen zu können, zu erbringen hat. Darüber hinaus ist der Arbeitnehmer regelmäßig an die Weisungen des Arbeitgebers gebunden und unterliegt einer ständigen Kontrolle seiner Arbeitsleistung. 434

Der Arbeitsvertrag verpflichtet (als zweiseitig verpflichtendes Rechtsgeschäft) jedoch nicht nur den Arbeitnehmer, sondern auch den Arbeitgeber. So steht etwa der **Dienstpflicht** des Arbeitnehmers die **Entgeltpflicht** des Arbeitgebers gegenüber; oder aber die **Treuepflicht** des Arbeitnehmers (vgl zB § 7 AngG über das Konkurrenzverbot für angestellte Arbeitnehmer) entspricht grundsätzlich der **Fürsorgepflicht** des Arbeitgebers (vgl § 1157 ABGB sowie zB das Mutterschutzgesetz und das ArbeitnehmerInnenschutzgesetz). Insgesamt ist darauf hinzuweisen, dass das ABGB nur einen geringen Teil der Rechtsbeziehungen zwischen Arbeitnehmern und Arbeitgebern regelt. Eine Vielzahl an Sondergesetzen (zB AngG, ArbVG, ASchG, UrlG) widmet sich der näheren normativen Ausgestaltung dieser Materie und bildet so als **Arbeitsrecht** ein eigenes Rechtsgebiet (s dazu Rz 37 u insb 1265 ff). 435

eb Freie Dienstverträge

436 Ein **freier Dienstvertrag** liegt dann vor, wenn sich jemand verpflichtet, ohne Eingehung eines Abhängigkeitsverhältnisses auf bestimmte oder unbestimmte Zeit für einen anderen eine Arbeit zu leisten. Während bei einem Arbeitsvertrag der Arbeitnehmer dem Weisungsrecht des Arbeitgebers unterworfen ist, kann er bei einem freien Dienstvertrag seine Arbeitsleistung weitgehend **selbständig und frei** von persönlichen Beschränkungen erbringen. Beispiele für freie Dienstverträge sind etwa Verträge, die mit Vorstandsmitgliedern einer AG abgeschlossen werden oder die Beschäftigung eines Steuerberaters als Konsulent. Auf freie Dienstverträge finden grundsätzlich nur jene arbeitsrechtlichen Normen Anwendung, die nicht an die persönliche Abhängigkeit des Arbeitnehmers anknüpfen bzw sich nicht als spezifische Bestimmungen zum Schutz des sozial Schwächeren darstellen, wie beispielsweise kein Anspruch auf Sonderzahlungen (s dazu insb Rz 1305 ff).

ec Werkverträge

437 In Abgrenzung zum Arbeitsvertrag und freien Dienstvertrag (s auch Rz 1309 ff) liegt ein **Werkvertrag** gem § 1151 Abs 1 ABGB dann vor, wenn jemand die Herstellung eines Werkes gegen Entgelt übernimmt. Wesentlich für den Werkvertrag ist somit das Ergebnis der Dienstleistung, weil der Werkvertragsnehmer („Unternehmer") ein Werk, dh einen Erfolg, und nicht das reine „Wirken" schuldet. Der Werkvertragsnehmer hat daher – anders als der Arbeitnehmer – das Unternehmerrisiko zu tragen. Erst mit Fertigstellung des Werkes gilt der Werkvertrag als erfüllt.

438 Sofern nichts anders vereinbart ist, kann sich der Unternehmer bei der Erstellung des Werkes eines (oder mehrerer) **Gehilfen** bedienen (§ 1165 ABGB).

439 Der Werkbesteller hat mangels detaillierter Vereinbarung ein **angemessenes Entgelt** zu leisten, das grundsätzlich erst mit Fertigstellung des Werkes fällig wird. Durch Vereinbarung können jedoch Vorschüsse oder anteilsmäßige Zahlungen bei Vertragsabschluss, bei Beginn der Arbeiten oder zu sonstigen Zeitpunkten vorgesehen werden (§ 1170 ABGB). Bei **Bauverträgen** steht dem Unternehmer das nicht abdingbare Recht zu, vom Werkbesteller für das noch ausstehende Entgelt eine **Sicherstellung** bis zur Höhe eines Fünftels des vereinbarten Entgelts zu verlangen; ist der Vertrag innerhalb von drei Monaten zu erfüllen, beträgt der Sicherstellungsanspruch zwei Fünftel. Kommt der Werkbesteller einem solchen Verlangen nicht binnen angemessener Frist nach, kann der Unternehmer seine Leistung verweigern und unter Setzung einer angemessenen Nachfrist die Ver-

tragsaufhebung erklären. Die Vorschriften zum Sicherstellungsanspruch kommen allerdings dann nicht zur Anwendung, wenn der Werkbesteller eine juristische Person des öffentlichen Rechts oder ein Verbraucher iSd KSchG (s dazu Rz 209 f) ist (§ 1170b ABGB).

Häufig werden dem Werkbesteller die mit der Ausführung des Werkes verbundenen Kosten durch eine Aufstellung in Form eines **Kostenvoranschlages** durch den Unternehmer bekannt gegeben. Mit einem Kostenvoranschlag ist aber nicht notwendig das Angebot verbunden, das Werk um die berechnete Preissumme herzustellen. Bei einem Verbrauchergeschäft (s dazu Rz 209 f) kann der Unternehmer für die Erstellung des Kostenvoranschlages nur dann ein Entgelt verlangen, wenn er den Verbraucher vorher auf die Zahlungspflicht ausdrücklich hingewiesen hat (§ 5 Abs 1 KSchG). In allen anderen Fällen ist im Zweifel ein Entgelt zu leisten, wenn vorausgesetzt werden kann, dass mit der Erstellung des Kostenvoranschlages ein Aufwand verbunden war. 440

Hat der Unternehmer die Richtigkeit des Kostenvoranschlages ausdrücklich garantiert **(Kostenvoranschlag mit Gewähr)**, kann er auch bei unvorhergesehenem erhöhten Kostenaufwand der angebotenen Leistungen kein höheres Entgelt fordern (§ 1170a Abs 1 ABGB); im Zweifel ist jedoch anzunehmen, dass ein **Kostenvoranschlag ohne Gewähr** erstellt wurde. Etwas anderes gilt wiederum beim Verbrauchergeschäft (s dazu Rz 209 f), bei dem in Ermangelung einer anders gelagerten Erklärung generell die Richtigkeit des Kostenvoranschlages als gewährleistet gilt (§ 5 Abs 2 KSchG). 441

Ist ein **Kostenvoranschlag ohne Gewähr** zugrunde gelegt und erweist sich eine **beträchtliche Überschreitung** als unvermeidlich, so kann der Werkbesteller unter angemessener Vergütung der vom Unternehmer geleisteten Arbeit vom Vertrag zurücktreten. Der Unternehmer hat jedoch die Verpflichtung, die Überschreitung der Kosten unverzüglich anzuzeigen, widrigenfalls er jeden Anspruch wegen der Mehrarbeiten verliert (§ 1170a Abs 2 ABGB). 442

Zu beachten ist, dass den Unternehmer die Verpflichtung trifft, den Werkbesteller aufzuklären, sofern der zu bearbeitende Stoff untauglich oder die einschlägigen Anweisungen des Werkbestellers unrichtig sein sollten. Sofern der Unternehmer dieser **Warnpflicht** nicht nachkommt, wird er für den Schaden, der daraus entsteht, verantwortlich; dies gilt jedoch dann nicht, wenn die Untauglichkeit des Werkstoffes bzw die Unrichtigkeit der Anweisungen nicht erkennbar war (§ 1168a ABGB). 443

Zu klären ist schließlich noch die Frage, wer das Risiko trägt, wenn der gewünschte **Erfolg unterblieben** ist. In diesem Fall kommt die in § 1168 ABGB konkretisierte **Sphärentheorie** zum Tragen: Liegen die Umstände für die Nichtausführung des Werks auf der Seite des Werkbestellers, muss er zahlen, obwohl er keine Leistung erhält. Der Unternehmer muss sich allerdings anrechnen lassen, was er infolge 443/1

Unterbleibens der Arbeit erspart, durch anderweitige Verwendung erworben oder zu erwerben absichtlich versäumt hat. Liegen die Umstände jedoch auf der Seite des Unternehmers, entfällt sein Entgeltanspruch. Der Unternehmer trägt außerdem die Gefahr für die neutrale Sphäre, also dann, wenn der hindernde Umstand weder seinem noch dem Bereich des Werkbestellers zuzuordnen ist; auch dann verliert er seinen Entgeltanspruch.

444 Besonderheiten für **Reiseveranstaltungsverträge** finden sich in den §§ 31b bis 31f KSchG.

445 Dem Werkvertrag können auch der **Speditionsvertrag** bzw der **Frachtvertrag** (s dazu Rz 583 ff) und der Verlagsvertrag zugeordnet werden, da bei diesen Vertragsarten generell ein Werk bzw ein Erfolg und kein „Wirken" geschuldet wird. Durch einen **Verlagsvertrag** übernimmt der Urheber eines Werkes der Literatur, der Tonkunst oder der bildenden Künste die Verpflichtung, das Werk einem Verleger zur Vervielfältigung und Verbreitung zu überlassen (§§ 1172 f ABGB; zum Urheberrecht s Rz 1237 ff).

ed Aufträge (Bevollmächtigungsverträge)

446 Ein Vertrag, wodurch jemand ein ihm aufgetragenes Geschäft im Namen eines anderen zur Besorgung übernimmt, ist gem § 1002 ABGB ein **Bevollmächtigungsvertrag**. Anders als bei einem Arbeitsvertrag bzw Werkvertrag, durch welchen sich jemand zur Verrichtung einer Arbeit bzw zur Errichtung eines Werkes verpflichtet, wird beim Auftrag die Durchführung eines Rechtsgeschäftes bzw einer Rechtshandlung geschuldet.

447 Der Auftrag kann **entgeltlich oder unentgeltlich** sein (§ 1004 ABGB); jedenfalls wird aber damit eine Pflicht des Auftragnehmers zur Besorgung eines ihm übertragenen Geschäftes begründet (§ 1009 ABGB). Der Beauftragte hat sich genau an seinen **Auftrag zu halten** und bei Unklarheiten beim Auftraggeber rückzufragen. Grundsätzlich hat er den Auftrag persönlich durchzuführen, wobei die Beiziehung von **Erfüllungsgehilfen** möglich ist.

448 Der Auftragnehmer ist verpflichtet, dem Auftraggeber über alle abgewickelten Geschäfte **Rechnung** zu legen. Sofern durch das schuldhafte Verhalten des Auftragnehmers dem Auftraggeber ein **Schaden** erwächst, ist dieser vom Auftragnehmer zu ersetzen (§ 1012 ABGB).

449 Unabhängig davon, ob Entgeltlichkeit oder Unentgeltlichkeit vereinbart wurde, hat der Auftraggeber dem Auftragnehmer alle von ihm getätigten notwendigen oder nützlichen **Aufwendungen** bzw **Auslagen** zu ersetzen bzw allenfalls **Vorschüsse** zu leisten (§ 1014 ABGB).

450 Mit dem Auftrag bzw Bevollmächtigungsvertrag verwandt sind der Handelsvertretervertrag, der Maklervertrag, der Trödelvertrag sowie der Kommissionsvertrag.

Durch einen **Handelsvertretervertrag** wird ein Handelsvertreter als selbständiger Gewerbetreibender damit betraut bzw beauftragt, auf Rechnung und im Namen seines Geschäftsherrn auf Grundlage einer ständigen Rechtsbeziehung zu diesem Rechtsgeschäfte zu vermitteln oder auch abzuschließen. Die diesbezüglichen Regelungen finden sich im Handelsvertretergesetz (HVertrG, s dazu Rz 565 ff). **451**

Hingegen vermittelt der im Maklergesetz (MaklerG) geregelte Makler gewerbsmäßig Geschäfte für andere Personen, ohne von ihnen auf Grund eines Vertrages ständig damit betraut zu sein (s dazu Rz 571). Der **Maklervertrag** regelt daher jeweils nur ein in sich geschlossenes Geschäft und nicht eine ständige Geschäftsbeziehung. So ist etwa für einen zum Verkauf einer Wohnung beauftragten Wohnungsmakler nach erfolgreicher Veräußerung der Wohnung die Geschäftsbeziehung zum Auftraggeber beendet. **452**

Der **Trödelvertrag** („Verkaufsauftrag“) ist in den §§ 1086 ff ABGB geregelt. Er liegt dann vor, wenn jemand eine bewegliche Sache einem anderen für einen gewissen Preis zum Verkauf übergibt, mit der Bedingung, dass innerhalb einer gesetzten Frist entweder der vereinbarte Kaufpreis geleistet oder die Sache zurückgestellt wird. Dem Trödelvertrag ähnlich ist der **Kommissionsvertrag**. Dabei übernimmt ein Kommissionär (Beauftragter) Geschäfte (insbes den Kauf oder Verkauf von Waren oder Wertpapieren), die er im eigenen Namen, aber für Rechnung des Kommittenten (Auftraggeber) abschließt (§§ 383 ff UGB; s dazu Rz 576 ff). **453**

ee Verwahrungsverträge

Ein **Verwahrungsvertrag** ist gem § 957 ABGB dadurch gekennzeichnet, dass jemand eine fremde Sache in seine Obsorge (Verwahrung) übernimmt. Der Verwahrer, der die Sache zur Aufbewahrung übernimmt, stellt nicht nur den Raum für die Lagerung zur Verfügung, sondern ist auch zu bestimmten Obsorgeleistungen verpflichtet. Insbes sind die anvertrauten Sachen nach Ablauf der vereinbarten Zeit in dem Zustand, in dem sie übernommen wurden, mit allem Zuwachs zurückzustellen (§ 961 ABGB). Durch den Verwahrungsvertrag erwirbt der Übernehmer weder Eigentum noch Besitz noch ein Gebrauchsrecht; er ist bloßer Inhaber mit der Pflicht, die anvertraute Sache vor Schäden zu sichern (§ 958 ABGB; s dazu Rz 113 ff). **454**

Der Verwahrungsvertrag kommt erst durch die Übergabe der Sache zustande (**Realvertrag**; s dazu Rz 386). **455**

Besonderheiten gelten kraft gesetzlicher Anordnung für die **Gastwirtehaftung**. Gem § 970 Abs 1 ABGB haften Gastwirte, welche Fremde beherbergen (nicht: Restaurant oder bloßes Wirtshaus), als Verwahrer für die von den aufgenommenen Gästen eingebrachten Sachen. Dabei handelt es sich um eine zwingende Haftung; lediglich **456** wenn der Beherberger nachweisen kann, dass der Schaden weder durch ihn selbst noch durch einen seiner Leute verschuldet und auch nicht durch fremde, im Haus aus- und eingehende Personen verursacht wurde, entfällt seine Haftung.

457 Beim **Lagergeschäft** (§§ 416 ff UGB) handelt es sich um ein mit dem Verwahrungsvertrag verwandtes unternehmensbezogenes Geschäft (s dazu Rz 587).

458 Praktische Bedeutung haben Verwahrungsverträge auch im **Bankgeschäft**. So schließt etwa der Bankkunde bei Eröffnung eines Depots für Aktien oder Anleihen einen Verwahrungsvertrag mit seiner Hausbank. Ausführliche Regelungen für die Verwahrung von Wertpapieren enthält das Depotgesetz (DepG, BGBl 1969/424 idgF; s dazu Rz 900).

f Sicherungsverträge

459 Dient ein Vertrag ausschließlich der Sicherung des Gläubigers gegenüber dem Schuldner, liegt ein **Sicherungsvertrag** vor. Zu den Sicherungsverträgen zählen insbes der Bürgschaftsvertrag sowie der Pfandbestellungsvertrag.

fa Bürgschaftsverträge

460 Gem § 1346 Abs 1 ABGB ist derjenige, der sich zur Befriedigung des Gläubigers für den Fall verpflichtet, dass der (erste) Schuldner die Verbindlichkeit nicht erfüllt, ein Bürge. Das Übereinkommen, das zwischen dem Bürgen und dem Gläubiger getroffen wird, ist der **Bürgschaftsvertrag**, der **schriftlich** abgefasst sein muss (§ 1346 Abs 2 ABGB). Laut Rsp genügt eine **per Fax** übermittelte unterschriebene Bürgschaftserklärung allerdings nicht dem gesetzlichen Formerfordernis. Für Bürgschaftserklärungen mittels **qualifizierter elektronischer Signatur** (s dazu Rz 271) ist § 4 Abs 2 Z 4 SigG zu beachten: Diese erfüllen das Schriftlichkeitserfordernis dann nicht, wenn sie von Personen außerhalb ihrer gewerblichen, geschäftlichen oder beruflichen Tätigkeit – also im privaten Bereich – abgegeben werden, es sei denn, sie enthalten die Erklärung eines Rechtsanwalts oder eines Notars, dass er den Bürgen über die Rechtsfolgen seiner Verpflichtungserklärung aufgeklärt hat.

461 Wesentliche Merkmale der Bürgschaft sind die Akzessorietät sowie die Subsidiarität. Der Grundsatz der **Akzessorietät** bedeutet, dass die Bürgschaft vom Bestehen der Hauptschuld abhängig ist. Wurde diese nicht wirksam begründet oder ist sie – zB durch Erfüllung – erloschen, so besteht auch keine Bürgschaftsverpflichtung (mehr). Dem Grundsatz der **Subsidiarität** zufolge kann der Bürge grundsätzlich erst dann in Anspruch genommen werden, wenn der Gläubiger

den Hauptschuldner erfolglos gemahnt hat (§ 1355 ABGB). Eine Mahnung ist aber nicht erforderlich, wenn über das Vermögen des Hauptschuldners das Insolvenzverfahren eröffnet wurde oder sein Aufenthalt nicht bekannt ist (§ 1356 ABGB).

Zu beachten ist, dass gewissermaßen als Ausnahme vom Grundsatz der Akzessorietät der Bürge auch dann haftet, wenn die Hauptschuld wegen der **Geschäftsunfähigkeit** des Schuldners nicht wirksam entstehen konnte (§ 1352 ABGB). 462

Sofern der Bürge Zahlung an den Gläubiger **geleistet** hat, erwirbt er die Rechte des Gläubigers gegenüber dem Hauptschuldner im Rahmen einer **Legalzession** (§ 1358 ABGB, s dazu Rz 335). 463

Sonderformen der Bürgschaft sind die Haftung als Bürge und Zahler, Nachbürge und Rückbürge sowie die Ausfallsbürgschaft. Wer als **Bürge und Zahler** (§ 1357 ABGB) für die Forderung des Schuldners einsteht, haftet mit dem Schuldner solidarisch, dh der Gläubiger kann die Schuld bei Zahlungsverzug ohne Mahnung des Hauptschuldners beim Bürgen eintreiben. 464

Ein **Nachbürge** haftet dem Gläubiger für jenen Fall, dass der Hauptbürge seiner Verpflichtung nicht nachkommt, wohingegen der **Rückbürge** (Entschädigungsbürge, § 1348 ABGB) dem in Anspruch genommenen Bürgen haftet – bei der Rückbürgschaft ist somit der Hauptbürge der Begünstigte. 465

Bei der **Ausfallsbürgschaft** (Schadlosbürgschaft) haftet der Bürge nur insoweit, als die Zwangsvollstreckung gegen den Schuldner fruchtlos verlaufen ist. 466

Besonderheiten gelten wiederum bei **Verbrauchergeschäften** (s dazu Rz 209 f): Sofern nämlich ein Verbraucher eine Bürgschaft übernommen hat, welche in einem unbilligen Missverhältnis zu seiner Leistungsfähigkeit steht, kann der Richter die Haftung des Bürgen auf Antrag mäßigen bzw uU sogar ganz erlassen. Bei der Entscheidung des Richters sind insbes das Interesse des Gläubigers an der Haftung, ein allfälliges Verschulden des Bürgen am erwähnten unbilligen Missverhältnis, der Nutzen des Bürgen aus der Leistung des Gläubigers sowie eine allenfalls bestehende Zwangslage, Unerfahrenheit oder Abhängigkeit des Bürgen bei der Übernahme der Haftung angemessen zu berücksichtigen. In allen Fällen kommt eine Kürzung der übernommenen Bürgenhaftung jedoch grundsätzlich nur dann in Betracht, wenn dem Gläubiger bereits bei Abschluss des Bürgschaftsvertrages das „unbillige Missverhältnis" bekannt war (§ 25d KSchG). 467

Besondere Regelungen gelten überdies für **Ehegattenbürgschaften** (§ 98 EheG). 468

Der Bürgschaft dem Wesen nach ähnlich, jedoch von dieser – wie auch der so genannten „Garantiezusage" (s dazu Rz 324 ff) – zu unterscheiden, ist der **Garantievertrag**. Auf Grundlage eines Garantievertrages übernimmt der Garant gegenüber dem Begünstigten die Haf- 469 tung für einen ungewissen Erfolg (§ 880a ABGB). Eine insbes im grenzüberschreitenden Handelsverkehr gebräuchliche Ausformung des Garantievertrages ist die **Bankgarantie**, bei welcher der Garant (Bank) dem Gläubiger einen bestimmten Geldbetrag garantiert. Wesentliches Unterscheidungsmerkmal zur Bürgschaft ist, dass die Bankgarantie und regelmäßig alle Arten von Garantieverträgen nicht akzessorisch (s dazu Rz 461) wirken und daher vom Grundgeschäft losgelöst zu betrachten sind. Häufig werden Bankgarantien mit der Klausel „auf erste Anforderung" versehen, wodurch der Begünstigte auch dann Anspruch auf den garantierten Geldbetrag hat, wenn mangelhafte Ware geleistet wurde oder das Grundgeschäft (zB ein Kaufvertrag) überhaupt nicht zustande gekommen ist. Die Einwände des Schuldners gegen den Begünstigten aus dem Grundgeschäft sind bei Bankgarantien, die mit der oben genannten Klausel versehen sind, für den Garanten bedeutungslos, da dieser grundsätzlich auf Verlangen des Begünstigten den vereinbarten Geldbetrag zu leisten hat.

fb Pfandbestellungsverträge

470 Für den rechtsgeschäftlichen Pfandrechtserwerb (zum Pfandrecht s Rz 164 ff) ist regelmäßig ein zwischen dem Gläubiger und dem Sacheigentümer abzuschließender **Pfandbestellungsvertrag** notwendig (§ 1368 ABGB). Der Pfandbestellungsvertrag zielt auf die Absicht ab, ein Pfand als Sicherheit bestellen zu wollen, wohingegen der Pfandvertrag erst durch die Übergabe des Pfandes wirksam wird. Häufig wird der Pfandbestellungsvertrag (die Absicht zur Pfandübergabe) mit dem Pfandvertrag (tatsächliche Übergabe des Pfandes) zusammenfallen. Für beide Vertragsarten gilt kein gesetzliches Schriftlichkeitsgebot.

g Glücksverträge

471 **Glücksverträge** weisen ein stark vom Zufall bzw von unbestimmten Ereignissen beeinflusstes Element auf. Neben dem Hoffnungskauf (§§ 1275 f ABGB) und dem Erbschaftskauf (§§ 1278 ff ABGB) sind Wette und Spiel, der Leibrentenvertrag und der Versicherungsvertrag als die wichtigsten Ausprägungen von Glücksverträgen zu nennen.

ga Wette und Spiel

472 Der Abschluss von **Wetten** oder auch die Teilnahme an **Spielen** (zB Lotto, Toto) ist idR nicht wirtschaftlich motiviert, sondern wird in der Hoffnung auf den im Verhältnis zum gemachten Einsatz überproportional hohen Gewinn eingegangen. Der Spieler erwartet den Eintritt eines unbekannten zukünftigen Ereignisses und schließt mit seinem Gegenspieler (zB beim Spiel „6 aus 45" mit der Österreichischen Lotterien GmbH) einen Vertrag ab.

Grundsätzlich begründen erlaubte Spiele und Wetten nur **Naturalobligationen**, somit zwar zahlbare, aber keine einklagbaren Forderungen (§ 1271 ABGB; s dazu auch Rz 273). Ausgenommen sind jene Spiele, die unter das Glücksspielgesetz (GlSpG, BGBl 1989/620 idgF) fallen, wie auch das Spiel „6 aus 45", dessen Gewinne auch einklagbar sind. Verbotene Spiele begründen hingegen keine Naturalobligation; bereits geleistete Zahlungen können bei verbotenen Spielen daher zurückgefordert werden. 473

gb Leibrentenverträge

Wird jemandem für Geld oder gegen eine für Geld geschätzte Sache auf die Lebensdauer einer gewissen Person eine bestimmte jährliche Leistung (Rente) versprochen, so liegt gem § 1284 ABGB ein **Leibrentenvertrag** vor. Beim Leibrentenvertrag kann auch eine verstärkte wirtschaftliche Komponente vermutet werden, da der Erwerber nicht unbedingt den gesamten Gegenwert beispielsweise für eine Liegenschaft erlegen muss. Der Eigentümer eines Grundstückes (Leibrentennehmer) überträgt sein Eigentumsrecht an den Leibrentengeber. Der Leibrentengeber verpflichtet sich im Gegenzug, zumeist bis an das Lebensende des Leibrentennehmers, zu einer monatlichen Zahlung, welche häufig durch eine im Grundbuch eingetragene Reallast (s dazu Rz 176) besichert ist. Über die auf Leibrente erworbene Liegenschaft kann der Erwerber jedoch grundsätzlich sofort verfügen. 474

Die Einordnung des Leibrentenvertrages unter die Glücksverträge ist insofern begründet, als das Ende der Zahlungsfrist durch den unbestimmten Zeitpunkt des Ablebens des Begünstigten ungewiss ist und daher der „Glückscharakter" bei dieser Art des Geschäftes unübersehbar wird. 475

gc Versicherungsverträge

Das ABGB enthält nur rudimentäre Regelungen über den **Versicherungsvertrag** (§§ 1288 ff ABGB); allerdings bestehen mehrere Sondergesetze, wie etwa das Versicherungsvertragsgesetz (VersVG, BGBl 1959/2 idgF) und das Versicherungsaufsichtsgesetz (VAG, BGBl 1978/569 idgF). Von Teilen der Lehre wird die Einordnung der Versicherungsverträge in die Kategorie der Glücksverträge abgelehnt; dies wird insbes damit begründet, dass der Versicherungsnehmer bereits durch die Übernahme des Versicherungsrisikos durch den Versicherungsgeber mit der Bezahlung der Versicherungsprämie eine einen Wert repräsentierende Leistung erhält und nicht erst dann, wenn der ent- 476 sprechende Versicherungsfall eintritt. Andererseits gilt es zu bedenken, dass ein Vertrag über die Absicherung bezüglich eines zufälligen und nicht vorhersehbaren Ereignisses geschlossen wird, wodurch auch bei Versicherungsverträgen ein Zufallsmoment nicht geleugnet werden kann. Letztlich ist wohl die im ABGB getroffene und bis dato nicht geänderte Zuordnung maßgeblich, die den Versicherungsvertrag als Glücksvertrag ausweist.

F Gesetzliche Schuldverhältnisse

1 Begriff

477 Schuldverhältnisse können entweder durch Vertrag oder durch die **Erfüllung gesetzlicher Tatbestände** entstehen. Zu den gesetzlichen Schuldverhältnissen zählen ua das Schadenersatzrecht, das Bereicherungsrecht sowie das Recht der Geschäftsführung ohne Auftrag.

2 Schadenersatzrecht

a Grundsätzliches

478 Grundsätzlich trifft der Schaden denjenigen, in dessen Person oder Vermögen er sich ereignet hat (§ 1311 ABGB). Dieser **Grundsatz** gilt allerdings dann nicht, wenn ein Dritter schadenersatzpflichtig wird.

479 Die wesentlichen Zwecke des Schadenersatzrechts bestehen in der Ausgleichsfunktion, der Präventivfunktion und der Sanktionsfunktion. Durch die **Ausgleichsfunktion** des Schadenersatzrechts soll der Geschädigte bei Vorliegen entsprechender Zurechnungsgründe einen Ausgleich für den erlittenen Schaden erhalten. Die Schadenersatzpflicht ist jedoch auf den entstandenen Schaden begrenzt; wenn ein Schädiger also zwar schuldhaft einen Schaden herbeiführen wollte, aber keiner entstanden ist, besteht auch kein Schadenersatzanspruch.

480 Mit der Androhung von Ersatzpflichten, die den schuldhaften Schädiger treffen, verfolgt das Schadenersatzrecht auch eine **Präventivfunktion**. Es ist naheliegend, dass Verhaltensweisen, die geeignet sind, Schäden zu verursachen, durch entsprechende gesetzlich normierte Schadenersatzleistungen eingeschränkt werden können.

Schließlich kommt dem Schadenersatzrecht auch **Sanktionsfunktion** in dem Sinne zu, als eine rechtswidrige und schuldhafte Schadenszufügung mit dem Übel der Ersatzpflicht sanktioniert wird. Das zeigt sich insbes in dem nach der Schwere des Vorwurfs – also dem Verschuldensgrad – abgestuften Ersatzumfang (s dazu Rz 485). 480/1

b Schadensbegriffe

Im Schadenersatzrecht finden im Wesentlichen **drei Schadensbegriffe** Verwendung. Zu unterscheiden gilt es zwischen dem realen Schaden, dem Vermögensschaden und dem ideellen Schaden. 481

ba Realer Schaden

Der **reale Schaden** ist der tatsächliche Nachteil, mit dem ein Rechtssubjekt durch ein schadensauslösendes Ereignis konfrontiert ist. Diesem Schadensbegriff ist in jenen Fällen eine wesentliche Bedeutung beizumessen, in denen der Schädiger zur Wiederherstellung des früheren Zustandes angehalten ist (Verpflichtung zur **Naturalrestitution**); eine Naturalrestitution ist jedoch nur dann zu leisten, wenn dies tunlich ist (§ 1323 ABGB). 482

bb Vermögensschaden

Der **Vermögensschaden** ist der entstandene Nachteil an einer in Geldwerten definierten Sache. Ausschlaggebend ist dabei die Minderung des Vermögens des Geschädigten. 483

Bei Vermögensschäden ist insbes zwischen dem positiven Schaden und dem entgangenen Gewinn zu unterscheiden: Wurde ein bestehendes Vermögensgut oder auch ein Recht beeinträchtigt, liegt ein **positiver Schaden** vor. So kann etwa derjenige, dessen PKW in Form eines Totalschadens beschädigt wurde, den Geldwert des Wagens vor dem schädigenden Ereignis geltend machen. Der reale Schaden ist in diesem Fall hingegen nicht ersetzbar, da durch den Totalschaden des PKW der ursprüngliche Zustand regelmäßig nicht mehr hergestellt werden kann. 484

Ein **entgangener Gewinn** wird zusätzlich zum positiven Schaden ersetzt, wenn der Schädiger vorsätzlich oder grob fahrlässig (s dazu Rz 497 f) gehandelt hat (**volle Genugtuung**; § 1324 ABGB); unter Unternehmern umfasst der Schadenersatz unabhängig vom Verschuldensgrad auch den entgangenen Gewinn (§ 349 UGB, s dazu Rz 573). Der entgangene Gewinn berücksichtigt die eingeschränkte oder gänzlich unmögliche Erwerbschance, die durch das nachteilige Ereignis 485 verursacht wurde. Wird etwa das Fahrzeug eines selbständigen Taxilenkers vorsätzlich zerstört, steht ihm neben dem Ersatz des PKW auch der durch Einnahmenverlust verursachte Schaden zu.

bc Ideeller Schaden

486 Im Unterschied zu Vermögensschäden bestehen **ideelle (immaterielle) Schäden** nicht in einer Verminderung des Vermögenswertes; es handelt sich dabei um nicht direkt in Geld messbare Nachteile eines Schadens. Ideelle Schäden entstehen zB durch psychische Qualen, Kränkungen und insbes durch Schmerzen. Sie werden nur in gesetzlich besonders geregelten Ausnahmefällen, wie zB beim Schmerzensgeld (§ 1325 ABGB) oder der entgangenen Urlaubsfreude (§ 31e Abs 3 KSchG) ersetzt.

c Haftung im Schadenersatzrecht

487 Je nach Art und Umstand des schädigenden Sachverhalts kann der Schädiger zur Haftung herangezogen und zum Ersatz des Schadens verpflichtet werden. In der österreichischen Rechtsordnung werden dabei generell **drei Haftungsarten** und damit einhergehende Ersatzpflichten unterschieden: Anzuführen sind die Verschuldenshaftung, die Gefährdungshaftung sowie die Eingriffshaftung. Zu beachten gilt dabei, dass sämtliche Haftungstypen vom selben Schadensbegriff determiniert sind.

ca Verschuldenshaftung

488 Um einen Schädiger im Rahmen der **Verschuldenshaftung** zum Schadenersatz heranzuziehen, müssen folgende vier Kriterien kumulativ erfüllt sein:

- Eintritt eines **Schadens**,
- **Verursachung** durch den Schädiger,
- **Rechtswidrigkeit** der schädigenden Handlung,
- **Verschulden** des Schädigers.

489 Zu beachten gilt, dass das Vorliegen dieser vier Schadenersatzvoraussetzungen grundsätzlich **vom Geschädigten zu beweisen** ist (vgl § 1296 ABGB). Bezüglich dieser Beweislastregel ist jedoch durch § 1298 ABGB eine Ausnahme normiert: Sofern nämlich den Schädiger gegenüber dem Geschädigten spezielle Pflichten treffen, muss der Schädiger beweisen, dass er schuldlos war **(Umkehr der Beweislast)**. Dies ist insbes dann von großer praktischer Bedeutung, wenn zwischen Schädiger und Geschädigtem eine vertragliche Be-

ziehung besteht. In diesem Fall spricht man von der **Vertragshaftung** – im Unterschied zur **deliktischen Haftung**, bei welcher kein Vertragsverhältnis zwischen Schädiger und Geschädigtem besteht.

Der Eintritt eines für den Geschädigten nachteiligen Ereignisses **490** **(Schaden)** lässt sich regelmäßig anhand der geschädigten Person oder der beschädigten Sache beweisen. Für die Höhe des Schadenersatzes und die Schadensberechnung ist die jeweilige Schadensart (der Schadensbegriff) maßgeblich.

Zum Schadenersatz kann nur derjenige verpflichtet werden, der **491** den Schaden auch verursacht hat **(Verursachungs-** bzw **Kausalitätsprinzip)**. Die wesentlichen Fragen, die es zu stellen gilt, bestehen zum einen darin, ob der Schaden auch dann eingetreten wäre, wenn der Schädiger jene Handlung, die für das nachteilige Ereignis maßgeblich ist, unterlassen hätte. Zum anderen ist zu prüfen, ob der Schaden uU ausgeblieben wäre, wenn der Schädiger pflichtbewusst gehandelt hätte. Es lässt sich somit erkennen, dass nicht nur ein aktives Tun zu einer Schadenersatzpflicht führen kann, sondern auch das Unterlassen einer Handlung.

Ist der Schaden bei einer **Mehrzahl von Schädigern** nicht direkt **492** einem Schädiger zuzuordnen oder ist die Schädigung durch mehrere Personen vorsätzlich erfolgt, haften dennoch alle daran beteiligten Personen solidarisch (§ 1302 ABGB; zur Solidarhaftung s Rz 344). Derjenige, der den Schaden ersetzt hat, kann von den übrigen Schädigern anteiligen Rückersatz fordern; sofern sich dabei die Schadensteile nicht bestimmen lassen, haften alle zu gleichen Teilen (§ 896 ABGB).

Schadenersatzpflichtig wird weiters nur derjenige, der rechtswidrig **493** gehandelt hat **(Rechtswidrigkeit)**. Wer sich rechtmäßig verhält, muss idR auch keinen Schadenersatz leisten. Ein rechtswidriges Verhalten liegt insbes dann vor, wenn gegen gesetzliche Verhaltensanordnungen bzw Schutzgesetze (Gebote und Verbote), gegen absolut geschützte Rechtspositionen (zB Persönlichkeitsrechte), gegen Verkehrssicherungspflichten (zB Absicherung einer Baustelle), gegen die guten Sitten sowie gegen rechtsgeschäftliche Pflichten (zB Verträge) verstoßen wird.

Zu beachten ist, dass nicht jedes rechtswidrige Verhalten automa- **494** tisch bereits zu einer Schadenersatzpflicht führt. Diesbezüglich ist zu prüfen, ob der entstandene Schaden vom konkreten Schutzzweck der verletzten Norm erfasst ist; wesentlich ist also der **Rechtswidrigkeitszusammenhang** zwischen der Verbotsverletzung und dem verursachten Schaden. Zur Verdeutlichung diene folgendes Bsp: Otto fährt mit überhöhter Geschwindigkeit – 70 statt der erlaubten 50 km/h – eine innerstädtische Straße entlang und wird von einer Polizeikontrolle aufgehalten. Etwas später, Otto fährt mittlerweile völlig vorschriftsmäßig weiter stadteinwärts, läuft ihm ein Betrunkener ins Auto und wird dabei verletzt. Der Verletzte kann sich nicht darauf berufen, dass Otto zuvor mit überhöhter Geschwindigkeit gefahren ist und nur deshalb zu dem Zeitpunkt an dieser Stelle war, wo er taumelnd in die Fahrbahn stolperte. Zwischen Unfall und Geschwindigkeitsübertretung besteht kein Rechtswidrigkeitszusammenhang.

495 Hat jemand zwar rechtswidrig gehandelt, wäre der dadurch verursachte Schaden aber auch im Falle eines rechtmäßigen Verhaltens entstanden, tritt eine Haftung des Schädigers grundsätzlich nicht ein **(rechtmäßiges Alternativverhalten)**. Den rechtswidrig Handelnden trifft in diesen Fällen die Beweislast dafür, dass durch sein rechtswidriges Verhalten die Gefahr des Schadenseintrittes nicht erhöht worden ist. Wenn daher im vorigen Bsp Otto auch nach der Polizeikontrolle noch mit 70 km/h unterwegs ist und ihm ein Betrunkener in die Fahrbahn torkelt, so haftet er dennoch nicht, wenn er beweisen kann, dass der Unfall auch bei 50 km/h, also auch bei rechtmäßigem Alternativverhalten, nicht zu vermeiden gewesen wäre.

496 Ausnahmsweise kann auch ein an sich rechtswidriges Verhalten gerechtfertigt sein und keinen schadenersatzrechtlich erheblichen Tatbestand darstellen. So ist es etwa im Fall der **Notwehr** bei einem rechtswidrigen Angriff eines Dritten dem Angegriffenen erlaubt, unter Einsatz angemessener Mittel die Rechtsposition des Angreifers zu verletzen, ohne schadenersatzpflichtig zu werden (Bsp: Eine ältere Dame verletzt den Räuber, der versucht, ihr die Handtasche zu entreißen). Das ABGB normiert auch den Tatbestand des **Notstandes** (§ 1306a ABGB). Durch diese Regelung kann jemand, der in einer Notsituation einen Schaden verursacht, vom Richter von der Schadenersatzpflicht ganz oder teilweise ausgenommen werden, sofern die Interessen des Gefährdeten jene des Geschädigten überwiegen (Bsp: Ein Wanderer bricht in eine Almhütte ein, um sich vor dem herannahenden Unwetter in Sicherheit zu bringen). Freilich gilt dies dann nicht, wenn sich jemand schuldhaft in den Notstand (oder auch einen Zustand der mangelnden Zurechnungsfähigkeit) versetzt hat (§ 1307 ABGB). Auch die **Selbsthilfe** (s dazu Rz 130) kann ein an sich unzulässiges Verhalten rechtfertigen, genauso wie der Umstand, dass die **Einwilligung des in seinen Rechten Verletzten** in das an sich rechtswidrige Verhalten vorliegt.

497 Ist das rechtswidrige Verhalten subjektiv vorwerfbar, hätte also der Schädiger auf Grund seiner Anlagen, Fähigkeiten und Möglichkeiten den Schaden vermeiden können, so liegt **Verschulden** vor. Die stärkste Verschuldensform ist die des **Vorsatzes**. Der Schädiger handelt bewusst rechtswidrig und sieht das schädigende Ereignis voraus. Wer etwa den Lack eines PKW mit einem spitzen Gegenstand mit Absicht beschädigt, handelt vorsätzlich.

498 Lässt hingegen ein Schädiger bei seiner Handlung lediglich die notwendige Sorgfalt vermissen, liegt Fahrlässigkeit vor. Der Sorg-

faltsmaßstab richtet sich dabei nach dem Grad des Fleißes und der Aufmerksamkeit, den ein mit gewöhnlichen Fähigkeiten ausgestatteter „Maßmensch" beachtet. Je nachdem, ob die Sorglosigkeit eine Intensität erreicht, die einem durchschnittlich ordentlichen bzw gewissenhaften Menschen in der gegebenen Situation keinesfalls unterläuft oder ob der Fehler auch einem an sich sorgfältigen Menschen passieren kann, liegt **grobe** bzw **leichte Fahrlässigkeit** vor. Grob fahrlässig handelt etwa der Zoobedienstete, der den Löwenkäfig offenlässt; leichte Fahrlässigkeit liegt vor, wenn ein nicht ausreichend sorgfältig abgestelltes Fahrrad umfällt und dabei ein anderes Fahrrad beschädigt.

Eine Sonderform des Verschuldens kennt das **Dienstnehmerhaftpflichtgesetz** (DHG, BGBl 1965/80 idgF). Wenn kein nennenswertes Verschulden bzw lediglich ein geringfügiges Versehen eines Dienstnehmers vorliegt, spricht man von einer **entschuldbaren Fehlleistung**, die keinerlei Schadenersatzpflichten auslöst. Hinzuweisen ist überdies darauf, dass das Gericht den Ersatz bei (leichter oder grober) Fahrlässigkeit des Dienstnehmers mäßigen und bei leichter Fahrlässigkeit sogar ganz erlassen kann (vgl § 2 DHG). 499

Zu beachten ist, dass bei **Verbraucherverträgen** (s dazu Rz 209 f) die Haftung des Unternehmers für Vorsatz und grobe Fahrlässigkeit nicht ausgeschlossen oder eingeschränkt werden kann (§ 6 Abs 1 Z 9 KSchG). Sofern in sonstigen Verträgen die Haftung für leichte Fahrlässigkeit ausgeschlossen wird, trifft den Schädiger die Beweislast dafür, dass im Einzelfall keine grobe Fahrlässigkeit zum Schadenseintritt geführt hat (§ 1298 Satz 2 ABGB). 500

Sofern den Geschädigten ein **Mitverschulden** am Schadenseintritt trifft, ist eine Schadensteilung zwischen Geschädigtem und Schädiger vorgesehen. Dabei richten sich die Teile grundsätzlich nach dem Ausmaß des Verschuldens von Schädiger und Geschädigtem. Falls sich das Verhältnis des Verschuldens nicht bestimmen lässt, haften Schädiger und Geschädigter zu gleichen Teilen (§ 1304 ABGB). 501

Grundsätzlich wird im Rahmen der Verschuldenshaftung darauf abgestellt, dass der Schädiger selbst die schuldhafte Handlung setzt. Mitunter kann aber auch für fremdes Verhalten gehaftet werden. Der wichtigste Anwendungsfall ist jener der **Gehilfenhaftung**. 502

Bedient sich ein Geschäftsherr zur Erfüllung bestehender Schuldverhältnisse einer Hilfsperson, insbes im Rahmen eines bestehenden Vertragsverhältnisses, wird diese Hilfsperson als **Erfüllungsgehilfe** bezeichnet. Für den durch den Erfüllungsgehilfen verschuldeten Schaden haftet der Geschäftsherr, als ob er ihn selbst verursacht hätte. Zerstört zB der Malerlehrling während der Malerarbeiten schuldhaft den Kronleuchter des Auftraggebers, hat der Malermeister für den Schaden aufzukommen (§ 1313a ABGB). 503

Schädigt hingegen eine Hilfsperson einen Dritten, mit welchem den Geschäftsherrn kein aufrechtes Schuldverhältnis verbindet, wird diese 504

Person als **Besorgungsgehilfe** tätig. Für den verschuldeten Schaden eines Besorgungsgehilfen hat der Geschäftsherr nur dann einzustehen, wenn er sich einer untüchtigen oder wissentlich einer gefährlichen Person bedient hat (§ 1315 ABGB).

505 Bemerkenswert ist, dass der **Wegehalter**, der für den ordnungsgemäßen Zustand eines Weges verantwortlich ist, unabhängig davon, ob eine vertragliche Beziehung zum Geschädigten besteht oder nicht, jedenfalls für das Verhalten seiner „Leute" einzustehen hat **(Leutehaftung)**; allerdings ist eine Haftung für leichte Fahrlässigkeit ausgeschlossen (§ 1319a ABGB).

506 Sofern ein (staatliches) Organ in Vollziehung der Gesetze dritten Personen rechtswidrig und schuldhaft einen Schaden zugefügt hat, kommt das **Amtshaftungsgesetz** (AHG, BGBl 1949/20 idgF) zur Anwendung. Dieses bewirkt, dass nicht das Organ selbst zur unmittelbaren Haftung herangezogen wird, sondern vielmehr grundsätzlich der jeweilige Rechtsträger (Bund, Länder, Gemeinden etc) für das Organverhalten einzustehen hat. Sofern der Rechtsträger einem Dritten Ersatz geleistet hat, kann er diesbezüglich vom handelnden Organ Rückersatz begehren; dabei gelten jedoch weitgehend die gleichen Mäßigungsregeln, wie sie im DHG (s dazu Rz 499) normiert sind. Fügt hingegen ein Organ in Vollziehung der Gesetze einem (hoheitlichen) Rechtsträger einen Schaden zu, kommen die Bestimmungen des **Organhaftpflichtgesetzes** (OrgHG, BGBl 1967/181 idgF) zur Anwendung.

507 Gem § 1489 ABGB müssen Schadenersatzansprüche innerhalb von drei Jahren ab Kenntnis von Schaden und Schädiger geltend gemacht werden (s dazu Rz 375 f); innerhalb einer Frist von 30 Jahren ab dem Schadenseintritt ist die Geltendmachung von Schadenersatzansprüchen jedenfalls verjährt **(absolute Frist)**.

cb Gefährdungshaftung

508 Bei der **Gefährdungshaftung** berücksichtigt der Gesetzgeber, dass gewisse Tätigkeiten, welche einen integralen Bestandteil des modernen Lebens bilden, Gefahren in sich bergen bzw die Benützung bestimmter Sachen an sich gefährlich ist. Das wesentliche Merkmal der Gefährdungshaftung besteht darin, dass – im Gegensatz zur Verschuldenshaftung (s dazu Rz 488, 493 ff) – weder rechtswidriges noch schuldhaftes Verhalten eine Voraussetzung für eine eventuelle Schadenersatzpflicht bildet.

509 Gefährdungshaftungstatbestände sind in **diversen Sondergesetzen** für die einzelnen Bereiche geregelt: So sieht etwa das Eisenbahn- und Kraftfahrzeughaftpflichtgesetz (EKHG, BGBl 1959/48 idgF) eine Haftung für Eisenbahnen und Kraftfahrzeuge, das Seilbahngesetz (SeilbG, BGBl I 2003/103 idgF) eine Haftung für Seilbahnen, das Luftfahrtgesetz (LFG, BGBl 1957/253 idgF) eine Haftung für den Be-

trieb von Luftfahrzeugen und das Atomhaftpflichtgesetz (AtomHG, BGBl 1964/117 idgF) eine Haftung für Kernanlagen und Kernmaterialien vor.

Dem Bereich der Gefährdungshaftung ist des Weiteren auch das **Produkthaftungsgesetz** (PHG, BGBl 1988/99 idgF) hinzuzuzählen. 510
Dieses Gesetz macht Hersteller, Importeure und – ausnahmsweise – auch den Händler (nämlich dann, wenn er nicht innerhalb einer „angemessenen Frist" den Hersteller oder Importeur benennt) für fehlerhafte Produkte, die einen Menschen töten, am Körper verletzen oder die allgemein die Gesundheit schädigen sowie auf eine andere Sache nachteilig einwirken, für den entstandenen Schaden haftbar (§ 1 PHG).

Unter dem Begriff **„Produkt"** iSd des PHG wird jede bewegliche 511
körperliche Sache einschließlich Energie verstanden (§ 4 PHG). **Ersatzberechtigt** sind auch jene Personen, die als außenstehende Dritte von einem fehlerhaften Produkt in Mitleidenschaft gezogen werden. Welche Voraussetzungen gegeben sein müssen, damit ein Produkt als fehlerhaft einzustufen ist, regelt § 5 PHG. Entscheidend ist dabei die **berechtigte Sicherheitserwartung**, die man in ein Produkt insbes auf Grund der Darbietung des Produktes (zB in der Werbung), des erwartungsgemäßen Gebrauchs und des Zeitpunktes seines erstmaligen Inverkehrbringens legen kann. Die Fehlerhaftigkeit kann auf Grund eines **Konstruktionsmangels** oder etwa durch eine unzureichende **Bedienungsanleitung** gegeben sein; auch eine faktische **Wirkungslosigkeit** des Produkts kann im Einzelfall als Fehler qualifizierbar sein.

Für **Schäden am Produkt selbst** sieht das PHG keine Haftung 512
vor, da für diese Schäden andere Regelungen, insbes das Gewährleistungsrecht, in Betracht zu ziehen sind. Das PHG regelt vielmehr die Ersatzpflicht für **Personenschäden** und für **Schäden an vom Produkt verschiedenen körperlichen Sachen**, die als Folge des Produktfehlers eintreten und wesentlich umfangreicher sein können als die Kosten des reinen Ersatzes oder der Reparatur des Produktes selbst. Eine Haftung des Herstellers tritt allerdings dann nicht ein, wenn der eingetretene Fehler aus der **Einhaltung einer Rechtsvorschrift** resultiert, weiters, wenn die Eigenschaften des Produktes nach dem **Stand von Wissenschaft und Technik** nicht als fehlerhaft qualifiziert werden konnten und schließlich, wenn der in Anspruch Genommene ein fehlerloses Grund- oder Teilprodukt hergestellt hat und der Fehler in weiterer Folge erst durch die Konstruktion des (Gesamt-)Produkts bzw durch eine (Bedienungs-)Anleitung des Herstellers herbeigeführt wurde (§ 8 PHG).

Um Hersteller, Importeure oder auch Händler nicht mit einer Flut 513
von Haftungstatbeständen auf der Grundlage des PHG zu konfrontieren, wurde für **Sachschäden** – nicht daher für Personenschäden – ein **Selbstbehalt** in Höhe von € 500,– normiert. Liegt ein Schaden

vor, der unter die Regelungen des PHG fällt, ist nur der diesen Betrag übersteigende Teil durch den Schädiger zu ersetzen (§ 2 Z 2 PHG).

514 Die dargestellten Haftungsbestimmungen des PHG sind als **zwingendes Recht** ausgestaltet (§ 9 PHG). Ersatzansprüche nach dem PHG erlöschen innerhalb von zehn Jahren ab dem Zeitpunkt, zu dem das Produkt vom Schadenersatzpflichtigen in Verkehr gebracht wurde (§ 13 PHG).

515 Im Nahebereich der Gefährdungshaftung ist auch die **Haftung für Tiere** angesiedelt. Gem § 1320 ABGB ist der Halter eines Tieres für alle Schäden, die dieses verursacht, verantwortlich, sofern er nicht beweisen kann, dass er für die erforderliche Verwahrung bzw Beaufsichtigung gesorgt hat.

516 Auch die **Haftung für Bauwerke** iSd § 1319 ABGB ist wesentlich mit der Gefährlichkeit eines Gebäudes verknüpft.

cc Eingriffshaftung

517 Bei der **Eingriffshaftung** ist regelmäßig ein Eingriff in eine fremde Rechtssphäre zwar grundsätzlich erlaubt, löst dafür jedoch bei Vorliegen von bestimmten Voraussetzungen zumindest Schadenersatzpflichten aus. So hat beispielsweise der Eigentümer eines Grundstückes die Immissionen, welche von einer behördlich genehmigten Anlage ausgehen, zu dulden. Wenn dabei jedoch ein Schaden entsteht, ist dieser – unabhängig vom Vorliegen einer schuldhaften Handlung bzw eines gefährlichen Sachverhalts – jedenfalls zu ersetzen (§ 364a ABGB; s dazu bereits Rz 134).

3 Bereicherungsrecht

518 Der im Eigentum einer Person befindliche Vermögensgegenstand kann von dieser, wenn es ihr Wille ist, auch an ein anderes Rechtssubjekt übertragen werden. Eine Vermögensverschiebung kann etwa durch Kauf- oder Schenkungsvertrag erfolgen und soll regelmäßig endgültigen Bestand haben. Hat hingegen jemand einen Vermögenswert ohne Rechtsgrund erhalten, liegt der Tatbestand der **ungerechtfertigten Bereicherung** vor, der durch das Bereicherungsrecht geregelt ist. Dabei kann insbes zwischen der Leistungskondiktion und dem Verwendungsanspruch unterschieden werden. Zu beachten ist, dass Bereicherungsansprüche verschuldensunabhängig sind und grundsätzlich erst nach 30 Jahren verjähren.

a Leistungskondiktion

Sofern jemand einem anderen bewusst einen Vermögensgegenstand zuwendet, dieser aber über **keinen Rechtsgrund** verfügt, den Vermögensgegenstand zu behalten, kann der dadurch Verkürzte gegenüber dem ungerechtfertigt Bereicherten mit **Leistungskondiktion** vorgehen. Wenn somit die Leistung ihren Zweck verfehlt (Fehlen des Rechtsgrundes), kann der Verkürzte die Rückforderung verlangen. Durch das Recht der Leistungskondiktion hat der Gesetzgeber die Art und Weise, wie der Verkürzte seinen Vermögenswert wiedererhält bzw – wenn dies nicht mehr möglich ist – einen entsprechenden Ersatz fordern kann, geregelt (vgl §§ 1431 ff ABGB). Begleicht beispielsweise Werner bei seinem Freund Peter eine vermeintliche Schuld in Höhe von € 500,–, die jedoch tatsächlich nicht bei Peter, sondern bei Ilse besteht, ist Peter ungerechtfertigt bereichert. Werner kann in diesem Fall durch eine Leistungskondiktion seinen Bereicherungsanspruch gegen Peter durchsetzen. **519**

b Verwendungsanspruch

Wenn die Vermögensverschiebung nicht auf der Grundlage einer bewussten Zuwendung durch den Eigentümer beruht, der Bereicherte aber dennoch ohne Rechtsgrund einen Vorteil aus der fremden Sache gezogen hat, kommt dem Verkürzten ein **Verwendungsanspruch** zu (vgl § 1041 ABGB). In derartigen Fällen hat der ungerechtfertigt Bereicherte nicht nur den rechtsgrundlos akquirierten Vermögensgegenstand herauszugeben, sondern überdies – sofern die Sache benützt wurde – ein Benützungsentgelt zu leisten. Benützt etwa Werner den Rasenmäher von Peter ohne dessen Genehmigung, hat Werner den Rasenmäher an Peter zurückzugeben und für die Benützung ein angemessenes Entgelt zu entrichten. **520**

4 Geschäftsführung ohne Auftrag

Im Regelfall wird jemand für einen anderen nur auf dessen ausdrücklichen Wunsch im Rahmen einer Vollmacht bzw eines Auftrages oder einer Ermächtigung hin tätig (s dazu Rz 75, 446 ff). Wird hingegen ein eigenmächtig Handelnder ohne bestehende vertragliche Vereinbarung für einen anderen tätig, liegt der Tatbestand der **Geschäftsführung ohne Auftrag** vor (§§ 1035 ff ABGB). Entscheidend ist das Merkmal der eigenmächtigen Besorgung von Angelegenheiten mit der Absicht, die Interessen des anderen – nicht die eigenen – zu fördern. **521**

Bei der Geschäftsführung ohne Auftrag kann zwischen den beiden Formen der erlaubten Geschäftsführung ohne Auftrag (Geschäftsführung im Notfall und nützliche Geschäftsführung) und der unerlaubten, weil unnützen Geschäftsführung ohne Auftrag unterschieden werden.

a Geschäftsführung im Notfall

522 Versucht jemand, den bevorstehenden Schaden eines anderen durch sein Tätigwerden abzuwenden, ohne die Zustimmung des Geschäftsherrn vorher einholen zu können, handelt er **ohne Auftrag auf Grund eines Notfalles**. Das Gesetz sieht die Möglichkeit des Eingreifens im Zuge von Notfallsituationen ausdrücklich vor (§ 1036 ABGB) und normiert, dass der im Notfall handelnde Geschäftsführer einen Anspruch auf Ersatz der gemachten Aufwendungen hat, der auch dann gebührt, wenn die notwendigen und zweckmäßigen Aufwendungen nicht zum Erfolg geführt haben (Bsp: Die Suche, die Versorgung und der Transport von Lawinenopfern).

b Nützliche Geschäftsführung

523 Die **nützliche Geschäftsführung** erfolgt nicht auf der Grundlage eines Notfalles. Sie liegt dann vor, wenn die Geschäftsführung zum klaren und überwiegenden Vorteil des Geschäftsherrn geführt hat (§ 1037 ABGB). In diesem Fall hat der Geschäftsführer Anspruch auf den Ersatz der Aufwendungen in Höhe des objektiv und subjektiv zu beurteilenden Vorteils seiner Handlung für den Geschäftsherrn (Bsp: Ein auf Grund eines behördlichen Auftrages zu entfernender, auf einer öffentlichen Straße abgestellter defekter Tiefkühlschrank wird einer ordnungsgemäßen Entsorgung zugeführt).

c Unnütze Geschäftsführung

524 Führt die Geschäftsführung zu **keinem klaren oder überwiegenden Vorteil** des Geschäftsherrn (§ 1038 ABGB) oder erfolgt sie sogar **gegen seinen ausdrücklichen Willen** (§ 1040 ABGB), so steht dem Geschäftsführer auch kein Aufwandersatz zu. Vielmehr hat der Geschäftsführer auf Verlangen des Geschäftsherrn den vorherigen Zustand wiederherzustellen und ihm einen allfälligen Schaden zu ersetzen (Bsp: Die Hauseinfahrt eines Nachbarn wird während dessen urlaubsbedingter Abwesenheit ohne seine Zustimmung asphaltiert).

III Grundzüge des Allgemeinen Unternehmensrechts

A Grundlagen

Literatur: *Cuber*, UGB. Das neue Unternehmensgesetzbuch (2006); *Dehn*, Das neue Unternehmensgesetzbuch (2005); *Dehn/Krejci*, Das neue UGB[2] (2007); *Harrer/Mader*, Die HGB-Reform in Österreich (2005); *Jabornegg/Artmann* (Hg), Kommentar zum UGB, Bd I[2] (2010), Bd II[2] (2010); *Jabornegg/Artmann* (Hg), Kommentar zum UGB[2] (www.lexisnexis.com/at); *Kalss/Schauer/Winner*, Allgemeines Unternehmensrecht[2] (2014); *Karollus/Huemer/Harrer*, Casebook Unternehmens- und Gesellschaftsrecht[5] (2014); *Keinert*, Das neue Unternehmensrecht (2006); *Krejci* (Hg), Reform-Kommentar UGB-ABGB (2007); *Krejci* (Hg), UGB/ABGB online – Reform-Kommentar zum UGB-ABGB (rdb.manz.at); *Krejci*, Unternehmensrecht[5] (2013); *Ratka/Rauter/Völkl*, Unternehmens- und Gesellschaftsrecht Bd I: Unternehmensrecht[2] (2013); *Roth G/Fitz*, Unternehmensrecht – Handels- und Gesellschaftsrecht[2] (2006); *Roth G/Fitz*, Unternehmensrecht – Handels- und Gesellschaftsrecht[2] (www.lexisnexis.com/at); *Schummer*, Allgemeines Unternehmensrecht[8] (2013), *Schummer/Kriwanek*, Das neue Unternehmensgesetzbuch (2006); *Straube* (Hg), Wiener Kommentar zum UGB, Bd I[4] (2014), Bd II[3] (2012); *Straube/Ratka/Rauter* (Hg), UGB online – Wiener Kommentar zum Unternehmensgesetzbuch (rdb.manz.at); *Torggler U*, UGB – Kommentar (2013); *Weber*, Unternehmens- und Gesellschaftsrecht – Eine Einführung[3] (2015); *Zib/Dellinger* (Hg), Unternehmensgesetzbuch – Kommentar, Bd 1.1 (2010); *Zib/Dellinger* (Hg), Unternehmensgesetzbuch – Kommentar, Bd 1.1 (www.lexisnexis.com/at); *Zib/Verweijen*, Das neue Unternehmensgesetzbuch (2006).

Das **Unternehmensrecht iwS** stellt ein **Sonderprivatrecht** (s dazu Rz 37 f) dar und wird in das Allgemeine Unternehmensrecht (s dazu Rz 526 ff), das Gesellschaftsrecht (s dazu Rz 592 ff), das Wertpapierrecht (s dazu Rz 748 ff) und den gewerblichen Rechtsschutz unter Einschluss des Kartellrechts und des Urheberrechts (s dazu Rz 937 ff) untergliedert. Eine der zentralen Rechtsquellen des Unternehmensrechts iwS ist das in fünf Bücher gegliederte **Unternehmensgesetzbuch** (UGB, BGBl I 2005/120). Dieses Gesetz geht auf das ursprünglich aus dem 19. Jhdt stammende Handelsgesetzbuch (HGB) zurück, das im Zuge der **Handelsrechtsreform 2005** durch das Handelsrechts-Änderungsgesetz (HaRÄG) grundlegend reformiert und modernisiert wurde und das alte „Handelsrecht“ zu einem modernen „Unternehmensrecht“ umgestaltete. 525

525/1 Das UGB ist in seinen wesentlichen Teilen mit **1.1.2007** in Kraft getreten und wurde seither in einigen Teilbereichen novelliert, so zB durch das Publizitätsrichtlinie-Gesetz (PuG, BGBl I 2006/103), das Gesellschaftsrechts-Änderungsgesetz 2007 (GesRÄG 2007, BGBl I 2007/72), das Unternehmensrechts-Änderungsgesetz 2008 (URÄG 2008, BGBl I 2008/70), das Aktienrechts-Änderungsgesetz 2009 (AktRÄG 2009, BGBl I 2009/71), das Insolvenzrechtsänderungs-Begleitgesetz (IRÄ-BG, BGBl I 2010/58), das Budgetbegleitgesetz 2011 (BGBl I 2010/111), das 2. Stabilitätsgesetz 2012 (2. StabG 2012, BGBl I 2012/35), das Zahlungsverzugsgesetz (ZVG, BGBl I 2013/50), das GesbR-Reformgesetz (GesbR-RG, BGBl I 2014/83) und zuletzt das Rechnungslegungs-Änderungsgesetz 2014 (RÄG 2014, BGBl I 2015/22).

525/2 Das **Allgemeine Unternehmensrecht** hat seine Rechtsgrundlagen vor allem im ersten Buch (Allgemeine Bestimmungen) und im vierten Buch (Unternehmensbezogene Geschäfte) des UGB. Daneben finden sich einschlägige Regelungen auch in einer Vielzahl von Sondergesetzen, wie etwa dem Firmenbuchgesetz (FBG), dem Handelsvertretergesetz (HVertrG) oder dem Maklergesetz (MaklerG).

B Allgemeine Bestimmungen

Literatur: wie oben III/A und *Binder*, Das UGB-Firmenrecht – Grundlagen und Praxisfragen (2013); *Birnbauer*, Muster zum Firmenbuch (2013); *Danzl*, Das neue Firmenbuch (1991); *Eiselsberg/Schenk/Weißmann*, Firmenbuchgesetz (1991); *Feil*, Firmenbuchgesetz – Praxiskommentar (2005); *Fromherz*, Kommentar zum Maklergesetz (1997); *Gartner/Karandi*, Maklergesetz[2] (2013); *Ginthoer & Partner, Hasch & Partner*, Prokurist – Handlungsbevollmächtigter (2007); *Kodek/Nowotny G/Umfahrer*, Firmenbuchgesetz[2] (2015); *Nocker*, Kommentar zum Handelsvertretergesetz 1993[2] (2015); *Noss*, Maklerrecht[4] (2014); *Petsche/Petsche-Demmel*, Handelsvertretergesetz – Praxiskommentar[2] (2015); *Ziegelwanger*, Maklerrecht (2002).

1 Unternehmer

a Grundsätzliches

526 Das Unternehmensrecht ist das **Sonderprivatrecht der Unternehmer iSd Unternehmensgesetzbuchs** (UGB, BGBl I 2005/120). Aus diesem Grund ist der **Unternehmerbegriff iSd UGB** für das Unter-

nehmensrecht von zentraler Bedeutung. Das UGB unterscheidet hierbei im Grundsatz **drei Arten** von Unternehmern: Den Unternehmer kraft Betrieb eines Unternehmens (§ 1 UGB, s dazu Rz 527 ff), den Unternehmer kraft Rechtsform (§ 2 UGB, s dazu Rz 532 ff) und den Unternehmer kraft Eintragung (§ 3 UGB, s dazu Rz 535). Außerdem kann sich die Unternehmereigenschaft noch nach allgemeinen bürgerlichrechtlichen Vorschriften aus Rechtsscheingrundsätzen ergeben (Scheinunternehmer kraft eigenen Verhaltens, s dazu Rz 536).

b Unternehmer kraft Betrieb eines Unternehmens

Unternehmer ist zunächst, wer ein Unternehmen betreibt (§ 1 Abs 1 UGB). Grundlage dieses Unternehmerbegriffes ist demnach der **Betrieb eines Unternehmens**. Ein solches setzt gem § 1 Abs 2 UGB wiederum das Vorliegen einer auf Dauer angelegten Organisation selbständiger wirtschaftlicher Tätigkeit voraus, selbst wenn diese nicht auf Gewinn gerichtet sein sollte. Maßgeblich ist daher, dass die fragliche Tätigkeit eine **wirtschaftliche** und **selbständige Tätigkeit** ist, die im Rahmen einer **auf Dauer angelegten Organisation** ausgeübt wird; auf das Vorliegen einer **Gewinnerzielungsabsicht** kommt es nicht an. Der Unternehmensbegriff iSd § 1 Abs 2 UGB deckt sich damit im Grundsatz mit jenem des KSchG (s dazu Rz 210). 527

Zum **Adressatenkreis** der Bestimmung des § 1 UGB zählen in erster Linie unternehmerisch tätige **natürliche Personen**. Daneben kommen als Unternehmer iSd § 1 UGB aber auch **eingetragene Personengesellschaften** (OG und KG) und **juristische Personen des Privatrechts** (zB Vereine iSd VerG, Privatstiftungen) in Betracht, sofern sie ein Unternehmen betreiben und nicht ohnedies bereits als Unternehmer kraft Rechtsform iSd § 2 UGB gelten (s dazu Rz 532). **Juristische Personen des öffentlichen Rechts** gelten im Unterschied zu § 1 Abs 2 KSchG (s dazu Rz 210) nicht in jedem Fall (auch) als Unternehmer iSd § 1 UGB, sondern nur dann, wenn sie tatsächlich ein Unternehmen betreiben. Allerdings unterliegen sie gem § 343 Abs 1 UGB grundsätzlich dem Anwendungsbereich des Vierten Buches des UGB, so dass die von ihnen abgeschlossenen Rechtsgeschäfte zwingend den Sonderregeln über die unternehmensbezogenen Geschäfte unterliegen (s dazu Rz 572). 528

Die **Art des betriebenen Unternehmens** ist für das Vorliegen der Unternehmereigenschaft grundsätzlich ohne Bedeutung. Jede Tätigkeit, die den vorhin dargelegten Kriterien (s dazu Rz 527) genügt, erfüllt somit die Merkmale einer unternehmerischen Tätigkeit und begründet die Unternehmereigenschaft iSd UGB. Allerdings gibt es von diesem Grundsatz für **Angehörige der freien Berufe** sowie **Land- und Forstwirte** Ausnahmen. Diese Personengruppen betreiben zwar 529 in aller Regel ein Unternehmen iSd § 1 Abs 2 UGB, sie haben aber in Teilbereichen eine **Sonderbehandlung** erfahren:

- Gem § 4 Abs 2 und 3 UGB sind sie von der Anwendung der Vorschriften des Ersten Buches des UGB über das **Firmenbuch**, die **Firma**, den **Unternehmensübergang** sowie die **Prokura** und die **Handlungsvollmacht** ausgenommen. Allerdings können sie sich durch Eintragung in das Firmenbuch auch diesen Vorschriften freiwillig unterstellen („Opting-in").
- Aus § 189 Abs 4 UGB ergibt sich überdies, dass das Dritte Buch des UGB über die **Rechnungslegung** grundsätzlich nicht auf Angehörige der freien Berufe sowie Land- und Forstwirte anzuwenden ist, sofern sie ihre Tätigkeit nicht im Rahmen einer Kapitalgesellschaft oder einer der in § 189 Abs 1 Z 2 UGB genannten Personengesellschaften („verdeckte Kapitalgesellschaften", s dazu Rz 655) ausüben.
- Keine Besonderheiten gelten für diese Personengruppen hingegen bezüglich der Vorschriften des **Zweiten und des Vierten Buches des UGB**. Für freiberuflich bzw land- und forstwirtschaftlich tätige eingetragene Personengesellschaften gilt daher das Organisationsrecht der §§ 105 ff UGB, außerdem unterliegen die von Angehörigen der freien Berufe bzw von Land- und Forstwirten im Rahmen ihres Unternehmens abgeschlossenen Geschäfte den Sondervorschriften der §§ 343 ff UGB über die unternehmensbezogenen Geschäfte.

530 Dem Vorbild des KSchG folgend ist auch der Unternehmerbegriff iSd UGB grundsätzlich **größenunabhängig**. Klein- und Kleinstunternehmer unterliegen ihm daher genauso wie die Betreiber großer Unternehmen. Ausnahmsweise wird aber in drei Bereichen an das Vorliegen einer bestimmten Unternehmensgröße angeknüpft:

- Der erste Bereich erfasst Unternehmer, die nicht in einer der in § 189 Abs 1 UGB genannten Rechtsformen tätig werden und auch nicht den Ausnahmevorschriften des § 189 Abs 3 oder 4 UGB unterliegen, im Ergebnis daher vor allem unternehmerisch tätige **natürliche Personen** sowie **Personengesellschaften**, die nicht den Anforderungen des § 189 Abs 1 Z 2 UGB entsprechen, etwa weil bei ihnen (auch) natürliche Personen unbeschränkt haften. Auf diese Unternehmer sind die Vorschriften des Dritten Buches des UGB über die **Rechnungslegung** nur dann anzuwenden, wenn sie hinsichtlich ihrer einzelnen einheitlichen Betriebe jeweils **mehr als € 700.000,– Umsatzerlöse im Geschäftsjahr** erzielen (§ 189 Abs 1 Z 3 UGB). Wird dieser Schwellenwert in zwei aufeinanderfolgenden Geschäftsjahren überschritten, so tritt die Rechnungslegungspflicht ab dem zweitfolgenden Geschäftsjahr ein; übersteigen die Umsatzerlöse allerdings in einem Geschäftsjahr **€ 1 Mio**, so besteht diese Verpflichtung schon ab dem folgenden Geschäftsjahr (§ 189 Abs 2 UGB).

- Für **unternehmerisch tätige natürliche Personen** besteht nur dann die **Verpflichtung zur Eintragung in das Firmenbuch**, wenn sie der soeben erörterten, an die Umsatzerlöse anknüpfenden **Rechnungslegungspflicht nach § 189 UGB** unterliegen; ansonsten sind sie hierzu – wie auch alle anderen Einzelunternehmer – lediglich berechtigt (§ 8 Abs 1 UGB; s dazu auch Rz 540).
- Wird ein Unternehmen in der Rechtsform der **Gesellschaft bürgerlichen Rechts** betrieben und überschreitet die Gesellschaft den für die **Rechnungslegungspflicht** maßgeblichen Schwellenwert des § 189 UGB, so sind die Gesellschafter zur **Eintragung der Gesellschaft als OG oder KG** verpflichtet (§ 8 Abs 3 UGB, s dazu auch Rz 540, 597/3).

Hinzuweisen ist schließlich darauf, dass die Unternehmereigen- 531
schaft grundsätzlich unabhängig von einer **Eintragung in das Firmenbuch** zu beurteilen ist. Allerdings kommt dieser Eintragung in mancher Hinsicht besondere Bedeutung zu:

- Die Verpflichtung zur Aufnahme bestimmter Angaben auf **Geschäftsbriefen, Bestellscheinen** und **Webseiten** iSd § 14 UGB besteht nur für in das Firmenbuch eingetragene Unternehmer.
- Die **Führung einer Firma** ist gem § 17 Abs 1 UGB den im Firmenbuch eingetragenen Unternehmern vorbehalten (s dazu auch Rz 544).
- Die **Offenlegung von Haftungsbeschränkungen** bzw **-ausschlüssen** beim Unternehmensübergang durch eine entsprechende Firmenbucheintragung (vgl § 38 Abs 4 UGB und § 40 Abs 2 UGB sowie dazu auch Rz 552, 555) setzt naturgemäß die Eintragung des übertragenen Unternehmens im Firmenbuch voraus.
- Die **Prokura** kann gem § 48 Abs 1 UGB nur von einem in das Firmenbuch eingetragenen Unternehmer oder seinem gesetzlichen Vertreter erteilt werden (s dazu auch Rz 558).
- Streitigkeiten aus unternehmensbezogenen Geschäften fallen bei einem Streitwert von mehr als € 15.000,– gem § 51 Abs 1 Z 1 Jurisdiktionsnorm (JN, RGBl 1895/111) in die **Zuständigkeit der Handelsgerichte**, wenn sich die Klage gegen einen in das Firmenbuch eingetragenen Unternehmer richtet und das Geschäft auf dessen Seite ein unternehmensbezogenes Geschäft ist.
- Hinzuweisen ist ferner darauf, dass die Eintragung in das Firmenbuch im Regelfall für die Unternehmer kraft Rechtsform (s dazu Rz 533), aber auch für die eingetragenen Personengesellschaften (s dazu Rz 617) einen **konstitutiven Akt für ihre Entstehung** (s dazu Rz 533, 540/3) darstellt.
- Schließlich setzt die Anwendbarkeit des überwiegenden Teiles des Ersten Buches des UGB auf **Angehörige der freien Berufe** sowie

Land- und Forstwirte deren Eintragung in das Firmenbuch voraus (s dazu Rz 529).

c Unternehmer kraft Rechtsform

532 Aktiengesellschaften, Gesellschaften mbH, Erwerbs- und Wirtschaftsgenossenschaften, Versicherungsvereine auf Gegenseitigkeit, Sparkassen, Europäische wirtschaftliche Interessenvereinigungen (EWIV), Europäische Gesellschaften (SE) und Europäische Genossenschaften (SCE) sind gem § 2 UGB **Unternehmer kraft Rechtsform**. Diesen Rechtsformen kommt die Unternehmereigenschaft iSd UGB daher unabhängig davon zu, ob sie tatsächlich dem Betrieb eines Unternehmens iSd § 1 Abs 2 UGB dienen oder nicht.

533 Die genannten Unternehmer kraft Rechtsform sind in aller Regel auch im **Firmenbuch** eingetragen, da sie nach den für sie jeweils maßgeblichen Sonderbestimmungen gewöhnlich erst mit der Firmenbucheintragung als selbständige Rechtsträger entstehen. Eine Ausnahme besteht insoweit lediglich für kleine Versicherungsvereine auf Gegenseitigkeit, denen gem § 63 Abs 1a Versicherungsaufsichtsgesetz (VAG, BGBl 1978/569) bloß ein Eintragungsrecht in das Firmenbuch zukommt.

534 **Keine Unternehmer kraft Rechtsform** sind insbes die eingetragenen Personengesellschaften (OG und KG), die Privatstiftung sowie der Verein iSd VerG. Diese Rechtsformen erlangen die Unternehmereigenschaft nur bei Vorliegen der Voraussetzungen des § 1 UGB; sie sind dann Unternehmer kraft Betrieb eines Unternehmens.

d Unternehmer kraft Eintragung

535 Gem § 3 UGB gelten Personen, die zu Unrecht ins Firmenbuch eingetragen sind und unter ihrer Firma handeln, als **Unternehmer kraft Eintragung**. Voraussetzung für die Anwendung dieser Bestimmung ist demnach die **unrechtmäßige Eintragung in das Firmenbuch** und das – damit ebenfalls notwendigerweise unrechtmäßige – **Handeln des Eingetragenen unter seiner Firma**. Zu denken ist hierbei zum einen an jene Fälle, bei denen die Eintragung von Anfang an unzulässig war (zB weil tatsächlich gar kein Unternehmen betrieben wurde) sowie insbes an jene Fälle, in denen die Eintragung im Nachhinein unzulässig wird (zB weil ein ursprünglich tatsächlich betriebenes Unternehmen eingestellt wurde). Tritt der Eingetragene in diesen Fällen dennoch weiter unter seiner Firma auf, so wird er zum **Schutz des Rechtsverkehrs** wie ein Unternehmer iSd UGB behandelt. Auf

diese **unwiderlegliche Rechtsvermutung** kann sich nicht nur der Dritte, sondern auch der Eingetragene selbst berufen.

e Scheinunternehmer kraft eigenen Verhaltens

Als **Scheinunternehmer kraft eigenen Verhaltens** (vgl §§ 863, 869 536
ABGB) muss sich behandeln lassen, wer im unternehmerischen Verkehr wie ein Unternehmer auftritt oder diese Eigenschaft vortäuscht, ohne jedoch Unternehmer zu sein. War sein Verhalten für das eines gutgläubigen Dritten ursächlich, so wird der Scheinunternehmer zwar nach Maßgabe der unternehmensrechtlichen Sondervorschriften verpflichtet, nicht aber berechtigt.

2 Firmenbuch

a Grundsätzliches

Das EDV-mäßig verwaltete **Firmenbuch** dient der **Offenlegung von** 537
wichtigen Rechtsverhältnissen, die für den rechtsgeschäftlichen Verkehr unter Unternehmern und zwischen Unternehmern und Dritten von Interesse sind. Für seine Führung **sachlich zuständig** sind die mit Handelssachen betrauten Gerichtshöfe erster Instanz; **örtlich zuständig** ist jener Gerichtshof, in dessen Sprengel sich die Hauptniederlassung oder der Sitz des Unternehmens befindet (§ 120 Abs 1 Z 1 und Abs 2 JN). Seine wesentlichen – auch durch europarechtliche Vorgaben (vor allem die Publizitäts-RL und die Zweigniederlassungs-RL) beeinflussten – **Rechtsgrundlagen** finden sich im Firmenbuchgesetz (FBG, BGBl 1991/10), den §§ 7 bis 16 UGB, im Außerstreitgesetz (AußStrG, RGBl 1854/208), im Rechtspflegergesetz (RPflG, BGBl 1985/560), in der JN sowie teilweise im AktG, GmbHG und in anderen Sondergesetzen.

Gegliedert ist das Firmenbuch in das **Hauptbuch** und die **Urkun-** 538
densammlung (§ 1 Abs 1 FBG). In das Hauptbuch werden die in § 2 FBG aufgezählten Rechtsträger, die ihnen allen gemeinsamen (vgl § 3 FBG sowie Rz 540/2) und die jeweiligen besonderen Tatsachen (vgl §§ 4 ff FBG sowie Rz 540/2) eingetragen. Die Urkundensammlung enthält jene Urkunden, auf Grund derer eine Eintragung im Hauptbuch vorgenommen wird oder für die die Aufbewahrung bei Gericht angeordnet ist (§ 12 FBG).

Das Firmenbuch ist ein **öffentliches Verzeichnis**. Die Einsicht- 539
nahme in das Firmenbuch und in die eingereichten Schriftstücke ist

daher für jeden ohne Angabe des Verwendungszweckes und ohne Nachweis eines berechtigten Interesses möglich (§ 9 Abs 1 UGB). Die Einsicht in das Hauptbuch ist durch kostenpflichtige Ausdrucke **(Firmenbuchauszüge)** zu gewähren (§ 33 Abs 1 FBG); die Kosten belaufen sich derzeit (Stand: 31.8.2015) auf € 13,70 je Auszug aus dem Hauptbuch bzw Jahresabschluss (vgl § 32 TP 10 Z III GGG). Die Einsicht in die zur Urkundensammlung eingereichten Schriftstücke ist durch kostenpflichtige – für jede angefangene Seite derzeit (Stand: 31.8.2015) € 1,16 (vgl § 32 TP 15 lit a GGG) – Ausdrucke dieser Urkunden zu gewähren (§ 33 Abs 2 FBG); auf Verlangen hat das Gericht aber auch kurze Mitteilungen über die in die Urkundensammlung aufgenommenen Urkunden **mündlich** zu erteilen oder mit Hilfe geeigneter technischer Vorrichtungen **Einsicht** zu gewähren (§ 33 Abs 2a FBG). Möglich ist die Einsichtnahme bei den **Firmenbuchgerichten** selbst sowie nach Maßgabe der technischen Möglichkeiten auch bei **Bezirksgerichten** (§ 33 Abs 3 FBG). Weiters haben **Notare** in ihrer Amtskanzlei die technischen Voraussetzungen für die Firmenbuchabfrage zu schaffen und jedermann Einsicht zu gewähren (§ 35 FBG). Große praktische Bedeutung hat auch die Firmenbuchabfrage über das **Internet**, die über derzeit neun vom Bundesministerium für Justiz beauftragte Unternehmen ermöglicht wird. Schließlich ist jedermann nach Maßgabe der technischen und personellen Möglichkeiten zur **Einzelabfrage** aus dem Firmenbuch mittels ADV befugt (§ 34 Abs 1 FBG); von dieser Berechtigung haben vor allem Rechtsanwälte, Banken und Versicherungen Gebrauch gemacht.

b Eintragungen und deren Wirkungen

540 Eine Aufzählung der in das Hauptbuch **einzutragenden Rechtsträger** findet sich in § 2 FBG. Angeführt sind dort zunächst **Einzelunternehmer**, zu denen unter der Voraussetzung des Vorliegens einer unternehmerischen Tätigkeit iSd § 1 Abs 2 UGB neben natürlichen Personen etwa auch Vereine iSd VerG oder juristische Personen des öffentlichen Rechts zählen können (s dazu Rz 528, 534). Während für natürliche Personen allerdings uU eine **Eintragungspflicht** besteht, kommt sonstigen Einzelunternehmern lediglich ein **Eintragungsrecht** zu (vgl § 8 Abs 1 UGB sowie dazu Rz 530). Ferner dient das Hauptbuch der Eintragung von **offenen Gesellschaften**, **Kommanditgesellschaften**, **Aktiengesellschaften**, **Gesellschaften mbH**, **Erwerbs- und Wirtschaftsgenossenschaften**, **Versicherungsvereinen auf Gegenseitigkeit** (zum Wahlrecht für kleine Versicherungsvereine auf Gegenseitigkeit s Rz 533), **Sparkassen**, **Privatstiftungen**, **Europäischen wirtschaftlichen Interessenvereinigungen**, **Europäischen Gesellschaften**, **Europäischen Genossenschaften** sowie **sonstigen**

Rechtsträgern, deren Eintragung gesetzlich vorgesehen ist; zu Letzteren zählen etwa der ORF (vgl § 1 Abs 4 ORF-G) oder die Buchhaltungsagentur (vgl § 1 Abs 3 BHAG-G). Nicht in das Firmenbuch eingetragen werden nicht rechtsfähige Gebilde wie vor allem die Gesellschaft bürgerlichen Rechts oder die stille Gesellschaft; für Gesellschafter von **Gesellschaften bürgerlichen Rechts** kann sich allerdings bei Überschreiten der in § 189 UGB angeführten Schwellenwerte die Verpflichtung zur Eintragung als offene Gesellschaft oder Kommanditgesellschaft ergeben (vgl § 8 Abs 3 UGB sowie dazu Rz 530, 597/3).

Besonders hinzuweisen ist darauf, dass ein in das Firmenbuch ein- **540/1**
getragener Rechtsträger nicht unbedingt auch **Unternehmer iSd UGB** ist. Die Unternehmereigenschaft ist vielmehr unabhängig von der Firmenbucheintragung nach Maßgabe der §§ 1 ff UGB zu beurteilen. So sind zwar offene Gesellschaften, Kommanditgesellschaften und Privatstiftungen zwingend in das Firmenbuch einzutragen; Unternehmereigenschaft kommt diesen Rechtsformen aber nur dann zu, wenn von ihnen tatsächlich ein Unternehmen iSd § 1 Abs 2 UGB betrieben wird (s dazu Rz 528, 534).

Die in § 3 Z 1 bis 16 FBG angeführten **allgemeinen Eintragungen** **540/2**
sind bei allen Rechtsträgern vorzunehmen. Hierzu gehören beispielsweise die Angabe der Firmenbuchnummer, der Firma, der Rechtsform und des Sitzes, eine kurze Bezeichnung des Geschäftszweiges, allfällige Zweigniederlassungen, personenbezogene Daten des Einzelunternehmers bzw vertretungsbefugter Personen und Prokuristen, Vereinbarungen nach § 38 Abs 4 UGB sowie Angaben iZm der Abwicklung oder Insolvenz. In den §§ 4 bis 9 FBG finden sich schließlich nach der Rechtsform des jeweiligen Rechtsträgers differenzierende **besondere Eintragungen**. So sind etwa bei einer KG die Kommanditisten und die Höhe ihrer Haftsummen (vgl § 4 Z 6 FBG) oder bei einer GmbH die Gesellschafter sowie ihre Stammeinlagen – gegebenenfalls auch ihre gründungsprivilegierten Stammeinlagen (s dazu Rz 681/2) – und die darauf geleisteten Einzahlungen (vgl § 5 Z 6 FBG) einzutragen.

In Bezug auf ihre Bedeutung für das dokumentierte Rechtsverhält- **540/3**
nis lassen sich konstitutive und deklarative Eintragungen unterscheiden. **Konstitutiv** bzw **rechtsbegründend** sind Eintragungen, die ein Recht bzw ein Rechtsverhältnis erst entstehen lassen, wie etwa die Eintragung einer OG (vgl § 123 Abs 1 UGB sowie dazu Rz 617). Als **deklarativ** bzw **rechtsbekundend** bezeichnet werden solche Eintragungen, die lediglich der Bekräftigung eines bereits bestehenden Rechtes bzw Rechtsverhältnisses dienen, wie etwa die Erteilung einer Prokura (vgl § 53 Abs 1 UGB sowie dazu Rz 558).

Damit das Firmenbuch seiner Funktion als öffentliches Register **541**
gerecht werden kann, müssen die dort vorzunehmenden Eintragungen mit **besonderen Publizitätswirkungen** ausgestattet werden.

Vorgesehen ist demnach zum einen, dass eine in das Firmenbuch einzutragende Tatsache einem Dritten nicht entgegengesetzt werden kann, solange sie nicht eingetragen und bekannt gemacht ist, es sei denn, dass sie dem Dritten bekannt war (**„negative Publizität“**; § 15 Abs 1 UGB). Eine in Wahrheit nicht bestehende Rechtslage wird damit als bestehend behandelt und so das Vertrauen Dritter auf die Richtigkeit des Firmenbuches geschützt. Umgekehrt muss aber auch ein Dritter im Interesse des Eintragungspflichtigen eine eingetragene und bekannt gemachte Tatsache gegen sich gelten lassen. Etwas anderes gilt ausnahmsweise nur bei Rechtshandlungen, die innerhalb von 15 Tagen nach der letzten Bekanntmachung vorgenommen werden, sofern der Dritte beweist, dass er die Tatsache weder kannte noch kennen musste (**„positive Publizität“**; § 15 Abs 2 UGB). Wer schließlich eine unrichtige Eintragung veranlasst oder eine, wenn auch nicht von ihm veranlasste, wohl aber von ihm als unrichtig erkannte bzw für ihn als unrichtig erkennbare Eintragung aus Verschulden nicht löschen lässt, muss die unrichtige Eintragung dem Dritten gegenüber im Geschäftsverkehr gegen sich gelten lassen. Das gilt allerdings dann nicht, wenn der Beweis gelingt, dass der Dritte nicht im Vertrauen auf die Eintragung gehandelt hat oder deren Unrichtigkeit kannte bzw grob fahrlässig nicht kannte (**„Rechtsscheinhaftung für unrichtige Eintragungen“**; § 15 Abs 3 UGB).

c Verfahren

542 Eintragungen in das Firmenbuch werden grundsätzlich nur auf Grund der **Anmeldung** einer Partei vorgenommen, zu deren Vornahme der Anmeldungspflichtige gem § 24 FBG durch – auch wiederholt verhängbare – gerichtliche Zwangsstrafen bis zu € 3.600,– angehalten werden kann. Die Anmeldung ist in der Regel **schriftlich in öffentlich beglaubigter Form** einzureichen; die gleiche Form ist für eine **Vollmacht** zur Anmeldung erforderlich (§ 11 UGB). Anderes gilt hinsichtlich des zuletzt genannten Formerfordernisses allerdings für einige praktisch durchaus wichtige Änderungsanmeldungen wie etwa die Änderung der für Zustellungen maßgeblichen Geschäftsanschrift oder der Gesellschafter einer GmbH. Bei diesen Anmeldungen genügt die Unterfertigung namens des Rechtsträgers durch vertretungsbefugte Personen (vgl § 11 FBG); alternativ dazu besteht auch die Möglichkeit, die Anmeldung im Rahmen des „E-Government“ mittels eines vom BMJ bereit gestellten Online-Formulars vorzunehmen. Die Anmeldung hat grundsätzlich **beim örtlich zuständigen Firmenbuchgericht** zu erfolgen, sie kann dort nach Maßgabe des § 35a FBG aber auch unter Einschaltung eines **Rechtsanwaltes bzw Notars** bewirkt werden. Eingaben im Firmenbuchverfahren können dabei

nicht nur in Papierform eingebracht werden; § 35b FBG ermöglicht auch die **elektronische Einbringung** von Eingaben, wobei die nähere Vorgangsweise bei solchen Anbringen in einer eigenen VO des Bundesministers für Justiz über den elektronischen Rechtsverkehr (ERV 2006; BGBl II 2005/481) festgelegt wird.

Das Gericht nimmt sodann eine **Prüfung der Anmeldung** jeden- 543
falls in formeller Hinsicht vor, in materieller Hinsicht bei begründetem Verdacht einer wahrheitswidrigen Anmeldung. In Zweifelsfällen kann es zur Vermeidung unrichtiger Eintragungen ein **Gutachten der zuständigen gesetzlichen Interessenvertretung** einholen (§ 14 FBG) oder bei allfälligen Mängeln den Antragsteller zur **Verbesserung** auffordern (§ 17 FBG). Eintragungen im Firmenbuch und sonstige, vom Firmenbuchgericht vorzunehmende Veröffentlichungen sind in der **Ediktsdatei** (vgl § 89j GOG) und im **„Amtsblatt zur Wiener Zeitung" bekannt zu machen**; mit der Aufnahme der Daten der Bekanntmachung in die Ediktsdatei gilt die Bekanntmachung als vorgenommen (§ 10 Abs 1 UGB). Die Veröffentlichungen im „Amtsblatt zur Wiener Zeitung" sind tunlichst innerhalb eines Zeitraums von zwei Monaten nach Erteilung der Druckgenehmigung vorzunehmen; sie können in einer Beilage zum Blatt zusammengefasst werden (§ 10 Abs 2 UGB). Eintragungen über Einzelunternehmer und eingetragene Personengesellschaften, die in der Datenbank des Firmenbuchs vorgenommen wurden, gelten allerdings als bekannt gemacht und müssen nicht veröffentlicht werden (Art XXIII Abs 15 FBG). Vergleichbares gilt für die Eintragung einer GmbH, die seit dem Gesellschaftsrechts-Änderungsgesetz 2013 (GesRÄG 2013, BGBl I 2013/109) nicht mehr im Amtsblatt zur Wiener Zeitung veröffentlicht werden muss (vgl § 12 GmbHG sowie dazu Rz 682).

3 Firma

a Grundsätzliches

Die **Firma** ist der in das Firmenbuch eingetragene Name eines Unter- 544
nehmers, unter dem er seine Geschäfte betreibt und die Unterschrift abgibt (§ 17 Abs 1 UGB). Entgegen dem allgemeinen Sprachgebrauch bezeichnet sie also den **Unternehmensträger**, nicht aber das Unternehmen selbst. Die Führung einer Firma ist dem in das Firmenbuch **eingetragenen Unternehmer** vorbehalten; nicht eingetragenen Unternehmern steht allenfalls die Führung einer **Geschäftsbezeichnung** zur Kennzeichnung ihres Unternehmens zu (s dazu Rz 1036).

b Firmenbildung

545 Die gesetzlichen Grundlagen zur **Bildung einer Firma** finden sich vor allem in den §§ 18 bis 24 UGB. Aus diesen Vorschriften ergibt sich im Zusammenhalt mit der einschlägigen Lehre und Rechtsprechung zunächst grundsätzlich, dass die Firma **unabhängig von der jeweiligen Rechtsform** den Namen des Einzelunternehmers bzw von Gesellschaftern enthalten kann **(Personenfirma)**, dem Gegenstand des Unternehmens entnommen sein darf **(Sachfirma)**, keinen derartigen inhaltlichen Zusammenhang aufweisen muss **(Fantasiefirma)** und dass auch eine Mischform dieser Varianten zulässig ist **(gemischte Firma)**. Zu beachten sind allerdings die sich aus § 18 UGB ergebenden **allgemeinen Vorgaben** für die Bildung einer Firma: Demnach muss die Firma zur **Kennzeichnung des Unternehmers** geeignet sein und **Unterscheidungskraft** besitzen, sie muss also mit anderen Worten ihrer **Namensfunktion** genügen und damit zur **Individualisierung** des Unternehmers und des von ihm betriebenen Unternehmens dienen. Außerdem muss die Firma dem Grundsatz der **Firmenwahrheit** (s dazu Rz 547) genügen: Sie darf keine Angaben enthalten, die geeignet sind, über geschäftliche Verhältnisse, die für die angesprochenen Verkehrskreise wesentlich sind, irrezuführen. Dieses **Irreführungsverbot** wird im Verfahren vor dem Firmenbuchgericht allerdings nur berücksichtigt, wenn die Eignung zur Irreführung „ersichtlich" – also ohne besondere Nachforschungen feststellbar – ist.

545/1 Bei **Einzelunternehmern** und **eingetragenen Personengesellschaften** werden diese allgemeinen Vorgaben noch durch das besondere **Verbot der Verwendung fremder Namen** ergänzt (§ 20 UGB). Demnach darf in die Firmen dieser Rechtsformen der Name einer anderen Person als des Einzelunternehmers oder eines unbeschränkt haftenden Gesellschafters nicht aufgenommen werden. Für andere Rechtsformen – etwa Kapitalgesellschaften oder Genossenschaften – besteht hingegen kein derartiges generelles Verbot; allerdings kann sich auch bei diesen Rechtsformen die Unzulässigkeit der Aufnahme des Namens gesellschaftsfremder Personen in den Firmenwortlaut aus den allgemeinen Vorgaben für die Firmenbildung – insbes aus dem Irreführungsverbot – ergeben.

545/2 Von besonderer Bedeutung im Zusammenhang mit der Firmenbildung ist das Erfordernis der Aufnahme **zwingender Rechtsformzusätze** in den Firmenwortlaut, das nicht nur bei neu gebildeten, sondern auch bei abgeleiteten Firmen (s dazu Rz 547) zum Tragen kommt. Demnach muss die Firma enthalten:

- beim **Einzelunternehmer** die Bezeichnung „eingetragener Unternehmer" oder „eingetragene Unternehmerin" oder eine allgemein verständliche Abkürzung dieser Bezeichnung, insbes „e.U." (§ 19 Abs 1 Z 1 UGB),

- bei einer **offenen Gesellschaft** die Bezeichnung „offene Gesellschaft" oder eine allgemein verständliche Abkürzung dieser Bezeichnung, insbes „OG" (§ 19 Abs 1 Z 2 UGB; wurde allerdings der Zusatz „OHG" am 1.1.2007 in der Firma geführt, so kann dieser zeitlich unbefristet beibehalten werden, vgl § 907 Abs 4 Z 2 UGB),
- bei einer **Kommanditgesellschaft** die Bezeichnung „Kommanditgesellschaft" oder eine allgemein verständliche Abkürzung dieser Bezeichnung, insbes „KG" (§ 19 Abs 1 Z 3 UGB),
- bei einer **Aktiengesellschaft** die (abkürzbare) Bezeichnung „Aktiengesellschaft" (§ 4 AktG),
- bei einer **Gesellschaft mbH** die (abkürzbare) Bezeichnung „Gesellschaft mit beschränkter Haftung" (§ 5 Abs 1 GmbHG),
- bei einer **Genossenschaft** die (insbes mit „e.Gen." abkürzbare) Bezeichnung „eingetragene Genossenschaft" (§ 4 GenG),
- bei einer **Europäischen wirtschaftlichen Interessenvereinigung** die Bezeichnung „Europäische wirtschaftliche Interessenvereinigung" oder die Abkürzung „EWIV" (§ 5 EWIV-G),
- bei einer **Europäischen Gesellschaft** den Zusatz „SE" (Art 11 Abs 1 SE-VO),
- bei einer **Europäischen Genossenschaft** den Zusatz „SCE" sowie gegebenenfalls den Zusatz „mit beschränkter Haftung" (Art 5 Abs 4 SCE-VO),
- bei einer **Privatstiftung** das Wort „Privatstiftung" ohne Abkürzung (§ 2 PSG).

Besonderheiten gelten für **Angehörige eines freien Berufes**. Diese haben, soweit die berufsrechtlichen Vorschriften für die Firma nichts anderes vorsehen, jedenfalls einen **Hinweis auf den ausgeübten freien Beruf** in die Firma aufzunehmen. Wird der freie Beruf in der Rechtsform einer eingetragenen Personengesellschaft ausgeübt, so kommen als Rechtsformzusatz bei einer OG auch die Bezeichnungen **„Partnerschaft"** bzw **„und (&) Partner"**, bei einer KG auch die Bezeichnung **„Kommandit-Partnerschaft"** in Betracht (§ 19 Abs 1 Z 4 UGB). 545/3

Haftet bei einer offenen Gesellschaft oder einer Kommanditgesellschaft keine natürliche Person unbeschränkt („verdeckte Kapitalgesellschaft", s dazu Rz 655), muss dieser Umstand gem § 19 Abs 2 UGB aus der Firma erkennbar sein, auch wenn es sich dabei um eine abgeleitete Firma (s dazu Rz 547) handelt. Praktisch relevant ist diese Bestimmung vor allem für die **GmbH & Co KG**, bei der ein entsprechender Rechtsformzusatz in der Firma enthalten sein muss. 546

c Firmengrundsätze

547 Bei der Bildung und Führung von Firmen sind im Interesse des Rechtsverkehrs bestimmte Richtlinien zu beachten, die als **Firmengrundsätze** bezeichnet werden.

- Ein grundlegendes Prinzip ist jenes der **Firmenwahrheit**, demzufolge eine Firma nicht zur Irreführung geeignet sein darf (s dazu Rz 545). Allerdings gilt dieser Grundsatz uneingeschränkt nur für neu zu bildende **(„ursprüngliche")** Firmen, während er bei fortgeführten **(„abgeleiteten")** Firmen durchbrochen wird, und zwar durch:
- das Prinzip der **Firmenbeständigkeit**. Dieses ermöglicht es, in bestimmten Fällen aus Gründen unternehmerischer Tradition und zur Erhaltung des Firmenwertes **(„goodwill")** eine bestehende Firma trotz eines damit verbundenen Verstoßes gegen das Prinzip der Firmenwahrheit fortzuführen. Das Gesetz gestattet diese Durchbrechung in den Fällen der **Namensänderung** (vgl § 21 UGB), des **Erwerbes eines Unternehmens unter Lebenden oder von Todes wegen** (vgl § 22 UGB) und des **Eintrittes in** bzw des **Ausscheidens aus einer Gesellschaft** (vgl § 24 UGB). In den Fällen des Unternehmenserwerbs setzt die Fortführung der Firma durch den Erwerber allerdings die ausdrückliche Einwilligung des Veräußerers bzw seiner Erben voraus. Entsprechendes gilt beim Ausscheiden eines Gesellschafters, dessen Namen in der Firma der Gesellschaft enthalten ist; in diesem Fall müssen der namensgebende Gesellschafter bzw seine Erben der Beibehaltung des Namens in der Firma zustimmen. § 24 Abs 2 UGB, der das zuletzt angeführte Erfordernis normiert, gilt allerdings nur für Personengesellschaften. Scheidet daher ein namensgebender Gesellschafter etwa aus einer GmbH aus, so kann der seinen Namen beinhaltende Firmenwortlaut auch ohne die Zustimmung des betreffenden Gesellschafters beibehalten werden, sofern dieser sich keinen diesbezüglichen Zustimmungsvorbehalt im Gesellschaftsvertrag ausbedungen hat.
- Das Prinzip der **Firmenöffentlichkeit** bedeutet, dass die Führung einer zulässig gebildeten Firma allein nicht ausreicht, sondern dass die Firma auch öffentlich kundgemacht werden muss. Der Unternehmer hat daher seine Firma zur Eintragung in das Firmenbuch anzumelden (§ 28 UGB).
- Das Prinzip der **Firmenausschließlichkeit** schreibt vor, dass sich jede neue Firma von allen an demselben Ort oder in derselben Gemeinde bereits bestehenden und in das Firmenbuch eingetragenen Firmen deutlich unterscheiden muss; allenfalls ist der neuen Firma ein Zusatz beizufügen, der diese Unterscheidbarkeit bewirkt (§ 29 Abs 1 und 2 UGB).

- Auf Grund des Prinzips der **Firmeneinheit** darf für ein und dasselbe Unternehmen nur eine Firma geführt werden; bei völlig getrennten Unternehmen kann allerdings zumindest der Einzelunternehmer für jedes Unternehmen eine eigene Firma führen.

d Firmenschutz

Die Führung korrekter Firmen soll durch einen doppelten Schutz gewährleistet werden. Zum einen sieht das Gesetz einen **öffentlich-rechtlichen Schutz** in der Weise vor, dass der Gebrauch einer nicht zustehenden Firma mit vom Firmenbuchgericht zu verhängenden Zwangsstrafen von bis zu € 3.600,– bedroht ist (§ 24 Abs 1 FBG). Unterlässt der Betroffene den unzulässigen Firmengebrauch dennoch nicht, so ist eine weitere Zwangsstrafe bis zu € 3.600,– zu verhängen und der Beschluss über die verhängte Zwangsstrafe zu veröffentlichen; eine wiederholte Verhängung von Zwangsstrafen ist zulässig (§ 24 Abs 2 FBG). Zum anderen bestehen auch verschiedene Arten eines **privatrechtlichen Schutzes**: Wer in seinen Rechten durch den unbefugten Gebrauch einer Firma verletzt wird, kann auf Unterlassung klagen (§ 37 UGB). Daneben kommen bei Vorliegen der jeweiligen speziellen Voraussetzungen der Namensschutz nach bürgerlichem Recht (§ 43 ABGB, s dazu Rz 1034), der wettbewerbsrechtliche Schutz von Unternehmenskennzeichen (§ 9 UWG, s dazu Rz 999 ff) und der markenrechtliche Schutz (§ 12 MarkSchG, s dazu Rz 1065 f) in Betracht. 548

4 Unternehmensübergang

a Grundsätzliches

Ein Unternehmen kann durch Rechtsgeschäft unter Lebenden – vor allem im Rahmen eines Unternehmenskaufes – oder von Todes wegen übertragen werden. Im Zusammenhang mit dem Unternehmensübergang im Rahmen eines Rechtsgeschäfts unter Lebenden lassen sich grundsätzlich zwei Varianten unterscheiden, und zwar der Unternehmensübergang in Form eines **asset deal** oder ein solcher in Form eines **share deal**. 549

Bei einem **asset deal**, der unabhängig von der Rechtsform des jeweiligen Unternehmensträgers in Betracht kommt, werden sämtliche oder doch die wesentlichen das Unternehmen bildenden einzelnen Vermögensgegenstände und Rechtsverhältnisse vom Veräußerer auf den Erwerber übertragen. Gegenstand der Übertragung sind hier 549/1 somit die das Unternehmen bildenden „assets", also bewegliche (zB Maschinen) und unbewegliche (zB Liegenschaften) Sachen sowie Rechtsverhältnisse (zB Patente, Kundenbeziehungen), die jeweils nach den für den Rechtsübergang im Rahmen einer Einzelrechtsnachfolge maßgeblichen Grundsätzen (s dazu Rz 98) auf den Erwerber als neuen Rechtsträger zu übertragen sind. Bei einem **share deal** kommt es demgegenüber zu einer Übertragung aller oder doch zumindest des überwiegenden Teils der „shares", also der Anteilsrechte an der unternehmenstragenden Gesellschaft, so dass sich ihr bisheriger Allein- oder Mehrheitsgesellschafter – und damit der Unternehmensträger in wirtschaftlicher Hinsicht – ändert. Ein **share deal** ist daher nur dann möglich, wenn das Unternehmen rechtlich einer **Gesellschaft** zugeordnet ist, da es nur in diesem Fall übertragbare Anteilsrechte gibt. **Einzelunternehmerisch betriebene Unternehmen** können unter Lebenden hingegen nur in Form eines **asset deal** übertragen werden, da hier keine übertragbaren Gesellschaftsanteile vorhanden sind.

549/2 Aus dem Gesagten folgt zunächst, dass der **zentrale Unterschied** zwischen einem share deal und einem asset deal letztlich darin besteht, dass beim **share deal** in formaler Hinsicht **keine Änderung des Zurechnungssubjektes des Unternehmens** eintritt; dieses steht vor und nach der Anteilsübertragung der betreffenden unternehmenstragenden Gesellschaft zu. Ein **asset deal** ist hingegen mit einer Änderung des Trägers des Unternehmens verbunden; dieses ist vor dem Unternehmensübergang dem Veräußerer und danach dem Erwerber zugeordnet. Welche Übertragungsvariante im Einzelfall konkret gewählt wird, hängt neben den Unterschieden in zivil- und unternehmensrechtlicher Hinsicht in der Praxis häufig auch von anderen tangierten Rechtsbereichen, vor allem von steuerlichen Gesichtspunkten, ab.

549/3 Die soeben dargestellten Unterschiede in der zivilrechtlichen Grundkonzeption der beiden Formen des Unternehmensübergangs sind vor allem in **zwei Bereichen** mit gravierenden weiteren Folgen verbunden, und zwar im Zusammenhang mit dem **Übergang unternehmensbezogener Rechtsverhältnisse** und der potentiellen **Gefährdung von Gläubigerinteressen**. Da es beim **share deal** zu keiner Änderung des Unternehmensträgers kommt, ist auch keine Übertragung unternehmensbezogener Rechtsverhältnisse erforderlich; übertragen werden vielmehr nur die Anteilsrechte an der unternehmenstragenden Gesellschaft. Beim **asset deal** ist es hingegen notwendig, typischerweise eine Vielzahl an unternehmensbezogenen Rechtsverhältnissen vom Veräußerer auf den Erwerber zu übertragen. Die Abwicklung des Unternehmensübergangs wäre hier daher unter Zugrundelegung allgemeiner zivilrechtlicher Grundsätze wesentlich erschwert. Außerdem hat ein **share deal** aufgrund der damit verbundenen Kontinuität des

Unternehmensträgers grundsätzlich auch keine Auswirkungen auf dessen Vermögen. Die dem Zugriff der Gläubiger einer von einem share deal betroffenen Gesellschaft unterliegende Haftungsmasse ist von der im Hintergrund erfolgenden Anteilsübertragung nicht betroffen, so dass auch keine unmittelbare Gefährdung von Gläubigerinteressen gegeben ist. Beim **asset deal** kommt es hingegen zu einer grundlegenden Veränderung des Vermögens des Unternehmensveräußerers und damit der seinen Gläubigern dienenden Haftungsmasse: Zwar tritt an die Stelle der vom Übergang erfassten Sachwerte und Rechtsverhältnisse im Regelfall der Erlös aus der Veräußerung des Unternehmens; dieser muss aber nicht angemessen sein und kann außerdem dem Gläubigerzugriff faktisch wesentlich leichter entzogen werden als das Unternehmen als solches. Vor dem Hintergrund dieser beim asset deal bestehenden Problemlagen enthält das Gesetz im Interesse aller Beteiligten für diese Variante des Unternehmensübergangs Regelungen zum Übergang von Rechtsverhältnissen und zu den Haftungsfolgen.

b Unternehmensübergang unter Lebenden

ba Übernahme von Rechtsverhältnissen

Wird ein Unternehmen unter Lebenden auf einen anderen Rechtsträger übertragen, so würde sich eine nach **allgemeinen zivilrechtlichen Grundsätzen** erfolgende Übertragung der mit diesem Unternehmen verbundenen Rechtsverhältnisse wie erwähnt als besonders aufwändig und kostspielig darstellen. Forderungs- bzw Gestaltungsrechte müssten jeweils eigens zediert (s dazu Rz 333 ff), Verbindlichkeiten besonders übernommen (s dazu Rz 340 ff) und Verträge im Rahmen von zustimmungspflichtigen Vertragsübernahmen (s dazu Rz 345) übertragen werden. Um diesen Problemen zu begegnen, sieht das **UGB** für den Unternehmensübergang besondere **Erleichterungen** vor, die dem Grunde nach auf einen **automatischen Übergang von Rechtsverhältnissen** abzielen. § 38 Abs 1 Satz 1 UGB ordnet zu diesem Zwecke an, dass derjenige, der ein unter Lebenden erworbenes Unternehmen fortführt, zum Zeitpunkt des Unternehmensüberganges die unternehmensbezogenen, nicht höchstpersönlichen Rechtsverhältnisse des Veräußerers mit den bis dahin begründeten Rechten und Verbindlichkeiten übernimmt, sofern nichts anderes vereinbart ist. Forderungen gehen daher bei Fehlen einer entgegenstehenden Vereinbarung im Rahmen einer **Legalzession**, Verbindlichkeiten durch **gesetzlichen Schuldbeitritt** und Verträge im Zuge einer **gesetzlichen Vertragsübernahme** auf den Erwerber über. 550

550/1 Der **Unternehmenserwerb unter Lebenden** wird dabei idR auf einem Veräußerungsvertrag in Form eines **Unternehmenskaufs** beruhen. Zum Tragen kommen die in weiterer Folge darzustellenden Grundsätze aber etwa auch bei anderen Formen des mit einer Einzelrechtsnachfolge verbundenen Unternehmensüberganges, wie etwa einem Unternehmenserwerb auf Grund eines Tausches, einer Schenkung oder einer Einbringung (s dazu auch Rz 681). Die Fortführung eines Unternehmens im Wege der Pacht (s dazu Rz 403), der Leihe (s dazu Rz 405), der Fruchtnießung oder des Gebrauchsrechtes (s dazu Rz 175) – kurz also: die **zeitlich befristete Unternehmensüberlassung** – gilt hingegen gem § 38 Abs 5a UGB nicht als Unternehmenserwerb; auf diese Vorgänge finden die in weiterer Folge dargestellten Grundsätze daher weitgehend (zu Ausnahmen s Rz 550/3, 550/4) keine Anwendung.

550/2 Der gesetzlich angeordnete Rechtsübergang bezieht sich ganz allgemein auf **Rechtsverhältnisse**. Hierzu zählen daher nicht nur Verträge, sondern auch bloße Rechte oder Verbindlichkeiten, und zwar unabhängig davon, ob sie rechtsgeschäftlich begründet wurden oder auf gesetzlichen Schuldverhältnissen beruhen. Vom Rechtsübergang sind allerdings nur jene Rechtsverhältnisse erfasst, die **zum Zeitpunkt des Unternehmensüberganges** bestehen, also grundsätzlich zu jenem Zeitpunkt, in dem der Erwerber die faktische Verfügungsmacht über das Unternehmen erhält. Außerdem bezieht sich die Bestimmung nur auf **unternehmensbezogene, nicht höchstpersönliche Rechtsverhältnisse**. Für die Unternehmensbezogenheit kommt es dabei darauf an, ob die Rechtsverhältnisse mit dem Betrieb des Unternehmens in Verbindung stehen (vgl § 343 Abs 2 UGB, s dazu Rz 572 ff); als höchstpersönlich und daher nicht vom Rechtsübergang erfasst anzusehen wären zB Vorkaufsrechte, die dem Veräußerer eingeräumt worden sind (s dazu Rz 426). Schließlich steht es dem Veräußerer und dem Erwerber frei, hinsichtlich der Übergangsautomatik eine **abweichende Vereinbarung** zu treffen und einzelne oder alle unternehmensbezogenen Rechtsverhältnisse hiervon auszunehmen, also beim Veräußerer zu belassen.

550/3 Auch wenn der Veräußerer und der Erwerber für **Verträge** keine abweichende Vereinbarung treffen, also die Vertragsübernahme durch den Erwerber anstreben, so kann dennoch der **Dritte** den automatischen Übergang auf den Erwerber verhindern. Ihm steht nämlich gem § 38 Abs 2 Satz 1 UGB das Recht zu, der Übernahme seines Vertragsverhältnisses binnen dreier Monate nach Mitteilung davon sowohl gegenüber dem Veräußerer als auch gegenüber dem Erwerber zu widersprechen. Wird dieses Widerspruchsrecht ausgeübt, so besteht das Vertragsverhältnis gem § 38 Abs 2 Satz 3 UGB (nur) mit dem Veräußerer fort. Die Ausübung des **Widerspruchsrechtes** setzt **keinen wichtigen Grund** voraus. Die hierfür vorgesehene **Frist von**

drei Monaten beginnt mit der Mitteilung von der Übernahme des Vertragsverhältnisses, in welcher der Dritte auch auf sein Widerspruchsrecht hinzuweisen ist, zu laufen; unterbleibt diese Mitteilung bzw der Hinweis, so wird die Frist nicht in Gang gesetzt. Außerdem sieht § 38 Abs 3 Satz 1 UGB vor, dass der Dritte bis zur nachweislich erfolgten Mitteilung bzw dem Ablauf der Widerspruchsfrist sowohl gegenüber dem Veräußerer als auch gegenüber dem Erwerber auf das Vertragsverhältnis bezogene **Erklärungen abgeben** und seine **Verbindlichkeiten erfüllen** kann. Das zuletzt genannte Recht steht dem Dritten übrigens gem § 38 Abs 5a Satz 2 UGB auch in Fällen der **zeitlich befristeten Unternehmensüberlassung**, inbes also bei der Unternehmenspacht, zu.

Sicherheiten zugunsten unternehmensbezogener Verbindlichkeiten des Veräußerers bleiben gem § 38 Abs 1 Satz 2 UGB grundsätzlich für diese Verbindlichkeiten aufrecht. Allerdings räumt § 38 Abs 2 Satz 2 UGB auch dem **Besteller der Sicherheit** ein **Widerspruchsrecht** ein, dessen Ausübung dazu führt, dass das besicherte Vertragsverhältnis mit dem Veräußerer fortbesteht. Zudem steht gem § 38 Abs 3 Satz 2 UGB auch dem Besteller der Sicherheit das Recht zu, bis zur nachweislich erfolgten Mitteilung von der Übernahme des Vertragsverhältnisses bzw dem Ablauf der Widerspruchsfrist sowohl gegenüber dem Veräußerer als auch gegenüber dem Erwerber auf das Vertragsverhältnis bezogenen **Erklärungen abzugeben** und seine **Verbindlichkeiten zu erfüllen**. Schließlich gilt hier ebenfalls, dass das soeben dargestellte Recht gem § 38 Abs 5a Satz 2 UGB auch in Fällen der **zeitlich befristeten Unternehmensüberlassung** zur Anwendung kommt. **550/4**

Eine durch **andere Bestimmungen** begründete Übernahme von Rechtsverhältnissen durch den Erwerber bleibt gem § 38 Abs 6 UGB unberührt. Als Beispiele solcher sondergesetzlich angeordneter Vertragsübernahmen anzuführen sind insbes § 12a Abs 1 MRG (Mietverträge), § 3 Abs 1 AVRAG (Arbeitsverträge), § 11 Abs 1 MarkSchG (Markenrechte) und § 69 Abs 1 VersVG (Versicherungsverträge). **550/5**

bb Haftung von Veräußerer und Erwerber

551 Die Vorschriften über die Übernahme von Rechtsverhältnissen werden durch besondere Haftungsfolgen ergänzt, die verhindern sollen, dass die Gläubiger bzw Vertragspartner des Veräußerers durch den Inhaberwechsel Nachteile erleiden. Das Grundprinzip lautet dabei, dass neben dem Veräußerer auch der Erwerber des Unternehmens im Rahmen eines **gesetzlichen Schuldbeitritts** für die bis zum Unternehmensübergang begründeten Verbindlichkeiten aus den unternehmensbezogenen Rechtsverhältnissen haften soll, wenn nicht eine der in § 38 Abs 5 UGB angeführten Ausnahmen (Unternehmenserwerb im

Wege eines Zwangsvollstreckungs- bzw Insolvenzverfahrens oder einer Überwachung des Schuldners durch einen Treuhänder der Gläubiger) vorliegt. Im Einzelnen ist dabei wie folgt zu differenzieren:

551/1 Die **Haftung des Veräußerers** hängt davon ab, ob der Erwerber das betreffende unternehmensbezogene Rechtsverhältnis übernimmt. Ist dies nicht der Fall, so bleibt die Haftung des Veräußerers aus diesem Rechtsverhältnis **unverändert aufrecht**; das gilt unabhängig davon, ob die Nichtübernahme des Rechtsverhältnisses auf einer diesbezüglichen Vereinbarung zwischen dem Veräußerer und dem Erwerber (s dazu Rz 550/1) oder auf einem Widerspruch des Dritten (s dazu Rz 550/3) beruht. Übernimmt der Erwerber hingegen das betreffende Rechtsverhältnis, so kommt zugunsten des Veräußerers die **Nachhaftungsbegrenzung** des § 39 UGB zum Tragen (vgl § 38 Abs 1 Satz 3 UGB): Er haftet dann für die bis zum Unternehmensübergang entstandenen Verbindlichkeiten nur, soweit sie vor Ablauf von **fünf Jahren** nach dem Unternehmensübergang **fällig** werden; Ansprüche daraus **verjähren** innerhalb der für die jeweilige Verbindlichkeit geltenden Verjährungsfrist, **längstens** jedoch in **drei Jahren**. Wird eine Verbindlichkeit daher am letzten Tag der Fünfjahresfrist fällig, so muss der Veräußerer unter Berücksichtigung der daran anschließenden dreijährigen Verjährungsfrist für die Dauer von **acht Jahren** ab der Unternehmensübertragung mit einer Inanspruchnahme aus dieser Verbindlichkeit durch den Gläubiger rechnen.

552 Auch für die **Haftung des Erwerbers** ist danach zu differenzieren, ob er das betreffende, bis zum Unternehmensübergang begründete Rechtsverhältnis übernimmt. Ist dies der Fall, so haftet er naturgemäß auf Grund dieser Übernahme neben dem Veräußerer **unbeschränkt** und **zwingend** für die daraus resultierenden Verbindlichkeiten. Gem § 38 Abs 4 UGB haftet der Erwerber aber auch für jene Verbindlichkeiten, die mit von ihm nicht übernommenen unternehmensbezogenen Rechtsverhältnissen des Veräußerers verbunden sind; das gilt auch, wenn der Erwerber nur einzelne Verbindlichkeiten nicht übernimmt. Allerdings kann die Haftung für diese Verbindlichkeiten mit Wirksamkeit gegenüber Dritten beschränkt oder ausgeschlossen werden, wenn **„beim Unternehmensübergang“** – also zeitnah zu diesem, wobei ein Haftungsausschluss nach Ablauf eines Monats seit dem Unternehmensübergang als verspätet erachtet wurde – eine diesbezügliche **abweichende Vereinbarung** im Firmenbuch eingetragen, auf verkehrsübliche Weise bekannt gemacht oder dem Dritten vom Veräußerer oder Erwerber mitgeteilt worden ist. Der Haftungsausschluss kann sich dabei entweder als **genereller Haftungsausschluss** auf alle Verbindlichkeiten oder als **individueller Haftungsausschluss** bloß auf bestimmte Verbindlichkeiten aus den nicht übernommenen Rechtsverhältnissen beziehen.

Ein völliger Haftungsausschluss ist im Außenverhältnis jedoch insofern nicht möglich, als gem § 38 Abs 6 UGB eine durch **andere Bestimmungen** begründete Haftung des Erwerbers unberührt bleibt. Eine solche Haftung kann sich insbes aus dem **allgemeinen Haftungstatbestand** des § 1409 ABGB ergeben. Demnach haftet der Übernehmer eines Unternehmens unbeschadet der fortdauernden Haftung des Veräußerers für die zum Unternehmen gehörigen Schulden, die er bei der Übergabe kannte oder kennen musste. § 1409 ABGB setzt eine **Veräußerung** des Unternehmens voraus; auch diese Bestimmung kommt daher etwa in Fällen einer bloßen Gebrauchsüberlassung, also einer Unternehmenspacht, nicht zur Anwendung (vgl dazu auch § 38 Abs 5a UGB bzw Rz 550/1). § 1409 ABGB begründet ebenfalls einen **gesetzlichen Schuldbeitritt**; der Erwerber haftet neben dem Veräußerer unmittelbar und persönlich für die zum Unternehmen gehörenden Schulden. Der Erwerber haftet aber im Unterschied zu § 38 UGB nur für die Schulden, die er **kannte oder kennen musste**; die Beweislast hierfür trifft – außer beim Erwerb durch nahe Angehörige (vgl § 1409 Abs 2 ABGB) – den Gläubiger. Der Erwerber wird – ebenfalls im Unterschied zu § 38 UGB – überdies von der Haftung insoweit frei, als an Schulden schon so viel berichtigt wurden, wie der Wert des übernommenen Unternehmens beträgt. Die Haftung des Erwerbers besteht daher nur bis zum **Wert der übernommenen Aktiven**; entscheidend ist hierfür der gemeine Wert des Unternehmens im Zeitpunkt der Übergabe, nicht etwa der vereinbarte Kaufpreis. Ein **Entfall der Haftung** tritt insbes auch insoweit ein, als der Kaufpreis vom Erwerber oder auch vom Veräußerer zur Bezahlung von Gläubigerforderungen verwendet wird. Die soeben dargestellte Haftung ist – mit Ausnahme der Sonderfälle des § 1409a ABGB (Unternehmenserwerb im Wege eines Zwangsvollstreckungs- bzw Insolvenzverfahrens oder einer Überwachung des Schuldners durch einen Treuhänder der Gläubiger) – **zwingend**; entgegenstehende Vereinbarungen zwischen dem Veräußerer und dem Erwerber zum Nachteil der Gläubiger sind diesen gegenüber unwirksam (§ 1409 Abs 3 ABGB). **553**

Hinzuweisen ist schließlich noch darauf, dass sich in einer Reihe **sondergesetzlicher Vorschriften** weitere Haftungsanordnungen für bestimmte unternehmensbezogene Verbindlichkeiten finden (vgl § 6 AVRAG, § 14 Abs 1 BAO, § 67 Abs 4 ASVG). **554**

c Unternehmenserwerb von Todes wegen

555 Wird ein zu einer **Verlassenschaft gehörendes Unternehmen** von dem **Erben fortgeführt**, so wird die sich aus den **bürgerlichrechtlichen Vorschriften** ergebende Haftung des Erben durch die **unternehmensrechtliche Sondervorschrift** des § 40 UGB überlagert. § 40 Abs 1 UGB ordnet diesbezüglich eine von der konkreten Ausgestaltung der Erbenhaftung unabhängige **unbeschränkte Haftung** für die **unternehmensbezogenen Verbindlichkeiten** an. Diese unbeschränkte Haftung tritt gem § 40 Abs 2 UGB allerdings dann nicht ein, wenn die **Fortführung des Unternehmens** spätestens **drei Monate nach der Einantwortung eingestellt** oder die **Haftung gem § 38 Abs 4 UGB** (s dazu Rz 552) ausgeschlossen wird.

556 Entfällt die unternehmensrechtliche Haftung wegen rechtzeitiger Einstellung des Unternehmens oder wegen eines wirksamen Haftungsausschlusses, so trifft den Erben nur die **Haftung nach Erbrecht**. Ihr Umfang hängt dann davon ab, ob der Erbe eine **unbedingte oder bedingte Erbantrittserklärung** abgegeben hat und ein **Inventar** errichtet wurde (vgl §§ 799 ff ABGB): Mit der unbedingten Erbantrittserklärung übernimmt der Erbe die Haftung für alle Schulden des Verstorbenen (§ 801 ABGB), eine bedingte Erbantrittserklärung führt in Verbindung mit der Inventarerrichtung zu einer auf die Verlassenschaft beschränkten Erbenhaftung (§ 802 ABGB).

5 Prokura und Handlungsvollmacht

a Grundsätzliches

557 Gerade im unternehmerischen Geschäftsverkehr besteht die wirtschaftliche Notwendigkeit, Rechtshandlungen durch Stellvertreter vornehmen zu lassen. Das UGB trägt diesen Bedürfnissen durch die besondere Regelung zweier **spezifischer Formen der Vertretung** Rechnung, nämlich der **Prokura** (§§ 48 bis 53 UGB) und der **Handlungsvollmacht** (§§ 54 bis 58 UGB). Beide sind Formen einer rechtsgeschäftlichen Vertretung, also einer **Bevollmächtigung** (dazu Rz 71 ff); ihre wesentlichen Unterschiede liegen in der Erteilung und im Umfang.

b Prokura

Die Erteilung einer **Prokura** ist dem **in das Firmenbuch eingetragenen Unternehmer** vorbehalten (§ 48 Abs 1 UGB). Sie muss vom **Unternehmer persönlich** oder von seinem **gesetzlichen Vertreter** erteilt werden; nicht zulässig ist daher die Erteilung durch einen rechtsgeschäftlichen Vertreter, etwa einen anderen Prokuristen. Die Prokura ist **ausdrücklich** zu erteilen, so dass eine bloß konkludente Erteilung nicht in Betracht kommt; eine bestimmte Form ist aber nicht vorgeschrieben. Je nachdem, ob die Prokura einer einzelnen Person zur alleinigen Vertretung oder mehreren Personen zur gemeinschaftlichen Vertretung erteilt wurde, unterscheidet man zwischen **Einzelprokura** und **Gesamtprokura** (vgl § 48 Abs 2 UGB). Die Erteilung der Prokura wie auch ihre konkrete Ausgestaltung als Einzel- oder Gesamtprokura sind vom Unternehmer zur **Eintragung in das Firmenbuch** anzumelden (§ 53 Abs 1 UGB); diese Eintragung wirkt zwar nur **deklarativ** (s dazu Rz 540/3), sie ist aber **zwingend** vorzunehmen. 558

Die Prokura ist eine besonders umfassende unternehmensrechtliche Vollmacht. Sie ermächtigt zu **allen Arten von gerichtlichen und außergerichtlichen Geschäften und Rechtshandlungen**, die der **Betrieb eines Unternehmens** mit sich bringt (§ 49 Abs 1 UGB). Sie deckt insbes auch Geschäfte, die im Betrieb des betreffenden Unternehmens nicht üblich sind (zB die Anschaffung einer Mischmaschine für eine Bäckerei). **Nicht gedeckt** vom gesetzlichen Umfang sind aber **nichtunternehmensbezogene Rechtshandlungen** (zB familien- oder erbrechtliche Geschäfte), **nichtbetriebliche Handlungen** (zB die Veräußerung oder Einstellung des Unternehmens), die dem Unternehmer vorbehaltenen **Prinzipalgeschäfte** (zB die Erteilung einer Prokura) sowie bei Fehlen einer entsprechenden besonderen Befugnis die **Veräußerung und Belastung von Grundstücken** (§ 49 Abs 2 UGB). **Interne Beschränkungen** der Prokura sind Dritten gegenüber unwirksam, aber im Innenverhältnis zu beachten; ihre Verletzung macht den Prokuristen uU schadenersatzpflichtig. 559

Die Prokura **endet** durch den jederzeitigen, auch formlos möglichen **Widerruf** seitens des Vertretenen (§ 52 Abs 1 UGB); dieses Recht des Geschäftsherrn ist unverzichtbar und kann durch Vertrag nicht ausgeschlossen werden. **Weitere Endigungsgründe** sind insbes die Kündigung durch den Prokuristen, die Eröffnung des Konkursverfahrens über das Vermögen des Prokuristen bzw des Geschäftsherrn und der Tod des Prokuristen; hingegen endet die Prokura namentlich nicht durch den Tod des Unternehmers (§ 52 Abs 3 UGB). Das Erlöschen der Prokura ist in gleicher Weise wie die Erteilung zur **Eintragung in das Firmenbuch** anzumelden (§ 53 Abs 3 UGB). 560

c Handlungsvollmacht

561 Anders als die Prokura kann die **Handlungsvollmacht** durch **jeden Unternehmer**, also auch durch einen nicht in das Firmenbuch eingetragenen Unternehmer, ja sogar durch **rechtsgeschäftliche Vertreter** eines Unternehmers, wie zB Prokuristen, erteilt werden. Die Handlungsvollmacht kann auch durch **konkludentes Verhalten** erteilt werden; für sie ist **keine Eintragung in das Firmenbuch** vorgesehen.

562 Die Handlungsvollmacht umfasst prinzipiell alle Geschäfte und Rechtshandlungen, die der Betrieb eines derartigen Unternehmens oder die Vornahme derartiger Geschäfte gewöhnlich mit sich bringt. Wesentlich ist somit die **Beschränkung auf Geschäfte der betreffenden Branche** und auf **gewöhnliche Geschäfte**. Im Übrigen unterscheidet das Gesetz je nach Umfang der Handlungsvollmacht zwischen der **General-**, **Art- und Spezialhandlungsvollmacht** (vgl § 54 Abs 1 UGB). **Beschränkungen der Handlungsvollmacht** bestehen ferner in Bezug auf die Veräußerung oder Belastung von Grundstücken, die Eingehung von Wechselverbindlichkeiten, die Aufnahme von Darlehen und die Prozessführung; hierzu ist der Handlungsbevollmächtigte nur ermächtigt, wenn ihm eine solche Befugnis besonders erteilt worden ist (§ 54 Abs 2 UGB). **Sonstige Beschränkungen** sind ebenfalls zulässig; ein Dritter braucht sie aber nur dann gegen sich gelten lassen, wenn er sie kannte oder kennen musste (§ 55 UGB).

563 Die Handlungsvollmacht **endet** im Wesentlichen aus denselben Gründen wie die Prokura (s dazu Rz 560); allerdings ist hier ein Verzicht auf die jederzeitige Widerrufsmöglichkeit grundsätzlich zulässig (§ 58 Abs 1 UGB).

6 Handelsvertreter und Handelsmakler

a Grundsätzliches

564 IZm den Allgemeinen Bestimmungen des UGB werden regelmäßig der **Handelsvertreter** und der **Handelsmakler** miterörtert. Der Grund dafür liegt darin, dass diese **selbständigen unternehmerischen Hilfspersonen** ursprünglich im ersten Buch des HGB über den Handelsstand in zwei eigenen Abschnitten geregelt waren. Nunmehr finden sich die Rechtsgrundlagen allerdings in Sondergesetzen, und zwar für den Handelsvertreter im – durch die Handelsvertreter-RL der EG mitgeprägten – Handelsvertretergesetz (HVertrG) und für den Handelsmakler im Maklergesetz (MaklerG).

b Handelsvertreter

Handelsvertreter (Handelsagent) ist, wer von einem anderen (dem „Unternehmer") mit der Vermittlung oder dem Abschluss von Geschäften, ausgenommen über unbewegliche Sachen, in dessen Namen und für dessen Rechnung ständig betraut ist und diese Tätigkeit selbständig und gewerbsmäßig ausübt (§ 1 Abs 1 HVertrG). Dem Handelsvertreter kommt also die Funktion als **Absatz-** bzw **Umsatzmittler** im Rahmen des Vertriebes der Waren des Unternehmers zu. Während der **Vermittlungsvertreter** Rechtsgeschäfte zwischen Geschäftsherrn und Dritten bloß vorbereitet, ist der **Abschlussvertreter** unmittelbarer Stellvertreter des Unternehmers und als solcher zum Abschluss von Rechtsgeschäften in dessen Namen befugt. **565**

Mit dem Handelsvertreter funktional verwandt ist der **Vertragshändler**. Dabei handelt es sich um einen Unternehmer, der in die Vertriebsorganisation eines Herstellers von Markenwaren eingegliedert ist und die Vertragswaren im Vertragsgebiet vertreibt. Als Sonderform des Vertragshändlers stellt sich der besonders stark in die Vertriebsorganisation eingebundene **Franchisenehmer** dar (dazu oben Rz 413). Beiden ist gemeinsam, dass sie – im Unterschied zum Handelsvertreter – **im eigenen Namen** und **für eigene Rechnung** tätig werden. Eine ausdrückliche gesetzliche Regelung haben sie bislang nicht erfahren, allerdings werden insbes die **Schutzvorschriften des HVertrG** auf sie **analog** angewendet. Ferner finden die Vorschriften des HVertrG auf das Verhältnis zwischen einem **Kommissionsagenten** – das ist jemand, der von einem Kommittenten ständig mit Kommissionsgeschäften (s dazu Rz 576) betraut ist – und dem Kommittenten Anwendung (vgl § 383 Abs 2 UGB). **566**

Die Stellung als Handelsvertreter beruht auf dem grundsätzlich **formfreien Handelsvertreter(Agentur-)vertrag**, wobei allerdings jeder Vertragspartner eine schriftliche Vertragsausfertigung verlangen kann (vgl § 4 HVertrG). Aus diesem Vertragsverhältnis entspringen folgende wesentliche **Rechte** und **Pflichten** des Handelsvertreters: **567**

Das zentrale Recht des Handelsvertreters besteht im **Anspruch auf Provision** (§§ 8 bis 11 HVertrG). Dieser Anspruch beruht grundsätzlich auf dem **„Verdienstlichkeitsprinzip"**. Er entsteht – mit Ausnahme der Fälle der **Nachweisprovision** (vgl § 8 Abs 2 Satz 2 HVertrG), der so genannten **„Direktgeschäfte"** (vgl § 8 Abs 3 HVertrG) und der **Gebietsvertreter** (vgl § 8 Abs 4 HVertrG) – daher nur dann, wenn die Tätigkeit des Handelsvertreters ihrer Art nach geeignet war, für den Auftraggeber Vertragspartner aufzufinden und zum Vertragsabschluss zu bewegen. Unter dieser Voraussetzung gebührt eine Provision auch noch für Geschäfte, die **nach Beendigung des Vertragsverhältnisses** zustande kommen, wenn dies überwiegend auf die Tätigkeit des Handelsvertreters während des Vertragsverhältnisses zurückzuführen **568** ist und der Abschluss innerhalb einer angemessenen Frist nach Vertragsbeendigung erfolgt oder die verbindliche Erklärung des Dritten, das Geschäft schließen zu wollen, noch vor Beendigung des Handelsvertretervertrages dem Handelsvertreter oder Unternehmer zugegangen ist (§ 11 Abs 1 HVertrG). Von besonderer Bedeutung ist ferner der **Ausgleichsanspruch** des Handelsvertreters (vgl § 24 HVertrG). Dieser Anspruch dient der Abgeltung jener Vorteile, die dem Unternehmer aus der Vertretertätigkeit noch nach Ende des Handelsvertretervertrages zukommen. Er setzt voraus, dass der Handelsvertreter dem Unternehmer **neue Kunden zugeführt** oder bereits **bestehende Geschäftsverbindungen wesentlich erweitert** hat, daraus **erhebliche Vorteile für den Unternehmer** auch nach der Vertragsauflösung zu erwarten sind und die Ausgleichszahlung der **Billigkeit** entspricht. **Kein Ausgleichsanspruch** besteht allerdings insbes bei grundloser Kündigung oder vorzeitiger Auflösung des Vertragsverhältnisses durch den Handelsvertreter sowie bei einer Kündigung oder vorzeitigen Auflösung durch den Unternehmer wegen eines vom Handelsvertreter verschuldeten wichtigen Grundes. Der Ausgleich hat **angemessen** zu sein; mangels anderer Vereinbarung beträgt er **höchstens eine Jahresvergütung**, berechnet nach dem Durchschnitt der letzten fünf Jahre. Weitere Rechte des Handelsvertreters bestehen im **Anspruch auf Unterstützung** durch den Unternehmer (§ 6 HVertrG), im **Ersatz von besonderen Auslagen** (§ 13 Abs 2 HVertrG), im **Recht auf Einsicht in die Bücher** zur Prüfung der Richtigkeit der Provisionsabrechnung (§ 16 HVertrG) und im **Zurückbehaltungsrecht** an den ihm vom Unternehmer übergebenen Mustern (§ 19 HVertrG).

569 Als wesentliche **Pflicht** des Handelsvertreters ist auf die **Bemühungspflicht** zu verweisen (§ 5 HVertrG): Der Handelsvertreter hat sich um die Vermittlung bzw den Abschluss der Geschäfte zu bemühen und dabei die **Sorgfaltspflicht** eines ordentlichen Unternehmers wahrzunehmen. Er hat dem Unternehmer die erforderlichen Mitteilungen zu machen, wobei ihn insbes eine **Benachrichtigungspflicht** über die für ihn geschlossenen Geschäfte trifft. Weiters ist dem Handelsvertreter bei Fehlen eines abweichenden Handelsbrauchs ohne Einwilligung des Unternehmers die **Annahme von Belohnungen** seitens des Dritten, mit dem er für den Unternehmer Geschäfte schließt oder vermittelt, **verboten** (§ 7 HVertrG).

570 Abgesehen von der einvernehmlichen Auflösung **endet** der Handelsvertretervertrag durch **Fristablauf** (§ 20 HVertrG), **Kündigung** (vgl § 21 HVertrG, der nach Maßgabe der bisherigen Vertragsdauer gestaffelte Kündigungsfristen vorsieht), **vorzeitige Auflösung** (§ 22 HVertrG) und **Eröffnung des Konkursverfahrens über das Vermögen des Unternehmers** (§ 26 HVertrG).

c Handelsmakler

Makler ist, wer auf Grund einer privatrechtlichen Vereinbarung **(Maklervertrag)** für einen Auftraggeber **Geschäfte** mit einem Dritten **vermittelt**, **ohne ständig** damit **betraut** zu sein (§ 1 MaklerG). **Handelsmakler** im Besonderen ist, wer als Makler gewerbsmäßig Geschäfte über **Gegenstände des Handelsverkehrs** vermittelt (§ 19 Abs 1 MaklerG). Auch dem Handelsmakler kommt somit **Absatz-** bzw **Umsatzmittlerfunktion** zu; im Unterschied zum Handelsvertreter ist er aber **nicht ständig** vom selben Auftraggeber **betraut**, hat grundsätzlich **die Interessen beider Seiten zu wahren**, ist **nicht zum Tätigwerden verpflichtet** und bloß als **Vermittlungsvertreter** in Bezug auf Verträge über **Gegenstände des Handelsverkehrs** tätig. Eine praktisch besonders wichtige Form des Handelsmaklers ist der gesetzlich auch durch einige Sondervorschriften geregelte **Versicherungsmakler** (vgl §§ 26 bis 32 MaklerG). 571

C Unternehmensbezogene Geschäfte

Literatur: wie oben III/A und *Apathy/Iro/Koziol* (Hg), Österreichisches Bankvertragsrecht Bd VII[2]: Factoring, Leasing und Forfaitierung (2014); *Csoklich*, Einführung in das Transportrecht (1990); *Flohr/Petsche* (Hg), Franchiserecht – Deutschland und Österreich[2] (2008); *Gruber*, Unternehmensbezogene Geschäfte[11] (2013); *Harrer*, Neue Vertragstypen im Handelsrecht (2001); *Mohr*, Der Franchisevertrag (1999); *Pöltner/Horak*, Crowdfunding und Crowdinvesting (2015); *Schütz/Schärmer*, Transportrecht (2013).

1 Begriff und Bedeutung

Das Vierte Buch des UGB über die unternehmensbezogenen Geschäfte ist auf **Unternehmer iSd §§ 1 bis 3 UGB** sowie auf **juristische Personen des öffentlichen Rechts** anzuwenden (§ 343 Abs 1 UGB); erfasst sind damit grundsätzlich auch Angehörige der freien Berufe sowie Land- und Forstwirte (s dazu auch Rz 529). **Unternehmensbezogene Geschäfte** sind dabei alle Geschäfte eines Unternehmers, die zum Betrieb seines Unternehmens gehören (§ 343 Abs 2 UGB); Geschäfte, die eine **natürliche Person** vor Aufnahme des Betriebes ihres Unternehmens zur Schaffung der Voraussetzungen dafür tätigt **(Vorbereitungsgeschäfte)**, gelten allerdings noch nicht als unternehmensbezogene Geschäfte (§ 343 Abs 3 UGB). 572

572/1 Erfasst werden damit alle ein-, zwei- oder mehrseitigen, auch unentgeltlichen **Rechtsgeschäfte und Rechtshandlungen**, an denen **mindestens ein Unternehmer beteiligt** ist, sofern dieser **im Betrieb seines Unternehmens** tätig wird. Um Abgrenzungsschwierigkeiten zwischen dem betrieblichen und dem privaten Bereich des Unternehmers zu vermeiden, ist dabei vorgesehen, dass die von einem Unternehmer vorgenommenen Rechtsgeschäfte **im Zweifel als zum Betrieb seines Unternehmens gehörig** gelten (§ 344 UGB). **Beiderseitige unternehmensbezogene Geschäfte** sind für beide Parteien ein unternehmensbezogenes Geschäft, während **einseitige unternehmensbezogene Geschäfte** nur für einen der Beteiligten ein unternehmensbezogenes Geschäft darstellen. Allerdings kommen gem § 345 UGB auf ein Rechtsgeschäft, das (nur) für einen der beiden Teile ein unternehmensbezogenes Geschäft ist, die Vorschriften des Vierten Buches des UGB dennoch für beide Teile zur Anwendung; dies gilt aber dann nicht, wenn sich aus diesen Vorschriften – wie dies zumeist der Fall ist (vgl zB §§ 346 bis 354, 369 bis 371, 377 bis 381 UGB) – etwas anderes ergibt.

573 Von **Bedeutung** ist der Begriff des unternehmensbezogenen Geschäftes vor allem insofern, als das UGB in seinem Vierten Buch für diese Geschäfte eine Reihe von **Besonderheiten gegenüber dem allgemeinen bürgerlichen Recht** vorsieht. Damit soll auf die spezifischen Anforderungen des unternehmerischen Geschäftsverkehrs Rücksicht genommen werden, der durch das Erfordernis besonderer Raschheit, erhöhten Gutglaubensschutzes und weitgehender Formfreiheit gekennzeichnet ist. Folgende Besonderheiten schuld- wie auch sachenrechtlicher Natur sind hierbei hervorzuheben:

- Unter Unternehmern, also bei beiderseitigen unternehmensbezogenen Geschäften, ist in Ansehung der Bedeutung und Wirkung von Handlungen und Unterlassungen auf die im Geschäftsverkehr geltenden Gewohnheiten und Gebräuche **(„Gebräuche im Geschäftsverkehr“** bzw **„Handelsbrauch“)** Rücksicht zu nehmen (§ 346 UGB). Von Bedeutung sind diese Gebräuche zum einen als Auslegungshilfe, indem bestimmte Erklärungen oder Verhaltensweisen in geschäftsverkehrsüblicher Weise interpretiert werden **(„interpretierende Gebräuche“)**. Zum anderen haben sie aber auch vertragsergänzende Funktion, insoweit sie Regelungen betreffen, die im konkreten Vertrag nicht enthalten, bei derartigen Verträgen aber üblich sind **(„ergänzende Gebräuche“)**.
- Wer aus einem Geschäft, das auf seiner Seite unternehmensbezogen ist, einem anderen zur Sorgfalt verpflichtet ist, hat für die **Sorgfalt eines ordentlichen Unternehmers** einzustehen (§ 347 UGB).
- Verpflichten sich mehrere Unternehmer gemeinsam zu einer teilbaren Leistung, so haften sie entgegen § 889 ABGB im Zweifel als **Gesamt-** bzw **Solidarschuldner** (§ 348 UGB; zum bürgerlichen

Recht s oben Rz 344). Das bedeutet, dass bei einer aus Unternehmern bestehenden Personenmehrheit auf Schuldnerseite jeder der Schuldner nicht nur auf einen Teil der Gesamtverpflichtung, sondern in Höhe der vollen Schuld haftet. Leistet einer der Gesamtschuldner den vollen Forderungsbetrag an den Gläubiger, so kann er im Regelfall gegenüber den Mitschuldnern Rückgriff bzw Regress nehmen.

- Bei unternehmensbezogenen Geschäften unter Unternehmern umfasst der **Schadenersatz** auch bei leichter Fahrlässigkeit den entgangenen Gewinn (§ 349 UGB; zum Umfang der Ersatzpflicht nach bürgerlichem Recht s Rz 484 f). Die unternehmensrechtliche Sonderregel gilt nur für vertragliche Schadenersatzansprüche aus unternehmensbezogenen Geschäften, nicht hingegen für die deliktische Haftung (zur Unterscheidung s Rz 489).
- Zulasten eines Unternehmers kann die Anwendung des § 934 ABGB über die **Verkürzung über die Hälfte** vertraglich ausgeschlossen werden (§ 351 UGB, s dazu auch Rz 256 ff).
- Das in § 1335 ABGB enthaltene so genannte **„Verbot des ultra alterum tantum“**, demzufolge der Gläubiger das Recht auf Zinsen und Zinseszinsen in Ermangelung ihrer gerichtlichen Geltendmachung verliert, wenn diese den Kapitalbetrag erreicht haben, ist auf Geldforderungen gegen einen Unternehmer nicht anzuwenden (§ 353 UGB).
- Für unternehmensbezogene Geschäfte besteht eine **Entgeltlichkeitsvermutung**, und zwar auch zugunsten des nichtunternehmerischen Vertragspartners. Ist kein besonderes Entgelt bestimmt und auch nicht Unentgeltlichkeit vereinbart, so gilt ein angemessenes Entgelt als bedungen (§ 354 UGB).
- Die §§ 355 ff UGB befassen sich mit dem **Kontokorrent**. Darunter versteht man eine im Rahmen einer Geschäftsverbindung mit einem Unternehmer getroffene Vereinbarung, dass die aus der Verbindung entspringenden beiderseitigen Ansprüche und Leistungen nebst Zinsen in Rechnung gestellt und in regelmäßigen Zeitabschnitten durch Verrechnung und Feststellung des für den einen oder anderen Teil sich ergebenden Überschusses ausgeglichen werden.
- Bezüglich der **Pfandverwertung** (s dazu Rz 166) ist in § 368 Abs 1 UGB vorgesehen, dass an die Stelle der in § 466b Abs 1 ABGB bestimmten Monatsfrist eine solche von einer Woche tritt, wenn die Verpfändung auf der Seite des Pfandgläubigers und des Pfandbestellers ein unternehmensbezogenes Geschäft ist.
- Das unternehmerische **Zurückbehaltungsrecht** bzw **Retentionsrecht** gewährt über bürgerlichrechtliche Grundsätze (s dazu oben Rz 161) hinausgehend kein bloßes Sicherungs-, sondern auch ein pfandähnliches Befriedigungsrecht (zu Voraussetzungen und Verfahren vgl im Einzelnen §§ 369 ff UGB).

- Mit dem Zahlungsverzugsgesetz (ZVG, BGBl I 2013/50) wurde im Vierten Buch des UGB ein neuer Achter Abschnitt zur Regelung des **Zahlungsverzugs** eingefügt. Die damit angesprochenen Bestimmungen der §§ 455 bis 460 UGB gelten für Rechtsgeschäfte zwischen Unternehmern sowie für Rechtsgeschäfte zwischen einem Unternehmer und einer juristischen Person des öffentlichen Rechts (§ 455 UGB). Bei der Verzögerung der Zahlung von Geldforderungen aus solchen Geschäften beträgt der **gesetzliche Verzugszinssatz** 9,2 Prozentpunkte über dem Basiszinssatz. Derzeit (Stand: 31.8.2015) daher 9,08 %. Dieser Zinssatz kommt aber nur zur Anwendung, wenn der Schuldner die Verzögerung der Zahlung zu verantworten hat; anderenfalls sind nur die in § 1000 Abs 1 ABGB bestimmten Verzugszinsen von 4 % pro Jahr zu entrichten (§ 456 UGB). Die Dauer eines gesetzlich oder vertraglich vorgesehenen **Abnahme- oder Überprüfungsverfahrens** zur Feststellung der vertragsgemäßen Leistungserbringung darf höchstens 30 Tage ab dem Empfang der Ware oder der Erbringung der Dienstleistung betragen; die Vereinbarung einer längeren Frist kann nur ausdrücklich getroffen werden und ist nur zulässig, soweit dies für den Gläubiger nicht grob nachteilig ist (§ 457 UGB). Gläubiger haben bei Zahlungsverzug Anspruch auf eine vom Nachweis eines Verschuldens oder Schadens unabhängige **Pauschalentschädigung** für Betreibungskosten iHv € 40,– (§ 458 UGB). Eine Vertragsbestimmung über den Zahlungstermin, die Zahlungsfrist, den Verzugszinssatz oder die Entschädigung für Betreibungskosten, die für den Gläubiger grob nachteilig ist, ist **nichtig**. Zahlungsfristen bis 60 Tage gelten dabei keinesfalls, der Ausschluss von Verzugszinsen jedenfalls und der Ausschluss der Pauschalentschädigung für Betreibungskosten in der Regel als grob nachteilig (§ 459 UGB). Unternehmer, die im geschäftlichen Verkehr ohne sachliche Rechtfertigung grob nachteilige Vertragsbestimmungen verwenden oder grob nachteilige Geschäftspraktiken idS ausüben, können im Wege einer **Verbandsklage** auf Unterlassung geklagt werden (§ 460 UGB).

2 Wichtige unternehmensbezogene Geschäfte

a Warenkauf

574 Der Abschluss von Kaufverträgen gehört ohne Zweifel zu den wichtigsten Rechtsgeschäften des unternehmerischen Rechtsverkehrs. Dieser Bedeutung trägt das Allgemeine Unternehmensrecht dadurch Rechnung, dass es für den **Warenkauf** in einem eigenen Abschnitt

des UGB eine Reihe von **Sondervorschriften** (§§ 373 bis 381 UGB) vorgesehen hat, die vor allem der raschen Abwicklung dienen sollen. Im Übrigen finden auf den Warenkauf allerdings die **allgemeinen Vorschriften des bürgerlichen Rechts** über den Kauf (§§ 1053 ff ABGB, s dazu Rz 415 ff) Anwendung.

Damit ein Kaufvertrag zum Warenkauf iSd UGB wird, müssen einige **Voraussetzungen** erfüllt sein. Zum Ersten muss es sich beim **Kaufgegenstand** um **Waren**, also körperliche bewegliche Sachen, oder **Wertpapiere** handeln (vgl § 381 Abs 1 UGB). Die in weiterer Folge zu erörternden Sondervorschriften finden allerdings auch auf Werkverträge über die Herstellung körperlicher beweglicher Sachen **(„Werklieferungsverträge")** und **Tauschverträge** über körperliche bewegliche Sachen Anwendung (vgl § 381 Abs 2 UGB). Weiters muss wenigstens einer der **Vertragspartner Unternehmer** sein. Außerdem muss der Kauf für wenigstens einen beteiligten Unternehmer **betriebszugehörig** sein. Sind diese Voraussetzungen erfüllt, so unterliegt der Vertrag insbes den folgenden **Besonderheiten**: 575

- Gerät der Käufer mit der Abnahme der Ware in Verzug **(Gläubigerverzug des Käufers)**, so stehen dem Verkäufer zusätzlich zu den Rechtsbehelfen nach dem bürgerlichen Recht (s dazu Rz 292 ff, 359) ein **erweitertes Hinterlegungsrecht** ohne gerichtliche Genehmigung und das **Recht auf Selbsthilfeverkauf** der Ware zu (§§ 373 f UGB).
- Für den Fall, dass der Gläubiger **Schadenersatz wegen Nichterfüllung** verlangt, enthält § 376 UGB nähere Bestimmungen zur Schadensberechnung bei abstrakten – also unter Zugrundelegung des Börsen- oder Marktpreises fiktiv vorgenommenen – bzw konkreten – also tatsächlich vorgenommenen – Deckungsgeschäften.
- Die Geltendmachung von Gewährleistungsansprüchen, von Schadenersatzansprüchen wegen des Mangels selbst sowie von Ansprüchen aus einem Irrtum über die Mangelfreiheit der Sache ist bei **beiderseitigen unternehmensbezogenen Warenkäufen** – also wenn sowohl Käufer als auch Verkäufer Unternehmer sind und der Kaufvertrag jeweils betriebszugehörig ist – von der Beachtung der **unternehmerischen Rügeobliegenheit** abhängig. Der Käufer hat demnach die Ware nach der Ablieferung durch den Verkäufer im Rahmen des ordnungsgemäßen Geschäftsganges zu untersuchen **(Untersuchungsobliegenheit)**. Werden dabei Mängel festgestellt, so sind diese dem Verkäufer binnen angemessener Frist anzuzeigen **(Mängelanzeige)**. Für diese Anzeige bestehen von Gesetzes wegen zwar keine besonderen Formvorschriften, die festgestellten Mängel sind aber genau zu bezeichnen. Tritt der Mangel trotz sachgemäßer Untersuchung erst später hervor **(verborgener Mangel)**, so ist er in angemessener Frist nach seiner Entdeckung zu rügen. Diese Erfordernisse bestehen uneingeschränkt bei **Qualitätsmän-**

geln; **Quantitätsmängel** bzw Mehr- oder Wenigerlieferungen und **Falsch-** bzw **Aliudlieferungen** – also die Lieferung einer anderen als der bestellten Sache – sind hingegen nur dann zu rügen, wenn die gelieferte Ware nicht offensichtlich von der Bestellung so erheblich abweicht, dass der Verkäufer eine Genehmigung durch den Käufer als ausgeschlossen betrachten musste. Außerdem kann sich der Verkäufer dann nicht auf die Rügeobliegenheit berufen, wenn er den Mangel **vorsätzlich oder grob fahrlässig verursacht oder verschwiegen** hat (§§ 377 f UGB).

b Kommissionsgeschäft

576 **Kommissionär** ist, wer es übernimmt, **Waren oder Wertpapiere** für **Rechnung eines anderen** (des **Kommittenten**) im **eigenen Namen** zu **kaufen** oder zu **verkaufen**. Die Vorschriften über das Kommissionsgeschäft gelten auch für andere Geschäfte, insbes Werklieferungen, die ein Unternehmer für Rechnung eines anderen im eigenen Namen zu schließen übernimmt. Außerdem finden diese Vorschriften auf das Verhältnis eines **Kommissionsagenten** zu den Kunden Anwendung (§ 383 UGB, s dazu Rz 566). Das Kommissionsgeschäft schafft für den Kommittenten die Möglichkeit, die Geschäftsorganisation und die Marktkenntnisse des Kommissionärs zu nutzen und/oder anonym zu bleiben. **Praktische Bedeutung** hat es vor allem im Wertpapier-, Kunst-, Antiquitäten-, Gebrauchtwagen- oder Möbelhandel.

577 Das Kommissionsgeschäft gründet sich auf den zwischen dem Kommissionär und dem Kommittenten abgeschlossenen **formfreien Kommissionsvertrag**. Darauf beruhend schließt der Kommissionär zunächst im eigenen Namen, aber für fremde Rechnung – also als **mittelbarer Stellvertreter** (s dazu Rz 65) – mit dem Dritten das **Ausführungsgeschäft** ab. Die Zuwendung des Ergebnisses des Ausführungsgeschäftes an den Kommittenten erfolgt schließlich im Rahmen des **Abwicklungsgeschäfts**.

578 Im Gesetz angeordnet ist eine Reihe von **Rechten** des Kommissionärs. Sein zentrales Recht besteht im Anspruch auf **Provision** (§ 396 Abs 1 UGB); ihre Höhe wird regelmäßig mit einem bestimmtem Prozentsatz vom Kaufpreis festgelegt. Weiters hat der Kommissionär Anspruch auf **Ersatz der Aufwendungen**, die er zum Zweck der Ausführung des Auftrags gemacht hat und den Umständen nach für erforderlich halten durfte (§ 396 Abs 2 UGB). Ferner hat er am Kommissionsgut ein **gesetzliches Pfandrecht** wegen der Forderungen aus dem betreffenden Kommissionsgeschäft und wegen aller Forderungen aus laufender Rechnung in Kommissionsgeschäften. Außerdem steht ihm ein **Befriedigungsrecht** aus dem Kommissionsgut bzw den Forderungen aus dem Ausführungsgeschäft gegenüber

dem Dritten zu (§§ 397 ff UGB). Besondere Bedeutung kommt schließlich dem **Selbsteintrittsrecht** zu. Der Kommissionär kann demnach bei einer Einkaufskommission das Gut selbst liefern bzw bei einer Verkaufskommission das Gut selbst übernehmen, wenn es sich dabei um eine Ware mit einem Börsen- oder Marktpreis bzw ein Wertpapier mit einem amtlich festgestellten Börsen- oder Marktpreis handelt, keine gegenteilige Bestimmung durch den Kommittenten erfolgt ist und die Erklärung des Selbsteintrittes spätestens mit der Ausführungsanzeige vorgenommen wird (§§ 400 ff UGB).

An **Pflichten** vorgegeben ist für den Kommissionär zunächst, dass 579
er das übernommene Geschäft mit der **Sorgfalt eines ordentlichen Unternehmers** auszuführen hat. Er muss insbes die Interessen des Kommittenten wahrnehmen – also möglichst billig kaufen bzw teuer verkaufen – und seine Weisungen – etwa in Bezug auf Limits – befolgen (§ 384 Abs 1 UGB). Ferner trifft ihn eine **Benachrichtigungspflicht** in der Weise, dass er die **Ausführung** der Kommission unverzüglich **anzuzeigen** hat und in diesem Zusammenhang den **Dritten nennen** muss (§ 384 Abs 2 und 3 UGB). Weiters muss der Kommissionär über das Geschäft **Rechenschaft ablegen** und seiner **Herausgabepflicht** über das aus der Geschäftsbesorgung Erlangte und das zur Ausführung der Kommission Erhaltene, aber nicht Verwendete, nachkommen (§ 384 Abs 2 UGB). Schließlich trifft den Kommissionär in bestimmten Fällen trotz seiner Rolle als mittelbarer Stellvertreter des Kommittenten eine **Haftung für die Erfüllung des Ausführungsgeschäftes** durch den Dritten, und zwar bei unterbliebener Namhaftmachung des Dritten mit der Ausführungsanzeige (§ 384 Abs 3 UGB), bei Vorschuss- oder Kreditgewährung an den Dritten ohne Zustimmung des Kommittenten (§ 393 Abs 1 UGB) und bei vertraglicher Haftungsübernahme bzw wenn dies am Orte seiner Niederlassung üblich ist (§ 394 UGB; **„Delkrederehaftung"**, verbunden mit dem Anspruch auf **„Delkredereprovision"**).

c Speditionsgeschäft

Spediteur ist, wer es übernimmt, **Güterversendungen durch Frachtführer** oder durch Verfrachter von Seeschiffen für **Rechnung eines anderen** (des **Versenders**) im **eigenen Namen** zu besorgen (§ 407 Abs 1 UGB). Die Ausgestaltung von Güterversendungen als eigener Geschäftstyp beruht darauf, dass die Komplexität des modernen Güterverkehrs (Reiseweg, Beförderungsmittel und -bedingungen, Zollvorschriften) die Betrauung eines sachkundigen Vermittlers nahelegt. Diese Komplexität hat überdies auch dazu geführt, dass die einschlägigen unternehmensrechtlichen Vorschriften (§§ 407 bis 414 UGB sowie die gem § 407 Abs 2 UGB subsidiär geltenden §§ 383 bis 405 580

UGB über den Kommissionär) in der Praxis nicht ausreichen und durch **Allgemeine Geschäftsbedingungen** – vor allem die **Allgemeinen Österreichischen Spediteurbedingungen** (AÖSp) mit ihren Anlagen – überlagert werden.

581 Das Speditionsgeschäft ist grundsätzlich durch ein **Vierpersonenverhältnis** gekennzeichnet: Beteiligt daran sind zunächst der **Versender** als Auftraggeber und der **Spediteur** als Beauftragter; diese schließen den **formfreien Speditionsvertrag**, durch den sich der Spediteur zur Besorgung der Güterversendung verpflichtet. Auf Grundlage des Speditionsvertrages schließt der Spediteur sodann mit dem **Frachtführer** den **Frachtvertrag** ab, und zwar im eigenen Namen, aber für fremde Rechnung; der Spediteur ist also gewissermaßen der „Kommissionär des Transportgeschäftes". Wenngleich der Spediteur somit nach dem rechtlichen Grundkonzept – und entgegen dem allgemeinen Sprachgebrauch – den Gütertransport grundsätzlich nicht selbst durchführt, sondern sich eines Frachtführers bedient, werden Spediteure in der Praxis meist doch zugleich als Frachtführer und überdies noch als Lagerhalter tätig. Als weitere Person ist am Speditionsgeschäft schließlich der **Empfänger** des Gutes beteiligt; dabei kann es sich um einen Dritten, aber auch um den Versender selbst handeln.

582 In Bezug auf die **Rechte und Pflichten** des Spediteurs kommen kraft Verweises **die für den Kommissionär geltenden Vorschriften** zur Anwendung (vgl § 407 Abs 2 UGB). Ergänzend zu den obigen Ausführungen (s dazu Rz 578 f) ist diesbezüglich auf folgende **Besonderheiten** hinzuweisen: Der Spediteur hat ein **gesetzliches Pfandrecht** am Speditionsgut wegen der Fracht, der Provision, der Auslagen und Verwendungen sowie etwaiger Vorschüsse auf das Gut (§ 410 UGB). Anders als beim Kommissionsgeschäft besteht dieses Pfandrecht aber **nur wegen konnexer Forderungen**, also wegen Forderungen aus dem betreffenden Speditionsgeschäft. Das – häufig kraft Parteienvereinbarung zur Anwendung kommende – **vertragliche Pfandrecht** nach § 50 AÖSp besteht hingegen wegen aller Ansprüche aus Speditionsgeschäften mit dem Versender, also **auch zugunsten nicht konnexer Forderungen**. Der Spediteur darf die Beförderung des Gutes und somit die Funktion als Frachtführer bei Fehlen einer entgegenstehenden Vereinbarung selbst übernehmen (§ 412 UGB); im Unterschied zum Kommissionsgeschäft bedarf dieser **Selbsteintritt** hier aber keiner ausdrücklichen Erklärung, sondern er kann **auch stillschweigend** erfolgen. IZm der **Haftung des Spediteurs** ist schließlich darauf hinzuweisen, dass der Spediteur nach Maßgabe des Gesetzes bei Verschulden an sich grundsätzlich für Verlust, Minderung, Beschädigung und verspätete Ablieferung des Speditionsgutes haftet; daraus resultierende Ansprüche verjähren in einem Jahr (§ 414 UGB). In den §§ 51 ff AÖSp findet sich eine Reihe haftungsbeschränkender bzw haftungsausschließender Vereinbarungen, be-

züglich derer allerdings die Zulässigkeitsgrenzen vertraglicher Haftungsausschlüsse zu beachten sind.

d Frachtgeschäft

Frachtführer ist, wer es übernimmt, die **Beförderung von Gütern** zu Lande oder auf Flüssen oder sonstigen Binnengewässern **auszuführen** (§ 425 UGB). **Rechtsquellen** des Frachtgeschäftes sind zunächst die §§ 425 bis 451 UGB, subsidiär die §§ 1165 bis 1171 ABGB über den Werkvertrag. Daneben ist das Frachtgeschäft seiner enormen praktischen Bedeutung wie auch seinen unterschiedlichen tatsächlichen Ausprägungen entsprechend in zahlreichen **Sondergesetzen**, wie etwa dem Güterbeförderungsgesetz (GütbefG, BGBl 1995/593), dem Übereinkommen über den Beförderungsvertrag im internationalen Straßengüterverkehr (CMR, BGBl 1961/138), dem Eisenbahn-Beförderungs- und Fahrgastrechtegesetz (EisbBFG, BGBl I 2013/40) oder dem Warschauer Abkommen über Luftfrachtgeschäft (BGBl 1961/286) geregelt, die ihrerseits zum Teil wiederum durch **Einzelvertrag** oder **AGB** ergänzt werden können. 583

Am Frachtgeschäft beteiligt sind grundsätzlich drei Personen: Der **Absender** schließt im eigenen Namen und – sofern er nicht für einen Versender tätig wird – auf eigene Rechnung mit dem **Frachtführer** den **formfreien Frachtvertrag**. Durch diesen Vertrag verpflichtet sich der Frachtführer, die Beförderung des Gutes zu übernehmen und dieses beim **Empfänger** – der wiederum mit dem Absender oder allenfalls dem Versender identisch sein kann – abzuliefern. 584

Besonderer Erwähnung bedürfen die **Urkunden des Frachtvertrages** (s dazu auch Rz 803 ff). Der **Frachtbrief** wird vom Absender auf Verlangen des Frachtführers ausgestellt (§ 426 Abs 1 UGB). Er dient als **Beweisurkunde** über den Frachtvertrag, ist aber **kein Wertpapier**. Der Frachtbrief hat die Funktion als „Garantieschein" für den Frachtführer, da der Absender für Vollständigkeit und Richtigkeit der darin enthaltenen Angaben haftet. Er reist mit dem Gut und wird nach Ankunft des Gutes dem Empfänger übergeben. Bis zur Übergabe des Frachtbriefs an den Empfänger bzw bis zur Klage des Empfängers gegen den Frachtführer hat der Absender einen Anspruch auf Herausgabe des Gutes (§ 433 Abs 2 UGB). Der **Ladeschein** wird hingegen vom Frachtführer auf Verlangen des Absenders ausgestellt (§ 444 UGB). Er enthält die Verpflichtung zur Ausfolgung des Gutes gegen Rückgabe des Ladescheines und Zahlung der Frachtgebühr. Der Ladeschein ist ein **Wertpapier** und ermöglicht als solches die Verfügung über das Gut schon vor dessen Ankunft am Ablieferungsort. In der Praxis des Landfrachtgeschäftes ist die Ausstellung von Ladescheinen allerdings nicht üblich, dem Absender wird vielmehr 585 nur ein **„Frachtbriefdoppel"** als bloße **Beweisurkunde** übergeben.

586 An **Rechten** des Frachtführers lassen sich dem Gesetz der Anspruch auf **Zahlung des Werklohnes** (der **„Fracht"**) und auf **Ersatz der Beförderungsspesen** entnehmen. Außerdem hat der Frachtführer ein **gesetzliches Pfandrecht** wegen konnexer Forderungen (§ 440 Abs 1 UGB), das durch § 50 AÖSp wiederum auf nicht konnexe Forderungen erweitert wird. Das gesetzliche Pfandrecht ist mit einem **dreitägigen Folgerecht** verbunden (§ 440 Abs 3 UGB): Der Frachtführer kann dieses Pfandrecht – entgegen dem allgemeinen Faustpfandprinzip – auch noch drei Tage nach der Ablieferung gerichtlich geltend machen, wenn das Gut noch im Besitz des Empfängers ist. IZm den **Pflichten** des Frachtführers sieht das Gesetz neben der allgemeinen **Sorgfaltspflicht** vor allem **besondere Haftungsbestimmungen** – namentlich über die **Höhe eines** von ihm zu leistenden **Schadenersatzes** (§ 430 UGB), über die **„erweiterte Leutehaftung"** (§ 431 UGB), über das **Erlöschen seiner Haftung** (§ 438 UGB) und über die **Verjährung** von gegen ihn gerichteten Ansprüchen (§ 439 UGB) – vor.

e Lagergeschäft

587 **Lagerhalter** ist, wer die **Lagerung und Aufbewahrung von Gütern** übernimmt (§ 416 UGB). Vertragspartner des Lagergeschäftes bzw des diesem zugrunde liegenden **formfreien Lagervertrages** sind der **Lagerhalter** und der **Einlagerer**. Auf das Lagergeschäft kommen neben den §§ 416 bis 424 UGB subsidiär die §§ 388 bis 390 UGB über die Kommission (vgl § 417 Abs 1 UGB, s dazu Rz 576 ff) und die §§ 957 ff ABGB über den Verwahrungsvertrag (s dazu Rz 454) zur Anwendung. Die **Verwahrung von Wertpapieren** ist im Depotgesetz (DepG) geregelt. Das **Orderlagerscheingeschäft** ist dadurch gekennzeichnet, dass der vom Lagerhalter ausgestellte Orderlagerschein ein gekorenes Orderpapier ist (s dazu Rz 762) und durch Indossament übertragen werden kann; damit wird eine Verfügung über das eingelagerte Gut ermöglicht (vgl § 424 UGB).

f Neue unternehmensrechtliche Vertragstypen

588 In der **Praxis des Wirtschaftslebens** haben sich im Laufe der letzten Jahre und Jahrzehnte etliche neue Vertragstypen herausgebildet, die im täglichen Geschäftsverkehr überragende Bedeutung erlangt haben. Diese Vertragstypen beziehen sich auf neue Finanzierungs-, Sicherungs- und Beratungsmodelle und sind im Einzelfall in unterschiedlichster Weise ausgestaltet. Eine gesetzliche Ausformung haben sie bislang überwiegend noch nicht erfahren, so dass zur Klärung offener

Rechtsfragen nicht selten auf allgemeine unternehmens- bzw bürgerlich-rechtliche Grundlagen – etwa die Regeln über die Forderungsabtretung, die Miete oder den Auftrag – zurückgegriffen werden muss.

Als Beispiele für neue **Finanzierungsmodelle** können das Factoring, die Fortfaitierung, das Leasing und das Crowdfunding bzw Crowdinvesting angeführt werden. 589

- Unter **Factoring** versteht man den rahmenvertraglich vereinbarten Ankauf von Forderungen. Die typische Vorgangsweise besteht dabei darin, dass ein auf dieses Geschäft spezialisiertes Kreditinstitut seinen Kunden Forderungen abkauft, die diese auf Grund von Warenlieferungen oder Dienstleistungen bereits erworben haben oder künftig erwerben werden. Der Finanzierungseffekt dieses Geschäftes liegt vor allem im Erwerb noch nicht fälliger Forderungen, die seitens des Factorunternehmens vorfinanziert werden. Im Regelfall übernimmt der Erwerber der Forderungen auch das Risiko der Zahlungsunfähigkeit des Schuldners **(echtes Factoring)**; unterbleibt eine derartige Übernahme des Ausfallsrisikos, so wird von **unechtem Factoring** gesprochen. Bei der häufig anzutreffenden Sonderform des **Internationalen Factoring** treten grenzüberschreitende Bezüge hinzu, namentlich dann, wenn der Factorkunde ausländische Abnehmer beliefert und seine Ansprüche in einem Rahmenvertrag an eine Factorbank abtritt.
- Das Vorliegen eines Rahmenvertrages beim Factoringgeschäft stellt auch den wesentlichen Unterschied zur **Fortfaitierung** von Forderungen dar; diese bezieht sich stets auf bestimmte einzelne (Export-)Geschäfte, bei denen der Fortfaiteur die Forderung seines Kunden gegen einen ausländischen Unternehmer erwirbt. Der Rückgriff auf den Verkäufer der Forderung wird auch bei diesem Finanzierungsinstrument zumeist vertraglich ausgeschlossen; das Risiko der Nichtbezahlung durch den Schuldner liegt also ebenfalls beim Erwerber der Forderung.
- Das Wesen des **Leasing** (s dazu Rz 411 ff) besteht darin, dass die als Finanzierer auftretende Leasinggesellschaft ein von ihrem Kunden – dem Leasingnehmer – benötigtes Wirtschaftsgut erwirbt und es diesem gegen ein laufend zu entrichtendes Entgelt für einen bestimmten Zeitraum zur Nutzung überlässt.
- **Crowdfunding** bzw **Crowdinvesting** sind zwei Formen einer so genannten **Schwarmfinanzierung**. Beiden Formen ist gemeinsam, dass die Aufbringung der Mittel idR über speziell eingerichtete Internetplattformen erfolgt. Über diese Plattformen steuert eine Vielzahl von Anlegern jeweils kleine bis mittlere Beträge in Form von Start-Up-Finanzierungen zur Verwirklichung von typischerweise besonders innovativen Projekten, Produkten oder Geschäftsideen bei. Das **Crowdfunding** zielt dabei darauf ab, die Entwicklung einzelner Produkte vom Prototyp zum marktreifen Modell voranzutreiben.

Die Anleger erhalten hier keine Anteile am Start-Up-Unternehmen, sondern idR nur eine symbolische Gegenleistung, etwa das Recht zum Erwerb des neu entwickelten Produktes, bevor es im Handel allgemein erhältlich ist. Beim **Crowdinvesting** erhalten die Investoren hingegen unterschiedlich ausgestaltete Beteiligungen – etwa Gesellschaftsanteile, Nachrangdarlehen oder Genussrechte – am Start-Up-Unternehmen; sie profitieren von dessen Gewinnen und der Aussicht auf Erlöse im Falle einer Veräußerung an einen Großinvestor. In Österreich wurde für diese Form der Start-Up-Finanzierung mit dem **Alternativfinanzierungsgesetz** (AltFG, BGBl I 2015/793) eine gesetzliche Grundlage geschaffen.

590 Aus dem Bereich neuer **Sicherungsmodelle** sind insbes die Bankgarantie, die Vinkulierung und die Patronatserklärung zu erwähnen.

- Bei der **Bankgarantie** (s dazu Rz 469) wird eine Bank von ihrem Kunden beauftragt, einem Dritten eine bestimmte Leistung – häufig eine Geldzahlung – zu garantieren. Die Verpflichtung der Bank ist dabei im Unterschied zur Bürgschaft (s dazu Rz 460 ff) nicht akzessorisch, sondern abstrakt, also grundsätzlich von einem bestehenden Grundverhältnis unabhängig.
- Die **Vinkulierung** ist im gegebenen Zusammenhang vor allem im Versicherungsrecht von Bedeutung (zur Vinkulierung von Gesellschaftsanteilen s unten Rz 706). Man versteht darunter eine – regelmäßig zu Sicherungszwecken getroffene – Vereinbarung, nach der dem Versicherungsnehmer eine Versicherungsleistung nur mit Zustimmung des begünstigten Gläubigers ausbezahlt werden darf.
- **Patronatserklärungen** wiederum sind vor allem in Konzernverhältnissen anzutreffen. Häufig werden solche Erklärungen von Muttergesellschaften abgegeben, um damit Verbindlichkeiten von Tochter- oder Enkelgesellschaften zu besichern. Je nach rechtlicher Ausgestaltung reicht die Bindungswirkung derartiger Erklärungen von bloßen Absichtserklärungen („weiche" Patronatserklärung) bis hin zu bürgschaftsähnlichen Verpflichtungen („harte" Patronatserklärung).

591 Zu den neuen **Beratungsmodellen** zählen insbes das Consulting und die Managementverträge.

- **Consulting** ist die Beratung von Unternehmen durch externe Fachleute (Unternehmensberater bzw „Consultants"), die Lösungsvorschläge für bestimmte Aufgaben oder Aufgabengebiete – etwa die Budgeterstellung oder komplexe technische Probleme – erarbeiten sollen.
- Bei einem **Managementvertrag** übernimmt der Managementgeber die Verpflichtung, das Unternehmen des Managementnehmers zu führen. Regelmäßig stellt der Managementgeber eigene personelle Ressourcen zur Verfügung, mit deren Hilfe er das Unternehmen im eigenen oder fremden Namen, grundsätzlich aber auf Rechnung des Managementnehmers, führt.

IV Grundzüge des Gesellschaftsrechts

A Grundlagen

Literatur: *Duursma/Duursma-Kepplinger/Roth M*, Handbuch zum Gesellschaftsrecht (2007); *Duursma/Duursma-Kepplinger/Roth M*, Handbuch zum Gesellschaftsrecht (www.lexisnexis.com/at); *Gurmann*, Grundzüge des Gesellschafts- und Insolvenzrechts (2014); *Kalss/Nowotny Ch/Schauer*, Österreichisches Gesellschaftsrecht (2008); *Kalss/Nowotny Ch/Schauer*, GesR online – Handbuch zum österreichischen Gesellschaftsrecht (rdb.manz.at); *Karollus/Huemer/Harrer*, Casebook Unternehmens- und Gesellschaftsrecht[5] (2014); *Krejci*, Gesellschaftsrecht Bd I (2005); *Nowotny G*, Gesellschaftsrecht[4] (2009); *Ratka/Rauter/Völkl*, Unternehmens- und Gesellschaftsrecht Bd II: Gesellschaftsrecht[2] (2013); *Rieder/Huemer*, Gesellschaftsrecht[3] (2013); *Roth G/Fitz*, Unternehmensrecht – Handels- und Gesellschaftsrecht[2] (2006); *Roth G/Fitz*, Unternehmensrecht – Handels- und Gesellschaftsrecht[2] (www.lexisnexis.com/at); *Torggler U*, Gesellschaftsrecht – AT und Personengesellschaften (2013); *Weber*, Unternehmens- und Gesellschaftsrecht – Eine Einführung[3] (2015).

Das **Gesellschaftsrecht** stellt einen weiteren Teilbereich des Unter- 592
nehmensrechts iwS dar (s dazu Rz 525). Gekennzeichnet ist es durch die Existenz einer Reihe von Sondergesetzen, die sich gewöhnlich der näheren Regelung jeweils einer bestimmten Rechtsform widmen. Zu denken ist hier etwa an das Gesetz über Gesellschaften mit beschränkter Haftung (GmbHG, RGBl 1906/58), das Aktiengesetz (AktG, BGBl 1965/98) oder das Genossenschaftsgesetz (GenG, dRGBl 1873/70). Gesellschaftsrechtliche Vorschriften finden sich aber auch im ABGB und im UGB.

Es gibt eine Reihe von **Beweggründen**, die Anlass dafür sein 593
können, ein bestimmtes Ziel nicht alleine, sondern im Zusammenwirken mit anderen durch **Gründung einer Gesellschaft** in Angriff zu nehmen: Persönliche Fähigkeiten sollen einander ergänzen, Kapital soll gemeinsam aufgebracht werden, das unternehmerische Risiko soll begrenzt werden, ein geschaffenes Unternehmen soll erhalten bleiben. Das Gesellschaftsrecht stellt die für diese gemeinschaftliche Zielverfolgung erforderlichen **organisationsrechtlichen Grundlagen** bereit und regelt vor allem die zulässigen Organisationsformen, die Gründung und Beendigung von Gesellschaften, ihre innere Struktur sowie die Beziehungen der Gesellschaft und der Gesellschafter zu Dritten.

594 Üblich ist eine Unterscheidung zwischen jenen Gesellschaftsformen, die – zumindest in ihrer gesetzestypischen Ausgestaltung – durch die Individualität ihrer Gesellschafter geprägt sind **(„Personengesellschaften“)**, und jenen Gesellschaftsformen, bei denen nicht die einzelnen Gesellschafter, sondern das von ihnen aufgebrachte Kapital im Vordergrund steht **(„Kapitalgesellschaften“)**. Zu den Personengesellschaften zählen die **Gesellschaft bürgerlichen Rechts**, weiters die **OG** und die **KG** als so genannte „eingetragene Personengesellschaften“, die **stille Gesellschaft** sowie die **EWIV**; als Kapitalgesellschaften sind die **GmbH**, die **AG** sowie die **Europäische Gesellschaft** zu nennen. Die Kapitalgesellschaften bilden ihrerseits wiederum eine Unterform der **Körperschaften**, die als juristische Personen ganz grundsätzlich durch die überindividuelle Verselbständigung des betreffenden Rechtsträgers gekennzeichnet sind. Weitere Körperschaften sind etwa die **Genossenschaft**, die **Europäische Genossenschaft** und die **Vereine** nach dem VerG. Mangels personellen Substrats keine Körperschaft ieS, dieser aber in mancher Hinsicht zumindest verwandt, ist die **Privatstiftung**. Als Träger wirtschaftlicher Unternehmen zu erwähnen sind schließlich noch – neben den im gegebenen Zusammenhang nicht weiter erörterten **Sparkassen** und **Versicherungsvereinen auf Gegenseitigkeit** – mit Einschränkungen auch die auf der Basis des Bundes-Stiftungs- und FondsG gegründeten **gemeinnützigen Stiftungen und Fonds**.

595 Hinzuweisen ist schließlich vorweg noch auf die im Grundsätzlichen (s dazu Rz 13) bereits angesprochene Bedeutung gemeinschaftsrechtlicher Regelungen. Tatsächlich hat der üblicherweise mit **„Europäisches Gesellschaftsrecht“** umschriebene Regelungskomplex in den letzten Jahren einschneidende Auswirkungen auf das innerstaatliche Recht gehabt: Zahlreiche gemeinschaftsrechtliche **Richtlinien** – beispielsweise die Kapital-RL (RL 2012/30/EU), die Einpersonengesellschafts-RL (RL 2009/102/EG), die Verschmelzungs-RL (RL 2011/35/EU), die Spaltungs-RL (RL 82/891/EWG), die Internationale Verschmelzungs-RL (RL 2005/56/EG), die Übernahme-RL (RL 2004/25/EG), die Aktionärsrechte-RL (RL 2007/36/EG) oder die den Bereich der Rechnungslegung betreffenden Bilanz-RL (RL 2013/34/EU) und Abschlussprüfer-RL (RL 2006/43/EG) – mussten umgesetzt werden. **Verordnungen**, wie etwa die EWIV-VO (VO 2137/85; s dazu Rz 674 f), die Verordnung über eine Europäische Gesellschaft bzw „Societas Europaea“ oder SE (VO 2157/2001; s dazu Rz 733/1 ff) oder jene über die Europäische Genossenschaft bzw „Societas Cooperativa Europaea“ oder SCE (VO 1435/2003; s dazu Rz 736/1 f), entfalten ab ihrem In-Kraft-Treten sogar ohne besondere Umsetzungsmaßnahmen unmittelbare Wirkung in sämtlichen Mitgliedstaaten der Europäischen Union.

B Personengesellschaften

Literatur: wie oben IV/A und *Bergmann/Ratka* (Hg), Handbuch Personengesellschaften (2011); *Bydlinski S/Fritz*, GesbR-RG – Reformgesetz zur Gesellschaft bürgerlichen Rechts (2015); *Fritz*, Die Europäische Wirtschaftliche Interessenvereinigung – Praxiskommentar (1997); *Fritz/Perktold*, Die „neue" Gesellschaft bürgerlichen Rechts (2015); *Fritz/Perktold*, Die „neue" Gesellschaft bürgerlichen Rechts (www.lexisnexis.com/at); *Harrer*, Die Personengesellschaft als Trägerin eines Unternehmens (2010); *Hausmaninger/Feyl*, Europäische Wirtschaftliche Interessenvereinigung (EWIV) (1995); *Hochedlinger/Fuchs*, Stille Gesellschaft (2006); *Jabornegg/Artmann* (Hg), Kommentar zum UGB, Bd I[2] (2010), Bd II[2] (2010); *Jabornegg/Artmann* (Hg), Kommentar zum UGB[2] (www.lexisnexis.com/at): *Kletečka/Schauer*, ABGB-ON – Kommentar zum Allgemeinen bürgerlichen Gesetzbuch (rdb.manz.at); *Krejci* (Hg), Reform-Kommentar UGB-ABGB (2007); *Krejci* (Hg), UGB/ABGB online – Reform-Kommentar zum UGB-ABGB (rdb.manz.at); *Löffler*, Die EWIV – Die Europäische Wirtschaftliche Interessenvereinigung in Österreich (1998); *Rummel* (Hg), Kommentar zum ABGB, Bd II[3] (2007); *Rummel/Lukas* (Hg), Kommentar zum ABGB (rdb.manz.at); *Schummer*, Personengesellschaften[9] (2015); *Schwimann* (Hg), Praxiskommentar zum Allgemeinen bürgerlichen Gesetzbuch samt Nebengesetzen, Bd V[4] (2014); *Schwimann/Kodek* (Hg), Praxiskommentar zum Allgemeinen bürgerlichen Gesetzbuch samt Nebengesetzen, Bd V[4] (www.lexisnexis.com/at); *Schwimann* (Hg), ABGB – Taschenkommentar[2] (2013); *Schwimann* (Hg), ABGB – Taschenkommentar[7] (www.lexisnexis.com/at); *Straube* (Hg), Wiener Kommentar zum UGB, Bd I[4] (2014), Bd II[3] (2012); *Straube/Ratka/Rauter* (Hg), UGB online – Wiener Kommentar zum Unternehmensgesetzbuch (rdb.manz.at); *Straube* (Hg), UGB online – Wiener Kommentar zum Unternehmensgesetzbuch (rdb.manz.at); *Torgglor U*, UGB Kommentar (2013).

1 Gesellschaft bürgerlichen Rechts

a Grundsätzliches

Die **Gesellschaft bürgerlichen Rechts (GesbR)** kann als **Grundform aller anderen Gesellschaftsformen** angesehen werden. Da die im 27. Hauptstück des ABGB enthaltenen Kernbestimmungen zu dieser Rechtsform den heutigen praktischen Bedürfnissen in weiten Bereichen nicht mehr entsprochen haben, wurden sie mit dem **GesbR-Reformgesetz** (GesbR-RG, BGBl I 2014/83) einer grundlegenden Neugestaltung unterzogen. Die **gesetzliche Regelung** findet sich nunmehr in den §§ 1175 bis 1216e ABGB; außerdem ist die Be- 596 stimmung des § 8 Abs 3 UGB für die GesbR von Bedeutung. Allerdings ist anzumerken, dass die genannten Bestimmungen nicht alle Besonderheiten regeln sollen, die sich bei einem Zusammenschluss zu einer GesbR ergeben können. Die gesetzlichen Regelungen über die GesbR beschränken sich vielmehr auf die wesentlichen, allgemeinen Ordnungsfragen und klären diese in einer den Bedürfnissen des Rechtsverkehrs entsprechenden interessengerechten Form. Die durch das GesbR-RG geänderten Vorschriften des ABGB traten gem § 1503 Abs 5 Z 1 ABGB **mit 1.1.2015 in Kraft**. Für zu diesem Zeitpunkt bereits bestehende GesbR sehen § 1503 Abs 5 Z 2 und 3 ABGB bezüglich der dort angeführten, vor allem für die Beziehungen der Gesellschafter untereinander relevanten Bestimmungen ein Optionsmodell vor: Sofern keiner der Gesellschafter bis zum 30.6.2016 die Erklärung abgibt, das zuvor geltende Recht beibehalten zu wollen, ist ab 1.7.2016 auch in diesen Gesellschaften insofern die neue Rechtslage maßgeblich. Wird eine solche Erklärung abgegeben, gelten die betreffenden Bestimmungen für diese „Altgesellschaften" hingegen erst ab 1.1.2022.

596/1 Hinzuweisen ist vorweg auch darauf, dass den Bestimmungen zur GesbR regelungstechnisch eine gewisse **„Auffangfunktion"** zukommt (s dazu Rz 607 ff), da dort einige Institutionen des allgemeinen Gesellschaftsrechts kodifiziert werden, die unter Beachtung der jeweiligen spezifischen Strukturmerkmale und Wertungszusammenhänge auch bei anderen Rechtsformen Anwendung finden können (vgl § 1175 Abs 4 ABGB). Dies gilt etwa für die Pflicht zur Interessenwahrung und zur Gleichbehandlung (vgl § 1186 ABGB, s dazu Rz 607/2), die actio pro socio (vgl § 1188 ABGB, s dazu Rz 607/3) oder die Pflicht zur Rechnungslegung (vgl § 1189 Abs 3 ABGB, s dazu Rz 602/1, 606).

596/2 Die Gestaltung des Gesellschaftsverhältnisses obliegt im Interesse des **Vorrangs der Privatautonomie** grundsätzlich den Parteien des Gesellschaftsvertrags; die gesetzlichen Regeln – vor allem jene, die das Innenverhältnis der Gesellschafter untereinander betreffen (vgl § 1181 ABGB) – sind demnach weitestgehend dispositiv.

596/3 Die GesbR besitzt **keine eigene Rechtspersönlichkeit** (vgl § 1175 Abs 2 ABGB) und ist daher **keine juristische Person**. Träger des Gesellschaftsvermögens sind die Gesellschafter selbst; diese werden etwa als Berechtigte im Grundbuch, Marken- oder Patentregister eingetragen, sie werden Vertragspartner eines zur Gesellschaft in Beziehung tretenden Dritten, können geklagt werden oder als Kläger auftreten.

596/4 Eine zentrale Trennlinie verläuft zwischen GesbR, die sich auf die Beziehungen der Gesellschafter untereinander beschränken **(Innengesellschaften)** und solchen, die im Rechtsverkehr auch nach außen gemeinschaftlich auftreten **(Außengesellschaften)**. Die Vorschriften des 27. Hauptstücks gelten grundsätzlich gleichermaßen für die reine

Innengesellschaft wie auch für die Außengesellschaft. Lediglich der 3. Abschnitt über die Rechtsverhältnisse zu Dritten ist auf die Außengesellschaft beschränkt, da es bei einer bloßen Innengesellschaft weder eine gesetzlich vorgesehene Vertretung, noch eine vertragliche Haftung aller Gesellschafter gibt. Ob eine GesbR ausschließlich Innengesellschaft oder auch Außengesellschaft ist, hängt vom gemeinsamen Vertragswillen der Gesellschafter ab. Ist allerdings der Gegenstand der Gesellschaft der Betrieb eines Unternehmens oder führen die Gesellschafter einen gemeinsamen Gesellschaftsnamen iSd § 1177 ABGB, so wird zum einen vermutet, dass die Gesellschafter eine Außengesellschaft vereinbaren wollten. Zum anderen kann in diesen Fällen ein allfälliger vertraglicher Ausschluss einer Außengesellschaft einem Dritten nur entgegengehalten werden, wenn dieser wusste oder hätte wissen müssen, dass es sich bloß um eine Innengesellschaft handelt (vgl § 1176 Abs 1 und 2 ABGB). Die soeben angesprochene **Differenzierung zwischen unternehmenstragenden und sonstigen GesbR** ist überdies auch im Zusammenhang mit der Reichweite des Verbots von schädlichen Nebengeschäften (s dazu Rz 604 f) und der Regelung der Vertretung (s dazu Rz 608/2 ff) von Bedeutung.

b Gründung

So wie allen anderen Personengesellschaften müssen auch einer GesbR **mindestens zwei Gesellschafter** angehören. Im Unterschied namentlich zur GmbH und zur AG (s dazu Rz 679, 713) kommt bei ihr daher eine Einpersonengründung genauso wenig in Betracht wie das nachträgliche Entstehen einer Einpersonengesellschaft durch die Vereinigung aller Gesellschaftsanteile in einer Hand. Verbleibt nur noch ein Gesellschafter, so erlischt die Gesellschaft vielmehr ohne Liquidation (s dazu Rz 615/1, 644/1). **597**

Der **Zweck** der GesbR ist in aller Regel ein wirtschaftlicher, es kommen aber auch ideelle Zwecke in Betracht. Eine Einschränkung besteht nur insofern, als der Zweck erlaubt sein muss (vgl § 1175 Abs 3 ABGB). Die tatsächliche Bedeutung der GesbR ist dementsprechend durchaus beträchtlich; verlässliche Schätzungen zur absoluten Zahl solcher Gesellschaften in Österreich existieren allerdings nicht. Die GesbR steht vor allem für solche gesellschaftliche Zusammenschlüsse zur Verfügung, die nicht jenes Maß an Formalität, Publizität, Intensität oder Dauerhaftigkeit erfüllen, wie es für eine mit eigener Rechtspersönlichkeit ausgestattete Gesellschaft erforderlich wäre. Ihr **Anwendungsbereich** erstreckt sich daher etwa auf so genannte „Gelegenheitsgesellschaften“ wie Arbeitsgemeinschaften („ARGE“) oder Kredit- und Emissionskonsortien (s dazu Rz 919), Vorgrün- **597/1** dungsgesellschaften, Zusammenschlüsse von Ehegatten oder Lebensgefährten und Syndikats- bzw Stimmbindungsverträge, Unter- und Innenbeteiligungen, Kartelle, Interessengemeinschaften, Joint Ventures, Gruppenarbeitsverträge, Realgemeinschaften, Jagd- und Fischereigemeinschaften und Familienbetriebe. Auch Angehörige freier Berufe schließen sich häufig zu „Praxis- bzw Regiegemeinschaften" in der Rechtsform der GesbR zusammen, wenn die jeweils maßgeblichen berufsrechtlichen Vorschriften dies gestatten.

597/2 Der **Gesellschaftsvertrag** einer GesbR unterliegt grundsätzlich **keinen besonderen Formvorschriften**. Er kann daher auch mündlich oder bloß schlüssig abgeschlossen werden. Mit dem Abschluss des Vertrages bzw dem dort vorgesehenen Zeitpunkt entsteht die Gesellschaft.

597/3 Im Unterschied zu den meisten anderen Gesellschaftsformen ist für die GesbR **keine Eintragung im Firmenbuch** vorgesehen; diese ist daher auch keine Voraussetzung für ihre Entstehung. Allerdings sind ihre Gesellschafter verpflichtet, die Gesellschaft bei Überschreiten des Schwellenwertes des § 189 UGB als offene Gesellschaft oder als Kommanditgesellschaft in das Firmenbuch einzutragen (§ 8 Abs 3 UGB, s dazu Rz 530, 540).

597/4 Die Gesellschafter können vereinbaren, dass sie unter einem gemeinsamen **Gesellschaftsnamen** auftreten. Wie bereits erwähnt, ist mit einer solchen Namensführung die Vermutung verbunden, dass die Gesellschafter eine Außengesellschaft vereinbaren wollten (s dazu Rz 596/4). Der Gesellschaftsname muss auf das Bestehen einer GesbR hindeuten, etwa durch die Bezeichnung „Gesellschaft bürgerlichen Rechts", „GesbR", aber auch „Arbeitsgemeinschaft", „ARGE" oder „Konsortium". Außerdem muss er zur Kennzeichnung der Gesellschaft geeignet sein, Unterscheidungskraft besitzen und darf über die Verhältnisse der Gesellschaft nicht in die Irre führen. Unter diesen Voraussetzungen kann dem Gesellschaftsnamen auch namensrechtlicher Schutz gem § 43 ABGB (s dazu Rz 1001 f, 1034) zukommen.

c Gesellschaftsvermögen und Vermögensordnung

598 Bezüglich der **Vermögensordnung** ist zu beachten, dass es mangels Rechtsfähigkeit der GesbR grundsätzlich auch **kein Gesellschaftsvermögen** der GesbR ieS gibt; der Gesellschaft gewidmetes Vermögen ist demnach grundsätzlich den Gesellschaftern persönlich zuzurechnen. Dennoch ist es allgemein üblich, das der Gesellschaft gewidmete Vermögen vereinfachend als „Gesellschaftsvermögen" zu bezeichnen (vgl dazu etwa die Überschrift zu § 1178 ABGB). Das Gesellschaftsvermögen im soeben beschriebenen Sinn ist zu unterscheiden vom sonstigen Vermögen der einzelnen Gesellschafter. Es

stellt daher ein vom Privatvermögen der Gesellschafter zu trennendes **Sondervermögen** dar.

Die Gesellschafter einer GesbR widmen der gemeinsamen Tätigkeit nicht nur im Rahmen ihrer Mitwirkungspflicht ihre Kenntnisse, ihr Können und ihre Arbeitskraft, sondern stellen ihr gewöhnlich auch Vermögen in Form von **Einlagenleistungen** zur Verfügung. Im Unterschied zu den Kapitalgesellschaften (s dazu Rz 680 ff, 715 f) ist die Bildung eines solchen Anfangsvermögens bei den Personengesellschaften im Allgemeinen und der GesbR im Besonderen allerdings nicht zwingend vorgesehen; es gibt für die GesbR also **kein Erfordernis einer (Mindest-)Kapitalaufbringung**. Allerdings werden auch einer GesbR von ihren Gesellschaftern im Regelfall **Einlagen** zur Verfügung gestellt, die der Bildung eines Gesellschaftsvermögens dienen. **Gegenstand**, **Höhe** und **Fälligkeit** einer Einlage richten sich dabei nach dem Gesellschaftsvertrag; in Betracht kommen neben **Bareinlagen** auch die unterschiedlichsten Formen von **Sacheinlagen** sowie die **Leistung von Diensten** (s dazu Rz 601 f). 598/1

Dem Gesellschaftsvermögen gewidmete **körperliche Sachen** stehen gem § 1180 Abs 1 ABGB im Zweifel im **ideellen Miteigentum** der Gesellschafter. Dessen Begründung setzt dabei die dafür jeweils erforderlichen Übertragungsakte voraus (s dazu Rz 143 ff); Forderungen werden durch Zession, Verbindlichkeiten durch Schuldübernahmen und Vertragspositionen durch Vertragsübernahmen in die Gesellschaft eingebracht. Als Miteigentümer kann der einzelne Gesellschafter sachenrechtlich allein über seinen Miteigentumsanteil verfügen. Schuldrechtlich ist ihm dies allerdings auf Grund der gesellschaftsvertraglichen Bindung nicht erlaubt und eine Missachtung dieses Verbotes kann schadenersatzrechtliche Folgen haben. 598/2

Die Begründung von Miteigentum ist aber nicht zwingend. Wie bei der OG (s dazu Rz 618/3 ff) können einer GesbR gewidmete Sachen ihr vom Eigentümer auch nur **zum Gebrauch** zur Verfügung gestellt oder bloß in das **„beschränkte Eigentum"** der Gesellschaft eingebracht werden, also formal im Eigentum des Gesellschafters bleiben, gesellschaftsintern jedoch so behandelt werden, als stünden sie im gesellschaftsbezogenen Miteigentum. 598/3

Unkörperliche Sachen, insbes schuldrechtliche Forderungen, sind den Gesellschaftern zur gesamten Hand zugeordnet **(Gesamthandforderungen)**. Die Gesellschafter können über diese Forderungen daher nur gemeinsam verfügen, so dass ein Gesellschafter zB nicht allein seinen „Anteil" an der Forderung übertragen kann. 598/4

d Innenverhältnis

da Grundsätzliches

599 Das **Innenrecht** der GesbR wurde im Zuge der GesbR-Reform weitgehend nach dem Vorbild der diesbezüglichen Bestimmungen zur OG ausgestaltet, so dass hinsichtlich der Einzelheiten auf die dort erfolgten Ausführungen zu verweisen ist (s dazu Rz 619 ff).

db Gesellschaftsanteil

600 Vom Gesellschaftsvermögen bzw den daran gem § 1180 ABGB bestehenden Rechten des einzelnen Gesellschafters zu unterscheiden ist dessen **Gesellschaftsanteil**. Nach § 1182 Abs 1 Satz 1 ABGB handelt es sich dabei um die Summe der gesellschaftsvertraglichen Rechte und Pflichten eines Gesellschafters gegenüber allen übrigen Gesellschaftern. Der Gesellschaftsanteil ist daher letztlich als **Ausdruck der Mitgliedschaft** bzw Beteiligung eines Gesellschafters an der betreffenden Gesellschaft anzusehen.

600/1 § 1182 Abs 1 Satz 2 ABGB sieht vor, dass ein Gesellschafter nicht ohne Zustimmung aller Gesellschafter über seinen Gesellschaftsanteil verfügen kann; insbes setzt daher auch bei einer GesbR die **Übertragung der Gesellschafterstellung** grundsätzlich die **Billigung aller Mitgesellschafter** voraus. Prinzipiell unzulässig ist auch die **isolierte Abtretung** von Mitverwaltungsrechten wie etwa Stimmrechten, Informationsrechten oder dem Anspruch auf Rechnungslegung; vermögensrechtliche Ansprüche wie etwa das Recht auf Aufwandersatz, Gewinnbezug oder die Auszahlung des Auseinandersetzungsguthabens sind hingegen durchaus einer selbständigen Abtretung zugänglich.

dc Beiträge, Einlagen und Kapitalanteil

601 Unter den **Beiträgen** der Gesellschafter versteht man all jene Leistungen, zu denen sich diese im Interesse der Förderung des Gesellschaftszwecks im Gesellschaftsvertrag verpflichten. Denkbar ist etwa die Übertragung beweglicher oder unbeweglicher Sachen in das gesellschaftsbezogene Miteigentum der Gesellschafter, die gesellschaftsbezogene Einräumung von Nutzungsrechten oder die Erbringung von Dienstleistungen. Von den Beiträgen zu unterscheiden sind die **Einlagen**; darunter versteht man die mit einem Vermögenswert verbundenen Beitragsleistungen der Gesellschafter.

601/1 Das Ausmaß der Kapitalbeteiligung der Gesellschafter an der Gesellschaft bestimmt sich gem § 1182 Abs 2 ABGB nach **Kapitalantei-**

len, also dem Verhältnis des **Wertes der vereinbarten Einlagen**. Wie bei der OG (s dazu Rz 623) gilt daher auch bei der GesbR das **Konzept fester Beteiligungsverhältnisse**; eine Änderung der Kapitalanteile setzt eine Änderung der Höhe der vereinbarten Einlagen und somit eine Änderung des Gesellschaftsvertrages voraus. Von **Bedeutung** sind die Beteiligungsverhältnisse bzw die einzelnen Kapitalanteile nach dem gesetzlichen Grundkonzept insbes im Zusammenhang mit allfälligen notwendigen Nachschussleistungen (vgl § 1184 Abs 2 ABGB), dem Stimmrecht bei Mehrheitsbeschlüssen (vgl § 1192 Abs 2 ABGB), der Gewinn- und Verlustzuweisung (vgl § 1195 Abs 2 und 4 ABGB), dem Rechtsübergang bei einer Gesellschafternachfolge (vgl § 1201 Abs 1 ABGB) und der Verteilung des Liquidationserlöses (vgl § 1216e Abs 1 ABGB). Zur Bestimmung der Höhe des Kapitalanteiles ist es erforderlich, die Einlagen der Gesellschafter einer **Bewertung** zu unterziehen. Im Zweifel – also bei einer unterbliebenen oder unmöglichen Bewertung – sind die Gesellschafter zu gleichen Teilen beteiligt.

Neben der Leistung ihrer allenfalls vorgesehenen Einlagen haben **601/2** die Gesellschafter grundsätzlich auch persönlich an der **Förderung des Gesellschaftszwecks mitzuwirken**. Ist gesellschaftsvertraglich nicht anderes bestimmt, trifft diese Mitwirkungspflicht alle Gesellschafter gem § 1182 Abs 2 Satz 3 ABGB **im gleichen Ausmaß**. Unterliegen die Gesellschafter hingegen kraft vertraglicher Gestaltung einer **unterschiedlichen Mitwirkungspflicht**, etwa weil sie sich nur zu Kapitalleistungen verpflichtet haben, so ist dies bei der **Gewinnzuweisung** angemessen zu berücksichtigen (vgl § 1195 Abs 2 und 3 ABGB, s dazu Rz 606/1).

§ 1182 Abs 3 ABGB stellt schließlich klar, dass sich der Beitrag ei- **601/3** nes Gesellschafters auch auf die Leistung von Diensten beschränken kann **(Arbeitsgesellschafter)**. Einem solchen Gesellschafter kann im Gesellschaftsvertrag eine Beteiligungsquote zuerkannt werden, so als ob er einen Kapitalanteil geleistet hätte. Andernfalls steht ihm für seine Mitwirkung bloß ein angemessener Betrag des Jahresgewinns zu (§ 1195 Abs 4 ABGB).

dd Geschäftsführung

Zu den **Maßnahmen der Geschäftsführung** zählen alle Aktivitäten, **602** die zur Verwirklichung des gesellschaftsvertraglichen Gegenstandes der GesbR erforderlich und zweckmäßig sind. Erfasst werden damit grundsätzlich nicht nur Besorgungen des laufenden Tagesgeschäfts, sondern auch grundlegende oder außergewöhnliche Angelegenheiten. Die Geschäftsführung bezieht sich auf das **Innenverhältnis**, also das Verhältnis der Gesellschafter zueinander; sie betrifft das **rechtliche Dürfen** gegenüber den Mitgesellschaftern. Von der Geschäftsführung zu unterscheiden ist die **Vertretung** der Gesellschaft, die sich auf die Wirksamkeit von Rechtshandlungen gegenüber Dritten, also auf das **Außenverhältnis** bezieht. Bei der Vertretung geht es demnach um die Befugnis zum Abschluss von Rechtsgeschäften, also das **rechtliche Können** gegenüber Dritten.

602/1 § 1189 ABGB enthält grundlegende Regelungen zur **Berechtigung und Verpflichtung** iZm der Geschäftsführung. Nach dessen Abs 1 sind **alle Gesellschafter** zur Führung der Geschäfte der Gesellschaft berechtigt und verpflichtet. Überträgt der Gesellschaftsvertrag die Geschäftsführung einem einzelnen Gesellschafter oder mehreren Gesellschaftern, so ergibt sich aus der **Auslegungsregel** des § 1189 Abs 2 ABGB, dass die übrigen Gesellschafter im Zweifel von der Geschäftsführung ausgeschlossen sind. § 1189 Abs 3 ABGB sieht bezüglich des für geschäftsführende Gesellschafter relevanten **Sorgfaltsmaßstabs** vor, dass sich dieser nach **Art und Umfang der Gesellschaft** richtet. Die geschäftsführenden Gesellschafter sind verpflichtet, über das Gesellschaftsvermögen, insbes über die Einnahmen und Ausgaben, die **notwendigen Aufzeichnungen** zu führen und soweit erforderlich ein **Rechnungswesen** einzurichten. § 1189 Abs 4 ABGB untersagt dem Gesellschafter schließlich im Zweifel die **Übertragung der Geschäftsführung** auf einen Dritten. Ist die Übertragung gestattet, so hat der betreffende Gesellschafter nur ein ihm bei der Übertragung zur Last fallendes Verschulden zu vertreten.

602/2 Die **inhaltliche Ausgestaltung** der Geschäftsführung erfolgt in § 1191 ABGB. Demnach erstreckt sich die Befugnis zur Geschäftsführung mangels einer abweichenden Regelung im Gesellschaftsvertrag gem § 1191 Abs 1 ABGB (nur) auf Handlungen, die der **gewöhnliche Geschäftsbetrieb** der Gesellschaft mit sich bringt. Steht diese Befugnis allen oder mehreren Gesellschaftern zu, so ist gem § 1190 Abs 1 ABGB jeder von ihnen allein zu handeln berechtigt; widerspricht jedoch ein anderer geschäftsführender Gesellschafter der Vornahme einer Handlung, so muss diese unterbleiben. Bei gewöhnlichen Geschäften gilt daher das Prinzip der **Einzelgeschäftsführung** durch die geschäftsführenden Gesellschafter, die durch ein **Widerspruchsrecht** der übrigen geschäftsführenden Gesellschafter beschränkt wird. Ist im Gesellschaftsvertrag bestimmt, dass die Gesellschafter, denen die Geschäftsführung zusteht, auch bei gewöhnlichen Geschäften nur zusammen handeln können **(Gesamtgeschäftsführung)**, so bedarf es gem § 1190 Abs 2 ABGB für jedes Geschäft der **Zustimmung aller geschäftsführenden Gesellschafter**, es sei denn, dass Gefahr im Verzug ist. Ist schließlich ein Gesellschafter an die **Weisungen** der übrigen Gesellschafter gebunden, so kann er von den ihm erteilten Weisungen gem § 1190 Abs 3 ABGB abweichen, wenn er den Umständen nach annehmen darf, dass die übrigen Gesellschafter bei Kenntnis der Sachlage die Abweichung billigen würden. Er hat die Abweichung den übrigen Gesellschaftern anzuzeigen und ihre Entscheidung abzuwarten, wenn nicht Gefahr im Verzug ist. Die Vornahme **außergewöhnlicher Geschäfte** setzt gem § 1191 Abs 2 ABGB einen von sämtlichen – also auch den nicht geschäftsführungsbefugten – Gesellschaftern zu fassenden **Gesellschafterbeschluss** voraus. Dieser Beschluss ist bei Fehlen einer gesellschaftsvertraglichen Mehrheitsklausel einstimmig zu fassen.

§ 1191 Abs 3 ABGB betrifft die gesellschaftsbezogene Erteilung 602/3
einer **Vollmacht gem § 1008 ABGB**. Zur Einräumung einer derartigen Vollmacht zum Abschluss bedeutsamer Geschäfte bedarf es der Zustimmung aller geschäftsführenden Gesellschafter, es sei denn, dass Gefahr im Verzug ist. Der Widerruf einer solchen Vollmacht kann von jedem der zur Erteilung oder zur Mitwirkung bei der Erteilung befugten Gesellschafter erfolgen.

Bei Vorliegen eines **wichtigen Grundes** kann gem § 1193 Abs 1 602/4
ABGB die Entziehung der Geschäftsführungsbefugnis eines Gesellschafters mittels einer **Klage aller übrigen Gesellschafter** durch gerichtliche Entscheidung erwirkt werden. Als wichtiger Grund gilt insbes eine grobe Pflichtverletzung oder die Unfähigkeit zur ordnungsgemäßen Geschäftsführung. Umgekehrt steht einem Gesellschafter gem § 1193 Abs 2 ABGB auch die **Kündigung** seiner Befugnis zur Geschäftsführung offen, wenn ein **wichtiger Grund** vorliegt. Auf dieses Recht kann nicht verzichtet werden.

de Gesellschafterbeschlüsse

Nach § 1192 Abs 1 ABGB erfordern Gesellschafterbeschlüsse die 603
Zustimmung aller zur Mitwirkung bei der Beschlussfassung berufenen Gesellschafter, so dass die gesetzliche Grundregel ein **Einstimmigkeitsprinzip** vorsieht. Im Fall einer **gesellschaftsvertraglichen Mehrheitsklausel** bestimmt sich die Mehrheit gem § 1192 Abs 2 ABGB nach den **abgegebenen gültigen Stimmen**, wobei das Stimmgewicht den **Beteiligungsverhältnissen** entspricht. Sind nicht alle Gesellschafter am Kapital beteiligt, wird die **Mehrheit nach Köpfen** berechnet. Arbeitsgesellschafter, denen der Gesellschaftsvertrag einen am Wert ihrer Arbeit orientierten Kapitalanteil zubilligt, gelten als am Kapital beteiligt.

df Wettbewerbsverbot

§ 1187 Satz 1 ABGB untersagt den Gesellschaftern, ein der Gesell- 604
schaft schädliches Nebengeschäft zu unternehmen. Von diesem **Wettbewerbs- bzw Konkurrenzverbot** erfasst werden alle Geschäfte, die den Zweck der Gesellschaft beeinträchtigen; es ist damit weiter als jenes des § 112 UGB (s dazu Rz 631 f). Im Unterschied zu

diesem umfasst es nicht nur Geschäfte oder bestimmte Beteiligungen im Geschäftszweig der Gesellschaft, sondern auch **Tätigkeiten außerhalb des Geschäftszweiges der Gesellschaft**, weshalb etwa auch ein gesellschaftsfremder Einsatz der Arbeitskraft eines Gesellschafters in einem für die Gesellschaft schädlichen Ausmaß unzulässig ist.

604/1 Für **unternehmerisch tätige Gesellschaften** gelten gem § 1187 Satz 2 ABGB überdies die **unternehmensrechtlichen Vorschriften über Wettbewerbsverbote und deren Rechtsfolgen** (s dazu Rz 631 f). Vor dem Hintergrund der gegenüber § 1187 Satz 1 ABGB an sich geringeren tatbestandsmäßigen Reichweite des § 112 Abs 2 UGB ist die Geltung der unternehmensrechtlichen Vorschriften allerdings letztlich einerseits nur im Hinblick auf die **Einwilligungsvermutung** des § 112 Abs 3 UGB und andererseits bezüglich der mit einer Verletzung des Wettbewerbsverbotes nach § 113 UGB verbundenen besonderen **Rechtsfolgen** von Bedeutung.

dg Kontrollrechte

605 Nach § 1194 Abs 1 ABGB ist ein geschäftsführender Gesellschafter verpflichtet, jedem anderen Gesellschafter die **erforderlichen Nachrichten** zu geben, auf Verlangen über den Stand der Geschäfte **Auskunft zu erteilen** und **Rechenschaft abzulegen**. Ein Gesellschafter kann sich, auch wenn er von der Geschäftsführung ausgeschlossen ist, von den Angelegenheiten der Gesellschaft **persönlich unterrichten**, die **Aufzeichnungen der Gesellschaft einsehen** und sich aus ihnen eine Abrechnung anfertigen oder die Vorlage einer solchen Abrechnung **fordern**. § 1194 Abs 2 ABGB stellt den zwingenden Charakter dieser Rechte klar; eine Vereinbarung, durch die diese Rechte ausgeschlossen oder beschränkt werden, ist unwirksam.

dh Ergebnisermittlung und -zuweisung, Gewinnausschüttung und Entnahmen

606 Am Schluss jedes Geschäftsjahres wird gem § 1195 Abs 1 ABGB auf Grund einer **Jahresabrechnung** der Gewinn oder Verlust ermittelt und der Anteil jedes Gesellschafters daran berechnet. Als Mindesterfordernis lässt sich § 1189 Abs 3 ABGB diesbezüglich die Aufstellung einer Einnahmen-Ausgaben-Rechnung entnehmen; soweit dies erforderlich ist, haben die geschäftsführenden Gesellschafter ein darüber hinausgehendes Rechnungswesen einzurichten.

606/1 Für den praktischen Regelfall, in dem alle Gesellschafter zur **Mitwirkung in gleichem Ausmaß** verpflichtet sind, sieht § 1195 Abs 2 ABGB sodann vor, dass der **Gewinn und Verlust** eines Geschäftsjahres den Gesellschaftern im **Verhältnis ihrer Kapitalanteile** zugewiesen wird. Eine **Mitwirkung in unterschiedlichem Ausmaß** ist hingegen gem § 1195 Abs 3 ABGB auch bei der Gewinnzuweisung **angemessen zu berücksichtigen**. Enthält der Gesellschaftsvertrag eine abweichende Bestimmung nur über den Anteil am Gewinn oder über den Anteil am Verlust, so gilt sie gem § 1195 Abs 2 Satz 2 ABGB im Zweifel für Gewinn und Verlust. Einem **Arbeitsgesellschafter**, dem für seine Dienste keine Beteiligung an der Gesellschaft gewährt wird, ist gem § 1195 Abs 4 ABGB ein den Umständen nach angemessener Betrag des Jahresgewinns zuzuweisen. Der diesen Betrag übersteigende Teil des Jahresgewinns wird sodann den übrigen Gesellschaftern im Verhältnis ihrer Beteiligung zugewiesen. § 1195 Abs 5 ABGB hält schließlich fest, dass die Gesellschafterstellung der **Vereinbarung eines Entgelts** für der Gesellschaft geleistete Dienste nicht entgegensteht.

Nach § 1196 Abs 1 ABGB hat jeder Gesellschafter Anspruch auf **606/2** **Auszahlung seines Gewinnanteils**. Dieser Anspruch kann jedoch nicht geltend gemacht werden, soweit die Auszahlung zum offenbaren Schaden der Gesellschaft gereicht, die Gesellschafter etwas anderes beschließen oder der Gesellschafter vereinbarungswidrig seine Einlage nicht geleistet hat. § 1196 Abs 2 ABGB sieht vor, dass ein Gesellschafter im Übrigen nicht befugt ist, ohne Einwilligung der anderen Gesellschafter **Entnahmen** zu tätigen.

di Sonstige Regelungen

Wie einleitend bereits erwähnt kommt den Bestimmungen zur GesbR **607** insofern auch eine **Auffangfunktion** zu, als dort einige Institutionen und fundamentale Grundsätze des allgemeinen Gesellschaftsrechts festgeschrieben werden, die auf Grund der Anordnung in § 1175 Abs 4 ABGB bei anderen Rechtsformen ebenfalls Anwendung finden können (s dazu Rz 596/1). Eine der zentralen derartigen Bestimmungen ist § 1186 ABGB. Dort wird in Abs 1 angeordnet, dass die Gesellschafter an der gesellschaftlichen Willensbildung und den zu treffenden Maßnahmen nach Kräften und mit der gebotenen Sorgfalt mitwirken müssen. Außerdem haben sie den Gesellschaftszweck redlich zu fördern und alles zu unterlassen, was den Gesellschaftsinteressen schadet **(Mitwirkungs-, Interessenwahrungs- und Förderungsverpflichtung)**. Die **Konkretisierung** der an die einzelnen Gesellschafter zu stellenden Anforderungen hat dabei unter **Berücksichtigung ihrer konkreten individuellen Fähigkeiten und Möglichkeiten** zu erfolgen, so dass unterschiedliche Begabungen oder Fertigkeiten der Gesellschafter zu berücksichtigen sind.

Alle in § 1186 Abs 1 ABGB genannten Pflichten können als we- **607/1** sentliche **Elemente der gesellschaftlichen Treuepflicht** angesehen werden. Allerdings erschöpft sich die Treuepflicht nicht in diesen Verpflichtungen, vielmehr kann sie als diffuser Sammelbegriff einer Vielzahl unterschiedlicher Gebote verstanden werden, zu deren Beachtung die Gesellschafter im Rahmen ihres Zusammenwirkens aufgefordert sind. So werden etwa auch das in § 1187 ABGB enthaltene Konkurrenzverbot (s dazu Rz 604 f), die Verpflichtung zur Mitwirkung an im Gesellschaftsinteresse liegenden Entziehungsklagen iSd §§ 1193 bzw 1198 ABGB (s dazu Rz 602/4, 608/7) oder die Begrenzung des Entnahmerechts bei einem ansonsten drohenden Schaden für die Gesellschaft gem § 1196 Abs 1 ABGB (s dazu Rz 606/2) als Ausformungen der gesellschaftlichen Treuepflicht angesehen.

607/2 § 1186 Abs 2 ABGB schreibt vor, dass die Gesellschafter unter gleichen Voraussetzungen gleich zu behandeln sind **(Gleichbehandlungsgebot)**. Dieses Gebot schützt vor willkürlicher, sachlich nicht gerechtfertigter Verschiedenbehandlung der Gesellschafter. Erfasst werden dabei nicht nur **unsachliche Ungleichbehandlungen formeller Natur**, sondern auch solche inhaltlicher Art, also Maßnahmen, bei denen zwar alle Gesellschafter formal gleich behandelt werden, aber die **Absicht** besteht, einen bzw einige Gesellschafter ohne sachliche Rechtfertigung zu benachteiligen.

607/3 Jedenfalls bezüglich der OG und der KG (s dazu Rz 637/1) kommt auch der in § 1188 ABGB geregelten und der **Durchsetzung von Gesellschaftsansprüchen** dienenden **actio pro socio** Auffangfunktion zu. Nach der genannten Bestimmung kann die Erfüllung gesellschaftsbezogener Verpflichtungen eines Gesellschafters von jedem Gesellschafter zugunsten aller Gesellschafter gemeinsam eingefordert werden; davon abweichende Vereinbarungen sind unwirksam. In Betracht kommen etwa die Einforderung der zu leistenden Beiträge, die Geltendmachung von Mitwirkungspflichten oder Ansprüche aus einer Verletzung des Wettbewerbsverbotes. Die Geltendmachung derartiger **Sozialansprüche** mittels einer actio pro socio kann von jedem Mitgesellschafter verlangt werden, und zwar auch von solchen, die von der Geschäftsführung bzw Vertretung ausgeschlossen sind. Die Klage kann von jedem Gesellschafter im eigenen Namen erhoben werden und setzt keinen diesbezüglichen Gesellschafterbeschluss voraus.

607/4 Weitere – durchwegs dem Vorbild der Regelungen zur OG folgende – gesetzliche Bestimmungen zum Innenverhältnis betreffen die **Verzinsung** bestimmter gesellschaftsbezogener Ansprüche gegenüber einem Gesellschafter (§ 1183 ABGB, s dazu Rz 634/1), **Nachschüsse der Gesellschafter** (§ 1184 ABGB, s dazu Rz 628) und den **Ersatz für Aufwendungen bzw Verluste, die Vorschussleistung und die Herausgabepflicht** (§ 1185 ABGB, s dazu Rz 634).

e Außenverhältnis

ea Grundsätzliches

Die Bestimmungen des dritten Abschnitts des 27. Hauptstücks des ABGB regeln die Rechtsverhältnisse der GesbR zu Dritten, also das **Außenverhältnis** der Gesellschaft, und zwar konkret Fragen der Vertretung und der Haftung. Dieser Abschnitt ist daher auch nur für **Außengesellschaften** von Bedeutung, da eine bloße Innengesellschaft nach außen nicht in Erscheinung tritt. 608

Wie bereits erwähnt, bestehen bezüglich der Rechtspersönlichkeit **grundlegende Unterschiede zwischen der GesbR und der OG**. Aus diesem Grund können die Vorschriften zur OG bezüglich der Ausgestaltung des Außenverhältnisses – anders als jene zum Innenverhältnis – nur in sehr beschränktem Ausmaß als Vorbild für die GesbR dienen. Tatsächlich beruhen die Vertretungsregeln der GesbR weitgehend auf einem eigenständigen, allgemein-zivilrechtlichen Grundsätzen nachempfundenen Konzept, und auch bezüglich der haftungsrechtlichen Bestimmungen mussten die einschlägigen Regeln zur OG in Teilbereichen adaptiert werden. 608/1

eb Vertretung

Gem § 1197 Abs 1 ABGB deckt sich die Befugnis zur Vertretung aller Gesellschafter in Gesellschaftsangelegenheiten mit der Befugnis zur Geschäftsführung. Im Ergebnis ist daher vom **Grundsatz der Einzelvertretung** durch jeden Gesellschafter auszugehen, der allerdings dann nicht zur Anwendung kommt, wenn der Gesellschaftsvertrag etwas anderes vorsieht, wie insb die Einzel- oder Gesamtvertretung (nur) durch bestimmte Gesellschafter. In weiterer Folge ist danach zu differenzieren, ob die Gesellschaft unternehmerisch tätig ist oder nicht. 608/2

Bei **nicht unternehmerisch tätigen Gesellschaften** ist bezüglich der Wirksamkeitsvoraussetzungen für eine Vertretungsverhandlung grundsätzlich danach zu unterscheiden, ob sie sich auf ein gewöhnliches oder aber ein außergewöhnliches Geschäft bezieht. Da bei **gewöhnlichen Geschäften** nach dispositivem Recht (s dazu §§ 1189 f ABGB sowie Rz 602/2) das Einzelgeschäftsführungsprinzip mit Widerspruchsmöglichkeit gilt, kann jeder zur Geschäftsführung berufene Gesellschafter – nicht daher ein von der Geschäftsführung ausgeschlossener Gesellschafter – in diesem Bereich grundsätzlich auch alleine Vertretungshandlungen setzen. Diese Befugnis zur **Einzelvertretung** setzt allerdings, so wie auch jene zur Geschäftsführung, das **Nichtvorliegen eines wirksamen Widerspruchs** voraus. Setzt ein Gesellschafter trotz eines **zuvor erfolgten wirksamen Widerspruchs** 608/3 eine Vertretungshandlung, so mangelt es ihm daher nicht nur an der Geschäftsführungsbefugnis, sondern er vermag seine Mitgesellschafter auch nicht wirksam zu vertreten. Für **außergewöhnliche Geschäfte** ordnet § 1191 Abs 2 ABGB das Erfordernis eines Beschlusses aller Gesellschafter an. Auch hier ist zwar vom **Grundsatz der Einzelvertretung** auszugehen, allerdings bedarf die wirksame Vertretung aller Gesellschafter bei außergewöhnlichen Geschäften eines regelmäßig **einstimmig zu fassenden Gesellschafterbeschlusses**, dessen Fehlen die fragliche Vertretungshandlung wiederum unwirksam macht. Mangelt es einer Vertretungshandlung aus den genannten Gründen an sich an der Wirksamkeit, so ist es nach allgemeinen zivilrechtlichen Grundsätzen (s dazu Rz 81, 85) allerdings immer noch denkbar, dass die Mitgesellschafter das betreffende Geschäft (allenfalls auch konkludent) **nachträglich genehmigen** bzw sich den daraus entstandenen **Vorteil zuwenden** oder dass ihnen die Vertretungshandlung auf Grund einer **Anscheins- oder Duldungsvollmacht** zuzurechnen ist. Liegen die beschriebenen Voraussetzungen für eine Zurechnung der Vertretungshandlung hingegen nicht vor, so haftet der unbefugt agierende Gesellschafter unter Umständen selbst nach allgemeinen Grundsätzen als **Scheinvertreter** (vgl § 1019 ABGB, s dazu Rz 86).

608/4 Für **unternehmerisch tätige Gesellschaften** ordnet § 1197 Abs 2 Satz 1 ABGB zum Schutz redlicher Dritter generell eine besondere Vermutung für eine **unbeschränkte Einzelvertretungsbefugnis** eines jeden Gesellschafters an. Demnach werden alle Gesellschafter aus dem Handeln eines Gesellschafters im Namen der Gesellschaft auch dann berechtigt und verpflichtet, wenn dieser Gesellschafter nicht, nicht allein oder nur beschränkt vertretungsbefugt war, der **Dritte den Mangel der Vertretungsbefugnis aber weder kannte noch kennen musste**. Entsprechendes gilt gem § 1197 Abs 2 Satz 2 ABGB auch für **nicht unternehmerisch tätige Außengesellschaften**, wenn sich die Gesellschafter als Unternehmer an der Gesellschaft beteiligen.

608/5 Von der bislang dargestellten **Aktivvertretung**, also der Abgabe von Willenserklärungen für alle Gesellschafter, zu unterscheiden ist die **Passivvertretung**, also die Entgegennahme von Willenserklärungen Dritter gegenüber der Gesellschaft. Einem allgemeinen gesellschaftsrechtlichen Grundsatz entsprechend genügt dabei gem § 1197 Abs 3 ABGB (auch) bei Gesamtvertretung der Gesellschafter die Abgabe einer gesellschaftsbezogenen Willenserklärung gegenüber einem der zur Mitwirkung an der Vertretung befugten Gesellschafter **(passive Einzelvertretung)**. Diese Regelung gilt gleichermaßen für unternehmerische wie auch für nicht unternehmerische GesbR; sie dient Verkehrsschutzinteressen und ist daher **zwingend**.

608/6 Anders als bei der OG (s dazu Rz 636) kann bei der GesbR auch für die werbende, also die noch nicht aufgelöste Gesellschaft vom gesetzlich vorgezeichneten Modell der **Selbstorganschaft** – als einer Vertretung (nur) durch Gesellschafter – abgegangen und eine **Fremdorganschaft** – also eine Vertretung durch Dritte (s dazu Rz 683) – eingerichtet werden. § 1197 Abs 4 ABGB sieht diesbezüglich vor, dass für den Fall einer durch den Gesellschaftsvertrag oder einen Beschluss der Gesellschafter vorgesehenen Vertretungsbefugnis durch Personen, die nicht an der Gesellschaft beteiligt sind, die mit der Vertretung in Gesellschaftsangelegenheiten betrauten Nichtgesellschafter die Gesellschafter nach Maßgabe der erteilten Vollmacht vertreten. Es gelten daher die allgemeinen zivilrechtlichen Vorschriften der §§ 1002 ff ABGB zum **Bevollmächtigungsvertrag** (s dazu Rz 446 ff).

§ 1198 ABGB regelt die **Entziehung der Vertretungsmacht**; die Bestimmung orientiert sich an § 1193 Abs 1 ABGB (s dazu Rz 602/4) bzw den §§ 117, 127 UGB (s dazu Rz 629/3, 637/1). Diesen Vorbildern folgend kann einem Gesellschafter die Vertretungsmacht auf Grund einer Klage aller übrigen Gesellschafter durch gerichtliche Entscheidung entzogen werden, wenn ein **wichtiger Grund** vorliegt. Ein solcher Grund ist insbes grobe Pflichtverletzung oder Unfähigkeit zur ordnungsgemäßen Vertretung der Gesellschaft. **608/7**

ec Haftung

Ein gesellschaftsbezogener Vertrag, den die Gesellschafter in gesellschaftlicher Verbundenheit „als GesbR“ abschließen, macht alle Gesellschafter auf einheitliche Weise zu Vertragspartnern des Dritten. Haftungsadressaten sind dabei mangels Rechtsfähigkeit der GesbR deren Gesellschafter. Dementsprechend trifft auch alle Gesellschafter gemeinsam die Pflicht, den Vertrag zu erfüllen. Bezüglich der inhaltlichen Ausgestaltung dieser Haftung sieht § 1199 Abs 1 ABGB vor, dass die Gesellschafter dem Dritten gegenüber als **Gesamtschuldner** haften **(Solidarhaftung)**, wenn mit diesen nichts anderes vereinbart ist. Die haftungsrechtliche Stellung der Gesellschafter einer GesbR deckt sich damit bezüglich des Haftungsumfangs im Ergebnis mit jener der Gesellschafter einer OG (s dazu § 128 UGB sowie Rz 638 ff). **608/8**

Die haftungsrechtliche Vorbildwirkung der OG beschränkt sich aber nicht allein auf die im Gesetz explizit angeordnete Solidarhaftung, sondern besteht überdies in anderen Bereichen. So gilt auch für die Gesellschafter einer GesbR, dass diese für gesellschaftsbezogene Verbindlichkeiten ohne betragsmäßige Obergrenze, also **unbeschränkt** haften. Die Haftung ist ferner in dem Sinne **unbeschränkbar**, als sie durch den Gesellschaftsvertrag oder eine sonstige interne Vereinbarung der Gesellschafter nicht mit Wirkung Dritten gegenüber beschränkt oder ausgeschlossen werden kann. Außerdem haften auch die Gesellschafter einer GesbR für gesellschaftsbezogene Verbindlichkeiten **persönlich**, also mit ihrem gesamten Privatvermögen. Keine **608/9** direkte Relevanz haben bei der GesbR hingegen die bei einer OG zusätzlich charakteristischen Merkmale einer **primären** und **unmittelbaren** Gesellschafterhaftung, da sich die Frage nach der Notwendigkeit einer vorherigen Inanspruchnahme der Gesellschaft und damit einer bloß subsidiären und mittelbaren Gesellschafterhaftung mangels Rechtspersönlichkeit der GesbR nicht stellt. Allerdings gilt auch hier, dass die Gesellschaftsgläubiger nicht gehalten sind, zunächst die Befriedigung ihrer Ansprüche aus dem der Gesellschaft gewidmeten Sondervermögen zu suchen, vielmehr unterliegt auch bei einer GesbR das davon getrennte sonstige Privatvermögen der Gesellschafter ihrem direkten Zugriff.

608/10 Ein Rechtsgeschäft, das ein Gesellschafter **auf Rechnung der Gesellschaft**, aber **im eigenen Namen** abschließt, wird im Außenverhältnis wie ein **Eigengeschäft** des betreffenden Gesellschafters behandelt. Demgemäß wird dem Dritten gegenüber gem § 1199 Abs 2 ABGB allein der betreffende Gesellschafter berechtigt und verpflichtet. Die darüber hinausgehenden Rechtsbeziehungen – namentlich allfällige Regressansprüche des in Anspruch genommenen Gesellschafters – beschränken sich auf das Innenverhältnis der Gesellschafter.

608/11 § 1200 ABGB betrifft die **Abwehrmöglichkeiten**, die einem nach § 1199 ABGB in Anspruch genommenen Gesellschafter zur Verfügung stehen, um sich gegen diesen Anspruch zu verteidigen. Die Bestimmung entspricht inhaltlich im Wesentlichen § 129 UGB (s dazu Rz 640), so dass sich auch bei der GesbR drei Fallgruppen denkbarer Abwehrmöglichkeiten unterscheiden lassen: **Persönliche Einwendungen** des Gesellschafters, **Einwendungen der Gesellschaftergemeinschaft** sowie unter bestimmten Voraussetzungen ein **Leistungsverweigerungsrecht**.

f Gesellschafternachfolge

fa Grundsätzliches

609 Wie bei Personengesellschaften im Allgemeinen sind **Änderungen im Gesellschafterbestand** auch bei einer GesbR im Regelfall nur im Einvernehmen aller Gesellschafter möglich. Erforderlich ist daher vorbehaltlich anderer vertraglicher Regelungen ein einstimmig zu fassender **Gesellschafterbeschluss**. Dies gilt für alle in § 1201 Abs 1 ABGB erwähnten Umgestaltungen der Gesellschafterstruktur, also für den (bloßen) **Eintritt** eines neuen Gesellschafters, das (bloße) **Ausscheiden** bzw den **Austritt** eines bisherigen Gesellschafters, ferner den **Gesellschafterwechsel**, bei dem das Ausscheiden eines Gesellschafters mit dem Eintritt eines anderen Gesellschafters durch die

Übertragung des Gesellschaftsanteils des Ausscheidenden auf den neu Eintretenden miteinander verbunden werden, und schließlich den klagsweisen **Ausschluss** von Gesellschaftern aus wichtigem Grund (vgl § 1213 ABGB sowie die Vorbildvorschrift des § 140 UGB und dazu Rz 644/1).

Neben den soeben angesprochenen gesellschaftsinternen Voraus- **609/1**
setzungen von Änderungen im Gesellschafterbestand sind auch Fragen bezüglich des Schicksals der Miteigentumsanteile der betroffenen Gesellschafter am Gesellschaftsvermögen, ihrer Beteiligung an gesellschaftsbezogenen Gesamthandforderungen und an Verbindlichkeiten sowie der den Gesellschaftsanteil betreffenden gesellschaftsbezogenen Vertragsverhältnisse mit Dritten zu klären. Für die Ausgestaltung der hierfür erforderlichen Maßnahmen findet sich im ABGB namentlich für die den **Rechtsübergang** betreffenden Fragen eine Reihe **eigenständiger Lösungen**. Die Auseinandersetzung mit dem ausscheidenden Gesellschafter und seine Beteiligung an schwebenden Geschäften orientieren sich hingegen ebenso wie die Regelung über die Fortsetzung der GesbR mit den Erben eines Gesellschafters weitgehend am Recht der OG.

fb Rechtsübergang

Für das als Grundlage des Rechtsüberganges bei einem Gesellschaf- **610**
terwechsel erforderliche **Verpflichtungsgeschäft** – also etwa den Beitrittsvertrag mit dem neuen Gesellschafter oder die Austrittsvereinbarung mit dem ausscheidenden Gesellschafter – sind im Gesetz keine Besonderheiten vorgesehen. § 1201 ABGB beschäftigt sich vielmehr mit den anlässlich einer Änderung im Gesellschafterbestand erforderlichen **Verfügungsgeschäften** und orientiert sich am Vorbild der §§ 38 f UGB zum Übergang von Rechtsverhältnissen beim Unternehmensübergang (s dazu Rz 550 ff). Die gesetzlichen Regelungen zum Rechtsübergang bei Änderungen im Gesellschafterbestand können dabei vereinfacht als Anordnung einer dispositiven und umfangmäßig beschränkten **„Quasi-Gesamtrechtsnachfolge"** charakterisiert werden, wobei in rechtstechnischer Hinsicht in den Übergang schuldrechtlicher Rechtsverhältnisse einerseits bzw sachenrechtlicher Rechtsverhältnisse andererseits zu differenzieren ist.

Im Sinne der gewünschten Erleichterung des Rechtsübergangs ordnet **610/1**
die Bestimmung des § 1201 Abs 1 Satz 1 ABGB bezüglich der von ihr erfassten gesellschaftsbezogenen **schuldrechtlichen Rechtsverhältnisse** einen grundsätzlich **automatisch erfolgenden Rechtsübergang** an. Vorgesehen ist demnach, dass bei Fehlen einer entgegenstehenden Vereinbarung zum Zeitpunkt des Eintritts oder Ausscheidens eines Gesellschafters sowie zum Zeitpunkt des Gesellschafterwechsels durch Rechtsgeschäft unter Lebenden die **gesellschaftsbezogenen, nicht**

höchstpersönlichen Rechtsverhältnisse im Verhältnis der Beteiligungen von den bisherigen Gesellschaftern auf den eintretenden Gesellschafter, vom ausscheidenden auf die verbleibenden Gesellschafter oder beim Gesellschafterwechsel vom ausscheidenden auf den eintretenden Gesellschafter übergehen. Für gesellschaftsbezogene Verbindlichkeiten bestellte **Sicherheiten** bleiben gem § 1201 Abs 1 Satz 2 ABGB für diese Verbindlichkeiten aufrecht.

610/2 Der soeben beschriebene, an sich umfassende Übergang schuldrechtlicher Rechtsverhältnisse bzw die dafür vorgesehenen Erleichterungen sind allerdings in mehrfacher Hinsicht grundlegenden **Einschränkungen** unterworfen. Zunächst erfasst der Rechtsübergang von vornherein naturgemäß nur die **gesellschaftsbezogenen Rechtsverhältnisse**, nicht daher die außergesellschaftlichen – also privaten bzw allenfalls anderen Unternehmen zugeordneten – Rechtsverhältnisse der Gesellschafter. Innerhalb der gesellschaftsbezogenen Rechtsverhältnisse sind außerdem die **höchstpersönlichen Rechtsverhältnisse** der Gesellschafter ausgenommen, also etwa ein einem Gesellschafter eingeräumtes Vorkaufsrecht (vgl § 1074 ABGB). § 1201 Abs 1 ABGB ist überdies nicht zwingend, sondern **dispositiv**, so dass die Gesellschafter etwa bestimmte Rechtsverhältnisse vom Rechtsübergang ausnehmen können. Eine weitere Begrenzung des umfassenden Übergangs schuldrechtlicher Rechtsverhältnisse ergibt sich ferner aus dem in § 1201 Abs 3 Satz 1 ABGB vorgesehenen **Widerspruchsrecht Dritter**, also Partnern aus gesellschaftsbezogenen Vertragsverhältnissen. Diese können der im Zuge einer Gesellschafternachfolge von Gesetzes wegen eintretenden Übernahme ihrer Vertragsverhältnisse **binnen dreier Monate** nach Verständigung davon durch einen Gesellschafter gegenüber dem ausscheidenden, dem eintretenden oder einem anderen vom Vertragsverhältnis erfassten Gesellschafter widersprechen. Im Fall eines wirksamen Widerspruchs, dessen Ausübung **keinen wichtigen Grund** voraussetzt, besteht das Vertragsverhältnis (auch) noch mit dem ausgeschiedenen Gesellschafter, nicht aber mit dem allenfalls neu eingetretenen Gesellschafter fort. Ein entsprechendes Widerspruchsrecht ist schließlich in § 1201 Abs 3 Satz 2 ABGB zugunsten der **Besteller von Sicherheiten** für gesellschaftsbezogene Verbindlichkeiten vorgesehen.

610/3 § 1201 Abs 1 ABGB erfasst grundsätzlich auch die gesellschaftsbezogenen **sachenrechtlichen Rechtsverhältnisse**, namentlich die **Miteigentumsanteile** der Gesellschafter am gesellschaftsbezogenen Vermögen. Auch hier erfolgt der Rechtsübergang von den bisherigen Gesellschaftern auf den eintretenden Gesellschafter, vom ausscheidenden auf die verbleibenden Gesellschafter oder beim Gesellschafterwechsel vom ausscheidenden auf den eintretenden Gesellschafter im **Verhältnis der Beteiligungen**. Und auch hier gilt, dass die Einbeziehung der Miteigentumsanteile in den Rechtsübergang **dispositiv**

ist; es steht den Gesellschaftern also frei, die Miteigentumsanteile an bestimmten Sachen des der Gesellschaft gewidmeten Vermögens vom Rechtsübergang auszunehmen. Bei Sachen des Gesellschaftsvermögens, die im Miteigentum der Gesellschafter stehen, gilt die Übergabe gem § 1201 Abs 2 Satz 1 ABGB als vollzogen, sobald der Eintritt, Austritt oder Wechsel von Gesellschaftern wirksam geworden ist. Diese **Übergabefiktion** kommt allerdings nur für **bewegliche Sachen** zum Tragen, während **bücherliche Rechte** gem § 1201 Abs 2 Satz 2 ABGB nach den dafür geltenden Vorschriften zu übertragen sind. Auf diese Weise wird vermieden, dass außerbücherliche Rechte entstehen, die für Dritte in aller Regel nicht erkennbar sind.

fc Haftung

Beim **Eintritt eines neuen Gesellschafters** in eine GesbR ist in 611
§ 1202 Abs 2 ABGB vorgesehen, dass dieser nur insofern für vor seinem Eintritt begründete gesellschaftsbezogene Verbindlichkeiten haftet, als er jenen gesellschaftsbezogenen Rechtsverhältnissen beitritt, auf denen die Verbindlichkeiten beruhen. Tritt er bisherigen gesellschaftsbezogenen Rechtsverhältnissen hingegen nicht bei, so haftet er für diesbezügliche Altverbindlichkeiten auch nicht.

Für das **Ausscheiden von Gesellschaftern** bedeutet dies umge- 611/1
kehrt folgerichtig, dass ein ausscheidender Gesellschafter für gesellschaftsbezogene Verbindlichkeiten gegenüber Dritten, die vor seinem Ausscheiden aus der Gesellschaft begründet wurden, auch dann weiterhaftet, wenn er aus dem Rechtsverhältnis ausgeschieden ist (§ 1202 Abs 2 Satz 1 ABGB). Die Bestimmung ist insofern **dispositiv**, als die Forthaftung mit Zustimmung des Dritten vertraglich ausgeschlossen werden kann. Eine Vereinbarung der Gesellschafter untereinander, den Ausscheidenden von Altverbindlichkeiten zu befreien, führt hingegen nicht zu seiner Enthaftung gegenüber den Gläubigern, sondern begründet lediglich einen Freistellungsanspruch gegenüber den anderen Gesellschaftern.

§ 1202 Abs 2 Satz 2 ABGB enthält eine **Nachhaftungsbeschrän-** 611/2
kung nach dem Vorbild des § 39 UGB und begünstigt den ausscheidenden Gesellschafter in zweifacher Hinsicht: Einerseits beinhaltet § 1202 Abs 2 Satz 2 ABGB eine **Enthaftungsregelung**, der zufolge der ausscheidende Gesellschafter für Verbindlichkeiten nur haftet, soweit sie vor Ablauf von **fünf Jahren** nach seinem Ausscheiden fällig werden. Ergänzend dazu wird andererseits eine besondere **Verjährungsregelung** normiert, wonach die Ansprüche aus den erfassten Verbindlichkeiten längstens binnen **drei Jahren** verjähren.

fd Auseinandersetzung

612 § 1203 ABGB regelt die Auseinandersetzung mit dem ausscheidenden Gesellschafter; § 1204 ABGB betrifft einen sachlich mit der Auseinandersetzung mit dem ausscheidenden Gesellschafter verknüpften Aspekt, nämlich dessen Beteiligung an schwebenden Geschäften. Die genannten Bestimmungen decken sich nahezu völlig mit den Vorbildbestimmungen der §§ 137 f UGB, so dass hinsichtlich der Details auf die diesbezüglichen Ausführungen zur OG verwiesen werden kann (s dazu Rz 646).

612/1 Nach § 1203 Abs 1 ABGB sind dem ausscheidenden Gesellschafter jene **Sachen**, die er den Gesellschaftern zur Benutzung überlassen hat, **zurückzugeben**. Für eine durch Zufall abhanden gekommene oder verschlechterte Sache kann er keinen Ersatz verlangen. § 1203 Abs 2 ABGB ordnet an, dass dem ausscheidenden Gesellschafter in Geld auszuzahlen ist, was er bei der **Auseinandersetzung** erhielte, wenn die Gesellschaft zur Zeit seines Ausscheidens aufgelöst worden wäre. Der Wert des Gesellschaftsvermögens ist dabei, soweit erforderlich, durch Schätzung zu ermitteln. Der ausscheidende Gesellschafter hat überdies gem § 1203 Abs 3 ABGB Anspruch auf **Befreiung von den gesellschaftsbezogenen Verbindlichkeiten**, für die er den Gläubigern haftet. Ist eine Schuld noch nicht fällig, so können ihm die anderen Gesellschafter Sicherheit leisten, statt ihn zu befreien. Für den Fall, dass dem ausscheidenden Gesellschafter eine Verbindlichkeit aus dem Gesellschaftsverhältnis verbleibt, wird er durch § 1203 Abs 4 ABGB verpflichtet, einen **Ausgleich** in entsprechender Höhe an die Gesellschafter zu zahlen. Der ausgeschiedene Gesellschafter nimmt außerdem gem § 1204 Abs 1 ABGB am Gewinn und am Verlust teil, der sich aus den zur Zeit seines Ausscheidens **schwebenden Geschäften** ergibt. Die übrigen Gesellschafter sind berechtigt, diese Geschäfte so zu beenden, wie es ihnen am vorteilhaftesten erscheint. Am Schluss jedes Geschäftsjahres kann der ausgeschiedene Gesellschafter gem § 1204 Abs 2 ABGB Rechenschaft über die inzwischen beendeten Geschäfte, Auszahlung des ihm gebührenden Betrags und Auskunft über den Stand der noch schwebenden Geschäfte verlangen.

fe Fortsetzung mit den Erben

613 § 1205 ABGB über die Fortsetzung einer GesbR mit den Erben eines Gesellschafters deckt sich fast wörtlich mit § 139 UGB zur entsprechenden Thematik bei der OG. Auch hier werden daher nur die wichtigsten einschlägigen Grundsätze dargestellt, während bezüglich der Details zum Tod des Gesellschafters einer GesbR auf die **Ausführungen zur OG** verwiesen wird (s dazu Rz 645).

An sich führt der **Tod** eines Gesellschafters gem § 1208 Z 5 ABGB zur **Auflösung** der Gesellschaft. Ist allerdings im Gesellschaftsvertrag mittels einer so genannten **Nachfolgeklausel** bestimmt, dass im Fall des Todes eines Gesellschafters die Gesellschaft mit seinen Erben fortgesetzt werden soll, so besteht sie gem § 1205 Abs 1 ABGB nach dem Tod dieses Gesellschafters mit seiner Verlassenschaft und nach deren Einantwortung mit den Erben fort. Jedem Erbe wird in diesem Fall ein **Erbenwahlrecht** in der Form eingeräumt, dass er sein Verbleiben in der Gesellschaft davon abhängig machen kann, dass ihm unter Belassung des bisherigen Gewinnanteils die Stellung eines Kommanditisten in einer neu zu gründenden Kommanditgesellschaft (vgl §§ 1206 f ABGB) eingeräumt und der auf ihn fallende Teil der Einlage des Verstorbenen als seine Kommanditeinlage anerkannt wird. Nehmen die übrigen Gesellschafter den Antrag des Erben nicht an, so steht diesem gem § 1205 Abs 2 ABGB ein besonderes **Austrittsrecht** zu; er kann dann ohne Einhaltung einer Kündigungsfrist sein Ausscheiden aus der Gesellschaft erklären. Sowohl das Erbenwahlrecht gem § 1205 Abs 1 ABGB als auch das Austrittsrecht gem § 1205 Abs 2 ABGB unterliegen allerdings einer **Befristung**. Beide Rechte können von den Erben gem § 1205 Abs 3 ABGB nur innerhalb einer Frist von drei Monaten nach der Einantwortung der Verlassenschaft geltend gemacht werden. 613/1

Bezüglich der **Erbenhaftung** findet sich in § 1205 Abs 4 ABGB folgende Regelung: Scheidet der Erbe innerhalb der Frist des § 1205 Abs 3 ABGB aus der Gesellschaft aus oder wird innerhalb dieser Frist die Gesellschaft aufgelöst oder dem Erben die Stellung eines Kommanditisten eingeräumt, so haftet der Erbe für die bis dahin entstandenen gesellschaftsbezogenen Verbindlichkeiten nur nach Maßgabe der die Haftung des Erben für die Verbindlichkeiten der Verlassenschaft betreffenden Vorschriften. 613/2

§ 1205 Abs 5 ABGB normiert die gesellschaftsvertragliche **Unabdingbarkeit** der dargestellten Vorschriften. Der Gesellschaftsvertrag kann demnach die Anwendung der Vorschriften der § 1205 Abs 1 bis 4 ABGB nicht ausschließen; es kann jedoch für den Fall, dass der Erbe sein Verbleiben von der Einräumung der Stellung eines Kommanditisten abhängig macht, sein Gewinnanteil anders als der des Verstorbenen bestimmt werden. 613/3

g Umwandlung

ga Grundsätzliches

614 Die §§ 1206 f ABGB befassen sich mit der **Umwandlung einer GesbR in eine OG oder KG** und regeln die diesbezüglichen Beschlusserfordernisse und die Rechtswirkungen der Umwandlung näher. Aus dem Umstand, dass der OG bzw KG als solcher Rechtsfähigkeit zukommt ist (vgl § 105 Satz 2 UGB), während diese der GesbR fehlt (vgl § 1175 Abs 2 ABGB), folgt zwingend, dass es eine identitätswahrende Umwandlung einer GesbR in eine OG oder KG nicht geben kann. Daher muss es im Falle einer „Umwandlung" einer GesbR in eine OG oder KG notwendigerweise zu einem Wechsel des Zurechnungssubjektes kommen. Daraus folgt, dass im Zuge der Umwandlung eine **Übertragung des gesellschaftsbezogenen Vermögens** von den GesbR-Gesellschaftern auf die OG oder KG erfolgen muss. Eine wesentliche Erleichterung besteht dabei darin, dass für diese Umwandlung im Interesse eines vereinfachten Rechtsüberganges eine **Gesamtrechtsnachfolge** vorgesehen ist.

gb Umwandlungsbeschluss

614/1 Die Umwandlung einer GesbR in eine OG oder KG bedarf nach § 1206 Abs 2 ABGB eines **einstimmigen Gesellschafterbeschlusses**; besondere Formerfordernisse sind nicht angeordnet. In dem Beschluss ist festzulegen, ob die GesbR zu einer OG oder einer KG werden soll. Ferner sind die für die Eintragung erforderlichen Merkmale der neuen Gesellschaft zu bestimmen, so etwa bei der Umwandlung in eine KG die Bestimmung, welche Gesellschafter fortan Komplementäre und welche Kommanditisten sein sollen.

614/2 Um klarzustellen, was alles zum Gesellschaftsvermögen der künftigen OG oder KG gehört, verlangt § 1206 Abs 3 ABGB die Aufstellung eines **Verzeichnis des Gesellschaftsvermögens** iSd § 1178 Abs 1 ABGB. Dieses Verzeichnis ist von den geschäftsführenden Gesellschaftern aufzustellen und in den Umwandlungsbeschluss aufzunehmen. Im Vermögensverzeichnis nicht angeführtes Vermögen wird von der Gesamtrechtsnachfolge nicht erfasst, sondern verbleibt den vormaligen GesbR-Gesellschaftern im bisherigen Verhältnis.

gc Rechtswirkungen

614/3 § 1206 Abs 1 ABGB sieht vor, dass das der Gesellschaft gewidmete Vermögen einschließlich aller Rechte und Pflichten mit der Eintragung der OG oder KG im Firmenbuch im Weg der Gesamtrechtsnachfolge auf diese Gesellschaft übergeht. Dabei handelt es sich allerdings in zweifacher Hinsicht nur um eine **partielle Gesamtrechtsnachfolge**: Zum einen gehen die Gesellschafter als bisherige Zurechnungssubjekte des Gesellschaftsvermögens nicht unter, sondern sie bestehen weiter. Es geht daher nicht ihr gesamtes Vermögen auf die OG oder KG über, sondern nach Maßgabe des § 1206 Abs 3 ABGB nur das Gesellschaftsvermögen im Sinn des § 1178 Abs 1 ABGB. Zum anderen wird die Gesamtrechtsnachfolge durch § 1206 Abs 1 Satz 3 ABGB eingeschränkt: Sie erfasst nicht die zum Gesellschaftsvermögen der GesbR gehörenden **bücherlichen Rechte**. Diese sind vielmehr nach den dafür geltenden Vorschriften zu übertragen.

Bezüglich jener GesbR-Gesellschafter, die mit der Umwandlung zu Kommanditisten werden, könnte Altgläubigern auf Grund ihrer fortan bloß beschränkten Haftung eine Benachteiligung drohen. § 1207 Abs 1 ABGB stellt daher klar, dass die Gesellschafter auch nach erfolgter Umwandlung für die vorher begründeten Verbindlichkeiten **weiterhin als Gesellschafter bürgerlichen Rechts haften**, so dass insbes auch die zukünftigen Kommanditisten bezüglich dieser Altschulden eine unbeschränkte Haftung trifft. **614/4**

§ 1207 Abs 2 ABGB stellt schließlich im Interesse des **Verkehrsschutzes** sicher, dass Dritten aus der fehlenden Kenntnis von der Umwandlung kein Nachteil entsteht: Solange ein Dritter von der Umwandlung nicht verständigt wurde und sie ihm auch sonst nicht bekannt geworden ist, kann er seine Leistung mit schuldbefreiender Wirkung so erbringen, als würde die GesbR noch bestehen. **614/5**

h Beendigung

ha Grundsätzliches

Vorweg ist auch hier darauf hinzuweisen, dass die Beendigung einer GesbR, also ihre **Auflösung und Liquidation** weitgehend dem OG-Vorbild entspricht, so dass ebenfalls im Wesentlichen auf die Ausführungen zur OG zu verweisen ist (s dazu Rz 648 ff). **615**

hb Auflösung

Besonderheiten bezüglich der **Auflösung** sind vor allem in jenen Fällen vorgesehen, in denen die Rechtsnatur der GesbR dies erfordert. So unterscheidet sich die Aufzählung der Auflösungsgründe in § 1208 ABGB insofern von ihrem Vorbild des § 131 UGB, als der Auflösungsgrund der Eröffnung des Konkursverfahrens über das Vermögen der Gesellschaft bzw der rechtskräftigen Nichteröffnung oder Aufhebung des Insolvenzverfahrens mangels kostendeckenden **615/1**

Vermögens entfällt, weil die GesbR mangels Rechtspersönlichkeit nicht als solche insolvent werden kann. § 1215 ABGB wiederum übernimmt zwar für den Fall, dass nur ein Gesellschafter verbleibt, den Regelungsgedanken des § 142 UGB zur so genannten Geschäftsübernahme (s dazu Rz 644/2), hält jedoch trotz der damit angeordneten Gesamtrechtsnachfolge – wie auch § 1201 Abs 2, § 1206 Abs 1 ABGB – am Grundsatz fest, dass bücherliche Rechte nach den dafür geltenden Vorschriften zu übertragen sind. Und für § 1216 ABGB findet sich im Recht der OG kein Vorbild. In dieser Bestimmung wird angesichts der unzulänglichen Publizität der GesbR vorgeschrieben, dass die Auflösung einer Außengesellschaft soweit möglich den Vertragspartnern, Gläubigern und Schuldnern mitzuteilen sowie auf verkehrsübliche Weise bekannt zu geben ist.

hc Liquidation

615/2 Auch im Zusammenhang mit der Regelung der **Liquidation** einer GesbR lassen sich einige rechtsformspezifische **Besonderheiten** der gesetzlichen Bestimmungen feststellen. So bezieht sich der Fortbestand der aufgelösten Gesellschaft bei der GesbR mangels Rechtsfähigkeit im Unterschied zu rechtsfähigen Gesellschaften nicht auf die Gesellschaft als solche, sondern auf den Gesellschaftsvertrag. § 1216a Abs 1 ABGB sieht dementsprechend vor, dass die gesellschaftsvertraglichen Rechte und Pflichten der Gesellschafter trotz Auflösung der Gesellschaft zueinander insoweit fortbestehen, als dies für die Liquidation erforderlich ist und sich aus den gesetzlichen Bestimmungen nichts anderes ergibt. Desgleichen werden gesellschaftsbezogene Rechtsverhältnisse der Gesellschafter zu Dritten in ihrem Fortbestand durch die Auflösung und Liquidation der Gesellschaft nur dann berührt, wenn dies mit dem Dritten vereinbart wurde. Bemerkenswert ist auch noch die Bestimmung des dem § 1216 ABGB nachempfundenen § 1216b Abs 4 ABGB, die das aus der fehlenden Firmenbucheintragung resultierende Publizitätsdefizit lindern soll. Demnach sind die Gesellschafter verpflichtet, die Liquidation und die Liquidatoren soweit möglich den Vertragspartnern, Gläubigern und Schuldnern mitzuteilen sowie auf ortsübliche Weise bekannt zu machen.

2 Offene Gesellschaft

a Grundsätzliches

Mit der **Handelsrechtsreform 2005** (s dazu Rz 525) wurde das Recht der Personengesellschaften nicht nur einer Reihe **praxisorientierter inhaltlicher Anpassungen** unterworfen, sondern auch durch eine grundlegende **Neustrukturierung der Rechtsformen** geändert. Die zuvor bestehenden Personenhandelsgesellschaften (OHG und KG) und die eingetragenen Erwerbsgesellschaften (OEG und KEG) wurden zu den **eingetragenen Personengesellschaften** zusammengefasst: Die bei In-Kraft-Treten des Gesetzes am 1.1.2007 bestehenden OHG und OEG wurden mit diesem Zeitpunkt zu **offenen Gesellschaften (OG)**, die KG und die KEG bilden seither zusammen die Rechtsform der **Kommanditgesellschaft (KG)** (vgl § 907 Abs 2 UGB). 616

Zuletzt wurde das Recht der OG – und marginal auch jenes der KG – im Zuge des **GesbR-RG** (s dazu Rz 596) in Teilbereichen geändert. Vor allem aber ist darauf hinzuweisen, dass die OG im Zuge dieser Reformmaßnahme das grundlegende **Regelungsvorbild bei der Neugestaltung des Rechts der GesbR** darstellte und sich insbes die das Verhältnis der Gesellschafter untereinander betreffenden Regelungen zur GesbR seither weitgehend am Recht der OG orientieren. 616/1

Die **praktische Bedeutung** der OG ist durchaus beachtlich. Nach der GmbH und der KG ist sie die dritthäufigste der im Firmenbuch eingetragenen Gesellschaftsformen; am 1.1.2015 waren im österreichischen Firmenbuch insgesamt fast 18.700 OG eingetragen. Anwendung findet die OG vor allem für kleinere und mittlere Unternehmen, häufig handelt es sich dabei um Familienbetriebe. 616/2

Geregelt ist die OG in den **§§ 105 bis 160 UGB**, wobei auch hier gilt, dass vor allem die das Innenverhältnis betreffenden Vorschriften überwiegend **dispositiver Natur** sind und daher durch den Gesellschaftsvertrag abgeändert werden können (vgl § 108 UGB). Die wesentlichen **Merkmale** einer OG ergeben sich aus § 105 UGB. Demnach ist eine OG eine unter eigener Firma geführte Gesellschaft, bei der die Gesellschafter gesamthandschaftlich verbunden sind und bei keinem der Gesellschafter die Haftung gegenüber den Gesellschaftsgläubigern beschränkt ist. Die OG ist rechtsfähig. Sie kann jeden erlaubten Zweck einschließlich freiberuflicher und land- und forstwirtschaftlicher Tätigkeit haben. Ihr gehören mindestens zwei Gesellschafter an. Hieraus folgt im Einzelnen: 616/3

- Die OG wird **unter eigener Firma** (zur Bildung der Firma einer OG s Rz 545/2) geführt, und zwar unabhängig davon, ob sie tatsächlich ein Unternehmen iSd § 1 Abs 2 UGB betreibt oder nicht (s dazu

Rz 528, 534).

- Die Gesellschafter einer OG sind **gesamthandschaftlich** verbunden; die wesentlichen Merkmale dieser Gesamthandbindung umschreibt § 124 UGB (s dazu Rz 618/6). Als Ausprägung der Gesamthandbindung angesehen wird überdies mitunter auch das Prinzip der **Selbstorganschaft** (s dazu Rz 636).
- Ein weiteres Merkmal der OG besteht darin, dass bei keinem ihrer Gesellschafter die Haftung für die Verbindlichkeiten der Gesellschaft beschränkt ist (**unbeschränkte Gesellschafterhaftung**; s dazu Rz 638 ff).
- Der OG kommt **Rechtsfähigkeit** zu; als **Außengesellschaft** ist sie in das Firmenbuch einzutragen (s dazu Rz 617).
- Eine OG steht für **jeden erlaubten Zweck** zur Verfügung. Insbes ist es nicht erforderlich, dass sie ein Unternehmen betreibt (zur Unternehmereigenschaft der OG s Rz 528, 534, 540/1), sie kann etwa auch zum Zwecke einer bloß vermögensverwaltenden oder ideellen Tätigkeit gegründet werden.
- Schließlich ist für die Gründung und den Bestand einer OG – anders als etwa für die Kapitalgesellschaften (s dazu Rz 679, 713) – das Vorliegen von mindestens zwei Gesellschaftern, also eine **Gesellschaftermehrheit** erforderlich. Fällt der vorletzte Gesellschafter weg, so erlischt die Gesellschaft ohne Liquidation und es kommt zu einer so genannten **Geschäftsübernahme** (s dazu Rz 644/2).

b Gründung

617 Die **Gründung** der OG richtet sich im Innenverhältnis nach dem Abschluss des **formfreien Gesellschaftsvertrages** bzw nach dem dort vorgesehenen Zeitpunkt **(„Errichtung")**. Im Außenverhältnis entsteht die Gesellschaft mit der Eintragung in das Firmenbuch (**„Entstehung"**; vgl § 123 Abs 1 UGB). Handeln Gesellschafter oder zur Vertretung der Gesellschaft bestellte Personen nach Errichtung, aber vor Entstehung der Gesellschaft in deren Namen, so werden alle Gesellschafter daraus berechtigt und verpflichtet; mit der Eintragung in das Firmenbuch tritt die Gesellschaft in die Rechtsverhältnisse ein (vgl § 123 Abs 2 UGB).

c Gesellschaftsvermögen und Vermögensordnung

618 Der OG kommt **Rechtsfähigkeit** zu. Die Gesellschaft als solche ist daher **Eigentümerin des Gesellschaftsvermögens** und Trägerin der zum Gesellschaftsvermögen gehörenden sonstigen Rechte und Pflichten. Sie kann Rechte erwerben, Verbindlichkeiten eingehen so-

wie vor Gericht klagen und geklagt werden. Wie vorhin erwähnt, ist sie als **Außengesellschaft** in das Firmenbuch einzutragen; die entsprechende Anmeldung ist von sämtlichen Gesellschaftern bei dem Gericht vorzunehmen, in dessen Sprengel die OG ihren Sitz hat (§§ 106 f UGB). Ob die OG auf Grund ihrer Rechtsfähigkeit auch als **juristische Person** zu qualifizieren ist, ist weniger eine praxisrelevante, sondern vorrangig eine terminologische bzw rechtstheoretische Frage.

Im Unterschied zu den Kapitalgesellschaften ist die Bildung eines Gesellschaftsvermögens bei den Personengesellschaften im Allgemeinen und bei der OG im Besonderen auf Grund der zwingenden Haftung der Gesellschafter mir ihrem Privatvermögen (vgl § 128 UGB) und des daraus resultierenden Gläubigerschutzes nicht zwingend vorgesehen. Bei der OG gibt es daher im Zuge der Gründung **keine Notwendigkeit einer (Mindest-)Kapitalaufbringung** und überdies während ihres aufrechten Bestandes **keine Kapitalerhaltungserfordernisse**. **618/1**

Wenngleich daher die Bildung eines Gesellschaftsvermögens bei der OG nicht zwingend vorgesehen ist, widmen ihre Gesellschafter der gemeinsamen Tätigkeit regelmäßig nicht nur im Rahmen ihrer Mitwirkungspflicht ihre Kenntnisse, ihr Können und ihre Arbeitskraft, sondern stellen ihr auch Vermögen in Form von **Einlagen** zur Verfügung. **Gegenstand**, **Höhe** und **Fälligkeit** einer Einlage richten sich dabei nach dem Gesellschaftsvertrag; in Betracht kommen neben **Bareinlagen** in Form von Bar- oder Buchgeld auch die unterschiedlichsten Formen von **Sacheinlagen**, zB Maschinen, Liegenschaften, Forderungen, Immaterialgüterrechte sowie – im Unterschied zu den Kapitalgesellschaften (vgl dazu § 20 Abs 2 AktG sowie Rz 716) – auch die **Leistung von Diensten**. **618/2**

Je nachdem, wie sich die Rechtsstellung der Gesellschaft bzw des einbringenden Gesellschafters nach der Einbringung darstellen soll, können unterschiedliche **Einbringungsformen** unterschieden werden. Die der Bildung des Gesellschaftsvermögens dienende Einlagenleistung durch die Gesellschafter zielt dabei bei der OG infolge ihrer gesetzlich angeordneten Rechtsfähigkeit im Zweifel auf die Begründung von („Allein-")Eigentum der Gesellschaft ab **(Einbringung in das Eigentum bzw illatio quoad dominium)**. Im Unterschied zur GesbR (s dazu Rz 598/2, 598/4) dient diese Grundform der Einbringung bei der OG also nicht der (bloßen) Begründung von Miteigentum der Gesellschafter an den eingebrachten körperlichen Sachen und einer gesamthänderischen Bindung bezüglich der unkörperlichen Sachen. Vielmehr übertragen die einbringenden Gesellschafter hier das **Eigentum an die Gesellschaft als solche**, und zwar sowohl an körperlichen als auch an unkörperlichen Sachen. **618/3**

Die Begründung von Eigentum der Gesellschaft an den eingebrachten Vermögenswerten ist allerdings nicht zwingend. Eine Sache **618/4** kann der Gesellschaft vom Eigentümer auch nur zum Gebrauch zur Verfügung gestellt **(Einbringung zum Gebrauch bzw illatio quoad usum)**. Beim Ausscheiden eines Gesellschafters sowie in der Liquidation der Gesellschaft sind die quoad usum eingebrachten Sachen dem Eigentümer gem § 137 Abs 1, § 149 Abs 2 UGB zurückzugeben (s dazu Rz 646).

618/5 Möglich ist es schließlich auch, dass die der Gesellschaft gewidmete Sache im Eigentum des Gesellschafters bleibt, gesellschaftsintern jedoch so behandelt wird, als stünde sie im Eigentum der Gesellschaft **(Einbringung in das beschränkte Eigentum bzw illatio quoad sortem)**. Der Nutzen einer in dieser Form eingebrachten Sache kommt dann der Gesellschaft zu Gute, sie trägt aber auch die Lasten und das Risiko. Im Außenverhältnis bleibt der einbringende Gesellschafter allein verfügungsberechtigt; eine vereinbarungswidrige Disposition macht jedoch schadenersatzpflichtig. Beim Ausscheiden des betreffenden Gesellschafters verbleibt die Sache im Zweifel bei der Gesellschaft, bei Auflösung der Gesellschaft fällt sie im Zweifel nicht an den Eigentümer, sondern in die Liquidationsmasse.

618/6 Die Gesellschafter einer OG sind gem § 105 UGB **gesamthandschaftlich** verbunden. Gemeint sind damit die besondere **Verbundenheit der Gesellschafter** und die daraus resultierenden Konsequenzen betreffend den Gesellschaftsanteil. Die wesentlichen Merkmale dieser Gesamthandbindung umschreibt § 124 UGB. Demnach kann ein Gesellschafter ohne Zustimmung aller Gesellschafter **nicht über seinen Gesellschaftsanteil verfügen**, wenn im Gesellschaftsvertrag nichts anderes bestimmt ist. Das **Gesellschaftsvermögen** ist vom **Gesellschaftervermögen** zu trennen, so dass ein Schuldner der Gesellschaft seine Verbindlichkeit nicht gegen eine ihm gegen einen einzelnen Gesellschafter zustehende Forderung aufrechnen kann. Ansprüche, die Gesellschaftern aus dem Gesellschaftsverhältnis gegeneinander oder gegen die Gesellschaft zustehen **(„Sozialansprüche“)**, sind **nicht übertragbar** und **nicht pfändbar**. Ausgenommen vom zuletzt genannten Grundsatz sind allerdings die einem Gesellschafter aus der Geschäftsführung zustehenden Ansprüche, soweit deren Befriedigung vor der Auseinandersetzung verlangt werden kann, sowie die Ansprüche auf einen Gewinnanteil oder auf das, was dem Gesellschafter bei der Auseinandersetzung zukommt.

d Innenverhältnis

da Grundsätzliches

Wie bereits erwähnt, kommt bei der OG gerade im Bereich des Innenverhältnisses der **Dispositivität** der gesetzlichen Grundlagen im Interesse seiner **privatautonomen Gestaltbarkeit** durch die Gesellschafter besondere Bedeutung zu. § 108 UGB sieht daher vor, dass sich die Rechtsverhältnisse der Gesellschafter untereinander nach dem Gesellschaftsvertrag richten und die das Innenverhältnis betreffenden gesetzlichen Bestimmungen der §§ 109 bis 122 UGB dementsprechend nur insoweit Anwendung finden, als nicht durch den Gesellschaftsvertrag – oder spätere Beschlüsse, die grundsätzlich mit Zustimmung aller Gesellschafter zu fassen sind – anderes bestimmt ist. **619**

Ausnahmen von der im Innenverhältnis grundsätzlich bestehenden Dispositivität bestehen allerdings dann, wenn gesetzlichen Regelungen im Einzelfall ausdrücklich **zwingender Charakter** zuerkannt wird. Solche Ausnahmen finden sich etwa bezüglich des Verbots einer vertraglichen Nachschusspflicht ohne Angabe eines bestimmbaren Betrags (§ 109 Abs 3 UGB), des Verbots eines Vorausverzichts auf das Austrittsrecht bei Nichtleistung eines Nachschusses (§ 109 Abs 4 UGB), des Verbots eines Verzichts auf die Kündigung der Geschäftsführung durch den geschäftsführenden Gesellschafter aus wichtigem Grund (§ 117 Abs 2 UGB) oder der Unabdingbarkeit von Kontrollrechten (§ 118 Abs 2 UGB). **619/1**

db Gesellschaftsanteil

Der **Gesellschaftsanteil** ist als **Ausdruck der Mitgliedschaft** eines Gesellschafters zur betreffenden Gesellschaft bzw seiner Beteiligung an dieser anzusehen. Er verkörpert eine Vielzahl mitgliedschaftlicher Rechte und Pflichten, die teils mitverwaltungs- bzw herrschaftsrechtlichen und teils vermögensrechtlichen Inhalt aufweisen. Manche dieser Rechte stehen allen Gesellschaftern unabhängig von der Größe ihres Gesellschaftsanteils zu, wie etwa das Recht auf Geschäftsführung oder das Kontrollrecht. Andere Rechte sind hingegen umfangmäßig abhängig vom Ausmaß der Beteiligung des betreffenden Gesellschafters; diese Rechte hat der Gesetzgeber vor Augen, wenn in § 109 Abs 1 UGB davon die Rede ist, dass sich „die Beteiligung an der Gesellschaft nach dem Verhältnis des Wertes der vereinbarten Einlagen **(Kapitalanteil)**“ bestimmt (s dazu Rz 623). **620**

In Entsprechung zur Rechtslage bei den anderen Personengesellschaften und im Unterschied zur Grundkonzeption bei den Kapitalgesellschaften ist wie bereits erwähnt in § 124 Abs 1 UGB im Zusam- **620/1** menhang mit der Gesamthandbindung der Gesellschafter vorgesehen, dass ein Gesellschafter ohne Zustimmung aller Gesellschafter nicht über seinen Gesellschaftsanteil verfügen kann. Insbes setzt daher auch die **Übertragung des Gesellschaftsanteils** grundsätzlich die **Billigung aller Mitgesellschafter** voraus.

620/2 Von der Frage der Übertragbarkeit des Gesellschaftsanteils als solchem zu trennen ist die Frage der **Abtretbarkeit einzelner Rechte und Ansprüche** aus dem Gesellschaftsverhältnis. Diesbezüglich wird unter Berufung auf § 124 Abs 3 UGB zwischen Mitverwaltungs- bzw Herrschaftsrechten und Vermögensrechten unterschieden: Die isolierte Abtretung von **Mitverwaltungsrechten** wie etwa Stimmrechten, Informationsrechten oder dem Anspruch auf Rechnungslegung ist grundsätzlich nicht möglich. Bezüglich der **Vermögensrechte** ist hingegen weiter zu differenzieren: Zwar kann auch hier das Stammrecht als solches nicht wirksam auf Dritte übertragen werden; hieraus erwachsende Einzelansprüche, wie etwa ein konkreter Anspruch auf Aufwandersatz, Gewinnbezug oder Auszahlung des Auseinandersetzungsguthabens sind hingegen durchaus einer selbständigen Abtretung zugänglich.

dc Beiträge, Einlagen, Kapitalanteil und Nachschüsse

621 Unter den **Beiträgen** der Gesellschafter versteht man all jene Leistungen, die diese der Gesellschaft im Interesse der Förderung des Gesellschaftszwecks erbringen. Dabei kommt grundsätzlich jede Leistung – oder allenfalls auch Unterlassung – in Betracht, zu der sich die Gesellschafter gesellschaftsvertraglich verpflichten. Denkbar ist insbes etwa die Übertragung beweglicher oder unbeweglicher Sachen in das gesellschaftsbezogene Miteigentum der Gesellschafter, die gesellschaftsbezogene Einräumung von Nutzungsrechten oder die Erbringung von Dienstleistungen; beschränkt sich der Beitrag eines Gesellschafters auf die Leistung von Diensten, so spricht man von einem **Arbeitsgesellschafter** (vgl § 1182 Abs 3 ABGB). Auch die bloße Zurverfügungstellung des „guten Namens" bzw der Bonität eines Gesellschafters kann einen hinreichenden Beitrag zur Förderung des gemeinsamen Zweckes darstellen.

622 Von den Beiträgen zu unterscheiden sind die bereits angesprochenen **Einlagen** (s dazu Rz 618/2). Darunter versteht man die mit einem Vermögenswert verbundenen Beitragsleistungen der Gesellschafter, die von diesen in das Gesellschaftsvermögen erbracht werden.

623 Von Bedeutung sind die Einlagen insbes insofern, als sich die Beteiligung der Gesellschafter an der Gesellschaft gem § 109 Abs 1 UGB nach dem Verhältnis des Wertes der **vereinbarten Einlagen**, die im Gesetz als **Kapitalanteile** bezeichnet werden, bestimmt. Bei der OG gilt daher zumindest nach dem gesetzlichen Grundmodell das

Konzept fester Beteiligungsverhältnisse; eine Änderung der Beteiligungsverhältnisse setzt eine Änderung der Kapitalanteile, also der Höhe der vereinbarten Einlagen und somit letztlich eine Änderung des Gesellschaftsvertrages voraus. Von **Bedeutung** sind die Beteiligungsverhältnisse und damit die einzelnen Kapitalanteile nach dem gesetzlichen Grundkonzept insbes im Zusammenhang mit allfälligen notwendigen Nachschussleistungen (vgl § 109 Abs 4 UGB), dem Stimmrecht bei Mehrheitsbeschlüssen (vgl § 119 Abs 2 UGB), der Gewinn- und Verlustzuweisung (vgl § 121 Abs 1 und 3 UGB), der Ermittlung des Abfindungsguthabens des ausscheidenden Gesellschafters (§ 137 Abs 2 UGB) und der Verteilung des Liquidationserlöses (vgl § 155 Abs 1 UGB).

Der Kapitalanteil des einzelnen Gesellschafters wird buchmäßig im **624** Interesse gleichbleibender Beteiligungsverhältnisse gewöhnlich als festes bzw starres **„Kapitalkonto"** geführt, das sich nur durch „Kapitalerhöhungen bzw -herabsetzungen" in Form späterer Einlagenleistungen bzw -rückzahlungen ändert. Ergänzt wird es regelmäßig durch ein bewegliches **„Privatkonto"** bzw **„Kapitalkonto II"**, auf dem Gewinne, Verluste und Entnahmen verbucht werden.

Denkbar ist es, dass Gesellschafter keine Bareinlagen oder Sach- **625** werte einbringen, sondern dass sich ihr Beitrag auf die **Leistung von Diensten** beschränkt (s dazu § 109 Abs 2 Satz 2 UGB sowie Rz 621). Den Dienstleistungen wird in diesem Fall grundsätzlich kein Einlagencharakter beigemessen, so dass dem Arbeitsgesellschafter dafür auch **kein Kapitalanteil** gewährt wird. Vielmehr steht ihm für seine Mitwirkung gem § 121 Abs 3 UGB bloß ein **angemessener Betrag des Jahresgewinns** zu. Im Gesellschaftsvertrag kann allerdings auch dem Arbeitsgesellschafter eine Beteiligungsquote zuerkannt werden, so als ob er einen Kapitalanteil geleistet hätte (s dazu Rz 633/3). Besonders berücksichtigt wird die Existenz von Arbeitsgesellschaften auch noch im Zusammenhang mit der **Mehrheitsermittlung bei Gesellschafterbeschlüssen** für den Fall einer gesellschaftsvertraglich vorgesehenen Mehrheitsklausel (vgl § 119 Abs 2 UGB sowie Rz 630).

Neben der Leistung ihrer allenfalls vorgesehenen Einlagen haben **626** die Gesellschafter grundsätzlich auch persönlich an der **Förderung des Gesellschaftszwecks mitzuwirken** und ihre Kenntnisse und Fähigkeiten sowie ihre Arbeitskraft und Zeit zur Verfügung zu stellen. Die geforderte **Mitwirkung** beschränkt sich dabei nicht bloß auf die Geschäftsführung ieS, sondern ist jede auf die Verfolgung des Gesellschaftszwecks gerichtete Tätigkeit für die Gesellschaft und umfasst sowohl faktische als auch rechtsgeschäftliche Handlungen. Ist gesellschaftsvertraglich nicht anderes bestimmt, trifft diese Mitwirkungspflicht alle Gesellschafter gem § 109 Abs 2 Satz 1 UGB **im gleichen Ausmaß**, und zwar unabhängig von der Größe des Kapitalanteils oder davon, dass sich einzelne Gesellschafter nur zu Arbeitsleistungen verpflichtet haben. Unterliegen die Gesellschafter hingegen kraft vertraglicher Gestaltung einer **unterschiedlichen Mitwirkungspflicht**, etwa weil sie sich nur zu Kapitalleistungen verpflichtet haben, so ist dies bei der **Gewinnzuweisung** angemessen zu berücksichtigen (vgl § 121 Abs 2 UGB sowie Rz 633/1).

627 In Ergänzung zu der in § 109 Abs 2 Satz 1 UGB normierten Mitwirkungspflicht wird in § 112 Abs 1 Satz 1 UGB angeordnet, dass die Gesellschafter unter Wahrung ihrer Rechte an der gesellschaftlichen Willensbildung und den zu treffenden Maßnahmen nach Kräften und mit der gebotenen Sorgfalt mitwirken müssen. Außerdem haben sie den Gesellschaftszweck redlich zu fördern und alles zu unterlassen, was den Gesellschaftsinteressen schadet. Die genannten Pflichten können als wesentliche **Elemente der gesellschaftlichen Treuepflicht** angesehen werden. § 112 Abs 1 Satz 2 UGB schreibt überdies vor, dass die Gesellschafter unter gleichen Voraussetzungen gleich zu behandeln sind **(Gleichbehandlungsgebot)**. § 112 Abs 1 UGB hat mit § 1186 ABGB ein inhaltlich völlig entsprechendes Gegenstück im Recht der GesbR; der Inhalt dieser Vorschriften wird wegen der sich aus § 1175 Abs 4 ABGB ergebenden rechtsformübergreifenden Geltung im Zusammenhang mit der GesbR näher besprochen (s dazu Rz 607/2).

628 Wie sich aus § 109 Abs 3 UGB ergibt, sind die Gesellschafter nicht verpflichtet, Nachschüsse zu vertraglich zugesagten Einlagen zu leisten. Bei der OG besteht daher **keine gesetzliche Nachschusspflicht**, der Gesellschaftsvertrag kann aber anderes vorsehen. Allerdings können die Gesellschafter gem § 109 Abs 4 UGB auch ohne eine Vereinbarung im Gesellschaftsvertrag mit **Stimmenmehrheit** die Leistung von Nachschüssen im Verhältnis ihrer Kapitalanteile beschließen, wenn dies **notwendig** ist, weil sonst die **Fortführung der Gesellschaft nicht möglich** wäre. Gesellschafter, die dem Beschluss nicht zugestimmt haben und den Nachschuss nicht leisten, können innerhalb angemessener Frist aus der Gesellschaft **austreten** oder auf Grund einer Klage der übrigen Gesellschafter vom Gericht aus der Gesellschaft **ausgeschlossen** werden. Auf das Austrittsrecht kann im Vorhinein nicht verzichtet werden, wohl aber auf das Ausschlussrecht. Den ausgetretenen oder ausgeschlossenen Gesellschaftern stehen im Zuge der **Auseinandersetzung** Abfindungsansprüche und eine Beteiligung an den schwebenden Geschäften zu (s dazu Rz 646), für deren Ermittlung der Zeitpunkt der Beschlussfassung über die Nachschusspflicht maßgeblich ist.

dd Geschäftsführung

In Bezug auf die **Geschäftsführung** (vgl §§ 114 ff UGB) ist gem § 116 UGB zu unterscheiden zwischen Maßnahmen des „gewöhnlichen Geschäftsbetriebes der Gesellschaft“ und jenen, „die darüber hinausgehen“: 629

Für Erstere – die **ordentlichen Geschäftsführungsmaßnahmen** – sieht das Gesetz **Einzelgeschäftsführung** vor (zur Besonderheit im Liquidationsstadium s Rz 652). Jeder Gesellschafter ist demnach allein zur Führung der Geschäfte berechtigt und auch verpflichtet, wobei aber die übrigen geschäftsführenden Gesellschafter ein **Widerspruchsrecht** haben, bei dessen Ausübung die betreffende Handlung unterbleiben muss (§ 115 Abs 1 UGB). Zulässig ist es auch, durch den Gesellschaftsvertrag einzelne Gesellschafter von vornherein von der Geschäftsführungsbefugnis auszuschließen oder Gesamtgeschäftsführung – also das Erfordernis des Zusammenwirkens mehrerer oder aller Gesellschafter – vorzusehen; im zuletzt genannten Fall besteht aber dennoch bei Gefahr im Verzug Einzelgeschäftsführung (§ 115 Abs 2 UGB). 629/1

Außerordentliche Geschäftsführungsmaßnahmen, zu denen etwa besonders riskante oder kapitalintensive Geschäfte gehören, bedürfen nach dem gesetzlichen Grundmodell des § 116 Abs 2 UGB der im Rahmen eines Gesellschafterbeschlusses zu erteilenden Zustimmung sämtlicher – also auch der von der ordentlichen Geschäftsführung ausgeschlossenen – Gesellschafter. IZm der **Erteilung und dem Widerruf der Prokura** ist in § 116 Abs 3 UGB schließlich Besonderes vorgesehen: Die Erteilung hat durch alle geschäftsführungsbefugten Gesellschafter gemeinsam zu erfolgen, der Widerruf kann hingegen durch jeden dieser Gesellschafter allein vorgenommen werden. 629/2

Bei Vorliegen eines wichtigen Grundes ist die **Entziehung der Geschäftsführungsbefugnis** möglich (vgl § 117 UGB). Sie erfolgt grundsätzlich durch eine gerichtliche Entscheidung, zu deren Herbeiführung eine Klage aller übrigen Gesellschafter erforderlich ist. Nicht zur Klagsführung bereite Gesellschafter sind als Mitbeklagte in den Prozess einzubeziehen und auf Duldung der geltend gemachten Rechtsgestaltung in Anspruch zu nehmen. Wirksam wird die Entziehung der Geschäftsführungsbefugnis sodann mit der Rechtskraft des stattgebenden Urteiles. Sieht der Gesellschaftsvertrag die Möglichkeit einer außergerichtlichen Entziehung dieser Befugnis – etwa durch Beschluss der Gesellschafter, die Entscheidung eines anderen Gesellschafters oder eines Schiedsgerichtes – vor, so kann der betroffene Gesellschafter den Entziehungsbeschluss mit einer so genannten „negativen Feststellungsklage“ bekämpfen. 629/3

Hinzuweisen ist schließlich darauf, dass ein Gesellschafter die **Geschäftsführung** zwar **kündigen** kann, wenn ein wichtiger Grund vor- 629/4 liegt (§ 117 Abs 2 UGB); eine **Übertragung auf Dritte** ist ihm im Zweifel aber nicht gestattet (§ 114 Abs 4 UGB).

de Gesellschafterbeschlüsse

630 Für die Änderung des Gesellschaftsvertrages, die Auflösung der Gesellschaft und die Entscheidung über außergewöhnliche Geschäftsführungsmaßnahmen ist von Gesetzes wegen die Fassung eines **Gesellschafterbeschlusses** erforderlich. Der Gesellschaftsvertrag kann weitere Beschlussgegenstände vorsehen und auch – von Gesetzes wegen an sich nicht vorgesehene – besondere Form- und Verfahrensvorschriften anordnen. In Ermangelung abweichender Vereinbarungen bedarf ein solcher Beschluss der **Zustimmung aller zur Mitwirkung bei der Beschlussfassung berufenen Gesellschafter** (§ 119 Abs 1 UGB); das gesetzliche Grundmodell sieht also ein **Einstimmigkeitsprinzip** vor. Hat nach dem Gesellschaftsvertrag die Mehrheit der Stimmen zu entscheiden, so bestimmt sie sich nach den abgegebenen gültigen Stimmen; das Stimmgewicht entspricht dabei in Ermangelung einer anderen gesellschaftsvertraglichen Ausgestaltung den **Beteiligungsverhältnissen** der Gesellschafter (s dazu Rz 623). Sind **Arbeitsgesellschafter** vorhanden und daher nicht alle Gesellschafter am Kapital beteiligt, so richtet sich die Mehrheit **nach Köpfen**. Arbeitsgesellschafter, denen der Gesellschaftsvertrag einen am Wert ihrer Arbeit orientierten Kapitalanteil zubilligt, gelten allerdings als am Kapital beteiligt (§ 119 Abs 2 UGB).

630/1 IZm der Auslegung einer Mehrheitsklausel von Bedeutung sind der so genannte **„Bestimmtheitsgrundsatz"** und die **„Kernbereichslehre"**, die beide auf den Schutz des einzelnen Gesellschafters bzw der Minderheit bei der Vereinbarung des Mehrheitsprinzips abzielen. Gültigkeit, Reichweite und konkreter Inhalt der damit aufgestellten Grenzen sind im Detail allerdings umstritten. Auf das Wesentliche reduziert besagt der (ältere) Bestimmtheitsgrundsatz, dass eine allgemeine Mehrheitsklausel im Zweifel nur für laufende Geschäfte, nicht aber für Änderungen des Gesellschaftsvertrages zur Anwendung kommt; selbst wenn die Mehrheitsklausel ausdrücklich auch derartige Änderungen umfassen sollte, bezieht sie sich aber dennoch nicht auf Vertragsänderungen ungewöhnlicher Art. Die nunmehr vorherrschende Kernbereichslehre wiederum sieht vor, dass die dem Kernbereich der Mitgliedschaft angehörenden Rechte – dazu sollen etwa das Stimmrecht, die Ergebnisbeteiligung und Sonderrechte gehören – nur mit Zustimmung des von der Beschlussfassung betroffenen Gesellschafters beschränkt bzw entzogen werden können.

df Wettbewerbsverbot

Die Gesellschafter einer OG unterliegen einem **Wettbewerbsverbot**. Sie dürfen ohne Einwilligung der anderen Gesellschafter weder **Geschäfte im Geschäftszweig der Gesellschaft** machen noch an einer anderen gleichartigen Gesellschaft als **unbeschränkt haftender Gesellschafter** beteiligt sein (§ 112 Abs 2 UGB). Die Mitgesellschafter können allerdings in eine Wettbewerbshandlung ausdrücklich oder stillschweigend einwilligen; insbes gilt ihre Zustimmung zur Beteiligung an einer anderen Gesellschaft dann als erteilt, wenn ihnen diese Beteiligung bei Eingehung der Gesellschaft bekannt war und deren Aufgabe nicht ausdrücklich bedungen wurde (§ 112 Abs 3 UGB). 631

Bei einer **Verletzung des Wettbewerbsverbotes** kann die Gesellschaft Schadenersatz verlangen oder vom so genannten „Eintrittsrecht" Gebrauch machen. Im zweitgenannten Fall gelten die vom betroffenen Gesellschafter für eigene Rechnung gemachten Geschäfte als für Rechnung der Gesellschaft eingegangen, bei Geschäften für fremde Rechnung muss der Gesellschafter die bezogene Vergütung herausgeben bzw seinen Anspruch darauf abtreten. Die genannten Ansprüche werden im Wege der **actio pro socio** (s dazu Rz 607/3) geltend gemacht; sie verjähren in drei Monaten ab Kenntnis aller Mitgesellschafter bzw absolut – also ohne Rücksicht auf diese Kenntnis – in fünf Jahren von ihrer Entstehung an (§ 113 UGB). 631/1

dg Kontrollrechte

Jeder Gesellschafter, namentlich und gerade auch ein von der Geschäftsführung ausgeschlossener Gesellschafter, hat Anspruch darauf, sich von den Angelegenheiten der Gesellschaft persönlich zu unterrichten, in die Bücher und Schriften der Gesellschaft einzusehen und sich aus ihnen einen Jahresabschluss bzw eine sonstige Abrechnung anzufertigen. Eine dieses **Kontrollrecht** ausschließende oder beschränkende Vereinbarung ist unwirksam (§ 118 UGB). 632

Das Kontrollrecht ist an sich ein **höchstpersönliches Recht**, kann also nicht ohne Weiteres auf Dritte übertragen werden. Die Beiziehung eines Buchsachverständigen wird allerdings dann ausnahmsweise für zulässig erachtet, wenn der betreffende Gesellschafter nicht selbst die zur interessengerechten Einsicht erforderlichen Fähigkeiten aufweist. 632/1

dh Ergebnisermittlung und -zuweisung, Gewinnausschüttung und Entnahmen

Am Schluss jedes Geschäftsjahres wird auf Grund des Jahresabschlusses der Gewinn oder Verlust ermittelt und für jeden Gesellschafter der Anteil daran berechnet. Wenn nach den Vorschriften des 633

Dritten Buches des UGB keine Pflicht zur Rechnungslegung – und somit zur Aufstellung eines Jahresabschlusses – besteht (s dazu Rz 530), erfolgt die **Ergebnisermittlung** auf Grundlage einer „sonstigen Abrechnung" (§ 120 UGB).

633/1 In der Praxis sehen Gesellschaftsverträge für die **Ergebniszuweisung**, also die Verteilung von Gewinn und Verlust, regelmäßig besondere Bestimmungen vor. Fehlen solche, so ergeben sich aus § 121 UGB folgende Grundsätze: Für den praktischen Regelfall, in dem alle Gesellschafter zur **Mitwirkung in gleichem Ausmaß** verpflichtet sind, sieht § 121 Abs 1 UGB vor, dass der Gewinn und Verlust eines Geschäftsjahres den Gesellschaftern im **Verhältnis ihrer Kapitalanteile** zugewiesen wird. Eine **Mitwirkung in unterschiedlichem Ausmaß** ist hingegen gem § 121 Abs 2 UGB auch **bei der Gewinnzuweisung angemessen zu berücksichtigen**. Gesellschafter, die mehr mitarbeiten als die anderen, sollen demnach einen entsprechend höheren Anteil am Gewinn erhalten; wer weniger mitarbeitet als die anderen, soll im Vergleich zu ihnen weniger bekommen.

633/2 Diese gesetzliche Ausgestaltung der Ergebniszuweisung ist allerdings wie erwähnt nicht zwingend. Der **Gesellschaftsvertrag** kann einen **anderen Verteilungsschlüssel** vorsehen, etwa eine Verteilung nach Köpfen oder nach von den Kapitalanteilen abweichenden Quoten. Denkbar ist es auch, einzelne Gesellschafter von der Verlust- oder auch der Gewinnbeteiligung gänzlich auszuschließen oder die konkrete Ergebnisverteilung einem alljährlich zu fassenden besonderen Gesellschafterbeschluss zu überlassen. Enthält der Gesellschaftsvertrag eine abweichende Bestimmung nur über den Anteil am Gewinn oder über den Anteil am Verlust, so gilt diese Bestimmung gem § 121 Abs 1 Satz 2 UGB im Zweifel für Gewinn und Verlust.

633/3 Von jenen Gesellschaftern, die eine Einlage zu leisten haben und überdies an der Förderung des Gesellschaftszwecks mitwirken, sind **Arbeitsgesellschafter** zu unterscheiden, die zu keiner Einlage verpflichtet sind. Solchen Arbeitsgesellschaftern wird in der Regel kein Kapitalanteil gewährt (vgl § 119 Abs 2 Satz 4 UGB, s dazu Rz 625); ihnen ist gem § 121 Abs 3 UGB ein **den Umständen nach angemessener Betrag des Jahresgewinns** zuzuweisen. Der diesen Betrag übersteigende Teil des Jahresgewinns wird sodann auf die übrigen Gesellschafter im Verhältnis ihrer Beteiligung verteilt. Wird dem Arbeitsgesellschafter allerdings für die Leistung seiner Dienste im Gesellschaftsvertrag ein Kapitalanteil eingeräumt, so orientiert sich sein Gewinnanspruch an diesem Kapitalanteil.

633/4 In der Praxis gibt es nicht selten Gesellschafter, die einen besonderen Arbeitseinsatz leisten und auf Grund dieser eventuell hauptberuflichen Tätigkeit ein entsprechendes **regelmäßiges und gewinnunabhängiges Entgelt** benötigen. § 121 Abs 4 UGB berücksichtigt diese Interessenlage und bestimmt, dass die Gesellschafterstellung der Vereinbarung eines solchen Entgelts für der Gesellschaft geleistete Dienste nicht entgegensteht.

Jeder Gesellschafter hat Anspruch auf Auszahlung seines Gewinn- **633/5**
anteiles. Dieses **Entnahmerecht** kann aber nicht geltend gemacht werden, soweit die Auszahlung zum offenbaren Schaden der Gesellschaft gereicht, die Gesellschafter etwas anderes beschließen oder der Gesellschafter vereinbarungswidrig seine Einlage nicht geleistet hat. Weitere, über den Gewinnauszahlungsanspruch hinausgehende Entnahmen sind dem Gesellschafter ohne Einwilligung der anderen Gesellschafter nicht gestattet (§ 122 UGB).

di Sonstige Regelungen

Für **Aufwendungen**, die ein Gesellschafter in Gesellschaftsangele- **634**
genheiten gemacht hat und die er den Umständen nach für erforderlich halten durfte, ist ihm die Gesellschaft zum Ersatz verpflichtet. Das Gleiche gilt, wenn ihm aus der Geschäftsführungstätigkeit oder aus damit untrennbar verbundenen Gefahren Verluste erwachsen sind (§ 110 Abs 1 UGB). Aufgewendetes Geld ist dabei gem § 110 Abs 2 UGB von der Zeit der Aufwendungen an zu verzinsen. Außerdem kann ein Gesellschafter für die Aufwendungen, die in Gesellschaftsangelegenheiten nötig sind, von der Gesellschaft einen **Vorschuss** verlangen (§ 110 Abs 3 UGB). Umgekehrt ist eine **Herausgabepflicht** für alles vorgesehen, was er zur Führung der Geschäfte erhält und was er aus der Geschäftsführung erlangt (§ 110 Abs 4 UGB).

Ein Gesellschafter, der seine Geldeinlage nicht zur rechten Zeit **634/1**
einzahlt, eingenommenes Gesellschaftsgeld nicht zur rechten Zeit an die Gesellschaftskasse abliefert oder unbefugt Geld aus der Gesellschaftskasse für sich entnimmt, hat gem § 111 Abs 1 UGB Zinsen von dem Tag an zu entrichten, an dem die Zahlung oder die Ablieferung hätte geschehen sollen oder die Herausnahme des Geldes erfolgt ist. Die dargestellte **Verzinsungspflicht** besteht verschuldensunabhängig und bezweckt den Ausgleich für den entgangenen Kapitalnutzen. Bei einem Verschulden des betreffenden Gesellschafters ist überdies die Geltendmachung eines über den Zinsanspruch hinausgehenden weiteren **Schadens** möglich (§ 111 Abs 2 UGB).

e Außenverhältnis

ea Grundsätzliches

635 Die in den §§ 123 bis 130 UGB enthaltenen Bestimmungen regeln das Rechtsverhältnis der Gesellschaft zu Dritten, also das **Außenverhältnis der OG**. § 123 UGB betrifft die bereits erörterte Entstehung der Gesellschaft (s dazu Rz 617), § 124 UGB die ebenfalls bereits besprochene Gesamthandbindung der Gesellschafter (s dazu Rz 616/3, 618/6). Die §§ 125 bis 127 UGB widmen sich sodann zentralen Fragen der Vertretung der Gesellschaft. Grundlegende Aspekte der Haftung der Gesellschafter werden in den §§ 128 bis 130 UGB geregelt; ergänzt werden diese Bestimmungen durch die §§ 159 f UGB über die zeitliche Begrenzung der Gesellschafterhaftung bei Auflösung der Gesellschaft bzw Ausscheiden eines Gesellschafters (s dazu Rz 642 ff). Ihrem dem Verkehrsschutz dienenden Charakter entsprechend sind die genannten Bestimmungen vornehmlich **zwingender Natur**. Gestaltungsspielräume bestehen allerdings etwa bezüglich der Übertragbarkeit von Gesellschaftsanteilen (vgl § 124 Abs 1 UGB) oder der Ausgestaltung der Vertretungsbefugnis (vgl § 125 Abs 1 bis 3 UGB).

eb Vertretung

636 Die gesetzliche Regelung der **Vertretung** der OG (§§ 125 ff UGB) ist durch das **„Prinzip der Selbstorganschaft"** gekennzeichnet (zur Besonderheit im Liquidationsstadium vgl Rz 652): Die Gesellschafter selbst berechtigen und verpflichten die Gesellschaft ohne das Erfordernis eines besonderen Bestellungsaktes kraft ihrer Mitgliedschaft, Nichtgesellschafter können die Gesellschaft grundsätzlich nur auf Grund einer rechtsgeschäftlichen Vollmacht vertreten. Folgende **Formen der Vertretung** sind möglich:

- Fehlt eine besondere vertragliche Regelung, so ist jeder Gesellschafter zur Vertretung der Gesellschaft ermächtigt (**Einzelvertretung**; § 125 Abs 1 UGB). **Abweichungen** von diesem Grundsatz bedürfen einer Grundlage im Gesellschaftsvertrag und müssen im Firmenbuch eingetragen (vgl § 125 Abs 4 UGB) bzw dem Dritten bekannt gemacht sein, damit sie diesem entgegengehalten werden können (vgl § 15 UGB, s dazu Rz 541). Derartige Abweichungen sind in folgender Form denkbar:
- Einzelne – nicht aber alle – Gesellschafter können **von der Vertretung ausgeschlossen** werden (§ 125 Abs 1 UGB). Dem betreffenden Gesellschafter kann aber eine rechtsgeschäftliche Vertretungsbefugnis – etwa die Prokura – eingeräumt werden.
- Es kann **Gesamtvertretung** in der Form vorgesehen sein, dass

alle oder mehrere Gesellschafter nur in Gemeinschaft zur Vertretung der Gesellschaft ermächtigt sind. Ist der Gesellschaft gegenüber eine Willenserklärung abzugeben, so genügt aber auch hier die Abgabe gegenüber einem zur Mitwirkung bei der Vertretung befugten Gesellschafter; im Bereich der so genannten **„Passivvertretung"** (s dazu Rz 63) bleibt es also bei der Einzelvertretung (§ 125 Abs 2 UGB).

- Bei der **gemischten** bzw **unechten Gesamtvertretung** ist bestimmt, dass die Gesellschafter, wenn nicht mehrere zusammen handeln, nur in Gemeinschaft mit einem Prokuristen zur Vertretung der Gesellschaft ermächtigt sind (§ 125 Abs 3 UGB). Sinn dieser Regelung ist es, im Rahmen der Vertretung den Ersatz eines Gesellschafters durch einen Prokuristen zu ermöglichen. Der Prokurist wird damit insoweit zum verfassungsmäßigen Vertreter der OG; die sonst bestehenden Beschränkungen der Prokura (s dazu Rz 559) gelten hier daher nicht. Eine Vertretung durch Gesellschafter ohne Mitwirkung des Prokuristen muss aber jedenfalls möglich bleiben, so dass die gemischte Gesamtvertretung als alleinige Vertretungsvariante nicht in Betracht kommt.

Bezüglich des **Umfanges** der Vertretungsmacht ist vom **Grundsatz der Unbeschränktheit und Unbeschränkbarkeit** auszugehen 637 (§ 126 UGB). **Unbeschränktheit** bedeutet, dass sich die Vertretungsmacht der Gesellschafter auf alle gerichtlichen und außergerichtlichen Geschäfte und Rechtshandlungen einschließlich der Veräußerung und Belastung von Grundstücken sowie der Erteilung und des Widerrufs einer Prokura erstreckt. **Nicht umfasst** von der Vertretungsbefugnis sind allerdings die das Grundverhältnis der Gesellschafter untereinander betreffenden **Grundlagengeschäfte**, zu denen namentlich die Änderung des Gesellschaftsvertrages gehört. Mit **Unbeschränkbarkeit** ist gemeint, dass eine Beschränkung des Umfanges der Vertretungsmacht Dritten gegenüber unwirksam ist. Ein Dritter braucht derartige Beschränkungen auch dann nicht gegen sich gelten zu lassen, wenn er davon wusste. Eine Ausnahme hiervon gilt lediglich im Fall der **Kollusion** (s dazu auch oben Rz 88), also wenn ein Gesellschafter und der Dritte vorsätzlich zum Nachteil der Gesellschaft zusammenwirken oder es sich dem Dritten förmlich aufdrängt, dass der Gesellschafter bewusst zum Nachteil der Gesellschaft handelt. Die Unbeschränkbarkeit besteht im Übrigen nur im Außenverhältnis; im Innenverhältnis ist die Vertretungsbefugnis beschränkbar, eine Missachtung allfälliger Beschränkungen kann schadenersatzpflichtig machen und zum Entzug der Vertretungsbefugnis führen. Bei der **Filialvertretung** wird die Vertretungsmacht auf eine von mehreren Niederlassungen beschränkt; Voraussetzung hierfür ist, dass die Niederlassungen unter verschiedenen Firmen geführt werden (§ 126 Abs 3 iVm § 50 Abs 3 UGB).

637/1 Im Hinblick auf die **Entziehung der Vertretungsbefugnis** gem § 127 UGB kommen dieselben Grundsätze zur Anwendung wie bei der Entziehung der Geschäftsführungsbefugnis (s dazu Rz 629/3); die Entziehung der Vertretungsbefugnis ist allerdings zusätzlich zur Eintragung in das Firmenbuch anzumelden.

ec Haftung

638 Der zweite wichtige Fragenbereich iZm dem Außenverhältnis betrifft die **Haftung** für Schulden der Gesellschaft. Für diese Schulden haftet nicht nur die OG mit dem Gesellschaftsvermögen, den Gesellschaftsgläubigern haften vielmehr auch die Gesellschafter (§ 128 UGB). Inhaltlich ist diese Haftung

- **unbeschränkt:** es besteht keine betragsmäßige Beschränkung wie etwa beim Kommanditisten (s dazu Rz 665);
- **unbeschränkbar:** die Haftung ist durch Vereinbarungen der Gesellschafter nur für das Innenverhältnis, nicht aber für das Außenverhältnis beschränkbar. Haftungsbeschränkende oder -ausschließende vertragliche Vereinbarungen einzelner oder aller Gesellschafter mit dem Gläubiger sind aber zulässig;
- **unmittelbar:** der Gesellschafter kann direkt – also ohne Zwischenschaltung der Gesellschaft – in Anspruch genommen werden. Es trifft ihn also keine bloße Nachschusspflicht gegenüber der Gesellschaft, falls deren Vermögen zur Begleichung ihrer Verbindlichkeiten nicht ausreicht;
- **primär:** es liegt keine bloß subsidiäre Haftung für den Ausfall bei der Gesellschaft vor. Insb ist für die Inanspruchnahme eines Gesellschafters auch keine Vorausklage oder Mahnung der Gesellschaft als „Hauptschuldnerin", wie etwa bei der Bürgschaft (s dazu Rz 461), notwendig;
- **persönlich:** die Gesellschafter haften mit ihrem gesamten Privatvermögen;
- **solidarisch:** die Gesellschafter haften den Gesellschaftsgläubigern als Gesamtschuldner, also jeder für die ganze Schuld und nicht bloß für seinen im Innenverhältnis zu tragenden Anteil.

639 Die Haftung der Gesellschafter umfasst grundsätzlich **alle Verbindlichkeiten der OG**, also sowohl solche aus Vertrag als auch solche aus Delikt. Sie verpflichtet sie prinzipiell zur **Erfüllung** und nicht bloß zum Geldersatz, außer die geschuldete Leistung kann nur von der Gesellschaft erbracht werden oder die Erfüllungspflicht wurde auf diese beschränkt. Der **Beginn der Haftung** fällt bei Neugründung einer OG mit deren Entstehung im Außenverhältnis zusammen (s dazu Rz 617). Beim Eintritt in eine bestehende OG haftet der neu eintretende Gesellschafter nicht nur für die ab dem Eintritt begründeten Verbindlichkeiten, sondern auch für die zur Zeit des Eintritts be-

stehenden Altschulden der Gesellschaft. Diese Haftung trifft ihn auch dann, wenn die Firma nicht fortgeführt wird; entgegenstehende Vereinbarungen sind Dritten gegenüber unwirksam (§ 130 UGB).

Der vom Gesellschaftsgläubiger in Anspruch genommene Gesellschafter kann gegen den erhobenen Anspruch zum einen alle **Einwendungen** erheben, die der **Gesellschaft** zustehen, sofern sie auch von dieser erhoben werden könnten. Namentlich kann ein Gesellschafter gem § 129 Abs 2 UGB die Befriedigung des Gläubigers verweigern, solange der Gesellschaft das Recht zusteht, das ihrer Verbindlichkeit zugrunde liegende Rechtsgeschäft anzufechten oder ihre Verbindlichkeit durch Aufrechnung mit einer fälligen Forderung zu erfüllen. Außerdem kommen **persönliche Einwendungen** in Betracht, also Einwendungen, die – etwa auf Grund einer besonderen Vereinbarung mit dem Gläubiger – nur dem Gesellschafter, nicht aber der Gesellschaft zustehen. Weil in einem allein gegen die Gesellschaft geführten Prozess aber die persönlichen Einwendungen des Gesellschafters mangels seiner Parteistellung gar nicht geprüft werden, ist vorgesehen, dass ein (nur) gegen die OG gerichtetes Urteil nicht zur Zwangsvollstreckung in das Privatvermögen der Gesellschafter berechtigt (vgl § 129 Abs 4 UGB). In der Praxis werden daher regelmäßig die Gesellschaft und die Gesellschafter durch so genannte „Parteihäufung“ gemeinsam geklagt. 640

Einer besonderen Betrachtung bedarf der Fall, bei dem ein **Gesellschafter** seiner Gesellschaft **als Gläubiger** gegenübersteht. Diesem haftet natürlich jedenfalls das **Vermögen der Gesellschaft**; er ist im Hinblick auf seiner Treuepflicht (s dazu Rz 627) sogar gehalten, zunächst – und zwar unter Berücksichtigung seines eigenen Verlustanteils – daraus Befriedigung seiner Ansprüche zu suchen. In Bezug auf die **Haftung der Mitgesellschafter** ist nach der jeweiligen Anspruchsgrundlage zu unterscheiden: 641

- Bei Ansprüchen aus dem Gesellschaftsverhältnis (**Sozialansprüche**, zB dem Recht auf Entnahme oder dem Anspruch auf Ersatz von Aufwendungen) wurde für den Fall, dass das Gesellschaftsvermögen zur Befriedigung dieser Ansprüche nicht ausreicht, bislang eine subsidiäre Haftung der Mitgesellschafter während aufrechter Gesellschaft von der überwiegenden Auffassung mit wenig überzeugender Begründung abgelehnt. Seit dem GesbR-RG ist in § 1185 ABGB allerdings jedenfalls für die GesbR eine solche subsidiäre Haftung angeordnet, deren sinngemäße Anwendung bei den eingetragenen Personengesellschaften als angemessen iSd § 1175 Abs 4 ABGB anzusehen ist. Auch bei einer OG (und KG) kommt daher bei einem zur Begleichung von Sozialansprüchen nicht ausreichenden Gesellschaftsvermögen eine sofortige Inanspruchnahme der Mitgesellschafter in Betracht. Der betreibende Gesellschafter hat aber bei der Inanspruchnahme der Mitgesellschafter seinen eigenen Verlustanteil sowie den internen Verlustverteilungsschlüssel zu berücksichtigen. Insofern gilt hier also nichts anderes wie für den **Rückgriffs- bzw Regressanspruch** bei Tilgung einer Gesellschaftsschuld durch einen der Gesellschafter; für diesen wurde schon seit jeher vertreten, dass er sofort gegen die Mitgesellschafter geltend gemacht werden kann, wenn keine Befriedigung im Gesellschaftsvermögen zu erlangen ist.

- Außergesellschaftliche Ansprüche **(Drittgläubigeransprüche,** zB aus einem mit der Gesellschaft geschlossenen Kauf- oder Darlehensvertrag) begründen grundsätzlich die Haftung der Mitgesellschafter iSd § 128 UGB. Die Treuepflicht erfordert allerdings auch hier eine Vorausklage der Gesellschaft, so dass die Haftung der Mitgesellschafter daher gleichfalls faktisch eine subsidiäre ist. Außerdem hat der betreibende Gesellschafter bei der Inanspruchnahme der Mitgesellschafter seinen eigenen Verlustanteil zu berücksichtigen; umstritten ist, ob er auch hier überdies zur Beachtung des internen Verlustverteilungsschlüssels gehalten ist.

642 Nach der **Auflösung der Gesellschaft** soll die Haftung der Gesellschafter für Verbindlichkeiten der Gesellschaft in zeitlicher Hinsicht beschränkt werden. Die **Verjährung** der Ansprüche gegen einen Gesellschafter aus Verbindlichkeiten der Gesellschaft tritt daher bereits in fünf Jahren nach der Auflösung der Gesellschaft ein, sofern nicht der Anspruch gegen die Gesellschaft einer kürzeren Verjährung unterliegt (§ 159 Abs 1 UGB; allgemein zur Verjährung und den maßgeblichen Fristen s Rz 373 ff). Die Verjährung beginnt mit dem Ende des Tages, an welchem die Auflösung der Gesellschaft in das Firmenbuch eingetragen wird (§ 159 Abs 2 UGB). Wird der Anspruch des Gläubigers gegen die Gesellschaft allerdings erst nach dieser Eintragung fällig, so beginnt die Verjährung mit der späteren Fälligkeit (§ 159 Abs 3 UGB).

642/1 Eine besondere **Begrenzung der Nachhaftung** sieht das UGB auch für den Fall des **Ausscheidens eines Gesellschafters** aus einer fortbestehenden OG vor. Der ausgeschiedene Gesellschafter haftet gem § 160 Abs 1 UGB nur für jene Verbindlichkeiten der Gesellschaft, die bis zu seinem Ausscheiden begründet wurden und vor Ablauf von fünf Jahren nach dem Ausscheiden fällig sind; Ansprüche daraus verjähren innerhalb der für die jeweilige Verbindlichkeit geltenden Verjährungsfrist, längstens jedoch in drei Jahren. Die Fünfjahresfrist beginnt mit Ende des Tages, an dem das Ausscheiden des Gesellschafters in das Firmenbuch eingetragen ist (§ 160 Abs 2 UGB). Im Ergebnis bedeutet dies, dass der ausgeschiedene Gesellschafter im Regelfall längstens acht Jahre nach seinem Ausscheiden von einer allfälligen Haftung für Gesellschaftsschulden befreit ist.

642/2 Eine Sonderbehandlung im Rahmen der Nachhaftungsbegrenzung ist in § 160 Abs 3 UGB iZm Leistungen vorgesehen, die ein Gläubiger noch vor Ausscheiden des Gesellschafters erbracht hat, bei denen Forderungen des Gläubigers aber erst nach Ablauf von fünf Jahren seit dem Ausscheiden des Gesellschafters fällig werden. Im Wesentlichen geht es hier um **Dauerschuldverhältnisse**, bei denen eine **Vorausleistungspflicht des Gläubigers** vereinbart ist, wie etwa dem Erwerb einer Liegenschaft durch die Gesellschaft gegen die Leistung einer Leibrente (s dazu Rz 176, 474 f). In einem solchen Fall ist der **Gläubiger** vom Ausscheiden des Gesellschafters zu **verständigen**; bei **Vorliegen eines wichtigen Grundes** – etwa dem Ausscheiden eines besonders zahlungskräftigen Gesellschafters und einer damit verbundenen Verschlechterung der Bonität der Gesellschaft – kann der Gläubiger vom ausscheidenden Gesellschafter die **Sicherstellung seiner Ansprüche** verlangen. Wird diesem Verlangen nicht entsprochen, so findet die Nachhaftungsbegrenzung des § 160 Abs 1 UGB auf die betreffenden Gesellschaftsverbindlichkeiten keine Anwendung, der ausgeschiedene Gesellschafter haftet vielmehr nach Maßgabe allgemeiner Grundsätze für diese Verbindlichkeiten weiter.

Wird ein bislang unbeschränkt haftender Gesellschafter **Kommanditist**, so sind für die Begrenzung seiner Haftung für die im Zeitpunkt der Eintragung der Änderung in das Firmenbuch entstandenen Verbindlichkeiten die für das Ausscheiden von Gesellschaftern geltenden Bestimmungen entsprechend anzuwenden; seine (beschränkte) Haftung als Kommanditist (s dazu Rz 665 ff) bleibt davon allerdings unberührt (§ 160 Abs 4 UGB). 642/3

f Gesellschafterwechsel

fa Grundsätzliches

Ihrem personenbezogenen Aufbau entsprechend ist ein **Gesellschafterwechsel** bei der OG nach dem gesetzlichen Grundmodell nur erschwert möglich. Auszugehen ist demnach vom bereits wiederholt angesprochenen Grundsatz, dass die Mitgliedschaft weder übertragbar noch vererblich ist (s dazu Rz 618/6, 620/1). Der Austritt aus bzw der Eintritt in eine OG sowie die Übertragung des Gesellschaftsanteils sind daher nur dann möglich, wenn die Gesellschafter – entweder bereits im Gesellschaftsvertrag oder durch einen einschlägigen Gesellschafterbeschluss – dem betreffenden Gesellschafterwechsel zugestimmt haben. 643

Fehlt eine solche Zustimmung, so sind die sich aus dem Gesetz ergebenden Möglichkeiten einer Beendigung der Gesellschafterstellung bei einer OG vor dem Hintergrund ihrer Personenbezogenheit idR mit der **Auflösung der Gesellschaft** verbunden. Dies gilt na- 643/1 mentlich für die von einem Gesellschafter ausgesprochene Kündigung der Gesellschaft bzw eine von ihm erhobenen Auflösungsklage, mit denen er sein Ausscheiden aus der Gesellschaft anstrebt (s dazu Rz 644). Auch die Kündigung der Gesellschaft durch den Privatgläubiger eines Gesellschafters (s dazu Rz 644/1), die Eröffnung des Konkursverfahrens über das Vermögen eines Gesellschafters, die Abänderung der Bezeichnung Sanierungsverfahren in Konkursverfahren oder die rechtskräftige Nichteröffnung oder Aufhebung des Insolvenzverfahrens mangels kostendeckenden Vermögens führen grundsätzlich zur Auflösung der Gesellschaft (vgl § 131 Z 5 UGB). Freilich ist in all diesen Fällen durchwegs die Fortsetzung der zunächst aufgelösten Gesellschaft durch die verbleibenden Gesellschafter unter gleichzeitiger Beendigung der Gesellschafterstellung des jeweils betroffenen Gesellschafters möglich (vgl § 141 UGB). Lediglich der ebenfalls im Gesetz vorgesehene Ausschluss von Gesellschaftern aus wichtigem Grund (s dazu Rz 644/1) beeinträchtigt den Fortbestand der Gesellschaft von vornherein nicht.

fb Ausscheiden von Gesellschaftern

644 Der **Austritt** eines Gesellschafters in Form einer von ihm einseitig erklärten **Austrittskündigung**, also sein freiwilliges Ausscheiden unter Fortbestand der Gesellschaft, ist wie soeben erwähnt im Gesetz nicht vorgesehen; ein solches Recht kann aber bereits im Gesellschaftsvertrag oder anlässlich des Ausscheidens besonders vereinbart werden. Fehlt eine entsprechende Vereinbarung, so bleibt einem die Beendigung seiner Gesellschafterstellung anstrebenden Gesellschafter nur die Kündigung mit der Folge der Auflösung der Gesellschaft **(Auflösungskündigung)**. Das Gesetz unterscheidet dabei zwei Arten:

- Die **ordentliche Kündigung** einer unbefristeten Gesellschaft kann für den Schluss eines Geschäftsjahres unter Einhaltung einer **sechsmonatigen Kündigungsfrist** erfolgen. Dieses Kündigungsrecht kann nicht ausgeschlossen werden, nur eine angemessene Verlängerung der Kündigungsfrist ist möglich (§ 132 UGB).
- Die **Auflösungsklage** (§ 133 UGB) hat die Funktion einer außerordentlichen Kündigung, bedarf aber der gerichtlichen Mitwirkung. Auf Grund der Klage eines Gesellschafters kann so die Auflösung der unbefristeten Gesellschaft bzw der befristeten Gesellschaft vor Ablauf der für ihre Dauer bestimmten Zeit auch ohne Einhaltung einer Kündigungsfrist herbeigeführt werden, wenn ein **wichtiger Grund** vorliegt. Als solche Gründe führt das Gesetz beispielsweise die schuldhafte Verletzung wesentlicher Vertragspflichten durch einen anderen Gesellschafter oder die Unmöglichkeit der Erfüllung einer solchen Verpflichtung an. Die Auflösungsklage kann von jedem Gesellschafter eingebracht werden; das Klagerecht kann nicht

ausgeschlossen oder beschränkt werden, wohl aber sind Erleichterungen – etwa der Verzicht auf die gerichtliche Geltendmachung des außerordentlichen Kündigungsrechtes – möglich.

Der **Ausschluss** eines Gesellschafters als dessen zwangsweises Ausscheiden auf Betreiben der übrigen Gesellschafter ist im Gesetz wie folgt geregelt: **644/1**

- Eine **Ausschließungsklage** (§ 140 UGB) kann eingebracht werden, wenn in der Person eines Gesellschafters ein Umstand eintritt, der nach § 133 UGB für jeden der übrigen Gesellschafter das Recht begründet, die Auflösung der Gesellschaft zu verlangen. Erforderlich ist also ein in dessen Person liegender, nicht unbedingt verschuldeter **wichtiger Grund**. Die Klage ist durch alle übrigen Gesellschafter einzubringen, nicht zustimmende Gesellschafter sind als Mitbeklagte in den Prozess einzubeziehen (s dazu bereits oben Rz 629/3). Der Ausschluss eines Gesellschafters stellt aber immer das **äußerste Mittel** dar, zuvor muss versucht werden, den Missstand durch gelindere Sanktionen – etwa die Entziehung der Geschäftsführungs- und Vertretungsbefugnis – zu beseitigen. Wirksam wird der Ausschluss mit der Rechtskraft des stattgebenden Urteiles, als **Auseinandersetzungsstichtag** sieht das Gesetz aber den Tag der Klageerhebung vor, um so einer Beeinflussung des Abfindungsguthabens durch die unbestimmte Prozessdauer und Prozessverschleppungen vorzubeugen. Diese Form der Ausschließung kann vertraglich erleichtert, erschwert oder ausgeschlossen werden, der betroffene Gesellschafter muss aber immer die Möglichkeit haben, die Ausschließung gerichtlich anzufechten.
- In jenen Fällen, in denen das Gesetz den Gläubigern eines Gesellschafters einen Zugriff auf den Gesellschaftsanteil ermöglicht, kann es zu einem Ausschluss des betreffenden Gesellschafters iZm einem **Fortsetzungsbeschluss** kommen. Dies ist gem § 141 Abs 1 UGB möglich bei der **Kündigung** der OG **durch Privatgläubiger** eines Gesellschafters, bei der **Eröffnung des Konkursverfahrens** über sein **Privatvermögen**, der **Abänderung der Bezeichnung Sanierungsverfahren in Konkursverfahren** oder der **rechtskräftigen Nichteröffnung oder Aufhebung des Insolvenzverfahrens mangels kostendeckenden Vermögens**. An sich führen diese Vorgänge wie erwähnt zur Auflösung der Gesellschaft (§ 131 Z 5 und 6 UGB). Die übrigen Gesellschafter können aber einen Fortsetzungsbeschluss mit der Wirkung fassen, dass der betroffene Gesellschafter aus der OG ausscheidet. Sein Abfindungsanspruch ist in diesem Fall zur Befriedigung des Privatgläubigers zu verwenden bzw in die Insolvenzmasse zu leisten. Die Kündigung der Gesellschaft durch den Privatgläubiger eines Gesellschafters ist übrigens dann möglich, wenn der Gläubiger innerhalb der letzten sechs Monate eine Zwangsvollstreckung in das bewegliche Privatvermögen

des Gesellschafters ohne Erfolg versucht und auf Grund eines nicht bloß vorläufig vollstreckbaren Exekutionstitels die Pfändung und Überweisung des Abfindungsguthabens erwirkt hat (§ 135 UGB).

644/2 Verbleibt nach dem Austritt bzw Ausschluss von Gesellschaftern nur noch ein Gesellschafter, so ist das zwingende Erfordernis einer Gesellschaftermehrheit nicht mehr erfüllt und die Gesellschaft erlischt ohne Liquidation. Das Gesellschaftsvermögen geht in Gesamtrechtsnachfolge (s dazu Rz 98) auf den verbleibenden Gesellschafter über, der ausscheidende Gesellschafter ist abzufinden (**„Geschäftsübernahme“**; vgl § 142 UGB sowie Rz 616/3). In der Praxis werden Geschäftsübernahmen häufig auch auf einvernehmlicher, vertraglicher Grundlage unter Ausnutzung von **„Übernahmerechten“** bzw durch den Abschluss von **„Übernahmevereinbarungen“** vorgenommen.

645 Der **Tod** eines Gesellschafters führt zur **Auflösung der Gesellschaft**, sofern sich aus dem Gesellschaftsvertrag nichts anderes ergibt (§ 131 Z 4 UGB). Die verbleibenden Gesellschafter können allerdings den **Fortbestand der Gesellschaft** beschließen, ohne dabei auf die Zustimmung der Rechtsnachfolger des verstorbenen Gesellschafters angewiesen zu sein (vgl § 141 Abs 1 UGB). Nicht selten wird für den Fall des Todes eines Gesellschafters aber bereits gesellschaftsvertraglich vorgesorgt. Folgende Möglichkeiten sind dabei in Betracht zu ziehen:

- Bei einer **Fortsetzungsklausel** scheidet die Verlassenschaft des verstorbenen Gesellschafters mit dem Tod aus der Gesellschaft aus, ohne dass die Erben an dessen Stelle treten. Der Gesellschaftsanteil wächst den übrigen Gesellschaftern an, die Erben sind mit dem Auseinandersetzungsguthaben abzufinden. Die Erben haften hier für die Gesellschaftsverbindlichkeiten nicht nach Gesellschaftsrecht, sondern nur erbrechtlich nach Maßgabe ihrer Erbantrittserklärung.
- Eine **Nachfolgeklausel** (§ 139 UGB) hat zur Folge, dass zunächst die Verlassenschaft und mit der Einantwortung automatisch die Erben an die Stelle des verstorbenen Gesellschafters treten. Bei der **„qualifizierten Nachfolgeklausel“** ist diese automatische Nachfolge nur zugunsten eines oder mehrerer bestimmter Erben unter Ausschluss der übrigen vorgesehen. Jeder Erbe kann den Eintritt in die Gesellschaft innerhalb von drei Monaten ab der Einantwortung davon abhängig machen, dass ihm unter Belassung des bisherigen Gewinnanteils die Stellung als Kommanditist eingeräumt und der auf ihn fallende Teil der Einlage des Erblassers als seine Kommanditeinlage anerkannt wird **(Erbenwahlrecht)**. Stimmen die übrigen Gesellschafter dem Verlangen zu, so wird aus der OG eine KG, stimmen sie nicht zu, so ist der Erbe befugt, ohne Einhaltung einer Kündigungsfrist seinen Austritt aus der Gesellschaft zu erklären und das ihm zustehende Abfindungsguthaben zu verlangen. Die beschriebenen Rechte des Erben sind gem § 139 Abs 5 UGB

durch den Gesellschaftsvertrag nicht abdingbar; letztwillige Verfügungen – etwa in Form einer Belastung des Erben durch die Auflage, nicht Kommanditist zu werden – sind von diesem Verbot allerdings nicht tangiert. Bezüglich der **Haftung des Erben für die Gesellschaftsschulden** ist bei einer Nachfolgeklausel zu differenzieren: Bis zur Einantwortung haftet jedenfalls nur die Verlassenschaft. Danach richtet sich die Haftung nach der jeweiligen gesellschaftsrechtlichen Stellung des Erben. Bleibt er unbeschränkt haftender Gesellschafter, so trifft ihn die unbeschränkte Haftung auch für die beim Tod vorhandenen Altschulden; wird er Kommanditist, so haftet er bis zur Umwandlung in die Kommanditistenstellung nach Erbrecht, danach als Kommanditist; scheidet er fristgerecht aus der Gesellschaft aus, so trifft ihn eine Haftung nur für die bis zum Austritt begründeten Gesellschaftsschulden nach Maßgabe erbrechtlicher Grundsätze; wird er schließlich überhaupt nicht Gesellschafter, weil er von der (qualifizierten) Nachfolgeklausel nicht betroffen ist, so haftet er ebenfalls nur nach Erbrecht.

- Diegesetzlich nicht geregelte **Eintrittsklausel** ist ein Produkt der Kautelarjurisprudenz bzw Vertragspraxis und dementsprechend vielgestaltig anzutreffen. Gekennzeichnet ist sie dadurch, dass sie einem Erben oder auch einem Dritten das Recht einräumt, in die Gesellschaft einzutreten, wobei sich die gesellschaftsrechtliche Stellung des Berechtigten nach der jeweiligen Vertragsbestimmung richtet. Eine Eintrittsklausel begründet bloß ein rechtsgeschäftliches Eintrittsrecht und stellt sich als Vertrag zugunsten Dritter auf den Todesfall dar. Der Berechtigte hat seinen Eintritt binnen der vertraglichen bzw einer angemessenen Frist zu erklären und erlangt damit einen schuldrechtlichen Anspruch auf Abschluss des Aufnahmevertrages.

Die Folge aller Formen des Ausscheidens eines Gesellschafters 646
ohne gleichzeitigen Eintritt eines Nachfolgers ist die in § 137 UGB näher geregelte **Auseinandersetzung mit dem ausscheidenden Gesellschafter**. Demnach sind dem ausscheidenden Gesellschafter alle der Gesellschaft nur in Form einer **Einbringung zum Gebrauch** (s dazu Rz 618/4) **überlassenen Gegenstände zurückzugeben**. Außerdem steht dem ausscheidenden Gesellschafter bzw seinen Erben eine grundsätzlich in Geld zu leistende Abfindung zu **(Abfindungs-, Auseinandersetzungs-** bzw **Abschichtungsguthaben)**. Die Höhe der Abfindung des ausscheidenden Gesellschafters richtet sich nach dem Betrag, den er erhalten würde, falls die Gesellschaft zur Zeit seines Ausscheidens aufgelöst worden wäre. Berechnungsbasis ist dabei der Wert des lebenden Unternehmens, also die Summe aus Sachwert und Ertragswert, nicht der Liquidationswert. In der Praxis finden sich in diesem Zusammenhang häufig besondere vertragliche Abfindungsklauseln, die neben speziellen Unternehmenswertermitt-

lungsverfahren (Buchwertklauseln, Fachgutachten der Kammer der Wirtschaftstreuhänder) auch Ratenzahlungs- oder Schiedsgerichtsvereinbarungen enthalten. Verbleibt dem ausscheidenden Gesellschafter auf Grund eines Negativsaldos bei der Ermittlung seines Abfindungsguthabens eine Verbindlichkeit aus dem Gesellschaftsverhältnis, so trifft ihn eine entsprechende **Ausgleichspflicht** gegenüber der Gesellschaft. Er hat weiters Anspruch auf **Befreiung von den Gesellschaftsschulden**, für die er den Gläubigern haftet. Um zu große Kapitalabflüsse zu vermeiden, behilft man sich hier regelmäßig mit der Einholung von Haftungsfreistellungszusagen der Gläubiger oder internen Schad- und Klagloshaltungserklärungen der Mitgesellschafter. Gem § 138 UGB nimmt der Ausscheidende schließlich grundsätzlich an den zur Zeit des Ausscheidens **schwebenden Geschäften** teil, wenn nicht etwas anderes vereinbart sein sollte.

fc Eintritt von Gesellschaftern

647 Die **Aufnahme** eines neuen Gesellschafters stellt eine **Änderung des Gesellschaftsvertrages** dar; sie bedarf daher grundsätzlich der Zustimmung aller vorhandenen Gesellschafter. Bei einer vertraglichen Mehrstimmigkeitsklausel für Gesellschafterbeschlüsse ist darauf zu achten, ob bezüglich dieses Beschlussgegenstandes dem Bestimmtheitsgrundsatz bzw der Kernbereichslehre (s dazu Rz 630/1) Genüge getan ist. Der neu eintretende Gesellschafter haftet gem § 130 UGB für die beim Eintritt bestehenden Schulden der Gesellschaft (s dazu Rz 639).

647/1 Die **Übertragung** der Mitgliedschaft, also ein mit dem Eintritt verknüpftes Ausscheiden eines vorhandenen Gesellschafters, beruht auf einem mehrseitigen Vertrag zwischen dem Veräußerer, dem Erwerber und den übrigen Gesellschaftern. Dieser Vertrag bewirkt den Übergang der Mitgliedschaft, wobei der Erwerber grundsätzlich die gleiche Stellung wie der ausscheidende Gesellschafter erhält. Die Haftung des Eintretenden richtet sich nach § 130 UGB (s dazu Rz 639), der Ausscheidende haftet gem § 160 UGB (s dazu Rz 642/1 f).

g Beendigung

ga Grundsätzliches

648 Die **Beendigung** einer OG ist – so wie jene von rechtsfähigen Gesellschaften im Allgemeinen – durch vier unterschiedliche Zeitpunkte bzw Perioden gekennzeichnet: Ausgelöst wird sie durch ein bestimmtes Ereignis, das zunächst die **Auflösung** der Gesellschaft bewirkt. Da-

mit tritt die Gesellschaft in das für die Beendigung zentrale Stadium der **Liquidation bzw Abwicklung**, das dem Abschluss der laufenden Geschäftsbeziehungen und der Verteilung des Gesellschaftsvermögens dient. Nach der vollständigen Erledigung der Liquidation – also der **Vollbeendigung** der OG – erfolgt schließlich noch ihre **Löschung im Firmenbuch**.

gb Auflösung

Das Gesetz sieht eine Vielzahl von Gründen vor, die zur **Auflösung** der OG führen. Die Konsequenz einer solchen Auflösung ist aber nicht die sofortige Beendigung der Gesellschaft, sondern die Überleitung in das Liquidations- bzw Abwicklungsstadium; aus der **„werbenden Gesellschaft“** wird eine **Abwicklungsgesellschaft**. Die **gesetzlichen Auflösungsgründe** sind vor allem in § 131 UGB angeführt. Hierzu zählen der Ablauf der vereinbarten Zeit, ein Beschluss der Gesellschafter, die das Vermögen der Gesellschaft betreffende Eröffnung des Konkursverfahrens, Abänderung der Bezeichnung Sanierungsverfahren in Konkursverfahren oder rechtskräftige Nichteröffnung oder Aufhebung des Insolvenzverfahrens mangels kostendeckenden Vermögens, der Tod eines Gesellschafters (s dazu Rz 645), die das Vermögen eines Gesellschafters betreffende Eröffnung des Konkursverfahrens, Abänderung der Bezeichnung Sanierungsverfahren in Konkursverfahren oder rechtskräftige Nichteröffnung oder Aufhebung des Insolvenzverfahrens mangels kostendeckenden Vermögens (s dazu Rz 644/1), die Kündigung der Gesellschaft (s dazu Rz 644) oder eine gerichtliche Entscheidung. In Betracht kommen überdies besonders vorgesehene **vertragliche Auflösungsgründe**. Die Auflösung der Gesellschaft ist von sämtlichen Gesellschaftern zum Firmenbuch anzumelden (§ 143 UGB). 649

In der Regel kann die infolge des Eintritts eines der genannten Gründe aufgelöste Gesellschaft durch einen prinzipiell einstimmig (zu den Anforderungen an einen Mehrheitsbeschluss s Rz 630/1) zu fassenden **Fortsetzungsbeschluss** der Gesellschafter fortgesetzt werden. In den Fällen des Todes eines Gesellschafters, der Eröffnung des Konkursverfahrens über das Vermögen eines Gesellschafters, der Abänderung der Bezeichnung Sanierungsverfahren in Konkursverfahren oder der rechtskräftigen Nichteröffnung oder Aufhebung des Insolvenzverfahrens mangels kostendeckenden Vermögens und der Kündigung kann dieser Beschluss durch die verbleibenden Gesellschafter allein – also ohne Mitwirkung des betroffenen Gesellschafters bzw seiner Erben – gefasst werden (§ 141 Abs 1 UGB). Ist die Gesellschaft durch die Eröffnung des Konkursverfahrens über ihr Vermögen aufgelöst worden, wurde das Insolvenzverfahren aber durch Bestätigung eines Sanierungsplanes gem § 152 IO oder mit 650

Einverständnis der Gläubiger gem § 123b IO aufgehoben, so können die Gesellschafter ebenfalls die Fortsetzung der Gesellschaft beschließen (§ 144 UGB).

gc Liquidation

651 Die **Liquidation (Abwicklung)** der Gesellschaft stellt den Normalfall der Auseinandersetzung unter den Gesellschaftern nach Auflösung der Gesellschaft dar (§§ 145 ff UGB). Andere Formen der Auseinandersetzung bestehen bei Eröffnung des Konkursverfahrens über das Vermögen der Gesellschaft, bei einer Unternehmensübernahme oder -einbringung oder auf Grund einer besonderen Vereinbarung der Gesellschafter.

652 Als **Liquidatoren (Abwickler)** fungieren grundsätzlich sämtliche Gesellschafter, und zwar auch die im Rahmen der werbenden Gesellschaft von der Geschäftsführung oder Vertretung ausgeschlossenen Gesellschafter. Durch den Gesellschaftsvertrag oder einen Beschluss der Gesellschafter kann hier aber anderes, insbes auch eine **Fremdorganschaft**, vorgesehen werden (vgl § 146 UGB). Besonderes sieht das Gesetz auch für die Geschäftsführung und Vertretung im Liquidationsstadium vor: Mangels abweichender, im Firmenbuch einzutragender Vereinbarung besteht aktiv **Gesamtgeschäftsführung und -vertretung** der Liquidatoren, passiv hingegen Alleinvertretung (§ 150 UGB).

653 Zentrale **Aufgabe der Liquidatoren** ist die Beendigung der laufenden Geschäfte, die Einziehung der Forderungen, die Versilberung des Gesellschaftsvermögens und die Befriedigung der Gesellschaftsgläubiger (§ 149 UGB). Sie haben außerdem eine Liquidationseröffnungsbilanz zum Auflösungszeitpunkt und eine Liquidationsschlussbilanz bei Beendigung der Abwicklung zu erstellen. Die Differenz aus der Schlussbilanz und der letzten Jahresbilanz der Gesellschaft ist dabei als Liquidationsgewinn bzw -verlust nach den Regeln über die Ergebnisverteilung zu verteilen (§ 154 UGB). Danach wird das verbleibende Vermögen der Gesellschaft im Verhältnis der Beteiligung auf die Gesellschafter verteilt (§ 155 Abs 1 UGB). Reicht das Gesellschaftsvermögen zur Deckung der Gesellschaftsschulden und der Kapitalanteile der Gesellschafter nicht aus, so haben die Gesellschafter für den Fehlbetrag im Innenverhältnis im Verhältnis ihrer Verbindlichkeiten aus dem Gesellschaftsverhältnis aufzukommen (**Ausgleichspflicht**, vgl § 155 Abs 4 UGB). Im Außenverhältnis richtet sich ihre Haftung freilich nach allgemeinen Grundsätzen, sie ist also unbeschränkt und solidarisch (§§ 130, 159 UGB). Nach Abschluss der Liquidation und der damit verbundenen **Vollbeendigung der OG** ist das Erlöschen der Firma von sämtlichen Liquidatoren zur **Eintragung in das Firmenbuch** anzumelden (§ 157 UGB).

3 Kommanditgesellschaft

a Grundsätzliches

Eine **Kommanditgesellschaft (KG)** ist gem § 161 Abs 1 UGB eine unter eigener Firma geführte Gesellschaft, bei der die Haftung bei einem Teil der Gesellschafter auf einen bestimmten Betrag – die so genannte Haftsumme – beschränkt ist **(Kommanditisten)**, beim anderen Teil dagegen unbeschränkt ist **(Komplementäre)**. Den Kommanditisten kommt dabei nach der gesetzlichen Grundkonzeption in erster Linie die Rolle als Kapitalgeber zu, während die Leitung der Gesellschaft idealtypischerweise in den Händen der Komplementäre liegt. Geregelt ist die KG in den §§ 161 bis 177 UGB, wobei aber gem § 161 Abs 2 UGB insbes auch die für die OG geltenden Vorschriften subsidiär zur Anwendung kommen, soweit nicht für die KG Abweichendes vorgesehen ist. Die nachfolgenden Ausführungen beschränken sich daher – so wie auch das Gesetz – im Wesentlichen auf die Darstellung der für die KG – namentlich den Kommanditisten – geltenden Besonderheiten; im Übrigen ist auf die Ausführungen zur OG (s dazu Rz 616 ff) zu verweisen. **654**

Mit dem **HaRÄG 2005** (s dazu bereits Rz 525, 616) wurden die „alten" Kommanditgesellschaften und die Kommandit-Erwerbsgesellschaften mit Wirkung ab 1.1.2007 zur einheitlichen Rechtsform der **Kommanditgesellschaft** zusammengefasst (vgl § 907 Abs 2 UGB). Zuletzt wurde das Recht der KG im Zuge des **GesbR-RG** (s dazu Rz 525) durch die Aufnahme einer Bestimmung zum Ausscheiden des einzigen Komplementärs geändert (vgl § 178 UGB sowie dazu Rz 672/1). **654/1**

Wie die OG findet auch die KG **Anwendung** vor allem für Klein- und Mittelbetriebe. Besondere Bedeutung haben überdies die atypischen Ausgestaltungen der KG in Form der GmbH & Co KG und – in deutlich geringerem Ausmaß – als Publikumsgesellschaft. Die **GmbH & Co KG** ist eine KG, an der eine GmbH als – häufig einziger – Komplementär beteiligt ist. Dabei besteht nicht selten umfassende Personenidentität, indem der einzige Gesellschafter der GmbH gleichzeitig auch der einzige Kommanditist der GmbH & Co KG ist. Da diese Ausgestaltung im Regelfall durch das – an sich für Kapitalgesellschaften charakteristische – Fehlen unbeschränkt haftender natürlicher Personen gekennzeichnet ist, hat sich dafür auch der Begriff **„verdeckte Kapitalgesellschaft"** eingebürgert. Als solche wird die GmbH & Co KG, obwohl es sich bei ihr in formaler Hinsicht um eine – wenngleich besonders ausgestaltete – Personengesellschaft handelt, in einer Reihe von Sondervorschriften den Kapitalgesellschaften gleichgestellt (vgl zB § 189 Abs 1 Z 2 lit b) UGB, § 4 Z 3 **655**

EKEG, § 67 Abs 1 IO). Gewählt wird diese Gestaltungsform vor allem aus Gründen der Haftungsbeschränkung, aber etwa auch aus steuerrechtlichen Motiven. Sie ist in der Praxis des Wirtschaftslebens sehr beliebt: Immerhin waren von den Anfang 2015 im österreichischen Firmenbuch eingetragenen rund 43.000 Kommanditgesellschaften mehr als die Hälfte dieser atypischen Ausgestaltung zuzurechnen. Für die **Publikums-KG** charakteristisch ist eine – nach den Vorstellungen des historischen Gesetzgebers unübliche – große Zahl von Kommanditisten oder zumindest eine große Zahl von Anlegern, die über einen oder wenige Treuhandkommanditisten mittelbar an der KG beteiligt sind. Auch sie ist eine „Kapitalgesellschaft im Kleid einer Personengesellschaft" und nicht selten gleichzeitig als GmbH & Co KG konzipiert. Ihre Bedeutung als Anlagegesellschaft hat vor dem Hintergrund der Beseitigung steuerlicher Vorteile, aber auch wegen bekannt gewordener Missbrauchsfälle zu Lasten des Anlagepublikums, abgenommen.

b Gründung

656 Ergänzend zu den zur OG gemachten Ausführungen (s dazu Rz 617) ist hier darauf hinzuweisen, dass auch die **Kommanditisten** mit Namen und Geburtsdatum bzw gegebenenfalls ihrer Firmenbuchnummer zur Eintragung in das Firmenbuch anzumelden sind; anzugeben ist in diesem Zusammenhang auch die Höhe ihrer Haftsummen (§ 162 Abs 1 UGB). Zur Mitwirkung an der Anmeldung sind auch die Kommanditisten verpflichtet, und zwar selbst dann, wenn ihr Eintritt unter der aufschiebenden Bedingung der Eintragung in das Firmenbuch erfolgt (§ 162 Abs 2 UGB, s dazu auch Rz 670).

c Innenverhältnis

ca Kapitalanteil

657 Bezüglich des Kapitalanteils ist beim Kommanditisten eine Unterscheidung in die **bedungene Einlage („Pflichteinlage")** und die **Haftsumme** vorzunehmen. Für das Innenverhältnis entscheidend ist die **bedungene Einlage** als jene Leistung, zu deren Erbringung sich der Kommanditist gesellschaftsvertraglich gegenüber seinen Mitgesellschaftern verpflichtet hat; sie wird nicht im Firmenbuch eingetragen. Die **Haftsumme** ist demgegenüber jener Betrag, auf den die Haftung des Kommanditisten im Außenverhältnis gegenüber den Gesellschaftsgläubigern beschränkt ist. Sie gilt nur als im Ausmaß ihres wahren Wertes zur Zeit ihrer Leistung als erbracht und wird im Firmenbuch

eingetragen. Bedungene Einlage und Haftsumme müssen nicht gleich groß sein, sind es aber regelmäßig.

cb Geschäftsführung

Von der **Geschäftsführung** ist der Kommanditist grundsätzlich aus- 658
geschlossen. Er kann einer Handlung der unbeschränkt haftenden Gesellschafter aber widersprechen, wenn sie über den gewöhnlichen Betrieb des Unternehmens der Gesellschaft hinausgeht (§ 164 UGB). Die überwiegende Auffassung qualifiziert diese vom Gesetz als Widerspruchsrecht ausgestaltete Mitwirkungsbefugnis bei außergewöhnlichen Geschäften als **Zustimmungsrecht** des Kommanditisten, so dass dieser vorweg in die Entscheidungsfindung einzubinden ist.

cc Wettbewerbsverbot

Das in den §§ 112 f UGB für den Komplementär normierte **Wettbe-** 659
werbsverbot (s dazu Rz 631 f) findet auf die Kommanditisten keine Anwendung (§ 165 UGB). Daher ist etwa die Geschäftstätigkeit im selben Geschäftszweig grundsätzlich genauso zulässig wie eine Beteiligung an anderen, im selben Geschäftszweig tätigen Gesellschaften. Allerdings hat der Kommanditist iZm allfälligen Konkurrenztätigkeiten die allgemeine gesellschaftsrechtliche Treuepflicht (s dazu Rz 627) zu beachten und somit insbes all das zu unterlassen, was der KG unter Ausnützung seiner durch die Mitarbeit in der Gesellschaft erworbenen besonderen Kenntnisse und Möglichkeiten Schaden verursachen könnte.

cd Kontrollrechte

Die **Kontrollrechte** des Kommanditisten sind enger als jene des un- 660
beschränkt haftenden Gesellschafters nach § 118 UGB (s dazu Rz 632 f). Der Kommanditist hat kein jederzeitiges Einsichtsrecht, sondern ist lediglich berechtigt, die abschriftliche Mitteilung des Jahresabschlusses bzw einer sonstigen Abrechnung zu verlangen und dessen Richtigkeit unter Einsicht der Bücher und Schriften zu prüfen. Bei Vorliegen wichtiger Gründe (zB einem belegbaren Verdacht unredlicher Geschäftsführung oder einer drohenden Schädigung der Gesellschaft) kann er die Mitteilung einer Bilanz oder sonstige Aufklärungen und die Vorlegung der Bücher und Schriften überdies jederzeit bei Gericht beantragen (§ 166 UGB).

ce *Ergebnisermittlung und -zuweisung, Gewinnausschüttung und Entnahmen*

661 Während sich die **Ergebnisermittlung** in der KG nach denselben Grundsätzen richtet wie bei der OG (s dazu Rz 633), sieht § 167 UGB für die **Ergebniszuweisung** bemerkenswerte Unterschiede vor. Die genannte Bestimmung berücksichtigt den Umstand, dass der Kommanditist das Ergebnis der Geschäftstätigkeit wegen seiner typischerweise rein kapitalmäßigen Beteiligung in geringerem Ausmaß „zu verantworten" und außerdem auf Grund der unterschiedlichen haftungsrechtlichen Stellung ein geringeres Risiko zu tragen hat. Aus diesem Grund ist den unbeschränkt haftenden Gesellschaftern zunächst ein **ihrer Haftung angemessener Betrag** des Jahresgewinnes zuzuweisen. Der diesen Betrag übersteigende Teil des Jahresgewinnes sowie der Verlust ist dann nach den Grundsätzen des § 121 UGB (s dazu Rz 633/1 ff) zu verteilen, bei Fehlen von Arbeitsgesellschaftern also nach Maßgabe der Beteiligungsverhältnisse.

662 Es ist nicht ausgeschlossen, dass der Kommanditist bei entsprechenden Verlustzuweisungen einen **negativen Kapitalanteil** erlangt; er ist dann gehalten, diesen mit Folgegewinnen aufzufüllen (s dazu Rz 663). Soweit der Kommanditist die bedungene Einlage geleistet hat, sind aber § 137 Abs 4 und § 155 Abs 4 UGB auf ihn nicht anzuwenden (§ 169 UGB). Damit soll zum Ausdruck gebracht werden, dass der Kommanditist weder beim Ausscheiden aus der Gesellschaft noch bei der Auflösung der Gesellschaft an den Ausgleichsverpflichtungen der Gesellschafter teilnimmt, sofern er seine Verpflichtung zur Leistung der bedungenen Einlage vollständig erfüllt hat. Unter dieser Voraussetzung bestehen für ihn daher auch bei einem negativen Kapitalanteil keine weiteren Einzahlungspflichten, so dass seine **endgültige Verlusttragungspflicht** auf das Ausmaß seiner Einlage begrenzt ist.

663 Grundsätzlich kann der Kommanditist die Auszahlung des ihm zuzuweisenden Gewinnes verlangen. Dieses **Entnahmerecht** steht ihm aber nicht zu, soweit die bedungene Einlage nicht geleistet ist oder durch dem Kommanditisten zugewiesene Verluste oder Gewinnauszahlungen unter den auf sie geleisteten Betrag gemindert würde; außerdem sind die Beschränkungen des § 122 UGB (s dazu Rz 633/5) zu beachten (§ 168 UGB).

d Außenverhältnis

da Vertretung

Der Kommanditist ist zwingend von der gesellschaftsrechtlichen **Vertretung** ausgeschlossen (§ 170 UGB). Auf rechtsgeschäftlicher Grundlage, etwa in Form einer Prokura, kann ihm hingegen Vertretungsbefugnis für die Gesellschaft erteilt werden. Wurde ihm die Prokura im Gesellschaftsvertrag erteilt, so kann sie entgegen allgemeinen Grundsätzen (vgl § 52 UGB sowie oben in Rz 560) im Innenverhältnis aber nur bei Vorliegen eines wichtigen Grundes widerrufen werden. 664

db Haftung

Auch den Kommanditisten trifft eine **Haftung** für die Schulden der Gesellschaft, die so wie jene des unbeschränkt haftenden Gesellschafters **unmittelbar**, **primär**, **persönlich** und **solidarisch** ist. Sie ist auch **unbeschränkbar** in dem Sinne, als der nach außen bestehende, sogleich zu erörternde beschränkte Haftungsumfang durch Vereinbarungen der Gesellschafter nur für das Innenverhältnis, nicht aber für das Außenverhältnis weiter beschränkt werden kann. Der entscheidende Unterschied zur Haftung des Komplementärs liegt in der **Beschränktheit** der Kommanditistenhaftung. Der Kommanditist haftet den Gläubigern der Gesellschaft nämlich nicht unbeschränkt, sondern nur bis zur Höhe seiner **im Firmenbuch eingetragenen Haftsumme**; die Haftung ist ausgeschlossen, soweit die Einlage geleistet ist. Die **Höhe der geleisteten Einlage** ist zwar nicht aus dem Firmenbuch ersichtlich; der Kommanditist hat darüber aber den Gläubigern auf Verlangen binnen angemessener Frist **Auskunft** zu geben (§ 171 Abs 1 UGB). Ist über das Vermögen der Gesellschaft der **Konkurs** eröffnet, so wird während der Dauer des Verfahrens das den Gesellschaftsgläubigern zustehende Recht durch den Masseverwalter ausgeübt (§ 171 Abs 2 UGB). 665

Der **konkrete Umfang** der Haftung des Kommanditisten für die Schulden der KG richtet sich nach dem soeben Gesagten im Ergebnis nach dem Differenzbetrag zwischen dem im Firmenbuch registrierten und dem darauf geleisteten Betrag. **Keine Haftung** gegenüber den Gesellschaftsgläubigern trifft den Kommanditisten daher, wenn und soweit er die Haftsumme voll geleistet hat; für den Umfang der Leistung ist der Kommanditist beweispflichtig. 666

Eine **beschränkte Haftung** in Höhe des Fehlbetrages auf die Haftsumme besteht, soweit die Haftsumme (noch) nicht geleistet bzw zurückbezahlt wurde oder der Kommanditist Gewinnanteile entnimmt, obwohl frühere Verlustzuweisungen noch nicht durch spätere Gewin- 667 ne ausgeglichen wurden (§ 172 Abs 3 UGB). Eine die Haftung wegen **Einlagenrückgewähr** auslösende Rückzahlung liegt dabei immer dann vor, wenn dem Kommanditisten aus dem Gesellschaftsvermögen ohne angemessene Gegenleistung Zuwendungen erbracht werden und es sich dabei nicht um die Auszahlung von Anteilen an tatsächlich erzielten Gewinnen handelt.

668 Die dargelegten Haftungsgrundsätze kommen beim **Eintritt in eine bestehende eingetragene Personengesellschaft** auch bezüglich der **Altschulden**, also der vor dem Eintritt begründeten Verbindlichkeiten der Gesellschaft, zur Anwendung; dies gilt unabhängig davon, ob die Firma eine Änderung erfährt oder nicht (§ 173 UGB; zur Haftung bei der Übertragung der Kommanditistenstellung s Rz 672).

669 Jede **Änderung der Haftsumme** ist durch sämtliche Gesellschafter zur Eintragung in das Firmenbuch anzumelden (§ 175 UGB). Eine Herabsetzung der Haftsumme ist, solange sie nicht in das Firmenbuch eingetragen ist, den Gläubigern gegenüber unwirksam. Auch nach der Eintragung wirkt sie nicht gegenüber jenen Gläubigern, deren Forderungen zur Zeit der Eintragung begründet waren, sondern nur gegenüber den Neugläubigern (§ 174 UGB). Auf eine nicht eingetragene Erhöhung der aus dem Firmenbuch ersichtlichen Haftsumme können sich die Gläubiger nur berufen, wenn die Erhöhung in gehöriger Weise kundgemacht oder ihnen von der Gesellschaft mitgeteilt worden ist (§ 172 Abs 1 UGB).

670 Handeln Gesellschafter oder zur Vertretung der Gesellschaft bestellte Personen **nach Errichtung**, aber **vor Entstehung** der Gesellschaft (s dazu Rz 617) in deren Namen, so haftet der Kommanditist für die in der Zeit bis zur Eintragung begründeten Verbindlichkeiten der Gesellschaft **beschränkt bis zur Höhe seiner Haftsumme**. Das Entsprechende gilt für jene Verbindlichkeiten, die beim Eintritt eines Kommanditisten in eine bestehende Personengesellschaft zwischen seinem Eintritt und seiner Eintragung in das Firmenbuch begründet werden (§ 176 UGB). Um dieser Haftung für die so genannten **„Zwischenschulden"** zu entgehen, kann ein Kommanditist seinen Beitritt zur Gesellschaft mit der aufschiebenden Bedingung seiner Eintragung in das Firmenbuch erklären (s dazu Rz 656).

670/1 Zu beachten ist in diesem Zusammenhang insb auch der Umstand, dass § 176 UGB gem § 907 Abs 14 UGB nur auf solche KG zur Anwendung kommt, die nach dem 31.12.2006 errichtet wurden. Für die Haftung eines Kommanditisten einer vor diesem Zeitpunkt errichteten KG ist hingegen § 176 Abs 2 HGB weiter anzuwenden, aus dem sich unter bestimmten Voraussetzungen sogar eine **unbeschränkte Haftung** des Kommanditisten für Zwischenschulden ergeben kann.

e Gesellschafterwechsel

Anders als der **Tod** des unbeschränkt haftenden Gesellschafters (s dazu Rz 645) hat jener eines Kommanditisten nicht die Auflösung der Gesellschaft zur Folge (§ 177 UGB). Die KG wird vielmehr zunächst mit der Verlassenschaft bzw nach der Einantwortung mit den Erben fortgesetzt. 671

Im Übrigen ist auch hier auf die Ausführungen zur OG (s dazu Rz 643 ff) zu verweisen. Besonders anzumerken ist lediglich, dass die **Übertragung der Kommanditistenstellung** nicht als zweiaktiger Rechtsvorgang – also als Austritt der den Kommanditanteil veräußernden und als Eintritt der diesen Anteil erwerbenden Person –, sondern als **einaktiger Vorgang** anzusehen ist; im Firmenbuch ist die Nachfolge zu vermerken (vgl § 4 Z 6 FBG). Bei Übertragung eines voll eingezahlten Kommanditanteils bleibt daher der Haftungsausschluss zugunsten des Alt- wie auch des Neukommanditisten aufrecht. Bei Übertragung eines nur teilweise oder nicht eingezahlten Kommanditanteils trifft den ausscheidenden Kommanditisten die Nachhaftung iSd § 160 UGB (s dazu Rz 642/1 f) und den eintretenden Kommanditisten die Haftung gem § 173 UGB (s dazu Rz 668). Sollte die Haftung des Erwerbers eines voll einbezahlten Kommanditanteils auf Grund von Rückzahlungen bzw Entnahmen wieder aufleben (s dazu Rz 667), so haftet der ausgeschiedene Kommanditist für die Verringerungen der Einlage nicht (§ 172 Abs 3 Satz 3 UGB). 672

Nach der Bestimmung des § 142 UGB (s dazu Rz 616/3, 644/2) wäre es möglich, dass der nach dem **Ausscheiden des letzten oder einzigen Komplementärs** verbleibende Kommanditist ohne sein Zutun als Gesamtrechtsnachfolger der KG angesehen würde und als solcher einer unbeschränkten Haftung ausgesetzt wäre. § 178 UGB soll diese Konsequenz verhindern, indem er sicherstellt, dass der Kommanditist nicht gegen seinen Willen zum Gesamtrechtsnachfolger wird. Konkret ist dort vorgesehen, dass der einzige Komplementär nur dann aufgrund einer gesellschaftsvertraglichen Regelung aus der KG ausscheidet, wenn entweder die verbleibenden Kommanditisten die **Fortsetzung der Gesellschaft** unter gleichzeitiger Übernahme der Stellung eines Komplementärs durch wenigstens einen von ihnen vereinbaren, oder wenn der einzige verbleibende Kommanditist die **Übernahme des Gesellschaftsvermögens** im Weg der Gesamtrechtsnachfolge gem § 142 UGB erklärt. Ansonsten kommt es zur **Auflösung der Gesellschaft**, die unter Beteiligung des Komplementärs abgewickelt wird. Der Zweck von § 178 UGB liegt im Schutz des Kommanditisten vor Überrumpelung. Er ist daher zB nicht anwendbar, wenn der letzte Kommanditist den Anteil des letzten Komplementärs durch Anteilskauf erwirbt; Entsprechendes gilt, wenn er den Komplementär gem § 140 UGB ausschließt, da er hier ebenso gut auf 672/1

Auflösung klagen könnte. In den genannten Fällen entscheidet der Kommanditist selbst darüber, ob er die Universalsukzession auslösen will oder nicht, so dass es bei den Rechtsfolgen des § 142 UGB bleibt.

4 Stille Gesellschaft

673 Die **stille Gesellschaft** ist eine Beteiligung am Unternehmen oder Vermögen eines anderen **(„Inhaber")**, und zwar in der Weise, dass die zu leistende **Vermögenseinlage** in das Vermögen des anderen übergeht (vgl § 179 UGB); ihre **Rechtsgrundlagen** finden sich in den §§ 179 bis 188 UGB. Es handelt sich bei ihr um eine reine **Innengesellschaft** mit begrenztem Kapitaleinsatz und einer **zwingenden Gewinnbeteiligung** des stillen Gesellschafters, die keine Haftung gegenüber den Gläubigern des Inhabers mit sich bringt und auch im Firmenbuch nicht offen gelegt wird. In ihrer dem gesetzlichen Grundmodell folgenden Ausgestaltung als **„typische"** bzw **„echte" stille Gesellschaft** ist sie gekennzeichnet durch die fehlende Geschäftsführungsbefugnis des Stillen. Die **Geschäftsführung** obliegt vielmehr allein dem Inhaber, dieser hat aber nach allgemeiner Auffassung bei wichtigen Maßnahmen die Zustimmung des Stillen einzuholen. Besonderer Erwähnung bedarf noch das Kontrollrecht des stillen Gesellschafters, das inhaltlich jenem des Kommanditisten (s dazu Rz 660) entspricht (§ 183 UGB). Von einer **„atypischen"** bzw **„unechten" stillen Gesellschaft** spricht man, wenn dem stillen Gesellschafter Geschäftsführungsbefugnisse zustehen und/oder ihm eine Beteiligung am Vermögen des Unternehmens eingeräumt wird.

5 Europäische wirtschaftliche Interessenvereinigung

674 Mit der Verordnung des Rates der Europäischen Gemeinschaften vom 25.7.1985 über die Schaffung einer **Europäischen wirtschaftlichen Interessenvereinigung** bzw **EWIV** (EWIV-VO, VO 2137/85) kam es zur Einführung der ersten europaweit ausgerichteten Gesellschaftsform. Damit sollte der rechtliche Rahmen für grenzüberschreitende Kooperation ohne Notwendigkeit zur Gründung einer Gesellschaft nach nationalem Recht geschaffen werden. Primäre **Rechtsgrundlage** einer EWIV mit Sitz in Österreich ist die soeben erwähnte EWIV-VO; soweit dort keine Regelung enthalten ist, gelten die Bestimmungen des EWIV-Ausführungsgesetzes (EWIV-G, BGBl 1995/521) und ergänzend die für eine OG geltenden Bestimmungen (§ 1 Abs 1 EWIV-G).

Die subsidiäre Geltung des OG-Rechtes bedingt auch die üblicherweise vorgenommene Einordnung in den Kreis der **Personengesellschaften**, wiewohl die EWIV auch eine Reihe kapitalistischer Merkmale aufweist.

Als vorrangiger **Anwendungsbereich** der EWIV waren kleine und 675
mittlere – vor allem auch freiberuflich tätige – Unternehmen gedacht, die nur schwer eine internationale Tätigkeit über Tochtergesellschaften entfalten können. Ihr Zweck wird demnach in Art 3 EWIV-VO in der Weise umschrieben, dass diese Rechtsform die wirtschaftliche Tätigkeit ihrer Mitglieder erleichtern oder entwickeln und die Ergebnisse dieser Tätigkeit verbessern oder steigern soll. Sie hat aber nicht den Zweck, Gewinne für sich selbst zu erzielen; ihre Tätigkeit darf daher nur eine Hilfstätigkeit zur wirtschaftlichen Tätigkeit ihrer Mitglieder bilden. Zu denken ist dabei etwa an Zusammenschlüsse von Freiberuflern zur gemeinschaftlichen Nutzung von Kanzleiräumlichkeiten oder von Wirtschaftsunternehmen zur optimalen Abstimmung ihrer Forschungsaktivitäten. Die Beliebtheit der EWIV ist in den verschiedenen Mitgliedstaaten der EU allerdings durchaus unterschiedlich: Während von den mit Stichtag 16.3.2015 in Europa insgesamt 1.969 registrierten (und nicht in Liquidation befindlichen) Europäischen wirtschaftlichen Interessenvereinigungen in Belgien 356, in Deutschland 321 und in Frankreich 281 eingetragen waren, gab es etwa in Finnland lediglich drei und in Slowenien überhaupt keine derartigen Zusammenschlüsse. In Österreich hat diese neue Rechtsform bislang ebenfalls keine besondere praktische Bedeutung erlangt; zum genannten Stichtag waren hier nur 30 Europäische wirtschaftliche Interessenvereinigungen registriert.

C Kapitalgesellschaften

Literatur: wie oben IV/A und *Barnert/Dolezal/Egermann/Illigasch*, Societas Europaea (2005); *Brix*, Handbuch Aktiengesellschaft (2014); *Doralt/Nowotny Ch/Kalss* (Hg), Kommentar zum Aktiengesetz, Bd I[2] (2012), Bd II[2] (2012); *Doralt/Nowotny Ch/Kalss* (Hg), AktG online – Kommentar zum Aktiengesetz[2] (rdb.manz.at); *Fuchs/Winkler*, Die GmbH – Recht und Steuern (2010); *Gellis/Feil*, Kommentar zum GmbH-Gesetz[7] (2009); *Geymayer/Tröthan*, Grundlagen des Umgründungsrechtes – Zivilrechtliche und außersteuerliche Aspekte[3] (2014); *Gruber/Harrer*, GmbHG-Kommentar (2014); *Hausmaninger/Gratzl/Justich* (Hg), Handbuch zur Aktiengesellschaft (2012); *Jabornegg/Strasser*, Kommentar zum Aktiengesetz Bd I[5] (2011), Bd II[5] (2011); *Jabornegg/Strasser*, AktG online – Kommentar zum Aktiengesetz[5] (rdb.manz.at); *Kalss/Hügel* (Hg), Europäische Aktiengesellschaft – SE-Kommentar (2004); *Koppensteiner/Rüffler*, GmbH-Gesetz – Kommentar[3] (2007); *Koppensteiner/Rüffler*, GmbH-Gesetz – Kommentar[3] (www.lexisnexis.com/at); *Mader*, Kapitalgesellschaften[9] (2014); *Reich-Rohrwig*, Das österreichische GmbH-Recht (1983); *Reich-Rohrwig*, Das österreichische GmbH-Recht Bd I[2] (1997); *Reich-Rohrwig*, Societas Europaea – SE (2006); *Schindler*, Die Europäische Aktiengesellschaft (2002); *Straube/Aicher* (Hg), Handbuch zur Europäischen Aktiengesellschaft (2005); *Straube/Ratka/Rauter* (Hg), Wiener Kommentar zum GmbHG (2015); *Straube/Ratka/Rauter* (Hg), GmbHG online – Wiener Kommentar zum GmbHG (rdb.manz.at); *Torggler U*, GmbHG – Kurzkommentar (2014); *Umfahrer*, GmbH – Handbuch für die Praxis[6] (2008).

1 Gesellschaft mit beschränkter Haftung

a Grundsätzliches

676 Die **Gesellschaft mit beschränkter Haftung (GmbH)** ist eine Gesellschaft mit eigener Rechtspersönlichkeit, die als solche selbständig ihre Rechte und Pflichten hat, Eigentum und andere dingliche Rechte an Grundstücken erwerben sowie vor Gericht klagen und geklagt werden kann; die GmbH ist also **juristische Person** (s dazu auch Rz 52 ff). Für ihre Verbindlichkeiten haftet den Gläubigern nur das Gesellschaftsvermögen, nicht aber haften ihre mit Einlagen auf das in Geschäftsanteile zerlegte Stammkapital beteiligten Gesellschafter (vgl § 61 GmbHG). Sie ist **Unternehmer kraft Rechtsform** iSd § 2 UGB (s dazu Rz 532 f).

677 **Rechtsgrundlage** der GmbH ist das **Gesetz über Gesellschaften mit beschränkter Haftung** (GmbHG, BGBl 1906/58), das in den letzten Jahren einem massiven Wandel unterlag. Zu erwähnen ist hier etwa das EU-Gesellschaftsrechtsänderungsgesetz (EU-GesRÄG, BGBl 1996/304), durch das vor dem Hintergrund europarechtlicher Vorgaben (s dazu Rz 595) vor allem das Recht der Strukturmaßnahmen (s dazu Rz 728 ff) geändert, aber auch die für die Praxis besonders wichtige Zulässigkeit der Einpersonengründung einer GmbH eingeführt wurde. Aus jüngerer Zeit hervorzuheben sind zwei Änderungen, die insb auf Grund des Umstandes, dass GmbH-Gründungen in nahezu allen anderen europäischen Ländern mit wesentlich geringeren Kapitalaufbringungserfordernissen möglich sind, auf eine Erleichterung des Gründungsvorganges abgezielt haben. Konkret handelt es sich dabei zum einen um das Gesellschaftsrechts-Änderungsgesetz 2013 (GesRÄG 2013, BGBl I 2013/109), das der Schaffung der so genannten „GmbH-Light" diente (s dazu Rz 681/1), und zum anderen um das Abgabenänderungsgesetz 2014 (AbgÄG 2014, BGBl I 2014/13), mit dem genau diese GmbH-Light durch die Variante der „gründungsprivilegierten GmbH" ersetzt wurde (s dazu Rz 681/2). Für die GmbH bedeutsame Rechtsgrundlagen finden sich überdies in

einer Reihe von **Sondergesetzen**, wie etwa dem Eigenkapitalersatz-Gesetz (EKEG, BGBl I 2003/92; s dazu Rz 704) oder dem Gesellschafter-Ausschlussgesetz (GesAusG, BGBl I 2006/75; s dazu Rz 709/1). Auch die **Rechtsprechung** trägt entscheidend zur Fortentwicklung dieser Rechtsmaterie bei; die Mehrzahl höchstgerichtlicher Entscheidungen im Gesellschaftsrecht beschäftigt sich mit dem Recht der GmbH.

Die soeben erwähnte besondere Häufigkeit von Gerichtsentschei- **678**
dungen zur GmbH erklärt sich auch aus der enormen **Praxisrelevanz** dieser Gesellschaftsform. Mit Stichtag 1.1.2015 waren in Österreich fast 139.000 Gesellschaften mbH in das Firmenbuch eingetragen; es handelt sich damit um die meistverbreitete Gesellschaftsform und – nach dem Einzelunternehmer – die zweithäufigste Rechtsform zur Ausübung unternehmerischer Tätigkeiten. Der **Anwendungsbereich** der GmbH deckt sich dabei in der Praxis insofern mit jenem der eingetragenen Personengesellschaften, als es sich in der Mehrzahl ebenfalls um Klein- und Mittelbetriebe mit geringer Gesellschafterzahl – häufig um Familiengesellschaften – handelt. Nicht gestattet ist der GmbH hingegen insbes der Betrieb von Versicherungsgeschäften und die Tätigkeit als politischer Verein (§ 1 Abs 2 GmbHG).

b Gründung

ba Gesellschaftsvertrag

Der obligatorische **Mindestinhalt** des **Gesellschaftsvertrags** einer **679**
GmbH besteht in der Angabe der Firma (s dazu Rz 544 ff) der Gesellschaft, des Gegenstandes ihres Unternehmens, der Höhe des Stammkapitals und des Betrages der von jedem Gesellschafter auf das Stammkapital zu leistenden Einlage, also der Stammeinlage (§ 4 Abs 1 GmbHG). Der Gesellschaftsvertrag bedarf der Beurkundung durch **Notariatsakt**. Bei der Errichtung einer GmbH durch nur eine Person wird der Gesellschaftsvertrag durch die **„Erklärung über die Errichtung der Gesellschaft“** ersetzt; auf diese sind die Vorschriften über den Gesellschaftsvertrag sinngemäß anzuwenden (§ 3 Abs 2 GmbHG).

bb Kapitalaufbringung

Das **Stammkapital** der GmbH muss einen Betrag von mindestens **680**
€ 35.000,– erreichen und besteht aus den **Stammeinlagen** der einzelnen Gesellschafter. Jede dieser Stammeinlagen muss mindestens € 70,– betragen (§ 6 Abs 1 GmbHG). Das Stammkapital ist vom tatsächlichen **Gesellschaftsvermögen** zu unterscheiden. Ersteres ist

eine starre Rechnungspost, die auf der Passivseite der Bilanz ausgewiesen wird; seine Änderung ist nur durch besondere Maßnahmen (Kapitalerhöhung bzw -herabsetzung) möglich. Das Gesellschaftsvermögen ist hingegen die Summe der der Gesellschaft zuzurechnenden Vermögenswerte; in der Bilanz wird es auf der Aktivseite dargestellt. Die Stammeinlage wiederum ist vom **Geschäftsanteil** zu unterscheiden: Erstere ist – so wie auch das Stammkapital – einerseits eine Rechnungsziffer; gleichzeitig bringt sie aber auch eine Forderung der Gesellschaft gegenüber dem Gesellschafter zum Ausdruck. Unter dem Geschäftsanteil versteht man hingegen die Beteiligung als solche, also die Gesamtheit der mit der Gesellschafterstellung verbundenen Rechte und Pflichten eines Gesellschafters (s dazu insbes Rz 702 ff).

681 Da dem Stammkapital gewissermaßen Garantiefunktion zugunsten der Gesellschaftsgläubiger zukommt, ist seine **Aufbringung** im Gesetz ausführlich und zwingend geregelt. Folgende wichtige Grundsätze sollen hier im Überblick erwähnt werden:

- Die Aufbringung des Stammkapitals ist durch **Bareinlagen** oder **Sacheinlagen** möglich, wobei ein Gesellschafter die von ihm übernommene Stammeinlage auch zum Teil durch Bar- und zum Teil durch Sacheinlagen erbringen kann. Als Sacheinlagen kommen grundsätzlich bilanz- und aktivierungsfähige Vermögenswerte aller Art, nicht aber Dienstleistungen der Gesellschafter (vgl idS den im GmbH-Recht analog zur Anwendung zu bringenden § 20 Abs 2 Satz 2 AktG sowie dazu Rz 716) in Betracht. Sie sind im Gesellschaftsvertrag festzusetzen (vgl § 6 Abs 4 GmbHG). Erreicht ihr Wert im Zeitpunkt der Anmeldung der Gesellschaft zur Eintragung in das Firmenbuch nicht den Betrag der dafür übernommenen Stammeinlage, so hat der Gesellschafter im Rahmen der so genannten **„Differenzhaftung"** in Höhe des Fehlbetrages eine Einlage in Geld zu leisten; dieser Anspruch der Gesellschaft verjährt in fünf Jahren nach ihrer Eintragung ins Firmenbuch (§ 10a GmbHG).
- Bezüglich des **Verhältnisses von Bar- und Sacheinlagen zueinander** ist zunächst darauf hinzuweisen, dass das Stammkapital bis zur Hälfte ohne Weiteres in Form von Sacheinlagen aufgebracht werden kann (**„Hälfteklausel"**; § 6a Abs 1 GmbHG). Soll mehr als die Hälfte des Stammkapitals in Form von Sacheinlagen aufgebracht werden, so müssen besondere Voraussetzungen erfüllt sein: Es muss entweder eine besonders qualifizierte Form einer **Unternehmenseinbringung** vorliegen (vgl dazu näher in § 6a Abs 2 und 3 GmbHG) oder es müssen bestimmte **aktienrechtliche Gründungsvorschriften**, insbes jene über die Gründungsprüfung, eingehalten werden (§ 6a Abs 4 GmbHG). In beiden Fällen findet auf den Differenzbetrag zwischen dem für die dergestalt qualifizierte Sacheinlage angerechneten Stammkapitalbetrag und dem gesamten

Stammkapital wiederum die Hälfteklausel des § 6a Abs 1 GmbHG Anwendung.

- Von der Frage des Verhältnisses der Summe aller Bar- und Sacheinlagen zueinander zu unterscheiden ist die Frage nach dem Ausmaß der von jedem Gesellschafter **bei der Gründung jeweils zu leistenden Stammeinlage**. Hier gilt, dass **Sacheinlagen** sofort zur Gänze zu erbringen sind, während jede einzelne **Bareinlage** zu mindestens einem Viertel, jedenfalls aber mit einem Betrag von € 70,– eingezahlt sein muss; soweit auf eine Stammeinlage weniger als € 70,– bar zu leisten sind, muss die Bareinlage voll eingezahlt sein. Insgesamt müssen auf die bar zu leistenden Einlagen € 17.500,– eingezahlt sein; sind sie aber in Summe gem § 6a Abs 2 bis 4 GmbHG niedriger, so müssen sie bar voll eingezahlt sein (§ 10 Abs 1 GmbHG).

Wie bereits erwähnt (s dazu Rz 677), wurde das GmbHG in jüngerer **681/1** Vergangenheit im Interesse einer Erleichterung des Gründungsvorganges zwei Mal geändert. Das **GesRÄG 2013** schuf zu diesem Zweck die so genannte **„GmbH-Light“**, bei der diesem Anliegen in der Form entsprochen wurde, dass das in § 6 Abs 1 GmbHG festgesetzte Mindeststammkapital von € 35.000,– auf € 10.000,– und das in § 10 Abs 1 Satz 2 GmbHG festgesetzte Mindesteinzahlungserfordernis von € 17.500,– auf € 5.000,– herabgesetzt wurden. Allerdings waren diese Gründungsmodalitäten nur zwischen dem 1.7.2013 und dem 28.2.2014 relevant; die dargestellten Änderungen wurden nämlich wegen der mit ihnen verbundenen Steuerausfälle mit dem AbgÄG 2014 rückgängig gemacht und die angesprochenen Bestimmungen erhielten wieder ihre zuvor geltende Fassung. Gem § 127 Abs 16 GmbHG haben alle Gesellschaften mbH, deren Stammkapital auf Grund einer Inanspruchnahme der Begünstigungen des GesRÄG 2013 den Betrag von € 35.000,– nicht erreichen, bis längstens 1.3.2024 eine Kapitalerhöhung auf diesen oder einen höheren Betrag durchzuführen.

Das AbgÄG ersetzte mit Wirksamkeit ab dem 1.3.2014 das Modell **681/2** der „GmbH-Light“ durch die vor allem in § 10b GmbHG näher geregelte Variante der **„gründungsprivilegierten GmbH“**. Diese wird der „gewöhnlichen“ GmbH als Alternative zur Seite gestellt, indem bei ihr auf den Gründungsvorgang folgende **Besonderheiten** zur Anwendung kommen:

- Angeordnet ist zunächst, dass das Gründungsprivileg nur im (ursprünglichen) Gesellschaftsvertrag, nicht aber durch eine Abänderung des Gesellschaftsvertrages vorgesehen werden kann. Es kann also nur bei **Neugründungen** ab dem 1.3.2014 in Anspruch genommen werden, nicht aber für zu diesem Zeitpunkt bereits bestehende Gesellschaften mbH.
- Auch bei einer gründungsprivilegierten GmbH beträgt das Stamm-

kapital zwar € 35.000,–; im Gesellschaftsvertrag sind aber für jeden Gesellschafter zusätzlich zu seiner Stammeinlage **gründungsprivilegierte Stammeinlagen** festzusetzen, die nicht höher als die jeweils übernommenen Stammeinlagen sein dürfen.

- Die **Summe** der gründungsprivilegierten Stammeinlagen aller Gesellschafter muss **mindestens € 10.000,–** betragen, auf die mindestens € 5.000,– in bar einzuzahlen sind; Sacheinlagen sind ausgeschlossen.
- Die Gründungsprivilegierung besteht für **maximal zehn Jahre** ab Eintragung der Gesellschaft in das Firmenbuch. Sie kann allerdings auch schon zu einem früheren Zeitpunkt beendet werden, wenn der Gesellschaftsvertrag entsprechend geändert wird und die Mindesteinzahlungserfordernisse des § 10 Abs 1 GmbHG erfüllt werden.
- Während der aufrechten Gründungsprivilegierung kommt es zu einer **besonderen Beschränkung des Haftungsrisikos** der Gesellschafter. Sie sind nämlich nur insoweit zu weiteren Einzahlungen auf die von ihnen übernommenen Stammeinlagen verpflichtet, als die bereits geleisteten Einzahlungen hinter den gründungsprivilegierten Stammeinlagen zurückbleiben. Dies gilt auch für den Fall, dass während aufrechter Gründungsprivilegierung ein Insolvenzverfahren über das Vermögen der Gesellschaft eröffnet wird. Die Gründungsprivilegierung bewirkt daher im Ergebnis, dass die Gesellschafter trotz eines nominellen Stammkapitals von (im Regelfall) € 35.000,– während aufrechter Gründungsprivilegierung, also innerhalb eines Zeitraumes von bis zu zehn Jahren ab der Entstehung der GmbH, höchstens € 10.000,– in die Gesellschaft einzuzahlen haben, und zwar auch dann, wenn die GmbH innerhalb dieser Frist insolvent werden sollte.

bc Weiteres Gründungsverfahren

682 Zusätzlich zum Abschluss des Gesellschaftsvertrages und zur Aufbringung des Stammkapitals in einem bestimmten Mindestumfang sind im Zuge der Gründung einige **weitere Maßnahmen** erforderlich:

- Die **ersten Geschäftsführer** sind durch Beschluss der Gründungsgesellschafter, allenfalls durch den Gesellschaftsvertrag zu bestellen (§ 3 Z 2 GmbHG), ebenso der **erste Aufsichtsrat**, wenn ein solcher vorgeschrieben ist.
- Die Gesellschaft ist unter Vorlage einer Reihe von Unterlagen (vgl vor allem § 9 Abs 2 und 3 GmbHG) durch sämtliche Geschäftsführer **zum Firmenbuch anzumelden**.
- Auf Grund der Anmeldung kommt es – wenn das Gericht keine Mängel feststellt bzw festgestellte Mängel behoben werden – zur **Eintragung der Gesellschaft** durch Eintragung des Gesellschaftsvertrages in das Firmenbuch (§ 11 GmbHG). Diese Eintragung

bewirkt das Entstehen der GmbH als juristische Person mit eigenen Rechten und Pflichten (vgl § 2 Abs 1 GmbHG). Schließlich ist die Eintragung noch nach Maßgabe des § 10 UGB (s dazu Rz 543) zu veröffentlichen, wobei allerdings die Bekanntmachung im Amtsblatt zur Wiener Zeitung unterbleibt (§ 12 GmbHG).

Zwischen dem Abschluss des Gesellschaftsvertrages und der Eintragung der Gesellschaft in das Firmenbuch wird der grundsätzlich schon existente, auf die Entstehung einer GmbH abzielende gesellschaftliche Zusammenschluss als **„Vorgesellschaft"** bezeichnet. Wird in diesem Stadium im Namen der noch nicht existenten GmbH gehandelt, so haften die Handelnden – das sind grundsätzlich die Geschäftsführer der Vorgesellschaft – persönlich zur ungeteilten Hand (**„Handelndenhaftung"**; § 2 Abs 1 GmbHG). Hinzuweisen ist im gegebenen Zusammenhang allerdings darauf, dass dieses sehr rudimentäre gesetzliche Grundkonzept zu den Haftungsverhältnissen im Zuge der Gründung in wesentlichen Punkten von der Lehre und der Rechtsprechung modifiziert und ergänzt wird. **682/1**

c Organe

aa Geschäftsführer

Die **Geschäftsführer** – das Gesetz spricht auch vom „Vorstand" (vgl die Überschrift zu § 15 GmbHG) – sind ein bei der GmbH zwingend vorgesehenes Organ. Für jede Gesellschaft ist zumindest ein Geschäftsführer zu bestellen, bei dem es sich um eine physische, handlungsfähige Person handeln muss (§ 15 Abs 1 GmbHG). Bei der GmbH besteht das **Prinzip der Fremdorganschaft**, die **Bestellung zum Geschäftsführer** der Gesellschaft bedarf daher eines besonderen Rechtsaktes. Dieser kann auf verschiedene Weise gesetzt werden: **683**

- Grundsätzlich möglich ist die Bestellung durch **Beschluss der Gesellschafter**. Dieser Beschluss bedarf mangels einer abweichenden gesellschaftsvertraglichen Regelung der einfachen Mehrheit, die Bestellung kann auch auf unbestimmte Zeit vorgenommen werden. Nichtgesellschafter können seitens der Gesellschafter nur durch Gesellschafterbeschluss zu Geschäftsführern – so genannten **„Fremdgeschäftsführern"** – bestellt werden.
- Gesellschafter können überdies für die Dauer ihrer Beteiligung an der GmbH auch im **Gesellschaftsvertrag** zu Geschäftsführern bestellt werden (**„Gesellschafter-Geschäftsführer"**). Scheidet der betreffende Gesellschafter – insbes durch eine Übertragung seines Geschäftsanteiles an einen Dritten – aus der Gesellschaft aus, so erlischt auch seine Geschäftsführerfunktion automatisch.

- Möglich ist es ferner, die Bestellung von Geschäftsführern im Gesellschaftsvertrag einer **öffentlichrechtlichen Körperschaft** (zB Bund, Land, Gemeinde) vorzubehalten; diese Variante ist allerdings von geringer praktischer Bedeutung.
- Fehlen die zur Vertretung der Gesellschaft erforderlichen Geschäftsführer, so hat das **Gericht** sie in dringenden Fällen auf Antrag eines Beteiligten für die Zeit bis zur Behebung des Mangels zu bestellen (**„Notgeschäftsführer“**; § 15a GmbHG). Dringlichkeit ist dabei dann gegeben, wenn durch den Vertretungsmangel Nachteile für die Gesellschaft, die Gesellschafter, Verwaltungsorgane oder Dritte drohen. Antragsberechtigt ist jeder, der ein rechtliches Interesse an der Beseitigung des Vertretungsnotstandes glaubhaft macht, etwa ein Minderheitsgesellschafter oder Gläubiger der GmbH. Die Bestellung zum Notgeschäftsführer endet automatisch mit der Behebung des Vertretungsmangels durch die Gesellschaft, also der Bestellung der fehlenden Geschäftsführer.

684 Von der Bestellung zu unterscheiden ist die **Anstellung** des Geschäftsführers. Sie betrifft das schuldrechtliche Verhältnis zur GmbH und regelt zB sein Gehalt, seinen Urlaub sowie allfällige Abfertigungs- und Pensionsansprüche. Das Anstellungsverhältnis ist in dem Sinne von der Bestellung unabhängig, als der gesellschaftsrechtliche Akt der Bestellung nicht automatisch auch eine Anstellung nach sich zieht; umgekehrt zieht die Abberufung (s dazu Rz 685) bzw der Rücktritt (s dazu Rz 687) nicht per se die Beendigung des Anstellungsverhältnisses nach sich.

685 Auch für die **Abberufung** von Geschäftsführern kommen verschiedene Varianten in Betracht:

- Möglich ist eine Abberufung zunächst durch einen grundsätzlich mit einfacher Mehrheit zu fassenden **Beschluss der Gesellschafter** (§ 16 Abs 1 GmbHG). Das Vorliegen eines wichtigen Grundes ist für die Abberufung grundsätzlich nicht erforderlich. Nach ganz überwiegender Auffassung stellt die Abberufung durch Gesellschafterbeschluss auch bei im Gesellschaftsvertrag bestellten Gesellschafter-Geschäftsführern keine Satzungsänderung dar, so dass dafür mangels anderer vertraglicher Bestimmungen ebenfalls die einfache Mehrheit genügt.
- Da ein Gesellschafter-Geschäftsführer bei der Beschlussfassung über seine Abberufung in der Ausübung seines Stimmrechtes nicht beschränkt ist (vgl § 39 Abs 5 GmbHG), kann namentlich die Abberufung von Mehrheitsgesellschaftern als Geschäftsführer auf Schwierigkeiten stoßen, selbst wenn diese untragbar geworden sind. Ähnlich problematisch kann sich die Abberufung eines Fremdgeschäftsführers gestalten, wenn dieser die Unterstützung durch mehrheitlich beteiligte Gesellschafter genießt. Das Gesetz sieht daher vor, dass ein Geschäftsführer aus einem **wichtigen**

Grund (zB grobe Pflichtverletzung, Unfähigkeit zur ordnungsgemäßen Geschäftsführung) auch ohne entsprechende Beschlussfassung durch **gerichtliche Entscheidung** abberufen werden kann. Ist er zugleich Gesellschafter, so sind die §§ 117 und 127 UGB (s dazu Rz 629/3, 637/1) sinngemäß anzuwenden. Sonst – also bei Fremdgeschäftsführern – können jene Gesellschafter, die nicht für die Abberufung des Geschäftsführers gestimmt haben, auf Zustimmung geklagt werden. Dem Fremdgeschäftsführer ist gerichtlich der Streit zu verkünden, so dass er dem Prozess als **Nebenintervenient** beitreten und in dieser Funktion die geklagten Gesellschafter unterstützen kann. Das Gericht kann außerdem zur Sicherung des Anspruchs auf Abberufung aus wichtigem Grund dem Geschäftsführer die weitere Geschäftsführung und Vertretung der Gesellschaft durch **einstweilige Verfügung** untersagen, wenn ein der Gesellschaft drohender unwiederbringlicher Nachteil glaubhaft gemacht wird (§ 16 Abs 2 GmbHG).

- Die auf Grund einer gesellschaftsvertraglichen Bestimmung von einer **öffentlichrechtlichen Körperschaft** bestellten Geschäftsführer können jederzeit von dieser, der **Notgeschäftsführer** kann bei Vorliegen eines wichtigen Grundes vom Gericht abberufen werden.

Der Umstand, dass die Abberufung von Geschäftsführern nach 686
dem gesetzlichen Grundmodell prinzipiell mit einfacher Mehrheit und ohne das Erfordernis eines wichtigen Grundes möglich ist, wirft die Frage auf, welche Möglichkeiten der **Absicherung gegen eine Abberufung** bestehen. Praxisrelevant ist diese Fragestellung naturgemäß vor allem für Minderheitsgesellschafter, die an sich der jederzeitigen Abberufungsmöglichkeit durch die Mehrheit ausgesetzt sind. Diesbezüglich ist wie folgt zu differenzieren:

- Vorweg festzuhalten ist, dass nur **Gesellschafter-Geschäftsführer** in dieser Funktion abgesichert werden können. Die gesellschaftsvertragliche Absicherung eines Fremdgeschäftsführers ist nicht vorgesehen. Letztere haben allerdings – so wie natürlich auch Gesellschafter-Geschäftsführer – die Möglichkeit, sich etwa durch die Vereinbarung besonderer Abfertigungsansprüche indirekt bzw wirtschaftlich gegen eine jederzeitige Abberufung abzusichern.
- Umstritten ist die Frage, inwieweit vom Prinzip der einfachen Mehrheit für Abberufungsbeschlüsse abgegangen werden kann. Die gesellschaftsvertragliche Festsetzung einer **qualifizierten Mehrheit** wird überwiegend für erlaubt gehalten, die Zulässigkeit der Normierung eines Einstimmigkeitserfordernisses ist hingegen umstritten.
- Ist die Bestellung eines Gesellschafter-Geschäftsführers im Gesellschaftsvertrag erfolgt, so kann die Zulässigkeit der Abberufung dort auf das **Vorliegen wichtiger Gründe** beschränkt werden. In

diesem Fall ist der durch Gesellschafterbeschluss erfolgte Widerruf der Bestellung allerdings zunächst wirksam, und zwar solange, bis über seine Unwirksamkeit – insbes auch über das (Nicht-)Vorliegen eines wichtigen Grundes – rechtskräftig entschieden ist (§ 16 Abs 3 GmbHG). Es liegt hier also am von der Mehrheit abberufenen Gesellschafter-Geschäftsführer, einen von ihm mangels Vorliegens eines wichtigen Grundes für unzulässig erachteten Abberufungsbeschluss durch eine Anfechtungsklage (s dazu Rz 701) gerichtlich zu bekämpfen. Im Gerichtsverfahren muss er den Beweis erbringen, dass ein solcher Grund nicht vorliegt, um so die Geschäftsführerfunktion wieder zu erlangen.

- Eine andere – wirkungsvollere – Möglichkeit der Absicherung von im Gesellschaftsvertrag bestellten Geschäftsführern besteht in der Einräumung eines **Sonderrechts auf Geschäftsführung**. Eine Entziehung dieses Rechtes kann dann grundsätzlich nur unter Zustimmung des betroffenen Gesellschafters beschlossen werden (vgl § 50 Abs 4 GmbHG). Auch hier bleibt es zwar dennoch möglich, die Befugnis zur Geschäftsführung bei Vorliegen eines wichtigen Grundes unter gerichtlicher Mithilfe zu entziehen. Der betroffene Geschäftsführer bleibt aber für die Dauer des Gerichtsverfahrens im Amt, außerdem trifft hier die die Abberufung betreibenden Gesellschafter die Beweislast dafür, dass ein die Abberufung rechtfertigender wichtiger Grund vorliegt.

687 Geschäftsführer können unbeschadet der Entschädigungsansprüche der Gesellschaft ihnen gegenüber aus bestehenden Verträgen ihren **Rücktritt** erklären. Liegt ein wichtiger Grund hierfür vor (zB die wiederholte Nichtleistung des Geschäftsführerbezugs oder die fortwährende Verweigerung des Zutritts zu den Geschäftsräumlichkeiten), kann der Rücktritt mit sofortiger Wirkung erklärt werden, sonst wird der Rücktritt zum Schutz der Gesellschaft und der Gläubiger erst nach Ablauf von 14 Tagen wirksam. Der Rücktritt ist gegenüber der Generalversammlung, wenn dies in der Tagesordnung angekündigt wurde, oder gegenüber allen Gesellschaftern zu erklären. Hiervon sind allfällige Mitgeschäftsführer und, wenn ein Aufsichtsrat besteht, dessen Vorsitzender zu verständigen (§ 16a GmbHG).

688 Die jeweiligen **Geschäftsführer** und das Erlöschen oder eine Änderung ihrer Vertretungsbefugnis sind ohne Verzug **zum Firmenbuch anzumelden** (§ 17 Abs 1 GmbHG). Um die Richtigkeit des Firmenbuchs möglichst zu gewährleisten, wird hier trotz der bereits erfolgten Funktionsbeendigung und dem damit verbundenen Ende der Vertretungsbefugnis auch dem abberufenen oder zurückgetretenen Geschäftsführer die Möglichkeit gegeben, seine Löschung im Firmenbuch zu beantragen (vgl § 17 Abs 2 GmbHG).

689 Vorrangige Aufgabe der Geschäftsführer ist die Führung der Geschäfte und die Vertretung der Gesellschaft. Die **Form der Ge-**

schäftsführung und der **Umfang der Geschäftsführungsbefugnis** stellen sich bei Fehlen besonderer Vereinbarungen im Wesentlichen wie folgt dar:

- Bei einer Mehrzahl von Geschäftsführern darf keiner allein die zur Geschäftsführung gehörenden Handlungen vornehmen, es sei denn, dass Gefahr im Verzug ist; es besteht also grundsätzlich und unabhängig von der Art des jeweiligen Geschäftes **Gesamtgeschäftsführung mit Einstimmigkeitsprinzip**. Bei vertraglich vereinbarter Einzelgeschäftsführung haben die übrigen Geschäftsführer ein Widerspruchsrecht (§ 21 GmbHG). Besonders geregelt sind die **Erteilung und der Widerruf der Prokura** (vgl dazu § 28 Abs 2 und § 35 Abs 1 Z 4 GmbHG).
- Die Geschäftsführer sind verpflichtet, alle **Beschränkungen** einzuhalten, die im Gesellschaftsvertrag, durch Beschluss der Gesellschafter oder in einer verbindlichen Anordnung des Aufsichtsrats festgesetzt sind (§ 20 Abs 1 GmbHG). Daraus folgt insbes die Bindung an **Weisungen der Generalversammlung**, sofern diese nicht rechtswidrig sind. Eine Verpflichtung zur Befolgung von Weisungen einzelner Gesellschafter besteht hingegen grundsätzlich nicht.
- Die Vornahme gewisser Geschäfte bedarf einer **Zustimmung der Gesellschafter** (vgl § 35 Abs 1 GmbHG) bzw der **Zustimmung des Aufsichtsrates** (vgl § 30j Abs 5 GmbHG). Über den Gesetzeswortlaut hinausgehend nimmt die überwiegende Auffassung ein Zustimmungserfordernis der Gesellschafter bei allen außergewöhnlichen Geschäftsführungsmaßnahmen an.

Bezüglich der **Form der Vertretung** und des **Umfangs der Vertretungsbefugnis** ist auf folgende Grundsätze hinzuweisen: 690

- Zu Willenserklärungen, insbes zur Zeichnung der Geschäftsführer für die Gesellschaft, bedarf es der Mitwirkung sämtlicher Geschäftsführer, während die Abgabe einer Erklärung an die Gesellschaft an jede Person, die zu zeichnen oder mitzuzeichnen befugt ist, erfolgen kann (§ 18 Abs 2 und 4 GmbHG). Im Rahmen der **Aktivvertretung** besteht also **Gesamtvertretung durch alle Geschäftsführer**, bei der **Passivvertretung** (s dazu Rz 63) besteht **Einzelvertretung**. Durch den Gesellschaftsvertrag können in Verbindung mit einer entsprechenden Firmenbucheintragung **andere Formen der Vertretung** – zB Gesamtvertretung durch einen Teil der Geschäftsführer, gemischte Gesamtvertretung oder Einzelvertretung (s dazu zur vergleichbaren Situation bei der OG bereits oben Rz 636) – vorgesehen werden.
- Für die **Vertretung** der Gesellschaft gelten die Prinzipien der **Unbeschränktheit** und **Unbeschränkbarkeit**. Die Geschäftsführer haben also eine umfassende gerichtliche und außergerichtliche Vertretungsbefugnis, die Dritten gegenüber nicht beschränkt wer-

den kann (vgl § 18 Abs 1, § 20 Abs 2 GmbHG sowie bereits oben zur OG Rz 637).

- Besondere Grundsätze kommen schließlich bei **Insichgeschäften** (s dazu bereits allgemein oben Rz 89 f), insbes in der **Einpersonen-GmbH** – also bei Rechtsgeschäften, die der einzige Gesellschafter-Geschäftsführer sowohl im eigenen Namen als auch im Namen der Gesellschaft abschließt –, zum Tragen. Über solche Geschäfte ist unverzüglich eine Urkunde zu errichten, es sei denn, das Geschäft gehört zum gewöhnlichen Geschäftsbetrieb und wird zu geschäftsüblichen Bedingungen abgeschlossen. Bei der Urkundenerrichtung ist vorzusorgen, dass nachträgliche Änderungen des Inhaltes und Zweifel über den Zeitpunkt des Abschlusses ausgeschlossen sind (vgl § 18 Abs 5 und 6, § 25 Abs 4 GmbHG).

691 Neben der Führung der Geschäfte ieS lässt sich dem Gesetz eine Reihe weiterer besonderer **Verpflichtungen der Geschäftsführer** entnehmen:

- IZm der Verpflichtung zur **Rechnungslegung** ist ausdrücklich festgehalten, dass die Geschäftsführer dafür zu sorgen haben, dass ein Rechnungswesen und insbes auch ein internes Kontrollsystem geführt werden, die den Anforderungen des Unternehmens entsprechen (§ 22 Abs 1 GmbHG).
- Die Geschäftsführer unterliegen einem **Wettbewerbsverbot** und dürfen ohne Einwilligung der Gesellschaft weder Geschäfte im Geschäftszweig der Gesellschaft machen noch sich an einer Gesellschaft des gleichen Geschäftszweigs als persönlich haftender Gesellschafter beteiligen oder eine Stelle im Vorstand oder Aufsichtsrat oder als Geschäftsführer bekleiden (§ 24 GmbHG).
- Vorgesehen sind ferner eine **Auskunftspflicht ausgeschiedener Geschäftsführer** und eine **Berichtspflicht gegenüber dem Aufsichtsrat** (§§ 24a und 28a GmbHG).

692 Bezüglich der **Haftung** der Geschäftsführer ist zu differenzieren zwischen der Haftung gegenüber der Gesellschaft (Innenhaftung) und der Haftung gegenüber Dritten, namentlich den Gläubigern der Gesellschaft (Außenhaftung):

- Der Gesellschaft gegenüber **(Innenhaftung)** sind die Geschäftsführer dafür verantwortlich, „die **Sorgfalt eines ordentlichen Geschäftsmannes** anzuwenden" (§ 25 Abs 1 GmbHG). Es handelt sich dabei um eine **Verschuldenshaftung mit umgekehrter Beweislast**; der Geschäftsführer muss also zur Haftungsvermeidung die Beachtung der erforderlichen Sorgfalt beweisen. Mehrere schuldhaft handelnde Geschäftsführer haften der Gesellschaft zur ungeteilten Hand, also **solidarisch** (§ 25 Abs 2 GmbHG). Keine Haftung besteht gegenüber der Gesellschaft regelmäßig dann, wenn die schädigende Handlung in **Befolgung eines Beschlusses der Generalversammlung** erfolgte. Anderes gilt gem § 25 Abs 5

GmbHG allerdings, soweit der Ersatz zur Befriedigung der Gläubiger erforderlich ist, namentlich also regelmäßig bei Eröffnung eines Konkursverfahrens über das Vermögen der Gesellschaft. Die Ersatzansprüche der Gesellschaft unterliegen einer **Verjährung** von fünf Jahren (§ 25 Abs 6 GmbHG). Als Innenhaftung ausgestaltet ist ferner die Haftung wegen **unterbliebener Einleitung bzw Fortsetzung eines Unternehmensreorganisationsverfahrens** und wegen **unterbliebener Aufstellung bzw Veranlassung der Prüfung eines Jahresabschlusses** (vgl § 22 URG).

- Die im GmbHG enthaltenen Fälle einer unmittelbaren **Außenhaftung** der Geschäftsführer gegenüber Dritten (vgl § 26 Abs 2, § 56 Abs 3, § 64 Abs 2 GmbHG) haben kaum praktische Relevanz; Entsprechendes gilt für die im Zuge von Verschmelzungen vorgesehenen Haftungsfälle (vgl § 96 Abs 2 GmbHG, § 234 Abs 2 AktG iVm §§ 227 f AktG, § 3 Abs 2 EU-VerschG iVm § 96 Abs 2 GmbHG). Von größerer Bedeutung ist hingegen die mit einer so genannten „Schutzgesetzverletzung" iSd § 1311 ABGB (s dazu Rz 493) begründete **Haftung wegen Insolvenzverschleppung**, der zufolge die auf Grund der verspäteten Insolvenzanmeldung geschädigten Gesellschaftsgläubiger unter bestimmten Voraussetzungen einen unmittelbaren Schadenersatzanspruch gegen die Geschäftsführer haben. Weitere, durchaus praxisrelevante Fälle einer Außenhaftung bestehen bei der **Verkürzung von Abgabenschulden** und **Sozialversicherungsbeiträgen** (vgl §§ 9, 80 BAO bzw § 67 Abs 10 ASVG).

cb Aufsichtsrat

Kaum von praktischer Bedeutung sind bei der GmbH die Vorschriften **693**
über den **Aufsichtsrat** (§§ 29 ff GmbHG); lediglich ca 2,3 % der österreichischen Gesellschaften mbH verfügen über ein solches Organ. Der Aufsichtsrat ist bei der GmbH nämlich grundsätzlich ein lediglich **fakultatives**, also freiwillig vorgesehenes Organ. Eine Verpflichtung zu seiner Einrichtung **(„obligatorischer Aufsichtsrat")** besteht von Gesetzes wegen nur unter ganz bestimmten Voraussetzungen, so vor allem bei einer durchschnittlichen Arbeitnehmerzahl von mehr als 300 (vgl im Übrigen §§ 29, 94 Abs 2 GmbHG sowie einige Sondergesetze); daneben kann der Gesellschaftsvertrag die Bestellung eines Aufsichtsrats festsetzen (vgl § 29 Abs 6 GmbHG). Von **Bedeutung** ist die Existenz eines Aufsichtsrates bzw das Bestehen einer Aufsichtsratspflicht vor allem iZm der **Arbeitnehmermitbestimmung** („Drittelparität" durch Entsendung so genannter „Arbeitnehmervertreter", vgl § 110 ArbVG sowie unten Rz 719) und den **Rechnungslegungsvorschriften** (Pflicht zur Abschlussprüfung bei iSd § 221 Abs 1 UGB „kleinen" Gesellschaften mbH, vgl § 268 Abs 1 UGB).

694 Die Bestellung und innere Organisation des Aufsichtsrates, seine Befugnisse und Verpflichtungen entsprechen weitgehend jenen des Aufsichtsrates bei der AG (s dazu daher Rz 718 ff). Unterschiede bestehen vor allem insofern, als für den Aufsichtsrat bei der GmbH **keine Höchstzahl der Mitglieder** vorgesehen ist (vgl § 30 GmbHG), die **Entsendung** durch die Gesellschafter auch hinsichtlich **aller Aufsichtsratsmitglieder** zulässig ist (vgl § 30c GmbHG) und **bestimmte Kompetenzen**, die dem Aufsichtsrat in der AG zukommen, wie etwa die Bestellung des Vorstandes oder die Feststellung des Jahresabschlusses, zugunsten des Aufsichtsrats einer GmbH **nicht vorgesehen** sind.

cc Generalversammlung

695 Die **Generalversammlung** (§§ 34 ff GmbHG) bildet als Versammlung der Gesellschafter das oberste Organ der GmbH. In ihr werden die durch das Gesetz oder den Gesellschaftsvertrag den Gesellschaftern vorbehaltenen Beschlüsse gefasst, wenn nicht ausnahmsweise eine schriftliche Beschlussfassung vorgesehen sein sollte (§ 34 Abs 1 GmbHG). Die Beschlussfassung im schriftlichen Wege **(„Umlaufbeschluss")** setzt allerdings voraus, dass sich sämtliche Gesellschafter „im einzelnen Falle" – also nicht bloß vorweg im Gesellschaftsvertrag – schriftlich mit der Abstimmung im schriftlichen Wege oder mit der zu treffenden Bestimmung einverstanden erklären.

696 Zu den **Beschlussgegenständen**, die den Gesellschaftern obliegen, zählt das Gesetz zunächst die Prüfung und Feststellung des Jahresabschlusses und die Gewinnverteilung, die Entlastung der Geschäftsführer und des Aufsichtsrats, die Einforderung von Einzahlungen auf die Stammeinlagen, die Rückzahlung von Nachschüssen, die Zustimmung zur Erteilung der Prokura oder Handlungsvollmacht zum gesamten Geschäftsbetrieb, die Geltendmachung von Ersatzansprüchen gegen Geschäftsführer oder den Aufsichtsrat sowie die Entscheidung über eine so genannte „Nachgründung" (vgl § 35 Abs 1 GmbHG). Daneben haben die Gesellschafter vor allem auch über die Vornahme einer Änderung des Gesellschaftsvertrages (vgl § 49 Abs 1 GmbHG), Kapitalmaßnahmen (vgl § 52 Abs 1, § 54 Abs 1, § 59 Abs 1 GmbHG) und Strukturmaßnahmen (vgl zB § 98 GmbHG, § 8 SpaltG, § 2 UmwG) einen Beschluss zu fassen.

697 Die **Einberufung** der Generalversammlung obliegt – unter Wahrung bestimmter Formvorschriften und Fristen (vgl § 38 GmbHG) – grundsätzlich den Geschäftsführern (§ 36 Abs 1 GmbHG). Sie kann aber auch vom Aufsichtsrat zum Wohle der Gesellschaft (§ 30j Abs 4 GmbHG), von durch den Gesellschaftsvertrag dazu befugt erklärten Personen (§ 36 Abs 1 GmbHG) sowie von einer Minderheit von 10 % des Stammkapitals (§ 37 GmbHG) einberufen werden. Nehmen alle

Gesellschafter selbst oder durch Vertreter an der Generalversammlung teil **(„Vollversammlung")**, so können auch ohne formale Einberufung Beschlüsse gefasst werden, wenn kein Gesellschafter widerspricht (vgl zur AG § 105 Abs 5 AktG sowie Rz 721/1). Stattzufinden hat die Generalversammlung mangels abweichender gesellschaftsvertraglicher Bestimmung am **Sitz der Gesellschaft** (§ 36 Abs 1 GmbHG). Sie ist grundsätzlich **mindestens einmal jährlich** sowie immer dann einzuberufen, wenn es das **Interesse der Gesellschaft** erfordert, und zwar insb dann, wenn die Hälfte des Stammkapitals verloren gegangen ist oder die Eigenmittelquote iSd § 23 URG weniger als acht von Hundert und die fiktive Schuldentilgungsdauer iSd § 24 URG mehr als 15 Jahre beträgt (§ 36 Abs 2 GmbHG). Die **Beschlussfähigkeit** setzt – sofern das Gesetz oder der Gesellschaftsvertrag nichts anderes bestimmen – die Vertretung von mindestens 10 % des Stammkapitals voraus (§ 38 Abs 6 GmbHG). Liegt sie nicht vor, so besteht aber die Möglichkeit der neuerlichen Einberufung mit derselben Tagesordnung, bei der dann die Beschlussfähigkeit ohne Rücksicht auf die Höhe des vertretenen Stammkapitals gegeben ist (§ 38 Abs 7 GmbHG).

Stimmberechtigt in der Generalversammlung sind die Gesell- 698
schafter, wobei im Zweifel darauf abzustellen ist, wer als solcher in das Firmenbuch eingetragen ist (vgl § 78 Abs 1 GmbHG). Eine **Bevollmächtigung** zur Ausübung des Stimmrechts ist zulässig, bedarf aber einer schriftlichen, auf die Ausübung des Stimmrechts lautenden Vollmacht (§ 39 Abs 3 GmbHG). **Kein Stimmrecht** hat ein Gesellschafter insbes dann, wenn er von einer Verpflichtung befreit oder ihm ein Vorteil zugewendet werden soll, wenn es um die Vornahme eines Rechtsgeschäftes mit ihm oder die Einleitung bzw Erledigung eines Rechtsstreites zwischen ihm und der Gesellschaft geht (§ 39 Abs 4 GmbHG). In Bezug auf den **Umfang des Stimmrechtes** ist vorgesehen, dass grundsätzlich je € 10,– einer übernommenen Stammeinlage eine Stimme gewähren; abweichende Regelungen im Gesellschaftsvertrag sind möglich, jedem Gesellschafter muss aber mindestens eine Stimme zustehen (§ 39 Abs 2 GmbHG).

Bezüglich der **Beschlussmehrheiten** besteht der Grundsatz, dass 699
die Beschlussfassung der Gesellschafter der **einfachen Mehrheit der abgegebenen Stimmen** bedarf, wenn das Gesetz oder der Gesellschaftsvertrag nichts anderes bestimmt (§ 39 Abs 1 GmbHG). **Berechnungsbasis** sind dabei in der Generalversammlung die gültig abgegebenen Stimmen, bei einer Abstimmung im schriftlichen Wege hingegen die Gesamtzahl der allen Gesellschaftern zustehenden Stimmen (§ 34 Abs 2 GmbHG). Folglich wirkt sich bei Umlaufbeschlüssen das Stimmgewicht jener Gesellschafter, die sich zwar mit einer schriftlichen Abstimmung einverstanden erklärt haben, sich anschließend aber der Stimme enthalten oder eine ungültige Stimme abgeben, wie eine Gegenstimme aus. **Besondere gesetzliche Mehrheitserfor-**

dernisse sind beispielsweise in folgenden Fällen vorgesehen: Änderungen des Gesellschaftsvertrages (zu denen auch Kapitalmaßnahmen zählen; vgl § 50 Abs 1, § 52 Abs 1, § 54 Abs 1, § 59 Abs 1 GmbHG), Verschmelzungen (§ 98 GmbHG) oder Spaltungen (§ 8 Abs 1 SpaltG), und zwar jeweils in Form einer Mehrheit von drei Vierteln der abgegebenen Stimmen. Gesellschafter, deren Beteiligung ein Ausmaß von mehr als 25 % erreicht, sind daher in diesen Angelegenheiten in der Lage, durch die Ausübung ihres Stimmrechtes die Beschlussfassung zu verhindern; sie verfügen über eine so genannte **„Sperrminorität"**. Eine Abänderung des im Gesellschaftsvertrag bezeichneten Unternehmensgegenstandes bedarf sogar eines einstimmigen Beschlusses, wenn im Gesellschaftsvertrag nichts anderes festgesetzt ist (§ 50 Abs 3 GmbHG).

700 Abgesehen von Beschlüssen über die Abänderung des Gesellschaftsvertrages (vgl § 49 Abs 1 GmbHG), die Auflösung der Gesellschaft (vgl § 84 Abs 1 Z 2 GmbHG) und Strukturmaßnahmen (vgl § 98 GmbHG, § 8 Abs 4 SpaltG, § 2 Abs 4 UmwG), die notariell zu beurkunden sind, bestehen für Gesellschafterbeschlüsse regelmäßig **keine besonderen Formerfordernisse**. Allerdings ist bei der Anmeldung der Geschäftsführer bzw der Änderung ihrer Vertretungsbefugnis zum Firmenbuch ein Nachweis in beglaubigter Form erforderlich (vgl § 17 Abs 1 GmbHG), so dass der zugrunde liegende Gesellschafterbeschluss regelmäßig ebenfalls notariell beurkundet wird. Außerdem sind alle Beschlüsse der Generalversammlung unverzüglich nach der Beschlussfassung in eine **Niederschrift** aufzunehmen, von der jedem Gesellschafter eine Kopie zuzusenden ist. Die Niederschriften sind überdies geordnet aufzubewahren, jeder Gesellschafter kann in diese während der Geschäftsstunden Einsicht nehmen (§ 40 GmbHG).

701 Die soeben erwähnte Zusendung der Kopie einer Beschlussniederschrift ist von besonderer Bedeutung iZm der **Anfechtung von Gesellschafterbeschlüssen**. Eine auf **Nichtigerklärung** eines Gesellschafterbeschlusses gerichtete Klage **(Anfechtungsklage)** muss nämlich binnen einem Monat vom Tag der Absendung dieser Kopie erhoben werden (§ 41 Abs 4 GmbHG). **Zulässig** ist eine solche Klage, wenn der Beschluss nach dem Gesetz oder dem Gesellschaftsvertrag als nicht zustande gekommen anzusehen ist, durch seinen Inhalt zwingende Vorschriften des Gesetzes verletzt oder – ohne dass bei der Beschlussfassung die Vorschriften über die Abänderung des Gesellschaftsvertrages eingehalten worden wären – mit Letzterem in Widerspruch steht (§ 41 Abs 1 GmbHG). **Klageberechtigt** ist jeder Gesellschafter, der in der Generalversammlung Widerspruch zu Protokoll gegeben hat sowie jeder zur Versammlung zu Unrecht nicht zugelassene oder nicht ordentlich geladene Gesellschafter; bei Umlaufbeschlüssen steht das Klagerecht jedem Gesellschafter zu, der seine Stimme gegen den Beschluss abgegeben hat oder bei der Abstimmung übergangen wurde (§ 41 Abs 2 GmbHG). Klageberechtigt sind außerdem die Geschäftsführer und der Aufsichtsrat als Organ sowie jeder einzelne Geschäftsführer bzw jedes Aufsichtsratsmitglied, das sich bei Ausführung des Beschlusses ersatzpflichtig oder strafbar machen würde (§ 41 Abs 2 und 3 GmbHG). Die Klage auf Nichtigerklärung ist gegen die Gesellschaft zu richten; ein die Nichtigkeit erklärendes Urteil wirkt für und gegen sämtliche Gesellschafter (§ 42 Abs 1 und 6 GmbHG).

d Rechtsstellung der Gesellschafter

Die **Rechte der Gesellschafter** einer GmbH können **vermögensrechtlicher** und/oder **herrschafts-** bzw **mitverwaltungsrechtlicher** Natur sein. Zur ersten Gruppe zählt insbes der Anspruch auf einen **Anteil am Bilanzgewinn** (vgl § 35 Abs 1 Z 1, § 82 Abs 1 GmbHG), der sich in Ermangelung besonderer Bestimmungen des Gesellschaftsvertrages nach dem Verhältnis der eingezahlten Stammeinlagen richtet (§ 82 Abs 2 GmbHG). Dieser Anspruch besteht nur dann nicht, wenn der Gesellschaftsvertrag für die Nichtausschüttung von Gewinnen („Thesaurierung") eine Grundlage bietet und so vom an sich bestehenden **„Vollausschüttungsgebot"** abgegangen wird. Dies geschieht in der Praxis häufig in der Form, dass die Verteilung des Bilanzgewinns durch den Gesellschaftsvertrag einer besonderen Beschlussfassung von Jahr zu Jahr vorbehalten ist (vgl idS § 35 Abs 1 Z 1 GmbHG). Andere Leistungen aus dem Gesellschaftsvermögen als Gewinnausschüttungen dürfen an den Gesellschafter nicht vorgenommen werden, sofern es sich nicht um zulässige Leistungen anlässlich einer ordentlichen Kapitalherabsetzung (vgl § 57 GmbHG), die Rückzahlung von Nachschüssen (vgl § 74 GmbHG) bzw die Abgeltung einer Nebenleistung (vgl § 8 GmbHG) handelt. Untersagt ist insbes auch eine so genannte **„verdeckte Einlagenrückgewähr"** bzw **„verdeckte Gewinnausschüttung"**. Darunter versteht man eine – etwa iZm einem Leistungsaustausch erfolgende – Vorteilszuwendung an den Gesellschafter, die einem Fremdvergleich nicht standhält, weil die Gesellschaft sie einem Dritten in dieser Form nicht gewähren würde (zB die Zahlung überhöhter Gehälter an einen Gesellschafter-Geschäftsführer oder die Veräußerung von Gesellschaftsvermögen an einen Gesellschafter gegen ein zu geringes Entgelt). Verbotene Zahlungen haben einen **Rückersatzanspruch** der Gesellschaft zur Folge, für den nicht nur der Empfänger der Leistung und die Geschäftsführer, sondern unter bestimmten Voraussetzungen auch die Mitgesellschafter haften (vgl § 83 GmbHG). Vermögensrechte vermittelt weiters der **Anspruch auf Anteil am Liquidationserlös**, der sich in Ermangelung besonderer Bestimmungen des Gesellschaftsvertra- 702 ges ebenfalls nach dem Verhältnis der eingezahlten Stammeinlagen richtet (§ 91 Abs 3 GmbHG).

703 An Herrschafts- bzw Verwaltungsrechten der Gesellschafter sind vor allem das **Teilnahme-** und **Stimmrecht** in der Generalversammlung (§§ 38 f GmbHG; s dazu Rz 698), das Recht auf **Anfechtung von Generalversammlungsbeschlüssen** (§§ 41 f GmbHG; s dazu Rz 701), diverse **Minderheitsrechte** (vgl etwa §§ 37, 38 Abs 3, § 45 Abs 1, §§ 48, 89 Abs 2 GmbHG) sowie das **Recht auf Bucheinsicht** (vgl § 22 Abs 2 GmbHG) zu erwähnen. Zum Letzteren ist anzumerken, dass die Rechtsprechung und ein Großteil der Lehre ein solches Recht über den unmittelbaren Wortlaut des Gesetzes hinausgehend nicht nur iZm der Prüfung des Jahresabschlusses anerkennen, sondern ein jederzeitiges und grundsätzlich unbeschränktes Bucheinsichtsrecht bejahen. Vermögens- als auch herrschaftsrechtliche Elemente beinhaltet schließlich das **Bezugsrecht bei Kapitalerhöhungen** (s dazu auch Rz 725), also das der Aufrechterhaltung der Beteiligungsquote dienende Vorrecht zur Übernahme der neuen Stammeinlagen nach dem Verhältnis der bisherigen, wobei die Übernahmserklärung einer Beurkundung durch Notariatsakt bedarf (vgl § 52 Abs 3 und 4 GmbHG).

704 **Primäre Pflicht** des Gesellschafters ist die Einzahlung der von ihm übernommenen Stammeinlage in voller Höhe nach Maßgabe des Gesellschaftsvertrages und der von den Gesellschaftern gefassten Beschlüsse (**„Einlagepflicht“**; § 63 Abs 1 GmbHG). Die Erfüllung dieser Zahlungspflicht kann einzelnen Gesellschaftern weder erlassen noch gestundet werden (§ 63 Abs 3 GmbHG). Denkbar, allerdings nicht sehr gebräuchlich, ist weiters die Begründung einer **Nachschusspflicht** (vgl §§ 72 ff GmbHG); die Praxis bedient sich zur Bewirkung einer außerhalb einer Kapitalerhöhung liegenden Mittelzufuhr überwiegend der leichter handhabbaren und flexibleren Finanzierung über Darlehensgewährungen seitens der Gesellschafter. Unter bestimmten Voraussetzungen – namentlich dann, wenn diese Finanzierung in der Krise des Unternehmens erfolgt, also die GmbH zahlungsunfähig bzw überschuldet ist oder ein so genannter Reorganisationsbedarf besteht – kann es allerdings zu einer Umqualifizierung der zugeführten Mittel in so genannte **„Eigenkapital ersetzende Gesellschafterleistungen“** kommen. Die näheren Bestimmungen hierzu finden sich im Eigenkapital-Ersatzgesetz (EKEG, BGBl I 2003/92), das in der Praxis zwar vor allem für die GmbH von Bedeutung ist, daneben aber auch für andere Kapitalgesellschaften (insb die Aktiengesellschaft, aber auch die Europäische Gesellschaft bzw SE), Genossenschaften mit beschränkter Haftung und „verdeckte Kapitalgesellschaften“ (s dazu Rz 655) zur Anwendung kommt (§ 4 EKEG). Das EKEG betrifft in erster Linie Fälle der Kreditgewährung eines Gesellschafters an „seine“ Gesellschaft (vgl § 1 EKEG), erfasst aber auch eine Reihe von wirtschaftlich vergleichbar gelagerten Finanzierungsformen bzw Umge-

hungsmaßnahmen (vgl §§ 6 ff, 15 EKEG). Andererseits unterliegen aber nicht alle Gesellschafter automatisch den Vorschriften des EKEG, sondern nur solche Gesellschafter, die an der Gesellschaft kontrollierend oder mit einem Anteil von zumindest 25 % beteiligt sind oder jemand, der – auch als Nichtgesellschafter – auf die Gesellschaft einen beherrschenden Einfluss ausübt (vgl § 5 EKEG). Die Konsequenz des Vorliegens einer Eigenkapital ersetzenden Gesellschafterleistung besteht in einer **„Rückzahlungssperre"**: Der Gesellschafter kann einen Eigenkapital ersetzenden Kredit nicht zurückfordern, solange die Gesellschaft nicht saniert ist; sie ist nicht saniert, solange sie zahlungsunfähig oder überschuldet ist oder Reorganisationsbedarf besteht oder einer dieser Umstände durch Rückzahlung des Eigenkapital ersetzenden Kredits eintreten würde. Sollte das Insolvenzverfahren nach einem bestätigten Sanierungsplan aufgehoben werden, bezieht sich die Rückzahlungssperre auf den die Sanierungsplanquote übersteigenden Rückzahlungsanspruch. Dennoch geleistete Zahlungen hat der Gesellschafter an die Gesellschaft rückzuerstatten (vgl § 14 EKEG).

e Erwerb und Verlust der Mitgliedschaft

Der **Erwerb der Mitgliedschaft** zu einer GmbH, also die Begründung der Gesellschafterstellung, kann entweder **originär** – also ohne Herleitung von einem Vorgänger – oder **derivativ** erfolgen (s dazu auch Rz 144 ff). Zu einem originären Erwerb kommt es durch die **Übernahme einer Stammeinlage** anlässlich der Gründung oder im Zuge einer Kapitalerhöhung mit Bezugsrechtsausschluss der bisherigen Gesellschafter. Fälle des derivativen Erwerbs sind vor allem die **Übertragung („Abtretung") des Geschäftsanteils** im Rahmen eines Veräußerungsgeschäftes (zB Kauf, Schenkung) und der **Erwerb im Erbwege**. 705

Zur Übertragung von Geschäftsanteilen mittels **Rechtsgeschäftes unter Lebenden** bedarf es eines **Notariatsaktes** (§ 76 Abs 2 GmbHG). Abgesehen von dieser Formpflicht ist die Übertragung nach dem gesetzlichen Grundmodell frei möglich; in der Praxis wird sie freilich häufig im Gesellschaftsvertrag von weiteren Voraussetzungen, insbes der nach überwiegender Auffassung im Zweifel durch Gesellschafterbeschluss zu erteilenden Zustimmung der Gesellschaft, abhängig gemacht **(„vinkulierte Geschäftsanteile")**. Für den Fall, dass die Gesellschaft diese Zustimmung nicht erteilt, sieht das Gesetz ein besonderes Gerichtsverfahren vor, in dem über die Zulässigkeit der Zustimmungsverweigerung entschieden wird (vgl § 77 GmbHG). 706

Geschäftsanteile sind **vererblich** (§ 76 Abs 1 GmbHG). Der Tod eines Gesellschafters hat also grundsätzlich nicht die Auflösung der Gesellschaft, sondern den Eintritt seiner Erben in die Gesellschaft zur Folge. Bei einer Mehrzahl von Erben kommt es im Zweifel zu einer 707

Teilung des Geschäftsanteiles nach Erbquoten (vgl § 79 Abs 1 GmbHG). Der Gesellschaftsvertrag kann diesbezüglich allerdings einen Zustimmungsvorbehalt zur Teilung im Erbfall vorsehen (§ 79 Abs 2 GmbHG). Im Übrigen sind die Dispositionsmöglichkeiten iZm dem Übergang eines Geschäftsanteiles von Todes wegen – insbes die gesellschaftsvertragliche Abdingbarkeit der Vererblichkeit – umstritten.

708 Ein **Verlust der Mitgliedschaft** tritt – abgesehen von den bereits angesprochenen Fällen des Verlustes durch Übertragung unter Lebenden bzw durch Tod – insbes durch Kaduzierung, durch den Ausschluss nach den Bestimmungen des GesAusG, durch Kündigung, ferner durch die hier nicht weiter zu erörternde, weil nicht praxisrelevante Einziehung von Geschäftsanteilen (vgl § 58 GmbHG) sowie durch Beendigung und Liquidation der Gesellschaft (s dazu Rz 711) ein.

709 Unter **Kaduzierung** versteht man den Ausschluss eines Gesellschafters bei nicht fristgerechter Erfüllung einer Einlage- bzw Nachschussverpflichtung (vgl dazu den Verweis in § 73 Abs 1 GmbHG). Alternativ zur klagsweisen Geltendmachung einer ausstehenden fälligen Stammeinlage besteht nämlich die Möglichkeit, gegen den säumigen Gesellschafter ein **Kaduzierungsverfahren** einzuleiten (§§ 66 ff GmbHG). Dieses wird mit der Androhung des Ausschlusses gegenüber sämtlichen säumigen Gesellschaftern durch eingeschriebenen Brief unter Setzung einer Nachfrist von mindestens einem Monat eingeleitet. Nach fruchtlosem Ablauf der Nachfrist sind die säumigen Gesellschafter für ausgeschlossen zu erklären; damit verbunden ist der Verlust sämtlicher Rechte aus dem Geschäftsanteil, namentlich aller hierauf geleisteten Einzahlungen. Für den nicht bezahlten Betrag der Stammeinlagen haften neben dem ausgeschlossenen Gesellschafter auch die während der letzten fünf Jahre im Firmenbuch eingetragenen Vormänner im Reihenregress. Ist die Bezahlung des rückständigen Betrages weder auf diese Weise noch durch Verkauf oder Versteigerung des Geschäftsanteiles zu erlangen, so besteht in letzter Konsequenz eine **Ausfallshaftung** der Mitgesellschafter nach dem Verhältnis ihrer Stammeinlagen (vgl § 70 Abs 1 GmbHG).

709/1 Das **Gesellschafter-Ausschluss-Gesetz** (GesAusG, BGBl I 2006/75) sieht den **Ausschluss von Minderheitsgesellschaftern** und die Übertragung ihrer Anteile auf den Mehrheitsgesellschafter vor. Er ist nicht nur bei der GmbH, sondern auch bei der AG möglich und dient primär der Vereinfachung der Unternehmensführung im Konzern durch Bereinigung der Gesellschafterstruktur. Voraussetzung für die Durchführung eines Ausschlussverfahrens ist das Vorhandensein eines **Hauptgesellschafters** mit einer Kapitalbeteiligungsquote von mindestens 90 % und dessen **Verlangen**, dass die übrigen Gesellschafter ihre Anteile gegen Gewährung einer angemessenen Barabfindung an ihn zu übertragen haben (vgl § 1 GesAusG). Die **Barabfindung**, das im Zusammenhang mit der **Beschlussfassung über**

die Ausschließung einzuhaltende Verfahren und die allenfalls nachfolgende gerichtliche **Überprüfung der Barabfindung** werden im GesAusG einer ausführlichen Regelung unterworfen. Ob bzw unter welchen Voraussetzungen unabhängig von den Vorschriften des GesAusG ein Ausschluss von Gesellschaftern einer GmbH, namentlich ein **Ausschluss aus wichtigem Grund**, in Betracht kommt, ist umstritten. Während das Recht der Personengesellschaften diese Maßnahme kennt (s dazu Rz 699, 644/1), fehlen im GmbHG entsprechende Regelungen. Der überwiegende Teil der Lehre bejaht diese Möglichkeit dennoch, von der Rechtsprechung wurde sie hingegen bislang verneint. Fraglich ist allerdings, ob diese ablehnende Haltung nach der mit dem GesbR-RG eingetretenen Änderung der Rechtslage aufrechterhalten werden kann, da nunmehr mit § 1213 iVm § 1175 Abs 4 ABGB eine rechtsformübergreifende Grundlage für den Gesellschafterausschluss aus wichtigem Grund gegeben ist.

Das GmbHG enthält keine nähere Regelung der **Kündigung** durch einen Gesellschafter. Dementsprechend umstritten sind die damit zusammenhängenden Fragen. Einvernehmen besteht lediglich insoweit, als sowohl die mit der Auflösung der Gesellschaft verbundene Kündigung der Gesellschaft **(Auflösungskündigung)** als auch die unter Fortbestand der Gesellschaft erfolgende Kündigung der Mitgliedschaft **(Austrittskündigung)** dann für grundsätzlich zulässig und unproblematisch erachtet werden, wenn der Gesellschaftsvertrag eine entsprechende Regelung enthält; zumindest für die Auflösungskündigung lässt sich dies auch ohne weiteres aus dem Gesetz herleiten (vgl § 84 Abs 2 GmbHG). Im Übrigen – also bei Fehlen einer gesellschaftsvertraglichen Vorsorge – sind die Zulässigkeit, die Voraussetzungen und die Wirkungen einer Kündigung im Recht der GmbH im Detail allerdings nicht abschließend geklärt. 710

f Beendigung der Gesellschaft

Auch bei der GmbH ist iZm der Beendigung zu unterscheiden zwischen der **Auflösung** der Gesellschaft und ihrer **Liquidation** (zu den Begriffen s Rz 648). An **Auflösungsgründen** führt das Gesetz den Zeitablauf, den Beschluss der Gesellschafter, die Verschmelzung, die Eröffnung des Konkursverfahrens, die rechtskräftige Nichteröffnung bzw Aufhebung des Insolvenzverfahrens mangels kostendeckenden Vermögens, eine Verfügung der Verwaltungsbehörde und den Beschluss des Handelsgerichts – vor allem iZm der amtswegigen Löschung vermögensloser Gesellschaften iSd § 40 FBG – an; außerdem können im Gesellschaftsvertrag weitere Auflösungsgründe festgesetzt werden (§ 84 GmbHG). Die nähere Regelung des regulären Liquidationsverfahrens erfolgt in den §§ 89 ff GmbHG. 711

2 Aktiengesellschaft

a Grundsätzliches

712 Die **Aktiengesellschaft (AG)** ist eine Gesellschaft mit eigener Rechtspersönlichkeit, deren Gesellschafter mit Einlagen auf das in Aktien zerlegte Grundkapital beteiligt sind, ohne persönlich für die Verbindlichkeiten der Gesellschaft zu haften (§ 1 AktG). So wie die GmbH ist sie **juristische Person** (s dazu Rz 52 ff) und **Unternehmer kraft Rechtsform** (s dazu Rz 532). **Rechtsgrundlage** ist das **Aktiengesetz** (AktG), das in den letzten Jahren wiederholt geändert wurde. Massive Einschnitte erfolgten auch hier insbes durch das EU-GesRÄG 1996, zumal die gesellschaftsrechtlichen Richtlinien der EU in erster Linie die AG betreffen. In jüngerer Vergangenheit wurde das AktG etwa durch das Aktienrechts-Änderungsgesetz 2009 (AktRÄG 2009, BGBl I 2009/71), das Gesellschaftsrechts-Änderungsgesetz 2011 (GesRÄG 2011, BGBl I 2011/53) und zuletzt das RÄG 2014 geändert. In Bezug auf den **Anwendungsbereich** ist die AG vor allem für Großunternehmen konzipiert. Sie dient als Kapitalsammelbecken, so dass in der Regel – wenngleich nicht notwendigerweise – eine große Zahl an Gesellschaftern (Aktionären) vorhanden ist. Dies bedingt wiederum besondere Vorschriften zum Gläubiger- und Gesellschafterschutz, die die AG zu der Gesellschaftsform mit dem höchsten Organisationsgrad machen. In quantitativer Hinsicht ist die AG allerdings namentlich im Verhältnis zur GmbH nur von untergeordneter Bedeutung, außerdem nahm ihre Gesamtzahl in den letzten Jahren kontinuierlich ab; Anfang 2015 gab es in Österreich nur mehr rund 1.600 Aktiengesellschaften.

b Gründung

713 Die **Gründung** einer AG kann durch eine oder mehrere Personen erfolgen (vgl § 2 Abs 2 AktG). Der Ablauf der Gründung (vgl §§ 16 ff AktG) stellt sich im Wesentlichen wie folgt dar:

714 Die Satzung muss in Form eines Notariatsaktes festgestellt werden (§ 16 Abs 1 AktG). Ihr obligatorischer Mindestinhalt umfasst die Firma (s dazu Rz 544 ff) und den Sitz der Gesellschaft, den Gegenstand des Unternehmens, die Höhe des Grundkapitals und die Angabe, ob Inhaber- oder Namensaktien ausgegeben werden, wobei die Ausgabe von Inhaberaktien gem § 10 Abs 1 AktG die Börsenotierung der Gesellschaft bzw zumindest die geplante Börsezulassung voraussetzt. Weitere in die Satzung aufzunehmende Angaben beziehen sich da-

rauf, ob das Grundkapital in Nennbetragsaktien oder Stückaktien zerlegt ist (s dazu Rz 909), bei Nennbetragsaktien die Nennbeträge und bei Stückaktien deren Zahl sowie bei einer Mehrzahl von Aktiengattungen die Gattung der einzelnen Aktien, ferner die Art der Zusammensetzung des Vorstands und schließlich die Form der Veröffentlichungen der Gesellschaft.

Das **Grundkapital** wird in Aktien zerlegt und muss auf einen Min- **715** destnennbetrag von € 70.000,– lauten (§§ 6 und 7 AktG); es steht zum Gesellschaftsvermögen im selben Verhältnis wie das Stammkapital der GmbH (s dazu Rz 680 f). Dem Begriff **Aktie** kommen mehrere Inhalte zu: Sie ist zum einen **Bruchteil des Grundkapitals** und entspricht insoweit der Stammeinlage bei der GmbH (s dazu Rz 680). Die Aktie ist weiters **Trägerin der Mitgliedschaft** bzw Ausdruck der Beteiligung an der AG und deckt sich insoweit mit dem Geschäftsanteil einer GmbH (s dazu Rz 680). Schließlich bezeichnet der Begriff Aktie auch die Urkunde, die die Mitgliedschaft verbrieft; die Aktie ist daher auch ein **Wertpapier** (s dazu ausführlich Rz 907 ff).

Mit der **Übernahme (Zeichnung) der Aktien** verpflichten sich die **716** Gründer zur Leistung der vereinbarten Geld- oder Sacheinlagen. Die Aktienübernahme dient also der Aufbringung des Grundkapitals und bedarf der notariellen Beurkundung (§§ 21 f AktG). Danach bestellen die Gründer den **ersten Aufsichtsrat** und die **ersten Abschlussprüfer**, der Aufsichtsrat bestellt den **ersten Vorstand** (§ 23 AktG). Die Gründer verfassen den **Gründungsbericht** über den Hergang der Gründung (§ 24 AktG). Sodann ist eine **Gründungsprüfung** vorzunehmen, und zwar durch die Mitglieder des Vorstands und des Aufsichtsrats, in bestimmten Kollisionsfällen – bei so genannten **qualifizierten Gründungen**, namentlich einer Gründung mit **Sacheinlagen oder Sachübernahmen** (vgl § 20 AktG) – außerdem durch gerichtlich bestellte Gründungsprüfer (§ 25 AktG). Erforderlich ist weiters die **Leistung der Einlagen** im gesetzlich vorgesehen Umfang. Bareinlagen sind demnach zu mindestens einem Viertel des geringsten Ausgabebetrages zu leisten; das ist bei Nennbetragsaktien der Nennbetrag und bei Stückaktien der auf die einzelne Stückaktie entfallende anteilige Betrag des Grundkapitals (vgl § 8a Abs 1 AktG sowie Rz 909). Sollten Aktien für einen höheren als den geringsten Ausgabebetrag ausgegeben werden, so wäre überdies der Mehrbetrag – das so genannte Aufgeld bzw Agio – zur Gänze zu leisten (§ 28a Abs 1 AktG). Sacheinlagen müssen sofort in vollem Umfang bewirkt werden (§ 28a Abs 2 AktG), wobei überdies darauf hinzuweisen ist, dass Verpflichtungen zu Dienstleistungen gem § 20 Abs 2 Satz 2 AktG nicht als Sacheinlagen in Betracht kommen. Danach kommt es zur **Anmeldung der Gesellschaft** zur Eintragung in das Firmenbuch durch die Gründer, Vorstands- und Aufsichtsratsmitglieder (§ 28 Abs 1 AktG), zur **Prüfung** der ordnungsgemäßen Errichtung und Anmeldung der

Gesellschaft **durch das Firmenbuchgericht** (§ 31 AktG) und schließlich zur **Eintragung der Gesellschaft** in das Firmenbuch (§ 32 AktG); letztere bewirkt das Entstehen der AG als juristische Person mit eigenen Rechten und Pflichten (§ 34 Abs 1 AktG).

c Organe

ca Vorstand

717 Die **Bestellung** des Vorstands (§§ 70 ff AktG) erfolgt durch den Aufsichtsrat auf höchstens fünf Jahre, wobei eine Wiederbestellung möglich ist. Auch seine **Abberufung** erfolgt durch den Aufsichtsrat, sie setzt aber einen wichtigen – wenngleich nicht unbedingt verschuldeten – Grund voraus. Die **Aufgaben** des Vorstandes entsprechen weitgehend jenen der Geschäftsführer bei der GmbH (s dazu Rz 683 ff), wobei als wesentlicher Unterschied allerdings auf die **Weisungsfreiheit** des Vorstands, der die Gesellschaft unter eigener Verantwortung zu leiten hat, hinzuweisen ist.

cb Aufsichtsrat

718 Der **Aufsichtsrat** (§§ 86 ff AktG) setzt sich aus **mindestens drei Mitgliedern** zusammen; die Satzung kann eine höhere Zahl – höchstens jedoch 20 – festsetzen (§ 86 Abs 1 AktG). Zu beachten sind außerdem Beschränkungen bezüglich der Zahl der einer Person zukommenden Aufsichtsratsmandate (§ 86 Abs 2 bis 6 AktG). Aufsichtsratsmitglieder dürfen nicht dem Vorstand angehören (vgl § 90 AktG) und – abgesehen von den Arbeitnehmervertretern (s dazu sogleich Rz 719) – keine Arbeitnehmer der AG sein. Der Aufsichtsrat kann aus seiner Mitte einen oder mehrere **Ausschüsse** bestellen, vor allem um seine Verhandlungen und Beschlüsse vorzubereiten oder die Ausführung seiner Beschlüsse zu überwachen (§ 92 Abs 4 AktG). In Gesellschaften mit den Merkmalen des § 271a Abs 1 UGB – das sind vereinfacht gesagt börsenotierte oder „besonders große" Aktiengesellschaften – ist zur Erledigung einiger zentraler Aufgaben rund um die Überwachung und Kontrolle der Rechnungslegung jedenfalls ein eigener Prüfungsausschuss zu bestellen (§ 92 Abs 4a AktG).

719 Die **Bestellung** von Aufsichtsratsmitgliedern erfolgt entweder durch **Wahl der Hauptversammlung** mit einfacher Mehrheit (§ 87 Abs 1 AktG), wobei zugunsten einer qualifizierten Minderheit von einem Drittel die Einrichtung des **„Minderheitsvertreters"** vorgesehen ist (vgl dazu § 87 Abs 4 AktG). Vor der Wahl haben die vorgeschlagenen Personen der Hauptversammlung insbes ihre fachliche Qualifika-

tion und ihre beruflichen und vergleichbaren Funktionen darzulegen; diese Umstände sind von der Hauptversammlung bei der Wahl zu berücksichtigen (§ 87 Abs 2 und 2a AktG). Grundsätzlich muss über jede zu besetzende Stelle gesondert abgestimmt werden; lediglich bei nicht börsenotierten Gesellschaften ist eine Verbindung zu einem einheitlichen Abstimmungsvorgang („En-bloc-Abstimmung") zulässig, wenn sich kein Aktionär dagegen ausspricht (§ 87 Abs 3 AktG). Die Dauer der Funktionsperiode ist gesetzlich begrenzt; sie beträgt im Regelfall etwa fünf Jahre (vgl § 87 Abs 7 AktG). Die Bestellung gewählter Aufsichtsratsmitglieder kann durch einen Hauptversammlungsbeschluss mit einer Mehrheit von drei Viertel der abgegebenen Stimmen auch ohne wichtigen Grund vorzeitig widerrufen werden (§ 87 Abs 8 AktG); außerdem hat das Gericht auf Antrag einer Minderheit von wenigstens 10 % des Grundkapitals ein Aufsichtsratsmitglied bei Vorliegen eines wichtigen Grundes abzuberufen (§ 87 Abs 10 AktG). Möglich ist ferner die satzungsmäßige Einräumung eines **Entsendungsrechtes zugunsten von Aktionären**. Bei den Entsendungsberechtigten muss es sich entweder um bestimmte Aktionäre oder um die jeweiligen Inhaber bestimmter vinkulierter Namensaktien (s dazu Rz 912) handeln. Die Gesamtzahl der auf diese Weise entsendeten Aufsichtsräte darf ein Drittel – in nicht börsenotierten Gesellschaften die Hälfte – der Zahl aller Aufsichtsratsmitglieder nicht übersteigen. Entsendete Mitglieder können jederzeit durch den Entsendungsberechtigten sowie bei Antrag einer wenigstens zehnprozentigen Aktionärsminderheit und einem wichtigen Grund durch ein Gerichtsurteil abberufen werden (vgl § 88 AktG). Die auf Grund der „Drittelparität" – also der Arbeitnehmermitbestimmung im Kontrollorgan – zu entsendenden **Arbeitnehmervertreter** entsendet der Betriebsrat; dieser beruft sie auch wieder ab (vgl § 110 ArbVG). Vorgesehen ist schließlich noch bei einer länger als dreimonatigen Beschlussunfähigkeit eine **Bestellung durch das Gericht** (§ 89 AktG).

Der Aufsichtsrat entscheidet im Kollegium, seine Beschlüsse werden grundsätzlich nach dem Mehrheitsprinzip gefasst. Er muss mindestens viermal im Geschäftsjahr eine Sitzung abhalten, wobei die **Sitzungen** vierteljährlich stattzufinden haben (§ 94 Abs 3 AktG). Als Kontrollorgan der AG kommen ihm insbes folgende **Aufgaben und Befugnisse** zu: **720**

- die Bestellung und Abberufung des Vorstandes (§ 75 Abs 1 und 4 AktG),
- die Überwachung des Vorstandes (§ 95 Abs 1 AktG),
- die Entgegennahme von Jahres-, Quartals- und Sonderberichten des Vorstands bzw der auf Verlangen von Aufsichtsratsmitgliedern erstatteten Vorstandsberichte (§§ 81, 95 Abs 2 AktG),
- das Einsichtsrecht in die Bücher und Schriften der Gesellschaft (§ 95 Abs 3 AktG),

- die Einberufung der Hauptversammlung, wenn das Wohl der Gesellschaft es erfordert (§ 95 Abs 4 AktG),
- das Zustimmungsrecht bei bestimmten Geschäften (§ 95 Abs 5 AktG),
- die Prüfung und Feststellung des Jahresabschlusses und des Gewinnverteilungsvorschlages sowie die Berichterstattung darüber an die Hauptversammlung (§ 96 AktG),
- die Vertretung der Gesellschaft bei Geschäften und Rechtsstreitigkeiten mit dem Vorstand (§ 97 AktG).

cc Hauptversammlung

721 Die **Hauptversammlung** (§§ 102 ff AktG) ist die Versammlung der Aktionäre; Vorstand und Aufsichtsrat haben dort gem § 116 Abs 2 AktG tunlichst anwesend zu sein. Die einmal jährlich stattfindende **ordentliche Hauptversammlung** (§ 104 AktG) dient insbes der Vorlage der im Zusammenhang mit der Rechnungslegung zu erstellenden Unterlagen, der Beschlussfassung über die Gewinnverwendung und der Beschlussfassung über die Entlastung der Mitglieder des Vorstands und des Aufsichtsrats. Aus anderen Anlässen (zB Satzungsänderungen, Anträge auf Durchführung einer Sonderprüfung iSd §§ 130 f AktG) einberufene Versammlungen der Aktionäre nennt man **außerordentliche Hauptversammlungen**. Die Hauptversammlung muss an einem Ort im Inland stattfinden, und zwar im Zweifel am Sitz der Gesellschaft oder am Sitz einer Börse, an der die Aktien der Gesellschaft notiert sind (§ 102 Abs 2 AktG). Zusätzlich zu dieser klassischen Form einer räumlichen und zeitlichen Zusammenkunft der Aktionäre **(„Präsenzversammlung“)** erklärt § 102 Abs 3 AktG unterschiedliche Formen der Hauptversammlungsteilnahme im Wege **elektronischer Kommunikation** für zulässig, sofern die Satzung dies vorsieht oder den Vorstand hierzu ermächtigt:

- die **Satellitenversammlung** (§ 102 Abs 3 Z 1 AktG), also die Teilnahme an einer zeitgleich mit der Hauptversammlung an einem anderen Ort im In- oder Ausland stattfindenden Versammlung, die mit der Hauptversammlung durch eine optische und akustische Zweiweg-Verbindung in Echtzeit verbunden ist;
- die **Fernteilnahme** (§ 102 Abs 3 Z 2 AktG), also die Teilnahme an der Hauptversammlung während ihrer gesamten Dauer von jedem Ort aus mittels einer akustischen und allenfalls auch optischen Zweiweg-Verbindung in Echtzeit, die es den Aktionären ermöglicht, dem Verlauf der Verhandlung zu folgen und sich allenfalls selbst an die Hauptversammlung zu wenden;
- die **Fernabstimmung** (§ 102 Abs 3 Z 3 AktG), also die Abgabe der Stimme auf elektronischem Weg von jedem Ort aus.

Neben diesen Fällen elektronischer Teilnahme besteht auch noch die Möglichkeit, dass Aktionäre durch eine **Abstimmung per Brief** an der Hauptversammlung teilnehmen können (§ 102 Abs 6, § 127 AktG). Bei entsprechender satzungsmäßiger Grundlage zulässig ist es schließlich auch, eine **Übertragung der Hauptversammlung** – zB in einem eigenen Fernsehkanal oder als Livestream über das Internet – vorzusehen (§ 102 Abs 4 AktG).

Die **Vorbereitung der Hauptversammlung** wird in den §§ 105 bis 110 AktG ausführlich geregelt. Die **Einberufung** der Hauptversammlung obliegt dem Vorstand oder bestimmten, durch die Satzung ermächtigten Personen (§ 105 Abs 1 AktG), dem Aufsichtsrat zum Wohle der Gesellschaft (§ 95 Abs 4 AktG) oder – mit gerichtlicher Ermächtigung – einer Aktionärsminderheit von 5 % (§ 105 Abs 3 und 4 AktG). Nehmen alle Aktionäre selbst oder durch Vertreter an der Hauptversammlung teil **(„Vollversammlung")**, so können auch ohne formale Einberufung Beschlüsse gefasst werden, wenn kein Aktionär widerspricht (vgl § 105 Abs 5 AktG). Weitere detaillierte Vorgaben finden sich im Gesetz zum **Inhalt der Einberufung** (§ 106 AktG), zu ihrer **Bekanntmachung** und den zu beachtenden **Fristen** (§ 107 AktG), zur **Bereitstellung von Informationen** vor der Hauptversammlung (§ 108 AktG), zur **Beantragung von Tagesordnungspunkten** (§ 109 AktG), zu **Beschlussvorschlägen von Aktionären** (§ 110 AktG) und zur **Antragstellung in der Hauptversammlung** (§ 119 AktG). 721/1

Die Regelung der **Teilnahmeberechtigung** an der Hauptversammlung und der **Vertretung** in dieser findet sich in den §§ 111 bis 115 AktG. Für die Teilnahmeberechtigung bei einer **börsenotierten Gesellschaft** ist bei Inhaberaktien der **Anteilsbesitz** und bei Namensaktien die **Eintragung im Aktienbuch** (vgl § 61 AktG) maßgeblich. In **zeitlicher Hinsicht** ist grundsätzlich nicht der Tag der Hauptversammlung, sondern der so genannte **Nachweisstichtag („Record-Date")** entscheidend, der mit dem zehnten Tag vor dem Tag der Hauptversammlung festgelegt wurde (§ 111 Abs 1 AktG). Durch diese Anordnung soll die mit der nach altem Recht noch vorgeschriebenen Hinterlegung der Aktien verbundene Handelssperre vermieden werden. Bei den – in der Praxis überwiegend vorliegenden – depotverwahrten Inhaberaktien genügt für den **Nachweis des Anteilsbesitzes** am Nachweisstichtag eine **Depotbestätigung** gem § 10a AktG, die der Gesellschaft spätestens am dritten Tag vor der Hauptversammlung zugehen muss (§ 111 Abs 2 AktG). Bei **nicht börsenotierten Gesellschaften** kommt es für die Teilnahmeberechtigung hingegen auf die **Eintragung im Aktienbuch** zu **Beginn der Hauptversammlung** an, wenn nicht auch hier die Satzung den Nachweisstichtag für maßgeblich erklärt (§ 112 Abs 1 AktG). Die – zwingend zulässige – **Vertretung durch Bevollmächtigte** in der Hauptversammlung setzt 721/2 eine schriftliche Vollmacht voraus, sofern nicht die Satzung der Gesellschaft die so genannte Textform (vgl § 13 Abs 2 AktG) genügen lässt, also etwa eine Übermittlung der Vollmacht per E-Mail mit abschließender Nennung des Absenders; bei börsenotierten Gesellschaften ist die Textform jedenfalls ausreichend (§§ 113 f AktG).

722 Der **Vorsitz** in der Hauptversammlung obliegt grundsätzlich dem Vorsitzenden des Aufsichtsrates oder dessen Stellvertreter (§ 116 Abs 1 AktG). Vor der ersten Abstimmung ist ein **Teilnehmerverzeichnis** aufzustellen und in der Hauptversammlung und allfälligen Satellitenversammlungen aufzulegen (§ 117 AktG). In der Hauptversammlung ist jedem Aktionär auf Verlangen Auskunft über Angelegenheiten der Gesellschaft zu geben, soweit sie zur sachgemäßen Beurteilung eines Tagesordnungspunktes erforderlich ist. Dieses **Auskunftsrecht** erstreckt sich auch auf die rechtlichen und geschäftlichen Beziehungen der Gesellschaft zu einem verbundenen Unternehmen (§ 118 Abs 1 AktG). Die Auskunft hat den Grundsätzen einer gewissenhaften und getreuen Rechenschaft zu entsprechen (§ 118 Abs 2 AktG). Sie darf allerdings gem § 118 Abs 3 AktG verweigert werden, wenn sie nach vernünftiger unternehmerischer Beurteilung geeignet ist, dem Unternehmen oder einem verbundenen Unternehmen einen erheblichen Nachteil zuzufügen (zB weil sie Betriebsgeheimnisse betrifft) oder weil ihre Erteilung strafbar wäre (zB weil damit eine üble Nachrede iSd § 111 StGB verbunden wäre). Außerdem ist die Verweigerung der Auskunft dann zulässig, wenn sie auf der im Firmenbuch eingetragenen Internetseite der Gesellschaft in Form von Frage und Antwort (zB in einer „FAQ-Rubrik“) über mindestens sieben Tage vor Beginn der Hauptversammlung durchgehend zugänglich war (§ 118 Abs 4 AktG).

722/1 Sofern Gesetz oder Satzung nichts anderes bestimmen, ist die **Beschlussfähigkeit** der Hauptversammlung gegeben, wenn zumindest ein Aktionär oder sein Vertreter an ihr stimmberechtigt teilnimmt oder im Weg der Fernabstimmung oder per Brief abgestimmt hat (§ 121 Abs 1 AktG). Das **Stimmrecht** der Aktionäre richtet sich bei Nennbetragsaktien grundsätzlich nach dem Nennbetrag der Aktien und bei Stückaktien nach deren Zahl (zur Vorzugsaktie ohne Stimmrecht s § 12a AktG sowie Rz 911). Allerdings kann die Satzung das Stimmrecht durch Festsetzung eines Höchstbetrages oder von Abstufungen beschränken; Mehrstimmrechtsaktien sind hingegen unzulässig (vgl § 12 AktG sowie Rz 911). Beschlüsse der Hauptversammlung bedürfen grundsätzlich der **einfachen Mehrheit der abgegebenen Stimmen** (§ 121 Abs 2 AktG); für besonders wichtige Beschlussgegenstände (zB Satzungsänderungen, Kapital- und Strukturmaßnahmen) ist im Gesetz regelmäßig zusätzlich eine **qualifizierte Kapitalmehrheit** vorgesehen (vgl zB § 146 Abs 1, § 149 Abs 1, § 160 Abs 1, § 169 Abs 2, § 221 Abs 2 AktG; zur Bedeutung einer „Sperrminorität“ in diesen

Fällen s Rz 699). Sämtliche Hauptversammlungsbeschlüsse bedürfen zu ihrer Gültigkeit der **notariellen Beurkundung** durch eine über die Verhandlung von einem Notar aufgenommene Niederschrift (§ 120 AktG). **Fehlerhafte Hauptversammlungsbeschlüsse** können mit Anfechtungsklage (vgl §§ 195 ff AktG) bzw Nichtigkeitsklage (vgl §§ 199 ff AktG) bekämpft werden.

d Kapitalmaßnahmen

Unter dem Begriff **Kapitalmaßnahmen** werden gewöhnlich jene gesellschaftsrechtlich begründeten Vorgänge zusammengefasst, die – namentlich durch eine **Erhöhung oder Herabsetzung des Grundkapitals** – Auswirkungen auf die Kapitalstruktur der Gesellschaft haben. Wenngleich diese Maßnahmen wenigstens im Grundsatz auch dem Recht der GmbH bekannt sind (vgl für diese §§ 52 ff GmbHG sowie das KapBG), sollen sie wegen ihrer herausragenden Bedeutung bei der allein einer Börsenotierung zugänglichen Aktiengesellschaft lediglich für diese Rechtsform in der Folge kurz erläutert werden. 723

Im Bereich der **Kapitalerhöhungen** wird grundsätzlich zwischen den effektiven Kapitalerhöhungen und der nominellen Kapitalerhöhung unterschieden: 724

Die **effektiven Kapitalerhöhungen** gliedern sich in die **ordentliche Kapitalerhöhung** (§§ 149 ff AktG), die **bedingte Kapitalerhöhung** (§§ 159 ff AktG) und das **genehmigte Kapital** (§§ 169 ff AktG). In wirtschaftlicher Hinsicht ist den Unterformen der effektiven Kapitalerhöhung gemeinsam, dass sie mit einer tatsächlichen **Mittelzufuhr von außen** verbunden sind, weil es bei all diesen Formen zu einer Leistung neuer Einlagen seitens der Aktionäre kommt. Das zugeführte Vermögen wird dann häufig zur Tätigung von Investitionen, uU aber auch zur Abdeckung von Verlusten verwendet. In organisationsrechtlicher Hinsicht setzen diese Kapitalerhöhungen durchwegs Beschlüsse der Hauptversammlung mit qualifizierten, also grundsätzlich Dreiviertelmehrheiten voraus (s dazu Rz 722/1). Von der **Grundform der ordentlichen Kapitalerhöhung** unterscheidet sich die **bedingte Kapitalerhöhung** vor allem durch ihren **beschränkten Anwendungsbereich**: Sie darf nämlich nur zum Zweck der Gewährung von Umtausch- oder Bezugsrechten an Gläubiger von Wandelschuldverschreibungen (zu diesen Schuldverschreibungen s unten in Rz 923), zur Vorbereitung des Zusammenschlusses mehrerer Unternehmungen (zur damit auch angesprochenen Verschmelzung s unten Rz 729 ff) oder zur Einräumung von Aktienoptionen an die in § 159 Abs 2 Z 3 AktG genannten Personen beschlossen werden. Das **genehmigte Kapital** wiederum ist durch die auf höchstens fünf Jahre beschränkte **satzungsmäßige Ermächtigung des Vorstandes** gekennzeichnet, das 725

Grundkapital bis zu einem bestimmten Nennbetrag durch Ausgabe neuer Aktien gegen Einlagen zu erhöhen (§ 169 Abs 1 AktG). Mit dieser Ermächtigung soll erreicht werden, dass der Vorstand rasch und ohne das Erfordernis einer Hauptversammlung auf günstige Kapitalmarktverhältnisse reagieren kann. Besonders zu erwähnen ist noch das bei der ordentlichen Kapitalerhöhung und dem genehmigten Kapital, auf Grund der vorhin erwähnten beschränkten Zwecksetzungen nicht aber bei der bedingten Kapitalerhöhung, bestehende **gesetzliche Bezugsrecht** der Aktionäre. Demnach muss jedem Aktionär auf sein Verlangen ein seinem Anteil am bisherigen Grundkapital entsprechender Teil der anlässlich der Kapitalerhöhung ausgegebenen neuen Aktien zugeteilt werden (§ 153 Abs 1 AktG). Dieses Recht soll den einzelnen Aktionären die Wahrung ihrer Beteiligungsquoten ermöglichen **(„Verwässerungsschutz")**; es kann nur unter besonderen formalen und inhaltlichen Voraussetzungen ganz oder teilweise ausgeschlossen werden (vgl dazu § 153 Abs 3 bis 5 AktG).

726 Anders als die effektiven Kapitalerhöhungen ist die **nominelle Kapitalerhöhung** bzw **Kapitalberichtigung** mit einer bloßen **gesellschaftsinternen Mittelumschichtung** verbunden. Vorhandene offene Rücklagen einschließlich eines allfälligen Gewinnvortrags der Gesellschaft werden in Grundkapital umgewandelt. Eine Zufuhr neuen Kapitals von außen erfolgt hier nicht, so dass auch das Vermögen der Gesellschaft unverändert bleibt. Nominelle Kapitalerhöhungen verbessern wegen der daraus resultierenden verstärkten Bindung des Gesellschaftsvermögens die Kreditwürdigkeit der Gesellschaft. Die gesetzliche Regelung der Kapitalberichtigung findet sich im **Kapitalberichtigungsgesetz** (KapBG, BGBl I 1967/171).

727 Bezüglich der **Kapitalherabsetzungen** lassen sich bei der Aktiengesellschaft drei Unterformen unterscheiden: Die **ordentliche Kapitalherabsetzung** (§§ 175 ff AktG), die **vereinfachte Kapitalherabsetzung** (§§ 182 ff AktG) und die **Einziehung von Aktien** (§§ 192 ff AktG). In ihrer praktischen Bedeutung bleiben alle drei Formen weit hinter jener der Kapitalerhöhungen zurück. Formale Voraussetzung für Kapitalherabsetzungen sind auch hier entsprechende Hauptversammlungsbeschlüsse mit Dreiviertelmehrheit. Auf Grund der mit Kapitalherabsetzungen verbundenen Reduktion der Grundkapitalziffer und der damit zusammenhängenden Verringerung des gebundenen Gesellschaftsvermögens besteht bei diesen Maßnahmen im besonderen Ausmaß die Gefahr einer Beeinträchtigung von Gläubigerinteressen. Alle genannten Kapitalherabsetzungsformen sind daher überdies durch im Detail unterschiedlich ausgestaltete **Gläubigerschutzvorschriften** gekennzeichnet.

e Strukturmaßnahmen

Als **Strukturmaßnahmen** werden im Allgemeinen organisationsrechtliche Maßnahmen bezeichnet, die grundlegende Auswirkungen auf einen Unternehmensträger nach sich ziehen. Diese Auswirkungen können so weit gehen, dass sich die Rechtsform des bzw eines der beteiligten Rechtsträgers ändert oder dass einer der beteiligten Rechtsträger im Zuge der Maßnahme überhaupt aufhört, rechtlich zu existieren. Die wichtigsten Strukturmaßnahmen sind die **Verschmelzung**, die **Spaltung** iSd des Spaltungsgesetzes (SpaltG, BGBl 1996/304) und die **Umwandlung** iSd Umwandlungsgesetzes (UmwG, BGBl 1996/304); unter bestimmten, im **Umgründungssteuergesetz** (UmgrStG, BGBl 1991/699) näher geregelten Voraussetzungen sind diese Maßnahmen **steuerrechtlich begünstigt**. Auch hier gilt übrigens, dass die genannten Maßnahmen nicht auf die Rechtsform der Aktiengesellschaft beschränkt sind: Die Spaltung und die Umwandlung iSd UmwG stehen auch der GmbH offen, die Verschmelzung ist – neben der GmbH – etwa auch den Genossenschaften (vgl §§ 1 ff Genossenschaftsverschmelzungsgesetz bzw GenVG, BGBl 1980/223), den Sparkassen (vgl § 25 Sparkassengesetz bzw SpG, BGBl 1979/64), den Sparkassen-Privatstiftungen (vgl § 27c SpG), den Versicherungsvereinen auf Gegenseitigkeit (vgl §§ 59, 72 VAG) und den Versicherungsvereins-Privatstiftungen (vgl § 61g VAG) gestattet. **728**

Die **Verschmelzung** bzw **Fusion** von Aktiengesellschaften (§§ 219 ff AktG) dient der Vereinigung der Unternehmen mehrerer Aktiengesellschaften zu einer wirtschaftlichen und rechtlichen Einheit. Folgende **Merkmale** werden dabei als für die Verschmelzung charakteristisch angesehen: **729**

- die einer oder mehreren Aktiengesellschaften zugeordneten Vermögenswerte werden in ihrer Gesamtheit auf eine andere Aktiengesellschaft übertragen,
- der Rechtsübergang vollzieht sich dabei in einem Akt in Form einer so genannten „Gesamtrechtsnachfolge" (s dazu Rz 98),
- die übertragenden Gesellschaften werden unter Ausschluss der Abwicklung aufgelöst,
- die den Gesellschaftern der übertragenden Gesellschaft gewährte Gegenleistung für die übertragenen Vermögenswerte besteht grundsätzlich in Aktien der übernehmenden Gesellschaft.

Je nachdem, ob die mit der Verschmelzung einhergehende Vermögensübertragung auf eine bereits bestehende oder aber auf eine aus Anlass der Verschmelzung neu gegründete Gesellschaft erfolgt, lassen sich zwei Grundformen der Verschmelzung unterscheiden: Bei der **Verschmelzung durch Aufnahme** wird das Vermögen einer oder mehrerer Gesellschaften als Ganzes auf eine andere, bereits bestehende Gesellschaft übertragen; bei der aus Kostengründen praktisch **730** kaum bedeutsamen **Verschmelzung durch Neugründung** wird eine neue Gesellschaft gebildet, auf die das Vermögen jeder der sich vereinigenden Gesellschaften als Ganzes übergeht.

730/1 Das **EU-Verschmelzungsgesetz** (EU-VerschG, BGBl I 2007/72) ermöglicht die **grenzüberschreitende Verschmelzung** von Kapitalgesellschaften, also die Verschmelzung von österreichischen Aktiengesellschaften und Gesellschaften mbH mit Kapitalgesellschaften, die nach dem Recht eines anderen Mitgliedstaates der EU gegründet worden sind und ihren satzungsmäßigen Sitz, ihre Hauptverwaltung oder ihre Hauptniederlassung in der Gemeinschaft haben. Das EU-VerschG ist weitgehend nach dem Vorbild des nationalen Verschmelzungsrechtes und den im SEG bzw der SE-VO zur Gründung einer SE durch Verschmelzung (s dazu Rz 733/1, 733/3) enthaltenen Vorschriften ausgestaltet.

731 Die im **Spaltungsgesetz** geregelte **Spaltung** von Kapitalgesellschaften ist dadurch charakterisiert, dass bei ihr

- die einer Gesellschaft zugeordneten Vermögenswerte in Teilen auf eine oder mehrere andere Kapitalgesellschaften übertragen werden,
- der damit verbundene Rechtsübergang in Form einer so genannten „partiellen" Gesamtrechtsnachfolge erfolgt (s dazu Rz 98),
- die den Gesellschaftern der übertragenden Gesellschaft gewährte Gegenleistung für die übertragenen Vermögenswerte grundsätzlich in Anteilsrechten an der übernehmenden Gesellschaft besteht.

732 In rechtstechnischer Hinsicht können dabei in Abhängigkeit vom rechtlichen Schicksal der übertragenden Gesellschaft zwei Unterformen unterschieden werden, die als „Abspaltung" und „Aufspaltung" bezeichnet werden: Eine Spaltung, bei der die der Spaltung unterworfene Gesellschaft Restvermögen – etwa einen bestimmten Teilbetrieb – behält und daher auch nach der Spaltung bestehen bleibt, heißt **Abspaltung**; eine Spaltung, bei der diese Gesellschaft ihr gesamtes Vermögen auf mindestens zwei andere Gesellschaften überträgt und daher aus Anlass der Spaltung untergeht, heißt **Aufspaltung**. Außerdem ist zu unterscheiden zwischen **Spaltungen zur Neugründung**, bei denen die übernehmenden Gesellschaften im Zuge der Spaltung neu gegründet werden, und **Spaltungen zur Aufnahme**, bei denen es sich um bereits bestehende übernehmende Gesellschaften handelt.

733 Bei der **Umwandlung nach dem Umwandlungsgesetz** (UmwG, BGBl 1996/304) – auch „übertragende Umwandlung" – wird das Vermögen einer Kapitalgesellschaft ohne Abwicklung im Wege der Gesamtrechtsnachfolge (s dazu Rz 98) entweder auf einen ihrer Gesellschafter oder auf einen Nachfolgerechtsträger übertragen. Bei der ersten Variante – der so genannten **„verschmelzenden Umwandlung"** – muss die Übertragung auf den bisher zu mindestens 90 % an der Kapitalgesellschaft beteiligten Hauptgesellschafter – der seinerseits aber nicht die Rechtsform einer Kapitalgesellschaft aufweisen

darf – erfolgen. Bei der zweiten Variante – der so genannten **„errichtenden Umwandlung“** – erfolgt die Übertragung auf eine eingetragene Personengesellschaft (OG bzw KG), an der Personen, deren Anteilsrechte zumindest neun Zehntel des Grund- bzw Stammkapitals der übertragenden Kapitalgesellschaft umfassen, als Gesellschafter beteiligt sind; die übrigen Gesellschafter haben einen Anspruch auf Abfindung. Zu unterscheiden ist die übertragende Umwandlung im Übrigen von der **formwechselnden Umwandlung**, bei der ein Unternehmensträger lediglich seine Rechtsform ändert; Beispiele hierfür wären etwa der Formwechsel innerhalb der Kapitalgesellschaften (vgl §§ 239 ff, 245 ff AktG) oder der eingetragenen Personengesellschaften (aus einer OG wird eine KG bzw umgekehrt), nicht aber die Umwandlung einer GesbR in eine eingetragene Personengesellschaft (vgl §§ 1206 f ABGB sowie dazu Rz 614 ff).

3 Europäische Gesellschaft („Societas Europaea“)

Die **Verordnung** des Rates der Europäischen Union über das Statut der **Europäischen Gesellschaft** bzw „Societas Europaea“ oder SE (VO 2157/2001) stellt gemeinsam mit der gleichzeitig verabschiedeten Richtlinie zur Ergänzung dieses Statuts hinsichtlich der Beteiligung der Arbeitnehmer (RL 2001/86) die gemeinschaftsrechtliche Grundlage der – nach der EWIV (s dazu Rz 674 f) – zweiten europaweit ausgerichteten Gesellschaftsform dar. Innerstaatlich werden diese Vorgaben in Österreich durch das **SE-Gesetz** (SEG, BGBl 2004/67) ergänzt. Die SE erfreut sich bemerkenswerter Weise vor allem in Tschechien besonderer Beliebtheit; von den mit Stichtag 16.3.2015 insgesamt bestehenden rund 1.550 Europäischen Gesellschaften hatten etwa 860 – also mehr als die Hälfte – ihren Sitz in Tschechien. Etwa 280 derartige Gesellschaften gaben als Sitz einen Ort in Deutschland an und rund 160 einen solchen in der Slowakei. Im österreichischen Firmenbuch waren zu diesem Zeitpunkt immerhin bereits rund 30 Europäische Gesellschaften eingetragen. 733/1

Ihrer **Rechtsnatur** nach ist die SE als **juristische Person** (s dazu Rz 52 ff), und zwar als **Kapitalgesellschaft** zu qualifizieren. Dies kommt insbes in der Einräumung von Rechtspersönlichkeit, in der grundsätzlich fehlenden Haftung der Aktionäre für Verbindlichkeiten der Gesellschaft und im Erfordernis eines in Aktien zerlegten gezeichneten Mindestkapitals von € 120.000,– zum Ausdruck. Vor allem deshalb hat sich im allgemeinen Sprachgebrauch auch die Bezeichnung **„Europäische Aktiengesellschaft“** etabliert. Die SE ist **Unternehmer kraft Rechtsform** (s dazu Rz 532). Die **Zielsetzung** der Verordnung über das SE-Statut besteht in der Schaffung einer euro- 733/2 päischen Rechtsform, die sich innerhalb der Gemeinschaft unabhängig von nationalen Grenzen entfalten kann. Auf diese Weise wird grenzüberschreitend tätigen Unternehmen eine zusätzliche Organisationsform geboten, die infolge ihrer europarechtlichen Herkunft und ihrer im Wesentlichen einheitlichen Rechtsstruktur zu merkbaren Kosteneinsparungen führen soll. Die inhaltlichen **Schwerpunkte der Verordnung** betreffen das Verfahren der Gründung einer SE und ihre Organisationsverfassung; die Regelung einer Vielzahl weiterer Rechtsbereiche, wie zB Fragen der Kapitalaufbringung und -erhaltung oder der Rechnungslegung, wird in der Verordnung hingegen den nationalen Gesetzgebern überlassen.

733/3 Die so genannte **„originäre Gründung"** einer SE kann im Rahmen von Strukturmaßnahmen auf unterschiedliche Weise erfolgen: Durch **Verschmelzung** mehrerer Aktiengesellschaften zu einer SE, durch Gründung einer gemeinsamen **Holding-SE** durch mehrere Kapitalgesellschaften, durch Gründung einer gemeinsamen **Tochter-SE** durch mehrere juristische Personen und schließlich durch **Umwandlung** einer Aktiengesellschaft in eine SE. Dem **Prinzip der Mehrstaatlichkeit** entsprechend setzen diese Gründungsvarianten in jeweils unterschiedlicher Intensität einen Bezug der an der Gründung beteiligten juristischen Personen zu verschiedenen Mitgliedstaaten voraus. Neben den genannten originären Gründungsformen besteht als **„sekundäre Gründungsform"** überdies auch noch die Möglichkeit der Gründung einer **Tochter-SE durch eine Mutter-SE**.

733/4 Die **Organisationsverfassung** der SE entspricht insoweit dem geläufigen Grundmodell der österreichischen Aktiengesellschaft, als jede SE über eine **Hauptversammlung** verfügt, in der die Aktionäre ihre wesentlichen Rechte ausüben. Bezüglich der **Verwaltungsstruktur** besteht hingegen die Besonderheit, dass den Gründern die Wahlmöglichkeit zwischen einem – dem AktG nicht bekannten – **monistischen System** mit einem einheitlichen Verwaltungsorgan (vgl dazu insbes §§ 38 ff SEG) und einem von der AG vertrauten **dualistischen System** mit einem Aufsichts- und einem Verwaltungsorgan eingeräumt wird.

D Sonstige Rechtsformen

Literatur: wie oben IV/A und *Arnold*, Privatstiftungsgesetz – Kommentar[3] (2013); *Brändle/Rein*, Das österreichische Vereinsrecht[5] (2015); *Dellinger* (Hg), Genossenschaftsgesetz samt Nebengesetzen – Kommentar[2] (2014); *Doralt/Nowotny Ch/Kalss* (Hg), Privatstiftungsgesetz (1995); *Eiselsberg/Haslwanter*, PrivatstiftungG[2] (2014); *Elhenický*, Vereinsrecht (2011); *Fessler/Keller*, Vereins- und Versammlungsrecht[3] (2013); *Freylinger*, Vereinsrecht, in *Holoubek/Potacs* (Hg), Öffentliches Wirtschaftsrecht Bd I[3] (2013); *Hasch & Partner* (Hg), PSG – Privatstiftungsgesetz[2] (2014); *Höhne/Jöchl/Lummerstorfer*, Das Recht der Vereine[4] (2013); *Keinert*, Österreichisches Genossenschaftsrecht (1988); *Kossak*, Handbuch für Vereinsfunktionäre[2] (2013); *Krejci/Bydlinski S/Weber-Schallauer*, Vereinsgesetz 2002[2] (2009); *Liehr/Tolar*, Der Verein[4] (2002); *Limberg/Tschugguel*, Privatstiftung – Leitfaden für Stifter, Vorstand, Begünstigte & Gläubiger (2010); *Österreichischer Raiffeisenverband* (Hg), Genossenschaftsrecht[2] (1989); *Rauscher/Scherhak/Hinterleitner*, Vereine[5] (2012); *Reisinger*, Vereinsrecht (2013); *Schwar*, Die gemeinnützige Stiftung, der gemeinnützige Fonds[2] (2009); *Vartian*, Vereinsrecht – Kommentar zum Vereinsgesetz (2002); *Vogl*, VerG – Vereinsgesetz 2002 – Kommentar (2002); *Vögel/Egger/Steirer*, Der neue Verein in 360 Fragen und Antworten[2] (2008); *Wolf*, Österreichische Privatstiftung[4] (2012).

1 Genossenschaft

Genossenschaften sind Personenvereinigungen mit Rechtspersön- 734
lichkeit von nicht geschlossener Mitgliederzahl, die im Wesentlichen der Förderung des Erwerbes oder der Wirtschaft ihrer Mitglieder dienen (§ 1 Abs 1 GenG). Zentrales Wesensmerkmal der Genossenschaften ist also der **Förderungsauftrag**; allerdings kann die Satzung einer Genossenschaft auch die Zulassung so genannter „investierender" bzw „nicht nutzender" Mitglieder vorsehen (vgl § 5a Abs 2 Z 1 GenG). Der Förderungsauftrag steht zwar einer **vorrangigen Gewinnerzielungsabsicht** der Genossenschaft entgegen (vgl § 1 Abs 2 GenG), nicht aber einer tatsächlichen Gewinnerzielung und -verteilung. **Rechtsgrundlagen** sind das bereits erwähnte **Genossenschaftsgesetz** und einige – zB die Revision oder die Verschmelzung von Genossenschaften regelnde – Nebengesetze. Von besonderer **Bedeutung** sind vor allem Kredit-, Konsum- und Wohnungsgenossenschaften; Anfang 2015 waren im österreichischen Firmenbuch exakt 1.800 Genossenschaften eingetragen.

Die Genossenschaft ist **juristische Person** (s dazu Rz 52 ff) und 735
Unternehmer kraft Rechtsform (s dazu Rz 532). Nach der Haftungsordnung unterscheidet man die

- **Genossenschaft mit unbeschränkter Haftung:** Hierbei haften die Genossenschafter bei der Liquidation und im Konkurs für alle Verbindlichkeiten der Genossenschaft, soweit deren Vermögen zur Deckung der Schulden nicht ausreicht, solidarisch mit ihrem gesamten Vermögen (vgl § 2 Abs 2 GenG). Diese Haftung ist aber keine unmittelbare Haftung gegenüber den Gläubigern der Genossenschaft, sondern begründet eine bloße Deckungs- bzw Nachschusspflicht gegenüber der Genossenschaft im so genannten **„Umlageverfahren"**.
- **Genossenschaft mit beschränkter Haftung:** Diese Form der Genossenschaft stellt den praktischen Regelfall dar. Hierbei trifft die Genossenschafter bei der Liquidation und im Konkurs eine beschränkte Deckungspflicht, und zwar in Ermangelung besonderer Regelungen in der Satzung in doppelter Höhe des Geschäftsanteiles (vgl § 2 Abs 2, § 76 GenG). Die Haftung aus der Deckungspflicht verjährt bei Genossenschaften mit beschränkter Haftung gem § 78 Abs 1 GenG in drei Jahren nach der Löschung der Genossenschaft im Firmenbuch oder der Eintragung des Ausscheidens des Genossenschafters im Mitgliederverzeichnis.
- **Genossenschaft mit Geschäftsanteilshaftung:** Hierbei haften die Genossenschafter nur mit ihrem Geschäftsanteil; diese Form kommt allerdings praktisch kaum vor, da sie nur bei Konsumvereinen mit Beschränkung der Geschäftstätigkeit auf Mitgliedergeschäfte zulässig ist (vgl § 2 Abs 3 GenG).

736 An **Organen** sieht das GenG den Vorstand, die Generalversammlung und unter bestimmten Voraussetzungen einen Aufsichtsrat vor. Der **Vorstand** (§§ 15 ff GenG) ist das Geschäftsführungs- und Vertretungsorgan. Die Bestellungskompetenz kommt grundsätzlich der Generalversammlung zu, wenn nicht das Statut eine Bestellung durch den Aufsichtsrat vorsieht (§ 15 Abs 1 GenG); die Art der Wahl und die Zusammensetzung des Vorstands sind im Statut zu bestimmen (§ 5 Z 7 GenG). Die Mitglieder des Vorstands müssen entweder selbst Genossenschafter sein oder – bei einer Beteiligung von nicht natürlichen Personen – zumindest dem Kreis der vertretungsbefugten Organmitglieder dieser Genossenschafter angehören (**„eingeschränkte Fremdorganschaft"**; vgl § 15 Abs 1 GenG). Eine gesetzliche Höchstbestellungsdauer ist nicht vorgesehen, kann aber im Statut festgesetzt werden. Das jeweilige Bestellungsorgan kann die Bestellung grundsätzlich jederzeit widerrufen (§ 15 Abs 2 Satz 2 GenG). Sieht allerdings der Genossenschaftsvertrag die Bestellung des Vorstands durch den Aufsichtsrat vor und legt er für Vorstandsmitglieder jeweils eine Funktionsperiode fest, so kann er auch vorsehen, dass die Bestellung vom Aufsichtsrat nur aus wichtigem Grund widerrufen werden kann (§ 15 Abs 3 Satz 1 GenG). Der Vorstand handelt grundsätzlich nach dem Gesamtgeschäftsführungs- und Gesamtvertretungsprinzip und hat Weisungen der Generalversammlung zu beachten. Einen **Aufsichtsrat** (§§ 24 ff GenG) hat die Genossenschaft zu bestellen, wenn sie dauernd **mehr als 40 Arbeitnehmer** beschäftigt (vgl § 24 Abs 1 GenG); ansonsten ist seine Einrichtung fakultativ. Dem Aufsichtsrat obliegt die Überwachung der Geschäftsführung. Die **Generalversammlung** (§§ 27 ff GenG) ist das höchste Organ der Genossenschaft. Bei mindestens 500 Mitgliedern kann das Statut eine **„Delegiertengeneralversammlung"** vorsehen, deren Abgeordnete auf längstens fünf Jahre aus dem Bestand der Mitglieder gewählt werden (vgl § 27 Abs 3 GenG).

2 Europäische Genossenschaft („Societas Cooperativa Europaea")

Am 22.7.2003 verabschiedete der Rat der Europäischen Union mit der SCE-VO (VO 1435/2003) und einer begleitenden Richtlinie (RL 2003/72) die Grundlagen zur **Europäischen Genossenschaft** („Societas Cooperativa Europaea" bzw SCE). Wie bei der Europäischen Gesellschaft (s dazu Rz 733/1 ff) bedürfen diese gemeinschaftsrechtlichen Bestimmungen ergänzender Begleitvorschriften auf nationaler Ebene. In Österreich wurde diese Ergänzung mit dem im Rahmen des Genossenschaftsrechtsänderungsgesetzes 2006 (GenRÄG 2006, BGBl I 2006/104) verabschiedeten **SCE-Gesetz** (SCEG) vorgenommen. Die SCE bildet auf europäischer Ebene das Gegenstück zu den nationalen genossenschaftlichen Rechtsformen in den Mitgliedstaaten. Ihr **Zweck** entspricht daher jenem der nationalen Genossenschaften (s dazu Rz 734) und besteht hauptsächlich in der Förderung von Tätigkeiten der Mitglieder und in der Befriedigung von Mitgliederbedürfnissen. 736/1

Die Rechtsgrundlagen der SCE zur Gründung und zur Organisationsverfassung sind jenen zur Europäischen Gesellschaft und zu den nationalen Genossenschaften nachgebildet. Als **juristische Person** (s dazu Rz 52 ff) besitzt die SCE Rechtspersönlichkeit, sie ist **Unternehmer kraft Rechtsform** (s dazu Rz 532). Ihr Grundkapital muss mindestens € 30.000,– betragen; es ist in Geschäftsanteile zerlegt. Neben den von der SE bekannten **Gründungsvarianten** im Zuge von Strukturmaßnahmen (s dazu Rz 733/3) kennt die SCE-VO insbes auch die Möglichkeit einer Gründung allein durch mindestens fünf natürliche Personen, deren Wohnsitze in mindestens zwei Mitgliedstaaten liegen. Auch bei der SCE wird bezüglich der **Verwaltungsstruktur** in das **monistische System** mit einem einheitlichen Verwaltungsorgan und das **dualistische System** mit einem Aufsichts- und einem Verwaltungsorgan unterschieden. Praktische Bedeutung hat 736/2 die SCE bislang noch nicht erlangt: Am 16.3.2015 waren europaweit erst insgesamt 27 Europäische Genossenschaften registriert; die meisten davon – nämlich neun – in der Slowakei, während es zu diesem Zeitpunkt noch keine einzige SCE mit Sitz in Österreich gab.

3 Privatstiftung

737 Hintergrund des aus dem Jahr 1993 stammenden **Privatstiftungsgesetzes** (PSG, BGBl 1993/694) war der Umstand, dass die nach dem Bundes-Stiftungs- und Fondsgesetz errichteten Stiftungen (s dazu Rz 746 f) nur mit gemeinnützigen oder mildtätigen Zwecken errichtet werden konnten, während ihnen privatnützige Zwecke – insbes also die Ausgestaltung als so genannte „Familienstiftung" – nicht offen standen. Als Folge dieser Beschränkung kam es zu zum Teil massiven Kapitalabflüssen ins Ausland und zur Zerschlagung wirtschaftlicher Vermögenseinheiten in Verlassenschaftsverfahren. Das PSG suchte dieses Manko durch die Schaffung der **Privatstiftung** zu beseitigen; ergänzt werden die dort enthaltenen organisationsrechtlichen Vorschriften durch umfangreiche steuerrechtliche Begleitmaßnahmen. Die relativ große Zahl an Privatstiftungen – im Firmenbuch waren zu Beginn des Jahres 2015 rund 3.240 Privatstiftungen eingetragen – ist ein Indiz dafür, das dieses gesetzgeberische Anliegen als verwirklicht angesehen werden kann.

738 In **zivilrechtlicher Hinsicht** ist festzustellen, dass die diesbezüglichen Rahmenbedingungen der Privatstiftung dem Recht der Kapitalgesellschaften nachgebildet sind. Auf folgende Punkte ist besonders hinzuweisen:

739 Die Privatstiftung ist ein Rechtsträger, dem vom Stifter ein Vermögen gewidmet ist, um durch dessen Nutzung, Verwaltung und Verwertung der Erfüllung eines erlaubten Zwecks zu dienen; sie genießt Rechtspersönlichkeit und muss ihren Sitz im Inland haben (§ 1 Abs 1 PSG). Die Privatstiftung ist also eine **juristische Person** (s dazu Rz 52 ff), die aber keine Eigentümer, sondern nur Begünstigte („Destinatäre") hat; sie entsteht mit ihrer Eintragung in das Firmenbuch (§ 7 Abs 1 PSG). **Nicht erlaubt** ist der Privatstiftung insbes die Ausübung von über eine bloße Nebentätigkeit hinausgehenden gewerblichen Tätigkeiten, die Übernahme der Geschäftsführung einer Handelsgesellschaft und die Funktion als unbeschränkt haftender Gesellschafter in einer eingetragenen Personengesellschaft (§ 1 Abs 2 PSG). Folgerichtig ist die Privatstiftung auch nicht Unternehmer kraft Rechtsform, sondern allenfalls bei Vorliegen der Voraussetzungen des § 1 UGB Unternehmer kraft Betrieb eines Unternehmens (s dazu Rz 527 f, 534). Die Privatstiftung hat einen **Namen** zu führen, der nicht irreführ-

rend sein darf und das Wort „Privatstiftung“ ohne Abkürzung enthalten muss (§ 2 PSG).

Grundlage der Privatstiftung ist kein Vertrag, sondern die **„Stiftungserklärung“** als einseitige Willenserklärung des Stifters (§ 9 PSG). Diese hat nach § 9 Abs 1 PSG insbes der Stiftung gewidmetes Vermögen in Höhe von mindestens € 70.000,– (vgl § 4 PSG), den Stiftungszweck, die Bezeichnung des Begünstigten, den Namen und den Sitz der Privatstiftung sowie Angaben über den Stifter und die Dauer der Stiftung anzugeben. Daneben nennt das Gesetz bestimmte weitere Angaben, die fakultativ in die Stiftungserklärung aufgenommen werden können, wie etwa Regelungen über die Änderung und den Widerruf der Stiftungserklärung (vgl § 9 Abs 2 PSG). Darüber hinausgehende Regelungen, wie zB exakte Angaben zum Stiftungsvermögen, können schließlich in die **„Stiftungszusatzurkunde“**, die dem Firmenbuch nicht vorgelegt werden muss, aufgenommen werden (§ 10 Abs 2 PSG). 740

Als **Organe** bestimmt das Gesetz den Stiftungsvorstand, den Stiftungsprüfer und gegebenenfalls den Aufsichtsrat; die Stifter können weitere Organe (zB Beirat, Familienrat) zur Wahrung des Stiftungszwecks vorsehen (§ 14 PSG). Der **Vorstand** (§§ 15 ff PSG) ist für die Geschäftsführung und die Vertretung der Privatstiftung zuständig. Er besteht aus wenigstens drei Mitgliedern, die aber weder dem Kreis der Begünstigten noch ihrer nahen Angehörigen entnommen sein dürfen. Der erste Stiftungsvorstand wird durch den Stifter bzw einen Stiftungskurator bestellt (vgl § 15 Abs 4 PSG), die weiteren Bestellungsmodalitäten ergeben sich aus der Stiftungserklärung (vgl § 9 Abs 2 Z 1 PSG); erforderlichenfalls erfolgt die Bestellung durch das Gericht (vgl § 27 PSG). Der **Stiftungsprüfer** (§§ 20 f PSG) wird vom Gericht bzw gegebenenfalls vom Aufsichtsrat bestellt. Er hat den Jahresabschluss einschließlich der Buchführung und den Lagebericht der Privatstiftung zu prüfen. Übersteigt die Anzahl der Arbeitnehmer der Privatstiftung selbst bzw von mit ihr konzernmäßig verbundenen Unternehmen 300, so ist für sie außerdem ein **Aufsichtsrat** (§§ 22 ff PSG) zu bestellen; ansonsten ist dieses Organ fakultativ. Die Bestellung des Aufsichtsrates erfolgt durch das Gericht, der erste Aufsichtsrat wird allerdings vom Stifter oder vom Stiftungskurator bestellt (vgl § 24 Abs 1 PSG). Der Aufsichtsrat hat umfassende, dem aktienrechtlichen Vorbild entsprechende Auskunfts- und Einsichtsrechte. 741

4 Vereine iSd VerG

742 Am 1.7.2002 trat das **Vereinsgesetz 2002** (VerG) als Rechtsgrundlage für die rund 120.000 in Österreich bestehenden Vereine mit ihren über 3 Mio Mitgliedern in Kraft; es soll dazu beitragen, den mit der Errichtung und dem Bestand eines Vereins entstehenden bürokratischen Aufwand und die damit verbundenen Kosten zu reduzieren. Gem § 1 Abs 1 VerG ist ein Verein ein freiwilliger, auf Dauer angelegter, auf Grund von Statuten organisierter Zusammenschluss mindestens zweier Personen zur Verfolgung eines bestimmten, gemeinsamen, ideellen Zwecks; der Verein genießt **Rechtspersönlichkeit** und ist daher **juristische Person** (s dazu Rz 52 ff). Ein Verein darf gem § 1 Abs 2 VerG **nicht auf Gewinn berechnet** sein; das Vereinsvermögen darf nur im Sinne des Vereinszwecks verwendet werden. Er ist nicht Unternehmer kraft Rechtsform, sondern erlangt die Unternehmereigenschaft allenfalls gem § 1 UGB beim tatsächlichen Betrieb eines Unternehmens (s dazu Rz 527 f, 534). Die **Gründung** eines Vereins (vgl dazu § 2 VerG) umfasst seine Errichtung und seine Entstehung. Die **Errichtung** erfolgt durch die Vereinbarung von Statuten (Gründungsvereinbarung). Sie ist der Vereinsbehörde – also der nach Maßgabe des statutenmäßigen Vereinssitzes zuständigen Bezirksverwaltungsbehörde oder Landespolizeidirektion (vgl § 9 Abs 1 VerG) – von den Gründern oder den bereits bestellten organschaftlichen Vertretern mit einem Exemplar der vereinbarten Statuten schriftlich anzuzeigen (§ 11 VerG); der gesetzlich vorgeschriebene Mindestinhalt dieser Statuten ergibt sich aus § 3 Abs 2 VerG. Ergeht binnen vier Wochen nach Einlangen der Errichtungsanzeige keine Erklärung der Vereinsbehörde auf Nichtgestattung des Vereins, so gilt deren Schweigen grundsätzlich als Einladung zur Aufnahme der Vereinstätigkeit; mit Fristablauf kommt es somit zur **Entstehung** des Vereins, der dann seine Tätigkeit beginnen kann (vgl § 13 VerG).

743 Das VerG sieht für jeden Verein ein Mindestmaß an **Grundstruktur** und **Organen** vor. Die **Mitgliederversammlung** ist das oberste Gremium zur vereinsinternen **Willensbildung** und muss mindestens alle fünf Jahre einberufen werden; die Willensbildung kann aber auch in Form einer Delegiertenversammlung vorgesehen sein (§ 5 Abs 2 VerG). Das **Leitungsorgan** ist verantwortlich für die **Vereinsgeschäfte** und für die **Vertretung** des Vereins nach außen. Für das Leitungsorgan gilt das **Vier-Augen-Prinzip**, es muss also aus mindestens zwei natürlichen Personen bestehen (§ 5 Abs 3 VerG). Ein **Aufsichtsorgan** ist **nicht verpflichtend** vorgeschrieben. Wird jedoch ein Aufsichtsorgan – etwa im Hinblick auf Arbeitnehmerinteressen – eingerichtet, so muss dieses gem § 5 Abs 4 VerG aus mindestens drei natürlichen, unabhängigen und unbefangenen Personen bestehen. Mit Hilfe der

so genannten **Streitschlichtungseinrichtung** (§ 8 VerG) sollen Vereinsstreitigkeiten beigelegt werden, bevor ein staatliches Gericht zu Hilfe gerufen wird. Der ordentliche Rechtsweg steht aber nach Ablauf von sechs Monaten ab Anrufung der Streitschlichtungseinrichtung offen, wenn das Schlichtungsverfahren nicht schon früher beendet ist. Im Interesse der Vereine und ihrer Mitglieder sollen schließlich die Vereinsarbeit und die unternehmerische Kontrolle klar getrennt werden. Jeder Verein hat deshalb mindestens zwei unabhängige und unbefangene **Rechnungsprüfer** zu bestellen; für „große Vereine" iSd § 22 Abs 2 VerG ist darüber hinaus ein professioneller **Abschlussprüfer** vorgeschrieben (§ 5 Abs 5 VerG). Konkret ist in diesem Fall ein **„Drei-Stufen-System"** der **Rechnungslegung** vorgesehen, das in Abhängigkeit von den gewöhnlichen Jahreseinnahmen und -ausgaben bzw vom Spendenaufkommen gestaffelte Rechnungslegungs- und Prüfungserfordernisse beinhaltet (zu den Einzelheiten vgl § 22 VerG).

Ausdrücklich geregelt werden im VerG auch Fragen der **Haftung** **744** (vgl §§ 23 ff VerG). Für Verbindlichkeiten des Vereins haftet der **Verein mit seinem Vermögen** (§ 23 VerG); Organwalter und Vereinsmitglieder haften persönlich nur dann, wenn sich dies aus anderen gesetzlichen Vorschriften oder auf Grund persönlicher rechtsgeschäftlicher Verpflichtung ergibt. Verletzen Funktionäre und Rechnungsprüfer die Sorgfalt eines ordentlichen und gewissenhaften Organwalters, so haften sie gegenüber ihrem Verein für etwaige Schäden. Bei der Beurteilung des Sorgfaltsmaßstabs muss aber die **Unentgeltlichkeit ihrer Tätigkeit** berücksichtigt werden (§ 24 VerG). Zur Geltendmachung von Ersatzansprüchen des Vereins gegen einen Organwalter kann die Mitgliederversammlung einen Sondervertreter bestellen. Für den Fall, dass die Bestellung eines Sondervertreters abgelehnt wird, können Ersatzansprüche von mindestens einem Zehntel aller Mitglieder geltend gemacht werden (§ 25 VerG).

Auch das VerG nutzt die Möglichkeiten des Einsatzes moderner **745** Technologien. In einem **Lokalen Vereinsregister** stehen alle Vereinsdaten rasch und verlässlich zur Verfügung, die für den Rechtsverkehr von Bedeutung sind. Dieses Register ist ein öffentliches Register, aus dem die Vereinsbehörden erster Instanz auf Verlangen jedermann über bestimmte Vereinsdaten mündlich oder in Form eines Vereinsregisterauszuges Auskunft zu erteilen haben (vgl §§ 16 f VerG). Für die elektronische Vereinsverwaltung wurde beim Bundesminister für Inneres ein **„Zentrales Vereinsregister – ZVR"** (§§ 18 f VerG) aufgebaut, mit dem eine Auskunft bei jeder Vereinsbehörde erster Instanz bzw über die Homepage des Innenministeriums österreichweit möglich ist.

5 Gemeinnützige Stiftungen und Fonds

746 Auf der Basis des **Bundes-Stiftungs- und Fondsgesetzes** (BStFG, BGBl 1975/11) und einschlägiger Landesgesetze besteht die Möglichkeit der Gründung **gemeinnütziger Stiftungen und Fonds**. Das BStFG findet dabei auf Stiftungen und Fonds Anwendung, die ihrem Zweck nach über den Interessensbereich eines Bundeslandes hinausgehen; auf andere Stiftungen und Fonds sind die entsprechenden landesgesetzlichen Bestimmungen zur Anwendung zu bringen. Dabei sind unter derartigen **gemeinnützigen Stiftungen** durch eine entsprechende Anordnung des Stifters dauernd gewidmete Vermögen mit Rechtspersönlichkeit zu verstehen, deren Erträgnisse der Erfüllung gemeinnütziger oder mildtätiger Zwecke dienen (§ 2 Abs 1 BStFG). Diese Legaldefinition macht deutlich, dass die gemeinnützige Stiftung – ebenso wie der Verein iSd VerG – für eine erhebliche Bandbreite von Aktivitäten zur Verfügung steht. Dennoch kann festgestellt werden, dass gemeinnützige Stiftungen in Österreich bislang bei weitem nicht jene Verbreitung gefunden haben wie etwa Vereine nach dem VerG. Dies mag nicht zuletzt daran gelegen sein, dass sowohl im Zuge der Errichtung einer gemeinnützigen Stiftung als auch während des laufenden Stiftungsbetriebes eine Reihe von staatlichen Aufsichtsmitteln zur Anwendung kommen.

747 Die gesetzlichen Regelungen für gemeinnützige Stiftungen gelten weitgehend auch für **gemeinnützige Fonds**. Nach § 22 BStFG handelt es sich dabei um durch eine Anordnung des Fondsgründers nicht auf Dauer gewidmete Vermögen mit Rechtspersönlichkeit, welche der Erfüllung gemeinnütziger oder mildtätiger Zwecke dienen. Ein wesentlicher Unterschied zwischen der gemeinnützigen Stiftung und dem gemeinnützigen Fonds besteht demnach darin, dass der Fonds von vornherein einer zeitlichen Begrenzung unterliegt und überdies das gesamte Fondsvermögen zur Erfüllung des Fondszweckes herangezogen werden kann, während hierfür bei der Stiftung lediglich die Erträgnisse des Stammvermögens verwendet werden dürfen.

V Grundzüge des Wertpapierrechts

A Grundlagen

Literatur: *Aicher/Schuhmacher*, Wertpapierrecht (2006); *Ewald/Schärf*, Einführung in das Wertpapierrecht und in das neue Börsegesetz (1990); *Grünwald/Schummer*, Wertpapierrecht[6] (2010); *Keinert*, Handbuch des Wertpapierrechts (2014); *Aicher/Schuhmacher*, Wertpapiere, in *Krejci*, Unternehmensrecht[5] (2013); *Micheler*, Wertpapierrecht zwischen Schuld- und Sachenrecht (2004); *Roth G*, Grundriß des österreichischen Wertpapierrechts[2] (1999).

1 Wertpapierbegriff

Obwohl sich in der österreichischen Rechtsordnung keine einheitliche Definition des Begriffes „Wertpapier" findet, hat sich die Auffassung durchgesetzt, dass ein Wertpapier eine **Urkunde** ist, in der ein **privates Recht** solcher Art verbrieft ist, dass zur Geltendmachung des Rechts die **Innehabung der Urkunde** erforderlich ist. 748

Aus dieser Definition ergibt sich, dass 749

- die Urkunde ein **Recht verbriefen** muss;
- die **Bekundung einer Tatsache alleine nicht ausreicht** (so bestätigt zB ein Zahlungsbeleg lediglich die Tatsache, dass eine Rechnung beglichen wurde; ein Recht ist dadurch nicht verbrieft);
- es sich bei dem verbrieften Recht um ein **privates Recht** handeln muss (so sind zB ein Führerschein, ein Staatsbürgerschaftsnachweis oder ein Gewerbeschein keine Wertpapiere, weil durch die genannten Urkunden öffentlich-rechtliche Rechtspositionen verbrieft werden);
- ohne die Urkunde das durch die Urkunde vermittelte Recht nicht ausgeübt werden kann und idR eine **Vorlegungspflicht** besteht.

2 Zweck und wirtschaftliche Bedeutung von Wertpapieren

750 Obwohl die **Funktionen von Wertpapieren** unterschiedlich sind, lassen sich im Kern drei wesentliche Bereiche herausstreichen:

751 Zunächst kommt dem Wertpapier auf dem Gebiet der **erleichterten Beweisbarkeit** erhebliche Bedeutung zu. Derjenige, der das Wertpapier in Händen hat, kann auch die im Wertpapier verbrieften Forderungen geltend machen. Andererseits kann häufig der Schuldner, der dem Wertpapierinhaber eine Leistung erbringt, grundsätzlich davon ausgehen, dass er an den tatsächlich Berechtigten schuldbefreiend geleistet hat.

752 Weiters kommt einem Wertpapier auch deshalb große Bedeutung zu, da sich mit diesem regelmäßig eine **erleichterte Übertragbarkeit** von Rechten verbindet.

753 Schließlich erfüllt ein Wertpapier auch die Funktion des **Schutzes eines gutgläubigen Forderungserwerbers**. Da es sich nämlich bei der in einer Urkunde verbrieften Forderung um eine körperliche Sache handelt, ist daran ein gutgläubiger Erwerb möglich (§§ 367, 371 ABGB; s dazu Rz 147).

754 Die wirtschaftliche Bedeutung von Wertpapieren (s dazu Rz 757 ff) liegt etwa in ihrer Funktion als **Zahlungsmittel** (zB Scheck), als **Kreditmittel** (zB Wechsel) oder Mittel zur **Erleichterung des Güterumlaufes** (zB Lagerschein).

3 Abgrenzungsfragen

755 Vom Wertpapier sind die Beweisurkunde und die einfachen Legitimationspapiere zu unterscheiden. Die **Beweisurkunde** erbringt lediglich den Beweis über den Bestand eines privaten Rechts. Da dieses Recht auch ohne Urkunde geltend gemacht werden kann, handelt es sich dabei nicht um ein Wertpapier. Als Beispiele für Beweisurkunden sind etwa Schuldscheine, Quittungen und ein schriftlicher Kaufvertrag anzuführen.

756 Die **einfachen Legitimationspapiere** bewirken, dass der Schuldner mit befreiender Wirkung an den Inhaber des Papiers leisten kann („Liberationsfunktion"). Da aber auch bei den einfachen Legitimationspapieren der Gläubiger sein Recht auf andere Weise nachweisen kann, handelt es sich dabei um keine Wertpapiere. Als Beispiele für einfache Legitimationspapiere können Garderobenmarken, Gepäckscheine oder Reparaturscheine genannt werden.

4 Einteilung der Wertpapiere

a Einteilung nach der wirtschaftlichen Funktion

Unter wirtschaftlicher Betrachtungsweise erfüllen gewisse Wertpapiere (wie zB Scheck und Wechsel) eine **Zahlungs- und Kreditverkehrsfunktion**. 757

Hingegen dienen die **Wertpapiere des Kapitalmarktes (Effekten)** aus dem Blickwinkel des Ausgebers (Emittent) der Kapitalaufbringung und aus der Sicht des Erwerbers der Kapitalanlage. Als Beispiele für derartige Wertpapiere sind Aktien, Pfandbriefe oder etwa Schuldverschreibungen zu nennen. 758

Schließlich dienen die **Wertpapiere des Güterumlaufes** dazu, Verfügungen über Güter bzw Waren zu erleichtern. Als Beispiel kann etwa der Ladeschein oder der Lagerschein (s dazu Rz 803 f) genannt werden. 759

b Einteilung nach der Art und Weise des Rechtserwerbes

Bei den **Inhaberpapieren** kann das im Wertpapier verbriefte Recht vom jeweiligen Inhaber geltend gemacht werden. Das bedeutet, dass der Wertpapierinhaber durch den bloßen Besitz der Urkunde als Inhaber des im Wertpapier verbrieften Rechts ausgewiesen ist; ein gesonderter Nachweis seiner Berechtigung ist von ihm nicht zu erbringen („volle Legitimationsfunktion"). Soweit der aus dem Wertpapier Verpflichtete nicht beweist, dass der Vorleger nicht der wahre Berechtigte ist, ist die im Wertpapier verbriefte Forderung bei Fälligkeit zu erfüllen. Die Übertragung von Inhaberpapieren erfolgt durch Einigung und Übergabe der Urkunde. Als Beispiele für Inhaberpapiere sind die Inhaberschuldverschreibung, die Inhaberaktie und der Inhaberscheck anzuführen. 760

Bei den **Rekta-** oder **Namenspapieren** ist ausdrücklich eine bestimmte Person als Berechtigter bezeichnet. Die Übertragung von Namenspapieren erfolgt durch Abtretung (Zession) und Übergabe der Urkunde. Als Beispiele sind der Rektawechsel, der Rektascheck und auf Namen lautende Sparbücher anzuführen. 761

Bei den **Orderpapieren** verspricht der Schuldner in der Urkunde, die Leistung entweder an eine namentlich genannte Person oder „an deren Order" zu erbringen. Übertragen werden die Orderpapiere durch das so genannte **Indossament**. Dabei handelt es sich um einen Vermerk des Berechtigten auf der Urkunde, wodurch er erklärt, dass die Berechtigung auf eine von ihm genannte Person übergehen soll. Der 762

Übertragende und ursprünglich Berechtigte wird Indossant genannt, der neue Berechtigte heißt Indossatar. Zu den Orderpapieren zählen der Wechsel, der Namensscheck und die Namensaktie. Es kann zwischen

- **geborenen Orderpapieren**, die für die Übertragbarkeit durch Indossament eine Orderklausel nicht enthalten müssen (zB Wechsel, Scheck, Namensaktie),
- **gekorenen Orderpapieren**, die eine Orderklausel enthalten müssen, wenn sie durch Indossament übertragbar sein sollen (zB unternehmerische Orderpapiere wie Ladeschein und Orderlagerschein) und
- **Orderpapieren mit Blankoindossament** (die bloße Unterschrift des Indossanten ist ausreichend), die wesensmäßig als Inhaberpapiere fungieren, unterschieden werden.

c Einteilung nach der Art des verbrieften Rechts

763 Am häufigsten verbriefen Wertpapiere eine Forderung des Inhabers gegen den Aussteller **(schuldrechtliche Wertpapiere)**. Dazu zählen etwa der Wechsel, der Scheck, die Anleihe, das Sparbuch oder der Lagerschein.

764 Die **sachenrechtlichen Wertpapiere** verbriefen hingegen ein Sachenrecht; sie vermitteln demnach ein unmittelbares Herrschaftsrecht über Sachen (zB Investmentzertifikat).

765 Wertpapiere, welche die Mitgliedschaft an einer Gesellschaft vermitteln, werden **Mitgliedschaftspapiere** genannt (zB Aktien; der – praktisch allerdings kaum relevante – Geschäftsanteilsschein bei der GmbH ist hingegen wegen § 75 Abs 3 GmbHG bloß eine Beweisurkunde).

d Einteilung nach der Beziehung zum Grundgeschäft

766 In aller Regel beruht die Ausgabe eines Wertpapiers auf einem Rechtsverhältnis (Grund- bzw Kausalgeschäft). Abhängig von der Beziehung zwischen dem in der Urkunde verbrieften Recht und dem Grundgeschäft kann zwischen **abstrakten Wertpapieren** und **kausalen Wertpapieren** unterschieden werden (s dazu auch Rz 214 f).

767 Dabei ist bei den **abstrakten Wertpapieren** das verbriefte Recht vom Grundgeschäft losgelöst; es entsteht daher neben der Forderung aus dem Grundgeschäft eine eigene Forderung aus dem Wertpapier (zB Wechsel und Scheck).

768 Hingegen sind die **kausalen Wertpapiere** stets mit dem Grundgeschäft verbunden. So verbrieft etwa die Aktie die auf der Satzung beruhende Mitgliedschaft zu einer Aktiengesellschaft, ohne dass ein

weiteres, von dieser Mitgliedschaft unabhängiges Recht geschaffen wird.

e Einteilung nach der Bedeutung der Urkundenausstellung für die Rechtsentstehung

Sofern die Ausstellung des Wertpapiers für die Entstehung des verbrieften Rechts unabdingbar erforderlich ist, wird von einem **konstitutiven Wertpapier** gesprochen. So entsteht zB eine Verbindlichkeit aus einem Wechsel erst mit dessen Ausstellung. 769

Wenn das Recht bereits vor Ausstellung der Urkunde existiert hat und erst später in einer eigenen Urkunde verbrieft wird, kommt der Urkundenausstellung lediglich **deklaratorische Bedeutung** zu. So ist zB die Mitgliedschaft zu einer Aktiengesellschaft von der Ausstellung der Aktie unabhängig. 770

5 Wertpapiertheorien

Bezüglich der dogmatischen Grundlagen des Wertpapierrechts herrscht nach wie vor Uneinigkeit in der Lehre. Im Wesentlichen kann zwischen folgenden **Theorien** unterschieden werden: 771

a Kreationstheorie und Eigentumstheorie

Entsprechend der **Kreationstheorie** soll das verbriefte Recht durch die Ausstellung des Papiers (Skripturakt), also durch ein einseitiges (nicht empfangsbedürftiges) Rechtsgeschäft, entstehen. Aus der Kreationstheorie hat sich in weiterer Folge die **Eigentumstheorie** (oder Redlichkeitstheorie) entwickelt, derzufolge derjenige, der das Recht aus einem nicht begebenen Papier geltend machen will, dessen Eigentümer sein, dh das Papier gutgläubig erworben haben muss. 772

b Vertragstheorie und Rechtsscheintheorie

Bei der **Vertragstheorie** soll das verbriefte Recht erst durch Abschluss eines gültigen Begebungsvertrages zwischen dem Aussteller und dem ersten Erwerber des Papiers entstehen; der Begebungsvertrag soll als Realvertrag erst mit der Übereignung des Papiers zustande kommen. Aus der Vertragstheorie hat sich die (herrschende) 773

Rechtsscheintheorie entwickelt, derzufolge das verbriefte Recht grundsätzlich durch einen Begebungsvertrag entstehen soll, jedoch ein redlicher Dritterwerber das Recht auch ohne wirksamen Begebungsvertrag in Anspruch nehmen kann.

6 Übertragung

774 Abhängig davon, ob es sich um ein Inhaberpapier, ein Orderpapier oder ein Rektapapier handelt, ist auch die Gestaltung der **Übertragung** des verbrieften Rechts rechtlich **unterschiedlich ausgestaltet**.

a Inhaberpapiere

775 Bei den Inhaberpapieren erfolgt die Übertragung des verbrieften Rechts durch **kausale Tradition** (Titel bzw Verpflichtungsgeschäft und Modus bzw Übergabe des Papiers; s dazu auch Rz 96). Im Falle des **gutgläubigen Erwerbes vom Nichtberechtigten** (dieser ist bei Vorsatz oder grober Fahrlässigkeit ausgeschlossen) schadet das fehlende Eigentum des Veräußerers nicht.

776 Während dem Schuldner **persönliche Einwendungen** nur insoweit zustehen, als sie sein Verhältnis zum gegenwärtigen Papierinhaber betreffen (zB Stundung, Aufrechnung), können die so genannten **dinglichen Einwendungen**, die unmittelbar das verbriefte Recht betreffen (zB fehlende Fälligkeit, Geschäftsunfähigkeit, Unterschriftenmangel), gegenüber jedem Papierinhaber erhoben werden.

b Orderpapiere

777 Bei den Orderpapieren erfolgt die Übertragung des verbrieften Rechts durch **kausale Tradition** (Titel plus Indossament und Übergabe des Papiers).

778 Im Falle des **gutgläubigen Erwerbes vom Nichtberechtigten** schützt der gute Glaube (nicht bei Vorsatz oder grober Fahrlässigkeit des Erwerbers) vor Mängeln beim Erwerbsakt.

779 Bei den Orderpapieren trifft den Schuldner die Prüfungspflicht, ob der Vorleger des Papiers durch eine geschlossene Indossamentenkette (s dazu Rz 834) als Gläubiger ausgewiesen ist **(formelle Prüfungspflicht)**.

780 Bezüglich der **persönlichen und dinglichen Einwendungen** gilt das oben zu den Inhaberpapieren Ausgeführte.

c Rektapapiere

Bei den Rektapapieren erfolgt die Übertragung des verbrieften Rechts durch **Zession plus Übergabe** des Papiers. 781

Da der Zessionar das verbriefte Recht so erwirbt, wie es der Zedent hatte, findet ein **gutgläubiger Erwerb vom Nichtberechtigten** nicht statt. 782

Dem Schuldner kommen gegenüber dem Zessionar dieselben **Einwendungen** wie gegenüber dem Zedenten zu. 783

7 Rechtsuntergang und Urkundenuntergang

a Untergang des verbrieften Rechts

Als wesentliche Gründe, welche zum Erlöschen des in einem Wertpapier verbrieften Rechts führen, sind die **Erfüllung der Schuld** oder deren **Erlass** zu nennen. Sofern ein Schuldner seine Verpflichtungen erfüllt hat, hat er ein Recht auf Aushändigung der Urkunde. Problematisch könnte es uU sein, wenn sich der Schuldner nach erfolgter Schulderfüllung die Urkunde nicht aushändigen lässt. In diesem Fall ist zwar das im Wertpapier verbriefte Recht erloschen, allerdings könnte ein gutgläubiger Dritter, der die Urkunde erworben hat, die vom Schuldner verbriefte Leistung neuerlich begehren. 784

b Untergang der Urkunde

Sofern die Urkunde, etwa durch **Vernichtung** oder **Verlust** (zB Diebstahl), untergeht, führt dies nicht zum Untergang des in der Urkunde verbrieften Rechts. Weil aber zur Ausübung des in der Urkunde verbrieften Rechts die Innehabung der Urkunde notwendig ist, kann auch die Geltendmachung dieses Rechts nicht erfolgen. Für diese Fälle ist ein **Kraftloserklärungsverfahren** durchzuführen. Die rechtlichen Grundlagen des Kraftloserklärungsverfahrens finden sich im Kraftloserklärungsgesetz (KEG, BGBl 1951/86) bzw im Wechselgesetz (Art 90) und im Scheckgesetz (Art 59). Gem § 2 Abs 2 KEG können Banknoten, Einlagescheine der Zahlenlotterie, Lose der Klassenlotterie sowie ua Karten und Marken des täglichen Lebens (wie zB Eintritts- und Fahrkarten, Speisemarken) nicht für kraftlos erklärt werden. 785

8 Anweisung als Basis des Wertpapierrechts

a Begriff und Wesen

786 Zum besseren Verständnis der Basisstrukturen im Wertpapierrecht ist es nahe liegend, zunächst die **Anweisung** näher darzustellen. Die in den §§ 1400 ff ABGB geregelte Anweisung stellt sich als ein **dreipersonales Schuldverhältnis** dar: Zum einen wird der Angewiesene durch die Anweisung ermächtigt, an den Anweisungsempfänger zu leisten, zum anderen beinhaltet die Anweisung eine Ermächtigung des Anweisungsempfängers, die Leistung des Angewiesenen als eine solche des Anweisenden anzunehmen. Somit stellt sich die Erfüllung, die der Angewiesene erbringt, zugleich auch als Leistung des Angewiesenen an den Anweisenden bzw als Leistung des Anweisenden an den Anweisungsempfänger dar.

787 Dazu ein **Beispiel**: Anton hat bei Berta ein kleines Grundstück gekauft und schuldet dieser dafür € 30.000,–. Gleichzeitig hat Berta bei Werner um € 30.000,– ein Kraftfahrzeug gekauft, ohne den Kaufpreis bereits erlegt zu haben. Wenn es Berta in diesem Fall zu umständlich erscheint, zuerst von Anton die € 30.000,– zu erlangen und in weiterer Folge diese zur Erfüllung ihrer Schuld an Werner zu bezahlen, könnte sie dieses Verfahren auch vereinfachen. Sie müsste dazu lediglich an Anton die Anweisung erteilen, direkt an Werner zu leisten. Damit würden gleichzeitig zwei Verpflichtungen zum Erlöschen gebracht werden, nämlich zum einen die Verpflichtung, die Anton gegenüber Berta hat, und zum anderen jene Verpflichtung, die Berta gegenüber Werner hat.

788 Das Verhältnis zwischen Anweisendem und Angewiesenem wird **Deckungsverhältnis** genannt; das Verhältnis zwischen Anweisendem und Anweisungsempfänger wird als **Valutaverhältnis** bezeichnet. Das Verhältnis zwischen Angewiesenem und Anweisungsempfänger heißt **Einlösungsverhältnis**.

789 Den **Gegenstand** der Anweisung bildet bzw bilden idR Geld bzw vertretbare Sachen; die Anweisung kann jedoch grundsätzlich jeden beliebigen Inhalt aufweisen.

790 Der Anweisungsempfänger ist grundsätzlich dazu berechtigt, die **Anweisung weiterzugeben**; dies gilt dann nicht, wenn dem eine Vereinbarung oder die Natur der Leistung entgegenstehen.

b Wirkung der Anweisung

Der Angewiesene wird durch die Anweisung grundsätzlich nur dazu ermächtigt, an einen Dritten zu leisten. Lediglich insoweit, als der Angewiesene das, was er zu leisten hat, dem Anweisenden bereits schuldet **(Anweisung auf Schuld)**, ist er gegenüber dem Anweisenden dazu verpflichtet, der Anweisung Folge zu leisten (§ 1401 ABGB). 791

Von der Anweisung auf Schuld ist die **Anweisung auf Kredit** zu unterscheiden. Da bei dieser eine Verpflichtung des Angewiesenen grundsätzlich nicht besteht, steht es ihm frei, ob er der Anweisung Folge leisten will oder nicht. 792

Der Anweisungsempfänger erlangt durch die Anweisung allein noch keinen Rechtsanspruch gegenüber dem Angewiesenen. Ein derartiger Rechtsanspruch entsteht vielmehr erst mit der **Annahme der Anweisung** durch den Angewiesenen und deren Zugang an den Anweisungsempfänger (§ 1400 ABGB). Der Angewiesene ist nicht verpflichtet, eine Annahmeerklärung abzugeben. Sofern der Angewiesene die Anweisung dem Empfänger gegenüber angenommen hat, kann er allerdings diesem nur solche Einwendungen entgegenhalten, welche die Gültigkeit der Annahme betreffen (zB mangelnde Geschäftsfähigkeit) oder sich aus dem Inhalt der Anweisung (zB mangelnde Fälligkeit) oder aus seinen persönlichen Beziehungen zum Empfänger ergeben (§ 1402 ABGB). Hingegen kann der Angewiesene Einwendungen aus dem Verhältnis zwischen ihm selbst und dem Anweisenden (Deckungsverhältnis) und Einwendungen aus dem Verhältnis zwischen Anweisendem und Anweisungsempfänger (Valutaverhältnis) nicht mehr geltend machen. 793

Die Anweisung kann durch Widerruf seitens des Anweisenden zum **Erlöschen** gebracht werden. Sobald jedoch der Angewiesene die Anweisung gegenüber dem Anweisungsempfänger angenommen oder bereits bezahlt hat, ist der Widerruf gegenüber dem Angewiesenen unwirksam (§ 1403 Abs 1 ABGB). 794

B Unternehmerische Wertpapiere

Literatur: wie oben V/A und *Apathy/Iro/Koziol* (Hg), Österreichisches Bankvertragsrecht Bd V[2]: Akkreditiv und Garantie (2009); *Butschek/Unger*, Bankvertragsrecht (2010); *Jabornegg/Artmann* (Hg), Kommentar zum UGB, Bd I[2] (2010), Bd II[2] (2010); *Jabornegg/Artmann* (Hg), Kommentar zum UGB[2] (www.lexisnexis.com.at) *Straube* (Hg), Wiener Kommentar zum UGB, Bd I[4] (2014).; *Straube/Ratka/Rauter* (Hg), UGB online – Wiener Kommentar zum Unternehmensgesetzbuch (rdb.manz.at).

1 Grundsätzliches

795 Zu den unternehmerischen Wertpapieren zählt § 363 UGB die unternehmerische Anweisung, den unternehmerischen Verpflichtungsschein, das Konnossement, den Ladeschein, den Lagerschein und die Transportversicherungspolizze. Wesentlich ist dabei, dass aus diesen genannten Wertpapieren immer nur ein **Unternehmer verpflichtet** werden kann. Überdies sind die angeführten Wertpapiere von Gesetzes wegen Rektapapiere. Sie können jedoch durch eine entsprechende Orderklausel auch zu gekorenen Orderpapieren (dazu Rz 762) gemacht werden. Weiters ist von Bedeutung, dass das Indossament eines unternehmerischen Wertpapiers **keine Garantiewirkung** entfaltet, dh die Indossanten trifft bezüglich der Zahlung keine Haftung. Hingegen kommt dem Indossament **Legitimationsfunktion** – der durch eine formell ununterbrochene Indossamentenkette (s dazu Rz 834) ausgewiesene Urkundeninhaber gilt als berechtigter Eigentümer – und **Transportfunktion** (durch das Indossament gehen alle Rechte aus dem Papier auf den Indossatar über; der gutgläubig vom Nichtberechtigten erwerbende Indossatar wird ebenfalls zum berechtigten Eigentümer) zu (vgl zu den Wirkungen des Indossaments Rz 835).

2 Unternehmerische Anweisung

796 Bei der **unternehmerischen Anweisung** handelt es sich um eine Sonderform der bürgerlich-rechtlichen Anweisung. Hiebei wird ein Unternehmer angewiesen, Geld, Wertpapiere oder andere vertretbare Sachen zu leisten, ohne dass dabei die Leistung von einer Gegenleistung abhängig gemacht wird (§ 363 Abs 1 UGB).

Die unternehmerische Anweisung findet sich in der Praxis häufig als **Lieferschein**. Dabei weist der Aussteller den Lieferanten schriftlich an, dem Anweisungsempfänger vertretbare Waren zu liefern, ohne dass die Lieferung der Waren von der Kaufpreiszahlung abhängig gemacht wird. Für den Anweisungsempfänger besteht sodann die Möglichkeit, die versprochene Ware weiterzuverkaufen und dabei den Lieferschein seinem Nachfolger durch Indossament zu übertragen. 797

Unter bestimmten Voraussetzungen kann ein formungültiger **Wechsel** (oder Scheck) in eine unternehmerische Anweisung **umgedeutet** werden. 798

Als wichtiger weiterer Anwendungsfall einer Zahlungsanweisung ist das **Akkreditiv** anzuführen. Dabei wird eine kreditwürdige Institution (idR eine Bank im Land des Gläubigers) angewiesen, dem Gläubiger Zahlung zu leisten. Der Gläubiger wiederum erwirbt einen Anspruch gegenüber der Bank erst dann, wenn diese die Anweisung annimmt (Bestätigung). Üblicherweise wird diese Form des Akkreditivs urkundlich nicht verbrieft, so dass diesbezüglich auch die Annahme einer unternehmerischen Anweisung ausscheidet; gelegentlich wird allerdings die schriftliche Bestätigung der Bank gegenüber dem Gläubiger als unternehmerischer Verpflichtungsschein gedeutet. 799

Sofern das Akkreditiv von Gegenleistungen abhängig gemacht wird (zB von der Vorlage näher bestimmter Lieferdokumente), liegt ein **Dokumentenakkreditiv** vor. Hierbei leistet die Bank ein vom zugrunde liegenden Kaufvertrag völlig unabhängiges abstraktes Zahlungsversprechen. Eine Zahlungsverpflichtung trifft die Bank jedoch nur dann, wenn die vorgelegten Dokumente den im Akkreditiv festgelegten Bedingungen punktgenau entsprechen (formale Dokumentenstrenge). 800

3 Unternehmerischer Verpflichtungsschein

Beim unternehmerischen **Verpflichtungsschein** handelt es sich um eine von einem Unternehmer ausgestellte Urkunde, in der sich dieser zu einer bestimmten Leistung in Geld, Wertpapieren oder anderen vertretbaren Sachen verpflichtet, ohne dass diese Leistung von einer Gegenleistung abhängig gemacht ist (§ 363 Abs 1 UGB). Anders als bei der unternehmerischen Anweisung wird beim unternehmerischen Verpflichtungsschein demnach die Leistung vom Aussteller selbst und nicht von der angewiesenen Person erbracht. 801

Dem unternehmerischen Verpflichtungsschein kam früher erhebliche Bedeutung zu, da die Emission von Inhaberschuldverschreibungen der staatlichen **Genehmigung** bedurfte. Diese Genehmigungspflicht galt hingegen nicht bezüglich Orderschuldverschreibungen, daher wurden Industrieobligationen häufig in Form von unternehmeri- 802 schen Verpflichtungsscheinen ausgegeben (s dazu § 9 KMG). Dabei fungierte idR die Emissionsbank als Begünstigter, welche die Papiere durch Blankoindossament weitergab.

4 Ladeschein und Konnossement

803 Beim **Ladeschein** verpflichtet sich ein Frachtführer dazu, das zur Beförderung übernommene Gut an einen in der Urkunde ausgewiesenen Begünstigten auszuliefern (§§ 444 ff UGB; s dazu Rz 585). Das mit dem Ladeschein eng verwandte **Konnossement** verbrieft einen Anspruch auf Auslieferung von auf dem Transport zur See befindlichen Gütern (§ 642 UGB).

804 Vom Ladeschein zu unterscheiden ist der **Frachtbrief**. Dieser wird vom Absender ausgestellt, mit dem Gut befördert und nach dessen Ankunft am Ablieferungsort dem Empfänger ausgehändigt. Es handelt sich dabei um kein Wertpapier, sondern lediglich um eine Beweisurkunde über den Frachtvertrag (s dazu Rz 585).

805 In der Praxis lässt sich der Absender häufig die Annahme des Gutes vom Frachtführer auf einem **Frachtbriefdoppel** bestätigen und händigt es dem Empfänger aus. Auch dieses ist kein Wertpapier, sondern eine Beweisurkunde (s dazu Rz 585).

5 Lagerschein

806 Beim **Lagerschein** verpflichtet sich ein Lagerhalter zur Auslieferung von eingelagertem Gut an den durch den Lagerschein als Berechtigten Ausgewiesenen (§ 424 UGB; s dazu Rz 587).

807 Vom Lagerschein ist der **Lagerempfangsschein** zu unterscheiden, bei dem der Lagerhalter bloß die Einlagerung des Gutes bestätigt. Es handelt sich dabei um ein einfaches Legitimationspapier mit Beweis- und Liberationsfunktion (s dazu Rz 756); der Lagerhalter kann dem Vorleger das Lagergut ausliefern.

C Wechselrecht

Literatur: wie oben V/A und *Hauser*, Wechsel- und Scheckrecht[2] (1999); *Pimmer*, Wechselgesetz und Scheckgesetz[9] (1992); *Wagner*, Wechsel und Protest (1992).

1 Begriff

Der **Wechsel** ist ein Wertpapier über eine Geldforderung, das in einer **808**
gesetzlich bestimmten Form auszustellen ist und ein abstraktes Versprechen des Ausstellers enthält, eine bestimmte Geldsumme entweder selbst zu bezahlen oder durch eine andere Person bezahlen zu lassen.

2 Arten

a Eigener Wechsel

Beim in der Praxis unbedeutenden **eigenen Wechsel** (Solawechsel; **809**
Art 75 ff WG) verspricht der Aussteller selbst dem Begünstigten die Bezahlung der Wechselsumme.

Beispiel:

Graz, am 20.2.2015

Gegen diesen Wechsel zahle ich (...) [Name des Ausstellers] am 20.5.2015 an (...) [Name des Begünstigten] € 1.000,–.

Unterschrift des Ausstellers

b Gezogener Wechsel

Der vom Wechselgesetz vorgesehene Regelfall des **gezogenen** **810**
Wechsels (Tratte) stellt sich als Dreipersonenverhältnis dar. Der Wechselaussteller (Trassant) weist den Bezogenen (Trassat) an, dem Wechselnehmer (Remittent, Begünstigter) eine bestimmte Geldsumme zu bezahlen.

Beispiel:

Graz, am 20.2.2015

Gegen diesen Wechsel zahlen Sie (...) [Name des Bezogenen] am 20.5.2015 an (...) [Name des Begünstigten] € 1.000,–.

Unterschrift des Ausstellers

3 Wechselstrenge

811 Das WG trägt der Rechtssicherheit und der Umlauffähigkeit des Wechsels durch den Grundsatz der **formellen Wechselstrenge** Rechnung. Dieser Grundsatz kommt durch die zwingende Geltung von Vorschriften über Form und Fristen zum Ausdruck. Damit der Wechselanspruch erhalten bleibt, müssen die strengen formellen Vorschriften über die **Vorlegungsfristen** und den **Protest** eingehalten werden. Im Übrigen kann der Wechselanspruch in einem eigenen, schnellen und streng formalen Urkundenverfahren (**Wechselmandatsverfahren**; s dazu Rz 863 f) eingeklagt werden.

4 Wirtschaftliche Bedeutung

a Allgemeines

812 Die ursprüngliche wirtschaftliche Hauptbedeutung des Wechsels als **Zahlungsmittel** wurde im Laufe der Zeit weitgehend von der Funktion des Wechsels als **Kreditmittel** verdrängt. Bedeutung kommt dem Wechsel auch als **Sicherungsmittel** zu.

b Zahlungsfunktion

813 Der Zahlungsfunktion dient der **Warenwechsel**. Dem Warenwechsel (Handelswechsel) liegt ein Geschäft (Warenlieferung etc) zwischen Aussteller und Akzeptant zugrunde. Da aber der Käufer die Kaufpreisforderung nicht sofort bar bezahlen will oder kann, akzeptiert er einen vom Verkäufer auf ihn gezogenen Wechsel. Dabei wird die Laufzeit des Wechsels nach den Stundungsbedürfnissen des Käufers festgelegt. Auf diese Weise wird dem Käufer vom Verkäufer überdies Kredit eingeräumt, so dass der Wechselbegebung insofern auch Kreditfunktion zukommt.

Der Verkäufer hat folgende Möglichkeiten, um „an sein Geld zu kommen“: 814

- Er kann den **Wechsel** zur Bezahlung einer eigenen Schuld an einen seiner Gläubiger **indossieren** (s dazu Rz 762, 834 f).
- Er kann den Warenwechsel auch vor der Fälligkeit zu Bargeld machen, indem er ihn an eine Bank indossiert **(Diskontgeschäft)**.
- Er kann den **Wechsel** bis zur Fälligkeit bei sich **liegen lassen** und dann selbst geltend machen (s dazu Rz 839 ff); wenn der Schuldner am Fälligkeitstag nicht bezahlt, kann der Verkäufer seinen Anspruch im schnellen Wechselmandatsverfahren durchsetzen (s dazu Rz 863 f).

c Kreditfunktion

Kreditfunktion kommt dem **Finanzwechsel** zu. Beim Finanzwechsel (Kreditwechsel) erhält der Akzeptant keinen Gegenwert vom Aussteller und setzt nur deshalb seine Annahmeerklärung auf den Wechsel, damit der Aussteller den akzeptierten Wechsel als Zahlungs- oder Diskontierungsmittel einsetzen kann. Die gebräuchlichsten Formen des Finanzwechsels sind das **Bankakzept** und das **Gefälligkeitsakzept**. 815

d Sicherungsfunktion

Zur **Sicherung** von Darlehen kann sich der Kreditgeber vom Kreditnehmer einen Eigenwechsel ausstellen oder eine Tratte akzeptieren lassen (**Deckungswechsel**, Depotwechsel, Kautionswechsel); zumeist sind solche Wechsel als Blankowechsel (s dazu Rz 826 ff) ausgestaltet. Die Sicherungswirkung des Deckungswechsels erhöht sich, wenn neben dem Kreditnehmer auch noch eine kreditwürdige dritte Person den Wechsel unterfertigt. 816

5 Wechselbestandteile

Damit ein iSd WG gültiger Wechsel vorliegt, müssen folgende Voraussetzungen erfüllt sein: 817

- Die Urkunde muss im Text als Wechsel bezeichnet werden (**Wechselklausel**; Art 1 Z 1 WG).
- Der Wechsel muss die unbedingte Anweisung enthalten, eine bestimmte Geldsumme zu zahlen (**Zahlungsklausel**; Art 1 Z 2 WG).

Der Wechsel kann auch auf eine fremde Währung lauten (**Fremdwährungswechsel**; Art 41 WG).

- Im Wechsel muss der **Name des Bezogenen** enthalten sein (Art 1 Z 3 WG); dieses Erfordernis entfällt nur beim eigenen Wechsel, weil bei diesem der Aussteller selbst die Zahlung verspricht und es somit keinen Bezogenen gibt (Art 75 WG).
- Der Wechsel muss die Angabe der **Verfallzeit** enthalten (Art 1 Z 4 WG). Das ist der Zeitpunkt, zu dem der Wechsel bezahlt werden soll. Der Aussteller kann zwischen vier Verfallzeiten wählen:
  - Der **Sichtwechsel** wird dem Bezogenen zur Zahlung vorgelegt und ist mit dem Zeitpunkt der Vorlage fällig (zB „bei Vorlegung"; „jederzeit"). Ein Wechsel ohne Angabe der Verfallzeit gilt als Sichtwechsel (Art 2 Abs 2 WG).
  - Der **Nachsichtwechsel** (Art 23 WG) wird dem Bezogenen zur Annahme vorgelegt und eine bestimmte Zeit nach dem Tag der Annahme oder nach dem Tag des Protestes mangels Annahme fällig (zB „zahlen sie 14 Tage nach Sicht").
  - Der **Datowechsel** (Art 36 WG) wird eine bestimmte Zeit nach der Ausstellung fällig (zB „zahlen Sie zwei Monate a dato").
  - Der in der Praxis übliche **Tagwechsel** (Art 37 WG) gibt einen bestimmten Fälligkeitstag an (zB „zahlen Sie am 18.3.2015").
- Der Wechsel muss die Angabe des **Zahlungsortes** enthalten (Art 1 Z 5 WG). Mangels einer besonderen Angabe gilt der beim Namen des Bezogenen angegebene Ort als Zahlungsort (Art 2 Abs 3 WG).
- Der Wechsel muss den Namen dessen enthalten, an den oder an dessen Order gezahlt werden soll (**Begünstigter** oder **Remittent**; Art 1 Z 6 WG).
- Der Wechsel muss die Angabe des **Tages** und **Ortes** der **Ausstellung** enthalten (Art 1 Z 7 WG). Ein Wechsel ohne Angabe des Ausstellungsortes gilt an dem Ort als ausgestellt, der beim Namen des Ausstellers angegeben ist (Art 2 Abs 4 WG).
- Der Wechsel muss die **Unterschrift des Ausstellers** enthalten (Art 1 Z 8 WG).

6 Wechselfähigkeit

818 Bezüglich der Wechselfähigkeit ist zwischen der Wechselrechtsfähigkeit und der Wechselgeschäftsfähigkeit zu unterscheiden.

819 **Wechselrechtsfähig** sind alle natürlichen und juristischen Personen sowie die im UGB geregelten eingetragenen Personengesellschaften (OG, KG).

820 Die **Wechselgeschäftsfähigkeit** entspricht der Geschäftsfähigkeit nach bürgerlichem Recht (§§ 151, 273 f, 865 ABGB; s dazu Rz 43 ff).

Sofern ein Wechsel Unterschriften von Personen aufweist, die eine Wechselverbindlichkeit nicht eingehen können (weil sie zB geschäftsunfähig sind), hat dies auf die Gültigkeit der übrigen Unterschriften keinen Einfluss (**Grundsatz der Selbständigkeit der Wechselerklärungen**; Art 7 WG). 821

7 Vertretung

Die **Unterzeichnung** durch einen ermächtigten Vertreter auf einem Wechsel kann auf zweierlei Arten erfolgen: Entweder unterfertigt der Vertreter mit seinem eigenen Namen und legt das Vertretungsverhältnis offen (Bsp: Werner zeichnet als Vertreter von Peter mit: „Werner in Vertretung für Peter“) oder der Vertreter unterzeichnet mit dem Namen des Vertretenen. 822

Wer auf einem Wechsel seine Unterschrift als Vertreter eines anderen setzt, ohne hiezu ermächtigt zu sein, haftet selbst wechselmäßig; ebenso ein Vertreter, der seine Vertretungsbefugnis überschritten hat (**falsus procurator**; Art 8 WG). 823

8 (Ver-)Fälschung

a Fälschung

Bei der **Fälschung**, also der Herstellung einer unechten Urkunde, haftet der **Namensträger**, dessen angebliche Wechselerklärung gefälscht wurde, grundsätzlich nicht. Eine Haftung kommt ausnahmsweise nur dann in Frage, wenn der Namensträger einen entsprechenden Rechtsschein veranlasst hat oder die Unterschriftenfälschung genehmigt. Den **Fälscher** selbst trifft die gleiche Haftung wie den falsus procurator (s dazu Rz 823). 824

b Verfälschung

Eine **Verfälschung** liegt vor, wenn ein anfänglich vollständiger Wechsel nachträglich unbefugt verändert wird. In diesem Fall haftet jeder Unterzeichner nach dem im Zeitpunkt seiner Unterschrift gültigen Wechselinhalt (Art 69 WG). 825

9 Blankowechsel

826 Ein **Blankowechsel** (Art 10 WG) ist eine hinsichtlich eines oder mehrerer Bestandteile bewusst unausgefüllt gelassene Urkunde, die bereits mit der Ermächtigung ausgehändigt wird, einen vollständigen Wechsel herzustellen.

827 In der Bankpraxis werden häufig Blankoakzepte – also mit der bloßen Unterschrift des Bezogenen versehene Wechselformulare – zur Sicherung von Krediten bzw Kreditkonten eingesetzt. Im Zusammenhang damit lässt sich die Bank regelmäßig vom Kreditnehmer in einer (meist formularmäßig gestalteten) **Wechselwidmungserklärung** Bestand und Umfang der Ausfüllungsermächtigung bestätigen.

828 Das Risiko des Missbrauches eines Blankowechsels trägt derjenige, der die Urkunde ausstellt und begibt; eine **vertragswidrige Ausfüllung** des Blankowechsels kann dem Wechselinhaber nur dann entgegengehalten werden, wenn dieser beim Erwerb bösgläubig war oder ihm grobe Fahrlässigkeit zur Last fällt (Art 10 WG).

10 Akzept

a Wirkung

829 Mit der Annahme des Wechsels **(Akzept)** verpflichtet sich der Bezogene wechselrechtlich dazu, bei Verfall den Wechsel zu bezahlen (Art 28 Abs 1 WG). Durch die Abgabe des Akzepts wird der Bezogene zum Hauptschuldner; er haftet dem jeweiligen Wechselinhaber unmittelbar aus dem Wechsel.

b Form

830 Die Annahmeerklärung ist auf den Wechsel zu setzen; sie wird durch das Wort „angenommen“ oder ein gleichbedeutendes Wort ausgedrückt und ist vom Bezogenen zu unterschreiben. Ausreichend ist bereits die **bloße Unterschrift** des Bezogenen auf der **Vorderseite des Wechsels** (Art 25 Abs 1 WG).

c Arten

Der Bezogene kann die Annahme auf einen Teil der Wechselsumme beschränken (**Teilakzept**; Art 26 Abs 1 WG); wenn der Bezogene den Wechsel hingegen hinsichtlich eines die Wechselsumme übersteigenden Betrages annimmt **(Mehrakzept)**, haftet er nur in Höhe der Wechselsumme. 831

Ein **bedingtes Akzept** ist stets nichtig (Art 26 Abs 1 WG). Auch dann, wenn das Akzept irgendeine andere Abweichung von den Bestimmungen des Wechsels enthält **(modifiziertes Akzept)**, gilt die Annahme als vollständig verweigert; dennoch tritt eine Haftung nach dem Inhalt der Annahmeerklärung ein (Art 26 Abs 2 WG). 832

11 Übertragung

a Zession

Jede Wechselforderung kann durch **Zession** (s dazu Rz 333 ff) übertragen werden; ein **Rektawechsel** kann nur auf diese Weise übertragen werden. 833

b Indossament

Die gängigste Form der Wechselübertragung stellt das **Indossament** dar. Das ist der schriftliche, meist auf der Rückseite des Wechsels befindliche Vermerk des Indossanten, dass ein anderer (der Indossatar) die Rechte aus dem Wechsel haben soll. Die Rechtsnachfolge des Indossatars ist vollzogen, wenn er vom Indossanten den indossierten Wechsel übergeben erhalten hat. Der Indossatar kann den erworbenen Wechsel seinerseits durch Indossament übertragen und so eine **„Indossamentenkette"** begründen; dadurch wird er selbst zum Indossanten. 834

Das Indossament zeitigt drei **Wirkungen**: 835

- Die **Transportfunktion** (Art 14 Abs 1 WG) bewirkt, dass durch das Indossament alle Rechte aus dem Wechsel, wie sie sich aus dem Inhalt der Urkunde ergeben, auf den Indossanten übergehen; die Transportwirkung besteht nur insoweit, als der Erwerber redlich ist.
- Die **Garantiefunktion** des Indossaments besteht darin, dass – mangels eines entgegenstehenden Vermerks – der Indossant allen Nachfolgern für die Annahme und Zahlung der gesamten Wech-

selsumme haftet (Art 15 Abs 1 WG).
- Als rechtmäßiger Wechselinhaber gilt, wer den Wechsel in Händen hat und sein Recht durch eine ununterbrochene Reihe von Indossamenten nachweist **(Legitimationswirkung;** Art 16 Abs 2 WG).

c Besondere Indossamente

ca Blankoindossament

836 Beim – vom Blankowechsel (s dazu Rz 826 ff) streng zu unterscheidenden – **Blankoindossament** (Art 13 Abs 2 WG) ist der Indossatar nicht namentlich angegeben; es weist lediglich die Unterschrift des Indossanten auf. Die praktische Bedeutung des Blankoindossaments besteht darin, dass der Wechsel wie ein Inhaberpapier durch bloße Einigung und Übergabe übertragen werden kann, obwohl der Wechsel selbst kein Inhaberpapier ist (s dazu Rz 762).

cb Vollmachtsindossament

837 Durch das **Vollmachtsindossament** (Inkassoindossament, Prokuraindossament) wird der Indossatar – häufig die mit dem Wechselinkasso beauftragte Hausbank des Wechselinhabers – mittels eines entsprechenden Vermerks (zB „Wert zur Einziehung", „zum Inkasso", „in Prokura") dazu berechtigt, alle Rechte aus dem Wechsel geltend zu machen, ohne dass er selbst Eigentümer des Wechsels wird (Art 18 Abs 1 WG).

cc Pfandindossament

838 Beim **Pfandindossament** wird der Indossatar durch einen entsprechenden Vermerk (zB „Wert zur Sicherheit", „Wert zum Pfand") als Pfandgläubiger bezeichnet (Art 19 Abs 1 WG). Der Indossatar erwirbt zwar kein Eigentum am Wechsel, wohl aber ein leicht zu verwertendes Pfandrecht, da er als Inhaber alle Rechte aus dem Wechsel geltend machen kann.

12 Verfall, Zahlung und Rückgriff

a Verfall

Verfall des Wechsels bedeutet Eintritt der Fälligkeit der Wechselschuld. Der Verfalltag deckt sich idR mit dem **Zahlungstag** als dem Tag, an dem die Zahlung verlangt werden kann. Nur dann, wenn der Wechsel an einem „Feiertag" verfällt, ist Zahlungstag erst der nächste Werktag. 839

Im Rahmen der **Prolongation** (qualifizierte Stundung) des Wechselanspruchs wird der Verfalltag, also die Fälligkeit der Forderung, hinausgeschoben. Wird zwischen dem berechtigten Wechselinhaber und dem Betroffenen eine qualifizierte Stundung der Wechselschuld vereinbart, so ist die Anbringung eines entsprechenden schriftlichen Vermerks auf dem Wechsel erforderlich. Denkbar ist aber auch die Ausstellung eines zweiten Wechsels **(Prolongationswechsel)** über denselben Betrag (allenfalls zuzüglich Kosten und Zinsen) mit späterer Verfallzeit, wobei der Erstwechsel zurückzugeben ist. 840

Durch die **reine Stundung** des Wechselanspruches wird lediglich der Zahlungstag hinausgeschoben, während der Verfalltag und auch die Protestpflicht aufrecht bleiben. Der Wechselinhaber verzichtet aber vorläufig auf die gerichtliche Geltendmachung des Wechselanspruches. 841

b Zahlung

Bezüglich der **Wirkung der Zahlung** ist zu unterscheiden, ob der Bezogene bzw Akzeptant oder ob ein Rückgriffsschuldner den Wechsel bezahlt. 842

Bezahlt der **Bezogene** bzw **Akzeptant** den Wechsel, so erlischt die Wechselforderung und sämtliche Wechselschuldner werden aus dem wechselrechtlichen Haftungsverband entlassen. 843

Wenn hingegen ein **Rückgriffsschuldner** bezahlt, erlischt die Wechselforderung nicht, vielmehr kann der Zahler seine Vormänner aus dem Wechsel in Anspruch nehmen. 844

Soweit der Bezogene die ganze Wechselsumme bezahlt, kann er vom Inhaber die **Aushändigung des quittierten Wechsels** verlangen (Art 39 Abs 1 WG). 845

Der Wechselinhaber darf die Zahlung eines **Teilbetrages** der Wechselsumme nicht zurückweisen (Art 39 Abs 2 WG). 846

Wenn der Bezogene an einen **Nichtberechtigten** bezahlt, so ist wie folgt zu unterscheiden: Bei einer **Zahlung bei Verfall** wird er grundsätzlich von seiner Verbindlichkeit frei; erfolgt aber eine **Zah-** 847

lung vor Verfall, so tritt eine Befreiung des Bezogenen nur ein, wenn tatsächlich an den sachlich Berechtigten bezahlt wurde.

c Rückgriff

ca Allgemeines

848 Alle, die einen Wechsel ausgestellt, angenommen, indossiert oder mit einer Bürgschaftserklärung versehen haben, haften dem Inhaber als **Gesamtschuldner** (Art 47 Abs 1 WG). Daher kann der Inhaber jeden einzelnen Rückgriffsschuldner oder mehrere oder alle zusammen in Anspruch nehmen, ohne an irgendeine Reihenfolge gebunden zu sein (**Sprungregress**; Art 47 Abs 2 WG). Durch die Geltendmachung des Anspruches gegen einen Wechselverpflichteten verliert der Inhaber seine Rechte gegen die anderen Wechselverpflichteten nicht, auch nicht gegen die Nachmänner des zuerst in Anspruch Genommenen (**ius variandi**; Art 47 Abs 4 WG).

cb Materielle Rückgriffsvoraussetzungen

849 Die **materiellen Rückgriffsvoraussetzungen** sind in Art 43 WG festgelegt; der Wechsel muss **„notleidend"** geworden sein.

850 Wenn einer der nachfolgenden Rückgriffsgründe vorliegt, ist der Wechsel notleidend geworden:

- gänzliche oder teilweise **Nichtzahlung durch den Bezogenen bzw Akzeptanten** bei Verfall des Wechsels (Art 43 Abs 1 WG);
- gänzliche oder teilweise **Nichtannahme des Wechsels** vor Verfall (Art 43 Abs 2 Z 1 WG);
- **mangelnde Sicherheit des Bezogenen** vor Verfall (Insolvenzverfahren, fruchtlose Zwangsvollstreckung, Zahlungseinstellung; Art 43 Abs 2 Z 2 WG).

cc Formelle Rückgriffsvoraussetzungen

851 Die **formellen Rückgriffsvoraussetzungen** dienen dem Beweis der „Wechselnot". IdR ist für den Rückgriff eine **Protesterhebung** erforderlich. Der **Protest** ist die in einer öffentlichen Urkunde erfolgte Feststellung, dass eine wechselmäßige Leistung ordnungsgemäß verlangt, diese aber vom Bezogenen oder Akzeptanten verweigert wurde.

852 In folgenden Fällen ist eine Protesterhebung erforderlich:

- Die Verweigerung der Annahme muss durch **Protest mangels Annahme** festgestellt werden (Art 44 Abs 1 WG).
- Die Verweigerung der Zahlung eines fälligen Wechsels muss durch

Protest mangels Zahlung festgestellt werden (Art 44 Abs 1 WG).

- In den Fällen der Zahlungseinstellung des Bezogenen und der fruchtlos verlaufenen Zwangsvollstreckung muss der Wechsel dem Bezogenen – unabhängig davon, ob er den Wechsel akzeptiert hat oder nicht – zur vorzeitigen Zahlung vorgelegt und erforderlichenfalls **Protest mangels Zahlung** erhoben werden (Art 44 Abs 5 WG).

Kein Protest ist hingegen im Fall der Eröffnung eines Insolvenz- 853
verfahrens bzw der Anordnung der Geschäftsaufsicht erforderlich. Zur Ausübung des Rückgriffsrechtes genügt die Vorlage des entsprechenden Gerichtsbeschlusses (Art 44 Abs 6 WG). Im Übrigen kann durch die Setzung eines entsprechenden Vermerks auf dem Wechsel (zB „ohne Kosten", „ohne Protest") der Protest auch erlassen werden (Art 46 WG).

Der Wechselinhaber verliert gem Art 53 Abs 1 WG alle Rückgriffs- 854
ansprüche **(Präjudizierung)** durch Versäumung der Fristen:

- für die Vorlegung eines Sicht- oder Nachsichtwechsels;
- für die Erhebung des Protestes mangels Annahme oder mangels Zahlung;
- für die Vorlegung zur Zahlung im Fall des Vermerks „ohne Kosten".

13 Wechselbürgschaft

a Wechselbürge

Wechselbürge kann jeder Dritte, aber auch eine Person sein, die be- 855
reits wechselmäßig haftet (Art 30 Abs 2 WG). Allerdings scheidet der Akzeptant (als Hauptschuldner aus dem Wechsel) als Wechselbürge aus. Haftet der Wechselbürge für den Aussteller oder einen Indossanten, bezeichnet man ihn als **Rückgriffsbürgen**; haftet er für den Akzeptanten, bezeichnet man ihn als **Akzeptbürgen**.

b Form und Wirkung

Die **Bürgschaftserklärung** muss auf den Wechsel oder auf einen 856
Anhang gesetzt und vom Wechselbürgen unterschrieben werden (Art 31 Abs 1 und 2 WG). Der Vermerk muss als Bürgschaftserklärung erkennbar sein (zB „per Aval", „als Bürge") und es soll angegeben werden, für wen die Bürgschaftserklärung geleistet wird (Art 31 Abs 4 WG).

Der Wechselbürge **haftet** in der gleichen Weise wie derjenige, für 857
den er sich verbürgt hat (Art 32 Abs 1 WG).

c Verkleidete Wechselbürgschaft

858 Von der Wechselbürgschaft im rechtstechnischen Sinne zu unterscheiden ist die im tatsächlichen Wechselverkehr außerordentlich häufige so genannte **verkleidete Wechselbürgschaft**. Entgegen der etwas missverständlichen Bezeichnung handelt es sich dabei um keine Sonderform der Wechselbürgschaft, sondern um eine **Sicherungsabrede eigener Art**. Die Bezeichnung erklärt sich daraus, dass der verkleidete Wechselbürge in der Praxis zusätzlich zur wechselmäßigen Haftung für eine fremde Schuld häufig auch eine Bürgschaft nach den Vorschriften des ABGB übernommen hat. Die Wechselzeichnung des verkleideten Wechselbürgen erfolgt dabei typischerweise in Form eines Blankoakzepts (s dazu Rz 827), das einem Dritten – zumeist einer Bank – zur Besicherung der fremden Schuld übergeben wird.

859 Rechtsstreitigkeiten entzünden sich bei der verkleideten Wechselbürgschaft vor allem an der Frage, inwieweit die Bank gegenüber dem verkleideten Wechselbürgen eine **Aufklärungspflicht** über die Vermögensverhältnisse des Hauptschuldners trifft. Außerdem geht es häufig darum, welchen **Inhalt und Umfang** die mit der verkleideten Wechselbürgschaft verbundene Haftungsübernahme hat.

14 Wechselverjährung und Wechselbereicherung

a Wechselverjährung

860 Sofern eine Wechselforderung verjährt ist, kann sie nicht mehr rechtswirksam geltend gemacht werden (s allgemein zur Verjährung Rz 373 ff). Dabei betragen die in Art 70 WG festgelegten (besonderen) **Verjährungsfristen**:

- drei Jahre vom Verfalltag beim Wechselanspruch gegen den **Akzeptanten** (Art 70 Abs 1 WG);
- ein Jahr vom Tag des rechtzeitig erhobenen Protestes bzw im Fall des Vermerks „ohne Kosten" vom Verfalltag beim so genannten **Erstrückgriff** des Wechselinhabers gegen den Aussteller und die Indossanten (Art 70 Abs 2 WG);
- sechs Monate vom Tag der Einlösung oder der gerichtlichen Geltendmachung des Wechselanspruches beim so genannten **Einlösungsrückgriff** des Indossanten gegen den Aussteller und andere Indossanten (Art 70 Abs 3 WG).

b Wechselbereicherung

Der **Wechselbereicherungsanspruch** steht dem Wechselinhaber gegen den Aussteller oder den Akzeptanten, nicht aber gegen einen Indossanten oder einen Wechselbürgen zu (Art 89 Abs 2 WG). 861

Zur Geltendmachung des Wechselbereicherungsanspruches müssen folgende zwei **Voraussetzungen** gegeben sein: 862

- Der Wechselinhaber muss seinen wechselrechtlichen **Anspruch** gegen den Aussteller bzw gegen den Akzeptanten durch Verjährung (s dazu Rz 860) oder Präjudizierung (s dazu Rz 854) **verloren** haben und
- dadurch muss der Aussteller bzw der Akzeptant zum Nachteil des Wechselinhabers **bereichert** worden sein.

15 Wechselmandatsverfahren

Zur gerichtlichen Geltendmachung von Wechselansprüchen ist ein eigenes Verfahren vorgesehen. Dabei handelt es sich um das **Wechselmandatsverfahren** (§§ 555 bis 559 ZPO). Bei diesem wird zunächst – ohne Anhörung des Beklagten – ein Wechselzahlungsauftrag erlassen. Eine mündliche Verhandlung wird nur angeordnet, wenn der Beklagte innerhalb von 14 Tagen Einwendungen gegen den Wechselzahlungsauftrag erhebt. In dieser wird dann mit Urteil über die Aufrechterhaltung bzw die Aufhebung des Wechselzahlungsauftrages erkannt. Unabhängig von der Überleitung in das ordentliche Verfahren kann allerdings auf Grund des Wechselzahlungsauftrages ohne den sonst erforderlichen Nachweis einer Gefährdung und ohne Sicherheitsleistung Exekution zur Sicherstellung geführt werden (§ 371 Z 2 iVm § 1 Z 2 EO). 863

Damit ein Wechselzahlungsauftrag erlassen werden kann, müssen folgende Voraussetzungen gegeben sein: 864

- die **Vorlage** eines (iSv Art 1 WG) formal gültigen und unbedenklichen **Wechsels**;
- ein ausdrücklicher **Antrag** auf Erlassung eines Wechselzahlungsauftrages;
- wurde der Wechsel von einem Machthaber unterschrieben, ist eine entsprechende **Vollmacht** vorzulegen;
- soweit Rückgriffsansprüche vor **Verfall** geltend gemacht werden, müssen die in Art 43 und 44 WG geforderten Voraussetzungen durch glaubwürdige, in Urschrift beigeschlossene **Urkunden** nachgewiesen werden;
- wenn außer der Wechselsumme weitere wechselmäßige Ansprüche verlangt werden (zB Kosten des Wechselprotests, der Nach-

richten und der Auslagen), müssen die dafür kausalen **Urkunden** und **Belege** (zB Protest, quittierte Rechnung) im Original vorgelegt werden;
- soweit **Anwaltspflicht** gem §§ 27 bzw 29 Abs 1 ZPO besteht, ist eine von einem Anwalt unterschriebene Klage erforderlich.

D Scheckrecht

Literatur: wie oben V/A bzw V/C und *Apathy/Iro/Koziol* (Hg), Österreichisches Bankvertragsrecht Bd III^2: Zahlungsverkehr (2007).

1 Allgemeines

a Begriff

865 Der **Scheck** ist eine schriftliche und in bestimmter Form ausgestellte, unbedingte Zahlungsanweisung an die bezogene Bank, bei welcher der Scheckaussteller idR ein Guthaben hat, dem Scheckinhaber eine bestimmte Geldsumme zu zahlen.

866 Durch den **Scheckvertrag** verpflichtet sich die Bank dem Aussteller gegenüber zur Einlösung der auf sie gezogenen Schecks, soweit diese durch ein verfügbares Guthaben des Ausstellers gedeckt sind; die Bank kann aber auch einen „ungedeckten Scheck" entgegennehmen und honorieren. Eine scheckrechtliche Einlösungsverpflichtung der bezogenen Bank gegenüber dem Einreicher besteht hingegen nicht und kann wegen des so genannten „Akzeptverbotes" (s dazu Rz 870) auch nicht wirksam begründet werden.

b Wirtschaftliche Funktion

867 Die **wirtschaftliche Bedeutung** des Schecks liegt ausschließlich in seiner Zahlungsfunktion begründet.

868 Wird ein Scheck entgegengenommen, so gilt er im Zweifel als bloß **zahlungshalber** gegeben (s dazu Rz 367 f), so dass die Erfüllung erst dann eintritt, wenn der Gläubiger den Gegenwert des Schecks erhält.

c Unterschiede zum Wechsel

Als Faustregel kann gelten, dass derjenige, welcher einen Wechsel gibt, idR Geld braucht und derjenige, welcher einen Scheck gibt, idR Geld hat. 869

870 Im Unterschied zum Wechsel kann der Scheck als **Inhaberpapier** ausgestellt sein (s dazu Rz 870). Auch ist der Scheck stets **bei Sicht zahlbar** (Art 28 Abs 1 SchG; s dazu Rz 760 ff) und es gilt bei ihm ein **Akzeptverbot** (Art 4 SchG). Weiters sind beim Scheck die Setzung eines **Indossaments** und die Abgabe einer **Scheckbürgschaftserklärung** des Bezogenen nichtig (Art 15 Abs 3 und Art 25 Abs 2 SchG).

871 Überdies soll der Scheck nur auf einen **Bankier** gezogen werden, bei dem der Aussteller ein Guthaben hat (Art 3 SchG). Schließlich sind beim Scheck die **formellen Rückgriffsvoraussetzungen** anders als beim Wechsel ausgestaltet (s dazu Rz 886).

2 Bestandteile

872 Da jeder Scheck bei Sicht zahlbar ist (Art 28 Abs 1 SchG), kann bei ihm die Angabe der **Verfallzeit** fehlen. Ebenso ist die Angabe des **Remittenten** entbehrlich, da der Scheck auch ein Inhaberpapier sein kann (Art 5 Abs 3 SchG).

873 Im Übrigen müssen folgende **sechs Formerfordernisse** erfüllt sein, damit ein gültiger Scheck vorliegt:

- Die Urkunde muss im zusammenhängenden Text als Scheck bezeichnet werden (**Scheckklausel**; Art 1 Z 1 SchG).
- Der Scheck muss die unbedingte Anweisung enthalten, eine bestimmte Geldsumme zu zahlen (**Zahlungsklausel**; Art 1 Z 2 SchG).
- In der Urkunde muss der Name des **Bezogenen** (Bankier) enthalten sein (Art 1 Z 3 SchG).
- Auf dem Scheck ist weiters der **Zahlungsort** anzugeben (Art 1 Z 4 SchG); mangels einer besonderen Angabe gilt der beim Namen des Bezogenen angegebene Ort als Zahlungsort (Art 2 Abs 2 SchG).
- Der Scheck muss die Angabe des **Tages** und **Ortes** der **Ausstellung** enthalten (Art 1 Z 5 SchG). Ein Scheck ohne Angabe des Ausstellungsortes gilt als an dem Ort ausgestellt, der beim Namen des Ausstellers angegeben ist (Art 2 Abs 4 SchG). Eine **Vordatierung** – also die Angabe eines in der Zukunft liegenden Ausstellungstages – ist auch beim Scheck möglich; allerdings ist ein vordatierter Scheck auch dann am Tag der Vorlegung zahlbar, wenn er vor Eintritt des angegebenen Ausstellungstages vorgelegt wird (Art 28 Abs 2 SchG).
- Der Scheck hat schließlich auch die **Unterschrift des Ausstellers** zu enthalten (Art 1 Z 6 SchG).

3 Übertragung

a Inhaberscheck

874 Gem Art 5 SchG ist der **Inhaberscheck** ein Scheck, der keinen Nehmer angibt oder an den Inhaber zahlbar gestellt ist oder zwar eine bestimmte Person als Zahlungsempfänger bezeichnet, aber mit einer Überbringerklausel ausgestattet ist. Die **Übertragung** eines Inhaberschecks erfolgt durch Einigung und Übergabe.

b Orderscheck

875 Der Scheck kann als geborenes Orderpapier auch durch **Indossament** und Übergabe übertragen werden. **Form** und **Wirkungen** des Indossaments (Art 14 ff SchG) entsprechen den diesbezüglich im WG getroffenen Regelungen; insbes zeitigt auch das Scheckindossament eine Transport- sowie eine Garantie- und eine Legitimationswirkung (s dazu oben Rz 835).

c Rektascheck

876 Wird ein Scheck mit einer negativen Orderklausel versehen, so liegt ein **Rektascheck** vor, der nur durch gewöhnliche Abtretung und Übergabe des Schecks übertragen werden kann (Art 14 Abs 2 SchG).

4 Vorlegung und Zahlung

877 Jeder Scheck ist **bei Sicht zahlbar**; eine gegenteilige Angabe gilt als nicht geschrieben (Art 28 Abs 1 SchG). Das gilt auch für den vordatierten Scheck (Art 28 Abs 2 SchG).

878 Die Vorlegungsfristen betragen:

- beim Inlandsscheck (Ausstellungs- und Zahlungsort liegen im Inland) **acht Tage** (Art 29 Abs 1 SchG);
- beim Auslandsscheck, wenn Ausstellungs- und Zahlungsort im selben Erdteil liegen, **20 Tage** (Art 29 Abs 2 SchG);
- beim Auslandsscheck, wenn Ausstellungs- und Zahlungsort in verschiedenen Erdteilen liegen, **70 Tage** (Art 29 Abs 2 SchG; vgl dazu auch Art 29 Abs 3 SchG).

Versäumt der Scheckinhaber die Vorlegungsfrist, so **kann** der Bezogene dennoch den Scheck **einlösen**, sofern der Aussteller den Scheck nicht widerrufen hat (Art 32 Abs 2 SchG). 879

Durch die **Bezahlung** der Schecksumme an den Berechtigten erlischt der Scheck. Der Bezogene kann vom Inhaber gegen Zahlung der Schecksumme die Aushändigung des quittierten Schecks verlangen (Art 34 Abs 1 SchG). In der Praxis wird die Quittung durch ein Blankoindossament erteilt, indem der Scheckinhaber seine Unterschrift auf die Rückseite des Schecks setzt. 880

5 (Ver-)Fälschung

Bei der **Fälschung** bzw einer **Verfälschung** des Schecks entstehen für den Aussteller – soweit er nicht einen entsprechenden Rechtsschein zurechenbar veranlasst hat – keine wertpapierrechtlichen Verpflichtungen: Gefälschte Schecks und verfälschte Schecks sind im Umfang ihrer Verfälschung unwirksam. Da somit keine wirksame Zahlungsanweisung vorliegt, hat der ausstellende Kontoinhaber für die Einlösung gefälschter und verfälschter Schecks **grundsätzlich** nicht aufzukommen. 881

6 Verrechnungsscheck

Trägt ein Scheck auf seiner Vorderseite den Vermerk „nur zur Verrechnung" oder einen gleichbedeutenden Vermerk (**Verrechnungsscheck**; Art 38 Abs 1 SchG), so ist die Barzahlung des Schecks untersagt. Der Bezogene darf in diesem Fall den Scheck nur im Wege der Gutschrift einlösen (also etwa durch Verrechnung, Überweisung oder Ausgleichung); die Gutschrift gilt als Zahlung (Art 38 Abs 2 SchG). Wenn die Bank einen Scheck, der einen Verrechnungsvermerk trägt, dennoch bar bezahlt, haftet sie für den entstandenen Schaden bis zur Höhe der Schecksumme (Art 38 Abs 4 SchG). Der Verrechnungsvermerk kann vom Aussteller und von jedem Scheckinhaber auf den Scheck gesetzt werden. 882

7 Rückgriff

Sofern der Bezogene die Einlösung des Schecks ablehnt und die Rückgriffsvoraussetzungen erfüllt sind, kann der Scheckinhaber **Rückgriff mangels Zahlung** nehmen. 883

884 **Rückgriffsschuldner** sind der Aussteller (Art 12 und Art 40 SchG), der seine Haftung nicht ausschließen kann, die Indossanten (Art 18 Abs 1 und Art 40 SchG) und die Scheckbürgen (Art 27 Abs 1 und Art 40 SchG). Die Rückgriffsschuldner haften als **Gesamtschuldner** (Art 44 Abs 1 SchG); der Scheckinhaber kann **Sprungregress** nehmen und ihm steht auch das **ius variandi** zu (Art 44 Abs 2 SchG; s dazu auch Rz 848).

885 Die **materielle Rückgriffsvoraussetzung** besteht darin, dass der Scheck rechtzeitig zur Zahlung vorgelegt und nicht eingelöst worden ist (Art 40 und Art 55 bis 57 SchG).

886 Die **formelle Rückgriffsvoraussetzung** besteht in der Feststellung der Zahlungsverweigerung. Diese kann gem Art 40 SchG durch **Protest** oder eine schriftliche, datierte Erklärung des Bezogenen auf dem Scheck, die den Tag der Vorlegung angibt **(Vorlegungserklärung)**, festgestellt werden.

8 Scheckkarte

887 Der **eurocheque** war zusammen mit der **eurocheque-Karte** viele Jahre ein beliebtes bargeldloses Zahlungsmittel. Bereits mit 31.12.2001 endete die internationale Garantie für die Einlösung von eurocheques; zu diesem Zeitpunkt hat auch die Einlösungsgarantie von ATS 2.500,– pro eurocheque ihre Gültigkeit verloren.

9 Kreditkarte

888 Wie seinerzeit eurocheque und Scheckkarte dient auch die **Kreditkarte** dem bargeldlosen Zahlungsverkehr. Hierbei vereinbart eine Kreditkartengesellschaft mit einzelnen Unternehmen, dass diese Unternehmen von ihren Kunden die Bezahlung unter Gebrauch von Kreditkarten anerkennen. Die Kreditkarte ist **kein Wertpapier**; grundsätzlich kommt ihr nur Beweisfunktion zu.

888/1 Sofern am Kreditkartengeschäft lediglich zwei Vertragspartner beteiligt sind, wird von so genannten **einfachen Kreditkarten** („Zwei-Parteien-Karten“) gesprochen. In diesen Fällen übergibt ein Unternehmen über Antrag eines (kreditwürdigen) Kunden diesem eine Kreditkarte. Die Kreditkarte berechtigt den Kunden ausschließlich zum bargeldlosen Bezug von Leistungen des die Kreditkarte ausgebenden Unternehmens (zB Kreditkarte einer Tankstellenkette).

888/2 So genannte **qualifizierte Kreditkarten** („Drei-Parteien-Karten“) werden von Kreditkartenorganisationen auf Antrag des Kunden ausgestellt. Im Vorfeld der Ausstellung erfolgt regelmäßig eine Bonitätsprüfung des Kunden. Sofern diese positiv verläuft, erhält der Kunde eine idR zeitlich befristete gültige Kreditkarte und muss dafür idR eine entsprechende (Jahres-)Gebühr bezahlen. Neben der Bezahlung der entsprechenden (Jahres-)Gebühren muss der Kreditkarteninhaber selbstverständlich auch die in den regelmäßigen Abrechnungen des Kreditkartenherausgebers ausgewiesenen Beträge bezahlen. Die qualifizierte Kreditkarte macht es möglich, dass der jeweilige Karteninhaber bei allen Vertragsunternehmen des Kreditkartenorganisators **bargeldlos Leistungen** in Anspruch nehmen kann, sofern er die Kreditkartendaten bekannt gibt. Organisationen, welche qualifizierte Kreditkarten ausgeben (zB Master Card), betreiben gem § 1 Abs 1 Z 6 BWG ein **Bankgeschäft** und bedürfen daher einer entsprechenden Konzession durch die Finanzmarktaufsichtsbehörde.

Sowohl einfache als auch qualifizierte Kreditkarten spielen in jüngerer Vergangenheit eine wichtige Rolle bei der Bezahlung von über **888/3**
das **Internet** getätigten Bestellungen. Obwohl dabei hochkomplexe Verschlüsselungssysteme zur Anwendung kommen, ist es nicht auszuschließen, dass es beim Gebrauch von Kreditkarten im Internet-Geschäft zu missbräuchlichen Verwendungen kommt. Dem tragen spezielle gesetzliche Regelungen, wie zB das Zahlungsdienstegesetz Rechnung.

Durch das so genannte **Zahlungsdienstegesetz** (ZaDiG, BGBl I **888/4**
2009/66) wurden weiterreichende Schutzregelungen zugunsten von Bankkunden normiert. Das ZaDiG erfasst in seinem Geltungsbereich ua grundsätzlich alle **Zahlungsinstrumente**; dabei handelt es sich um jene (personalisierten) Instrumente bzw Verfahrensabläufe, die zwischen Kunden und Bank vereinbart wurden und die vom Kunden eingesetzt werden (können), um einen Zahlungsauftrag zu erteilen (§ 3 Z 21 ZaDiG). Somit sind neben **Kartenzahlungen** auch **(Online-) Überweisungen** oder etwa **Lastschriftverfahren** mit umfasst. Neben zahlreichen anderen Bestimmungen beinhaltet das ZaDiG in § 35 Abs 1 ua, dass die Bank bei der Ausgabe von Zahlungsinstrumenten sicherzustellen hat, dass die personalisierten Sicherheitsmerkmale des Zahlungsinstruments keiner anderen Person als den zur Nutzung berechtigten (idR Kunde) zugänglich sind. Überdies hat die Bank dem Kunden gegenüber geeignete Mittel zur Verfügung zu stellen, damit dieser jeden Verlust bzw Diebstahl oder missbräuchliche Verwendungen bzw nicht autorisierte Nutzungen des Zahlungsinstrumentes (rasch) anzeigen kann. Von grundlegender Bedeutung ist weiters, dass gem § 34 ZaDiG im Falle der Bestreitung des Kunden betreffend einer Autorisierung eines Zahlungsvorganges grundsätzlich die Bank gegenüber dem Kunden umfassend **beweispflichtig** ist. Dies betrifft insbesondere den Beweis betreffend der Authentifizierung des Zahlungsvorganges, den Beweis betreffend der ordnungsgemäßen Do-

kumentation des Zahlungsvorganges, den Beweis des Nichtvorliegens von technischen oder anderen Störungen sowie überdies wohl auch den Beweis eines allfälligen grob fahrlässigen oder vorsätzlichen (betrügerischen) Handelns des Kunden. Sofern dem Nutzer im Falle der unberechtigten Nutzung eines (gestohlenen, verlorenen oder missbräuchlich verwendeten) Zahlungsinstruments lediglich **leichte Fahrlässigkeit** vorzuwerfen ist (zB der PIN-Code für das Online-Banking wird vom Kunden nicht sorgfältig verwahrt), haftet er mit maximal € 150,– dafür (§ 44 Abs 2 ZaDiG). Allerdings hat der Kunde der Bank (oder der von dieser benannten Stelle) den Verlust, Diebstahl, die missbräuchliche Verwendung oder die sonstige nicht autorisierte Nutzung des Zahlungsinstruments – sobald er davon Kenntnis hat – unverzüglich anzuzeigen (§ 36 Abs 2 ZaDiG); bei einer nicht bloß leicht fahrlässigen Verletzung dieser **Anzeigepflicht** tritt wiederum eine entsprechende Haftung des Kunden ein.

E Wertpapiere der Kapital- und Vermögensanlage

Literatur: *Apathy/Iro/Koziol* (Hg) Österreichisches Bankvertragsrecht Bd II^2: Konto und Depot (2008), IV^2: Kreditgeschäft (2012), VI^2: Kapitalmarkt (2007); *Brandl/Saria* (Hg), Wertpapieraufsichtsgesetz (1.-15. Lfg – 2015); *Diwok/Göth*, Bankwesengesetz Bd I (2005); *Fremuth/Laurer/Linc/Pötzelberger/Strobl*, Bankwesengesetz^2 (1999) und Ergänzungsband (2002); *Gruber/Raschauer*, Wertpapieraufsichtsgesetz Bd I und II (2010); *Grünwald/Schummer*, Wertpapierrecht^6 (2010); *Haschek/Braumann/Doralt/Csoklich*, Österreichisches Bank- und Börserecht^3 (1994); *Heidinger/Paul*, Kommentar zum Investmentfondsgesetz (2005); *Kalss*, Kapitalmarktrecht, in *Holoubek/Potacs* (Hg), Öffentliches Wirtschaftsrecht Bd II^3 (2013); *Kalss/Oppitz M/Zollner*, Kapitalmarkrecht^2 (2015); *Laurer/Borns/Strobl/Schütz M/Schütz O*, Kommentar zum Bankwesengesetz – BWG^3 (32. ErgLfg – 2014); *Oppitz M*, Bankrecht, in *Holoubek/Potacs* (Hg), Öffentliches Wirtschaftsrecht Bd II^3 (2013).

1 Grundsätzliches

889 Wie bereits erwähnt, kommt den Wertpapieren nicht nur eine Kredit- bzw eine Zahlungsfunktion zu, sondern sie eignen sich grundsätzlich auch zur **Vermögensanlage** (s dazu Rz 758). Am Kapitalmarkt stehen sich dabei Anbieter und Nachfrager von Wertpapieren gegenüber: Der **Emittent** (Ausgeber) hat ein Interesse daran, möglichst rasch Finanzmittel zu erhalten, welches er für die von ihm geplanten

geschäftlichen Projekte benötigt. Für den **Wertpapiererwerber** steht das Interesse an einer Geldanlage bzw Wertvermehrung im Vordergrund. In aller Regel erfolgt der Kauf bzw Verkauf von Wertpapieren über die einschlägigen Kreditinstitute.

2 Sparbuch

Das **Sparbuch** ist eine Urkunde, welche die Bank dem Berechtigten (Sparer) über eine Spareinlage ausstellt; in der jüngeren Vergangenheit werden von Kreditinstituten auch so genannte „Spar-Cards" ausgegeben, die – unter Verwendung eines entsprechenden PIN-Codes – zur Bargeldbehebung bei (bestimmten) Geldausgabeautomaten des ausgebenden Kreditinstituts berechtigen. Spareinlagen sind Geldleistungen bei Kreditinstituten, die nicht dem Zahlungsverkehr, sondern der Anlage dienen (§ 31 Abs 1 BWG). Praktisch gesehen handelt es sich dabei primär um eine **Kreditgewährung des Sparers an die Bank**. In der Bankpraxis haben sich dabei die unterschiedlichsten Sparformen ausgebildet (zB Spareinlagen mit fixem bzw variablem Zinssatz, Spareinlagen mit zeitlichen Bindungen). **890**

Im Regelfall wird ein entsprechendes Sparkonto für eine **gewisse Dauer** und nicht bloß kurzfristig eingerichtet; überdies soll die Einlage **verzinslich** sein. Aus diesen Gründen ist die Spareinlage entsprechend zu kennzeichnen, was durch die Ausfolgung einer besonderen **Sparurkunde** erfolgt. In dieser Urkunde werden alle Ein- und Auszahlungen des Sparers vermerkt (§ 32 Abs 1 BWG). Sparurkunden dürfen unter der Bezeichnung „Sparbuch" (oder ähnlichen Bezeichnungen) nur von den zum Spareinlagengeschäft befugten Banken bzw von der Österreichischen Postsparkasse ausgegeben werden. **891**

Beim **Sparbuch** handelt es sich um ein **echtes Wertpapier**, da die Vorlage der Sparurkunde erforderlich ist, um Auszahlungen aus dem Sparguthaben geltend machen zu können (§ 32 Abs 2 BWG); im Falle des Verlustes des Sparbuches ist ein entsprechendes Kraftloserklärungsverfahren (s dazu Rz 785) einzuleiten. **892**

Gem § 31 Abs 1 BWG können Sparbücher auf eine bestimmte Bezeichnung (zB „Neue Wohnung") oder auf den Namen des identifizierten Kunden lauten. Lautet das Sparbuch auf den Namen des Sparers, liegt ein **Namenssparbuch** vor. Dieses kann durch Zession übertragen werden; ein Schutz des gutgläubigen Erwerbers findet nicht statt. **893**

Bei den **anonymen Sparbüchern** handelt es sich um Sparbücher, welche auf eine „bestimmte Bezeichnung" iSv § 31 Abs 1 BWG lauten, wobei diese Bezeichnung lediglich eine Phantasiebezeichnung sein darf; durch § 31 Abs 1 BWG ist nämlich die Verwendung anderer Namen als **894** jenes des identifizierten Kunden ausgeschlossen. Bislang wurden derartige anonyme Sparbücher in der Praxis wie Inhaberpapiere behandelt.

895 Sofern auf ein Sparbuch mindestens € 15.000,– zur Einzahlung gebracht werden, ist vom jeweiligen Kreditinstitut eine Prüfung der Identität des Einzahlers vorzunehmen (**„Geldwäscheparagraf"**; § 40 Abs 1 Z 4 BWG). Bei Spareinlagen, die einen unter € 15.000,– liegenden Guthabensstand aufweisen und die nicht auf den Namen des identifizierten Kunden lauten, muss der Vorbehalt gemacht werden, dass Verfügungen nur gegen Abgabe eines bestimmten Losungswortes vorgenommen werden dürfen (§ 31 Abs 3 BWG). Bei Auszahlungen im Besonderen sind überdies die in § 32 Abs 4 BWG näher geregelten Voraussetzungen zu beachten.

896 Ein solcher **Vorbehalt**, der auch bei anderen Sparbüchern (freiwillig) gemacht werden kann, ist in der Sparurkunde und in den Aufzeichnungen des Kreditinstitutes zu vermerken. Wenn der Vorleger der Sparurkunde zur Angabe des Losungswortes nicht im Stande ist, hat er sein Verfügungsrecht über die Spareinlage nachzuweisen. Über eine Spareinlage, die von Todes wegen erworben wurde, kann ohne Angabe eines Losungswortes verfügt werden (§ 31 Abs 3 BWG).

897 Durch § 31 Abs 4 BWG ist normiert, dass ein Kreditinstitut, dem der **Verlust** einer Sparurkunde unter Angabe des Namens, der Anschrift und des Geburtsdatums des Verlustträgers gemeldet worden ist, den behaupteten Verlust in den Aufzeichnungen zu der betreffenden Spareinlage zu vermerken hat und innerhalb von vier Wochen nach einer solchen Meldung keine Auszahlung aus der Spareinlage leisten darf.

3 Effekten

897/1 Wie bereits ausgeführt, stehen sich am **Kapitalmarkt** Anbieter und Nachfrager von Wertpapieren und Veranlagungen gegenüber (s dazu Rz 758); dabei wird zwischen dem so genannten **Primärmarkt**, bei dem Wertpapiere und Veranlagungen erstmalig durch einen Emittenten zum Kauf angeboten werden, und dem so genannten **Sekundärmarkt**, bei dem sich – ohne das Auftreten von Emittenten – Wertpapierverkäufer und Wertpapierkäufer gegenüberstehen, unterschieden.

897/2 Die so genannte **Börse** kann als institutionalisierter Markt angesprochen werden, auf dem ua Wertpapiere gehandelt werden; sofern an Börsen auch andere Waren gehandelt werden, bezeichnet man diese als „allgemeine Warenbörsen". Die Rechtsgrundlage etwa für die Wiener Börse bildet das **Börsegesetz** (BörseG, BGBl 1989/555 idgF); darin ist ua geregelt, dass die Wiener Börse sowohl als Wertpapier- als auch als allgemeine Warenbörse etabliert ist. Seit 1998 ist die Wiener Börse als Aktiengesellschaft organisiert, deren Aktionäre aus einer erheblichen Anzahl von Banken und Versicherungen sowie Großindustrieunternehmen bestehen. Abhängig von der Strenge der Zulassungskriterien der an der Börse zum Handel angebotenen Wertpapiere wird zwischen dem so genannten **amtlichen Handel** (§§ 64, 66 f BörseG) und dem **Handel im geregelten Freiverkehr** (§§ 67 f BörseG) unterschieden. Mit dem In-Kraft-Treten des Wertpapieraufsichtsgesetzes 2007 (s dazu Rz 906) ist der so genannte **Handel am ungeregelten dritten Markt** in ein multilaterales Handelssystem integriert worden, welches keiner Genehmigung durch die Finanzmarktaufsichtsbehörde (gem § 2 Abs 2a BörseG) bedarf (vgl Pkt 19 zu § 96 BörseG). Von Bedeutung ist, dass auch Wertpapiere, die nicht zum Handel an der Börse zugelassen sind, Gegenstand des Wertpapierhandels sein können **(außerbörslicher Markt)**. Der Handel derartiger Wertpapiere erfolgt zB in Form eines so genannten **Telefonhandels** zwischen Kreditinstituten.

Die am Kapitalmarkt gehandelten Wertpapiere werden **Effekten** ge- 898
nannt. Zu ihnen gehören Aktien, Genussscheine, Schuldverschreibungen, Pfandbriefe, Kommunalschuldverschreibungen, Kassenobligationen, Kassenscheine, Investmentzertifikate, Partizipationsscheine und sonstige vertretbare Wertpapiere.

Bezüglich ihres äußeren Erscheinungsbildes weisen sie markante 899
Gemeinsamkeiten auf. Regelmäßig bestehen sie aus einem Mantel und dem Kouponbogen. Der **Mantel** enthält Angaben über die Art des Wertpapiers, den Nennbetrag bzw Anteil an der Emission, den Namen und die Unterschrift des Emittenten sowie die Bedingungen für die Verzinsung und eine Wertpapierkennnummer. Der **Kuponbogen** besteht aus einzelnen abtrennbaren Teilen (Kupons), die entweder im Mantel eingelegt oder am Mantel angeheftet sind. Die Kupons ermöglichen den jährlichen Bezug der Erträgnisse (Zinsen, Dividenden). Mittels eines **Talons** (Erneuerungsschein) kann ein neuer Kuponbogen angefordert werden, wenn der alte aufgebraucht ist.

Da sich mit der eigenen **Verwahrung von Effekten** vor allem das 900
Risiko des Verlustes bzw der Vernichtung verbindet, wird von (konzessionierten) Banken die gewerbsmäßige Verwahrung und Verwaltung von Wertpapieren **(Depotgeschäft)** angeboten. Dabei kann zwischen **Sonderverwahrung (Streifbandverwahrung)**, bei welcher die Effekten jedes einzelnen Depotkunden gesondert verwahrt werden, und zwischen der **Sammelverwahrung**, bei welcher Wertpapiere derselben Art für alle Hinterleger gemeinsam verwahrt werden, unterschieden werden. Die rechtlichen Grundlagen für das Depotgeschäft finden sich im Depotgesetz (DepG, BGBl 1969/424 idgF).

In den vergangenen Jahren hat sich weitestgehend die Praxis des 900/1
so genannten **Effektengiros** durchgesetzt; dabei erfolgt die Durchführung von Wertpapiergeschäften (im Wege einer **zentralen Wertpapiersammelbank**; s dazu § 1 Abs 3 DepotG) durch reine Buchungsvor-

gänge, ohne dass es zu einer physischen Übertragung der einzelnen Wertpapiere kommt. Über die bei der Wertpapiersammelbank hinterlegten Wertpapiere verfügen die einzelnen Depotbanken durch entsprechende Anweisungen. In der Folge wird die Übertragung von einzelnen Wertpapieren am Konto der jeweiligen Depotbank gutgeschrieben. In Österreich ist derzeit die österreichische Kontrollbank AG dazu berechtigt, als zentrale Wertpapiersammelbank tätig zu werden (§ 1 Abs 3 iVm § 28 Abs 2 DepotG). Im Rahmen der EU wurde insbes durch die **VO 909/2014 zur Verbesserung der Wertpapierlieferungen und -abrechnungen in der EU und über Zentralverwahrer** Standards zur Sicherheit und Effizienz der Wertpapierabwicklung geschaffen; s dazu auch das aktuelle Zentralverwahrer-Vollzugsgesetz (ZvVG, BGBl I 2015/69). Angemerkt sei in diesem Zusammenhang, dass gem § 70 BörseG die Zulassung zum amtlichen Handel und zum geregelten Freiverkehr von Wertpapieren, die nicht in Form einer bei einem Zentralverwahrer hinterlegten Sammelurkunde verbrieft sind, unzulässig ist.

900/2 In der aktuellen Praxis werden Wertpapiere bloß noch in einer einzigen **Sammelurkunde** verbrieft und nicht mehr gesondert ausgegeben (s § 10 Abs 2 AktG). Gem § 24 DepotG gelten für diesen Fall die einschlägigen Bestimmungen betreffend die Sammelverwahrung.

901 Zum Schutz der Anleger vor Fehlinformationen durch den Emittenten von Wertpapieren oder Veranlagungen sieht das Kapitalmarktgesetz eine **Prospektpflicht** vor. In § 2 KMG ist normiert, dass ein erstmaliges, öffentliches Angebot von Wertpapieren oder Veranlagungen im Inland nur erfolgen darf, wenn spätestens einen Bankarbeitstag, bevor die Effekten angeboten werden, ein nach den Regeln des KMG erstellter und kontrollierter **Prospekt** veröffentlicht wird. Unter **Veranlagung** selbst versteht man Vermögensrechte aus der direkten oder indirekten Investition von Kapital mehrerer Anleger auf deren gemeinsame Rechnung und gemeinsames Risiko mit dem Emittenten, über die keine Wertpapiere ausgegeben werden, wobei die Verwaltung des investierten Kapitals nicht durch die Anleger selbst erfolgt (zB Publikumsgesellschaft); sofern derartige Veranlagungen über eine Laufzeit von unter 12 Monaten verfügen, besteht keine Prospektpflicht.

902 In § 7 Abs 1 KMG ist geregelt, dass der Prospekt alle Angaben zu enthalten hat, die es den Anlegern ermöglichen, sich ein **fundiertes Urteil** über die Vermögenswerte und Verbindlichkeiten, die Finanzlage, die Gewinne und Verluste, die Zukunftsaussichten des Emittenten und jedes Garantiegebers zu bilden. Überdies ist ausreichend über die mit den Wertpapieren oder Veranlagungen verbundenen Rechte zu informieren. Alle Informationen sind in leicht zu analysierender und verständlicher Form darzulegen.

903 Zu den **prospektpflichtigen Wertpapieren** zählen vor allem Aktien, Schuldverschreibungen, Pfandbriefe, Kommunalschuldverschreibungen etc. Von der Prospektpflicht ausgenommen sind ua die Wertpapiere des Bundes und der Länder sowie ua Schuldverschreibungen der Europäischen Zentralbank sowie der am Europäischen System der Zentralbanken teilnehmenden nationalen Zentralbanken; auch an „Großanleger" adressierte Papiere, die in einer Mindeststückelung von € 100.000,– ausgegeben werden unterliegen nicht der Prospektpflicht (§ 3 KMG). Weitere Ausnahmen bzw Einschränkungen betreffend die Prospektpflicht gehen mit der Erlassung des **Alternativfinanzierungsgesetzes** (AltFG; BGBl I 2015/114) einher, in welchem Regelungen für das „Crowdfunding" (Schwarmfinanzierung) normiert sind (s dazu Rz 589).

Als **Prospektkontrollor** kommen genossenschaftliche Prüfungs- 904
verbände für Kreditgenossenschaften, die Prüfungsstelle des Sparkassenprüfungsverbandes, ein beeideter Wirtschaftsprüfer bzw eine Wirtschaftsprüfungsgesellschaft oder ein Kreditinstitut mit Wertpapieremissionsgeschäfts-Konzession in Frage (§ 8 Abs 2 KMG). Der von einer der genannten Stellen kontrollierte Prospekt ist an die Oesterreichische Kontrollbank AG zu übermitteln, welche lediglich prüft, ob die Unterschriften des Emittenten und des Prospektkontrollors vorhanden sind und schließlich die Prospekte aufbewahrt (§ 12 Abs 1 KMG). Weiters ist der Prospekt auf eine der in § 10 Abs 3 KMG genannten Arten zu veröffentlichen, nachdem er zuvor von der Finanzmarkaufsichtsbehörde „gebilligt" worden ist (§ 10 Abs 1 iVm § 8a KMG).

Sofern einem Anleger im Vertrauen auf die Richtigkeit und Voll- 905
ständigkeit der Angaben im Prospekt oder sonstiger durch das KMG vorgeschriebener Angaben ein **Schaden** entsteht, haften für diesen Schaden ua der Emittent und der Prospektkontrollor (§ 11 KMG).

Durch das **Wertpapieraufsichtsgesetz** (WAG, BGBl I 2007/60 906
idgF), weiters das **Finanzmarktaufsichtsbehördengesetz** (FMABG, BGBl I 2001/97 idgF) sowie das **Finanzkonglomerategesetz** (FKG, BGBl I 2004/70 idgF) besteht unter anderem für Wertpapierhändler (zB Kreditinstitute, Wertpapierdienstleister) eine Überwachung durch die Finanzmarktaufsichtsbehörde, welche als Anstalt öffentlichen Rechts mit eigener Rechtspersönlichkeit eingerichtet ist. Von Bedeutung ist, dass die Finanzmarktaufsichtsbehörde bei der Ausübung ihres Amtes an keine Weisungen gebunden ist (§ 1 Abs 1 FMABG). Angemerkt sei an dieser Stelle, dass durch das erwähnte Finanzmarktaufsichtsbehördengesetz eine so genannte **Allfinanzaufsicht** etabliert wurde, in dem der Finanzmarktaufsichtsbehörde nicht nur die Wertpapieraufsicht, sondern darüber hinaus ua auch die Bankenaufsicht und die Versicherungsaufsicht übertragen worden ist. Was die Aufsicht im Bereich von Wertpapiergeschäften betrifft, so wird diese insbes durch umfassende verpflichtende Meldungen von Wertpapiergeschäften realisiert (vgl dazu insbes §§ 64 ff WAG). Im WAG finden sich zahlreiche dem (Wertpapier-)**Kundeninteressen** dienende

Regelungen. So ist etwa in § 38 Abs 1 WAG in programmatischer Form normiert, dass bei der Erbringung von Wertpapierdienstleistungen ehrlich, redlich und professionell im bestmöglichen Interesse der Kunden gehandelt werden muss; die §§ 38 ff WAG sehen zahlreiche weitere Spezifizierungen dieses Grundsatzes vor (zB betreffend Kundenberatung, Kundeninformation sowie ua Berichtspflichten gegenüber den Kunden).

4 Aktie

a Begriff

907 Bei der Aktie handelt es sich um ein **deklaratives Wertpapier** (s dazu Rz 770), durch welches die Mitgliedschaft eines Gesellschafters zu einer Aktiengesellschaft verbrieft wird. Aus dem Mitgliedschaftsrecht ergeben sich diverse **Vermögens-** (zB Dividendenanspruch) und **Mitwirkungsrechte** (zB Stimmrechte). Der Aktionär hat keinen Anspruch auf eine feste Verzinsung des von ihm angelegten Wertes; auch eine Rückzahlung des investierten Kapitals ist außerhalb von Kapitalherabsetzungen (s dazu Rz 727) nicht vorgesehen. Im Falle einer Insolvenz der Aktiengesellschaft erhalten die Aktionäre nur dann ein Kapital ausbezahlt, wenn nach Befriedigung der Gläubiger noch ein Vermögen verbleibt. Eine Ertragsmöglichkeit besteht – abhängig von der wirtschaftlichen Unternehmensentwicklung – allerdings in Form der Dividende und allfälliger Kurssteigerungen.

b Arten

908 Seit der Novelle BGBl I 2011/53 haben Aktien grundsätzlich auf Namen zu lauten (§ 9 Abs 1 AktG). Sofern **Namensaktien** ausgegeben werden, ist von der Gesellschaft ein Aktienbuch zu führen, in welches ua der Name und die Anschrift des Aktionärs sowie die Stückzahl oder Aktiennummer bzw bei Nennbetragsaktien der Nennbetrag einzutragen sind (§ 61 Abs 1 AktG). Die Übertragung von Namensaktien erfolgt durch Indossament; betreffend die Indossamentenform, die Legitimationswirkung und den gutgläubigen Erwerb vom Nichtberechtigten verweist das AktG auf die einschlägigen Bestimmungen des WG (§ 62 Abs 1 AktG iVm Art 12, 13 und 16 WG).

908/1 Nur für den Fall einer (angestrebten) Börsennotierung können **Inhaberaktien** vorgesehen werden (§ 10 Abs 1 AktG). Dabei gilt, dass Inhaberaktien verpflichtend in (einer oder mehreren) Sammelurkunde/n zu verbriefen sind; überdies ist ein Depotzwang normiert, demgemäß die börsennotierte Aktiengesellschaft die Sammelurkunde/n bei einer Wertpapiersammelbank iSv § 1 Abs 3 DepG (für Österreich: Österreichische Kontrollbank AG) zu hinterlegen hat (§ 10 Abs 2 AktG). Der dargestellte Depotzwang führt dazu, dass eine Übertragung von Inhaberaktien durch (bloße) Übergabe der Aktienurkunden nicht möglich ist; vielmehr erfolgt die Übertragung im Wege des Effektengiros durch entsprechende Gutschrift bei der Depotbank. Für den gutgläubigen Erwerb vom Nichtberechtigten werden die in § 371 ABGB grundgelegten Regelungen maßgeblich sein.

Weiters gilt zu beachten, dass vor der Börsenotierung bzw nach **908/2** Ablauf eines Jahres seit Beendigung der Börsenotierung die Vorschriften über Namensaktien auf Inhaberaktien sinngemäß anzuwenden sind (**„unechte Inhaberaktien“**; § 10 Abs 3 AktG).

Aktien können entweder als Nennbetragsaktien oder als Stück- **909** aktien begründet werden; beide Aktienarten dürfen jedoch in ein und derselben Gesellschaft nicht nebeneinander bestehen (§ 8 Abs 1 AktG). **Nennbetragsaktien** müssen auf mindestens € 1,– oder auf ein Vielfaches davon lauten; der Anteil am Grundkapital bestimmt sich nach dem Verhältnis des Nennbetrags zum Grundkapital (§ 8 Abs 2 AktG). **Stückaktien** haben hingegen keinen Nennbetrag. Jede Stückaktie ist am Grundkapital in gleichem Umfang beteiligt, wobei sich der Anteil nach der Zahl der ausgegebenen Aktien bestimmt. Der auf eine einzelne Stückaktie entfallende anteilige Betrag des Grundkapitals muss mindestens € 1,– betragen (§ 8 Abs 3 AktG). Eine Ausgabe von Aktien unter dem Nennbetrag bzw den auf die einzelne Stückaktie entfallenden anteiligen Betrag des Grundkapitals („Unterpariemission“) ist unzulässig (§ 8a Abs 1 AktG).

Im Regelfall werden **Stammaktien** ausgegeben, welche alle nach **910** Gesetz bzw Gesellschaftsvertrag zustehenden Rechte vermitteln.

Im Gegensatz dazu vermitteln die **Vorzugsaktien** dem jeweiligen **911** Inhaber hinsichtlich bestimmter Rechte eine Bevorzugung. So werden etwa die Inhaber von **stimmrechtslosen Vorzugsaktien** (§ 12a AktG) bei der Gewinnverteilung bevorzugt, verfügen dafür jedoch über kein Stimmrecht; allerdings kann das Stimmrecht unter den Voraussetzungen des § 12a Abs 2 Satz 2 AktG aufleben. Zu beachten ist außerdem, dass Vorzugsaktien ohne Stimmrecht nur bis zu einem Drittel des Grundkapitals ausgegeben werden dürfen (§ 12a Abs 2 Satz 1 AktG). Überhaupt unzulässig ist die Ausgabe von **Mehrstimmrechtsaktien** (§ 12 Abs 3 AktG).

Bei den **vinkulierten Aktien** (§ 62 Abs 2 AktG) handelt es sich um **912** Namensaktien, deren Übertragung an die Zustimmung der Gesellschaft gebunden ist; für die Erteilung der Zustimmung ist idR der Vorstand zuständig. Vorgeschrieben ist die Vinkulierung von Aktien etwa bei Nebenleistungsverpflichtungen (vgl § 50 Abs 1 AktG) oder einem

Inhaberentsendungsrecht in den Aufsichtsrat (vgl § 88 Abs 2 AktG).

913 **Gratisaktien** werden im Zuge einer Kapitalberichtigung (s dazu Rz 726) an die bisherigen Aktionäre ausgegeben, ohne dass diese dafür eine entsprechende Einlage zu leisten haben.

914 Der aus dem Steuerrecht stammende Begriff der so genannten **jungen Aktien** bezieht sich auf die Möglichkeit, anlässlich einer Gründung oder Kapitalerhöhung steuerschonend Aktien zu erwerben, indem diese als Sonderausgaben geltend gemacht werden (§ 18 Abs 1 Z 4 und Abs 3 Z 4 EStG).

915 Die ursprünglich sehr restriktiven Grenzen, innerhalb derer die Aktiengesellschaft **eigene Aktien** erwerben durfte (zB die X-AG kauft von ihr selbst emittierte Aktien, also Aktien der X-AG), sind vor dem Hintergrund internationaler Gepflogenheiten gelockert worden. Die Voraussetzungen für einen solchen Erwerb und die Rechtsfolgen eines solchen Erwerbs sind in den §§ 65 ff AktG ausführlich geregelt. Die **zulässigen Erwerbsfälle** führt § 65 Abs 1 AktG an (zB Erwerb zur Abwendung eines schweren und unmittelbar bevorstehenden Schadens, unentgeltlicher Erwerb, Erwerb in Gesamtrechtsnachfolge, Erwerb auf Grund einer höchstens 30 Monate geltenden Ermächtigung der Hauptversammlung zu unterschiedlichen Zwecken). § 65 Abs 2 AktG normiert Vorgaben zum **Höchstausmaß** an erwerbbaren eigenen Aktien (idR 10 % des Grundkapitals), zum Erfordernis einer **Rücklagendotierung** und zur Notwendigkeit einer bereits erfolgten **vollen Leistung des Ausgabebetrages** auf die erworbenen Aktien. Außerdem wird angeordnet, dass der Gesellschaft aus eigenen Aktien keine Rechte zustehen (§ 65 Abs 5 Satz 1 AktG). § 65a AktG bestimmt, dass unzulässiger Weise erworbene eigene Aktien innerhalb eines Jahres nach ihrem Erwerb zu **veräußern** bzw nach fruchtlosem Fristablauf gem § 192 AktG **einzuziehen** sind. Außerdem sieht das Gesetz noch einige Sachverhalte vor, die dem Erwerb eigener Aktien im Wesentlichen gleich gestellt werden, namentlich die **Inpfandnahme** eigener Aktien (§ 65b AktG), der **Erwerb eigener Aktien durch Dritte** (§ 66 AktG) und die **Finanzierung des Erwerbs von Aktien** durch die Gesellschaft (§ 66a AktG).

916 Gem § 9 Abs 3 AktG kann bei Namensaktien der Anspruch auf Verbriefung eingeschränkt bzw sogar zur Gänze ausgeschlossen werden; hingegen ist durch § 10 Abs 2 AktG die Verbriefung von Namensaktien in (einer oder mehreren) Sammelurkunde/n vorgesehen. In der Praxis werden häufig so genannte **Globalaktien** ausgegeben; dh es werden Aktien des gleichen Typs bzw der gleichen Gattung in einer Sammelurkunde verbrieft (s dazu auch § 24 DepG).

917 Vom **Nennwert einer Aktie** (das ist bei Nennbetragsaktien der auf der Aktie vermerkte Betrag) ist der **Kurswert** als „innerer Wert" der Beteiligung an der Aktiengesellschaft zu unterscheiden. Da der Kurswert nach dem Kriterium von Angebot und Nachfrage gebildet wird,

entspricht dieser nicht in allen Fällen den tatsächlichen Vermögensverhältnissen der Aktiengesellschaft.

5 Schuldverschreibung

a Allgemeines

In einer **Schuldverschreibung** (Anleihe, Bond, Obligation) werden regelmäßig ein Anspruch auf Rückzahlung eines bestimmten Geldbetrages zum Ende einer bestimmten Laufzeit sowie eine bestimmte Verzinsung während der Laufzeit verbrieft. Durch den Erwerb einer Schuldverschreibung werden dem Emittenten langfristig (idR zwischen fünf und zehn Jahre) Finanzmittel zur Verfügung gestellt; der Rückforderungsanspruch des Gläubigers wird in der Schuldverschreibung verbrieft. Dabei ist gem § 24 DepG auch die Verbriefung in einer Sammelurkunde möglich; zulässig ist sowohl die Ausgabe von Schuldverschreibungen über oder unter ihrem Nennwert. 918

Als Emittenten finden sich sowohl die **öffentliche Hand** (zB Bund, Länder, Gemeinden) als auch **private Unternehmen** (zB Kreditinstitute, Energieversorgungsunternehmen). Die Emission wird häufig durch Kreditinstitute – allenfalls im Rahmen so genannter „Emissionskonsortien" (s dazu Rz 597/1) – abgewickelt. 919

Bei den am Kapitalmarkt gehandelten Schuldverschreibungen handelt es sich um **Inhaberpapiere**. 920

Was die **Verzinsung** betrifft, kann diesbezüglich zwischen Anleihen mit fixem Zinssatz und solchen mit variablem Zinssatz unterschieden werden; bei letzteren wird der Zinssatz den Zinsschwankungen am Kapitalmarkt angepasst. 921

b Gewinnschuldverschreibung

Bei der **Gewinnschuldverschreibung** wird eine Beteiligung am Gewinn des emittierenden Unternehmens verbrieft (vgl zB § 174 Abs 1 AktG, worin eine mit Dreiviertelmehrheit zu beschließende Zustimmung der Hauptversammlung zur Ausgabe von Gewinnschuldverschreibungen normiert ist). 922

c Wandelschuldverschreibung

923 Die **Wandelschuldverschreibung** räumt dem Käufer neben dem Rückzahlungsanspruch und einer fixen Verzinsung auch das Recht ein, die Schuldverschreibung bis zum Ende ihrer Laufzeit gegen Aktien umzutauschen oder Aktien zu beziehen. Auch die Ausgabe von Wandelschuldverschreibungen durch eine Aktiengesellschaft bedarf einer mit Dreiviertelmehrheit zu beschließenden Zustimmung der Hauptversammlung (§ 174 Abs 1 AktG).

d Optionsanleihe

924 Auch die **Optionsanleihe** gewährt zusätzlich zum Anspruch auf Rückzahlung und Verzinsung ein Anrecht auf den Erwerb bestimmter Wertpapiere (zB Aktien) zu einem bereits fixierten Preis. Allerdings ist im Gegensatz zur Wandelschuldverschreibung das Optionsrecht nicht mit der Schuldverschreibung verbunden. Vielmehr ist das Optionsrecht in einer eigenen Urkunde **(Optionsschein)** festgeschrieben. Wenn demnach der Inhaber einer Wandelschuldverschreibung von seinem Wandlungsrecht Gebrauch macht, erlischt auch die Schuldverschreibung. Hingegen tangiert die Ausübung des Optionsrechts die Schuldverschreibung nicht. Der Optionsschein kann sogar selbständig veräußert werden. Zulässig ist überdies auch die selbständige Verbriefung einer **Option**, welche dem Inhaber das Recht verleiht, bestimmte Wertpapiere zu einem bestimmten Preis und zu einem bestimmten Zeitpunkt entweder erwerben oder veräußern zu können (vgl § 48a Abs 1 Z 3 lit g und § 95 BörseG iVm § 1 Z 6 lit d ff WAG).

e Pfandbrief

925 Bei den **Pfandbriefen** handelt es sich um festverzinsliche Schuldverschreibungen, zu deren Sicherstellung grundbücherliche Pfandrechte an Liegenschaften eingeräumt werden. Dabei muss der Gesamtbetrag der im Umlauf befindlichen Pfandbriefe in der Höhe ihres Nennwertes jederzeit durch Hypotheken von mindestens gleicher Höhe und gleichem Zinsertrag gedeckt sein (§ 6 Abs 1 HypBG; § 2 Abs 1 PfandbriefG). Pfandbriefe dürfen nur von Kreditinstituten ausgegeben werden, die eine Konzession nach dem HypBG bzw dem PfandbriefG besitzen.

f Kommunalobligation

Auch die **Kommunalobligationen** sind festverzinsliche Wertpapiere. 926
Sie sind jedoch nicht durch Hypotheken gesichert; vielmehr dienen sie der Mittelbeschaffung für Darlehen, welche nur an Gebietskörperschaften (Bund, Länder, Gemeinden) oder an andere Personen, für welche eine Haftung einer Gebietskörperschaft besteht, gewährt werden. Da die Insolvenz einer Gebietskörperschaft unwahrscheinlich ist, werden die Gebietskörperschaften als besonders kreditwürdig angesehen.

6 Sonstige Kapitalanlagepapiere

a Investmentzertifikat

Investmentzertifikate (Investmentanteilsscheine) sind Wertpapiere, 927
die Miteigentumsanteile an den Vermögenswerten eines Kapitalanlagefonds (Investmentfonds) und die Rechte der Anteilinhaber gegenüber der Verwaltungsgesellschaft sowie der Depotbank verkörpern (§ 3 Abs 2 Z 18 InvFG).

Im InvFG wird zwischen europarechtlich harmonisierten und euro- 928
parechtlich nicht harmonisierten Kapitalanlagefonds unterschieden; zu den europarechtlich harmonisierten Kapitalanlagefonds zählen die sog **„Organismen zur gemeinsamen Veranlagung in Wertpapieren“** (OGAW; § 2 und §§ 5 ff InvFG) sowie die sog **„Alternativen Investmentfonds“** (AIF; § 3 Abs 2 Z 31 und §§ 163 ff InvFG).

Dabei bildet ein (in Österreich eingerichteter) OGAW bzw AIF ein 928/1
rechtspersönlichkeitsloses Sondervermögen, welches in gleiche, in Wertpapieren verkörperte Anteile zerfällt und im Miteigentum der Anteilinhaber steht. Dieses Sondervermögen wird von einer Verwaltungsgesellschaft (im eigenen Namen und auf Rechnung der Anteilinhaber) in der Rechtsform der Aktiengesellschaft oder der Gesellschaft mit beschränkter Haftung verwaltet (§ 6 Abs 2, § 52 InvFG; s auch § 2 Abs 1 Z 2 AIFMG); die Verwaltung von Investmentfonds stellt sich gem § 1 Abs 1 Z 13 BWG als konzessionspflichtiges Bankgeschäft dar (s dazu insbes auch § 5 ff InvFG und § 4 ff AIFMG). Der **wirtschaftliche Zweck** des Investmentfonds besteht darin, für (Klein-) Anleger eine entsprechende Risikostreuung (vgl § 66 Abs 1 InvFG) anzubieten, da die im Investmentfonds gebündelten unterschiedlichen Wertpapiere einen allfälligen Kursverlust bei einzelnen Papieren nicht so sehr ins Gewicht fallen lassen. Zum Schutz der Anlage ist für jeden Investmentfonds eine **Depotbank** zu bestellen (§ 39 InvFG). Dieser

obliegen ua die technische Verwaltung des Investmentfonds (Ausgabe und Übernahme der Investmentzertifikate, Auszahlung der Gewinnanteile, Verwahrung der Wertpapiere) sowie gewisse Überwachungs- (§ 42 InvFG) und Informationspflichten (§ 44a InvFG).

929 Entsprechend der verfolgten Anlagegrundsätze können ua folgende **Investmentfonds-Formen** unterschieden werden:

- Die **Aktienfonds** erwerben lediglich Aktien; die **Rentenfonds** erwerben lediglich festverzinsliche Wertpapiere; **gemischte Fonds** erwerben sowohl Aktien als auch Anleihen in einem bestimmten Verhältnis.
- **Geldmarktfonds** investieren in kurzfristige Geldmarkttitel.
- Während bei den **geschlossenen Fonds** die Anzahl der Anteilscheine entsprechend fixiert ist, geben **offene Fonds** bei Nachfrage neue Anteilscheine aus.
- Während **Einkommensfonds** einen möglichst jährlichen Ertrag anstreben, bezwecken **Wachstumsfonds** möglichst langfristige Wertsteigerungen der Anteile. Beim **Thesaurierungsfonds** werden Erträgnisse nicht ausgeschüttet, sondern wiederum in Wertpapieren angelegt.
- Eine weitere Art bilden die so genannten **Pensionsinvestmentfonds**; diese sind steuerlich begünstigt und dienen vor allem der privaten Pensionsvorsorge (§§ 168 ff InvFG).
- So genannte **Immobilienfonds** betreiben die Verwaltung von Immobilien (bebaute bzw unbebaute Grundstücke, Baurechte, Superädifikate etc). Die näheren Rechtsgrundlagen finden sich im Immobilien-Investmentfondsgesetz (ImmoInvFG, BGBl I 2003/80 idgF).

930 Der Kauf eines **Investmentzertifikates** bewirkt, dass der Käufer Miteigentümer an den Wertpapieren wird, die im Investmentfonds zusammengefasst sind. Die Zertifikate können als Inhaber- oder Orderpapiere ausgestaltet sein (§ 46 Abs 1 InvFG) und haben keinen Nennwert; die Ausgabe von Sammelurkunden ist zulässig (§ 24 DeptG). Das Investmentzertifikat verbrieft keinen Anspruch auf feste Zinsen, vielmehr besteht lediglich ein Anspruch auf den quotenmäßigen Anteil der jährlich wechselnden Erträgnisse des Fonds. Von der Verwaltungsgesellschaft sind die sog **Fondsbestimmungen** zu erstellen, welche das Rechtsverhältnis zwischen Anteilsinhaber, Depotbank und Verwaltungsgesellschaft im Detail regelt; die Fondsbestimmung sind von der Finanzmarktaufsichtsbehörde zu bewilligen (§ 53 Abs 2 InvFG). Von Bedeutung ist, dass Investmentzertifikate von der Investmentgesellschaft (jederzeit) zurückgekauft werden müssen (§ 55 Abs 2 InvG).

b Genussschein

In § 174 Abs 3 AktG ist die Zulässigkeit der Einräumung von sog Genussrechten verankert. Auch das Beteiligungsfondsgesetz (BGBl 1982/111 [außer Kraft]) sah die die Ausgabe von **Genussscheinen** vor; allerdings ist das BFG im Zuge der Erlassung des Alternativen Investmentfonds Manager-Gesetzes (AIMFG; BGBl I 2013/135 idgF) außer Kraft gesetzt worden. 931

Bezüglich des **Genussscheines iSd § 174 Abs 3 AktG** ist anzumerken, dass darin Rechte verbrieft werden, die nicht dem Gesellschaftsverhältnis entspringen, sondern rein schuldrechtlicher Natur sind. Demgemäß sind dem Genussrechtsinhaber gesellschaftsvertragliche Verwaltungsrechte idR nicht eingeräumt; häufig werden jedoch auf schuldrechtlicher Basis Kontroll- und Informationsrechte gewährt. Der Genussscheininhaber ist regelmäßig am Gewinn des Emittenten beteiligt. Meist werden derartige Genussscheine zur Abgeltung bzw zum Ausgleich von Leistungen bzw Einbußen an Aktionäre oder Gesellschaftsgläubiger ausgegeben; die Ausgestaltung von Genussscheinen weist in der Praxis erhebliche Bandbreiten auf. 932/933

c Partizipationsschein

Zur Verbesserung der Eigenkapitalausstattung steht Versicherungsunternehmen die Emission von **Partizipationsscheinen** offen. 934

Ex definitione handelt es sich beim **Partizipationskapital** insbes „um Kapital, das eingezahlt ist und auf Unternehmensdauer unter Verzicht auf die ordentliche und außerordentliche Kündigung zur Verfügung gestellt wird" (§ 73c Abs 1 VAG). 935

Der **Partizipationsschein** ist ein auf den Inhaber lautendes Wertpapier; er verbrieft einen Anteil am eingezahlten Partizipationskapital. Der Partizipationsschein vermittelt seinem Inhaber keine mitgliedschaftsrechtliche Stellung, sondern begründet vielmehr ein schuldrechtliches Verhältnis und ist insoweit mit dem aktienrechtlichen Genussrecht verwandt. Allerdings haben Inhaber von Partizipationsscheinen das Recht, an der Hauptversammlung oder der Versammlung des obersten Organs teilzunehmen und Auskünfte im Sinnr des § 112 AktG (korrekt wohl: § 118 AktG) zu begehren (§ 73c Abs 8 VAG). 936

VI Grundzüge des gewerblichen Rechtsschutzes, des Kartellrechts und des Urheberrechts

A Grundlagen

Literatur: *Eilmansberger*, Gewerblicher Rechtsschutz, in *Holoubek/Potacs* (Hg), Öffentliches Wirtschaftsrecht Bd I[3] (2013); *Gamerith/Mildner*, Wettbewerbsrecht Bd I UWG[8] (2014); *Gratzl*, Grundriss der gewerblichen Schutzrechte[2] (2013); *Hauser/Thomasser*, Wettbewerbs- und Immaterialgüterrecht (1998); *Koppensteiner*, Österreichisches und europäisches Wettbewerbsrecht[3] (1997); *Kucsko*, Roadmap Geistiges Eigentum[2] (2010); *Schönherr*, Gewerblicher Rechtsschutz und Urheberrecht (1982); *Wiebe* (Hg), Wettbewerbs- und Immaterialgüterrecht[2] (2012).

In der Praxis hat sich herausgestellt, dass hochkomplexe Wirtschafts- **937** systeme zur Gewährleistung eines fairen Wettbewerbes der Normierung eines entsprechenden **rechtlichen Rahmens** bedürfen.

Der österreichische Gesetzgeber hat eine Reihe von teilweise sehr **938** unterschiedlichen Gesetzen erlassen, welche im Kern darauf abzielen, den Wettbewerb zwischen den einzelnen Unternehmern zu gewährleisten und in möglichst geordneten Bahnen verlaufen zu lassen. Dabei kann zunächst pauschal festgehalten werden, dass die Summe aller Normen, welche auf eine Regelung des wirtschaftlichen Wettbewerbs abzielen, als zum **„Wettbewerbsrecht“** gehörend anzusehen sind. Die große inhaltliche Bandbreite dieser Definition erfordert eine weitergehende Unterscheidung in einzelne Begriffe. Im Folgenden soll eine Übersicht über die wichtigsten Begriffe geboten werden, wobei in diesem Zusammenhang die Absicht verfolgt wird, die Begriffsansätze so darzustellen, wie sie in der Lehre überwiegend herrschend geworden sind. Im Einzelnen kann zwischen folgenden Begriffen unterschieden werden:

Das **Wettbewerbsrecht im engeren Sinn**, welches vor allem im **939** Gesetz gegen den unlauteren Wettbewerb (UWG, BGBl 1984/448 idgF) normiert ist, sieht als seine primäre Aufgabe die Sicherstellung eines fairen und korrekten Wettbewerbs. Die im **UWG** als dem Wettbewerbsrecht im engeren Sinn festgelegten Regeln sollen sicherstellen, dass die von den Mitbewerbern am Markt eingesetzten Wettbewerbsmaßnahmen in einer von Täuschung und List freien Atmosphäre ausgetragen werden können; hingegen soll es nicht zum Ausschluss des Konkurrenzkampfes kommen. Da das UWG als Schutzgesetz iSd §§ 1295 ABGB angesehen werden kann (s dazu Rz 493), können Konsumenten, die durch unlautere Geschäftspraktiken iSd UWG geschädigt werden, unter Bezugnahme auf die genannten Bestimmungen des ABGB Schadenersatzansprüche geltend machen. Mit dem UWG ist das **Nahversorgungsgesetz** (NVG, BGBl 1977/392 idgF) eng verbunden, weil eine Reihe der Bestimmungen des NVG an Bestimmungen des UWG angeknüpft ist. Da das NVG von der Seite der in diesem Gesetz festgelegten Verfahrensbestimmungen an den einschlägigen Bestimmungen des Kartellrechts ausgerichtet ist, wird gelegentlich von einer „Zwitterstellung" gesprochen, die das NVG zwischen dem UWG und dem Kartellgesetz 2005 (KartG 2005, BGBl I 2005/61) einnimmt. Neben dem UWG und dem NVG existiert eine Reihe von weiteren Vorschriften, welche darauf abzielen, den Wettbewerb zwischen Unternehmern in geordnete Bahnen zu lenken, ohne dass sie von der Lehre dem Bereich des Wettbewerbsrechts zugerechnet werden. Dazu zählen etwa das Gewerberecht, das Preisauszeichnungsrecht, das Lebensmittelrecht oder das Arzneimittelrecht.

940 Das mit dem Wettbewerbsrecht im engeren Sinn in engem Zusammenhang stehende **Wettbewerbsrecht im weiteren Sinn (Kartellrecht)** beabsichtigt die Erhaltung einer vielschichtigen Wettbewerbsstruktur, in welcher die Nachfrager einer möglichst großen Anzahl von Anbietern gegenüberstehen. Im Einzelnen zielt das Kartellrecht als Wettbewerbsrecht im weiteren Sinn darauf ab, dass wettbewerbswidrige Absprachen nach Tunlichkeit verhindert oder zumindest möglichst sachgerecht reguliert werden. Weiters finden sich im Kartellrecht Normen, welche unerwünschte Konzentrationsvorgänge (Unternehmenszusammenschlüsse), durch welche einseitige Marktentwicklungen bewirkt werden, nur in bestimmten rechtlichen Bahnen und nur bis zu bestimmten Schwellenwerten für zulässig erklären. Schließlich bietet das Kartellrecht auch eine Handhabe dafür, dass Unternehmen, welche bereits eine marktbeherrschende Stellung innehaben, diese nicht missbräuchlich verwenden.

941 Häufig wird als Oberbegriff für das Wettbewerbsrecht im engeren Sinn und für das Immaterialgüterrecht der Begriff des **Gewerblichen Rechtsschutzes** verwendet. Bei diesem Begriff handelt es sich um eine Sammelbezeichnung für verschiedene Rechtsnormen mit unterschiedlichen Schutzzwecken. Dabei wird entweder auf den Schutz von bestimmten gewerblich verwertbaren Leistungen bzw bestimmten Kennzeichen oder die Unterbindung von Irreführungen bzw Beeinträchtigungen im Geschäftsverkehr abgezielt.

942 Das **Immaterialgüterrecht** selbst beinhaltet Schutzbestimmungen zugunsten von geistigen Leistungen und Kennzeichen. Im eigentlichen Sinn handelt es sich bei den Immaterialgütern um subjektive Rechte

an geistigen Gütern, welche durch Gesetz verselbständigt und damit verkehrsfähig gemacht worden sind. Zu den Immaterialgüterrechten sind insbes das Markenrecht, das Musterschutzrecht, das Patentrecht, das Gebrauchsmusterrecht, weiters das Halbleiterschutzrecht sowie das Urheberrecht zu zählen.

B Wettbewerbsrecht

Literatur: wie oben VI/A und *Briem*, Internationales und Europäisches Wettbewerbsrecht und Kennzeichenrecht (1995); *Gumpoldsberger/Baumann* (Hg), Kommentar zum UWG (2006) und Ergänzungsband (2009); *Mahdi*, Die Wettbewerbshandlung im UWG (1994); *Müller*, UWG kompakt (2009); *Rüffler*, Der Einfluß des Europarechts auf das österreichische UWG (1998); *Rüffler/Steinwender*, Allgemeines Wettbewerbsrecht, in *Holoubek/Potacs* (Hg), Öffentliches Wirtschaftsrecht Bd I^3 (2013); *Wiebe/Kodek*, Kommentar zum UWG Bd 1^2 und Bd 2^2 (ab 2012); *Wiltschek*, UWG^7 (2003).

1 Bundesgesetz gegen den unlauteren Wettbewerb

a Anwendungsgrundsätze

Im Bereich des Wettbewerbsrechtes ist eine **Rangordnung der Vorschriften** auszumachen. Zunächst ist jeweils zu prüfen, ob ein Sachverhalt von einem einschlägigen Spezialgesetz (zB Patentgesetz, Markenschutzgesetz, Musterschutzgesetz, Kartellgesetz) geregelt ist. Erst dann, wenn ein derartiges Spezialgesetz nicht zur Anwendung gelangt bzw in diesem das UWG nicht ausdrücklich von seiner Anwendung ausgeschlossen wurde, kann das UWG herangezogen werden. 943

Im UWG selbst finden sich die so genannte **Generalklausel des § 1 UWG**, die beiden so genannten **„kleinen Generalklauseln"** des § 1a bzw § 2 UWG, weiters die Bestimmungen des **Anhanges zum UWG** und eine Reihe von **Sondertatbeständen**. Sofern ein Sachverhalt von einem Sondertatbestand erfasst ist, kommt zunächst der Sondertatbestand zur Anwendung. Wenn ein Sondertatbestand nicht zum Tragen kommt, ist in der Folge zu prüfen, ob eine Bestimmung des Anhanges zum UWG verletzt wurde. Ist auch dies nicht der Fall, ist zu prüfen, ob eine der „kleinen Generalklauseln" berührt ist und nur, wenn auch diese nicht verletzt wurden, kann – gewissermaßen als letzte Möglichkeit – die Generalklausel des § 1 UWG zur Anwendung gebracht werden; demgemäß kommt dieser lediglich subsidiäre 944

Gültigkeit zu. Zu beachten gilt, dass im Falle der Verletzung einer der im Anhang zum UWG angeführten Punkte weitere Prüfungen (wie zB eine Erheblichkeitsprüfung, s dazu Rz 951/1) nicht mehr vorzunehmen sind, sondern in diesen Fällen jedenfalls von einer wettbewerbsrechtlich verpönten Handlung auszugehen ist **(„Per-se-Verbote“)**.

b Wesentliche Anwendungsvoraussetzungen

945 In den Tatbeständen des UWG ist geregelt, dass sie grundsätzlich nur dann zur **Anwendung** zu bringen sind, wenn ein Handeln im geschäftlichen Verkehr vorliegt. Zu beachten gilt, dass manche Sondertatbestände zusätzlich auch ein Handeln zu Zwecken des Wettbewerbs voraussetzen (zB § 7 UWG). Bemerkenswerter Weise verlangen (seit der Novelle BGBl I 2007/79) einzelne Tatbestände ein „Vorliegen einer Geschäftspraktik“ (§§ 1a und 2 UWG).

946 Ein **Handeln im geschäftlichen Verkehr** liegt dann vor, wenn eine selbständige, auf Erwerb gerichtete Tätigkeit ausgeübt wird. Dabei ist das Vorhandensein einer Gewinnabsicht nicht erforderlich. Unter der genannten Voraussetzung können auch Vereine bzw andere gemeinnützige Institutionen sowie die Angehörigen freier Berufe oder auch politische Parteien als im geschäftlichen Verkehr handelnd angesehen werden. Soweit juristische Personen des öffentlichen Rechts privatwirtschaftlich tätig werden, unterliegen auch diese den Regelungen des UWG (zB bei einer Subventionsgewährung durch den Bund oder bei einem Wirtschaftsbetrieb einer Gebietskörperschaft). Hingegen bleibt eine wirtschaftlich unselbständige Tätigkeit grundsätzlich außer Betracht.

947 Zu **Wettbewerbszwecken** handelt derjenige, der beabsichtigt, die eigene Marktposition auf Kosten von anderen zu fördern; es geht dabei darum, dass die entsprechende Marktposition von Mitbewerbern durch eine irgendwie ins Gewicht fallende Nachfrageverlagerung beeinflusst wird. Eine konkrete Wettbewerbsbeziehung zu einem unmittelbar betroffenen Mitbewerber muss allerdings nicht bestehen; vielmehr genügt es bereits, wenn die angebotenen Dienstleistungen bzw Waren ihrer Art nach miteinander in Konkurrenz treten können. Auch branchenfremde Unternehmen können miteinander im Wettbewerb stehen (zB ein Süßwarenfabrikant wirbt dafür, dass Schokolade statt Zigaretten gekauft wird). Im Rahmen des geschäftlichen Verkehrs wird auch gehandelt, wenn eine Handlung zur Förderung fremden Wettbewerbs gesetzt wird (zB ein Angestellter macht Werbung für das Unternehmen seines Dienstgebers). Zu beachten ist, dass der wettbewerbsregelnde Charakter von Vergabevorschriften für sich alleine noch kein Wettbewerbsverhältnis zwischen Auftraggeber und Bietern begründet. Von Bedeutung ist ferner, dass die Geltendma-

chung von Unterlassungsansprüchen gem § 14 UWG grundsätzlich das Vorliegen eines Wettbewerbsverhältnisses zwischen Kläger und Beklagtem voraussetzt.

Unter **„Geschäftspraktik“** ist gem § 1 Abs 4 Z 2 UWG jede Handlung, Unterlassung, Verhaltensweise oder Erklärung, kommerzielle Mitteilung (einschließlich Werbung und Marketing) eines Unternehmens zu verstehen, die unmittelbar mit der Absatzförderung, dem Verkauf oder der Lieferung eines Produkts zusammenhängt. Dabei ist insbes die Dimension der „Unmittelbarkeit“ weit auszulegen; zu beachten ist allerdings, dass von der dargestellten Definition jene Handlungen nicht mit umfasst sind, die sich in der Hauptsache gegen andere Unternehmen richten. **947/1**

In § 8 UWG ist normiert, dass die §§ 4 und 7 UWG, sofern sie im Einzelfall dem Schutz **geographischer Angaben iSd TRIPS-Abkommens** dienen, unabhängig davon anzuwenden sind, ob die jeweilige Handlung zu Zwecken des Wettbewerbes vorgenommen wurde oder nicht. **948**

c Generalklausel des § 1 UWG

Auf Grund der Fülle von verschiedenen denkmöglichen Wettbewerbshandlungen im Verhältnis der Beziehungen von Unternehmen zueinander hat das UWG von einer kasuistischen Erfassung aller Tatbestände Abstand genommen. Stattdessen wurde eine **Generalklausel** normiert und versucht, den häufigsten sonstigen Wettbewerbsverstößen durch Sondertatbestände, die Per-se-Verbote des Anhanges zum UWG und den „kleinen Generalklauseln“ Rechnung zu tragen (s dazu Rz 944). **949**

Die Generalklausel des **§ 1 Abs 1 UWG** idF BGBl I 2007/79 lautet wie folgt: „Wer im geschäftlichen Verkehr **950**

- eine **unlautere Geschäftspraktik** oder sonstige **unlautere Handlung** anwendet, die geeignet ist, den **Wettbewerb** zum Nachteil von Unternehmen nicht nur unerheblich **zu beeinflussen** (Z 1), oder
- eine **unlautere Geschäftspraktik** anwendet, die den Erfordernissen der beruflichen Sorgfalt widerspricht und in Bezug auf das jeweilige Produkt (Ware oder Dienstleistung) geeignet ist, das wirtschaftliche **Verhalten des Durchschnittsverbrauchers**, den sie erreicht oder an den sie sich richtet, wesentlich **zu beeinflussen** (Z 2),

kann auf Unterlassung und bei Verschulden auf Schadenersatz in Anspruch genommen werden.“

Es liegt auf der Hand, dass diese weite Formulierung einen entsprechend großen Freiraum für die Rechtsprechung belässt; dies vor allem deshalb, da der Begriff der **„Unlauterkeit“** als unbestimmter **951**

Rechtsbegriff ausgestaltet ist. Freilich lassen sich bereits aus dem UWG Annäherungen zur Begriffsklärung gewinnen; so definiert etwa § 1 Abs 4 Z 8 UWG den Begriff der **„beruflichen Sorgfalt"** als jenen Standard an Fachkenntnissen und Sorgfalt, bei dem billigerweise davon ausgegangen werden kann, dass ihn der Unternehmer nach den anständigen Marktgepflogenheiten in seinem Tätigkeitsbereich anwendet. Überdies ist in naheliegender Weise bei der Klärung der Frage, ob ein konkreter Sachverhalt als unlauter einzuschätzen ist, an die sich aus dem Anhang zum UWG sowie aus den Sondertatbeständen des UWG ergebenden Wertmaßstäbe anzuknüpfen.

951/1 Aus der dargestellten Bestimmung des § 1 Abs 1 UWG ergibt sich, dass zwischen wettbewerbswidrigen Handlungen im Verhältnis von Unternehmern untereinander einerseits (so genannter „B2B-Bereich"; Z 1) und im Verhältnis zwischen Unternehmern und Verbrauchern andererseits (so genannter „B2C-Bereich"; Z 2) unterschieden wird. Dessen ungeachtet weist der Begriff der **„Unlauterkeit"** zwar einen grundsätzlich einheitlichen Inhalt auf, es bestehen allerdings unterschiedliche Beurteilungsmaßstäbe betreffend die einschlägigen **Erheblichkeitsschwellen**. Die Erheblichkeitsschwelle gem § 1 Abs 1 Z 1 UWG (B2B-Bereich) ist dann überschritten, wenn eine unlautere Geschäftspraktik oder sonstige unlautere Handlung dazu geeignet ist, den Wettbewerb zum Nachteil von Unternehmen nicht nur unerheblich zu beeinflussen (Erfordernis einer so genannten **„Mindestintensität"**); zu beachten ist dabei, dass auf Grund des bloßen „Eignungserfordernisses" eine tatsächliche Wettbewerbsbeeinträchtigung nicht bewirkt werden muss. Im B2C-Bereich des § 1 Abs 1 Z 2 UWG kommt es nicht auf das Vorliegen von Auswirkungen auf die Marktverhältnisse an; ausschlaggebend ist vielmehr der Grad der Beeinflussung des Durchschnittsverbrauchers. In diesem Sinne bedeutet gem § 1 Abs 4 Z 3 UWG eine „wesentliche Beeinflussung des wirtschaftlichen Verhaltens des Verbrauchers" die Anwendung einer Geschäftspraktik, welche die Fähigkeit des Verbrauchers, eine informierte Entscheidung zu treffen, spürbar beeinträchtigt und damit den Verbraucher zu einer geschäftlichen Entscheidung veranlasst, die er andernfalls nicht getroffen hätte (Erfordernis einer so genannten **„Spürbarkeit"**). Zu beachten gilt, dass bei Vorliegen eines Verstoßes der im **Anhang zum UWG** aufgelisteten Geschäftspraktiken eine Prüfung des Vorliegens der Erheblichkeit nicht vorzunehmen ist; dies gilt auch betreffend der **„kleinen Generalklauseln"** der §§ 1a und 2 UWG.

952 In der **Judikatur** des OGH haben sich gewisse Fallgruppen herausgebildet. Trotz des mittlerweile geänderten Wortlauts von § 1 UWG kann davon ausgegangen werden, dass die bisherige Spruchpraxis zu § 1 UWG aF auch für die Interpretation der aktuellen Rechtslage fruchtbar gemacht werden kann. Nachfolgend sollen die wichtigsten dieser Fallgruppen im Überblick dargestellt werden.

ca Rechtsbruch

Die Verletzung von **gesetzlichen Vorschriften** oder ein **Vertragsbruch** zu Zwecken des Wettbewerbes kann sich uU als Verstoß gegen § 1 UWG darstellen. 953

So handelt etwa unlauter, wer sich **über ein Gesetz oder einen Bescheid hinwegsetzt**, um im Wettbewerb einen Vorsprung gegenüber seinen gesetzestreuen Mitbewerbern herauszuschlagen. Das ist etwa dann der Fall, wenn jemand eine Tätigkeit ausübt, ohne über die erforderlichen gewerberechtlichen Voraussetzungen zu verfügen und sich dadurch im Verhältnis zu seinen Mitbewerbern, für welche die Erfüllung der gewerberechtlichen Voraussetzungen mit Kosten verbunden war, einen entsprechenden Vorteil gesichert hat. Zu beachten ist dabei, dass der OGH festgehalten hat, dass in der Unterlassung der Anmeldung eines **freien Gewerbes** kein Verstoß gegen § 1 UWG zu erblicken ist, weil dadurch nicht gegen eine Bestimmung mit wettbewerbsregelndem Charakter, sondern lediglich gegen eine Ordnungsvorschrift verstoßen wird. Ganz grundsätzlich gilt überdies, dass eine bloß „allgemeine Rechtswidrigkeit" (zB fehlende Angaben auf einer Website) nicht automatisch zum Vorliegen einer unlauteren Handlung iSv § 1 UWG führt. Verletzungen von Immaterialgüterrechten (zB Patentrechtsverletzungen) können grundsätzlich nur vom jeweils Berechtigten und nicht im Wege des UWG auch von Dritten geltend gemacht werden, da durch diese Rechte lediglich bestimmten Personen ein Ausschließlichkeitsrecht eingeräumt wird. 954

Ein **Vertragsbruch** bzw die **Mitwirkung an einem Vertragsbruch** verstößt idR nur dann gegen § 1 UWG, wenn sich dies aus den besonderen Umständen des Einzelfalls ergibt. Auch dabei muss die Vertragstreue der Mitbewerber bzw der Teilnehmer eines Vertragssystems zum eigenen Vorteil ausgenützt werden. So handelt insbes derjenige wettbewerbswidrig, welcher trotz des aufrechten Bestandes eines Vertriebsvertrages, in welchem eine Gebietsbeschränkung festgelegt ist, außerhalb des zugewiesenen Gebietes Geschäfte abschließt. 955

cb Täuschungshandlungen

Das **Tarnen von Werbemaßnahmen** bzw **Werbebotschaften** in einer Art und Weise, dass dies bei den adressierten Personengruppen zu Täuschungen führt, kann einen Verstoß gem § 1 UWG bedeuten. Einzelne verbotene Täuschungshandlungen sind Kraft ausdrücklicher Erwähnung im Anhang zum UWG verboten. 956

So stellt sich etwa gem **Z 21 des Anhanges zum UWG** die Beifügung einer Rechnung oder eines ähnlichen Dokuments mit einer Zahlungsaufforderung zu Werbematerialien, die dem Umworbenen den 957 unrichtigen Eindruck vermittelt, dass er das beworbene Produkt bereits bestellt habe, als verbotene Geschäftspraktik dar (zB **„Erlagscheinwerbung“**; s dazu auch § 28a UWG); dies gilt etwa auch betreffend der Versendung von als Privatpost getarnter Werbung. Verboten ist gem **Z 22 des genannten Anhanges** weiters die unrichtige Behauptung bzw das Erwecken des unrichtigen Eindrucks, dass der Händler nicht für die Zwecke seines eigenen Handels, Geschäfts, Gewerbes oder Berufs handelt oder überhaupt fälschlich als Verbraucher auftritt. Verboten ist gem **Z 11 des Anhanges zum UWG** ua auch die als Information getarnte Werbung in Print- oder sonstigen Medien. Ähnliche Verbote finden sich auch in § 31 Abs 2 AMD-G bzw § 13 ORF-G.

957/1 Gem § 28a UWG ist es untersagt, im geschäftlichen Verkehr zu Zwecken des Wettbewerbs für **Eintragungen in Verzeichnisse** (zB Branchen-, Telefon- oder ähnliche Register) mit Zahlscheinen, Erlagscheinen, Rechnungen etc zu werben oder diese Eintragungen auf solche Art anzubieten, ohne entsprechend unmissverständlich und auch graphisch deutlich darauf hinzuweisen, dass es sich lediglich um ein Vertragsangebot handelt.

958 Seit 1.10.1999 besteht im Nahebereich zur Fallgruppe der Täuschungshandlung ein im **Konsumentenschutzgesetz** geregelter Tatbestand: In § 5c KSchG ist normiert, dass Unternehmer, die gegenüber einem Verbraucher den Eindruck erwecken, er habe einen **bestimmten Preis** gewonnen (etwa in der Weise, dass dem Verbraucher eine „persönliche Gewinnzusage“ gemacht wird), vom Verbraucher auf Einhaltung der gemachten Zusage geklagt werden können.

cc Ausbeutung

959 Zunächst ist festzuhalten, dass die **Nachahmung** von nicht durch besondere Gesetze geschützten Waren oder Dienstleistungen (zB PatG, GMG, MuSchG) grundsätzlich nicht als unlauter angesehen werden kann (grundsätzliche „Nachahmungsfreiheit“). Doch handelt derjenige unlauter, welcher ohne jede eigene Leistung bzw ohne einen eigenen, ins Gewicht fallenden Kreationsvorgang ein ungeschütztes Arbeitsergebnis einer anderen Person zur Gänze bzw in erheblichem Ausmaß übernimmt, um dadurch den Dritten mit der von ihm selbst erbrachten Leistung Konkurrenz zu machen (zB die Übernahme fremder Stellenanzeigen aus einer Zeitung in weitgehend unveränderter Form ins Internet). Dabei ist vom Bestehen eines grundsätzlich weiten Schutzgegenstandes auszugehen, der ua technische sowie ästhetische Leistungen, weiters Kennzeichen oder etwa auch Ausstattungen (s dazu Rz 1001) umfasst.

960 Für das Vorliegen eines Verstoßes gegen § 1 UWG ist dabei nicht erforderlich, dass eine **detailhafte Nachahmung** erfolgt. Vielmehr genügt bereits das Vorliegen einer bewussten Nachahmung, wodurch die Gefahr von **Verwechslungen** herbeigeführt wird, sofern keine andersartige Gestaltung zumutbar gewesen wäre. Damit aber überhaupt eine Verwechslungsgefahr entstehen kann, muss das nachgeahmte Produkt zumindest eine gewisse **wettbewerbliche Eigenart** und eine entsprechende Verkehrsbekanntheit erreicht haben.

Die Herstellung eines kompatiblen Produkts ist für sich allein ge- **960/1**
nommen noch nicht als Verstoß gegen § 1 Abs 1 Z 1 UWG zu werten; die **Schutzwürdigkeit des Kompatibilitätsinteresses** eines Mitbewerbers findet allerdings dort eine Grenze, wo kompatibel hergestellte Austauschprodukte nicht auch den selben Qualitätsmaßstäben entsprechen, die der Hersteller der Originalware gesetzt hat.

Wettbewerbswidrig kann auch die Nachahmung bzw **Übernahme** **961**
fremder Werbemittel oder auch einer Verpackung sein. Von einer wettbewerbswidrigen Übernahme einer fremden Werbung ist insbes dann auszugehen, wenn das nachgeahmte Werbevorbild über eine entsprechende Eigenart verfügt, weiters eine Verwechslungsgefahr gegeben ist und dem Nachahmer eine abweichende Eigengestaltung zumutbar gewesen wäre; s auch Z 13 des Anhanges zum UWG. Ebenso unzulässig ist die **anlehnende Werbung**, bei welcher der gute Ruf eines Mitbewerbers für eigene Wettbewerbszwecke benützt wird (zB alle Fahrer von X-Autos benützen Y-Öl; Verwendung der Bezeichnung „BOSS-energydrink" für ein neues „Trendgetränk").

Als unzulässige Ausbeutung ist ua auch der Vertrieb von Pro- **962**
grammen zur **Beseitigung des Kopierschutzes** von Datenträgern anzusehen; detaillierte Regelungen iZm derartigen Handlungen finden sich im Zugangskontrollgesetz (ZuKG, BGBl I 2000/60 idgF).

Hingegen ist das Abwerben von Beschäftigten oder Kunden eines **963**
Mitbewerbers als grundsätzlich zulässig anzusehen. Wenn dies jedoch unter Anwendung von verwerflichen Mitteln (zB Stehlen einer Kundenkartei) oder in Verfolgung von verwerflichen Zielen (zB Vernichtung oder Schädigung des Mitbewerbers) erfolgt, liegt ein Fall der unlauteren **Ausspannung** vor.

cd Bezugnahme auf den Mitbewerber

Bei der **persönlichen (vergleichenden) Reklame** werden wettbewerbs- **964**
fremde Tatsachen, unpräzise Pauschalverdächtigungen oder Verleumdungen bzw Beschimpfungen über den Mitbewerber verbreitet. Derartige Maßnahmen der unnötigen Herabsetzung eines Mitbewerbers sind grundsätzlich als unlauter zu qualifizieren. UU kann sogar die Veröffentlichung einer gerichtlichen Entscheidung, mit welcher der Zweck verfolgt wird, den Konkurrenten herabzusetzen, unlauter sein.

In den Fällen der **kritisierenden vergleichenden Werbung** wird **965**
so vorgegangen, dass ein eigenes Angebot hervorgehoben wird und

zur gleichen Zeit die Waren oder Dienstleistungen eines Mitbewerbers herabgewürdigt werden. Derartige Vorgehensweisen sind nur dann nicht als Verstoß gegen § 1 UWG anzusehen, wenn sie in sachlicher Art und Weise (Qualitäts-)Unterschiede zB zwischen Waren oder Dienstleistungen aufzeigen.

966 In § 2a Abs 1 UWG ist normiert, dass die **vergleichende Werbung** generell zulässig ist, wenn sie nicht gegen die §§ 1, 1a, 2, 7 und 9 Abs 1 bis 3 UWG verstößt. Im Übrigen beinhaltet die so genannte Irreführungs-RL (RL 84/450, s dazu Rz 991) einen Katalog mit acht Punkten, die erfüllt sein müssen, damit vergleichende Werbung zulässig ist. Somit sind herabsetzende, irreführende, zur Verwechslung geeignete und (ganz generell) **unsachliche Maßnahmen** der vergleichenden Werbung unzulässig. Erlaubt ist aber etwa der wahrheitsgemäße Vergleich mit anderen gleichartigen Leistungen von namentlich genannten Mitbewerbern anhand objektiv überprüfbarer Daten, sofern nicht das Gebot der Sachlichkeit verletzt wird; hingegen ist ein ausschließlich auf subjektiven Werturteilen beruhender Vergleich unzulässig. Dies gilt auch für so genannte **Systemvergleiche**, die inhaltlich wahr und sachlich ausreichend informativ sein müssen. Unzulässig wäre daher etwa ein Preisvergleich von verschiedenen Warenmengen. Zu erwähnen ist schließlich, dass im Fall des Vergleiches von **Waren mit Ursprungsbezeichnung** immer auf Waren mit gleicher Bezeichnung Bezug genommen werden muss (§ 2a Abs 2 UWG).

ce Kundenfang

967 Grundsätzlich ist die unternehmerische Intention, welche darauf abstellt, mit **neuartigen (Werbe-)Methoden** Kunden zu gewinnen, als nicht wettbewerbswidrig anzusehen. Sofern dies jedoch durch Mittel bzw Maßnahmen geschieht, welche die freie Willensentscheidung des Umworbenen beeinträchtigt, kann sich damit eine wettbewerbswidrige Handlung verbinden.

968 Im System des UWG steht die Fallgruppe **„Kundenfang"** in enger Verwandtschaft zu dem gem § 1a UWG normierten Verbot von aggressiven Geschäftspraktiken (s dazu Rz 980/1 ff). Da sich – wie bereits ausgeführt – § 1a UWG als speziellere Norm darstellt, kann auf die Generalklausel des § 1 UWG nur dann zurückgegriffen werden, wenn einschlägige Wettbewerbsverletzungen nicht bereits durch § 1a UWG erfasst sind. Im Einzelnen ist die Abgrenzung nicht immer einfach. Die bislang in der Fallgruppe „Kundenfang" beinhaltenden Aspekte der Ausübung von physischem bzw psychischem Kaufzwang (zB Laienwerbung) unterliegen nunmehr dem Regelungsregime des § 1a UWG.

969 Die so genannte **Wertreklame** zeichnet sich dadurch aus, dass das werbende Unternehmen insbes durch das Gewähren von beson-

deren Vergünstigungen Kunden anwerben will. Sofern dabei auf der Basis einer durchschnittlichen Betrachtung eine psychische Zwangslage für den Kunden entsteht, weil es ihm etwa unangenehm ist, keinem Geschäftsabschluss zuzustimmen, obwohl er ein Werbegeschenk erhalten hat, ist in der Regel ein Verstoß gegen § 1a UWG anzunehmen. Ohne Vorliegen einer entsprechenden psychischen Zwangslage, ist die einschlägige Wertreklame nach den Maßstäben des § 1 UWG zu beurteilen.

Hingegen ist das Verteilen von **üblichen Werbegeschenken** idR nicht als unlauter einzustufen. Dies gilt jedoch insbes dann nicht, wenn durch die Mitgabe von „Warenproben" eine Behinderung der Mitbewerber durch eine so genannte **„Marktverstopfung"** bewirkt wird. Eine derartige Marktverstopfung wird vor allem dann anzunehmen sein, wenn das Werbe-Angebot quantitativ ausreicht, um den freien Wettbewerb auszuschalten. 970

Auch sind etwa die **(kopflastigen) Vorspannangebote**, bei welchen eine besonders günstige und idR branchenfremde Nebenware zum Kauf der Hauptware verleiten soll, nach Maßgabe der Umstände des Einzelfalles häufig als unlauter iSd UWG anzusehen. Dies gilt insbes dann, wenn die Verknüpfung der Haupt- mit der Nebenware dazu führt, dass sachliche Erwägungen beim Konsumenten gänzlich ausgeschlossen werden. 971

Die so genannte **gefühlsbetonte Werbung** ist nicht als generell verbotenes Werbemittel anzusehen. Das bedeutet, dass eine Stimulierung des Kaufinteresses aus Hilfsbereitschaft oder sozialer Verantwortung grundsätzlich erlaubt sein wird. Unlauter ist das Ausnützen von Gefühlen der beworbenen Verkehrskreise aber dann, wenn die Gefühle die Kaufentscheidung derart massiv beeinflussen, dass eine rationale Entscheidung auf der Basis sachlicher Erwägungen nicht mehr gewährleistet ist. 972

In den Fällen der **(grob) belästigenden Werbung** erreicht die Intensität der Werbung ein derartiges Ausmaß, dass es damit zu einer Verletzung des Schutzes der Individualsphäre (vgl § 16 ABGB) kommt; zu beachten ist dabei, dass auch diesbezüglich die Abgrenzung zu § 1a UWG schwierig sein kann. Sofern belästigende Werbung mittels Telefon oder Telefax geschieht und der Anschlussinhaber die Werbesendung bzw -mitteilung weder gewünscht hat, noch die Umstände ein solches Einverständnis voraussetzen konnten, liegt eine gem § 107 TKG mit Verwaltungsstrafe belegte Handlung vor; dies gilt auch für vergleichbare Fälle der Internet-Werbung. § 62 WAG verweist betreffend die (Un-)Zulässigkeit von unerbetener (telefonischer) Werbung für bestimmte Wertpapierdienstleistungen auf die Bestimmung des § 107 TKG. Im Falle der Verletzung der genannten Bestimmungen des TKG bzw WAG oder ähnlicher Normen können Mitbewerber gem § 1 UWG wettbewerbsrechtlich und betroffenen Privatpersonen gem § 16 973

ABGB gegen die handelnden Unternehmer vorgehen. Im Übrigen beinhaltet auch **Z 26 des Anhanges zum UWG** ein Verbot der Belästigung durch Telefon-, Fax- und E-Mail-Werbung, sofern dies durch hartnäckiges und unerwünschtes Ansprechen der Kunden geschieht.

cf Behinderung

974 Grundsätzlich ist **nicht jede wettbewerbliche Maßnahme**, mit welcher Mitbewerber geschädigt bzw verdrängt werden sollen, als unlauter einzustufen. Sofern jedoch im Zuge eines (unlauteren) Behinderungswettbewerbes darauf abgezielt wird, dass der Mitbewerber seine Leistungen auf dem Markt nicht bzw nicht mehr voll zur Geltung bringen kann, liegt ein Verstoß gegen § 1 Abs 1 Z 1 UWG vor. Demgemäß ist etwa die Verhängung einer **Liefer-** bzw **Bezugssperre** erst dann als unlauter zu qualifizieren, wenn eine wirtschaftliche Vernichtung des Mitbewerbers angestrebt wird. Auch der Abschluss eines **Exklusivbindungsvertrages**, mit dem ein Erzeuger erreichen will, dass einzelne Abnehmer ausschließlich die von ihm produzierten und keine Produkte der Konkurrenz vertreiben, ist nur dann als unlauter anzusehen, wenn ein echter Leistungsvergleich ausgeschlossen sowie Mitbewerber verdrängt und darauf basierend der freie Wettbewerb ausgeschlossen wird.

975 Die Behinderung kann sich auf den **Absatz** oder auch auf die Möglichkeiten der **Produkt-** bzw **Dienstleistungsbewerbung** beziehen.

976 Eine besondere Form der Behinderung stellt der **Boykott** dar. Dabei fordert ein Boykottierer einen anderen zur Nichtaufnahme oder zum Abbruch von Geschäftsbeziehungen mit einem Dritten (dem Boykottierten) auf. Ein Boykott kann grundsätzlich nur dann als zulässig anerkannt werden, wenn er zur Durchsetzung von gerechtfertigten Forderungen eingesetzt wird, weiters keine Mittel verwendet werden, die dazu geeignet sind, die wirtschaftliche Existenz des Mitbewerbers zu gefährden und überdies vor Boykottbeginn alle anderen Möglichkeiten bereits ausgeschöpft worden sind.

977 Auch das **Ausnützen wirtschaftlicher Macht** ist als unlauter iSv § 1 Abs 1 Z 1 UWG zu beurteilen, wenn entweder der verfolgte Zweck unsittlich oder das konkret angewandte Mittel unerlaubt ist oder die konkrete Art der Anwendung unlauter ist (zB ein Monopolist verweigert aus unsachlichen Gründen einen Vertragsabschluss).

978 Beim **Anzapfen**, das nunmehr auch in den Geltungsbereich des § 1a UWG fällt, begehrt ein nachfragestarker Abnehmer vom Lieferanten zusätzliche Sonderleistungen, ohne dafür eine entsprechende Gegenleistung zu erbringen. Sofern der betroffene Unternehmer nach den konkreten Umständen des Einzelfalls den Eindruck gewinnen muss, dass er im Falle einer Ablehnung der Gewährung einer zusätzlichen Leistung wirtschaftliche Nachteile erleiden kann, wird von

der Unlauterkeit einer derartigen Handlung auszugehen sein.

Als wettbewerbswidrig kann sich auch die **Anmeldung von Marken** darstellen, sofern dies in der primären Absicht erfolgt, den Mitbewerber dadurch zu behindern (zB jemand meldet im Inland eine Marke an, die im Ausland bereits gut eingeführt ist und verlangt anschließend vom ausländischen Markenrechtsinhaber Lizenzgebühren für die Verwendung der im Inland eingetragenen Marke). 979

Analog dazu ist auch das so genannte **„Domain-Grabbing"** als Verstoß gegen § 1 Abs 1 Z 1 UWG zu bewerten. Dabei handelt es sich entweder um die Anmeldung von Internetadressen unter dem Namen von bekannten Marken oder Zeichen, um die Adresse in der Folge teuer an den Zeicheninhaber abzugeben („Domain-Vermarktung") oder darum, ein Vertriebshindernis für einen anderen zu bilden, ohne die Domain selbst zu benutzen („Domain-Blockade"). 980

d Aggressive Geschäftspraktiken

Der im Zuge der UWG-Novelle 2007 eingefügte § 1a UWG beinhaltet ein **allgemeines Verbot aggressiver Geschäftspraktiken**. Im Einzelnen ist in § 1a Abs 1 UWG normiert, dass eine Geschäftspraktik dann als aggressiv gilt, wenn sie geeignet ist, 980/1

- die **Entscheidungs-** oder **Verhaltensfreiheit** des Marktteilnehmers
- in Bezug auf das **Produkt**
- durch **Belästigung**,
- **Nötigung** oder
- unzulässige **Beeinflussung**
- wesentlich **zu beeinträchtigen** und
- ihn dazu zu veranlassen, eine **geschäftliche Entscheidung** zu treffen, die er anderenfalls nicht getroffen hätte.

Zuletzt wurde durch die Novelle BGBl I 2015/49 in § 1a Abs 2 UWG konkretisierend festgelegt, dass bei der Feststellung einer aggressiven Geschäftspolitik ua auf den **Zeitpunkt**, den **Ort**, die **Art** bzw die **Dauer** der entsprechenden Handlung zu achten ist (Z 1); dies gilt im Übrigen auch betreffend Drohungen mit rechtlich unzulässigen Handlungen (Z 5). 980/2

Da sich der Anwendungsbereich von § 1a UWG auf alle Marktteilnehmer erstreckt, sind auch aggressive Geschäftspraktiken **gegenüber Unternehmern** davon erfasst. 980/3

Unter **Belästigung** versteht man Handlungen, die ein gewisses Maß an Intensität erreicht haben und in unzulässiger Art und Weise in die Individualsphäre der umworbenen Person bzw des umworbenen Unternehmers eingreifen. So wird etwa das bloße, nicht aggressive Ansprechen auf einem öffentlichen Platz, dem man sich leicht entzie- 980/4 hen kann, nicht als Belästigung zu bewerten sein. Etwas anderes gilt jedoch in Hinsicht auf das so genannte **Anreißen**, bei dem in derart aggressiver Weise auf den Kunden eingewirkt wird, dass diesem keine Prüfungs- bzw Überlegungsperspektive in Hinblick auf die Kaufentscheidung mehr offen steht. Auch als **Privatpost getarnte Werbesendungen** können in diese Kategorie fallen.

980/5 Einzelne Punkte des **Anhanges zum UWG** beinhalten ebenfalls Tatbestände, die als belästigend und jedenfalls unzulässig anzusehen sind. Dazu zählen etwa das hartnäckige und unerwünschte **Ansprechen mittels Telefon, Fax, E-Mail** oder sonstiger für den Fernabsatz geeigneter Medien (Z 26 des Anhanges zum UWG). In Z 29 des Anhanges zum UWG ist normiert, dass die Aufforderung des Verbrauchers zur **sofortigen** bzw späteren **Bezahlung** oder zur **Rücksendung** bzw Verwahrung von Produkten, welche der Gewerbetreibende ohne Veranlassung des Verbrauches geliefert hat, unzulässig ist. Gleiches gilt für die Einbeziehung einer **direkten Aufforderung an Kinder** in der Werbung, die beworbenen Produkte zu kaufen oder ihre Eltern bzw andere Erwachsene dazu zu überreden, die beworbenen Produkte für sie zu kaufen (Z 28 des Anhanges zum UWG).

980/6 Im Bereich der **Nötigung** kann vor allem zwischen physischem und psychischem Kaufzwang unterschieden werden.

980/7 Beim **physischen Kaufzwang** wird im Wege von körperlicher Gewalt bzw des Erweckens des Eindruckes der Gewaltausübung operiert (zB ein Kunde wird an der Schulter gepackt). Verboten ist insbes das Erwecken des Eindruckes, der beworbene Kunde könne die Räumlichkeiten des Geschäftspartners ohne Vertragsabschluss nicht (mehr) verlassen (Z 24 des Anhanges zum UWG). Auch die Nichtbeachtung der Aufforderung des Verbrauchers bei persönlichen Besuchen in dessen Wohnung diese zu verlassen bzw nicht wieder zurückzukehren, ist gem Z 25 des Anhanges zum UWG ausdrücklich untersagt.

980/8 Vom Vorliegen eines **psychischen Kaufzwanges** ist dann auszugehen, wenn Kunden in eine derart psychische Zwangslage gebracht werden, dass sie sich einem Kaufabschluss nur mehr sehr schwer entziehen können. So ist es etwa denkbar, dass durch die Gabe eines besonders wertvollen **Werbegeschenkes** der Kunde in eine Situation gebracht wird, dass er sich gewissermaßen zum Vertragsabschluss verpflichtet fühlt. Gleiches gilt, wenn bei der Entgegennahme eines Werbegeschenkes (oder zur Teilnahme an einem Glücksspiel) eine Verpflichtung zur Kontaktnahme mit dem Verkaufspersonal besteht, da sich in solchen Situationen der Kunde regelmäßig zum Tätigen eines so genannten „Deckungsgeschäftes“ verpflichtet fühlt. Physischer Kaufzwang kann auch durch den ausdrücklichen Hinweis gegenüber dem Verbraucher ausgeübt werden, dass der Arbeitsplatz bzw der Lebensunterhalt des Unternehmers gefährdet sei, falls der Verbraucher das Produkt bzw die Dienstleistung nicht erwerben sollte **(Z 30 des Anhanges zum UWG)**.

Als unzulässige Beeinflussung gilt vor allem das Ausnützen von Situationen, in denen sich der Kunde in einer **Angst-** bzw **Zwangslage** befindet, wodurch sein Urteilsvermögen beeinträchtigt ist (zB Abschluss eines kostspieligen Reparaturauftrages unmittelbar nach einem Autounfall); s dazu auch § 1a Abs 2 Z 3 bis 5 UWG. **980/9**

Im Kern wird bei der **unzulässigen Beeinflussung** das Bestehen einer Machtposition gegenüber dem Kunden ausgenutzt, indem die Fähigkeit des Marktteilnehmers, eine informierte Entscheidung zu treffen, wesentlich eingeschränkt wird. Dies kann etwa dadurch geschehen, dass bei einem Kaufabschluss die **Autorität von fremden Personen** in unsachlicher Weise ausgenützt wird (zB Schüler werden vom Mathematiklehrer dazu aufgefordert, einen ganz bestimmten Typ von Taschenrechner zu kaufen, obwohl es keinen sachlichen Grund dafür gibt). **980/10**

Auch der Einsatz von **Laienwerbern** kann sich als unzulässige Beeinflussung darstellen; derartige Aktivitäten sind regelmäßig deshalb bedenklich, weil die besondere Beziehungslage, welche zumeist zwischen Verwandten, Bekannten, Freunden etc besteht, für ökonomische Zwecke ausgenutzt wird. Allerdings hat der OGH wiederholt festgehalten, dass in Branchen, in denen die Verwendung von Laienwerbern seit jeher üblich ist (zB im Buch- und Zeitschriftenhandel, im Bausparkassenwesen) regelmäßig eine „mildere" Beurteilung geboten erscheint. Zu erwähnen ist, dass gem §§ 57 ff GewO in gewissen Branchen Werbepartys überhaupt verboten sind (zB bezüglich des Verkaufes von Arzneimittel, Juwelen oder Waffen). **980/11**

e Irreführung

Während bis zur UWG-Novelle 2007 die so genannte **Irreführung** als eigener Tatbestand des UWG anzusprechen war („kleine Generalklausel"), ist die aktuelle Fassung des § 2 UWG dem Grunde nach als **Definitionsnorm** zu sehen, da sie keinen eigenständigen normativen Charakter aufweist; die Rechtsfolgenanordnung ergibt sich vielmehr aus der Bestimmung des § 1 UWG. **981**

Gem § 2 Abs 1 UWG gilt eine Geschäftspraktik dann als irreführend, wenn sie **981/1**

- **unrichtige Angaben** enthält oder
- sonst geeignet ist, einen Marktteilnehmer in Bezug auf das Produkt betreffend bestimmter (in § 2 Abs 1 und Abs 3 UWG angeführter) Aspekte derart **zu täuschen**,
- so dass ein Marktteilnehmer dazu veranlasst wird, eine **geschäftliche Entscheidung** zu treffen, die er anderenfalls nicht getroffen hätte.

981/2 Gem § 1 Abs 5 UWG trägt die **Beweislast** für die Richtigkeit der Tatsachenbehauptungen im Zusammenhang mit einer Geschäftspraktik grundsätzlich jener Unternehmer, der sich dieser Geschäftspraktik bedient. Zu beachten gilt, dass die in **Z 1 bis 23 des Anhanges zum UWG** angeführten Geschäftspraktiken als so genannte **„Per se-Verbote"** jedenfalls als irreführend gelten; diesbezüglich sei darauf verwiesen, dass in vielen Fällen Überschneidungen zu den im Anhang zum UWG angeführten Geschäftspraktiken und der Bestimmung des § 2 UWG bestehen.

982 Von Bedeutung ist, dass unter **Angaben** alle Aussagen zu verstehen sind, die einen objektiv feststellbaren bzw nachprüfbaren Inhalt aufweisen. Reine Werturteile, die sich als subjektive und nicht überprüfbare Meinungsäußerungen darstellen, sind von § 2 UWG nicht erfasst. Dabei ist die Grenzziehung zwischen objektiven Aussagen und Werturteilen nicht immer einfach. So hat der OGH beispielsweise ausgesprochen, dass es sich bei den Werbeslogans „Österreichs bester Kaffee", „Österreichs schönste Zeitschrift" oder „der schönste Platz am See" um Werturteile handelt, welche nicht auf ihren Wahrheitsgehalt überprüfbar sind. Hingegen sind die Aussagen „Österreichs bekannter Modefrisör" oder „das beste Notebook" vom OGH als objektiv überprüfbare Angabe qualifiziert worden.

983 Als Angaben iSv § 2 UWG kommen nicht nur **Wortdarstellungen**, sondern auch bildliche Darstellungen und „sonstige Veranstaltungen", die wörtliche Angaben zu ersetzen bestimmt und geeignet sind, in Frage (§ 39 Abs 1 UWG).

984 Von § 2 UWG wird verlangt, dass die Angaben **zur Täuschung geeignet** sein müssen. Der Rechtsprechung zufolge ist eine Ankündigung dann als irreführend anzusehen, wenn sie nach ihrem Gesamteindruck bei flüchtiger Betrachtung durch einen Durchschnittskunden bzw Marktteilnehmer mit durchschnittlicher Aufmerksamkeit einen irrigen (Gesamt-)Eindruck erwecken kann („Unklarheiten-Regelung"). Im Falle der Mehrdeutigkeit einer Ankündigung muss sich der Werbende immer die für ihn ungünstigste Auslegung zurechnen lassen. Der EuGH beurteilt zur Täuschung geeignete Angaben anhand des Leitbildes eines „aufgeklärten und mündigen Verbrauchers", der „durchschnittlich informiert, aufmerksam und verständig" ist.

985 Festzuhalten ist, dass auch **objektiv richtige Angaben** geeignet sein können, eine Irreführung herbeizuführen; so zB die Ankündigung des Verkaufes von Lederhosen ab € 18,–, wenn um diesen Preis lediglich Lederhosen für Spielzeugpuppen zum Verkauf stehen.

986 Da die Irreführung vom durchschnittlichen Publikum als wesentlich angesehen werden muss, kann es umgekehrt sein, dass uU auch **objektiv unrichtige Aussagen** nicht gegen § 2 UWG verstoßen.

987 Obwohl keine grundsätzliche Verpflichtung zur **Vollständigkeit von Werbeaussagen** besteht (s dazu auch Rz 990 ff), kann dennoch

durch das Verschweigen von wesentlichen Tatsachen ein irreführender Gesamteindruck entstehen (zB unvollständige Preisvergleiche).

Irreführend kann auch die **Werbung mit „Statt-Preisen" im Konzernverbund** sein. Durch eine Preisgestaltung zwischen Schwesterunternehmen kann nämlich bei den beteiligten Verkehrskreisen, die keine Informationen über die konzernmäßigen Verflechtungen der beteiligten Unternehmen besitzen, der unrichtige Eindruck eines auf freiem Wettbewerb beruhenden besonders günstigen Kaufpreises entstehen, obwohl der Vergleichspreis und der Statt-Preis vom selben Wirtschaftssubjekt festgelegt worden sind. **987/1**

Bei der **marktschreierischen Reklame**, bei welcher mit massiven reklamemäßigen Übertreibungen gearbeitet wird, liegt grundsätzlich keine Angabe iSv § 2 UWG vor, da das Publikum derartige Aussagen regelmäßig von vornherein nicht ernst nimmt (zB „Sprite steigert Ihre Intelligenz"). Rechtlich zu qualifizieren wären diesbezüglich lediglich allfällig vorhandene, überprüfbare Tatsachenkerne. **988**

In § 2 UWG aF fand sich ursprünglich eine beispielsweise Aufzählung des **Gegenstandes** von irreführenden Angaben; im Zuge der UWG-Novelle 2007 wurden die **täuschenden Umstände** des § 2 UWG **abschließend** geregelt. Dabei handelt es sich im Wesentlichen um (täuschende bzw irreführende) Angaben **989**

- über das **Vorhandensein des Produkts** (zB so genanntes **„Lockvogelangebot"**, bei dem eine als besonders günstig angepriesene Ware entweder gar nicht oder nur in unzureichender Menge zur Verfügung steht, um damit Kunden zum Geschäftsbesuch zu animieren);
- zur **Art des Produkts** (zB ein Kunstlederprodukt wird als Echtlederprodukt beworben);
- betreffend **wesentlicher Merkmale des Produkts** (zB Täuschung bezüglich des Herstellungsverfahrens, der Beschaffenheit, der geografischen oder der kommerziellen Herkunft des Produkts; täuschende „Biowerbung");
- betreffend **wesentlicher Merkmale von Produkttests** bzw **Untersuchungen**;
- betreffend **Menge** und **Volumen** (zB „Mogelpackungen"; s dazu Rz 993);
- zu **Verpflichtungen** des Unternehmers (zB Verweis auf in Wahrheit nicht bestehende Umweltauflagen);
- zur Art des **Vertriebsverfahren** (zB irreführende Ankündigung eines Insolvenzverkaufs);
- zum **Sponsoring** (zB irreführende Hinweise auf einen nichtbestehenden Sponsor unter Verwendung dessen Unternehmenskennzeichens);
- zu **Zulassungen** (zB Verweis auf Berechtigungen, die tatsächlich nicht bestehen; irreführende Hinweise zu behördlichen Produktprüfungen);

- betreffend den **Preis**, die **Art der Preisbemessung** oder das Vorhandensein eines **besonderen Preisvorteils** (zB irreführende Werbung mit Großhandels- oder Fabrikspreisen; irreführende „Statt-Preis-Werbung"; Ankündigung einer „absoluten Tiefpreissensation", obwohl die Mitbewerber zur selben Zeit die gleichen bzw günstigere Preise anbieten). Im Preisauszeichnungsgesetz (PrAG, BGBl 1992/146) findet sich ua die Verpflichtung des Unternehmers, die von ihm sichtbar ausgestellten Waren mit einem entsprechenden Bruttopreis „auszuzeichnen". Dabei ist grundsätzlich neben dem Verkaufspreis auch der Preis je Maßeinheit anzugeben;
- betreffend die **Notwendigkeit einer Leistung**, eines **Ersatzteils**, eines **Austausches** bzw einer **Reparatur**;
- betreffend die **Person**, die **Eigenschaften** oder die **Rechte des Unternehmers** (zB irreführende Hinweise zur Größe und Bedeutung eines Unternehmens, weil ein kleiner Gewerbebetrieb als Fabrik bezeichnet wird; Hinweis auf tatsächlich nicht bestehende Patentrechte; Täuschung über Auszeichnungen und Ehrungen);
- in Hinblick auf Verbraucherrechte betreffend **Gewährleistung** bzw **Garantie** bzw der **Risken**, denen sich der Verbraucher möglicherweise aussetzt;
- betreffend jegliche **Produktvermarktung** (einschließlich vergleichender Werbung), die eine Verwechslungsgefahr mit dem Produkt bzw Unternehmenskennzeichen von Mitbewerbern begründet (zB irreführender Hinweis auf ein nichtbestehendes Exklusiv-Vertriebsrecht einer bekannten Markenware);
- betreffend die (Nicht-)Einhaltung von Verpflichtungen aus **Verhaltenskodizes**, denen sich der Werbende unterworfen hat.

990 Bemerkenswert ist, dass gem § 2 Abs 4 bis 6 UWG das **Verschweigen wesentlicher Informationen** eine irreführende Geschäftspraktik darstellen kann. Im Einzelnen gilt dies insbes dann, wenn der Werbende

- unter **Berücksichtigung aller tatsächlichen Umstände** und der **Beschränkungen des Kommunikationsmediums**
- **wesentliche Informationen** vorenthält,
- die der Marktteilnehmer benötigt, um eine **informierte geschäftliche Entscheidung** zu treffen (§ 2 Abs 4 Z 1 UWG).

990/1 Gem § 2 Abs 5 UWG gelten als **wesentliche Informationen** jedenfalls die im Unionsrecht enthaltenen Informationsanforderungen. Generell ist dann vom Vorliegen einer wesentlichen Information auszugehen, wenn deren Zurückhaltung bei den beteiligten Verkehrskreisen einen unrichtigen Gesamteindruck herbeiführt.

990/2 Weiters kann davon ausgegangen werden, dass sich **Beschränkungen des Kommunikationsmediums** grundsätzlich nur aus technischen bzw faktischen Grenzen ergeben und die wirtschaftlichen Zumutbarkeitsgrenzen für den Werbenden unerheblich sind. Allerdings sind bei der Beurteilung der Frage, ob im verwendeten Kommunikationsmedium Informationen vorenthalten wurden, die räumlichen oder zeitlichen Beschränkungen, die durch das Kommunikationsmedium auferlegt wurden sowie alle Maßnahmen, die der Unternehmer zur anderweitigen Zurverfügungstellung von Information getroffen hat, zu berücksichtigen (§ 2 Abs 5 UWG).

In § 2 Abs 6 UWG findet sich eine Liste von Informationen, die **990/3** dem Verbraucher jedenfalls zur Verfügung zu stellen sind, sofern er vom Unternehmer **zum Kauf aufgefordert** wird; diese Bestimmung gilt nur für „B2C-Verhältnisse" (s dazu auch die Ausführungen bei Rz 230 ff).

Ebenso wie eine Zurückhaltung von wesentlichen Informationen im **990/4** Einzelfall zu einer unerlaubten Geschäftspraktik führt, kann auch eine gezielte „Informationsüberflutung" zu einer wettbewerbswidrigen Täuschung führen („Informationsoverload"). Auch das Unterlassen von Hinweisen auf den Werbecharakter bzw den Werbezweck von redaktionellen Medieninhalten kann sich als Irreführung darstellen (**Tarnung des kommerziellen Zwecks**; s dazu auch Z 11 des Anhanges zum UWG).

Überdies intendiert auch die im Jahr 1984 erlassene **EU-Irreführungs-RL** (RL 84/450; maßgeblich erweitert durch RL 97/55) die Hintanhaltung von irreführender Werbung. Darunter ist iSd genannten RL jede Werbung zu verstehen, die in irgendeiner Weise (einschließlich ihrer Aufmachung) die Personen, an die sie sich richtet oder die von ihr erreicht werden sollen, täuscht oder zu täuschen geeignet ist und die infolge der ihr innewohnenden Täuschung ihr wirtschaftliches Verhalten beeinflussen kann oder aus diesen Gründen einen Mitbewerber schädigt oder zu schädigen geeignet ist. Die EU-Irreführungs-RL verpflichtet die einzelnen Mitgliedsstaaten dazu, Rechtsschutz gegen irreführende Werbung durch nationale Gerichte bzw Verwaltungsbehörden zu gewährleisten. Von Bedeutung ist weiters auch die **RL 2005/29 über unlautere Geschäftspraktiken im binnenmarktinternen Geschäftsverkehr zwischen Unternehmen und Verbrauchern**. Darin ist ein generelles Verbot von unlauteren Geschäftspraktiken normiert. Als unlauter gilt, wenn eine Geschäftspraxis den Erfordernissen der beruflichen Sorgfaltspflicht widerspricht und in Bezug auf das jeweilige Produkt das wirtschaftliche Verhalten des (angesprochenen) Durchschnittsverbrauchers wesentlich beeinflusst oder dazu geeignet ist, es wesentlich zu beeinflussen. Insbes gilt als unlauter, wenn falsche oder unwahre Angaben getätigt werden; dabei werden sämtliche Umstände der Präsentation mit in Betracht gezogen. Im Anhang 1 zur genannten RL findet sich eine Liste jener Geschäftspraktiken, die unter allen Umständen als unlauter gelten. Von den dort enthaltenen 31 Verboten sind 23 dem Bereich der Irreführung zuzuzählen; der genannte RL-Anhang ist mittlerweile (weitgehend wortgleich) dem

991

UWG als Anhang beigefügt worden.

992 Es ist darauf zu verweisen, dass sich auch in **anderen gesetzlichen Vorschriften** Normen finden, welche die Irreführung des Publikums in Grenzen halten sollen. So ist etwa in § 18 Abs 2 UGB geregelt, dass Firmenbestandteile, die geeignet sind, eine Täuschung über die Art oder den Umfang des Geschäfts oder die Verhältnisse des Geschäftsinhabers herbeizuführen, verboten sind (s dazu Rz 545, 547). Im Lebensmittelgesetz bzw im Arzneimittelgesetz ist ua festgelegt, dass falsch bezeichnete Lebens- bzw Arzneimittel nicht in Verkehr gebracht werden dürfen. Auch dürfen keine Marken registriert werden, welche zur Täuschung des Publikums geeignet sind (§ 4 Abs 1 Z 8 MarkSchG; s dazu Rz 1058).

f Mogelpackung

993 Die ursprüngliche Bestimmung des § 6a UWG, der zufolge es verboten war, **Fertigpackungen** in den geschäftlichen Verkehr zu bringen, bei denen das Missverhältnis zwischen Verpackungsgröße und Füllmenge nicht durch die Eigenart der Ware oder durch verpackungstechnische Gründe bedingt ist, wurde im Zuge der UWG-Novelle 2007 aufgehoben. Dessen ungeachtet sind irreführende Mogelpackungen gem § 2 Abs 1 Z 2 UWG (bzw hilfsweise gem § 1 Abs 1 Z 2 UWG iVm § 39 Abs 1 UWG) weiterhin nicht statthaft.

g Herabsetzung eines Unternehmens

994 Einer **Herabsetzung eines Unternehmens** macht sich schuldig, wer zu Zwecken des Wettbewerbes über das Unternehmen eines anderen, über die Person des Inhabers oder Leiters des Unternehmens, über die Waren oder (Dienst-)Leistungen eines anderen Tatsachen behauptet oder verbreitet, die geeignet sind, den Betrieb des Unternehmens oder den Kredit des Inhabers zu schädigen, sofern die behaupteten Tatsachen nicht erweislich wahr sind (§ 7 UWG). Während § 2 UWG darauf abzielt, dass ein im Wettbewerb stehender Unternehmer die von ihm erbrachten Waren oder Dienstleistungen besser darstellt, als sie tatsächlich sind, zielt § 7 UWG darauf ab, die Abwertung eines Mitbewerbers zu verhindern.

995 Auch von § 7 UWG wird die Verbreitung von **Tatsachen**, also Äußerungen mit nachprüfbarem Inhalt, verlangt. Demgemäß fallen Werturteile nicht unter den Tatbestand von § 7 UWG; diese sind grundsätzlich gem § 1 UWG zu beurteilen.

996 Von § 7 UWG wird lediglich verlangt, dass Tatsachen behauptet oder verbreitet werden, welche den Unternehmensbetrieb oder den

Kredit des Unternehmensinhabers **zu schädigen geeignet** sind. Es genügt daher bereits die abstrakte Gefahr einer Schädigung; ein tatsächlicher Schaden muss noch nicht eingetreten sein. Ebenso wenig muss eine Schädigungsabsicht vorhanden sein.

Zu beachten ist, dass eine Verantwortung nach § 7 UWG bereits dann eintritt, wenn die Wahrheit der Äußerung nicht bewiesen werden kann. Lediglich dann, wenn ein tatsächlicher Wahrheitsbeweis gelingt, kommt § 7 UWG nicht zum Tragen. Die Beweislast trägt nicht der herabgesetzte Unternehmer, sondern der Herabsetzende **(Beweislastumkehr)**. Bei vertraulichen Mitteilungen, an denen der Mitteilende bzw der Mitteilungsempfänger ein berechtigtes Interesse hat (zB Erteilung einer Bonitätsauskunft), tritt eine derartige Beweislastumkehr aber nicht ein (§ 7 Abs 2 UWG). **997**

Eine der Regelung in § 7 UWG **verwandte Bestimmung** findet sich in § 1330 Abs 2 ABGB. Dort ist normiert, dass jemand, der Tatsachen verbreitet, die den Kredit, den Erwerb oder das Fortkommen eines anderen gefährden und deren Unwahrheit er kannte oder kennen musste, verpflichtet ist, Schadenersatz, Widerruf (und dessen Veröffentlichung) zu leisten; allerdings muss in diesen Fällen der Geschädigte beweisen, dass die Behauptungen unwahr sind. Überdies findet sich in § 152 StGB auch das Privatanklagedelikt der Kreditschädigung; in § 111 StGB ist das Delikt der „üblen Nachrede" und in § 115 StGB das Delikt der „Beleidigung" normiert. **998**

h Missbrauch von Unternehmenskennzeichen

Von § 9 UWG wird untersagt, im geschäftlichen Verkehr bestimmte **Unternehmenskennzeichen** (wie etwa den Namen, den Domain-Namen, die Firma, die Unternehmensbezeichnung oder die Bezeichnung eines Druckwerkes) in einer Weise zu benützen, die geeignet ist, Verwechslungen hervorzurufen (§ 9 Abs 1 UWG). Das Gleiche gilt auch für **Geschäftsabzeichen** und sonstige, zur Unterscheidung des Unternehmens von anderen bestimmte Einrichtungen (zB Warenausstattung, Verpackung, Geschäftspapiere, Werbeslogans), die innerhalb beteiligter Verkehrskreise als Kennzeichen des Unternehmens bzw dessen Waren oder Dienstleistungen gelten (§ 9 Abs 3 UWG). **999**

Damit ein Unternehmenskennzeichen überhaupt schutzwürdig ist, müssen grundsätzlich folgende Voraussetzungen vorliegen: **1000**

- Zunächst muss das Kennzeichen dazu geeignet sein, das Unternehmen von anderen Unternehmen zu unterscheiden **(Unterscheidungskraft)**.
- Weiters darf das Unternehmenskennzeichen nicht dazu geeignet sein, einen Irrtum über die Zuordnung dieses Zeichens zu einem bestimmten anderen Unternehmen hervorzurufen **(Ausschluss**

der Verwechslungsgefahr). Bei der Beurteilung der Verwechslungsgefahr ist der Gesamteindruck des Zeichens maßgebend.

- Überdies muss dem Unternehmenskennzeichen **Verkehrsgeltung** zukommen. Diese Voraussetzung ist dann erfüllt, wenn das Unternehmenskennzeichen von den beteiligten Verkehrskreisen als ein besonderes Kennzeichen eines bestimmten Unternehmens (bzw dessen Waren oder Dienstleistungen) geläufig ist.
- Schließlich ist noch darauf zu verweisen, dass allgemein gebräuchliche Ausdrücke bzw bekannte Wörter der Umgangs- und Fachsprache zur Kennzeichnung eines bestimmten Unternehmens grundsätzlich nicht in Frage kommen; dies gilt grundsätzlich auch für „beschreibende Angaben" (zB Flugambulanz). Diesbezüglich besteht ein **Freihaltebedürfnis**; jedermann soll sich dieser Zeichen bedienen können. Sofern hinsichtlich derartiger Zeichen freilich eine umfassende Verkehrsgeltung entstanden sein sollte, werden sie idR schützwürdig sein. Dabei gilt, dass der Grad der Verkehrsgeltung umso höher sein muss, je stärker das Freihaltebedürfnis ausgeprägt ist.

1001 Neben dem Unternehmenskennzeichen ist auch der **Name** (und zwar sowohl der bürgerliche Name als auch ein allfälliger Deckname oder der Domain-Name) von § 9 UWG geschützt. Auch der ins Firmenbuch eingetragene Name eines Unternehmers **(Firma;** s dazu Rz 544 ff) sowie der **Titel von Druckwerken**, denen kein Titelschutz gem § 80 UrhG zukommt (s dazu Rz 1037), werden vom Schutzkreis des § 9 UWG erfasst. Weiters sind auch **„nicht registrierte Marken"** von einer Nutzungsbeeinträchtigung durch eine zeitlich später erfolgende Markenanmeldung eines anderen erfasst (zum Markenschutzrecht s Rz 1033 ff). Geschützt ist auch die **Ausstattung** eines Unternehmens (s dazu auch Rz 1038). Dabei ist unter dem Begriff Ausstattung jedes Hilfsmittel des Geschäftsbetriebes, welches auf Grund seiner besonderen äußeren Gestaltung im Wirtschaftsverkehr als individueller Hinweis auf das Unternehmen bzw seine Dienstleistungen oder Waren anerkannt ist (zB Firmenlogo, besonderer Werbeslogan, besondere Verpackung), zu verstehen.

1002 Es ist darauf zu verweisen, dass ua auch § 37 UGB den unbefugten Gebrauch einer **Firma** unter Sanktion stellt (s dazu Rz 548); durch § 43 ABGB ist der Schutz des („bürgerlichen") **Namens** gewährleistet (s dazu Rz 1034).

i Zugaben

Durch das **Wettbewerbsderegulierungsgesetz** aus dem Jahr 1992 wurde das bis dahin geltende Zugabengesetz aufgehoben. Gleichzeitig wurde das Zugabenverbot durch die Bestimmung des § 9a UWG weitgehend in das UWG integriert. 1003

Im Zuge der Novelle BGBl I 2013/13 wurde § 9a UWG außer Kraft gesetzt, da der EuGH (9.11.2010, Rs C-540/08) entschieden hat, dass die RL über unlautere Geschäftspraktiken (RL 2005/29) einem **generellen Zugabenverbot** entgegensteht; vielmehr ist eine Zugabe nur dann als unzulässig einzustufen, wenn sie im Einzelfall **irreführend, aggressiv oder sonst unlauter** ist. Da somit Zugaben gem §§ 1, 1a, 2 und 2a UWG nach wie vor unzulässig sein können, sind die bislang zu § 9a UWG ergangenen gerichtlichen Entscheidungen auch für die Zukunft von Bedeutung. 1004

Unter dem Begriff einer **Zugabe** ist ein zusätzlich gewährter (wirtschaftlicher) Vorteil zu verstehen, der neben einer Hauptware bzw Hauptleistung ohne Berechnung, also (scheinbar) unentgeltlich, angekündigt, angeboten oder gewährt wird, lediglich, um den Absatz der Hauptware bzw -leistung zu fördern. Dabei muss die Zugabe mit der Hauptware bzw Hauptleistung in einem derartigen Zusammenhang stehen, dass sie objektiv dazu geeignet ist, die Kunden in ihrem Entschluss zum Erwerb der Hauptware bzw Hauptleistung zu beeinflussen. Die Zugabe muss demnach ein echtes **Werbe-** oder **Lockmittel** sein. 1005

Werden Zuwendungen erst **nach dem erfolgten Kaufabschluss** in Aussicht gestellt oder gewährt, liegt begrifflich überhaupt keine Zugabe vor, da ein entsprechender Zusammenhang zwischen Hauptangebot und Nebenleistung entweder vor oder im Zeitpunkt des Kaufabschlusses gegeben sein muss. Daher handelt es sich zB um keine Zugabe, wenn an einem Preisausschreiben auch ohne Erwerb der Ware teilgenommen werden kann. Um eine Zugabe handelt es sich auch dann nicht, wenn mehrere Waren oder Dienstleistungen gemeinsam abgegeben werden, die entsprechend der maßgeblichen Verkehrsauffassung eine **Einheit** bilden und nicht in einem Verhältnis von Haupt- und Nebensache stehen (zB Motorenöl inklusive Ölwechsel). 1006

Die **Koppelungsangebote** zeichnen sich dadurch aus, dass zwei oder mehrere verschiedene Waren unter der Nennung eines jeweiligen Einzelpreises zu einem dann addierten Gesamtpreis angeboten werden (zB Küche inklusive E-Geräte). Dagegen wird dann nichts einzuwenden sein, wenn der für die Nebenware genannte Preis als realistisch kalkuliert anzusehen ist. Ein Scheinpreis, der zur Verschleierung einer Zugabe dient, wird hingegen idR unzulässig sein. 1007

1008 Bereits in § 9a Abs 2 UWG war eine Reihe von **Ausnahmen** normiert, bei deren Vorliegen die Gewährung von Zugaben zulässig war; diesen Ausnahmen kommt nach wie vor Bedeutung zu, sofern nicht im Einzelfall ein Verstoß gegen die Bestimmungen der §§ 1 bis 2a UWG vorliegt. Zu diesen ausgenommenen Zugaben zählen:

- Das **handelsübliche Zugehör** zu einer Ware bzw die **handelsüblichen Nebenleistungen**. Diese müssen sich im Rahmen von vernünftigen Handels- bzw Branchengepflogenheiten halten (zB Beigabe eines Brillenetuis zu einer Brille; die Vornahme von Änderungsarbeiten beim Kauf eines Konfektionsanzuges);
- **Warenproben**;
- **Reklamegegenstände**, die durch auffallend sichtbare und dauerhafte Bezeichnung des reklametreibenden Unternehmens gekennzeichnet sind und die einen (absolut) geringen Wert besitzen (zB bei Bezug eines Jahresabos einer Tageszeitung wird ein mit großer Werbeschrift versehenes Tragradio im Wert von € 11,– beigegeben);
- **geringwertige Zuwendungen** bzw geringwertige Kleinigkeiten, sofern sie nicht für Zusammenstellungen (zB Schachspiel) bestimmt sind, die einen die Summe der Werte der gewährten Einzelgegenstände übersteigenden Wert besitzen (zB Zuckerln, geringwertiges Spielzeug).
- **Geld- oder Warenrabatte**. Ein Gutschein ist nur dann als erlaubter Geldrabatt zu qualifizieren, wenn er gegen Geld eingelöst werden kann; wenn durch den Gutschein lediglich ein bestimmter Betrag vom Kaufpreis einer anderen Ware abgezogen wird, liegt hingegen kein zulässiger Geldrabatt vor. Als unzulässig gilt hingegen ein Geldrabatt (Preisnachlass), der an eine ausschließlich vom **Zufall** abhängige Bedingung geknüpft wird (zB wenn es an einem bestimmten Tag regnet, wird ein Viertel des Kaufpreises rückerstattet).
- die Erteilung von **Auskünften oder Ratschlägen**;
- die Einräumung einer Teilnahmemöglichkeit an einem **Preisausschreiben**, sofern der sich aus dem Gesamtwert der ausgespielten Preise im Verhältnis zur Zahl der ausgegebenen Teilnahmekarten (Lose) ergebende Wert der einzelnen Teilnahmekarte € 0,36 und der Gesamtwert der ausgespielten Preise € 21.600,– nicht überschreitet. Zugaben in Form von Gewinnspielen bei periodischen Druckschriften (Zeitungen, Zeitschriften) waren generell unzulässig, da auf diesem Gebiet ein übergroßer Aufwand betrieben wurde.

j Verbot des Verkaufes gegen Vorlage von Einkaufsausweisen und Berechtigungsscheinen

Gegen § 9c UWG verstößt, wer an Personen, die hinsichtlich der be- 1009
treffenden Waren Verbraucher sind, **Einkaufsausweise** oder **Berechtigungsscheine** und dergleichen, die zu einem wiederholten Bezug von Waren berechtigen, ausgibt, oder Waren gegen Vorlage derartiger Ausweise verkauft. Der Zweck dieser Bestimmung besteht darin, Verbraucher vom Abschluss von Geschäften fernzuhalten, die an und für sich nur Wirtschaftstreibenden vorbehalten sein sollen. Allerdings greift die Bestimmung des § 9c UWG zu kurz, da **Tages-** bzw **Einmalausweise** erlaubt sind und überdies bei Vorliegen der entsprechenden Gewerbeberechtigungen sowohl an Wiederverkäufer als auch an Letztverbraucher verkauft werden darf.

k Bestechungsverbot

§ 10 UWG verbietet im geschäftlichen Verkehr zu Zwecken des Wett- 1010
bewerbes die Bestechung von Bediensteten oder Beauftragten eines Unternehmens in der Form, dass durch **Geschenke** oder durch das Gewähren, Versprechen oder Anbieten sonstiger **Vorteile** ein unlauteres Verhalten des Bediensteten oder der Beauftragten bewirkt wird, wodurch eine Bevorzugung für den Bestechenden oder einen Dritten erlangt wird. Rechtlich verfolgt werden kann sowohl die aktive Bestechung als auch die passive Bestechung (§ 10 Abs 2 UWG). Die Zuwendung von üblichen kleinen Geschenken (zB Trinkgelder, Jahreskalender) ist nicht vom Verbot des § 10 UWG erfasst. S im Übrigen auch §§ 168c bis 168e StGB sowie §§ 304 bis 307 StGB.

l Verletzung von Betriebs- und Geschäftsgeheimnissen

Von § 11 Abs 1 UWG ist der **Treuebruch** eines Beschäftigten, der Ge- 1011
heimnisse, die ihm auf Grund seines Dienstverhältnisses anvertraut oder sonst zugänglich geworden sind, während seines Dienstverhältnisses unbefugt einem anderen zu Wettbewerbszwecken mitteilt, unter Strafsanktion gestellt. Ebenso steht die unbefugte Verwertung der **Weitergabe von Geheimnissen**, deren Kenntnis jemand durch den Treuebruch des Dienstnehmers eines anderen oder durch eigene gesetz- bzw sittenwidrige Handlung erlangt hat, unter der Strafdrohung von § 11 Abs 2 UWG, wenn dies zu Wettbewerbszwecken erfolgt. Dabei ist unter einem Geheimnis eine Tatsache zu verstehen, die lediglich einem eng umgrenzten Personenkreis bekannt sowie anderen

Personen nur schwer zugänglich ist und nach dem Willen des über das Geheimnis Verfügungsberechtigten nicht weiter bekannt werden soll. Der Verrat von Geschäfts- oder Betriebsgeheimnissen bzw das Auskundschaften eines Geschäfts- bzw Betriebsgeheimnisses steht auch unter der Strafdrohung des Strafgesetzbuches (§§ 122 f StGB).

m Vorlagenmissbrauch

1012 Wer **Vorlagen** oder **Vorschriften technischer Art** (zB Zeichnungen, Konzepte), die ihm im geschäftlichen Verkehr anvertraut wurden, zu Wettbewerbszwecken unbefugt verwertet oder anderen mitteilt, verstößt gegen § 12 UWG.

n Schneeballsystem-Verträge

1013 Durch § 27 UWG ist untersagt, in einem Geschäftsbetrieb Verträge nach dem **Schneeballsystem** abzuschließen. Dabei handelt es sich um ein System, bei welchem der Kunde das Entgelt für eine Ware oder Dienstleistung vorweg zu leisten hat, dieses Entgelt aber zurück erhält, sobald er neue Kunden anwirbt; die Neukunden werden unter denselben Voraussetzungen in das Schneeballsystem eingegliedert. Derartige Verträge sind nichtig; das bereits geleistete Entgelt kann unter Verzicht auf die Ware bzw Dienstleistung zurückgefordert werden (§ 27 Abs 3 und 4 UWG). Auch durch **Z 14 des Anhanges** zum UWG ist die Einführung und der Betrieb eines Schneeballsystems, bei dem der Verbraucher die Möglichkeit vor Augen hat, eine Vergütung zu erzielen, die überwiegend durch das Einführen neuer Verbraucher in ein solches System und weniger durch den Verkauf zu erzielen ist, verboten.

o Verbot der Anmaßung von Auszeichnungen und Vorrechten

1014 Gem § 31 UWG ist es untersagt, beim Betrieb eines Unternehmens

- dem Inhaber oder dem Unternehmer eine ihm nicht zustehende **Auszeichnung** beizulegen oder fälschlich den Besitz einer von einer Behörde anerkannten oder verliehenen **Befähigung, Befugnis** oder **Berechtigung** zuzuschreiben, oder
- eine **Auszeichnung** oder eine auf eines der eben erwähnten Vorrechte hinweisende Bezeichnung in einer Weise zu gebrauchen, die zur **Täuschung** über den Anlass oder Grund der Verleihung der Auszeichnung oder über den Umfang des Vorrechts geeignet ist.

p Ausverkäufe

Zunächst ist auf den Grundsatz zu verweisen, dass die im UWG enthaltenen Bestimmungen über Ausverkäufe aus besonderen Gründen (§§ 33a bis 33c UWG) sich nicht auf die Abhaltung eines Ausverkaufes als solchen beziehen, sondern lediglich dessen **öffentliche Ankündigung** berühren. Demgemäß ist die Durchführung eines Ausverkaufes ohne entsprechende Ankündigung grundsätzlich ohne weiteres erlaubt. 1015

Im Zuge der Novelle BGBl I 2013/112 wurden die bislang bestehenden **Beschränkungen** im Hinblick auf Ausverkäufe weitestgehend **beseitigt**. Nunmehr sieht § 33a Abs 1 UWG lediglich vor, dass die Ankündigung eines Ausverkaufes mit der Behauptung, der Unternehmer werde demnächst sein **Geschäft aufgeben** oder seine **Geschäftsräume verlegen**, nur mit Zustimmung der zuständigen Bezirksverwaltungsbehörde zulässig ist. Weiters sind Ausverkäufe wegen eines **Elementarereignisses** (zB Hochwasser) samt Unterlagen für die Glaubhaftmachung der Gründe für das konkrete Elementarereignis bei der Bezirksverwaltungsbehörde anzuzeigen. 1016

Andere Ausverkäufe (Abschnittsverkäufe), wie etwa Saisonschlussverkäufe und Inventurverkäufe, fallen nicht unter die Genehmigungs- bzw Anzeigepflicht. 1017

2 Rechtsfolgen bei UWG-Verstößen

a Zivilrechtliche Ansprüche

Zivilrechtliche Ansprüche auf Grund von Wettbewerbsverstößen nach den einschlägigen Bestimmungen des UWG sind grundsätzlich vor den **Handelsgerichten** geltend zu machen. 1018

Im Einzelnen können vor allem Unterlassungsansprüche, Ansprüche auf Urteilsveröffentlichung und Schadenersatzansprüche geltend gemacht sowie einstweilige Verfügungen beantragt werden. 1019

aa Unterlassungsanspruch

Grundsätzlich kann derjenige, welcher gegen eine Bestimmung des UWG verstößt, auf **Unterlassung** in Anspruch genommen werden (§ 14 UWG). Voraussetzung dafür ist jedoch, dass eine Wiederholungsgefahr gegeben ist. 1020

Das Vorliegen der **Wiederholungsgefahr** wird grundsätzlich bereits dann vermutet, wenn der Beklagte schon irgendwann einmal gegen 1021 das UWG verstoßen hat. In diesem Fall hat sodann der Beklagte zu beweisen, dass von seiner Seite keine Wiederholungsgefahr mehr ausgeht (Beweislastumkehr). Der OGH hat judiziert, dass eine Wiederholungsgefahr dann nicht vorliegt, wenn vom Verletzer ein an keinerlei Bedingungen geknüpfter Vergleich betreffend den gesamten Unterlassungsanspruch angeboten wird und gleichzeitig nach den Umständen des Einzelfalles keine Bedenken gegen die ernsthafte Absicht des Anbieters bestehen, von gleichartigen Handlungen in der Zukunft Abstand zu nehmen.

1022 Das Vorliegen eines **Verschuldens** seitens des Verletzers ist grundsätzlich nicht Voraussetzung für die Geltendmachung eines Unterlassungsanspruches.

1023 Sofern vom Kläger die konkrete Gefahr einer drohenden Rechtsverletzung (Begehungsgefahr) bewiesen werden kann, lässt die Judikatur auch **vorbeugende Unterlassungsklagen** zu.

1024 Unterlassungsansprüche **verjähren** grundsätzlich sechs Monate nach Kenntnis der Tat und des Täters bzw jedenfalls drei Jahre nach der Handlung (§ 20 Abs 1 UWG). Sofern es sich um wettbewerbswidrige **Dauerzustände** handelt, tritt eine Hemmung der Verjährung des Unterlassungsanspruches für die Dauer des Fortbestehens des rechtswidrigen Zustandes ein (§ 20 Abs 2 UWG).

1025 Zur **Einbringung der Klage** ist in jedem Fall der durch den Wettbewerbsverstoß **direkt Betroffene** aktiv legitimiert. In bestimmten Fällen (insbes §§ 1, 1a, 2, 2a, 3, 9c und 10 UWG) ist auch der **Mitbewerber** aktiv klagslegitimiert. Als Mitbewerber gilt dabei derjenige, der Waren oder Leistungen gleicher oder verwandter Art herstellt oder in Verkehr bringt. In denselben Fällen sind überdies Vereinigungen zur Förderung wirtschaftlicher Interessen von Unternehmern **(„Wettbewerbsschutzverbände")** aktiv klagslegitimiert. In den Fällen der §§ 1, 1a, 2, 2a und 9c UWG sind weiters auch die Bundesarbeitskammer, die Wirtschaftskammer Österreichs, die Präsidentenkonferenz der Landwirtschaftskammern Österreichs, der Österreichische Gewerkschaftsbund und die Bundeswettbewerbsbehörde **(Amtsparteien)** klagsberechtigt. Schließlich steht in den Fällen der § 1 Abs 1 Z 2, Abs 2 bis Abs 4 sowie der § 1a und § 2 UWG auch dem **Verein für Konsumenteninformation** ein Klagerecht zu. Sofern der Ursprung des Verstoßes in den Fällen der aggressiven oder irreführenden Werbung in Österreich gelegen ist, können grundsätzlich auch **ausländische Verbraucherschutzverbände** die Klage erheben (vgl zu den diesbezüglichen Voraussetzungen bei § 14 Abs 2 UWG).

1026 Geklagt werden können der unmittelbare Täter, Anstifter, Mittäter oder Gehilfen sowie der Unternehmensinhaber **(passive Klagslegitimation)**. So ist etwa derjenige, welcher auf einer von ihm mit zu verantwortenden Website einen Hyperlink auf eine Domain mit wettbewerbswidrigem Inhalt aufgebracht hat, für den Verstoß mitverantwortlich. Sofern der unmittelbare Täter die Handlung **im Auftrag seines Dienstgebers** vorgenommen hat und ihm auf Grund seiner wirtschaftlichen Abhängigkeit nicht zugemutet werden konnte, die Vornahme der Handlung abzulehnen, ist er von einer gerichtlichen bzw verwaltungsrechtlichen Strafe ausgenommen.

ab Anspruch auf Urteilsveröffentlichung

Im Falle der **Herabsetzung** eines Unternehmens (§ 7 UWG) kann vom Verletzer verlangt werden, dass die von ihm behaupteten bzw verbreiteten Tatsachen öffentlich widerrufen werden. 1027

Eine **Urteilsveröffentlichung** ist auch dann vorzunehmen, wenn – mit Ausnahme der Fälle der §§ 11 und 12 UWG – auf Unterlassung geklagt wird und die obsiegende Partei ein berechtigtes Interesse (zB Aufklärung der Kunden) daran hat (§ 25 Abs 3 UWG). 1028

ac Schadenersatzanspruch

Sofern die Verletzung von wettbewerbsrechtlichen Verhaltensnormen auf Grund einer fahrlässigen oder vorsätzlichen Handlung zu einem Schaden geführt hat, tritt nach den allgemeinen Regeln des ABGB eine entsprechende **Schadenersatzhaftung** ein. Im Unterschied zu den allgemeinen Regeln des ABGB umfasst der Schadenersatzanspruch auf Grund von Wettbewerbsverletzungen auch bei leichter Fahrlässigkeit den entgangenen Gewinn (§ 16 Abs 1 UWG). Die Schadenersatzansprüche verjähren innerhalb von drei Jahren ab Kenntnis der Verletzung und des Verletzers (§ 1489 ABGB). 1029

ad Einstweilige Verfügung

Auf Grund der regelmäßig sehr langen Prozessdauer, während derer grundsätzlich ein wettbewerbswidriges Verhalten fortgesetzt werden könnte, ermöglichen § 21 Abs 2 und § 24 UWG die Erlassung einer **einstweiligen Verfügung**. Dadurch wird dem Prozessgegner das von ihm gesetzte Verhalten vorläufig solange verboten, bis ein rechtskräftiges Urteil vorliegt. Damit eine einstweilige Verfügung ausgesprochen wird, hat die gefährdete Partei lediglich die Voraussetzungen für den Unterlassungsanspruch gegen den Gegner zu bescheinigen; der Nachweis einer konkreten Gefährdung ist hingegen nicht erforderlich. 1030

b Strafgerichtliche Verfolgung

1031 Bestimmte Verstöße gegen das UWG können neben der zivilrechtlichen Folge auch eine **strafgerichtliche Verfolgung** nach sich ziehen. Auf Antrag **(Privatanklagedelikt)** können die wissentliche Irreführung (§ 4 UWG), die Bestechung (§ 10 UWG), die Geheimnisverletzung (§ 11 UWG) und der Missbrauch anvertrauter Vorlagen (§ 12 UWG) strafgerichtlich geahndet werden. Der entsprechende Antrag auf strafgerichtliche Verfolgung ist grundsätzlich innerhalb von sechs Wochen ab Kenntnis der Tat und eines hinlänglich Verdächtigen einzubringen; die Antragsberechtigung ergibt sich aus § 14 UWG.

1032 Bestimmte UWG-Verletzungen sind als **Verwaltungsübertretungen** strafbar und werden von den Bezirksverwaltungsbehörden von Amts wegen verfolgt (§§ 27 ff UWG).

3 Auslandsberührung

1032/1 Schadenersatzansprüche sowie andere Ansprüche (wie zB Unterlassungs- oder Beseitigungsansprüche), die aus der **Verletzung von Wettbewerbsregeln** resultieren, sind nach dem Recht des Staates zu beurteilen, auf dessen Markt sich der Wettbewerb auswirkt (so genanntes **„Marktortprinzip“**; Art 6 Abs 1 Rom II-VO bzw § 48 Abs 2 IPRG, s dazu Rz 39). Sofern durch ein und dieselbe Wettbewerbshandlung gleichzeitig mehrere Märkte verschiedener Staaten tangiert sind, richten sich die Rechtsfolgen nach dem Recht jedes von der Wettbewerbshandlung berührten nationalen Rechts. Zu beachten ist, dass gem der Bestimmung des § 20 ECG so genannte E-Commerce-Dienstleister, die innerhalb des EWR ansässig sind, grundsätzlich nur die Rechtsvorschriften ihres jeweiligen Heimatstaates zu beachten haben **(„Herkunftslandprinzip“)**; gleiches gilt gem AudisMedDRL (RL 2007/65 zur Koordinierung bestimmter Rechts- und Verwaltungsvorschriften der Mitgliedsstaaten über die Bereitstellung audivisueller Mediendienste) auch betreffend der Hörfunk- und Fernsehwerbung. Das Herkunftslandprinzip gilt jedoch nicht gegenüber inländischen Verbrauchern, sofern der in einem anderen EWR-Staat ansässige Anbieter eine Vertriebsmethode verwendet, die zu Irreführung des Verbrauchers geeignet ist; in diesen Fällen gilt innerstaatliches Recht (§ 22 Z 5 ECG).

1032/2 Was die Klärung der **Gerichtszuständigkeit** bei Auslandsberührungen betrifft, so ist diesbezüglich vor allem die „Verordnung über die gerichtliche Zuständigkeit und die Anerkennung und Vollstreckung von Entscheidungen in Zivil- und Handelssachen“ (VO 44/2001) von Bedeutung. In Art 2 der genannten VO ist festgelegt, dass natürliche

Personen, die ihren Wohnsitz im Hoheitsgebiet eines Mitgliedsstaates haben, ohne Rücksicht auf ihre Staatsangehörigkeit vor den Gerichten dieses Staates geklagt werden können; bei juristischen Personen ist der jeweilige Unternehmenssitz maßgeblich **(Wohnsitzzuständigkeit)**. In wettbewerbsrechtlichen Angelegenheiten können Rechtsverletzungen auch vor dem Gericht jenes Ortes geltend gemacht werden, an dem das schädigende Ereignis eingetreten ist **(Gerichtsstand für Deliktsklagen)**.

C Markenrecht

Literatur: wie oben VI/A und *Engin-Deniz*, Markenschutzgesetz und weitere kennzeichenrechtliche Bestimmungen[2] (2010); *Grünwald*, Gewerblicher Rechtsschutz Bd I. Markenschutzrecht (2015); *Grünzweig*, Markenrecht (ab 2007); *Hayböck*, Das Recht am geistigen Eigentum[2] (2009); *Hayböck*, Grundzüge des Marken- und Immaterialgüterrechts[4] (2014); *Koppensteiner*, Markenrecht[4] (2012); *Kucsko*, Die Gemeinschaftsmarke (1996); *Kucsko*, Markenschutzgesetz[3] (2014); *Kucsko/Schumacher* (Hg), marken.schutz[2] (2013); *Meister*, Marke und Recht[3] (1997); *Puchberger/Jakadofsky*, Markenrecht[2] (2000); *Schanda*, Markenschutzgesetz (1999); *Schuhmacher*, Europäisches Marken-, Muster- und Urheberrecht (2010).

1 Allgemeines

Das Markenrecht kann als Teilbereich des übergeordneten **Kennzeichenrechts** angesprochen werden. Dabei kommt ganz allgemein den Kennzeichen die Funktion zu, Personen, Unternehmen, Waren oder Leistungen zu individualisieren und dadurch von anderen Personen, Unternehmen, Waren oder Leistungen unterscheidbar zu machen. Im Bereich des Kennzeichenrechtes kann zwischen dem Namen, der Firma, der Geschäftsbezeichnung, dem Titel, der Ausstattung und schließlich der Marke unterschieden werden. 1033

Der **Name** bezeichnet entweder eine physische oder juristische Person. Der Schutz des Namens ist durch § 43 ABGB gewährleistet, worin normiert ist, dass, wenn jemandem das Recht zur Führung seines Namens bestritten wird oder eine Beeinträchtigung durch einen unbefugten Gebrauch eines Namens erfolgt, eine Klage auf Unterlassung und – bei Verschulden – auf Schadenersatz eingebracht werden kann. 1034

Wie bereits ausgeführt (s dazu Rz 544), handelt es sich bei der **Firma** um den im Firmenbuch eingetragenen Namen eines Unternehmers, unter dem dieser seine Geschäfte betreibt und die Unterschrift abgibt. 1035

1036 Bei der **Geschäftsbezeichnung** handelt es sich um ein Wort- oder Bildzeichen, welches dazu dient und auch dazu geeignet ist, ein Unternehmen bzw einen Betrieb von anderen Unternehmen bzw Betrieben zu unterscheiden. Zu beachten ist, dass der Schutz einer gewählten Geschäftsbezeichnung bereits mit Aufnahme des kennzeichengemäßen Gebrauches im Inland beginnt. Lediglich im Falle einer mangelnden Unterscheidungskraft entsteht der Schutz der Geschäftsbezeichnung erst mit dem Erlangen einer allgemeinen Verkehrsgeltung.

1037 Durch einen **Titel** wird idR ein bestimmtes urheberrechtlich geschütztes Werk gekennzeichnet (§§ 80, 84 UrhG).

1038 Die **Ausstattung** dient grundsätzlich dazu, Waren oder Dienstleistungen eines Unternehmens von gleichartigen Waren oder Dienstleistungen eines anderen Unternehmens zu unterscheiden. Unter dem Begriff der Ausstattung kann jedes mit den Sinnen wahrnehmbare Zeichen, welches als Hinweis auf ein bestimmtes Unternehmen anerkannt ist, zusammengefasst werden.

1039 Ebenso wie die Ausstattung dient auch die **Marke** dazu, Waren oder Dienstleistungen eines Unternehmens von gleichartigen Waren oder Dienstleistungen eines anderen Unternehmens zu unterscheiden. Im Gegensatz zur Ausstattung, deren Schutz Verkehrsgeltung voraussetzt, ist zur Erlangung eines entsprechenden Markenschutzes ein eigenes rechtsförmliches Eintragungsverfahren erforderlich, welches im Markenschutzgesetz normiert ist.

1040 Für alle Kennzeichen gilt, dass sie ihrer Unterscheidungsfunktion grundsätzlich nur dann gerecht werden können, wenn sie tatsächlich dazu geeignet sind, Personen bzw Gegenstände von anderen zu unterscheiden. Abhängig vom Grad der **Unterscheidungskraft** kann zwischen schwachen, normalen und starken Zeichen unterschieden werden.

1041 Zu den **starken Zeichen**, die an sich unterscheidungskräftig sind, zählen etwa seltene Eigennamen bzw Phantasiezeichen.

1042 **Bloßen Ziffern** und **Zahlen** fehlt idR die Unterscheidungskraft (Ausnahme aber wegen entsprechender Verkehrsgeltung zB „4711“); das gilt auch für einzelne Buchstaben bzw Buchstabenverbindungen, die keine klangliche Einheit bilden. Auch den bloßen Gattungsbezeichnungen (zB „Optikerring“) und den beschreibenden Zeichen (zB „Superkleber“) fehlt die Unterscheidungskraft.

1043 Da für Wörter der **allgemeinen Umgangssprache** sowie für spezielle Ausdrücke einer spezifischen Fachsprache ein entsprechendes Freihaltebedürfnis besteht, sind diese als grundsätzlich schutzunwürdig einzustufen.

1044 Wie erwähnt, sind die starken Zeichen **an sich** unterscheidungsfähig. Andere Zeichen können die Unterscheidungskraft durch **Verkehrsgeltung** erlangen. Dabei liegt die Verkehrsgeltung dann vor, wenn ein Zeichen im geschäftlichen Verkehr als Kennzeichen eines bestimmten Unternehmens bzw einer bestimmten Ware oder Leistung angesehen wird. Als Nachweis für die Verkehrsgeltung kommen ua Belege über Art und Umfang der Werbung, entsprechende Umsatzzahlen sowie Bestätigungen von Abnehmern und (demoskopische) Gutachten in Betracht.

2 Marke

a Begriff

In § 1 MarkSchG ist normiert, dass unter dem **Begriff einer Marke** iSd MarkSchG alle Zeichen verstanden werden, die sich graphisch darstellen lassen (zB Wörter, Personennamen, Abbildungen, Buchstaben und Zahlen), soweit sie dazu geeignet sind, Waren oder Dienstleistungen eines Unternehmens von gleichartigen Waren und Dienstleistungen anderer Unternehmen zu unterscheiden. Dabei sind unter Marken iSd österreichischen MarkSchG grundsätzlich nur solche Zeichen zu verstehen, die **mit dem Auge wahrgenommen** werden können. **Geruchs-** sowie **Geschmackszeichen** können (derzeit) keine Marken iSd MarkSchG sein; sehr wohl aber sind so genannte **„Klangmarken"** (zB der Telekom-Klingelton) zulässig. 1045

Durch die Eintragung eines Zeichens im **Markenregister** (Registrierung) wird das Zeichen zur Marke, welche den besonderen Schutz des MarkSchG genießt (§ 2 Abs 1 MarkSchG). 1046

Ergänzend ist noch darauf zu verweisen, dass sich in den §§ 68 bis 68j MarkSchG Vorschriften zum **Schutz geographischer Angaben und Ursprungsbezeichnungen** (zB „Tiroler Speck") finden, welche auf der Basis der „VO 1151/2012 über Qualitätsregelungen für Agrarerzeugnisse und Lebensmittel" in das MarkSchG integriert wurden. 1047

b Funktion

Die Marke dient dazu, Waren oder Leistungen des Markeninhabers von gleichartigen Waren oder Leistungen eines Dritten zu unterscheiden **(Unterscheidungsfunktion)**. Außerdem gibt sie einen Hinweis auf den Markenträger und bietet so für den Abnehmer häufig eine Orientierungshilfe an **(Herkunftsfunktion)**. 1048

Der Abnehmer hat in aller Regel auch eine gewisse Vorstellung betreffend Güte oder Beschaffenheit einer Markenware bzw -leistung **(Vertrauensfunktion)**. 1049

Schließlich kommt der Marke auch eine wichtige **Werbefunktion** zu. 1050

1051/1 In der jüngeren Vergangenheit wird auch die **Investitionsfunktion** der Marke betont, welche auf den (Markt-)Wert der jeweiligen Marke abstellt.

c Arten

1051 Es kann insbes zwischen **Wortmarken**, welche aus einer aussprechbaren Buchstabenkombination bestehen, weiters **Bildmarken**, welche ausschließlich in einer graphischen Darstellung bestehen, und **Wort-Bild-Marken (kombinierte Marken)**, welche sowohl aus Wort- als auch aus Bildbestandteilen bestehen, unterschieden werden.

1052 Darüber hinaus sind auch **Buchstabenmarken**, welche aus Buchstaben, die keine aussprechbare Einheit bilden (zB OMV) und **Ziffernmarken**, welche lediglich aus einzelnen Ziffern oder Zahlen bestehen, denkbar. Dabei ist jedoch ausdrücklich darauf hinzuweisen, dass Buchstaben- und Ziffernzeichen bzw Kombinationen dieser Zeichenformen, denen die Unterscheidungskraft fehlt, nur im Falle des Nachweises einer entsprechenden Verkehrsgeltung in das Markenregister eingetragen werden können.

1052/1 Die **Formmarken** (dreidimensionale Marken), welche sich als körperliche Gestaltung darstellen (zB die Dreiecksform der Toblerone-Schokolade), können grundsätzlich nur registriert werden, wenn sie besondere Eigenart aufweisen. Überdies dürfen jene Zeichen nicht als Marke eingetragen werden, die in ihrer Form durch die Art der Ware selbst bedingt ist (§ 4 Abs 1 Z 6 MSchG).

1053 Die **Defensivmarken** werden dazu angemeldet, um zu verhindern, dass Dritte ein bestimmtes Zeichen als Marke anmelden bzw benützen. Freilich darf diesbezüglich nicht gegen die Bestimmungen des UWG verstoßen werden (s dazu Rz 979) und es darf sich dabei nicht um eine „bösgläubige Anmeldung" iSv § 34 Abs 1 MarkSchG handeln. Hingegen werden die **Vorratsmarken** angemeldet, um sie zu einem späteren Zeitpunkt benützen zu können.

1054 Grundsätzlich kommt als Träger des Markenrechtes lediglich der Inhaber eines Unternehmens in Betracht **(Individualmarken)**. Allerdings räumen die Bestimmungen der §§ 62 bis 67 MarkSchG Verbänden mit Rechtspersönlichkeit und juristischen Personen des öffentlichen Rechts, die wirtschaftliche Zwecke verfolgen, auch dann das Recht ein, eine Marke zu erwerben, wenn diese Marken nicht ihnen selbst, aber in den Unternehmen ihrer Mitglieder zur Kennzeichnung von Waren oder Dienstleistungen dienen sollen (**Verbandsmarken**; zB „Fleurop").

3 Registrierungsverfahren

Die Marke ist zur Registrierung in dem vom Patentamt geführten **Markenregister** schriftlich anzumelden (§ 16 Abs 2 MarkSchG). In dieser Anmeldung ist anzuführen, für welche Waren bzw Dienstleistungen die Marke vorgesehen ist (§ 16 Abs 3 MarkSchG); die damit angesprochene Angabe des Waren- und Dienstleistungsverzeichnisses hat auf Basis der so genannten „Klassifikation von Nizza“ zu erfolgen. 1055

Ab dem Zeitpunkt der ordnungsgemäßen Anmeldung erlangt der Anmelder das Recht der **Priorität** für die angemeldete Marke (§ 23 Abs 1 MarkSchG); das bedeutet, dass er gegenüber später angemeldeten Marken den Vorrang hat. 1056

Die erfolgte Markenanmeldung hat vom Patentamt gem § 20 Abs 1 MarkSchG auf ihre **Gesetzmäßigkeit** hin geprüft zu werden. In der Praxis führt das Patentamt allerdings regelmäßig zunächst die in § 21 MarkSchG geregelte sog Ähnlichkeitsprüfung (s dazu Rz 1061) durch. Bei der Gesetzmäßigkeitsprüfung wird insbes untersucht, ob formale Mängel (zB Fehlen der Unterschrift des Antragsstellers) sowie unbedingte oder bedingte Registrierungshindernisse bestehen. 1057

Zeichen, die einem **unbedingten Registrierungshindernis** (§ 4 Abs 1 Z 1, Z 2 und Z 6 bis 9 MarkSchG) unterliegen, sind von der Registrierung ausgeschlossen. Dazu zählen ua **staatliche Hoheitszeichen** und **Wappen** inländischer Gebietskörperschaften, amtliche **Prüfungs-** oder **Gewährzeichen** (zB Eichstempel), Zeichen **internationaler Organisationen**, weiters Zeichen, die **graphisch nicht darstellbar** sind, überdies Zeichen, die gegen die **öffentliche Ordnung** oder die **guten Sitten** verstoßende Darstellungen oder Aufschriften enthalten (zB pornographische Zeichen) sowie insbes täuschende Zeichen **(Dezeptivzeichen)**. 1058

Sofern Zeichen mit einem **bedingten Registrierungshindernis** behaftet sind, besteht die Möglichkeit, dass das entsprechende Hindernis unter gewissen Voraussetzungen beseitigt werden kann. So kann etwa das bedingte Registrierungshindernis der **mangelnden Unterscheidungskraft** durch den Nachweis überwunden werden, dass das Zeichen vor der Anmeldung innerhalb der beteiligten Verkehrskreise infolge seiner Benutzung Unterscheidungskraft im Inland erlangt hat (§ 4 Abs 1 Z 3 iVm Abs 2 MarkSchG). Analog dazu kann auch das bedingte Registrierungshindernis von **beschreibenden Zeichen** dann beseitigt werden, wenn das Zeichen in den beteiligten Verkehrskreisen als Kennzeichen der Waren bzw Dienstleistungen des Unternehmens des Anmelders gilt (§ 4 Abs 1 Z 4 iVm Abs 2 MarkSchG). Gleiches gilt schließlich für Zeichen, die im allgemeinen Sprachgebrauch oder in den ständigen Verkehrsgepflogenheiten zur Bezeichnung der Ware oder Dienstleistung üblich sind (**Freizeichen**; 1059

§ 4 Abs 1 Z 5 iVm Abs 2 MarkSchG). Sofern Marken Auszeichnungen oder Kennzeichen offiziellen Charakters lediglich als Bestandteile enthalten, können sie gegen Nachweis des Rechts zur Benützung registriert werden (§ 5 MarkSchG).

1060 Ergibt die **Gesetzmäßigkeitsprüfung** des Patentamtes, dass gegen die Zulässigkeit einer Marke Bedenken bestehen, wird der Anmelder aufgefordert, sich binnen bestimmter Frist zu äußern. Können die Bedenken des Patentamtes nicht zerstreut werden bzw erfolgt keine fristgerechte Äußerung, so wird die Markenanmeldung mit Beschluss des Patentamtes abgewiesen (§ 20 Abs 2 MarkSchG). Dagegen ist ein **Rekurs an das OLG Wien** zulässig (§ 37 Abs 1 MarkSchG); der Beschluss des OLG Wien kann im Wege eines **Revisionsrekurses beim OGH** bekämpft werden (§ 38 MarkSchG).

1061 Die in § 21 MarkSchG geregelte **Ähnlichkeitsprüfung** bzw **Ähnlichkeitsrecherche** zielt auf die Prüfung ab, ob die angemeldete Marke mit einer für dieselbe bzw gleichartige Ware oder Dienstleistung bereits früher angemeldeten und noch zu Recht bestehenden Marke gleich oder ähnlich ist. Wie bereits erwähnt, erfolgt diese Prüfung in der Praxis trotz der durch die Gesetzessystematik scheinbar vorgezeichneten umgekehrten Reihenfolge regelmäßig bereits **vor** der **Gesetzmäßigkeitsprüfung**. Sofern eine ähnliche Marke festgestellt wird, ist dies dem Anmelder mitzuteilen (§ 21 Abs 1 MarkSchG). Dieser hat in der Folge die Möglichkeit, die Zustimmung des Inhabers der älteren Marke zu erlangen, die Anmeldung zurückzunehmen oder sie weiter zu betreiben. Sofern die Markenanmeldung weiterverfolgt wird, wird die Marke – ohne Rücksicht auf ein älteres Markenrecht – registriert (§ 21 Abs 1 und Abs 2 MarkSchG). Die Inhaber von älteren, durch die Neuanmeldung betroffenen Marken werden von der Registrierung nicht verständigt. Sie haben aber das Recht, gegen den Inhaber der jüngeren Marke durch Einbringung eines Widerspruchs (vgl §§ 29a ff MarkSchG bzw dazu Rz 1068/1) oder durch das Stellen eines entsprechenden Löschungsantrages vorzugehen (§ 30 MarkSchG).

1062 Nach der erfolgten Registrierung wird die Marke in das Markenregister eingetragen. Über diese Registereintragung erhält der Markeninhaber eine amtliche **Bestätigung** (§ 17 Abs 1 und Abs 4 MarkSchG). Überdies ist die Marke nach ihrer Registrierung im **„Österreichischen Markenanzeiger"** zu veröffentlichen (§ 17 Abs 5 MarkSchG).

1063 Das Alleinrecht zum Gebrauch der Marke **(Markenrecht)** beginnt mit dem Tag der Eintragung in das Markenregister. Die Schutzdauer endet **zehn Jahre** nach dem Ende des Monats, in dem die Marke registriert worden ist. Sie kann durch rechtzeitige Erneuerung der Registrierung immer wieder um zehn Jahre verlängert werden (§ 19 MarkSchG).

1064 Im Fall des **Eigentumswechsels** an einem gesamten Unternehmen gehen das Markenrecht und Lizenzrechte daran – soweit nichts anderes vereinbart worden ist – auf den neuen Eigentümer über (§ 11 Abs 1 MarkSchG). Dies gilt unabhängig davon, ob die Unternehmensübertragung lediglich zur vorübergehenden Nutzung (zB Pacht) oder endgültig erfolgt. Sofern das übertragene Unternehmen nicht unter der bisherigen Firma fortgeführt wird, kann der neue Unternehmensinhaber die **Umschreibung der Marke** im Markenregister (§ 28 MarkSchG) erwirken. Solange diese Umschreibung nicht erfolgt ist, kann auch das Markenrecht vom neuen Unternehmensinhaber nicht geltend gemacht werden (§ 11 Abs 3 MarkSchG). Das Markenrecht kann aber auch ohne das Unternehmen übertragen werden (**„Leerübertragung"**; § 11 Abs 1 MarkSchG). Selbstverständlich steht dem Markenrechtsinhaber auch das Recht zur Einräumung von **Lizenzen** an Dritte zu.

4 Schutzumfang des Markenrechts

Das **Markenrecht** verleiht dem Inhaber der Marke das Recht, Dritte **1065**
davon auszuschließen, ein Zeichen kennzeichnungsmäßig zu verwenden, wenn es in den Schutzbereich der eingetragenen Marke fällt (§§ 10 ff MarkSchG, insbes § 12 MarkSchG). Dieser Schutzbereich erstreckt sich insbes auf gleiche oder ähnliche Zeichen, die für gleiche oder gleichartige Waren oder Dienstleistungen als Marken eingetragen sind oder im geschäftlichen Verkehr kennzeichenmäßig verwendet werden. Weiters kann der Inhaber einer eingetragenen Marke Dritten gem § 10 Abs 2 MarkSchG verbieten, ohne seine Zustimmung im geschäftlichen Verkehr ein mit der Marke gleiches oder ihr ähnliches Zeichen für Waren oder Dienstleistungen zu benutzen, die denen nicht ähnlich sind, für welche die Marke eingetragen ist, sofern diese im Inland bekannt ist und die Benutzung des Zeichens die Unterscheidungskraft bzw die Wertschätzung der Marke ohne rechtfertigenden Grund in unlauterer Weise ausnutzt oder beeinträchtigt **(„Schutz der bekannten Marke")**. Schließlich kann der Markeninhaber gegen denjenigen vorgehen, der Originalware, die von ihrem Inhaber oder mit dessen Zustimmung außerhalb des Wirkungsbereiches des EWR in Verkehr gebracht wurde, unter derselben Marke im EWR-Raum in Verkehr bringt **(Verbot des Parallelimports)** oder den Zustand der Originalware nachteilig verändert oder verschlechtert und so in Verkehr bringt (§ 10b Abs 1 und Abs 2 MarkSchG).

Hingegen gewährt die eingetragene Marke ihrem Inhaber **nicht** **1066**
das Recht, einem Dritten zu verbieten, seinen Namen bzw seine Anschrift sowie ua weiters Angaben über die Art, die Beschaffenheit, die geographische Herkunft oder über andere Merkmale und Eigenschaften der Ware im geschäftlichen Verkehr zu benutzen, sofern dies den

anständigen Gepflogenheiten in Gewerbe oder Handel entspricht (§ 10 Abs 3 MarkSchG; zB die Werbung einer freien Kfz-Werkstätte, Autos der Marke „BMW“ zu reparieren, ohne dass dabei der Eindruck entsteht, dass zwischen der Werkstätte und dem Markeninhaber eine Handelsbeziehung besteht).

1067 Über Verlangen des Verletzten können Markenverletzungen von den **Strafgerichten** verfolgt werden (§§ 60 ff MarkSchG). Überdies hat der Markeninhaber ua das Recht auf **Beseitigung** des dem Gesetz widersprechenden Zustandes, auf **Rechnungslegung**, auf **Auskunft über den Ursprung** bzw **den Vertriebsweg** der rechtsverletzenden Waren oder Dienstleistungen, weiters auf **Zahlung eines angemessenen Entgelts**, auf **Schadenersatz** sowie auf **Herausgabe der Bereicherung** und **Unterlassung** (§§ 51 ff MarkSchG). Zu beachten ist, dass gem § 58 MarkSchG der **Unterlassungsanspruch verwirkt** wird, wenn der Markeninhaber von der Benutzung seines Kennzeichens durch einen Dritten wusste, und er während eines Zeitraumes von fünf aufeinander folgenden Jahren diese Benutzung geduldet hat.

5 Löschung des Markenrechts

1068 In § 29 Abs 1 MarkSchG ist normiert, dass die Marke **zu löschen** ist,

- wenn der Inhaber einen entsprechenden **Antrag** stellt,
- wenn die **Registrierung** nicht rechtzeitig **erneuert** wurde,
- wenn das Markenrecht aus anderen Gründen erloschen ist (zB rechtsnachfolgeloses Untergehen des markeninnehabenden Unternehmens),
- wenn die Registrierung wegen eines **Widerspruchs** auf Grund einer rechtskräftigen Entscheidung aufgehoben wurde (s dazu Rz 1068/1),
- wenn auf Grund einer rechtskräftigen Entscheidung einem **Löschungsantrag** stattgegeben wurde (s dazu Rz 1069).

1068/1 Das so genannte **Widerspruchsverfahren** bietet die Möglichkeit, gegen prioritätsjüngere Marken bzw Markenanmeldungen vorzugehen. Gem § 29a Abs 1 MarkSchG kann der Inhaber einer früher angemeldeten, noch zu Recht bestehenden Marke innerhalb einer Frist von drei Monaten ab dem Tag der Veröffentlichung der Markenregistrierung gegen die Registrierung **Widerspruch** erheben. Ein solcher Widerspruch kann nur auf die Voraussetzungen des § 30 Abs 1 MarkSchG – vereinfacht gesagt also auf das Vorliegen der Gleichheit oder Ähnlichkeit der jüngeren Marke (s dazu sogleich in Rz 1069) – gestützt werden. Die Entscheidung über einen Widerspruch erfolgt in einem raschen und effizient ausgestalteten Verfahren, dessen Durchführung bei einem Einzelmitglied der **Rechtsabteilung** liegt. Die aus einem Widerspruch resultierende **Aufhebung** einer Marke wirkt auf den Beginn der Schutzdauer zurück (§ 29b Abs 5 MarkSchG).

Der **Antrag auf Löschung** einer Marke kann vom Inhaber einer für dieselben oder für gleichartige Waren oder Dienstleistungen früher angemeldeten und noch zu Recht bestehenden Marke gestellt werden, wenn beide Marken **gleich** oder **ähnlich** sind (§ 30 Abs 1 MarkSchG). Überdies kann jedermann die Löschung begehren, wenn die Marke innerhalb der letzten **fünf Jahre** im Inland weder vom Markeninhaber noch mit dessen Zustimmung von einem Dritten in angemessenem Umfang kennzeichenmäßig gebraucht wurde (**„beschränkter Benützungszwang“** bzw **„Gebrauchsvorbehalt“**; § 33a MarkSchG). Die Löschungsmöglichkeit besteht auch dann, wenn die Marke infolge des Verhaltens oder der Untätigkeit des Markeninhabers zum **Freizeichen** geworden ist (§ 33b MarkSchG). Die Löschung kann weiters ua auch dann beantragt werden, wenn die Marke infolge der Benutzung durch den Inhaber oder mit seiner Zustimmung **irreführend** geworden ist (§ 33c MarkSchG). Gleiches gilt schließlich, wenn der Markenanmelder zum Zeitpunkt der Anmeldung **bösgläubig** war (§ 34 Abs 1 MarkSchG). 1069

Über den Antrag auf Löschung einer Marke entscheidet die **Nichtigkeitsabteilung** des Patentamtes (§ 39 MarkSchG). Gegen eine Entscheidung der Nichtigkeitsabteilung steht die **Berufung** an das **OLG Wien** offen (§ 40 MarkSchG); das Urteil des OLG Wien kann im Wege einer **Revision beim OGH** bekämpft werden (§ 42 MarkSchG). 1070

6 Internationale Regeln zum Markenschutz

Auf dem Gebiet der internationalen Regeln für das Markenrecht kommt insbes dem **Madrider Markenabkommen** (MMA; BGBl 1973/400) aus dem Jahre 1891 grundlegende Bedeutung zu. Das MMA schafft die Möglichkeit, eine Marke beim Internationalen Büro zum Schutze des gewerblichen Eigentums in Genf international registrieren zu lassen (**„internationale Marke“**). Durch eine derartige Registrierung wird bewirkt, dass das entsprechende Zeichen in jedem der Mitgliedsländer des MMA genauso geschützt wird, als wäre es in einem der Mitgliedsländer registriert worden. Die Registrierung einer internationalen Marke erfordert die vorhergehende Eintragung der gleichen Marke im Ursprungsland. Die Schutzdauer beträgt zehn Jahre und kann für jeweils weitere zehn Jahre verlängert werden. 1071

Im Übrigen gilt im Rahmen der EU die **Gemeinschaftsmarken-Verordnung** bzw **GMVO** (VO 207/2009), welche die Möglichkeit eröffnet, neben der nationalen Marke auch eine EU-weit geltende Gemeinschaftsmarke anzumelden. Zuständig für das Eintragungsverfahren ist das **Europäische Harmonisierungsamt für den Binnenmarkt** 1072 mit Sitz in Alicante/Spanien; Anmeldungen für Gemeinschaftsmarken können gem § 69 MarkSchG auch beim Österreichischen Patentamt vorgenommen werden. Durch § 69d MarkSchG ist normiert, dass als **Gemeinschaftsmarkengericht** erster Instanz das Handelsgericht Wien zuständig ist und die Gerichtsbarkeit in Strafsachen bezüglich Gemeinschaftsmarken dem Landesgericht für Strafsachen in Wien zusteht.

1072/1 Im EU-Recht besteht neben der GMVO ua auch die bereits erwähnte **VO 1151/2012 über Qualitätsregelungen für Agrarerzeugnisse und Lebensmittel**, durch welche für Agrarerzeugnisse bzw für Lebensmittel, welche aus einem bestimmten (begrenzten) Gebiet stammen und daraus ihren guten Ruf oder auch ihre bestimmte Produkteigenschaft ableiten, zusätzliche Möglichkeiten zum Kennzeichenschutz erlangt werden können; s dazu die Bestimmungen der §§ 68 ff MarkSchG. Die **VO 608/2013 zur Durchsetzung der Rechte des geistigen Eigentums durch die Zollbehörden** („Produktpiraterie-VO 2014") bezweckt im Wesentlichen eine Verbesserung der Durchsetzung von Markenschutzrechten.

D Musterrecht

Literatur: wie oben tw VI/A bzw VI/C und *Feil*, Musterschutzgesetz (1990); *Horn/Grünwald*, Gewerblicher Rechtsschutz Bd II. Patent-, Gebrauchsmuster- und Geschmacksmusterrecht (2015); *Knittel/Kucsko*, Musterschutzgesetz (1991); *Loibl/Pruckner*, Musterschutzgesetz (1993); *Puchberger/Jakadofsky*, Musterrecht (1991).

1 Grundsätzliches

1073 Das Musterschutzrecht umfasst jene Normen, welche zum Schutz des speziellen **Aussehens von Erzeugnissen** erlassen wurden. Davon zu unterscheiden ist das Gebrauchsmusterrecht. Dieses dient dem Schutz von neuen, einem konkreten Gebrauchszweck gewidmeten technischen Gestaltungen. Während es also demnach beim Gebrauchsmusterrecht um den Schutz einer (inhaltlichen) technischen Entwicklung geht, handelt es sich beim Musterschutzrecht um einen **„Designschutz"**.

1074 Die wesentlichsten rechtlichen Parameter des Musterschutzrechts werden vom MuSchG gebildet. Daneben gewährt auch **§ 1 UWG** (Fallgruppe „Ausbeutung einer fremden Leistung"; s dazu Rz 959 ff) einen derartigen Designschutz. Überdies ist auch denkbar, dass die äußere

Form eines Produkts vom Schutzbereich des **MarkSchG** erfasst ist. Weiters ist es denkbar, dass ein bestimmtes Design als ein Werk der bildenden Künste **Urheberrechtsschutz** genießt (§ 3 UrhG). Die technischen Merkmale eines Designs könnten überdies vom Schutzbereich des **PatG** erfasst sein.

2 Muster

Ein Muster iSv § 1 Abs 2 MuSchG ist die **Erscheinungsform** eines 1075
ganzen Erzeugnisses oder eines Teiles davon, die sich insbes aus den Merkmalen der Linien, Konturen, Farben, Gestalt, Oberflächenstruktur und/oder der Werkstoffe des Erzeugnisses und/oder seiner Verzierung ergibt. In den Schutzbereich des MuSchG werden daher Kriterien wie Form, Gestaltung und Design des Erzeugnisses miteinbezogen; nicht mitumfasst sind hingegen die Funktion oder die Konstruktion (vgl § 2b MuSchG). Da die Definition von § 1 Abs 2 MuSchG den Begriff „Erscheinungsform" enthält, können vom Musterschutzrecht lediglich die für die **„Sinne feststellbaren Eindrücke"** geschützt werden.

§ 1 Abs 1 MuSchG enthält die **Voraussetzungen**, unter denen für 1076
ein Muster der entsprechende Schutz erlangt werden kann. Dort ist normiert, dass für neue Muster mit Eigenart, die gegen die öffentliche Ordnung bzw die guten Sitten oder das Doppelschutzverbot verstoßen, ein Musterschutz nicht erworben werden kann.

Die **Neuheit des Musters** ist dann gegeben, wenn der Öffentlich- 1077
keit vor dem Tag der Anmeldung kein identisches Muster zugänglich gemacht worden ist. Als identisch gilt ein Muster dann, wenn sich seine Merkmale nur in unwesentlichen Einzelheiten unterscheiden (§ 2 Abs 1 MuSchG). Dabei wird von einem **relativ objektiven Neuheitsbegriff** auszugehen sein. Entscheidend für die Klärung der Frage der Neuheit im Einzelfall ist daher nicht, wo das Muster veröffentlicht worden ist, sondern vielmehr, ob das Muster den einschlägigen inländischen Fachkreisen bekannt war oder bei zumutbarer Betrachtung bekannt sein musste. Als der **Öffentlichkeit** zugänglich gemacht gilt ein Muster dann, wenn es bekannt gemacht, ausgestellt, im Verkehr verwendet oder aus anderen Gründen offenbart wurde. Wenn das Muster jedoch unter der Bedingung der Vertraulichkeit offenbart wurde, gilt es nicht als der Öffentlichkeit zugänglich gemacht. Unter bestimmten Voraussetzungen besteht innerhalb der ersten 12 Monate vor der Anmeldung eine so genannte **Neuheitsschonfrist** (zB die Offenbarung erfolgt durch Handlungen des Schöpfers; § 2a Abs 2 MuSchG).

Eigenart hat ein Muster dann, wenn sich der Gesamteindruck, den 1077/1
es beim informierten Benutzer hervorruft, vom Gesamteindruck unter-

scheidet, den ein anderes Muster bei diesem hervorruft (§ 2 Abs 2 MuSchG). Bei der Beurteilung der Eigenart ist der Grad der Gestaltungsfreiheit des Schöpfers zu berücksichtigen (§ 2 Abs 3 MuSchG).

1078 Ein Muster, das bei einem Erzeugnis, welches **Bauelement eines komplexen Erzeugnisses** ist, benutzt oder eingefügt wird, kann nur dann als neu gelten bzw Eigenart aufweisen, wenn das Bauelement, das in das komplexe Erzeugnis eingefügt ist, bei dessen bestimmungsgemäßer Verwendung sichtbar bleibt (vgl dazu § 2b Abs 2 und Abs 3 MuSchG).

1079 Beim **Doppelschutzverbot** handelt es sich darum, dass ein Muster dann vom Musterschutz ausgeschlossen ist, wenn es mit einem früheren Muster kollidiert, das der Öffentlichkeit nach dem Tag der Anmeldung zugänglich gemacht wurde und das durch ein eingetragenes Gemeinschaftsgeschmacksmuster (vgl dazu Rz 1095/1) oder ein nach dem MuSchG registriertes Muster von einem Tag an geschützt ist, der vor dem Tag der Musteranmeldung gelegen ist (§ 3 MuSchG).

3 Anspruchsberechtigter und Übertragung

1080 Anspruch auf Musterschutz hat grundsätzlich der **Schöpfer** des Musters oder sein Rechtsnachfolger (§ 7 MuSchG). Der Schöpfer des Musters kann sein Recht auf einen anderen übertragen; unübertragbar, unvererbbar und unverzichtbar ist jedoch der Anspruch auf **Nennung als Schöpfer** (§ 8 Abs 2 MuSchG).

1081 Sofern das Muster eines Arbeitnehmers in das Arbeitsgebiet des Unternehmens fällt, in dem dieser tätig ist, und überdies die Tätigkeit, die zu dem Muster geführt hat, zu den dienstlichen Obliegenheiten des Arbeitnehmers gehört **(Arbeitnehmermuster)** oder das Muster außerhalb eines Arbeitsverhältnisses im Auftrage geschaffen worden ist **(Auftragnehmermuster)**, steht der Anspruch auf Musterschutz – sofern nichts anderes vereinbart worden ist – dem Arbeitgeber bzw dem Auftraggeber oder deren Rechtsnachfolgern zu (§ 7 Abs 2 MuSchG).

4 Registrierungsverfahren

1082 Ein Muster ist schriftlich beim **Österreichischen Patentamt** anzumelden (§ 11 MuSchG). Grundsätzlich ist bei der Anmeldung das Muster durch Vorlage einer **Musterabbildung** bzw eines **Musterexemplars** zu offenbaren (§ 12 Abs 1 MuSchG). Gleichzeitig sind die Erzeugnisse, für die das Muster bestimmt ist, in einer – gem dem Abkommen von Locarno (BGBl 1990/496 idgF; s dazu Rz 1094) – geordneten Darstellung nach Klassen und Unterklassen anzugeben (so genanntes

Warenverzeichnis; § 12 Abs 3 MuSchG). Zulässig ist es auch, das Musterexemplar und die Abbildung des Musters sowie die entsprechende Beschreibung in einem versiegelten Umschlag zu überreichen (**Geheimmuster**; § 14 MuSchG).

Am Tag der ordnungsgemäßen Anmeldung eines Musters erlangt 1083
der Anmelder das **Prioritätsrecht** (§ 19 MuSchG).

Nach der erfolgten Anmeldung prüft das Patentamt die Musteran- 1084
meldung auf seine **Gesetzmäßigkeit** (§ 16 MuSchG). Dabei wird kontrolliert, ob das Muster weder gegen die **öffentliche Ordnung** noch gegen die **guten Sitten** verstößt, und überdies, ob die **Musterabbildung**, das **Musterexemplar**, das **Warenverzeichnis** und die **Beschreibung** den Vorschriften des MuSchG entsprechen. Schließlich wird auch geprüft, ob die erforderlichen Vollmachten vorliegen und ob die zur Anmeldung erforderlichen **Gebühren** erlegt wurden. Bemerkenswert ist, dass eine Prüfung auf Neuheit und Eigenart (§ 2 MuSchG), eine Prüfung hinsichtlich des Doppelschutzverbotes (§ 3 MuSchG) sowie darauf, ob der Anmelder Anspruch auf Musterschutz hat (§ 7 MuSchG), im Zuge des Anmeldeverfahrens nicht erfolgt.

Ergibt die Prüfung, dass gegen die Registrierung Bedenken bestehen, 1085
ist der Anmelder aufzufordern, sich innerhalb einer angemessenen Frist zu äußern. Wird nach rechtzeitiger Äußerung oder nach Ablauf der Frist die **Unzulässigkeit** der Registrierung festgestellt, ist die Musteranmeldung abzuweisen (§ 16 Abs 2 MuSchG). Dagegen kann ein **Rekurs beim OLG Wien** erhoben werden (§ 40 Abs 1 MuSchG); gegen den Beschluss des OLG Wien ist ein **Revisionsrekurs an den OGH** zulässig (§ 42 MuSchG).

Sofern gegen die Anmeldung des Musters seitens des Patentamtes 1086
keine Bedenken bestehen, wird dieses im **Österreichischen Musteranzeiger** veröffentlicht und die Registrierung in dem beim Patentamt geführten **Musterregister** vorgenommen (§§ 17 und 18 MuSchG). Über die Registereintragung erhält der Musterinhaber eine amtliche Bestätigung (**Musterzertifikat**; § 18 Abs 2 MuSchG).

Mit dem Tag der Veröffentlichung im Österreichischen Musteran- 1087
zeiger beginnt die **Schutzdauer** des Musterschutzes. Sie endet **fünf Jahre** nach dem Ende des Monats, in dem das Muster angemeldet worden ist. Durch eine rechtzeitige Zahlung einer Erneuerungsgebühr frühestens ein Jahr vor dem Ende der Schutzdauer und spätestens sechs Monate nach deren Ende kann die Schutzdauer viermal um je fünf Jahre (bis zu einer Gesamtlaufzeit von 25 Jahren) verlängert werden (§ 6 MuSchG).

5 Schutzumfang des Musterrechts

1088 Der **Musterschutz** gewährt seinem Inhaber das ausschließliche Recht, das Muster zu benutzen und gleichzeitig andere davon auszuschließen, das Muster ohne seine Zustimmung herzustellen, anzubieten, in Verkehr zu bringen, einzuführen, auszuführen oder zu benutzen (§ 4 Abs 1 MuSchG). Dabei erstreckt sich der Musterschutz auf jedes Muster, das beim informierten Benutzer keinen anderen Gesamteindruck hervorruft (§ 4 Abs 2 MuSchG). Zu beachten ist, dass der Musterschutz ua auf Handlungen im **privaten Bereich**, die nicht zu gewerblichen Zwecken vorgenommen werden, weiters auf Handlungen zu **Versuchszwecken** und zu Zwecken der **Zitierung** bzw der **Lehre** keine Wirksamkeit entfaltet (§ 4a MuSchG). Weiters ist von Bedeutung, dass das Musterrecht dann nicht geltend gemacht werden kann, wenn das Erzeugnis vom Rechtsinhaber oder mit seiner Zustimmung im EWR in Verkehr gebracht worden ist (so genannte **Erschöpfung des Musterrechts**; § 5a MuSchG).

1089 Im Falle einer **Verletzung** seines Musterrechtes kann der Verletzte den Verletzer auf Unterlassung, Beseitigung, Urteilsveröffentlichung, angemessenes Entgelt, Schadenersatz, Herausgabe des Gewinns und Rechnungslegung sowie auf Auskunft über die Herkunft bzw den Vertriebsweg in Anspruch nehmen (§ 34 MuSchG). Auf Verlangen des Verletzten kann der Verletzer auch strafgerichtlich verfolgt werden (§ 35 MuSchG).

6 Beendigung des Musterschutzes

1090 Neben dem **Zeitablauf** der Schutzdauer (§ 6 MuSchG) kann der Musterschutz auch durch **Verzicht**, **Nichtigerklärung** oder **Aberkennung** enden.

1091 Sofern sich ergibt, dass kein Muster iSv § 1 Abs 2 MuschG vorliegt, weiters das Muster offensichtlich nicht neu ist, keine Eigenart aufweist oder unter das Doppelschutzverbot fällt, hat das Patentamt **auf Antrag** das Muster für nichtig zu erklären. Gleiches gilt, wenn der Inhaber des Musterrechts keinen Anspruch auf Musterschutz hat (§ 23 MuSchG).

1092 Wer behauptet, anstelle des Musterinhabers oder dessen Rechtsvorgängers Anspruch auf Musterschutz für die im Warenverzeichnis enthaltenen Erzeugnisse zu haben, kann begehren, dass das Musterrecht dem Musterinhaber aberkannt und auf den Antragsteller übertragen wird (**Aberkennung**; § 25 Abs 1 MuSchG).

Zur Entscheidung über die Nichtigerklärung oder Aberkennung ist die **Nichtigkeitsabteilung** des Patentamts berufen (§ 29 MuSchG). Gegen deren Entscheidungen steht die **Berufung an das OLG Wien** offen (§ 43 Abs 1 MuSchG). Das Urteil des OLG Wien kann im Zuge einer **Revision beim OGH** bekämpft werden (§ 43b Abs 1 MuSchG). 1093

7 Internationale Regeln zum Musterschutz

Im Bereich des Musterrechts kommt auf internationaler Ebene insbes dem **Abkommen von Locarno** (BGBl 1990/496 idgF) Bedeutung zu. 1094 Dieses enthält ein Klassifikationssystem für gewerbliche Muster und Modelle. Die zuständigen nationalen Behörden der Vertragsstaaten haben diese Klassifikation zur Anwendung zu bringen; diese Verpflichtung ist für das österreichische Recht in § 12 Abs 3 MuSchG festgelegt.

Dem **Haager Musterabkommen** (BGBl 1973/400), auf Grund dessen die beim Internationalen Büro für den Schutz des geistigen Eigentums in Genf hinterlegten Muster und Modelle Schutz in allen Vertragsstaaten erlangen können, ist Österreich bislang nicht beigetreten. 1095

Auf dem Gebiet des Musterrechts existiert auf **EU-Ebene** eine einschlägige Richtlinie (RL 98/71 über den rechtlichen Schutz von Mustern und Modellen bzw **Musterharmonisierungs-RL)**, welche in Österreich insbes durch die Novelle BGBl I 2003/81 umgesetzt worden ist. 1095/1

Überdies gilt auf EU-Ebene die VO 6/2002 über das **Gemeinschaftsgeschmacksmuster** („GMGVO"). Bemerkenswert ist daran, dass auf der Basis dieser VO auch nicht eingetragene Gemeinschaftsgeschmacksmuster **„automatisch"**, dh auf Grund bloßer Offenbarung – beschränkt – gegen Nachahmung geschützt sind, wenn sie **neu** sind und die erforderliche **Eigenart** besitzen; die **Schutzdauer** ist allerdings auf **drei Jahre** ab der ersten Veröffentlichung beschränkt. Sofern beim Harmonisierungsamt für den Binnenmarkt in Alicante/Spanien eine **Gemeinschaftsgeschmacksmuster-Registrierung** vorgenommen wurde, erstreckt sich die Schutzfrist auf **25 Jahre** ab dem Anmeldetag; gem § 44a MuSchG können Gemeinschaftsgeschmacksmuster-Anmeldungen auch beim österreichischen Patentamt eingebracht werden. In § 1 Abs 5 MuSchG ist geregelt, dass Musterrechte, die auf Grund der GMGVO erworben werden, grundsätzlich den auf Grund des MuSchG erworbenen Musterrechten gleichzuhalten sind. 1095/2

E Patentrecht

Literatur: wie oben VI/A und *Gräser*, Erfindungs- und Lizenzrecht (1987); *Hauser/Thomasser*, Wettbewerbs- und Immaterialgüterrecht (1998); *Haybäck*, Das Recht am geistigen Eigentum[2] (2009); *Haybäck*, Grundzüge des Marken- und Immaterialgüterrechts[4] (2014); *Heidinger*, Patentrecht, in *Wiebe* (Hg), Wettbewerbs- und Immaterialgüterrecht[2] (2012); *Puchberger/Jakadofsky*, Patentrecht[2] (1996); *Weiser*, Österreichisches Patentgesetz[2] (2005); *Wiltschek*, Patentrecht[3] (2013).

1 Funktionen des Patentrechtes

1096 Betreffend die Funktionen des Patentrechtes werden insbes folgende theoretische Ansätze vertreten: Entsprechend der **Naturrechts-** oder **Eigentumstheorie** ist davon auszugehen, dass jede neue Entdeckung bzw neue Erfindung in das Eigentum des Erfinders fällt und sich jede nicht genehmigte Übernahme einer fremden Idee als „geistiger Diebstahl" darstellt.

1097 Im Mittelpunkt der **Belohnungstheorie** steht der Gedanke, dass der Erfinder für die Erbringung einer geistigen Leistung, die auch für die Allgemeinheit von Nutzen ist, belohnt werden soll, und er deshalb zumindest ein zeitlich beschränktes Monopol an der Benützung seiner Erfindung haben soll.

1098 Hingegen vermeint die **Ansporntheorie** den primären Zweck des Patentrechts darin sehen zu müssen, dass die Verleihung eines Patentes eine entsprechende Motivation (Ansporn) zur Entfaltung von erfinderischen Tätigkeiten bilden soll.

1099 Schließlich steht im Mittelpunkt der **Offenbarungstheorie** die Überlegung, dass durch die mit der Einräumung eines Patentes verbundene Schutzwirkung der Erfinder dazu veranlasst werden soll, seine Innovation möglichst an die Öffentlichkeit zu bringen.

2 Erfindung

1100 In § 1 Abs 1 PatG ist normiert, dass für Erfindungen auf allen Gebieten der Technik, die neu sind, sich weiters für den Fachmann nicht in nahe liegender Weise aus dem Stand der Technik ergeben, und schließlich gewerblich anwendbar sind, auf Antrag **Patente** erteilt werden. Eine ausdrückliche gesetzliche Definition des Begriffes **„Erfindung"** findet sich im PatG nicht. Von § 1 Abs 3 PatG sind jedoch bestimmte Innovationen ausdrücklich vom Erfindungsbegriff ausgenommen. Als Erfindungen werden gem § 1 Abs 3 PatG insbes **nicht** angesehen:

- **Entdeckungen** sowie wissenschaftliche Theorien und mathematische Methoden; dabei handelt es sich bei einer Entdeckung um die Enthüllung bzw die Auffindung einer Erkenntnis von etwas bereits Vorhandenem. Hingegen schafft die Erfindung etwas Neues und vermehrt dadurch jedenfalls den Bestand an geistigen Gütern;
- der **menschliche Körper** in den einzelnen Phasen seiner Entstehung und Entwicklung;
- die bloße Entdeckung eines **Bestandteils des menschlichen Körpers** einschließlich der (Teil-)Sequenz eines Gens;
- **ästhetische Formschöpfungen**;
- Pläne, Regeln und Verfahren für **gedankliche Tätigkeiten**, für **Spiele** oder für **geschäftliche Tätigkeiten** sowie für Programme für **Datenverarbeitungsanlagen**;
- die **Wiedergabe von Informationen**.

Die Aufzählung in § 1 Abs 3 PatG ist eine **beispielsweise**; daher 1101
können uU weitere Sachverhalte, welche mit einer der im § 1 Abs 3 PatG enthaltenen Kategorien verwandt sind, nicht als Erfindung gewertet werden. Bemerkenswert ist jedoch, dass seit der PatG-Novelle BGBl I 2005/42 gem § 1 Abs 2 PatG **Erzeugnisse aus biologischem Material** bzw Erzeugnisse, die biologisches Material enthalten, der Patentierung zugänglich sind. Ebenso kann auch ein Verfahren, mit welchem biologisches Material hergestellt, bearbeitet oder verwendet wird, patentiert werden. Dabei ist unter biologischem Material ein Material zu verstehen, das genetische Informationen enthält und sich entweder selbst reproduzieren oder in einem biologischen System reproduziert werden kann. Auch ein isolierter bzw durch ein technisches Verfahren gewonnener Bestandteil des menschlichen Körpers (einschließlich der Sequenz bzw Teilsequenz eines Gens) kann mittlerweile patentiert werden (§ 1 Abs 2 Z 2 PatG).

Damit eine Erfindung vorliegt, ist es erforderlich, dass der Erfinder 1102
die **Regeln zum technischen Handeln** kennt. Er muss also wissen, wie ein bestimmtes Problem bzw eine bestimmte Aufgabe gelöst werden kann. Überdies muss der Vorgang zur Lösung eines technischen Problems tatsächlich ausführbar und auch **wiederholbar** sein.

Soweit tatsächlich eine Erfindung iSd PatG vorliegt, müssen noch 1103
weitere Voraussetzungen erfüllt sein, damit tatsächlich an eine **Patentierbarkeit** der Erfindung gedacht werden kann. Unmittelbar aus § 1 Abs 1 PatG folgt, dass eine Erfindung nur dann patentierbar ist, wenn ihre **gewerbliche Anwendbarkeit** gegeben ist.

Weiters muss eine Erfindung eine **Neuheit** darstellen, damit sie 1104
patentiert werden kann. Dabei gilt eine Erfindung dann als neu, wenn sie nicht zum Stand der Technik gehört. Den Stand der Technik wiederum bildet alles, was der Öffentlichkeit vor dem Prioritätstag der

Anmeldung durch schriftliche oder mündliche Beschreibung, durch Benützung oder in sonstiger Weise zugänglich gemacht worden ist (§ 3 Abs 1 PatG). Dabei ist es grundsätzlich unerheblich, ob die Erfindung mit oder gegen den Willen des Erfinders vor ihrer Patentierung offenkundig geworden ist. Wenn die Offenbarung der Erfindung allerdings auf einen nicht länger als sechs Monate vor der Anmeldung zurückliegenden offensichtlichen Missbrauch zum Nachteil des Anmelders oder seines Rechtsvorgängers zurückgeht, ist die Neuheit davon nicht berührt (§ 3 Abs 4 Z 1 PatG). Weiters gilt zu beachten, dass die Patentierbarkeit von Stoffen oder Stoffgemischen, die zum Stand der Technik gehören, nicht ausgeschlossen ist, sofern sie zur Anwendung insbes bei der Behandlung von Menschen bestimmt sind und ihre Anwendung in einem dieser Verfahren nicht zum Stand der Technik gehört (so genannter **„Stoffschutz"** – § 3 Abs 3 PatG; zB es wird herausgefunden, dass ein bereits bekanntes fiebersenkendes Mittel auch gegen einen bestimmten Tumor wirkt).

1105 Von § 1 Abs 1 PatG wird auch eine gewisse **Erfindungshöhe** gefordert. Einer Erfindung, die für den Durchschnittsfachmann nahe liegend ist bzw den Grad einer natürlichen, kontinuierlichen Weiterentwicklung nicht übersteigt, ist die Patentierbarkeit verwehrt.

1106 Schließlich sind in § 2 PatG **Ausnahmen von der Patentierbarkeit** festgelegt. So werden Patente ua nicht erteilt

- für Erfindungen, deren Veröffentlichung oder Verwertung gegen die **öffentliche Ordnung** oder die **guten Sitten** verstoßen würde. Jedoch kann ein solcher Verstoß nicht bereits allein daraus abgeleitet werden, dass eine Verwertung der Erfindung durch Rechtsvorschriften verboten ist;
- für Verfahren zum **Klonen von Menschen**, weiters zur **Veränderung der Keimbahn von Menschen** sowie zur Verwendung von **menschlichen Embryonen** und ua zur Herstellung von **hybriden Lebewesen**;
- für **Verfahren zur chirurgischen oder therapeutischen Behandlung** des menschlichen oder tierischen Körpers und Diagnostizierverfahren, die am menschlichen oder tierischen Körper vorgenommen werden; dies gilt nicht für Erzeugnisse, insbes Stoffe oder Stoffgemische, die zur Anwendung in einem dieser Verfahren herangezogen werden;
- für **Pflanzensorten** oder **Tierarten** (Tierrassen) sowie für im Wesentlichen **biologische Verfahren zur Züchtung von Pflanzen oder Tieren** (s dazu das Sortenschutzgesetz, BGBl I 2001/109); diese Ausnahmen sind auf Mikroorganismen als solche sowie auf mikrobiologische Verfahren und die mit Hilfe dieser Verfahren gewonnenen Erzeugnisse nicht anzuwenden.

1107 Nach der Art der Patente kann zwischen **Sachpatenten**, durch welche ein räumlich fassbarer Gegenstand geschützt werden soll (zB

Arbeitsmittel, Stoffe, Schaltungen), und **Verfahrenspatenten**, durch welche ein zeitlicher Ablauf von Vorgängen geschützt werden soll (zB ein Herstellungsverfahren), unterschieden werden. Während beim Sachpatent die Sache als solche geschützt ist, sind vom Schutzkreis des Verfahrenspatentes sowohl die Anwendung des gleichen Verfahrens als auch die durch das Verfahren unmittelbar hergestellten Gegenstände geschützt (§ 22 Abs 2 PatG). Überdies normiert § 155 PatG, dass bei einem Verfahrenspatent bis zum Beweis des Gegenteiles jedes Erzeugnis von gleicher Beschaffenheit als nach dem patentierten Verfahren hergestellt gilt.

3 Patenterteilungsverfahren

Die Anmeldung einer Erfindung zur Erlangung eines Patentes hat in schriftlicher Form beim Österreichischen **Patentamt** zu erfolgen (§ 87 Abs 1 PatG). 1108

Mit dem Tag der ordnungsgemäßen Anmeldung eines Patentes erlangt der Anmelder das Recht der **Priorität** für seine Erfindung (§ 93 Abs 1 PatG). Das bedeutet, dass der Erfinder gegenüber jeder zeitlich später angemeldeten gleichen Erfindung den Vorrang genießt. Gem § 93a PatG steht dem Anmelder innerhalb einer Frist von 12 Monaten nach dem Anmeldetag einer beim Patentamt eingereichten früheren Patent- oder Gebrauchsmusteranmeldung für eine dieselbe Erfindung betreffende spätere Patentanmeldung das Recht der Priorität der früheren Patent- oder Gebrauchsmusteranmeldung zu **(innere Priorität)**. 1109

Die **Anmeldung** muss den Namen und den Sitz bzw den Wohnort des Anmelders sowie gegebenenfalls seines Vertreters, den Antrag auf Erteilung eines Patentes, eine kurze, sachgemäße Bezeichnung der zu patentierenden Erfindung (Titel), eine Beschreibung der Erfindung, weiters eine genaue Angabe der Patentansprüche sowie die zum Verständnis der Erfindung nötigen Zeichnungen und eine Zusammenfassung enthalten (§ 89 Abs 1 PatG). Gem § 87a Abs 1 PatG hat die Erfindung so deutlich und vollständig offenbart zu sein, dass sie von einem Fachmann ausgeführt werden kann **(Offenbarungsgrundsatz)**. 1110

Nach der erfolgten Anmeldung hat das Patentamt durch die Technische Abteilung eine **Gesetzmäßigkeitsprüfung** vorzunehmen. Dabei werden **formale Mängel** (zB Fehlen des Zahlungsnachweises) und **materielle Mängel** (zB es liegt gar keine Erfindung iSd PatG vor) geprüft. Nicht geprüft wird jedoch, ob der Anmelder Anspruch auf Patenterteilung hat und ob die Erfindung finanziell ertragfähig ist (§ 99 Abs 1 PatG). Soweit die Anmeldung den vorgeschriebenen formalen 1111

Anforderungen nicht entspricht, ist der Anmelder aufzufordern, die bestehenden Mängel innerhalb einer bestimmten Frist zu beheben; sofern die Prüfung ergibt, dass eine patentierbare Erfindung nicht vorliegt, hat sich der Anmelder dazu zu äußern (§ 99 Abs 2 und 3 PatG).

1112 Wenn der Anmelder diesen Aufforderungen innerhalb der vorgegebenen Frist nicht nachkommt oder die Gesetzmäßigkeitsprüfung die Unzulässigkeit der Patenterteilung ergibt, ist die **Anmeldung zurückzuweisen** (§ 100 Abs 1 und 2 PatG). Dagegen kann der Anmelder einen **Rekurs an das OLG Wien** erheben (§ 138 Abs 1 PatG). Gegen den im Rahmen eines Rekursverfahrens ergangenen Beschluss des OLG Wien kann ein **Revisionsrekurs an den OGH** eingelegt werden; (§ 140 Abs 1 PatG).

1113 Die Anmeldung ist unverzüglich nach Ablauf von 18 Monaten nach dem Anmeldetag bzw dem Prioritätstag zu **veröffentlichen**; auf Antrag des Anmelders kann die Anmeldung auch vor Ablauf dieser Frist veröffentlicht werden (§ 101 Abs 1 PatG). Neben der Beschreibung der Erfindung, der Patentansprüche, der Zeichnungen und der Zusammenfassung ist ua auch der so genannte Recherchenbericht zu veröffentlichen. Im Recherchenbericht sind die vom Patentamt zum Zeitpunkt der Erstellung des Berichts ermittelten Schriftstücke anzuführen, die zur Beurteilung der Patentierbarkeit in Betracht gezogen werden können (§ 101 Abs 2 PatG, vgl auch § 57a und 111a PatG). Die Veröffentlichung ist im Patentblatt unter Angabe von Namen, Sitz bzw Wohnort des Anmelders, einer kurzen sachgemäßen Bezeichnung des Erfindungsgegenstandes (Titel) und des Tages der Anmeldung bekannt zu machen (**Bekanntmachung der Anmeldung**; § 101 Abs 4 PatG). Ab dem Tag der Bekanntmachung der Anmeldung im Patentblatt hat der Anmelder einen (einstweiligen) Anspruch auf angemessenes Entgelt gegenüber dem unbefugten Benützer (§ 101 Abs 5 PatG). Wird die Entscheidung, durch die das Patent erteilt worden ist, vor Ablauf der Frist des § 101 Abs 1 PatG rechtskräftig, so ist die **Anmeldung gleichzeitig mit der Patentschrift** zu veröffentlichen; ein Recherchenbericht ist in diesem Fall nicht zu veröffentlichen (§ 101a Abs 1 PatG). Die Veröffentlichung der Anmeldung findet nicht statt, wenn diese zurückgezogen oder zurückgewiesen worden ist (§ 101a Abs 2 PatG). Sofern die Anmeldung erst nach der Veröffentlichung zurückgezogen oder zurückgewiesen wird, ist dies im Patentblatt bekanntzumachen; in diesen Fällen gilt der einstweilige Schutz iSv § 101 Abs 5 PatG als nicht eingetreten (§ 101d Abs 2 PatG).

1114 Nach der Veröffentlichung der Anmeldung kann jeder Dritte **Einwendungen** gegen die Patentierbarkeit der angemeldeten Erfindung erheben (§ 101b Abs 1 PatG); dem Einwender kommt im Patentverfahren keine Parteistellung zu. Die Einwendungen werden dem Anmelder mitgeteilt, der dazu Stellung nehmen kann (§ 101b Abs 2 PatG).

Sofern gegen die Patenterteilung keine Bedenken bestehen und die entsprechenden Gebühren entrichtet wurden, ist von der Technischen Abteilung die **Erteilung des Patents** zu beschließen (§ 101c Abs 1 PatG). In diesem Fall ist die Patenterteilung im **Patentblatt** bekanntzumachen, weiters die **Patentschrift** zu veröffentlichen und das Patent in das **Patentregister** einzutragen. Überdies wird eine **Patenturkunde** ausgefertigt (§ 101c Abs 2 PatG). Mit der Bekanntmachung treten die gesetzlichen Wirkungen des Patents ein. 1115

Innerhalb von vier Monaten ab dem Tag der Bekanntmachung der Patenterteilung kann dagegen **Einspruch** erhoben werden (§ 102 Abs 1 PatG). Der entsprechende Einspruch ist schriftlich in zweifacher Ausfertigung einzubringen. Er kann nur auf nachfolgende, durch bestimmte Tatsachen begründete Behauptungen gestützt werden: 1116

- **mangelnde Patentfähigkeit** (§§ 1 bis 3 PatG),
- **undeutliche und unvollständige Offenbarung** der Erfindung, weshalb sie von einem Fachmann nicht ausgeführt werden kann,
- der **Gegenstand** der bekannt gemachten Anmeldung geht über den Inhalt der Anmeldung in ihrer ursprünglich eingereichten Fassung hinaus,
- das hinterlegte biologische **Material** ist **nicht zugänglich** (§ 102 Abs 2 Z 1 bis 4 PatG).

Über einen allfälligen **Einspruch** ist vom Patentamt ein Beschluss zu fassen, der dazu führt, dass das Patent widerrufen wird, wenn der Einspruch Erfolg hat; sofern der Einspruch keinen Erfolg hat, ist er zurückzuweisen (§ 104 Abs 4 PatG). Der Widerruf des Patents ist im Patentblatt bekanntzumachen (§ 107 PatG). Im Falle des Widerrufs gelten die Wirkungen des Patents von Anfang an als nicht eingetreten (§ 108 PatG). Gegen diesen Beschluss kann sowohl der Einsprecher als auch der Anmelder einen **Rekurs an das OLG Wien** erheben (§ 138 Abs 1 PatG). Gegen den im Rahmen eines Rekursverfahrens ergangenen Beschluss des OLG Wien kann ein **Revisionsrekurs an den OGH** eingelegt werden (§ 140 Abs 1 PatG).

Sofern für die Verbesserung oder sonstige weitere Ausbildung einer bereits durch Patent geschützten Erfindung von dem Inhaber des Stammpatentes (bzw dessen Rechtsnachfolger) ein Patent angemeldet wird, besteht die Möglichkeit, für die Verbesserung entweder ein selbständiges Patent oder ein vom Stammpatent abhängiges **Zusatzpatent** zu erwirken (§ 4 Abs 2 PatG). 1117

Von Bedeutung ist, dass in Akten, die veröffentlichte Patentanmeldungen und erteilte Patente betreffen, jedermann **Einsicht** nehmen kann (§ 81 Abs 2 PatG). Dadurch ist sichergestellt, dass die für Einwendungen, Einsprüche und sonstige Anträge (zB Antrag auf Nichtigerklärung oder Aberkennung des Patents; s dazu Rz 1149 f) erforderlichen Informationen allgemein zugänglich sind. 1118

4 Anspruchsberechtigte

a Grundsätzliches

1119 Auf die Erteilung des Patentes hat nur der **Erfinder** oder sein **Rechtsnachfolger** Anspruch. Bis zum Beweis des Gegenteils wird als Erfinder der erste Anmelder angesehen (§ 4 Abs 1 PatG; vgl auch § 5 PatG). Der Erfinder hat Anspruch auf Nennung als Erfinder; dieser Anspruch kann nicht übertragen werden und geht nicht auf die Erben über. Auch ein Verzicht ist rechtsunwirksam (**Schutz der Erfinderehre**; § 20 Abs 1 und Abs 2 PatG). Die Nennung als Erfinder geschieht auf Antrag in allen amtlichen Publikationen und Urkunden über das Patent bzw dessen Anmeldung (Patentregister, Patentblatt etc; § 20 Abs 3 PatG).

b Doppelerfindung

1120 Sofern zwei oder mehrere Personen unabhängig voneinander die gleiche Erfindung machen, ist zunächst davon auszugehen, dass jeder Erfinder das Recht an seiner Erfindung und somit auch einen Anspruch auf Patenterteilung hat. Das Patent wird allerdings nur dem Erstanmelder erteilt (**Anmelderprinzip**; § 4 Abs 1 PatG).

1121 Unter gewissen Voraussetzungen wird jedoch dem Erfinder, der seine Patentanmeldung zu spät vorgenommen hat, ein **Vorbenützerrecht** eingeräumt. Voraussetzung dafür ist, dass der Vorbenützer bereits zur Zeit der Anmeldung (eines anderen) im guten Glauben die Erfindung im Inland in Benützung genommen oder zumindest die zu einer derartigen Benützung erforderlichen „Veranstaltungen" getroffen hat (§ 23 Abs 1 PatG). In diesem Fall ist der Vorbenützer dazu berechtigt, die Erfindung für die Bedürfnisse seines eigenen Betriebes in eigenen oder fremden Werkstätten auszuüben (§ 23 Abs 2 PatG). Weiters kann der Vorbenützer verlangen, dass seine Befugnis vom Patentinhaber durch Ausstellung einer Urkunde anerkannt wird (§ 23 Abs 4 PatG).

c Dienstnehmererfindung

1122 In der Praxis kommt es häufig vor, dass einzelnen Arbeitnehmern während ihres Arbeitsverhältnisses **Erfindungen** oder sonstige **technische Verbesserungsvorschläge** gelingen, die patentierfähig sind (oder sich zur Anmeldung eines Gebrauchsmusters eignen). Damit verbindet sich die Frage, wem die kommerzielle Verwertung derartiger Erfindungen zukommt.

In § 7 Abs 3 PatG findet sich eine Definition der **Diensterfindung**. 1123
Demnach liegt eine Diensterfindung vor, wenn sie ihrem Gegenstand zufolge in das **Arbeitsgebiet des Unternehmens**, in dem der Arbeitnehmer tätig ist, fällt und wenn weiters

- entweder die Tätigkeit, die zur Erfindung geführt hat, zu den **dienstlichen Obliegenheiten** des Arbeitnehmers gehört oder
- der Dienstnehmer die **Anregung** zu der Erfindung durch seine Tätigkeit **in dem Unternehmen erhalten** hat oder
- das Zustandekommen der Erfindung durch die Benützung der **Erfahrung** oder der **Hilfsmittel des Unternehmens** wesentlich erleichtert worden ist.

Im österreichischen Recht kommt dem **Recht des Schöpfers** einer 1124
Diensterfindung Priorität zu, da Arbeitnehmer grundsätzlich auch für Erfindungen, die sie während des Arbeitsverhältnisses gemacht haben, Anspruch auf Patenterteilung haben (§ 6 Abs 1 PatG).

Die **Sicherung der Unternehmensinteressen** wird einer Verein- 1125
barung überlassen. Arbeitgeber und Arbeitnehmer können vereinbaren, dass künftige Diensterfindungen dem Arbeitgeber gehören sollen oder dem Arbeitgeber ein Benützungsrecht an solchen Erfindungen eingeräumt wird. Zur Gültigkeit einer derartigen Vereinbarung ist die Schriftform erforderlich; der schriftlichen Form ist auch dann Genüge getan, wenn darüber ein Kollektivvertrag vorliegt (§ 7 Abs 1 PatG). Zu beachten ist, dass eine derartige Vereinbarung nur dann zulässig ist, wenn sie eine Diensterfindung betrifft. Über eine **freie Erfindung** des Arbeitnehmers, die nicht als Diensterfindung gewertet wird, kann mit dem Arbeitnehmer keine Vereinbarung für die Zukunft abgeschlossen werden. Bemerkenswert ist, dass im Falle eines **öffentlich-rechtlichen Dienstverhältnisses** der Dienstgeber die Diensterfindung zur Gänze für sich in Anspruch nehmen kann, ohne dass es dazu einer entsprechenden Vereinbarung mit dem Dienstnehmer bedarf (§ 7 Abs 2 PatG).

Wenn eine Vereinbarung besteht, der zufolge künftige Diensterfin- 1126
dungen des Arbeitnehmers dem Arbeitgeber gehören sollen, hat der Arbeitnehmer jede Diensterfindung, die er tätigt – mit Ausnahme solcher, die offenbar nicht unter die Vereinbarung fallen – dem Arbeitgeber unverzüglich **mitzuteilen**. Der Arbeitgeber hat binnen vier Monaten nach der entsprechenden Mitteilung dem Arbeitnehmer gegenüber zu erklären, ob er die Erfindung für sich in Anspruch nimmt (§ 12 Abs 1 PatG). Der Arbeitgeber kann die Diensterfindung zum Patent anmelden oder sie auch geheim halten. Falls der Arbeitgeber innerhalb dieser Frist keine oder eine verneinende Erklärung abgibt, verbleibt die Erfindung im Eigentum des Arbeitnehmers (**frei gewordene Erfindung**; § 12 Abs 2 PatG).

1127 Solange das rechtliche Schicksal der Erfindung nicht geklärt ist, sind der Arbeitgeber und der Arbeitnehmer bei sonstiger Schadenersatzpflicht zur **Geheimhaltung** der Erklärung verpflichtet (§ 13 PatG).

1128 Dem (in einem privaten oder in einem öffentlich-rechtlichen Dienstverhältnis stehenden) Dienstnehmer gebührt für jede Überlassung einer von ihm gemachten Erfindung an den Arbeitgeber sowie für die Einräumung eines Benützungsrechtes an einer solchen Erfindung eine angemessene **Vergütung** (§ 8 Abs 1 PatG). Lediglich dann, wenn der Arbeitnehmer ausdrücklich zur Erfindertätigkeit im Unternehmen des Arbeitgebers angestellt ist und auch tatsächlich vorwiegend damit beschäftigt ist und wenn überdies die ihm obliegende Erfindertätigkeit zu der Erfindung geführt hat, gebührt ihm eine Vergütung nur insoweit, als ihm nicht bereits im Hinblick auf seine Erfindertätigkeit ein höheres Entgelt bezahlt wurde (§ 8 Abs 2 PatG). Bei der Bemessung der Vergütungshöhe ist nach den Umständen des Einzelfalls insbes auf die wirtschaftliche Bedeutung der Erfindung für das Unternehmen sowie auf das Ausmaß der Erfindungsverwertung im In- oder Ausland Bedacht zu nehmen (§ 9 PatG).

1129 Der Arbeitgeber kann sich dieser Vergütungspflicht dadurch entziehen, dass er nachträglich auf sein Recht an der Erfindung **verzichtet**. In diesem Fall kann der Arbeitnehmer eine Übertragung der Rechte des Arbeitgebers an der Erfindung verlangen (§ 15 PatG).

1130 Für Ansprüche von Arbeitgebern und Arbeitnehmern iZm Diensterfindungen sieht § 19 PatG eine **Verjährungsfrist** von drei Jahren vor.

5 Schutzumfang des Patentrechts

a Allgemeines

1131 Das Patent **berechtigt** den Patentinhaber dazu, andere davon auszuschließen, den Gegenstand der Erfindung betriebsmäßig herzustellen, in Verkehr zu bringen, feil zu halten oder zu gebrauchen oder zu den genannten Zwecken einzuführen oder zu besitzen (§ 22 Abs 1 PatG). Sofern die patentierte Erfindung von einem anderen ohne Genehmigung des Patentinhabers hergestellt, in Verkehr gebracht, feil gehalten oder gebraucht wird, liegt eine **Patentverletzung** vor. Weiters hat das Patent die Wirkung, dass es jedem Dritten verbietet, ohne Zustimmung des Patentinhabers anderen als den zur Benützung der geschützten Erfindung berechtigten Personen **Mittel**, die sich auf ein wesentliches Element der Erfindung beziehen, zur Benützung der Erfindung anzubieten oder zu liefern. Dies gilt jedoch nur dann, wenn der Dritte weiß oder das auf Grund der Umstände offensichtlich ist, dass diese Mittel dazu geeignet und bestimmt sind, für die Benützung der Erfindung verwendet zu werden (§ 22 Abs 3 PatG).

Wenn das Patent für ein Verfahren erteilt wurde, erstreckt sich die Schutzwirkung auch auf die durch dieses Verfahren unmittelbar hergestellten Erzeugnisse (**Verfahrenspatent**; § 22 Abs 2 PatG). 1132

Das Patent vermittelt seinen Schutz für eine Höchstdauer von **20 Jahren** ab dem Anmeldetag (§ 28 Abs 1 PatG). 1133

Wird von **mehreren Personen** als Teilhabern derselben Erfindung ein Patent angemeldet und sind die entsprechenden gesetzlichen Voraussetzungen erfüllt, so wird es ihnen ohne Bestimmung der Teile erteilt. Das Rechtsverhältnis der Teilhaber an einem Patent untereinander richtet sich nach bürgerlichem Recht. Sofern nichts anderes vereinbart ist, können die Patentinhaber über ihr Recht nur gemeinsam verfügen. Allerdings ist jeder der Teilhaber dazu berechtigt, Eingriffe in das Patent gerichtlich zu verfolgen (§ 27 PatG). 1134

Das Recht aus der Anmeldung eines Patentes und das Patentrecht können zur Gänze oder auch nach ideellen Anteilen durch Rechtsgeschäft, richterlichen Ausspruch oder letztwillige Verfügung auf andere **übertragen** werden (§ 33 Abs 2 PatG). 1135

b Patentschutz

Wenn einem Patentinhaber die ihm aus einem Patent zustehenden Befugnisse verletzt worden sind oder derartige Verletzungen auch nur zu befürchten sind, kann er auf Unterlassung klagen (**Unterlassungsanspruch**; § 147 PatG). 1136

Weiters ist der Patentverletzer zur Beseitigung des dem Gesetz widerstreitenden Zustandes verpflichtet (**Beseitigungsanspruch**; § 148 PatG). Der Verletzte kann insbes verlangen, dass auf Kosten des Verletzers die patentverletzenden Gegenstände vernichtet oder die zur Herstellung patentverletzender Gegenstände dienlichen Werkzeuge, Vorrichtungen und anderen Hilfsmittel für diesen Zweck unbrauchbar gemacht werden. 1137

Sofern auf Unterlassung oder Beseitigung geklagt wird, hat das Gericht auf Antrag die Befugnis auszusprechen, das Urteil auf Kosten des Gegners zu veröffentlichen, wenn die obsiegende Partei ein berechtigtes Interesse daran hat (**Urteilsveröffentlichung**; § 149 PatG). 1138

Der durch unbefugte Verwendung eines Patentes Verletzte hat gegen den Verletzer Anspruch auf **angemessenes Entgelt** (§ 150 Abs 1 PatG). Bei schuldhafter Patentverletzung kann der Verletzte anstelle des angemessenen Entgeltes entweder **Schadenersatz** einschließlich des ihm entgangenen Gewinnes oder die **Herausgabe des Gewinnes**, den der Verletzer durch die Patentverletzung erzielt hat, verlangen (§ 150 Abs 2 PatG). Überdies hat der Verletzte ua auch 1139

Anspruch auf eine **angemessene Entschädigung** für die in keinem Vermögensschaden bestehenden Nachteile, die er durch die schuldhafte Patentverletzung erlitten hat, soweit dies in den besonderen Umständen des Falles begründet ist (§ 150 Abs 4 PatG).

1140 Der Verletzer ist dem Verletzten zur **Rechnungslegung** und dazu verpflichtet, deren Richtigkeit durch einen Sachverständigen prüfen zu lassen. Wenn sich dadurch ein höherer Betrag als aus der Rechnungslegung ergibt, sind die Kosten der Prüfung vom Verletzer zu tragen (§ 151 PatG). Überdies besteht gem § 151a PatG auch ein Anspruch auf Auskunft über die Herkunft und den Vertriebsweg des benützten Erzeugnisses.

1141 Geldansprüche (§ 150 PatG) und der Anspruch auf Rechnungslegung (§ 151 PatG) sowie auf Auskunft (§ 151a PatG) **verjähren** innerhalb von drei Jahren ab Kenntnis der Verletzung und des Verletzers (§ 154 PatG iVm § 1489 ABGB).

1142 Auf Verlangen des Verletzten kann der vorsätzlich handelnde Patentverletzer auch **strafgerichtlich** belangt werden (§ 159 PatG).

1143 Um Unsicherheiten darüber auszuräumen, ob im Einzelfall ein Patentrecht betroffen ist oder nicht, ermöglicht § 163 Abs 1 und 2 PatG die Einbringung von **Feststellungsanträgen**. Wer einen Gegenstand betriebsmäßig herstellt, in Verkehr bringt, feil hält oder gebraucht bzw derartige Aktivitäten beabsichtigt, kann gegen den Inhaber eines Patentes oder den ausschließlichen Lizenznehmer beim Patentamt die Feststellung beantragen, dass der Gegenstand oder das Verfahren weder ganz noch teilweise unter das entsprechende Patent fällt (**negativer Feststellungsantrag**; Abs 1). Umgekehrt kann auch der Inhaber eines Patentes oder ein ausschließlicher Lizenznehmer gegen jemanden, der einen Gegenstand betriebsmäßig herstellt, in Verkehr bringt, feil hält oder gebraucht bzw solche Aktivitäten plant, beim Patentamt die Feststellung beantragen, dass der Gegenstand oder das entsprechende Verfahren ganz oder teilweise in sein Patent fällt (**positiver Feststellungsantrag**; Abs 2).

c Lizenz

1144 Der Patentinhaber ist berechtigt, die Benützung der Erfindung dritten Personen für das ganze Geltungsgebiet des Patentes oder auch nur für einen Teil desselben mit oder ohne Ausschluss anderer Benützungsberechtigter zu überlassen (§ 35 PatG). Eine derartige „Benützungsüberlassung" erfolgt regelmäßig durch **Lizenzvertrag**. Die Eigenart des Lizenzvertrages besteht darin, dass nicht das Recht an der Erfindung als solches, sondern lediglich das Recht zur Benützung der Erfindung weitergegeben wird. Im Kern zielt ein Lizenzvertrag darauf ab, dass der Patentinhaber gegen eine entsprechende Leistung darauf verzichtet, die ihm auf Grund des Patentrechts zustehenden Schutzrechte auszuüben. Durch die Eintragung der Lizenz im Patentregister wird diese auch Dritten gegenüber wirksam (§ 43 Abs 2 PatG).

Es kann zwischen **einfachen Lizenzverträgen**, bei welchen der Patentinhaber weitere Nutzungsberechtigungen an andere Lizenznehmer erteilen kann, und **ausschließlichen Lizenzverträgen**, bei welchen weder der Lizenzgeber noch Dritte das Patent benutzen dürfen, unterschieden werden. Sofern das Lizenzrecht für den gesamten Schutzbereich erteilt wird, spricht man von einem **unbeschränkten Lizenzvertrag**; wenn zeitliche, örtliche oder sonstige Beschränkungen vereinbart werden, liegt ein so genannter **beschränkter Lizenzvertrag** vor. **1144/1**

In bestimmten Fällen kann **durch Verwaltungsakt** gegen den Willen des Patentinhabers eine Erlaubnis zur Benützung der durch Patent geschützten Erfindung erteilt werden („**Zwangslizenz**"; § 36 PatG). So kann eine Zwangslizenz etwa dann eingeräumt werden, wenn eine jüngere patentierte Erfindung ohne die Benützung eines älteren Patentes nicht verwertet werden kann (§ 36 Abs 1 PatG). Weiters kann im Falle der nicht angemessenen Ausübung einer patentierten Erfindung an dieser eine Zwangslizenz eingeräumt werden (§ 36 Abs 4 PatG). Schließlich kann eine Zwangslizenz ua auch dann erteilt werden, wenn dies im öffentlichen Interesse geboten ist (§ 36 Abs 5 PatG). **1145**

6 Beendigung des Patentrechts

Das **Patentrecht** kann durch Erlöschen, Rücknahme, Nichtigerklärung und Aberkennung **enden**. **1146**

Erlöschen kann das Patent durch Ablauf der Schutzdauer, weiters, wenn die fällige Jahresgebühr nicht rechtzeitig eingezahlt wurde und wenn der Patentinhaber auf das Patent verzichtet (§ 46 Abs 1 PatG). **1147**

Wenn die Einräumung einer Zwangslizenz (§ 36 PatG) nicht genügt hat, um die Ausübung der Erfindung im Inland in angemessenem Umfang zu sichern, besteht ein Recht auf gänzliche oder teilweise **Rücknahme** des Patentes (§ 47 Abs 1 PatG). **1148**

Sofern sich ergibt, dass der Gegenstand der Erfindung iSd §§ 1 bis 3 PatG nicht patentierbar war, weiters das Patent die Erfindung nicht so deutlich und vollständig offenbart, dass ein Fachmann sie ausführen kann, oder wenn der Gegenstand des Patents über den Inhalt der ursprünglichen Anmeldung hinausgeht oder schließlich das hinterlegte biologische Material nicht zugänglich war, erfolgt eine **Nichtigerklärung** des Patents (§ 48 Abs 1 PatG). **1149**

Wenn der Nachweis erbracht wird, dass entweder dem Patentinhaber der Anspruch auf Patenterteilung nicht zustand oder der we- **1150** sentliche Inhalt der Patentanmeldung den Unterlagen eines anderen bewilligungslos entnommen worden war, erfolgt eine **Aberkennung** des Patents (§ 49 Abs 1 PatG).

1151 Über Anträge zur Rücknahme, über die Nichtigerklärung und über die Aberkennung von Patenten entscheidet die **Nichtigkeitsabteilung** (§ 60 Abs 3 Z 3 PatG). Gegen deren Entscheidung steht die **Berufung** an das **OLG Wien** offen (§ 141 Abs 1 PatG); gegen das Urteil des OLG Wien kann eine **Revision an den OGH** eingelegt werden (§ 143 Abs 1 PatG).

7 Internationale Regeln zum Erfindungsschutz

1152 Der auf Grund des PatG bewirkte Erfindungsschutz entfaltet seine Geltung lediglich im österreichischen Hoheitsgebiet **(Territorialitätsprinzip)**.

1153 Damit ein Erfindungsschutz auch im **Ausland** bewirkt werden kann, ist in jenem Land, in welchem ein derartiger Schutz angestrebt wird, eine gem den dort geltenden Vorschriften vorzunehmende Patentanmeldung zu bewirken.

1154 Da eine derartige Vorgangsweise idR mit einem erheblichen Aufwand verbunden ist, existieren verschiedene internationale Abkommen, welche eine internationale Patentanmeldung erleichtern sollen. Von Bedeutung ist insbes der **Washingtoner Vertrag** über die internationale Zusammenarbeit auf dem Gebiet des Patentwesens aus dem Jahre 1970 („Patent Cooperation Treaty" bzw PCT). Der Washingtoner Vertrag ermöglicht es, auf der Basis einer einzigen internationalen Anmeldung beim Patentamt eines der Vertragsstaaten ein Patent in all jenen Vertragsstaaten zu erwerben, in denen dies nach Wunsch des Anmelders erfolgen soll. Das **Münchner Europäische Patentübereinkommen** aus dem Jahre 1973 ermöglicht es, durch eine einzige Anmeldung beim Europäischen Patentamt in München Patente in jedem europäischen Vertragsstaat zu erwerben, in dem dies der Patentanmelder wünscht.

1154/1 Aus der Sicht des **EU-Rechts** ist im Bereich des Patentrechts insbes auf die **RL 98/44 über den rechtlichen Schutz biotechnologischer Erfindungen** zu verweisen, welche in Österreich durch die PatG-Novelle BGBl I 2005/42 umgesetzt wurde. Zuletzt wurde durch die VO 1257/2012 ein sog **Einheitspatent** geschaffen, welches in allen teilnehmenden EU-Staaten einen einheitlichen (Patent-)Rechtsschutz bieten soll.

F Gebrauchsmusterrecht

Literatur: wie oben VI/E und *Feil*, Gebrauchsmusterrecht (1994); *Puchberger/ Jakadofsky*, Gebrauchsmusterrecht (1994).

1 Grundsätzliches

Seit 1.4.1994 steht das österreichische Gebrauchsmustergesetz (GMG) in Kraft. Dieses Gesetz ist über weite Strecken dem PatG nachgebildet; das Gebrauchsmuster wird daher häufig auch als **kleines Patent** bezeichnet. 1155

Der primäre **Zweck** des GMG besteht darin, einen entsprechenden Schutz auch für technische Entwicklungen, welche nicht die für eine Patenterteilung erforderliche Erfindungshöhe aufweisen, zu bewirken. Überdies ist das Anmeldeverfahren nach dem GMG einfacher und kürzer ausgestaltet als nach dem PatG. Entsprechend des dem GMG immanenten Grundgedankens, vor allem für schnelllebige Wirtschaftsgüter mit geringer Erfindungshöhe einen entsprechenden Schutz zu bieten, ist auch der Bestandschutz nach GMG geringer ausgestaltet und zusätzlich die Schutzdauer kürzer. 1156

2 Gebrauchsmuster

Als **Gebrauchsmuster** werden auf Antrag Erfindungen auf allen Gebieten der Technik geschützt, die neu sind, auf einem erfinderischen Schritt beruhen und gewerblich anwendbar sind (§ 1 Abs 1 GMG). 1157

Dabei gilt eine Erfindung dann als **neu**, wenn sie nicht zum Stand der Technik gehört. Den Stand der Technik bildet alles, was der Öffentlichkeit vor dem Prioritätstag der Anmeldung durch schriftliche oder mündliche Beschreibung, durch Benützung oder in sonstiger Weise zugänglich gemacht worden ist (§ 3 Abs 1 GMG). 1158

Anders als im PatG räumt § 3 Abs 4 GMG dem Anmelder eine **Neuheitsschonfrist** ein. Durch diese wird sichergestellt, dass eine Offenbarung einer Erfindung, die nicht früher als sechs Monate vor dem Anmeldetag erfolgt ist und zusätzlich entweder unmittelbar bzw mittelbar auf den Anmelder bzw seinen Rechtsvorgänger oder auf einen offensichtlichen Missbrauch zum Nachteil des Anmelders bzw seines Rechtsvorgängers zurückgeht, deren Qualifikation als neu iSv § 1 Abs 1 GMG nicht schadet. Diese Regelung soll dem allenfalls rechtlich unerfahrenen Anmelder, der durch eine voreilige Veröffent- 1159 lichung seiner Erfindung deren Neuheit zerstört, den Weg eröffnen, zumindest ein Gebrauchsmuster an seiner Erfindung zu erwerben.

1160 Der von § 1 Abs 1 GMG geforderte **erfinderische Schritt** fordert zwar eine gewisse erfinderische Leistung als Voraussetzung zur Anmeldung eines Gebrauchsmusters, doch genügt es, wenn die Erfindungsqualität in geringerem Ausmaß als für eine Patentierung einer Erfindung vorliegt.

1161 Ebenso wie das PatG werden von § 1 Abs 3 GMG Entdeckungen sowie wissenschaftliche Theorien und mathematische Methoden, ästhetische Formschöpfungen, Pläne, Regeln und Verfahren für gedankliche Tätigkeiten, für Spiele oder für geschäftliche Tätigkeiten sowie Programme für Datenverarbeitungsanlagen und schließlich die Wiedergabe von Informationen **nicht als Erfindungen** anerkannt. Allerdings kann – anders als nach dem PatG – die **Programmlogik**, welche Programmen für Datenverarbeitungsanlagen zugrunde liegt, durch ein Gebrauchsmuster geschützt werden (§ 1 Abs 2 GMG).

1162 Analog zum PatG fordert auch das GMG, dass eine Erfindung **gewerblich anwendbar** ist, damit ein entsprechender Schutz gewährt werden kann (§ 1 Abs 1 GMG).

1163 In § 2 GMG sind jene Erfindungen angeführt, für die ein **Gebrauchsmusterschutz nicht erworben** werden kann. Dazu zählen Erfindungen, deren Veröffentlichung oder Verwertung gegen die öffentliche Ordnung oder die guten Sitten verstoßen würde, weiters Verfahren zur chirurgischen oder therapeutischen Behandlung von Menschen und Diagnostizierverfahren an Menschen sowie schließlich Pflanzen, Tiere und biologisches Material sowie Verfahren zu deren Züchtung.

3 Registrierungsverfahren

1164 Die **Anmeldung** einer Erfindung zum Gebrauchsmuster ist schriftlich beim Patentamt vorzunehmen (§ 13 Abs 1 GMG). Der Inhalt der Anmeldung ist in § 14 Abs 1 GMG festgelegt. Gem § 13 Abs 2 GMG muss die angemeldete Erfindung so weit und so vollständig offenbart sein, dass sie von einem Fachmann ausgeführt werden kann **(Offenbarungsgrundsatz)**.

1165 Mit dem Tag der Anmeldung erlangt der Anmelder das **Prioritätsrecht** (§ 16 Abs 1 GMG). Gem § 16a GMG gelten für das Gebrauchsmuster die gleichen Regeln betreffend die innere Priorität wie im Patentrecht (vgl § 93a PatG).

1166 Jede Anmeldung ist vom Patentamt auf ihre **Gesetzmäßigkeit** hin zu prüfen. Hingegen findet eine Prüfung auf Neuheit, erfinderischen Schritt, gewerbliche Anwendbarkeit sowie darauf, ob der Anmelder

Anspruch auf Gebrauchsmusterschutz hat, nicht statt (§ 18 Abs 1 GMG). Sofern die Gesetzmäßigkeitsprüfung ergibt, dass gegen die Anmeldung Bedenken bestehen, ist der Anmelder aufzufordern, sich innerhalb einer Frist von zwei Monaten dazu zu äußern. Wenn nach Ablauf dieser Frist die Unzulässigkeit der Veröffentlichung und Registrierung festgestellt wird, ist die Anmeldung zurückzuweisen (§ 18 Abs 2 GMG).

Bestehen gegen die Veröffentlichung und Registrierung des Ge- 1167
brauchsmusters keine Bedenken, so erstellt das Patentamt einen **Recherchenbericht**. In diesem werden die vom Patentamt zum Zeitpunkt der Erstellung des Berichtes ermittelten Schriftstücke genannt, die zur Beurteilung der Neuheit und des erfinderischen Schritts in Betracht gezogen werden können (§ 19 Abs 1 GMG). Durch den Recherchenbericht soll dem Anmelder die Möglichkeit gegeben werden, die Ansprüche, welche den Schutzumfang des Gebrauchsmusters festlegen sollen, entsprechend zu erfassen.

Sofern der Anmelder eine sofortige, von der Fertigstellung des Re- 1168
cherchenberichtes unabhängige Veröffentlichung und Registrierung des Gebrauchsmusters beantragt, liegt ein **beschleunigtes Verfahren** vor (§ 27 Abs 1 GMG). Wenn die Anmeldung den gesetzlichen Erfordernissen entspricht, verfügt das Patentamt die Veröffentlichung des Gebrauchsmusters im **Gebrauchsmusterblatt** und seine Registrierung im **Gebrauchsmusterregister** (§§ 22 bis 24 GMG). Nach der erfolgten Registrierung wird eine **Gebrauchsmusterschrift** ausgefertigt und dem Gebrauchsmusterinhaber eine **Gebrauchsmusterurkunde** ausgestellt (§§ 25 f GMG).

Im Zuge des Anmeldeverfahrens kann vom Anmelder eine **Um-** 1169
wandlung der Anmeldung in eine Patentanmeldung iSd PatG beantragt werden (§ 21 GMG).

4 Schutzumfang des Gebrauchsmusterrechts

Der **Anspruch** auf Gebrauchsmusterschutz steht dem Erfinder oder 1170
dessen Rechtsnachfolger zu (§ 7 GMG). Das Recht der Anmeldung eines Gebrauchsmusters und das Gebrauchsmuster selbst können zur Gänze oder auch nach ideellen Anteilen **übertragen** werden (§ 10 Abs 1 GMG), denkbar ist auch die Einräumung von **Gebrauchsmusterlizenzen** (vgl dazu § 31 Abs 1 GMG).

Der Erfinder hat Anspruch darauf, bei der amtlichen Veröffent- 1171
lichung, im Gebrauchsmusterregister, in der Gebrauchsmusterschrift, in der Gebrauchsmusterurkunde und in den vom Patentamt auszustellenden Prioritätsbelegen als Erfinder genannt zu werden (**Recht der Erfinderehre**; § 8 Abs 1 GMG).

1172 Die **Wirkung** des Gebrauchsmusters besteht darin, dass es den Gebrauchsmusterinhaber dazu berechtigt, andere davon auszuschließen, den Gegenstand der Erfindung betriebsmäßig herzustellen, in Verkehr zu bringen, feil zu halten oder zu gebrauchen oder zu den genannten Zwecken einzuführen bzw zu besitzen (§ 4 GMG). Weiters hat das Gebrauchsmuster die Wirkung, dass es jedem Dritten verbietet, ohne Zustimmung des Gebrauchsmusterinhabers anderen als den zur Benützung der geschützten Erfindung berechtigten Personen **Mittel**, die sich auf ein wesentliches Element der Erfindung beziehen, zur Benützung der Erfindung anzubieten oder zu liefern. Dies gilt jedoch nur dann, wenn der Dritte weiß oder auf Grund der Umstände offensichtlich ist, dass diese Mittel dazu geeignet und bestimmt sind, für die Benützung der Erfindung verwendet zu werden (§ 4a Abs 1 GMG). Bei einem **Verfahrensgebrauchsmuster** erstreckt sich die Wirkung auch auf die durch dieses Verfahren unmittelbar hergestellten Gegenstände (§ 4 Abs 1 GMG). Die zivil- und strafrechtlichen Folgen einer allfälligen Gebrauchsmusterverletzung sind den entsprechenden Bestimmungen der §§ 147 ff sowie 159 f PatG nachgebildet (§ 41 f GMG).

1173 Der Gebrauchsmusterschutz beginnt mit dem Tag der amtlichen Veröffentlichung des Gebrauchsmusters und endet spätestens **zehn Jahre** nach dem Ende des Monats, in dem das Gebrauchsmuster angemeldet worden ist (§ 6 GMG).

5 Beendigung des Gebrauchsmusterrechts

1173/1 Neben der Beendigung des Gebrauchsmusters durch **Zeitablauf** (§ 12 Abs 1 iVm § 6 GMG) kann dieses ua durch **Verzicht** des Gebrauchsmusterinhabers erlöschen (§ 12 Abs 1 Z 3 GMG).

1174 Gem § 28 Abs 1 GMG kann jedermann die **Nichtigerklärung** eines Gebrauchsmusters beantragen, wenn keine gebrauchsmusterschutzfähige Erfindung vorliegt (§§ 1 bis 3 GMG), weiters, wenn die Erfindung nicht so deutlich und so vollständig offenbart ist, dass sie ein Fachmann ausführen kann, und schließlich, wenn der Gegenstand des Gebrauchsmusters über den Inhalt der ursprünglichen Fassung hinausgeht.

1175 Durch § 29 GMG wird sichergestellt, dass sich ein tatsächlicher Berechtigter gegenüber einem unbefugten Anmelder durch die entsprechende Stellung eines **Aberkennungsantrages** des Gebrauchsmusters zur Wehr setzen kann. Die diesbezüglichen Voraussetzungen entsprechen weitestgehend der Bestimmung des § 49 PatG (s dazu Rz 1150).

1176 Zur Entscheidung über die Nichtigerklärung oder Aberkennung eines Gebrauchsmusters ist die **Nichtigkeitsabteilung** berufen (§ 33 Abs 1

Z 3 GMG). Gegen deren Entscheidung steht die **Berufung** an das **OLG Wien** offen (§ 49 Abs 1 GMG); gegen das Urteil des OLG Wien kann eine **Revision an den OGH** eingelegt werden (§ 50a Abs 1 GMG).

Zur Klärung der Frage, ob bestimmte Maßnahmen mit einem bestehenden Gebrauchsmusterrecht in Einklang zu bringen sind oder nicht, kann – ebenso wie dies § 163 PatG vorsieht (s dazu Rz 1143) – gem § 45 GMG ein **Feststellungsantrag** eingebracht werden. 1177

G Halbleiterschutzrecht

Literatur: *Eilmansberger*, Gewerblicher Rechtsschutz, in *Holoubek/Potacs* (Hg), Öffentliches Wirtschaftsrecht Bd I[3] (2013); *Gräser/Kucsko*, Halbleiterschutzgesetz (1988); *Hauser/Thomasser*, Wettbewerbs- und Immaterialgüterrecht (1998).

Das Halbleiterschutzgesetz zielt auf einen entsprechenden Schutz von **Halbleitererzeugnissen** (Mikrochips) ab; dadurch sollen insbes Raubkopien auf diesem Gebiete hintangehalten werden. 1178

Als **Schutzgegenstand** benennt § 1 Abs 1 HlSchG dreidimensionale Strukturen von mikroelektronischen Halbleitererzeugnissen (Topographien), die Eigenart aufweisen müssen. Dabei weist eine Topographie dann eine **Eigenart** auf, wenn sie das Ergebnis der eigenen geistigen Arbeit ihres Schöpfers und in der Halbleitertechnik nicht alltäglich ist (§ 2 Abs 1 HlSchG). Eine **Neuheit** der Topographie wird hingegen vom HlSchG nicht gefordert. Der Schutz gem HlSchG erstreckt sich nur auf die Topographie als solche. Für ein allenfalls auf einem Mikrochip gespeichertes Programm kann hingegen nach HlSchG kein Schutz erlangt werden; ein Schutz für das Programm kann eventuell nach UrhG, GMG oder UWG gegeben sein. 1179

Das **Anmeldeverfahren** beim Patentamt ist im Wesentlichen an den im PatG bzw GMG normierten Grundsätzen orientiert. Im Zuge des Anmeldeverfahrens wird primär geprüft, ob die formalen Anmeldevoraussetzungen gegeben sind. Eine Prüfung, ob die Topographie auch materiell den Schutzvoraussetzungen entspricht, erfolgt hingegen nicht (§ 10 Abs 1 HlSchG). Nach Beendigung des Anmeldeverfahrens erfolgen eine Registrierung im **Halbleiterschutzregister** und eine entsprechende Veröffentlichung im **Patentblatt** (§ 11 HlSchG). 1180

Bemerkenswert ist, dass die **Schutzwirkung** bereits mit dem Tag der erstmaligen, nicht nur vertraulichen geschäftlichen Verwertung der Topographie beginnt, sofern eine Anmeldung innerhalb von zwei Jahren beim Patentamt erfolgt. Wurde die Topographie zuvor noch nicht oder nur vertraulich geschäftlich verwertet, beginnt die Schutz- 1181 dauer mit dem Tag der Anmeldung beim Patentamt. In jedem Fall kann der Schutz gem HlSchG erst dann geltend gemacht werden, wenn das Halbleiterschutzrecht im Halbleiterschutzregister vermerkt worden ist (§ 8 Abs 3 HlSchG).

1182 Die Schutzdauer endet spätestens mit Ablauf des **zehnten Kalenderjahres** nach dem Jahr des Schutzbeginnes (§ 8 Abs 2 HlSchG).

1183 Das **Halbleiterschutzrecht** bewirkt, dass der Rechtsinhaber jedem Dritten verbieten kann, im geschäftlichen Verkehr die Topographie oder deren selbständig verwertbare Teile nachzubilden oder Darstellungen zur Herstellung der Topographie anzufertigen. Weiters kann der Schutzrechtsinhaber jedem Dritten untersagen, Darstellungen zur Herstellung der Topographie oder das die Topographie oder deren selbständig verwertbare Teile enthaltende Halbleitererzeugnis anzubieten, in Verkehr zu bringen oder zu vertreiben oder zu den genannten Zwecken einzuführen (§ 6 Abs 1 HlSchG).

1184 Die in den §§ 21 f HlSchG vorgesehenen **zivil-** bzw **strafrechtlichen Folgen** einer Schutzverletzung sind jenen des PatG (s dazu Rz 1136 ff) nachgebildet.

1185 Sofern die geschützte Topographie nicht schutzfähig, der Anspruch auf ein Halbleiterschutzrecht erloschen war oder die Frist zur Anmeldung ungenützt verstrichen ist, weiters die Berechtigung zur Geltendmachung des Anspruches gefehlt hat oder nachträglich weggefallen ist, kann von jedermann eine **Nichtigerklärung des Halbleiterschutzrechtes** begehrt werden (§ 13 HlSchG).

1186 Vom tatsächlich Berechtigten kann ein Aberkennungsanspruch mittels **Aberkennungsantrags** gegenüber einem unbefugten Anmelder geltend gemacht werden (§ 14 HlSchG).

H Kartellrecht

Literatur: *Gamerith/Winner*, Wettbewerbsrecht Bd II Kartellrecht[8] (2014); *Hoffer*, Kartellgesetz. Kommentar (2007); *Hoffer/Barbist*, Das neue Kartellrecht[2] (2013); *Reidlinger/Hartung*, Das neue österreichische Kartellrecht[2] (2008); *Sedef*, Immaterialgüterrecht und Kartellrecht, in *Wiebe* (Hg), Wettbewerbs- und Immaterialgüterecht[2] (2012); *Sole*, Das Verfahren vor dem Kartellgericht (2006).

1 Grundsätzliches

1187 Die wesentlichen **rechtlichen Grundlagen** des geltenden Kartellrechtes werden vom österreichischen **Kartellgesetz 2005** (KartG 2005; BGBl I 2005/61) und – seit 1.1.1995 – insbes von den **Art 101**

AEUV („Kartellverbot") und **Art 102 AEUV** („Missbrauch einer marktbeherrschenden Stellung") sowie weiters von der **EU-Fusionskontrollverordnung** (VO 139/2004) gebildet. Durch das Kartellgesetz 2005 (KartG 2005) wurde das österreichische Kartellrecht umfassend modernisiert und an das einschlägige EU-Normenmaterial angepasst; daher wird im Folgenden auf eine Darstellung des einschlägigen EU-Normenmaterials verzichtet.

Im zeitlichen Vorfeld zur Umgestaltung des österreichischen Kar- **1188**
tellrechts wurde durch die Erlassung des so genannten **Wettbewerbsgesetzes** (WettbG; BGBl I 2002/62 idgF) vor allem der organisatorische Bereich des Kartellrechts maßgeblich verändert. Insbes wurden an Stelle der bisherigen Amtsparteien (Sozialpartner) eine **Bundeswettbewerbsbehörde** (§§ 1 ff WettbG) und ein **Bundeskartellanwalt** (§§ 75 ff KartG) eingerichtet. Bemerkenswert ist darüber hinaus, dass im Jahr 2002 auch die bislang normierten strafrechtlichen Tatbestände eliminiert und durch ein einheitliches **System von Geldbußen** mit einem Sanktionsrahmen von bis zu 10 % des im vorausgegangenen Geschäftsjahr erzielten Gesamtumsatzes ersetzt worden sind (§§ 29 ff KartG 2005).

Die **Bundeswettbewerbsbehörde** ist als monokratische Aufgriffs- **1189**
und Ermittlungsbehörde in Wettbewerbsangelegenheiten beim Wirtschaftsminister eingerichtet. Sie wird vom **Generaldirektor für Wettbewerb** geleitet, welcher bei der Ausübung seines Amtes weisungsfrei ist (§ 1 Abs 2 und 3 WettbG). Die Bundeswettbewerbsbehörde hat insbes die Aufgabe, einen **funktionierenden Wettbewerb** sicherzustellen und **Wettbewerbsverzerrungen oder -beschränkungen** iSd KartG bzw des einschlägigen EU-Rechts in Einzelfällen entgegenzutreten (§ 1 Abs 1 Z 1 KartG). Zur Wahrnehmung ihrer Aufgaben ist sie ua dazu befugt, vermutete **Wettbewerbsverzerrungen** in Einzelfällen zu untersuchen sowie ihre **Beseitigung** durch Wahrnehmung der ihr eingeräumten Parteistellung zu veranlassen. Überdies ist die Bundeswettbewerbsbehörde ua zur allgemeinen **Untersuchung eines Wirtschaftszweiges** berufen, sofern die Umstände vermuten lassen, dass der Wettbewerb in dem betreffenden Wirtschaftszweig eingeschränkt oder verfälscht ist (§ 2 Abs 1 Z 3 WettbG). In § 11 Abs 1 WettbG ist geregelt, dass die Bundeswettbewerbsbehörde grundsätzlich alle **Ermittlungen** führen darf, die ihr zur Wahrnehmung ihrer Aufgaben nach dem WettbG zukommen. Insbes kann die Bundeswettbewerbsbehörde von Unternehmungen die **Erteilung von Auskünften** innerhalb angemessener Fristen einfordern sowie **geschäftliche Unterlagen einsehen und prüfen** (§ 11a Abs 1 WettbG). Überdies kann das Kartellgericht auf Antrag der Bundeswettbewerbsbehörde in bestimmten Fällen eine **Hausdurchsuchung** anordnen (§ 12 WettbG).

Bei der Bundeswettbewerbsbehörde ist eine **Wettbewerbskom- 1190**
mission eingerichtet. Sie besteht aus acht Mitgliedern, die vom Wirt-

schaftsminister bestellt werden; vier davon gem § 16 Abs 3 WettbG auf Vorschlag der Sozialpartner (Wirtschaftskammer Österreich, Bundeskammer für Arbeiter und Angestellte, Österreichischer Gewerkschaftsbund, Präsidentenkonferenz der Landwirtschaftskammern). Die Wettbewerbskommission erstattet im Auftrag der Bundeswettbewerbsbehörde oder des Wirtschaftsministers **Gutachten** über allgemeine wettbewerbspolitische Fragestellungen und kann **Empfehlungen zu angemeldeten Zusammenschlüssen** abgeben (§ 16 Abs 1 iVm § 17 WettbG).

1191 Der **Bundeskartellanwalt** ist zur Vertretung der öffentlichen Interessen in Angelegenheiten des Wettbewerbsrechts berufen. Er ist zwar bei der Erfüllung seiner Aufgaben vom Kartellgericht unabhängig, jedoch dem Bundesminister für Justiz unterstellt und diesem weisungsgebunden (§ 75 Abs 1 und Abs 2 KartG 2005).

1192 Die Entscheidungsbefugnis in Kartellangelegenheiten obliegt in erster Instanz dem beim Oberlandesgericht Wien eingerichteten **Kartellgericht**, welches sich aus zwei Berufsrichtern und zwei fachkundigen Laienrichtern zusammensetzt. Als Berufungsinstanz ist beim Obersten Gerichtshof das so genannte **Kartellobergericht** eingerichtet, welches sich aus drei Berufsrichtern und zwei Laienrichtern zusammensetzt (§§ 58 ff KartG 2005).

1193 Im Zuge der Neugestaltung des österreichischen KartG 2005 wurde ua eine so genannte **„Kronzeugenregelung“** in das WettbG integriert. Gem § 11 Abs 3 WettbG kann die Bundeswettbewerbsbehörde davon Abstand nehmen, die Verhängung von Geldbußen gegen Unternehmer bzw Unternehmervereinigungen zu beantragen, wenn das Unternehmen

- die **Bundeswettbewerbsbehörde** als Erste **Informationen** und **Beweismittel** vorlegen, die es ermöglichen, wegen des Verdachtes einer Zuwiderhandlung gegen § 1 KartG oder Art 101 Abs 1 AEUV einen begründeten Antrag gem § 12 Abs 1 KartG zu stellen,
- seine **Mitwirkung** an der Zuwiderhandlung zeitgerecht **eingestellt** hat,
- in der Folge uneingeschränkt und zügig mit der **Bundeswettbewerbsbehörde** zwecks vollständiger Aufklärung des Sachverhalts **zusammenarbeitet** und
- andere Unternehmer bzw Unternehmervereinigungen **nicht zur Teilnahme** an der Zuwiderhandlung **gezwungen** hat.

Sofern die Bundeswettbewerbsbehörde über den Bestand eines Kartells bereits Kenntnis erlangt hat, jedoch die anderen der zuvor angeführten Voraussetzungen vorliegen, kann die Bundeswettbewerbsbehörde eine **geminderte Geldbuße** beantragen; Voraussetzung dafür ist überdies, dass der Bundeswettbewerbsbehörde Informationen und Beweismittel vorgelegt werden, die einen **„erheblichen Mehrwert“** darstellen. In § 11 Abs 5 WettbG ist vorgesehen, dass die Bundeswettbewerbsbehörde ihre Praxis bei der Durchführung der

Kronzeugenregelung in einem auf der Website der Bundeswettbewerbsbehörde zu **veröffentlichenden Handbuch** darzustellen hat.

Inhaltlich zielen **Kartelle** grundsätzlich auf eine Beschränkung der wirtschaftlichen Handlungsfreiheit bzw des Wettbewerbes ab. Im Rahmen eines Kartells stimmen rechtlich selbständige Unternehmen ihr Marktverhalten aufeinander ab, indem etwa Vereinbarungen betreffend die Preisbildung, betreffend die Zuteilung von Quoten oder betreffend die Verteilung von bestimmten Absatzgebieten getroffen werden. 1194

Sofern derartige Vereinbarungen vertraglich fixiert werden, spricht man von einem **Vertragskartell**. 1195

Bei einem **Preiskartell** verpflichten sich die Mitglieder des Kartells dazu, sich an dieselben Preisvorgaben zu halten. 1196

In einem **Konditionenkartell** werden einheitliche Liefer- und Zahlungsbedingungen festgelegt. 1197

Hingegen zielt ein **Quotenkartell** auf eine Aufteilung der Produktions- bzw Absatzmengen zwischen den einzelnen Kartellmitgliedern ab. 1198

In einem **Gebietskartell** erhält jedes Mitglied des Kartells ein bestimmtes Absatzgebiet zugewiesen. 1199

Bei den **Kalkulationskartellen** werden einheitliche Richtlinien für die Preiskalkulation der vom Kartell erfassten Waren oder Dienstleistungen festgelegt. 1200

Bei den **Vertriebsbindungen** liefert der Hersteller bzw Importeur nur an Händler, welche ganz bestimmte Voraussetzungen erfüllen. 1201

Von **Preisbindungen** wird dann gesprochen, wenn der Hersteller bzw der Importeur oder Verteiler einer Ware die von ihm belieferten Händler dazu verhält, sich an vorgegebene Verkaufspreise zu halten. 1202

2 Österreichisches Kartellrecht

a Grundsatz des generellen Kartellverbots

Während das KartG 1988 zwischen **Vereinbarungskartellen**, **Verhaltenskartellen** und **Empfehlungskartellen** unterschieden hat, findet sich in § 1 KartG 2005 eine umfassende Neudefinition des **Kartellbegriffs**, durch welche eine Erweiterung auf sämtliche Formen von Wettbewerbsbeschränkungen in einer generellen Art und Weise erfolgt. Gem § 1 Abs 1 KartG 2005 sind alle Vereinbarungen zwischen Unternehmen, Beschlüsse von Unternehmensvereinigungen und aufeinander abgestimmte Verhaltensweisen, die eine Verhinderung, Einschränkung oder Verfälschung des Wettbewerbs bezwecken oder bewirken **(Kartelle)**, verboten. Gem § 1 Abs 2 KartG 2005 sind 1203 insbes verboten

- die unmittelbare oder mittelbare **Festsetzung der An- oder Verkaufspreise** oder sonstiger **Geschäftsbedingungen**,
- die **Einschränkung** oder Kontrolle der **Erzeugung**, des **Absatzes**, der **technischen Entwicklung** oder der **Investitionen**,
- die **Aufteilung der Märkte** oder **Versorgungsquellen**,
- die Anwendung **unterschiedlicher Bedingungen** bei gleichwertigen Leistungen gegenüber Handelspartnern, wodurch diese im Wettbewerb benachteiligt werden,
- die an den Abschluss von Verträgen geknüpfte Bedingung, dass die Vertragspartner **zusätzliche Leistungen** annehmen, die weder sachlich noch nach Handelsbrauch in Beziehung zum Vertragsgegenstand stehen.

1204 Von Bedeutung ist, dass die in § 1 Abs 2 KartG 2005 erfolgte Anführung von verbotenen Vereinbarungen bloß als **beispielhafte** (demonstrative) **Aufzählung** gilt, so dass gleichartige oder gleichwertige Verhaltensweisen auch als Kartelle zu qualifizieren und daher verboten sein werden. Sofern derartige Vereinbarungen getroffen werden, sind sie als **nichtig** anzusehen.

b Horizontale und Vertikale Beschränkungen

1205 Vom Kartellverbot des § 1 KartG 2005 sind **horizontale** und **vertikale Beschränkungen** mit umfasst. Die **horizontalen Beschränkungen** sind auf der gleichen Handelsstufe angesiedelt; die **vertikalen Beschränkungen** zielen hingegen auf eine Wettbewerbsbeschränkung auf verschiedenen Handelsstufen ab. In der Praxis finden sich vertikale Beschränkungen insbes in Form der **Preisbindung** und in Form der **vertikalen Vertriebsbindung**.

c Empfehlungskartelle

1206 Während die in § 1 Abs 1 und Abs 2 KartG 2005 normierten Kartelltatbestände nahezu wortgleich der Bestimmung des Art 101 Abs 1 AEUV entsprechen, findet sich im § 1 Abs 4 KartG 2005 eine Bestimmung betreffend die sog **Empfehlungskartelle**, die keine Entsprechung im einschlägigen EU-Recht findet. Gem § 1 Abs 4 KartG 2005 stehen einem Kartell Empfehlungen zur Einhaltung bestimmter Preise, Preisgrenzen, Kalkulationsrichtlinien, Handelsspannen oder Rabatte gleich, durch die eine **Beschränkung des Wettbewerbs** bezweckt oder bewirkt wird.

1207 Um **kein Empfehlungskartell** handelt es sich allerdings dann, wenn bei einer Empfehlung gem § 1 Abs 4 KartG 2005 ausdrücklich auf ihre **Unverbindlichkeit** hingewiesen wird und zur Durchsetzung der ausgesprochenen Empfehlung wirtschaftlicher Druck oder gesellschaftlicher Druck weder ausgeübt werden soll noch tatsächlich ausgeübt wird.

d Ausnahmen vom generellen Kartellverbot

Während gem KartG 1988 einzelne Kartelle einer Genehmigung zugänglich waren, beschreitet das neue KartG 2005 – in Anlehnung an die einschlägigen EU-Bestimmungen – den Weg zu einem **System der Legalausnahmen**. Damit ist gemeint, dass die gem § 1 KartG 2005 generell verbotenen Kartelle bei Vorliegen bestimmter Voraussetzungen ex lege als zulässig angesehen werden. 1208

da Generelle Legalausnahme

In § 2 Abs 1 KartG 2005 ist normiert, dass **vom Verbot gem § 1 KartG 2005** Kartelle **ausgenommen** sind, die unter angemessener **Beteiligung der Verbraucher** an dem entstehenden **Gewinn** zur **Verbesserung der Warenerzeugung oder -verteilung** oder zur **Förderung des technischen oder wirtschaftlichen Fortschritts** beitragen, ohne dass den beteiligten Unternehmen 1209

- **Beschränkungen** auferlegt werden, die für die Verwirklichung dieser Ziele nicht unerlässlich sind, oder
- Möglichkeiten eröffnet werden, für einen wesentlichen Teil der betreffenden Waren den **Wettbewerb auszuschalten**.

Es liegt auf der Hand, dass die genannten Kriterien – die im Übrigen kumulativ gegeben sein müssen – in der Praxis nur sehr schwer zu erfassen sein werden. Als Ausgleich dazu ist in § 3 KartG 2005 eine **Ermächtigung** des BMJ festgelegt, der zu Folge dieser im Einvernehmen mit dem Wirtschaftsminister durch **Verordnung** feststellen kann, dass bestimmte Gruppen von Kartellen gem § 2 Abs 1 KartG 2005 jedenfalls vom Kartellverbot ausgenommen sind. In derartigen Verordnungen kann auch auf die jeweils geltende Fassung einer **Gruppenfreistellungsverordnung** gem Art 101 Abs 3 AEUV verwiesen werden. 1210

Darüber hinaus können jeder Unternehmer und jede Unternehmensvereinigung, der bzw die ein rechtliches oder wirtschaftliches Interesse daran hat, einen sog **Feststellungsantrag** gem § 28 Abs 2 KartG 2005 beim Kartellgericht einbringen (§ 36 Abs 4 Z 4 KartG 2005). Auf der Basis eines derartigen Feststellungsantrages hat das Kartellgericht festzustellen, ob bzw inwieweit ein Sachverhalt dem KartG 2005 unterliegt. 1211

db Bagatellkartelle

1212 So genannte **Bagatellkartelle** unterliegen nicht dem allgemeinen Kartellverbot. Dabei handelt es sich bei einem Bagatellkartell um ein Kartell, an denen Unternehmer beteiligt sind, die zueinander im Wettbewerb stehen und die gemeinsam am relevanten Markt einen Anteil von nicht mehr als 10 % haben. Das gleiche gilt für Kartelle, die nicht miteinander im Wettbewerb stehen und die jeweils am relevanten Markt einen Anteil von nicht mehr als 15 % haben. In beiden Fällen darf aber keine Festsetzung der Verkaufspreise und weder eine Einschränkung der Erzeugung oder des Absatzes noch eine Aufteilung der Märkte bezweckt werden (§ 2 Abs 2 Z 1 KartG 2005).

dc Bereichsausnahmen

1213 In § 2 Abs 2 Z 2, 3 und 5 KartG 2005 sind folgende **Bereichsausnahmen** grundgelegt:

1214 Vereinbarungen über die Bindung des Letztverkäufers im Handel mit **Büchern**, **Kunstdrucken**, **Musikalien**, **Zeitschriften** und **Zeitungen** an den vom Verleger festgesetzten Verkaufspreis unterliegen nicht dem Kartellverbot.

1215/ Des Weiteren sind Wettbewerbsbeschränkungen zwischen **Ge-
1216 nossenschaftsmitgliedern** sowie zwischen diesen und der Genossenschaft zulässig, soweit diese Wettbewerbsbeschränkungen durch die Erfüllung des Förderungsauftrages von Genossenschaften berechtigt sind.

1217 Schließlich sind auch Vereinbarungen, Beschlüsse und Verhaltensweisen von **landwirtschaftlichen Erzeugerbetrieben** grundsätzlich nicht vom Kartellverbot umfasst, sofern sie keine Preisbindung enthalten und den Wettbewerb nicht ausschließen.

e Marktbeherrschende Stellung

1218 Ein Unternehmer, der als Anbieter und Nachfrager

- **keinem** oder nur **unwesentlichem Wettbewerb** ausgesetzt ist oder
- eine im Verhältnis zu den anderen Wettbewerbern **überragende Marktstellung** hat (dabei sind insbes die Finanzkraft, die Beziehungen zu anderen Unternehmen, die Zugangsmöglichkeiten zu den Beschaffungs- und Absatzmärkten sowie die Umstände zu berücksichtigen, die den Marktzutritt für andere Unternehmer beschränken). Unter den gleichen Voraussetzungen gilt dies auch für **zwei oder mehr Unternehmer** (gemeinsam), wenn zwischen ihnen ein wesentlicher Wettbewerb nicht besteht; oder

- einen **Marktanteil von mindestens 30 %** hat oder
- dem Wettbewerb von höchstens **zwei Unternehmern** ausgesetzt ist und am gesamten inländischen Markt einen Anteil von mehr als **5 %** hält oder
- zu den **vier größten Unternehmern** gehört, die zusammen am gesamten inländischen Markt einen Anteil von mindestens 80 % haben, sofern er selbst einen solchen von mehr als 5 % hat,

ist iSd KartG als **marktbeherrschender Unternehmer** zu qualifizieren (§ 4 Abs 1 und 2 KartG 2005). Als marktbeherrschend gilt auch ein Unternehmer, der eine im Verhältnis zu seinen Abnehmern oder Lieferanten **überragende Marktstellung** hat. Eine solche liegt insbes vor, wenn die Abnehmer oder Lieferanten zur Vermeidung schwerwiegender betriebswirtschaftlicher Nachteile darauf angewiesen sind, dass die Geschäftsbeziehung aufrecht erhalten wird (§ 4 Abs 3 KartG 2005).

Gem § 5 Abs 1 KartG 2005 ist der **Missbrauch einer marktbeherr-** 1219
schenden Stellung verboten. Das Kartellgericht hat (gegebenenfalls auf Antrag) dem beteiligten Unternehmer aufzutragen, den **Missbrauch einer marktbeherrschenden Stellung** abzustellen (§ 26 KartG 2005). Dabei kann ein Missbrauch ua in

- der unmittelbaren oder mittelbaren **Erzwingung unangemessener Einkaufs- oder Verkaufspreise** oder **sonstiger Geschäftsbedingungen**,
- der **Einschränkung der Erzeugung**, des **Absatzes** oder der **technischen Entwicklung** zum Schaden der Verbraucher,
- der **Benachteiligung von Vertragspartnern** im Wettbewerb durch Anwendung unterschiedlicher Bedingungen bei gleichwertigen Leistungen,
- der an die Vertragsschließung geknüpften Bedingung, dass die Vertragspartner **zusätzliche Leistungen** annehmen, die weder fachlich noch nach Handelsbrauch in Beziehung zum Vertragspartner stehen, oder
- dem sachlich nicht gerechtfertigten **Verkauf unter dem Einstandspreis** bestehen.

f Unternehmenszusammenschlüsse

In § 7 Abs 1 und Abs 2 KartG 2005 werden folgende Tatbestände als 1220
Unternehmenszusammenschlüsse gewertet:

- der **Erwerb eines Unternehmens**, ganz oder zu einem wesentlichen Teil, durch einen Unternehmer, insbes durch Verschmelzung oder Umwandlung;
- der Erwerb eines Rechts durch einen Unternehmer an der Betriebsstätte eines anderen Unternehmens durch **Betriebsüberlassungs-** oder **Betriebsführungsverträge**;

- der unmittelbare oder mittelbare Erwerb von **Anteilen an einer Gesellschaft**, die Unternehmer ist, durch einen anderen Unternehmer sowohl dann, wenn dadurch ein Beteiligungsgrad von 25 %, als auch dann, wenn dadurch ein solcher von 50 % erreicht oder überschritten wird;
- das **Herbeiführen der Personengleichheit** von mindestens der Hälfte der Mitglieder der zur Geschäftsführung berufenen Organe oder der Aufsichtsräte von zwei oder mehreren Gesellschaften, die Unternehmer sind;
- **jede sonstige Verbindung von Unternehmen**, auf Grund derer ein Unternehmer unmittelbar oder mittelbar einen beherrschenden Einfluss auf ein anderes Unternehmen ausüben kann;
- die **Gründung eines Gemeinschaftsunternehmens**, das auf Dauer alle Funktionen einer selbstständigen wirtschaftlichen Einheit erfüllt.

1221 Unternehmenszusammenschlüsse der genannten Art bedürfen gem § 9 Abs 1 KartG 2005 der **Anmeldung** bei der Bundeswettbewerbsbehörde, wenn die beteiligten Unternehmen im letzten Geschäftsjahr vor dem Zusammenschluss mindestens **folgende Umsätze** erzielt haben:

- **weltweit** insgesamt mehr als **€ 300 Millionen**;
- im **Inland** insgesamt mehr als **€ 30 Millionen**;
- mindestens zwei Unternehmen weltweit jeweils mehr als **€ 5 Millionen**.

1222 Zur **Anmeldung eines Unternehmenszusammenschlusses** ist jeder am Zusammenschluss beteiligte Unternehmer berechtigt (zu den näheren Inhalten der Anmeldung vgl § 10 KartG 2005). Unverzüglich nach dem Einlangen der Anmeldung hat die **Bundeswettbewerbsbehörde** die Anmeldung an den **Bundeskartellanwalt** weiterzuleiten und die Anmeldung **öffentlich** bekannt zu machen (§ 10 Abs 3 KartG 2005).

1223 Jeder Unternehmer, dessen rechtliche oder wirtschaftliche Interessen durch den Zusammenschluss berührt werden, kann binnen 14 Tagen ab der Bekanntmachung gegenüber der Bundeswettbewerbsbehörde und dem Bundeskartellanwalt eine **schriftliche Äußerung** abgeben (§ 10 Abs 4 KartG 2005).

1224 Innerhalb von vier Wochen nach dem Einlangen der Anmeldung bei der Bundeswettbewerbsbehörde können die **Amtsparteien** (Bundeswettbewerbsbehörde und Bundeskartellanwalt; § 40 KartG 2005) beim **Kartellgericht** die **Prüfung** des Zusammenschlusses beantragen (§ 11 Abs 1 KartG 2005). Sofern ein Prüfungsantrag gestellt worden ist, hat dies die Bundeswettbewerbsbehörde unverzüglich **öffentlich** bekannt zu machen (§ 11 Abs 2 KartG 2005). Jeder Unternehmer, dessen rechtliche oder wirtschaftliche Interessen durch den Zusammenschluss berührt werden, kann im Prüfungsverfahren gegenüber dem Kartellgericht **schriftliche Äußerungen** abgeben; auch darauf ist in der Bekanntmachung des Prüfungsantrages hinzuweisen. Eine Parteistellung ist damit jedoch nicht verbunden (§ 11 Abs 3 KartG 2005).

Sofern ein entsprechender **Prüfungsantrag** gestellt wird, hat das **Kartellgericht** innerhalb von **fünf Monaten** ab dem Zeitpunkt der Anmeldung eine **Entscheidung** zu treffen (§ 14 Abs 1 KartG 2005): Sofern kein anmeldebedürftiger Zusammenschluss iSd KartG 2005 vorliegt, ist der Antrag **zurückzuweisen** (§ 12 Abs 1 Z 1 KartG 2005). Wenn eine marktbeherrschende Stellung entsteht bzw verstärkt wird, hat das Kartellgericht den Zusammenschluss zu **untersagen**, sofern nicht zu erwarten ist, dass durch den Zusammenschluss überwiegende Verbesserungen der Wettbewerbsbedingungen eintreten oder der Zusammenschluss in Hinblick auf die internationale Wettbewerbsfähigkeit der beteiligten Unternehmen volkswirtschaftlich gerechtfertigt ist (§ 12 Abs 1 Z 2 und Abs 2 KartG 2005). Sofern eine marktbeherrschende Bestellung durch den Zusammenschluss nicht entsteht, ist auszusprechen, dass der Zusammenschluss **nicht untersagt** wird (§ 12 Abs 1 Z 3 KartG 2005). Für den Fall, dass die angeführten Voraussetzungen nicht gegeben sind, kann das Kartellgericht den Ausspruch, dass der Zusammenschluss nicht untersagt wird, mit entsprechenden **Beschränkungen** oder **Auflagen** verbinden. Derartige Beschränkungen oder Auflagen dürfen abgeändert oder aufgehoben werden, wenn sich nach dem Ausspruch des Kartellgerichts die maßgeblichen Umstände ändern (§ 12 Abs 3 KartG 2005). 1225

Die Bundeswettbewerbsbehörde hat den **Ausspruch von Entscheidungen**, mit denen ein Zusammenschluss mit Beschränkungen oder Auflagen iSv § 12 Abs 3 KartG 2005 nicht untersagt wird, nach deren Rechtskraft **öffentlich** bekannt zu machen (§ 15 KartG 2005). 1226

Ein **anmeldebedürftiger Zusammenschluss** darf erst durchgeführt werden, wenn die Amtsparteien auf die Stellung eines Prüfungsantrages verzichtet oder innerhalb der Antragsfrist keinen Prüfungsantrag gestellt haben. Sofern ein Prüfungsantrag gestellt worden ist, darf der Zusammenschluss erst nach Einstellung des Prüfungsverfahrens bzw nach Rechtskraft der Entscheidung durchgeführt werden, durch welche der Antrag zurückgewiesen bzw der Zusammenschluss nicht untersagt worden ist (§ 17 Abs 1 KartG 2005). 1227

Sofern gegen eine mit der Nichtuntersagung verbundene **Auflage** zuwider gehandelt wurde, kann das Kartellgericht unter Beachtung des Grundsatzes der Verhältnismäßigkeit den beteiligten Unternehmern (nachträglich) **Maßnahmen** auftragen, durch welche die Wirkungen des Zusammenschlusses abgeschwächt oder beseitigt werden. Derartige Maßnahmen kann das Kartellgericht auch dann verfügen, wenn die Nichtuntersagung bzw der Verzicht auf einen Prüfungsantrag, die Unterlassung eines Prüfungsantrags oder die Zurückziehung eines Prüfungsantrags auf **unrichtigen oder unvollständigen Angaben** 1228 beruht, die von einem der beteiligten Unternehmen zu vertreten sind (§ 16 KartG 2005).

1229 Besonderheiten gelten für **Medienzusammenschlüsse**. Ein derartiger Medienzusammenschluss liegt gem § 8 KartG 2005 dann vor, wenn **mindestens zwei** der beteiligten Unternehmungen zu einer der folgenden Gruppen gehört:

- **Medienunternehmen** (zB Zeitungsunternehmen) oder **Mediendienste** (zB Presseagentur),
- **Medienhilfsunternehmen** (zB Verlag, Druckerei),
- Unternehmen, die an einem Medienunternehmen, Mediendienst oder Medienhilfsunternehmen einzeln oder gemeinsam mittelbar oder unmittelbar **mindestens zu 25 %** beteiligt sind.

1230 Im Bereich der Medienzusammenschlüsse sind teilweise **niedrigere Schwellenwerte** vorgesehen (vgl im Detail § 9 Abs 3 KartG 2005).

1231 Ein Medienzusammenschluss ist neben den oben angeführten Gründen auch dann zu untersagen, wenn zu erwarten ist, dass durch den Zusammenschluss die **Medienvielfalt beeinträchtigt** wird (§ 13 Abs 1 KartG 2005).

g Rechtsdurchsetzung

1232 Gem § 26 KartG 2005 hat das Kartellgericht **Zuwiderhandlungen** gegen die im KartG 2005 enthaltenen Verbote wirksam abzustellen und den beteiligten Unternehmen und Unternehmensvereinigungen die dazu erforderlichen Aufträge zu erteilen **(„Abstellung“)**. Derartige Aufträge dürfen unter Bezugnahme auf die Zuwiderhandlung **nicht unverhältnismäßig** sein. Eine **Änderung der Unternehmensstruktur** darf das Kartellgericht nur dann auftragen, wenn keine anderen gleich wirksamen Maßnahmen zur Verfügung stehen oder diese mit einer größeren Belastung für die beteiligten Unternehmer verbunden wären.

1233 An Stelle der Abstellung kann das Kartellgericht sog **Verpflichtungszusagen** der beteiligten Unternehmer und Unternehmervereinigungen für bindend erklären, wenn zu erwarten ist, dass diese Zusagen künftige Zuwiderhandlungen ausschließen; durch diese Entscheidung wird das Verfahren beendet (§ 27 Abs 1 KartG 2005). Sofern sich jedoch die entsprechenden Verhältnisse wesentlich ändern, kann auch nach Abgabe einer Verpflichtungszusage das **Verfahren wieder aufgenommen** werden (§ 27 Abs 2 KartG 2005).

1234 Sowohl die vom Kartellgericht getroffenen Abstellungsentscheidungen als auch die von den beteiligten Unternehmen bzw Unternehmervereinigungen abgegebenen Verpflichtungszusagen können mit Hilfe der Verhängung von **Zwangsgeldern** durchgesetzt werden (§ 35 KartG 2005).

Sofern ein berechtigtes Interesse daran besteht, können Zuwiderhandlungen gegen das KartG 2005, die bereits beendet sind, durch das Kartellgericht **festgestellt** werden (§ 28 Abs 1 KartG 2005). 1235

Im Übrigen können vom Kartellgericht **Geldbußen** verhängt werden (§§ 29 ff KartG 2005). 1236

Seit der Novelle BGBl I 2013/13 ist ausdrücklich gesetzlich geregelt, dass bei schuldhaften Kartellrechtsverletzungen auch **Schadenersatz wegen Wettbewerbsverstößen** geltend gemacht werden kann (§ 37a KartG). 1236/1

I Urheberrecht

Literatur: *Ciresa*, Österreichisches Urheberrecht (ab 1999); *Dillenz*, Praxiskommentar zum österreichischen Urheberrecht und Verwertungsgesellschaftenrecht[2] (2004); *Dittrich* (Hg), Österreichisches und internationales Urheberrecht[6] (2012); *Hauser/Thomasser*, Wettbewerbs- und Immaterialgüterrecht (1998); *Haybäck*, Das Recht am geistigen Eigentum[2] (2009); *Haybäck*, Grundzüge des Marken- und Immaterialgüterrechts[4] (2014); *Höhne/Streit/Koukal/Jung*, Urheberrecht für die Praxis (2010); *Karl*, Urheberrecht (2010); *Kucsko*, Geistiges Eigentum[2] (2010); *Kucsko* (Hg), urheber.recht (2008); *Mogel*, Europäisches Urheberrecht (2001); *Scheuch/Holzmüller*, Die wirtschaftliche Bedeutung des Urheberrechts in Österreich (1989); *Walter*, Urheberrechtsgesetz 2006 (2007); *Walter/Lewinski/Dreier/Blocher/Dillenz*, Europäisches Urheberrecht (2001).

1 Zwecksetzung des Urheberrechts

Mit den im UrhG verankerten Normen zielt der Gesetzgeber darauf ab, einen **Schutz des geistigen Eigentums** eines Schöpfers von Werken auf den Gebieten der Literatur, der Tonkunst, der bildenden Künste und der Filmkunst sicherzustellen. 1237

2 Schutzgegenstand

Im Mittelpunkt des Schutzinteresses des UrhG stehen sog **Werke**. Dabei handelt es sich um eigentümliche geistige Schöpfungen auf den Gebieten der Literatur, der Tonkunst, der bildenden Künste und der Filmkunst (§ 1 Abs 1 UrhG). Damit ein geschaffenes Werk tatsächlich in den Genuss des Schutzes des UrhG kommt, muss sich dieses durch ein bestimmtes Maß an **schöpferischer Eigenart** bzw **Individualität** auszeichnen; das Werk muss sich von einem durch- 1238 schnittlichen „Tagesprodukt" abgrenzen lassen. Unerheblich ist dabei, ob das geschaffene Werk einen künstlerischen, ästhetischen oder wissenschaftlichen Wert aufweist oder nicht. Zu beachten ist aber, dass eine „bloße Idee" nicht durch das UrhG geschützt ist.

1239 Als **Werke der Literatur** gelten gem § 2 UrhG Sprachwerke aller Art einschließlich Computerprogrammen, außerdem Bühnenwerke, deren Ausdrucksmittel Gebärden und andere Körperbewegungen sind, sowie Werke wissenschaftlicher oder belehrender Art, die in bildlichen Darstellungen in der Fläche oder im Raum bestehen, sofern sie nicht zu den Werken der bildenden Künste zählen.

1240 Zu den **Werken der bildenden Künste** zählen die Werke der Lichtbildkunst, der Baukunst und der angewandten Kunst (des Kunstgewerbes). Dabei sind Werke der Lichtbildkunst durch fotografische oder durch der Fotografie ähnliche Verfahren hergestellte Werke (§ 3 UrhG).

1241 Unter Werken der Filmkunst **(Filmwerke)** versteht § 4 UrhG Laufbildwerke, wodurch die dem Gegenstand des Werkes bildenden Vorgänge und Handlungen entweder bloß für das Gesicht oder gleichzeitig für Gesicht und Gehör zur Darstellung gebracht werden, ohne Rücksicht auf die Art des bei der Herstellung oder Aufführung des Werkes verwendeten Verfahrens.

1242 Zu beachten ist weiters, dass selbst **Bearbeitungen** (und Übersetzungen) unter der Voraussetzung, dass sie sich als eine eigentümliche geistige Schöpfung des Bearbeiters darstellen, denselben urheberrechtlichen Schutz wie Originalwerke beanspruchen können (§ 5 Abs 1 UrhG). Freilich muss die Bearbeitung immer iVm dem Schutz des Urhebers des Originalwerkes gesehen werden. Demgemäß muss der Bearbeiter, sofern er Verwertungshandlungen setzen will, grundsätzlich die Zustimmung des Urhebers des Originalwerkes (bzw seines Rechtsnachfolgers) einholen (§ 14 Abs 2 UrhG; **abhängiges Urheberrecht**).

1243 Die Benutzung eines Werkes bei der Schaffung eines anderen macht dieses allerdings dann nicht zur Bearbeitung, wenn es sich im Vergleich zu dem benutzten Werk um ein **selbständiges neues Werk** handelt (§ 5 Abs 2 UrhG).

1244 Nach § 6 UrhG werden Sammlungen, die infolge der Zusammenstellung einzelner Beiträge zu einem einheitlichen Ganzen eine eigentümliche geistige Schöpfung darstellen, als **Sammelwerke** urheberrechtlich geschützt; die an den aufgenommenen Beiträge etwa bestehenden Urheberrechte bleiben unberührt. Auch **Datenbankwerke** sind als Sammelwerke urheberrechtlich geschützt, wenn sie infolge der Auswahl oder Anordnung des Stoffes eine eigentümliche geistige Schöpfung darstellen (§ 40f Abs 2 UrhG). Dabei handelt es sich bei Datenbanken iSd UrhG um Sammlungen von Werken, Daten oder anderen abhängigen Elementen, die systematisch oder methodisch angeordnet und einzeln mit elektronischen Mitteln oder auf andere

Weise zugänglich sind. Das Computerprogramm, welches für die Herstellung oder den Betrieb einer elektronisch zugänglichen Datenbank verwendet wird, ist nicht Bestandteil der Datenbank (§ 40f Abs 1 UrhG). Zu beachten ist, dass ein rechtlicher Schutz an einer Datenbank, die sich nicht als Datenbankwerk iSv § 40f Abs 2 UrhG darstellt, grundsätzlich nur dann in Frage kommt, wenn für die Beschaffung, Überprüfung oder Darstellung ihres Inhalts eine nach Art oder Umfang wesentliche Investition erforderlich war (**„sui-generis"-Schutz**; vgl §§ 76c bis 76e UrhG).

Vom Urheberrecht im eigentlichen Sinn sind die **Verwandten** 1245
Schutzrechte bzw **Leistungsschutzrechte** zu unterscheiden. Diese gewähren den ausübenden Künstlern (zB Schauspieler, Sänger, Musiker) und anderen Personengruppen (zB Veranstalter, Hersteller) entsprechende Schutzrechte, die weitgehend dem umfassenderen Urheberrecht nachgebildet sind. Von Bedeutung ist dabei aber insbesondere, dass § 67 Abs 2 UrhG einen Schutzanspruch betreffend des **Rufes des ausübenden Künstlers** normiert; weitere Details dazu finden sich in den §§ 66 ff UrhG. Geschützt sind im Rahmen der verwandten Schutzrechte des Weiteren ua auch **„einfache Lichtbilder"** (zB Pressefoto) gem § 73 Abs 1 UrhG. Zu den verwandten Schutzrechten zählt ua auch der **Bildnisschutz**; gem § 78 UrhG dürfen demnach Bildnisse von Personen weder öffentlich ausgestellt noch auf eine andere Art, wodurch sie der Öffentlichkeit zugänglich gemacht werden, verarbeitet werden, wenn dadurch berechtigte Interessen des Abgebildeten oder – falls dieser verstorben ist – eines nahen Angehörigen verletzt werden.

3 Urheber

Urheber eines Werkes ist jene natürliche Person, die dieses geschaf- 1246
fen hat (§ 10 Abs 1 UrhG). Haben mehrere gemeinsam ein Werk geschaffen, bei dem die Ergebnisse ihres Schaffens eine untrennbare Einheit bilden, so steht das Urheberrecht allen **Miturhebern** gemeinsam zu (§ 11 Abs 1 UrhG). Jeder Miturheber ist für sich allein berechtigt, Verletzungen des Urheberrechts gerichtlich zu verfolgen (§ 11 Abs 2 UrhG).

Wer auf den Vervielfältigungsstücken eines erschienenen Werkes 1247
oder auf einem Urstück eines Werkes der bildenden Künste in der üblichen Weise **als Urheber bezeichnet** wird, gilt bis zum Beweis des Gegenteils als Urheber des Werkes, wenn die Bezeichnung in der Angabe seines wahren Namens oder eines von ihm bekanntermaßen gebrauchten Decknamens oder – bei Werken der bildenden Künste – in einem Künstlerzeichen besteht (§ 12 Abs 1 UrhG).

4 Urheberrechtsschutz

1248 Dem Urheber steht das ausschließliche Recht zu, das von ihm geschaffene Werk zu verwerten (**Verwertungsrecht**; § 14 Abs 1 UrhG). Dem Urheber steht es insb ua zu, das Werk zu vervielfältigen, zu verbreiten, zu vermieten, zu verleihen, zu senden, öffentlich vorzutragen, öffentlich auf- und vorzuführen sowie der Öffentlichkeit auf elektronischem Weg zur Verfügung zu stellen (§§ 15 bis 18a UrhG). Durch § 16b UrhG ist eine so genannte **Folgerechtsvergütung** als weiteres Recht des Urhebers normiert; diese gewährt dem Urheber des Originals eines Werkes der bildenden Künste nach der ersten Veräußerung einen Anspruch in Höhe bis maximal € 12.500,– für jede nachfolgende Weiterveräußerung. Zu beachten ist dabei jedoch, dass

- sich der konkrete Anspruch nach einem degressiv gestaffelten Prozentsatz vom Verkaufserlös bestimmt (vgl § 16b Abs 1 UrhG),
- die Folgerechtsvergütung nur zusteht, wenn der (Folge-)Verkaufserlös mindestens € 2.500,– beträgt und
- an der Veräußerung ein Vertreter des Kunstmarkts (zB Kunsthändler, Auktionshaus) als Verkäufer, Käufer oder Vermittler beteiligt ist (§ 16b Abs 2 UrhG);
- eine Folgerechtsvergütung dann nicht zusteht, wenn der Verkäufer das Werk vor weniger als drei Jahren vom Urheber erworben hat und der Verkaufspreis € 10.000,– nicht übersteigt (§ 16b Abs 4 UrhG).

Durch die Novelle BGBl I 2015/99 ist überdies ein sog **Zweitverwertungsrecht** von Urhebern wissenschaftlicher Beiträge normiert worden. Der Urheber eines wissenschaftlichen Beitrags, der von diesem als Angehörigem des wissenschaftlichen Personals einer mindestens zur Hälfte mit öffentlichen Mitteln finanzierten Forschungseinrichtung geschaffen wurde und in einer periodisch mindestens zweimal jährlich erscheinenden Sammlung erschienen ist, hat auch dann, wenn er dem Verleger oder Herausgeber ein Werknutzungsrecht eingeräumt hat, das Recht, den Beitrag nach Ablauf von zwölf Monaten seit der Erstveröffentlichung in der akzeptierten Manuskriptversion öffentlich zugänglich zu machen, soweit dies keinem gewerblichen Zweck dient; die Quelle der Erstveröffentlichung ist anzugeben (§ 37a UrhG).

1249 Das Urheberrecht selbst entsteht unmittelbar durch die Schaffung des Werkes **(Realakt)**; der Schöpfer muss nicht handlungsfähig (s dazu Rz 42) sein, um in den Genuss des Werkschutzes zu kommen.

1250 Das Urheberrecht ist zwar **vererblich**, es kann aber nicht auf rechtsgeschäftlichem Wege übertragen werden (§ 23 Abs 1 und Abs 3 UrhG). Der Urheber kann jedoch anderen gestatten, das Werk auf einzelne oder alle nach den in den §§ 14 bis 18a UrhG festgelegten Verwertungsarten zu benutzen **(Werknutzungsbewilligung)**. Denkbar ist auch, dass der Urheber einem anderen das ausschließliche Recht dazu einräumt (**Werknutzungsrecht**; § 24 Abs 1 UrhG).

In den §§ 41 ff UrhG sind **Beschränkungen der Verwertungsrechte** des Urhebers festgelegt. So steht etwa die Benutzung eines Werkes zu Beweiszwecken im Verfahren vor Gerichten oder vor anderen Behörden sowie für Zwecke der Strafrechtspflege und der öffentlichen Sicherheit dem Urheberrecht nicht entgegen (§ 41 UrhG). Zulässig ist auch die **vorübergehende Vervielfältigung**, wenn sie flüchtig oder begleitend ist und ua keine eigenständige wirtschaftliche Bedeutung hat (zB „Zwischenspeicherung"; § 41a UrhG). Überdies darf jede natürliche Person von einem Werk **zum privaten (nicht kommerziellen) Gebrauch einzelne Vervielfältigungsstücke** herstellen (§ 42 Abs 4 iVm Abs 1 UrhG); dies gilt allerdings ua dann nicht, wenn hierfür eine offensichtlich rechtswidrig hergestellte Vorlage verwendet wird (§ 42 Abs 5 UrhG). Auch dürfen **Schulen, Universitäten** und **andere Bildungseinrichtungen** für Zwecke des Unterrichts bzw der Lehre in dem dadurch gerechtfertigten Umfang Vervielfältigungsstücke in der für eine bestimmte Schulklasse bzw Lehrveranstaltung erforderlichen Anzahl herstellen und verbreiten. Diese Befugnis gilt aber nicht für Werke, die ihrer Beschaffenheit und Bezeichnung nach zum Schul- oder Unterrichtsgebrauch bestimmt sind (§ 42 Abs 6 UrhG; s dazu auch § 42g UrhG für elektronische Lernplattformen). Im Zuge der Novelle BGBl I 2015/99 ist öffentlich zugänglichen Einrichtungen (zB Bibliotheken), die Werkstücke sammeln, das Recht eingeräumt worden, auf Bestellung unentgeltlich oder gegen ein die Kosten nicht übersteigendes Entgelt **Vervielfältigungsstücke** auf beliebigen Trägern zum eigenen Schulgebrauch oder zum eigenen oder privaten Gebrauch für Zwecke der Forschung herzustellen (§ 42a Abs 2 UrhG). Von Bedeutung ist Weiters, dass ein veröffentlichtes Werk zum Zweck des **Zitats** vervielfältigt, verbreitet, durch Rundfunk gesendet, der Öffentlichkeit zur Verfügung gestellt und zu öffentlichen Vorträgen, Aufführungen und Vorführungen benutzt werden darf, sofern die Nutzung in ihrem Umfang durch den besonderen Zweck gerechtfertigt ist. Zulässig ist dies insbes, wenn einzelne Stellen eines veröffentlichten Werkes der Tonkunst in einer literarischen Arbeit angeführt werden oder wenn einzelne Stellen eines erschienenen Werkes in einem selbstständigen neuen Werk angeführt werden (§ 42f UrhG). In diesen Fällen ist die Quelle des Zitats stets deutlich anzugeben (§ 57 Abs 2 UrhG). 1251

Im Zuge der Novelle BGBl I 2015/11 wurden (in Umsetzung der RL 2012/28) Regelungen für die Nutzung von sog **verwaisten Werken** geschaffen. § 56e UrhG ermöglicht es **öffentlich zugänglichen Einrichtungen**, die Werkstücke sammeln (zB Bibliotheken) von Werken, für die keine zur Gestattung der Vervielfältigung und Zurverfügungsstellung berechtigte Personen bekannt sind (= verwaiste Werke), bei 1251/1

Vorliegen bestimmter Voraussetzungen Vervielfältigungsstücke herzustellen und der Öffentlichkeit (zB über das Internet) zur Verfügung zu stellen (§ 56e Abs 1 UrhG). Das gleiche Recht ist **öffentlich-rechtlichen Rundfunkunternehmen** bezüglich der auf Schallträger oder in Laufbildern festgehaltenen Werken erlaubt (§ 56e Abs 2 UrhG).

1252 Überhaupt keinen urheberrechtlichen Schutz genießen die **freien Werke**. Dabei handelt es sich insbes um Gesetze, Verordnungen, amtliche Erlässe, Bekanntmachungen und Entscheidungen sowie ausschließlich oder vorwiegend zum amtlichen Gebrauch hergestellte amtliche Werke (§ 7 Abs 1 UrhG).

1253 Sofern die Urheberschaft an einem Werk bestritten oder das Werk einem anderen als dem Schöpfer zugeschrieben wird, ist der tatsächliche Schöpfer berechtigt, die Urheberschaft für sich in Anspruch zu nehmen (**Schutz der Urheberschaft**; § 19 Abs 1 UrhG); ein Verzicht auf dieses Recht ist unwirksam. Weiters kann der Urheber bestimmen, ob und mit welcher Urheberbezeichnung das von ihm geschaffene Werk zu versehen ist (**Urheberbezeichnung**; § 20 Abs 1 UrhG).

1254 Die in den §§ 81 bis 90d UrhG geregelten **Rechtsansprüche des Schöpfers** entsprechen weitgehend den entsprechenden Regeln im PatG (s dazu Rz 1131 ff). Insbes kommt dem Urheber im Falle einer Urheberrechtsverletzung ua ein **Unterlassungs-** und **Beseitigungsanspruch** zu, weiters kann er auf eine **Urteilsveröffentlichung** bestehen und ein **angemessenes Entgelt** verlangen. Im Falle von schuldhaften Eingriffen können überdies **Schadenersatzansprüche** und die Herausgabe des vom Urheberrechtsverletzer auf Grund der Verletzung **erzielten Gewinnes** beansprucht werden. Daneben bestehen auch **strafrechtliche Vorschriften** (§§ 91 ff UrhG). Zur kollektiven Wahrnehmung von im Urheberrecht grundgelegten (zivilrechtlichen) Rechtsansprüchen sind die sog **Verwertungsgesellschaften** gem Verwertungsgesellschaftengesetz (BGBl I 2006/9) berufen. Diese werden ausschließlich auf der Basis einer staatlichen Betriebsgenehmigung tätig.

1255 Auch das Urheberrecht ist zeitlich begrenzt. Die in den §§ 60 bis 65 UrhG festgelegten **Schutzfristen** sehen allerdings unterschiedliche Zeitspannen für die einzelnen Werke vor. So ist etwa normiert, dass für Werke der Literatur, der Tonkunst und der bildenden Künste die Schutzfrist **70 Jahre nach dem Tod des Urhebers** endet (§ 60 UrhG). Die (verwandten) Schutzrechte vermitteln hingegen lediglich einen **50 Jahre** umfassenden Urheberrechtsschutz; diese Schutzfrist beginnt grundsätzlich mit dem Zeitpunkt der Darbietung, der Aufzeichnung der Darbietung oder der öffentlichen Wiedergabe zu laufen, je nachdem welches Ereignis zuerst stattgefunden hat (§ 68 Abs 3 UrhG bzw § 72 Abs 4 UrhG).

5 Computerprogramme

Seit der Erlassung der Urheberrechtsgesetz-Novelle 1993 (BGBl 1993/93) besteht auch ein eingehender Schutz von **Computerprogrammen** nach dem UrhG. 1256

Das UrhG rechnet die Computerprogramme in § 2 Z 1 UrhG zu den Werken der Literatur und unterstellt sie in den §§ 40a ff UrhG einer detaillierten Regelung. Durch § 40a UrhG werden Computerprogramme als das Ergebnis einer **eigenen geistigen Schöpfung** ihres Urhebers definiert. Davon sind alle Ausdrucksformen einschließlich des Maschinencodes sowie das Material zur Entwicklung des Computerprogramms umfasst. 1257

Wird ein Computerprogramm von einem **Dienstnehmer** in Erfüllung seiner dienstlichen Obliegenheit geschaffen, so steht dem Dienstgeber hieran ein unbeschränktes Werknutzungsrecht zu, sofern mit dem Dienstnehmer nichts anderes vereinbart worden ist (§ 40b UrhG). 1258

Sofern der Urheber eines Computerprogramms einem Dritten daran ein **Werknutzungsrecht** einräumt, kann dieser – wenn nichts anderes vereinbart worden ist – ohne die Einwilligung des Urhebers das Werknutzungsrecht auf einen anderen übertragen (§ 40c UrhG). 1259

Weiters dürfen Computerprogramme **vervielfältigt** und **bearbeitet** werden, soweit dies für ihre bestimmungsgemäße Benutzung durch den zur Benutzung Berechtigen notwendig ist, dazu gehört auch die Anpassung an die Bedürfnisse des Benutzungsberechtigten (§ 40d Abs 2 UrhG). 1260

In § 40e UrhG ist im Detail festgelegt, unter welchen Voraussetzungen der Code eines Computerprogramms vervielfältigt und seine Codeform übersetzt werden darf **(Dekompilierung)**. 1261

6 Internationale Regeln zum Urheberschutz

Auf dem Gebiet des Urheberrechts existiert eine **erhebliche Anzahl** internationaler Regelungen, welche die besondere Bedeutung dieser Materie im internationalen Bereich deutlich machen. 1262

Auf der Ebene der EU sind etwa die Richtlinie über den **Rechtsschutz von Computerprogrammen** (RL 2009/24), die **Vermiet- und Verleih-RL** (RL 2006/115), die **Kabel-Satellitenrundfunk-RL** (RL 93/83), die **Datenbankschutz-RL** (RL 96/9) sowie ua die **Rechtedurchsetzungs-RL** (RL 2004/48) und die **Schutzdauer-RL** (RL 2006/116) von grundlegender Bedeutung; diese und andere EU-Richtlinien wurden bereits weitgehend in das österreichische UrhG integriert. Auch die **RL 2001/29 zur Harmonisierung bestimmter Aspekte des Urhe-** 1263

berrechts und der verwandten Schutzrechte in der Informationsgesellschaft sowie die **RL 2001/84 über das Folgerecht des Urhebers des Originals eines Kunstwerks** sind bereits in innerstaatliches Recht umgesetzt worden. Neben den erwähnten RL kommt auch der sog Produktpiraterie-VO 2014 (VO 608/2013 zur Durchsetzung der Rechte des geistigen Eigentums durch die Zollbehörden) entsprechende Bedeutung zu.

1264 Von den sonstigen internationalen Regeln sind insbes die **Berner Übereinkunft zum Schutz von Werken der Literatur und Kunst** aus dem Jahr 1886 sowie das **Welturheberrechtsabkommen** aus dem Jahr 1952 von grundlegender Bedeutung; dies gilt auch für das **TRIPS-Abkommen über handelsbezogene Aspekte der Rechte des geistigen Eigentums** (BGBl 1995/1) aus dem Jahr 1993.

VII Grundzüge des Arbeitsrechts

Literatur: *Brodil/Risak/Wolf*, Arbeitsrecht in Grundzügen[8] (2013); *Drs*, Arbeits- und Sozialrecht. Lernen – Üben – Wissen[2] (2012); *Eichinger/Kreil/Sacherer*, Basiswissen Arbeits- und Sozialrecht[9] (2014); *Floretta/Spielbücher/Strasser*, Arbeitsrecht, Bd I Individualarbeitsrecht[4] (1998), bearbeitet von *Spielbücher* und *Grillberger*, Bd II Kollektives Arbeitsrecht[4] (2001), bearbeitet von *Strasser* und *Jabornegg*; *Löschnigg*, Arbeitsrecht[12] (2015) [bis zur 9. Auflage: *Schwarz/Löschnigg*, Arbeitsrecht]; *Marhold/Friedrich*, Österreichisches Arbeitsrecht[2] (2012); *Pacic*, Arbeits- und Sozialrecht[2] (2015); *Tomandl/Schrammel*, Arbeitsrecht[8]: Bd I Gestalter und Gestaltungsmittel (2013), bearbeitet von *Kietaibl*, Bd II Sachprobleme (2013), bearbeitet von *Windisch-Graetz; Schrank/Mazal*, Arbeitsrecht[4] (2008); *Schweighofer*, Individualarbeitsrecht[2] (2012).

A Grundlagen

Das österreichische **Arbeitsrecht** zählt zu den sogenannten **Sonder- 1265
privatrechten** (s auch Rz 37). Es umfasst alle Normen, welche die Beziehungen zwischen einerseits – natürlichen – Personen regeln, die auf Grund eines privatrechtlichen Vertrages in **persönlicher Abhängigkeit** für eine andererseits – natürliche oder juristische – Person tätig sind.

Das österreichische Arbeitsrecht wird traditionell in folgende Teil- 1266
gebiete gegliedert: in das **Individualarbeitsrecht**, auch als Einzelarbeitsvertragsrecht oder Arbeitsverhältnisrecht bezeichnet, das Arbeitnehmerschutzrecht und das **kollektive Arbeitsrecht**, zu dem das Betriebs- und Berufsverfassungsrecht gehört. Diese Systematik ist aber nicht zwingend.

Seit dem Beitritt Österreichs zur Europäischen Union wird das 1267
österreichische Individualarbeitsrecht auch von europäischen Rechtsnormen, insbesondere **Richtlinien**, beeinflusst. Diese Richtlinien (idF RL) können unmittelbare oder mittelbare Wirkungen haben, je nachdem wie hoch der Konkretisierungsgrad des jeweiligen Richtliniennormtextes ist.

Das Individualarbeitsrecht hat den Sinn, den Arbeitnehmer gegen- 1268
über dem Arbeitgeber vor, während und auch in der Phase nach der Beendigung des Arbeitsverhältnisses zu schützen. Die Grundannahme besteht darin, dass der Arbeitnehmer und Bewerber in der grundsätzlich **schlechteren Position** ist. Diese Grundannahme muss aber

nicht immer richtig sein. Die Verhandlungsposition des Arbeitnehmers verbessert sich in aller Regel mit dem Qualifikationsgrad und dem Verhältnis von Angebot und Nachfrage.

1269 Das österreichische Arbeitsrecht regelt primär den „klassischen Arbeitsvertrag", also die subordinierte Beschäftigung in persönlicher Abhängigkeit (dazu gleich bei Rz 1295 ff). Daneben besteht aber eine Vielzahl von sogenannten prekären Beschäftigungsformen, die allesamt unter dem Oberbegriff **„Flucht aus dem Arbeitsrecht"** zusammengefasst werden können. Es ist eine besondere Herausforderung an das Arbeitsrecht, auch Lösungen für diese Probleme mitzugestalten. Darin liegt die legistische Herausforderung der **Zukunft des österreichischen Arbeitsrechts**. Die Zukunft des österreichischen Arbeitsrechts wird aber auch die immer mehr werdenden prekären Beschäftigungsnehmer und sogenannte neue „Selbständige" zu fokussieren haben.

1270 Um die Schutzziele zu erreichen, bedient sich das österreichische Arbeitsrecht mehrerer **Rechts- bzw Schutztechniken**. Zum einen sind die meisten arbeitsrechtlichen Bestimmungen **einseitig zwingend**. Davon kann ein gegenteiliger Parteiwille nur dann abweichen, wenn die Mindesterfordernisse zugunsten des Arbeitnehmers überschritten werden. Zweiseitig zwingende Normen sind als **Ordnungsprinzipien** überhaupt nicht disponibel, weder zugunsten noch zulasten des Arbeitnehmers. Flächendeckende **Kollektivverträge** sorgen dafür, dass eine Vielzahl von Arbeitnehmerinnen und Arbeitnehmern arbeitsrechtliche (Mindest-)Schutzstandards genießen. Solche Verträge werden auch **Normenverträge** genannt und auf überbetrieblicher Ebene ausgehandelt.

1271 Die folgende Darstellung des österreichischen Arbeitsrechts erfolgt im Rahmen der klassischen Systematik, also der **Zweiteilung** in **Individualarbeitsrecht** und **kollektives Arbeitsrecht**.

B Historischer Überblick

1272 Die geschichtliche Entwicklung des österreichischen Arbeitsrechts ist eng mit der **industriellen Revolution** des **19. Jahrhunderts** verknüpft. Erst durch die Industrialisierung in Europa ist das Phänomen der abhängig beschäftigten Massen erstmalig aufgetreten, ein Phänomen, das im agrarischen Europa der vorindustriellen Revolution kaum vorgekommen ist. Als Geburtsstätte des modernen Arbeitsrechts kann England bezeichnet werden, das bereits im Jahr **1802** auf gewaltige soziale Missstände der arbeitenden Bevölkerung reagiert hat. Die industrielle Revolution fand in Österreich ca 50 Jahre später statt, was sich auch in der Chronologie der österreichischen Arbeits- und Sozialrechtsgesetzgebung widerspiegelt.

Zu einer **einheitlichen Kodifikation** des Arbeitsrechts konnte sich der Gesetzgeber bis heute noch nicht durchringen, das österreichische Arbeitsrecht wird von einer Vielzahl an unübersichtlichen Einzelvorschriften dominiert. Allerdings haben verschiedene Regierungsprogramme der vergangenen Legislaturperioden ein einheitliches Arbeitsrecht als Legislativziel definiert. 1273

C Methodische Grundlagen

Nachfolgende methodische Ausführungen sind für die sorgfältige Falllösung und das Verständnis der arbeitsrechtlichen Falllösung unerlässlich. 1274

1 Der (arbeitsrechtliche) Stufenbau der Rechtsordnung

Der arbeitsrechtliche **Stufenbau der Rechtsordnung** ist zum Verständnis des österreichischen Arbeitsrechts einerseits und zur methodisch richtigen Falllösung andererseits von besonderer Bedeutung. Der österreichische Staatslehrer *Adolf Julius Merkl* hat bereits in den 20er Jahren des vorigen Jahrhunderts erkannt, dass das österreichische Recht aus sich wechselseitig bedingenden und bedingten Normen besteht (s auch Rz 11). 1275

Es gibt **höher- und niederrangige Normen**, wobei die höherrangige Norm die niederrangige Norm determiniert und die niederrangige Norm von der höherrangigen Norm determiniert wird. Die Rechtsordnung besteht aus der Perspektive dieser Methodenlehre aus verschiedenen **Schichten**, wobei grundsätzlich zwischen Verfassungsnormen und einfachgesetzlichen Normen unterschieden wird. Ganz vereinfacht dargestellt bedeutet dies, dass der in der Verfassung vorkommende Gleichheitsgrundsatz das vom Gesetzgeber „produzierte einfache Gesetzesrecht“ dominiert und dominieren soll. 1276

Das Verständnis des Stufenbaues der arbeitsrechtlichen Rechtsordnung ermöglicht erst eine methodisch **einwandfreie Falllösung**. 1277

a Absolut zwingende Normen

1278 Auf allerhöchster Stufe stehen **zweiseitig zwingende Gesetze**, die keinerlei Abweichungen, also weder zugunsten noch zulasten des Arbeitnehmers dulden (Ordnungsprinzipien). Als Beispiel für ein zweiseitig zwingendes Gesetz kann insbesondere § 7 Urlaubsgesetz (UrlG BGBl 1976/390 idF BGBl I 2013/3) angeführt werden, der ein Ablöseverbot beinhaltet. § 7 UrlG bestimmt, dass der Urlaubsanspruch nicht in Geld abgelöst werden darf. Diese Norm ist zweiseitig oder auch absolut zwingend. Diese Tatsache erschließt sich auf dem Wege der **Auslegung**. Aus dem historisch-teleologischen Zusammenhang der Entstehungsgeschichte dieser Norm ergibt sich eindeutig das absolut zwingende Element der Norm. **Urlaubsablösen** widersprechen dem Sinn und Zweck des Urlaubes, der dem Arbeitnehmer Erholung verschaffen soll. Diese Erkenntnis erschließt sich aus den Gesetzesmaterialien, die gerade im Rahmen der teleologischen Auslegung von großer Bedeutung sind. Ein weiterer Hinweis für den absolut zwingenden Charakter der Norm findet sich in der Europäischen Arbeitszeitrichtlinie 93/104/EG. Entgegenstehende Vereinbarungen zwischen Arbeitgeber und Arbeitnehmer sind rechtsunwirksam und absolut nichtig. Das bedeutet, dass der Arbeitnehmer seinen Urlaubsanspruch behält, der Arbeitgeber aber das für den Verzicht auf den Urlaubsverbrauch Geleistete zurückfordern kann.

b Relativ zwingende Normen

1279 Die nächstrangigen Normen sind **einseitig (relativ) zwingende Gesetze**. Das bedeutet, dass diese Normen eine **Abweichung** durch eine niedrigere Regelung immer dann zulassen, wenn sie für den Arbeitnehmer **günstiger** ist. Diese relativ oder einseitig zwingenden Normen stellen die Mehrzahl der österreichischen arbeitsrechtlichen Vorschriften dar. Ob eine Norm relativ zwingend ist, ergibt sich wiederum qua Auslegung (vgl absolut zwingende Normen), kann aber auch aus dem Gesetzestext des betreffenden Gesetzes selbst abgeleitet werden. Oft beinhaltet der Normtext Formulierungen wie „(...) kann durch (...) weder aufgehoben noch beschränkt werden (...)“, wie beispielsweise § 40 Angestelltengesetz (AngG BGBl 1921/292 idF BGBl I 2010/58 oder § 1164 ABGB).

c Kollektivverträge

Unter der Stufe der einseitig zwingenden Gesetze finden sich die **Kollektivverträge**. Kollektivverträge sind Verträge zwischen kollektivvertragsfähigen Vertretungen der Arbeitgeber und der Arbeitnehmer über bestimmte Inhalte (s § 2 Arbeitsverfassungsgesetz ArbVG BGBl 1974/22 idF BGBl I 2013/71). Kollektivverträge haben einen normativen Teil mit **Normwirkung** und einen **schuldrechtlichen Teil**. 1280

Die arbeitsrechtlichen Inhalte finden sich im normativen Teil. Dieser normative Teil ist gesetzesähnlich. Es finden die Auslegungsregeln für Gesetze Anwendung. **§ 2 Abs 2 ArbVG** regelt, was durch den Kollektivvertrag geregelt werden kann. Primär regelt der Kollektivvertrag die gegenseitigen, aus dem Rechtsverhältnis „entspringenden" Rechte und Pflichten der Arbeitgeber und Arbeitnehmer (§ 2 Abs 2 Z 2 ArbVG).

Der normative Teil eines Kollektivvertrages wird **nicht zum Inhalt des Einzelarbeitsvertrages**, kann es aber durch entsprechende zweiseitige Vereinbarung der Einzelarbeitsvertragsparteien werden.

d Betriebsvereinbarungen

Die nächste normativ hierarchische Ebene im Stufenbau der Arbeitsrechtsordnung beinhaltet die sogenannten **Betriebsvereinbarungen** (§ 29 ff ArbVG). Auch Betriebsvereinbarungen haben, genauso wie Kollektivverträge, Normwirkung und dürfen in ihrem normativen Teil ausnahmslos zugunsten der Arbeitnehmer auf einzelvertraglicher Ebene abgeändert werden. 1281

e Einzelarbeitsverträge

Den nächsten Rang nehmen die **Einzelarbeitsverträge** ein. Erst durch den Einzelarbeitsvertrag wird das konkrete Arbeitsverhältnis durch die beteiligten Parteien begründet. Man kann auch sagen, der Einzelarbeitsvertrag habe vor allem eine Begründungsfunktion, während Gesetze, Kollektivverträge und Betriebsvereinbarungen eine Gestaltungsfunktion innehaben. 1282

f Dispositive Normen

1283 Im Rang unter den Einzelarbeitsverträgen liegen die **dispositiven Gesetzesnormen**. Eine Gesetzesnorm ist dann dispositiv, wenn auf vertraglicher Ebene von ihrem Inhalt abgewichen werden darf. Dispositive Gesetzesnormen kommen dann zur Anwendung, wenn vertraglich nichts anderes vereinbart ist und die Vertragsauslegung keinen anderen Parteiwillen ergibt. Dispositive gesetzliche Bestimmungen kommen im österreichischen Arbeitsrecht kaum vor, das ABGB hingegen beinhaltet zahlreiche dispositive Normen. Ob eine Norm dispositiv oder zwingend ist, ergibt sich qua Auslegung.

g Arbeitsrechtliche Weisung

1284 Die **höchste Konkretisierungsstufe** im arbeitsrechtlichen Stufenbau der Rechtsordnung ist das **Weisungs- oder auch Direktionsrecht** des Arbeitgebers. Dieses im Einzelarbeitsvertrag begründete Recht ermöglicht dem Arbeitgeber, das konkrete Arbeitsverhältnis durch einseitige Willenserklärung inhaltlich zu determinieren und auch die konkreten Erfordernisse sowohl sachlicher, persönlicher als auch betrieblicher Natur anzupassen. Der jeweilige Vorgesetzte vollzieht dieses Weisungs- oder Direktionsrecht stellvertretend für den Arbeitgeber.

2 Günstigkeitsprinzip und Gruppenvergleich

1285 Das **Günstigkeitsprinzip** (oder der Günstigkeitsvergleich) ist eine vom Arbeitsrecht entwickelte **Kollisionsregel**. Wenn verschiedenrangige Rechtsquellen aufeinandertreffen, hat grundsätzlich die höherrangige Norm den Vorrang. Das bedeutet, dass die ranghöhere Norm immer dann Vorrang hat, wenn sie nicht günstiger ist, als die rangniedrigere Norm.

1286 Ist die rangniedrigere Norm für den Arbeitnehmer günstiger, wird sie nicht ohne weiteres angewandt. Es erfolgt zuvor der sogenannte **Gruppenvergleich**: Bei der Prüfung, ob eine Sonder- oder Betriebsvereinbarung günstiger ist als der Kollektivvertrag oder eine gesetzliche Regelung, sind jene Bestimmungen zusammenzufassen und gegenüberzustellen, die in einem rechtlichen und sachlichen Zusammenhang stehen **(Gruppenvergleich)**.

1287 Nicht zulässig sind einerseits der Gesamtvergleich (ist die Gesamtheit der abweichenden Regelungen für den Arbeitnehmer günstiger) und andererseits der Einzelvergleich (hier werden einzelne

Vereinbarungen isoliert von den restlichen Regelungen miteinander verglichen, „**Rosinentheorie**").

Regelt beispielsweise eine echte Betriebsvereinbarung (s Rz 1281 ff) die gleiche Angelegenheit wie ein Kollektivvertrag gilt auch das **Günstigkeitsprinzip**. Die auf niedrigerer Stufe stehende Betriebsvereinbarung dringt gegenüber der Kollektivvertragsregelung nur durch, wenn sie für den Arbeitnehmer günstiger ist. Ist sie gleich günstig oder schlechter gilt die Kollektivvertragsregelung (s § 3 Abs 1 ArbVG). 1288

C Arbeiter und Angestellte

Auf der Basis der arbeitsrechtlichen Quellen muss zwischen der Berufsgruppe der **Arbeiter** und der der **Angestellten** unterschieden werden. Die Zuordnung zieht unterschiedliche Rechtsfolgen nach sich. 1289

1 Berufsgruppen

Die Unterscheidung in zwei **Berufsgruppen**, nämlich in die der Arbeiter und der Angestellten, ist historisch erklärbar, aber weitgehend überholt. Für **Arbeiter** gelten die Gewerbeordnung (GewO 1859), das ABGB sowie die einschlägigen Branchenkollektivverträge. Diese stellen den Arbeitnehmerschutz auf ein zeitgemäßes Niveau. Wer **Angestellter** ist, kann nicht als Arbeiter beschäftigt werden. Umgekehrt können jedoch Arbeiter kraft vertraglicher Vereinbarung dem Angestelltenregime unterliegen. 1290

2 Angestelltenschaft

Nach dem AngG liegt die **Angestelltenschaft** dann vor, wenn im Geschäftsbetrieb eines Kaufmannes vorwiegend kaufmännische oder höhere nicht kaufmännische Tätigkeiten und Kanzleitätigkeiten verrichtet werden (s §§ 1 u 2 AngG). 1291

3 Arbeiter

1292 Wer nicht unter das Regime des Angestelltenrechts fällt, ist ein **Arbeiter**. Auf Grund der immer höher werdenden Anforderungen und des Erfordernisses der lebenslangen Weiterqualifikation speziell im Facharbeiterbereich ist diese Unterscheidung nicht mehr gerechtfertigt. Gegen die **Unterscheidung** sprechen auch **verfassungsrechtliche Bedenken**.

1293 Das deutsche Bundesverfassungsgericht hat die unterschiedlichen Kündigungsfristen bei Arbeitern und Angestellten als **grundgesetzwidrig** befunden (BVerfG DRdA 1991, 79).

4 Berufsgruppeneigene Materiengesetze

1294 Das österreichische Arbeitsrecht kennt nicht nur für Arbeiter und Angestellte eine Vielzahl von **berufsgruppeneigenen Sondermateriengesetzen**. Es gibt eigene Gesetze für beispielsweise Jugendliche, Menschen mit Beeinträchtigung, Schwangere, Mütter und Väter.

D Der Arbeitnehmerbegriff aus der Sicht des Arbeitsvertrages

1295 Der Arbeitnehmerbegriff kann aus der Sicht eines ganzheitlichen Ansatzes nur gemeinsam mit den Wesenselementen des – echten – Arbeitsvertrages dargestellt werden. Der **Einzelarbeitsvertrag** (auch als **Einzeldienstvertrag** oder **Individualdienstvertrag** bezeichnet) ist das zentrale Gestaltungselement des Individualarbeitsrechts. Ohne den Gestaltungswillen der Vertragsparteien, das sind der zukünftige Arbeitnehmer einerseits und der zukünftige Arbeitgeber andererseits, kann kein Einzelarbeitsvertragsverhältnis zustande kommen. Beim Abschluss eines Einzelarbeitsvertrages sind die allgemeinen Regeln des ABGB anzuwenden.

1 Zustandekommen

1296 Der Einzelarbeitsvertrag kommt durch zwei **übereinstimmende Willenserklärungen**, nämlich Angebot und Annahme zustande. Beim Abschluss des Einzelarbeitsvertrages herrscht grundsätzlich Formfreiheit, er kann auch mündlich abgeschlossen werden. Die Schriftform dient vorwiegend der Beweissicherung. Verschiedene arbeitsrechtliche Sondergesetze sehen die Schriftform zwingend vor (s zB Berufsausbildungsgesetz BAG, BGBl 1969/142 idF BGBl I 2013/138).

Der echte Dienstvertrag gilt noch immer als das „Ideal" für den Ar- 1297
beitnehmer bzw als der arbeitsrechtliche Normalzustand. Die tägliche Praxis zeigt aber, dass sogenannte **prekäre Arbeitsverhältnisse** – im österreichischen Sprachgebrauch versteht man darunter Arbeitsverhältnisse mit weniger Sicherheit, das sind **aneinandergereihte befristete Verträge, freie Dienstverträge, Werkverträge** – den unbefristeten Einzelarbeitsvertrag zusehends ablösen.

Die **Definition des Dienstnehmers** findet sich in § 1151 Abs 1 1298
ABGB: „Wenn jemand sich auf eine gewisse Zeit zur Dienstleistung für einen anderen verpflichtet, so entsteht ein Dienstvertrag; wenn jemand die Herstellung eines Werkes gegen Entgelt übernimmt, ein Werkvertrag."

2 Dauerschuldverhältnis

Der Einzelarbeitsvertrag ist kein Zielschuldverhältnis, sondern ein 1299
Dauerschuldverhältnis. Schuldinhalt ist das **„Bemühen"** und nicht der im Werkvertrag schuldete **„Erfolg"**. Diese auf den ersten Blick unklare Abgrenzung wird aus der Perspektive der werkvertraglichen Gewährleistungsbestimmungen klarer. Der Werkvertragsnehmer unterliegt im Schlechtleistungsfall dem Leistungsstörungsrecht und den Gewährleistungsbestimmungen, der Arbeitnehmer hingegen den entsprechenden arbeitsrechtlichen Konsequenzen. Sein Bemühen ist sozusagen sein „Erfolg".

3 Gattungsschuld

Die einzelvertraglich definierte **Gattungsschuld** (zB Sekretariats- 1300
arbeiten, Betreuung der Rechtspflege und Leitung der Rechtsabteilung eines Unternehmens, Erbringung von hochschulischen Lehrleistungen, etc) wird durch schlüssige oder konkrete Weisungen des Arbeitgebers konkretisiert. Ohne die Arbeitgeberweisung – auch Direktionsrecht des Arbeitgebers – ist der Arbeitnehmer gar nicht in der Lage, den Teil seiner Schuld zu begleichen, der aus Arbeitsleistungen besteht.

Der Arbeitnehmer schuldet grundsätzlich nur die **Zurverfügungs-** 1301
tellung der vereinbarten Zeit. Beschäftigt der Arbeitgeber den Ar-

beitnehmer nicht, so ist die Schuld des Arbeitnehmers durch die Zurverfügungstellung der vereinbarten Zeit bereits erfüllt.

4 Beschäftigungspflicht

1302 Eine **Beschäftigungspflicht** des Arbeitgebers besteht nicht, der Arbeitnehmer hat in der Regel kein Recht auf Beschäftigung (Ausnahmen: Chirurg, Profifußballspieler). In diesen **Ausnahmefällen** wird die Beschäftigungspflicht einerseits aus der Fürsorgepflicht des Arbeitgebers abgeleitet und andererseits aus dem Interesse des Arbeitnehmers, bestimmte Fertigkeiten, die mit dem Beruf untrennbar verbunden sind und ständig geübt werden müssen, nicht zu verlernen.

5 Abwägung im beweglichen System

1303 Liegen diese Indizien vor, liegt ein Arbeitsvertrag vor. Liegen nicht alle Indizien vor oder liegen diese nicht gleich stark vor, muss im Rahmen des sogenannten **beweglichen Systems** eine Abwägung vorgenommen werden. Dabei kann ein stärkeres Indiz das Fehlen eines anderen Indizes und das Vorhandensein eines weniger ausgeprägten Indizes kompensieren.

6 Kriterien des echten Arbeitsvertrages

1304 Die wesentlichen Kennzeichen bzw Indizien für das Vorliegen eines echten **Arbeitsvertrages** sind:

- **persönliche Abhängigkeit** des Arbeitnehmers vom Arbeitgeber im Rahmen der Weisungsgebundenheit;
- er kann sich ***nicht* vertreten** lassen;
- die **Einordnung** des Arbeitnehmers in den **betrieblichen Ordnungsbereich**;
- der **wirtschaftliche Erfolg** und die Ergebnisse der Arbeit gehören dem Arbeitgeber;
- **Kontrolle** des Schuldinhaltes durch Arbeitgeber;
- **Berichtspflicht** des Dienstnehmers an den Arbeitgeber;
- **Disziplinäre Unterwerfung** unter den Arbeitgeber samt disziplinären Konsequenzen;
- Wechselseitige **Treue- und Fürsorgepflichten**.

E Freier Dienstvertrag

Vom „echten" Arbeitsvertrag ist der **freie Dienstvertrag** abzugrenzen. Das verursacht in der Praxis häufig Schwierigkeiten. 1305

Der freie Dienstvertrag ist gesetzlich nicht definiert. Ausdrücklich erwähnt wird er in **§ 4 Abs 4 ASVG**, wo freie Dienstnehmer explizit in die Sozialversicherung mit einbezogen werden. Im Gegensatz zum normalen Dienstnehmer ist bei einem freien Dienstnehmer **die persönliche Abhängigkeit vom Arbeitgeber schwach ausgeprägt** oder fehlt gänzlich, dh der Arbeitgeber kann den Dienstnehmer auch nicht gänzlich durch sein Weisungsrecht dirigieren. Der Arbeitnehmer kann sich in bestimmten Grenzen vertreten lassen und behält auch das Urheberrecht an von ihm erstellten Arbeitsmaterialien. Er ist meist im selben Ausmaß ortsgebunden wie ein normaler Dienstnehmer, hat aber mehr Freiheiten bei der Zeiteinteilung. 1306

Ein ganz wesentlicher Unterschied liegt in der steuerrechtlichen Behandlung: Ein freier Dienstnehmer gilt als **selbständiger Unternehmer**, er hat also keine Arbeitnehmerveranlagung durchzuführen, sondern muss eine Einkommensteuererklärung abgeben. 1307

Typische freie Dienstnehmer sind zB Syndikusanwälte, Journalisten, Lektoren an tertiären Bildungseinrichtungen, Sprachtrainer oder Vorstandsmitglieder von Kapitalgesellschaften. Nebenberuflich Vortragende an **Fachhochschulen** können als freie Dienstnehmer ebenfalls gut abgebildet werden. In einer bislang vereinzelt gebliebenen Entscheidung hat diese Auffassung auch der OGH bestätigt (OGH 28.11.2007, 9 ObA 165/07s). 1308

F Werkvertrag

Der **Werkvertrag** ist in § 1151 Abs 1 ABGB definiert. Die Regelungen hierzu finden sich in den §§ 1165 ff. Das Werkvertragsverhältnis ist ein Zielschuldverhältnis, bei dem der Erfolg einer Tätigkeit (also das vollendete Werk) im Mittelpunkt steht. 1309

Arbeitsrechtliche Regelungen greifen hier nicht, der Werkunternehmer kann sich jederzeit vertreten lassen und beispielsweise **Subunternehmer** beauftragen. 1310

Die Abgrenzung des Werkvertrags zum Dienstvertrag ist grundsätzlich unproblematisch. Freilich gilt es auch hier, sorgfältig abzuwägen und keinesfalls pauschale Argumente anzuwenden. Ausschlaggebend ist der **Konkretisierungsgrad** der beauftragten Arbeitsleistung; wenn diese Konkretisierung zum Zeitpunkt des Vertragsabschlusses so 1311 hoch ist, dass kein Raum mehr für ***persönliche* Weisungen** verbleibt, kann von einem Werkvertrag ausgegangen werden. Sachliche Weisungen, also solche, die die praktische Anpassung des Werkes an gegebene Notwendigkeiten betreffen, kommen allerdings häufig vor.

1312 Der Werkunternehmer unterliegt einem **Unternehmerrisiko**. Dieser Vertragstypus kommt für das beschäftigungsrechtliche Beziehungsgefüge im Fachhochschulsektor nur selten zur Anwendung; beispielsweise dann, wenn ein Vortragender einen abgeschlossenen Lehrveranstaltungs-Block leistet. In diesem Fall schuldet er nicht die Wiederholung der Leistungsgattung „wissenschaftliches Lehren", sondern den „Block" oder Gastvortrag als abgeschlossenes Werk.

G Das Stadium vor Vertragsabschluss

1313 Das **Stadium vor dem Abschluss** des Arbeitsvertrages hat in der jüngsten Vergangenheit an Bedeutung gewonnen. Als Hauptursache kann unter anderem die Zunahme von Europäischem Arbeitsrecht gesehen werden, das vorwiegend auf die Hintanhaltung von Diskriminierungen fokussiert ist.

1 Anbahnung des Arbeitsvertrages

1314 Die **Anbahnung eines Arbeitsverhältnisses** beginnt in sehr vielen Fällen mit der Aufgabe eines Inserates in einem Print- oder Onlinemedium. Bereits dieser allererste Kontakt zu potentiellen Arbeitnehmerinnen und Arbeitnehmern ist aus der Perspektive des Regimes der Gleichbehandlungsvorschriften zu gestalten. Der Inseratentext hat geschlechtsneutral formuliert zu sein, jedwede diskriminierende Formulierung, die entweder unmittelbar oder mittelbar einem Geschlecht den Vorzug gibt oder einen Vorteil einräumt, ist rechtswidrig. Man spricht auch von einer Einstellungsdiskriminierung.

1315 Das **Gleichbehandlungsgesetz** sieht vor, dass ein privater Arbeitgeber oder Arbeitsvermittler oder eine mit der Arbeitsvermittlung betraute juristische Person öffentlichen Rechts weder öffentlich noch innerhalb eines Betriebes einen Arbeitsplatz nur für Männer oder nur für Frauen ausschreiben darf, es sei denn, ein bestimmtes Geschlecht ist unverzichtbare Voraussetzung für die Ausübung der vorgesehenen Tätigkeit. Die Ausschreibung darf auch keine zusätzlichen Anmerkungen enthalten, die auf ein bestimmtes Geschlecht schließen lassen (§ 9 Abs 1 GleichbehandlungsG — GIBG, BGBl I 2004/66 idF BGBl I 2015/34).

Die **Diskriminierung auf Grund des Geschlechts** kann als die 1316
Mutter aller Diskriminierungstatbestände bezeichnet werden. Aber auch Diskriminierungen wegen der ethnischen Zugehörigkeit, der Religion, der Weltanschauung, des Alters oder der sexuellen Orientierung sind unzulässig.

Welche Inserateninhalte noch problematisch sein können erschließt 1317
sich grundsätzlich qua Auslegung der arbeitsrechtlichen Vorschriften. So schützt das **Behinderteneinstellungsgesetz** (BEinstG BGBl 1970/22 idF BGBl I 2015/57) die Rechtsposition beeinträchtigter Menschen in der Arbeitswelt. Inserateninhalte, die behinderte Menschen wie auch immer ausgrenzen, sind ebenfalls unzulässig.

2 Vorstellungskosten

Ob und unter welchen Voraussetzungen dem Bewerber ein Ersatz 1318
der Kosten gebührt, die ihm im Rahmen seiner **Vorstellung** beim zukünftigen Arbeitgeber entstanden sind, beantwortet das Arbeitsrecht nicht explizit. Dabei geht es in erster Linie um Kosten wie Kilometergelder und Nächtigungskosten. Im Rahmen der ständigen Rechtsprechung des OGH geht dieser jedenfalls unter bestimmten Voraussetzungen von einem Ersatzanspruch aus.

Der Arbeitgeber ist zum **Ersatz der Kosten**, die dem Arbeitnehmer 1319
im Zusammenhang mit der **Vorstellung** erwachsen sind, nicht nur dann verpflichtet, wenn ein solcher ausdrücklich vereinbart wird, sondern auch dann, wenn der Arbeitnehmer ausdrücklich zur persönlichen Vorstellung durch den Arbeitgeber aufgefordert wird.

Will der zukünftige Arbeitgeber den **Ersatz von Vorstellungskos-** 1320
ten vermeiden, so hat er dies dem interessierten Bewerber klar und unmissverständlich zum Ausdruck zu bringen. Ein Ersatzanspruch entfällt auch dann, wenn sich aus den Umständen, unter denen die Vorstellung erfolgt, ergibt, dass Vorstellungskosten nicht ersetzt werden. Dabei ist insbesondere auf die Branchenüblichkeit abzustellen. Die dogmatische Grundlage für die OGH-Rechtsprechung findet sich in den §§ 863 und 1014 ABGB.

3 Zulässigkeitsschranken von Fragen im Bewerbungsgespräch

1321 Charakteristikum eines Bewerbungs- bzw Vorstellungsgespräches ist das wechselseitige **intensive Befragen** des Gegenübers. Wiewohl das Fragerecht des Bewerbers gegenüber dem potentiellen Arbeitgeber unbeschränkt ist, ist umgekehrt nicht jede Frage des potentiellen Arbeitgebers gegenüber dem Bewerber zulässig.

1322 Grundsätzlich dringt der Arbeitgeber mit jeder Frage an den Arbeitnehmer bzw Bewerber in die **Persönlichkeitssphäre** ein. Bestimmte Fragen sind aber sachlich gerechtfertigt und müssen beantwortet werden, wenn sie für die konkrete Arbeitsstelle von Bedeutung sind. Es ist ein sorgsamer Maßstab anzulegen, sodass die Sphäre des Arbeitnehmers bzw Bewerbers auch dann gewahrt bleibt, wenn die Frage gerechtfertigt ist.

1323 Zulässigkeitsschranken von Fragestellungen in Bewerbungsgesprächen ergeben sich einerseits aus den **Persönlichkeitsrechten** und andererseits aus den **gleichbehandlungsrechtlichen Geboten und Grundsätzen**. Die Persönlichkeitsrechte werden aus § 16 ABGB abgeleitet. Diese Norm besagt, dass „(...) jeder Mensch angeborene, schon durch die Vernunft einleuchtende Rechte habe, und daher als eine Person zu betrachten sei (...)“. Die gleichbehandlungsrechtlichen Gebote erschließen sich primär aus dem **Gleichbehandlungsgesetz**.

1324 Das bedeutet, dass Fragen, die an sich die Grenze zur Intimsphäre des potentiellen Arbeitnehmers überschreiten, dann nicht unzulässig sind, wenn sie durch die konkrete besondere Verwendung im zukünftigen Arbeitsverhältnis von Bedeutung sind.

1325 Nicht bzw **tendenziell unzulässig** *können* Fragen zu folgenden Themen sein:

- Schwangerschaft und Kinderwunsch;
- Politische Ausrichtung;
- Sexuelle Ausrichtung;
- Vorstrafen;
- Vermögensverhältnisse;
- Gesundheitszustand;
- Daten von Familienmitgliedern und Verwandten;
- Freizeitaktivitäten;
- Behinderungen und körperliche Dispositionen.

1326 Das bedeutet aber nicht, dass alle Fragen, die in diesen Kontexten gestellt werden, von vorneherein unzulässig sind. Es kommt auf den jeweiligen **Kontext** und den jeweiligen **Normzusammenhang** an, ob die Frage unzulässig ist oder nicht. So ist beispielsweise die Frage nach einer bestehenden Schwangerschaft für die Position einer Onkologieschwester von Bedeutung. Die ethnische Zugehörigkeit kann im **Polizeidienst** eine Rolle spielen, wenn zur Betreuung und Überwachung einer ethnischen Gruppe eine Person eingesetzt werden soll, die dieser ethnischen Gruppe angehört und deren Sprache mächtig ist. Angehende **Piloten** können in dem Ausmaß nach ihrem Gesundheitszustand befragt werden, der bei einer Verwendung als Buchhalter oder Bürosachbearbeiter unerheblich ist.

In diesem Zusammenhang kann unter Umständen auch eine Dis- 1327
kriminierung wegen des Geschlechts in **Ausnahmefällen** sachlich gerechtfertigt sein, wenn die zukünftige Verwendung ein bestimmtes Geschlecht erfordert. So kann es beispielsweise sachlich gerechtfertigt sein, eine Polizeiärztin im Hinblick auf die Untersuchung und Beratung von Vergewaltigungsopfern einzusetzen.

Als **Regel** kann gelten, dass alle Fragen, die den Schein der Unzu- 1328
lässigkeit in sich tragen, dann gerechtfertigt sind, wenn die konkreten Besonderheiten des zukünftigen Arbeitsverhältnisses zur beabsichtigten Frage einen wesentlichen und unmittelbaren Bezug zur Frage begründen.

Grundsätzlich ist der Bewerber aber zur **Wahrheit** verpflichtet, un- 1329
wahre Angaben können den Arbeitsvertrag vorzeitig auflösbar oder anfechtbar machen.

H Abschluss des Arbeitsvertrages

Haben sich Bewerber und zukünftiger Arbeitgeber im Rahmen der 1330
vorvertraglichen Rechte und Pflichten geeinigt, kommt der Arbeitsvertrag nach den Regeln des AGBG über **Angebot und Annahme** zustande (s dazu grundlegend auch Rz 196 u 218 ff).

Beim Abschluss von Arbeitsverträgen herrscht grundsätzlich 1331
Formfreiheit. Die – freiwillige – Schriftform dient primär der Beweissicherung. Dennoch kennen viele Materiengesetze **Formvorschriften**, wie beispielsweise die **Schriftform** (§ 12 Abs 1 Z 7 BAG; § 7 Abs 1 PatG; § 1 Abs 2 KautSchG).

Unterliegen die Vertragsteile beim Abschluss des Arbeitsvertrages 1332
einem beachtlichen **Irrtum**, so ist auch eine Vertragsanfechtung oder Vertragsanpassung nach zivilrechtlichen Grundsätzen möglich (Rz 233 ff).

Ebenso können aber auch **sittenwidrige Inhalte** den Arbeitsver- 1333
trag qua Inhaltskontrolle **anfechtbar** (Rechtsfolge **Nichtigkeit** oder **Teilnichtigkeit**) machen (Rz 262).

I Stadium des aufrechten Arbeitsvertrages

1 Rechte und Pflichten im aufrechten Arbeitsverhältnis

1334 Der Arbeitsvertrag ist ein zweiseitiges Schuldverhältnis, das die wechselseitigen **Rechte und Pflichten** zwischen dem Arbeitgeber und dem Arbeitnehmer beschreibt. Die Hauptpflicht des Arbeitnehmers besteht darin, dem Arbeitgeber einen Teil seiner Lebenszeit in der Form seiner Arbeitskraft zur Verfügung zu stellen. Dieser Punkt ist das wichtigste Charakteristikum des Arbeitsverhältnisses. Der Arbeitnehmer schuldet also nicht ein bestimmtes Arbeitsergebnis im Sinne eines – konkret definierten – Erfolges, sondern die „bloße Sorgfalt". Diese bloße Sorgfalt besteht darin, sich um diesen Erfolg nach den persönlichen und individuellen Kräften zu bemühen.

1335 Arbeitnehmer haben nicht nur gesetzlich festgelegte Rechte und Pflichten. Es gibt auch **vertraglich vereinbarte Rechte und Pflichten**, die, in Entsprechung der kollektiven Normen, die gesetzlichen Rechte und Pflichten erweitern oder einschränken können.

1336 Daneben gibt es auch von der **Judikatur** auf dem Wege der **Analogie** entwickelte Rechte und Pflichten, wie beispielsweise die Fürsorgepflicht des Arbeitgebers und die Treuepflicht des Arbeitnehmers.

2 Arbeitnehmerpflichten

a Höchstpersönliche Arbeitspflicht

1337 Als wichtigstes Merkmal der Arbeitspflicht ist die persönliche oder **höchstpersönliche Arbeitspflicht** zu erwähnen. Diese höchstpersönliche Arbeitspflicht drückt sich darin aus, dass der Arbeitnehmer in der Regel keine Möglichkeit hat, diese an einen Dritten zu überbinden. Damit ist ein wesentliches Unterscheidungskriterium zum Werkvertrag herausgearbeitet, da im Rahmen eines Werkvertrages die Weitergabe des Auftrages an Dritte, an Gehilfen oder an Subunternehmer zulässig ist. Die Höchstpersönlichkeit der geschuldeten Arbeitspflicht korrespondiert mit dem Tatbestandsmerkmal der Zurverfügungstellung eines bestimmten Zeitraumes zur Erbringung dieser persönlichen Leistung. Ein weiteres Indiz für die Höchstpersönlichkeit ist die Beendigung des Arbeitsverhältnisses durch den Tod des Arbeitnehmers. Die Erben des Arbeitnehmers treten nicht in den Einzelarbeitsvertrag ein.

b Geschuldete Arbeitsleistung

Der Einzelarbeitsvertrag beinhaltet auch die Art der **geschuldeten** 1338
Arbeitsleistung. Diese ist so präzise wie möglich und so weit wie nötig zu definieren. Das bereitet in der Praxis häufig Schwierigkeiten. Innerhalb des vereinbarten Rahmens spielt jedoch die Verkehrssitte eine maßgebliche Rolle, da in den meisten Einzelarbeitsverträgen keine konkreten Angaben über den genauen Tätigkeitsbereich enthalten sind. Oftmals werden völlig untaugliche Tätigkeitsbeschreibungen, wie beispielsweise „Angestellter" oder „Sekretärin", verwendet. Ein unklares Aufgabengebiet, das sich durch zu weit gefasste und unpräzise Angaben kennzeichnet, birgt den Keim für folgende Konflikte. Der Arbeitgeber tut gut daran, sich klarzumachen, was er vom künftigen Arbeitnehmer erwartet. Die genaue Festlegung der geschuldeten Arbeitsleistung ist auch für Beendigungsfragen von Bedeutung.

Dennoch sind **„weiche" Formulierungen**, die dem Arbeitgeber 1339
einen Spielraum einräumen, möglich. Dieser Spielraum kann im Rahmen des Direktions- bzw Weisungsrechts konkretisiert werden. Im Konfliktfall kann auch der Ortsgebrauch oder die Angemessenheit ausschlaggebend sein (vgl § 1153 ABGB und § 6 AngG).

c Arbeitsort

Der **Arbeitsort** ergibt sich entweder ausdrücklich aus dem Text des 1340
Dienstvertrages oder schlüssig entweder aus dem Betriebsstandort oder der Tätigkeit in Verbindung mit der Verkehrssitte. So wird ein Mitarbeiter eines Montageunternehmens als Arbeitsort den konkreten Einsatzort zum Inhalt haben, der Leiter einer Rechtsabteilung hingegen, wenn im Einzelarbeitsvertrag nichts anderes vorgesehen ist, den konkreten Betriebsstandort (Firmensitz). Es können auch **mehrere Arbeitsorte** vereinbart werden. Diese müssen aber ausdrücklich im Einzelarbeitsvertrag festgelegt sein. Im Rahmen des Direktions- bzw Weisungsrechts kann der Arbeitgeber den Arbeitsort konkretisieren.

d Arbeitszeit

1341 Das **zeitliche Ausmaß der Arbeitspflicht** ergibt sich einerseits aus dem Einzelarbeitsvertrag als zivilrechtlicher Vereinbarung und andererseits aus den Ermächtigungsnormen des Arbeitszeitgesetzes (AZG, BGBl 1969/461 idF BGBl I 2014/94) und des Arbeitsruhegesetzes (ARG, BGBl 1983/144 idF BGBl I 2014/91).

1342 Unter Berücksichtigung des arbeitsrechtlichen Stufenbaues sind freilich Kollektivverträge, Betriebsvereinbarungen und Einzelarbeitsverträge als **weitere Quellen des Arbeitszeitrechts** unbedingt zu berücksichtigen.

da Ermächtigungsnormen

1343 Die Normen des AZG und des ARG werden deshalb auch als **Ermächtigungsnormen** bezeichnet, da ihr Inhalt den Einzelarbeitsvertrag nicht determiniert, sondern **lediglich** – quantitativ – begrenzt. Das bedeutet, dass der persönliche Einzelarbeitsvertrag die Arbeitspflicht zwischen Arbeitgeber und Arbeitnehmer zivilrechtlich festlegt, AZG und ARG jedoch öffentlich-rechtliche Schranken beinhalten.

1344 Als weitere Rechtsquellen des Arbeitszeitrechts kommen auch **Kollektivverträge** und **Betriebsvereinbarungen** in Betracht.

db Normalarbeitszeit

1345 Das AZG definiert die Arbeitszeit als die Zeit vom Beginn bis zum Ende der Arbeit ohne die Ruhepausen. Unter Tagesarbeitszeit versteht man die Arbeitszeit innerhalb eines ununterbrochenen Zeitraumes von 24 Stunden, unter Wochenarbeitszeit hingegen die Arbeitszeit innerhalb des Zeitraumes von Montag bis einschließlich Sonntag. Gem § 3 Abs 1 AZG darf die tägliche Normalarbeitszeit acht Stunden, die wöchentliche Normalarbeitszeit 40 Stunden nicht überschreiten, soweit das AZG nichts anderes bestimmt. Das AZG kennt eine Vielzahl von **Ausnahmen**. Gem § 4 Abs 1 AZG kann der Kollektivvertrag eine tägliche Normalarbeitszeit von bis zu zehn Stunden zulassen.

dc Alternative Verteilungsmodelle der Normalarbeitszeit

1346 Im Rahmen der Verteilung der Normalarbeitszeit kennt das AZG die Verteilungsmodelle **Schichtarbeit**, **gleitende Arbeitszeit** und **Dekadenarbeit**.

1347 Für den Bereich der Angestellten ist das Verteilungsmodell gleitende Arbeitszeit das am meisten verbreitete **Arbeitszeitmodell**. Gleitende Arbeitszeit liegt dann vor, wenn der Arbeitnehmer innerhalb eines vereinbarten zeitlichen Rahmens den Beginn und das Ende seiner täglichen Normalarbeitszeit selbst bestimmen kann. Die gleitende Arbeitszeit muss durch eine echte, normative Betriebsvereinbarung, in Betrieben, in denen kein Betriebsrat errichtet ist, durch schriftliche Vereinbarung geregelt werden. Diese Vereinbarung trägt nach § 4b Abs 2 AZG die Bezeichnung Gleitzeitvereinbarung.

Die **Gleitzeitvereinbarung** hat Folgendes zu enthalten: 1348

- die **Dauer** der Gleitzeitperiode;
- den **Gleitzeitrahmen**;
- das Höchstausmaß allfälliger **Übertragungsmöglichkeiten** von **Zeitguthaben** und **Zeitschulden** in die nächste Gleitzeitperiode;
- die Dauer und Lage der **fiktiven Normalarbeitszeit**.

dd Überstunden

Überstundenleistungen setzen neben der grundsätzlichen arbeits- 1349
zeitrechtlichen Ermächtigung eine einzelvertragliche Verpflichtung des Arbeitnehmers voraus. Arbeitnehmer dürfen zu Überstunden nur dann herangezogen werden, wenn dies nach den Bestimmungen dieses Bundesgesetzes zugelassen ist und berücksichtigungswürdige Interessen des Arbeitnehmers der Überstundenarbeit nicht entgegenstehen. Im **Krisenfall** können Überstundenleistungen aber auch einseitig angeordnet werden, wenn die Treuepflicht des Arbeitnehmers ein „Im-Stichlassen" des Arbeitgebers als sittenwidrig erscheinen ließe.

de Ruhepausen

Das AZG definiert auch **Ruhepausen** und **Ruhezeiten**. Beträgt die 1350
Gesamtdauer der Tagesarbeitszeit mehr als sechs Stunden, so ist die Arbeitszeit durch eine Ruhepause von mindestens einer halben Stunde zu unterbrechen. Wenn es im Interesse der Arbeitnehmer des Betriebes gelegen oder aus betrieblichen Gründen notwendig ist, können anstelle einer halbstündigen Ruhepause zwei Ruhepausen von je einer Viertelstunde oder drei Ruhepausen von je zehn Minuten gewährt werden. Eine andere Teilung der Ruhepause kann aus diesen Gründen durch Betriebsvereinbarung, in Betrieben, in denen kein Betriebsrat errichtet ist, durch das Arbeitsinspektorat, zugelassen werden. Ein Teil dieser Ruhepause muss mindestens zehn Minuten betragen (§ 11 Abs 1 AZG).

df Überwachung der Arbeitszeiten

1351 Den Arbeitgeber trifft die grundsätzliche **Pflicht zur Überwachung der Arbeitszeiten**. Der Arbeitgeber hat zur Überwachung der Einhaltung der im AZG geregelten Angelegenheiten in der Betriebsstätte Aufzeichnungen über die geleisteten Arbeitsstunden zu führen. Der Beginn und die Dauer eines Durchrechnungszeitraumes sind festzuhalten. Die Auszeichnungspflicht betrifft Beginn und Ende der – täglichen – **Istarbeitszeit**.

1352 Diese **Pflicht** kann aber auf den Arbeitnehmer **überwälzt** werden. Häufig tritt dieser Fall bei **gleitender Arbeitszeit** ein. Sind Arbeitszeitaufzeichnungen vom Arbeitnehmer zu führen, so hat der Arbeitgeber die Arbeitnehmer zur ordnungsgemäßen Führung dieser Aufzeichnungen anzuleiten. Der Arbeitgeber hat diese Aufzeichnungen zu kontrollieren.

1353 Für Arbeitnehmer, die die Lage ihrer Arbeitszeit und ihren Arbeitsort weitgehend selbst bestimmen können oder ihre Tätigkeit überwiegend in ihrer Wohnung ausüben, sind ausschließlich Aufzeichnungen über die Dauer der Tagesarbeitszeit zu führen (**Saldenaufzeichnung**).

1354 Werden diese Aufzeichnungen vom Arbeitgeber durch **Zeiterfassungssysteme** geführt, so ist dem Arbeitnehmer auf Verlangen eine Abschrift der Arbeitszeitaufzeichnungen zu übermitteln.

1355 **Verstöße** gegen die Bestimmungen des AZG ahndet § 28 AZG. So werden beispielsweise Arbeitgeber, die keine Aufzeichnungen gem § 28 Abs 2 AZG führen, von der Bezirksverwaltungsbehörde mit einer **Geldstrafe** von € 72,00 bis € 1.815,00, im Wiederholungsfall von € 145,00 bis € 1.815,00 bestraft.

dg Treuepflicht

1356 Die **Treuepflicht** des Arbeitnehmers bündelt als zweite Hauptpflicht eine Vielzahl von gesetzlich determinierten oder dem Arbeitsrecht immanenten Rechtspflichten.

dh Weisungsrecht des Arbeitgebers

1357 Primäre Pflicht des Arbeitnehmers im Rahmen seiner Treuepflicht ist die Einhaltung der **Weisungen** des Arbeitgebers. Die Weisung des Arbeitgebers konkretisiert das für das Arbeitsverhältnis idealtypische Ausmaß. Die vom Arbeitnehmer geschuldete Gattung (beispielsweise die Tätigkeit, Fliesen zu verlegen) wird durch die persönliche Weisung dahingehend konkretisiert, dass aus einer bloßen Gattungsschuld eine vom Arbeitnehmer zu verrichtende tatsächliche Tätigkeit wird. Das Handeln im Sinn der Weisung ist ein Ausdruck der Treuepflicht des Arbeitnehmers.

di Verschwiegenheitspflicht

Im Rahmen der **Verschwiegenheitspflicht** ist der Arbeitnehmer angehalten, Geschäfts- oder Betriebsgeheimnisse zu wahren. Ein Geheimnis liegt dann vor, wenn ein bestimmtes Wissen nur einer genau definierten Anzahl von Personen zugänglich ist. Der Arbeitgeber muss ein wirtschaftliches Interesse an der Geheimhaltung haben. Geschäftsgeheimnisse sind tendenziell kaufmännischer Art, Betriebsgeheimnisse eher technischer Art. Das Gesetz spricht häufig auch vom „Verrat" von Geschäfts- und Betriebsgeheimnissen. **1358**

dj „Verbot" von Nebenbeschäftigungen

Nebenbeschäftigungen, also Tätigkeiten neben dem eigentlichen Arbeitsverhältnis, können gesetzlich (s § 7 AngG) oder vertraglich verboten sein. Beschränkungen von Nebenbeschäftigungen sind in zahlreichen Rechtsquellen niedergelegt und verfolgen im Wesentlichen drei Ziele: **1359**

- Es soll eine durch die Nebenbeschäftigung verursachte Verminderung der Arbeitsleistung verhindert werden.
- Der Arbeitgeber soll vor einer Konkurrenzierung durch den Arbeitnehmer geschützt werden (Konkurrenzverbot); und
- es soll eine Rufschädigung verhindert werden, falls es sich um eine abträgliche Nebenbeschäftigung oder um ein abträgliches Privatleben handelt.

dk Geschenkannahmeverbot

Das **Geschenkannahmeverbot** regelt den Bereich, der außerhalb der eigentlichen Bestechung Zuwendungen oder Versprechen von Geschenken an Arbeitnehmer regelt. Sind solche den betrieblichen Interessen abträglich, sind sie unzulässig. Das Geschenkannahmeverbot soll gewährleisten, dass der Arbeitnehmer ausschließlich im Interesse des Arbeitgebers tätig ist. **1360**

dl Wettbewerbsverbot

§ 7 AngG normiert ein besonderes **Wettbewerbsverbot**. Diese Bestimmung, die die Überschrift Konkurrenzverbot trägt, bestimmt, dass die vom AngG erfassten Angestellten ohne Bewilligung des Arbeitgebers weder ein selbständiges kaufmännisches Unternehmen betreiben noch in dem Geschäftszweig des Arbeitgebers für eigene oder fremde Rechnung Handelsgeschäfte machen dürfen. **1361**

3 Arbeitgeberpflichten

1362 Die Arbeitgeberpflichten sind durch die **Entgeltpflicht** einerseits und die **Fürsorgepflicht** andererseits gekennzeichnet. Alle daraus entstandenen gesetzlich determinierten Pflichten und durch die Lehre und Rechtsprechung abgeleiteten Pflichten stützen sich auf dieses Fundament.

a Fürsorgepflicht des Arbeitgebers

1363 Auf Grund seines Weisungs- und Direktionsrechtes ist der Arbeitgeber in der Lage, das Arbeitsverhalten des Arbeitnehmers maßgeblich zu beeinflussen. Auf Grund dieser **Machtfülle** kann er den Arbeitnehmer dadurch aber auch beeinträchtigen. Genau das gilt es zu verhindern. Die Normen, aus denen die **Fürsorgepflicht** des Arbeitgebers abgeleitet wird, sollen genau diesen Zweck erfüllen. Es handelt sich dabei um Normen aus dem privat- und dem öffentlichrechtlichen Bereich. Zu erwähnen sind insbesondere § 1157 ABGB und § 18 AngG, die das Leben und die Gesundheit des Arbeitnehmers schützen.

1364 Zu den Schutzobjekten der Fürsorgepflicht zählen aber nicht nur **Leben** und **Gesundheit**, sondern auch die Wahrung der **Sittlichkeit**, der **Datenschutz** und natürlich alle gleichbehandlungsrechtlich relevanten Normen.

b Entgeltzahlungspflicht

1365 Die „wichtigste" Arbeitgeberpflicht ist die Entgeltzahlungspflicht. Arbeitsverträge sind zwar nicht zwingend entgeltlich, da gem § 1152 ABGB auch die **Unentgeltlichkeit** vereinbart werden kann. Dieser Tatbestand im § 1152 ABGB ist allerdings überwiegend totes Recht, da in Österreich flächendeckend Branchenkollektivverträge vorherrschen, die Unentgeltlichkeit nicht vorsehen.

1366 In Ausnahmebereichen ist **Unentgeltlichkeit** allerdings denkmöglich, wenn sich beispielsweise ein Wissenschafter aus reinem wissenschaftlichem Interesse zur unentgeltlichen Ausübung bestimmter Tätigkeiten für einen bestimmten Zeitraum verpflichtet. Dem unentgeltlichen Einzelarbeitsvertrag sind allerdings die **Schranken des Sittenwidrigkeitskorrektivs** (§ 879 ABGB) im Wege. In der Regel wird Entgeltlichkeit vorliegen.

1367 Ist kein Entgelt – aber auch nicht Unentgeltlichkeit – vereinbart, so gilt ein angemessenes, **ortsübliches Entgelt** als geschuldet.

Als Entgelt wird grundsätzlich alles bezeichnet, was der Arbeitnehmer als Gegenleistung für die Zurverfügungstellung seiner Lebenszeit als Arbeitskraft vom Arbeitgeber erhält. Der **Entgeltbegriff** ist weit. Es muss sich nicht unbedingt um eine Geldwährung handeln, denkmöglich sind auch Naturalentgelte, wie beispielsweise die Zurverfügungstellung einer Dienstwohnung, die Gewährung eines Kraftfahrzeuges oder die Nutzung anderer Naturalia. Unter den Entgeltbegriff können auch Sozialleistungen fallen. 1368

Das Entgelt ist vom **Aufwandsersatz** abzugrenzen. Aufwandsersatz ist grundsätzlich Ersatz für dienstlich getätigte Aufwendungen wie beispielsweise Treibstoffverbrauch, Papier oder der Einsatz anderer vom Arbeitgeber privat vorfinanzierter Arbeitsmittel. Diese Abgrenzungsproblematik kann auch steuerliche oder sozialversicherungsrechtliche Tatbestände berühren. Die Rechtsgrundlage für den Aufwandsersatz findet sich in § 1014 ABGB. 1369

Grundsätzlich wird zwischen **Zeitlohn** und **Leistungslohn** unterschieden. Unter Zeitlohn wird ein Lohn, der nach der Dauer der Arbeit ohne Rücksicht auf den erzielten Arbeitserfolg bemessen wird, verstanden. Der Zeitlohn richtet sich nach der Kalenderzeit und wird nach Stunden bemessen. Beim Monatsgehalt ist es gleichgültig, wie viel der Monat zählt. 1370

Daneben gibt es aber auch noch den **Akkordlohn**, sowie **Prämien** und **Provisionen**. 1371

Der **arbeitsrechtliche** Lohnbegriff ist vom **sozialversicherungsrechtlichen** und **steuerlichen** Lohnbegriff – obwohl große Überschneidungen vorliegen – tatbestandlich abzugrenzen. 1372

Sonderzahlungen (auch **Remunerationen**) sind geschuldete (durch Kollektivvertrag) oder freiwillige (durch Einzelarbeitsvertrag) Leistungen des Arbeitgebers. Die bekanntesten Sonderzahlungen sind **Urlaubsgeld** und **Weihnachtsgeld**, auch als 13. und 14. Monatsgehalt im österreichischen Sprachgebrauch eingebürgert. 1373

c Entgeltfortzahlung

Das österreichische Arbeitsrecht kennt verschiedene Formen der **Entgeltfortzahlung**. Gemeinsam ist diesen Fallkonstellationen, dass das **Entgelt trotz Entfall der Arbeitsleistung** weiter geleistet wird. Allerdings ist die Entgeltfortzahlung trotz Entfall der Arbeitsleistung eine **Ausnahme**, da der Entgeltanspruch des Arbeitnehmers grundsätzlich die Zurverfügungstellung der Arbeitsbereitschaft als Gegenleistung voraussetzt. 1374

Folgende **Entgeltfortzahlungsfälle** kennt das österreichische Arbeitsrecht: 1375

- **Erholungsurlaub** (vgl § 2 UrlG);

- **Mutterschaft** (Wochengeld während des Beschäftigungsverbotes aus der gesetzlichen Krankenversicherung oder Entgeltfortzahlungspflicht des Arbeitgebers gem § 14 MSchG, soweit kein Anspruch aus der gesetzlichen Krankenversicherung besteht);
- **Pflegefreistellung** (vgl § 16 UrlG);
- **Krankheit** (vgl § 8 Abs 1 AngG für Angestellte u § 2 EFZG für Arbeiter [Entgeltfortzahlungsgesetz EFZG, BGBl 1974/399 idF BGBl I 2010/100]);
- **Unfall** (vgl §§ 1154b ABGB u 8 Abs 1 AngG);
- **Familienhospizkarenz** (vgl § 14a u b AVRAG);
- **Kurzfristige Dienstverhinderungen aus wichtigem Grund** (zum Beispiel Arzt- oder Behördengang) und, wie schon dargetan, in dem Fall, in dem der Entfall der Arbeitsleistung der Sphäre des Arbeitgebers zuzurechnen ist.

d Urlaub

1376 Der Urlaub, auch **Erholungsurlaub** genannt, ist ein Fall der Entgeltfortzahlung trotz Entfall der Arbeitsleistung. Die Urlaubsansprüche sind für Arbeiter und Angestellte einheitlich geregelt. Verschiedene arbeitsrechtliche Sondergesetze sehen Spezialregelungen vor (so zum Beispiel Vertragsbedienstete oder Schauspieler).

1377 Kernzweck des Urlaubes ist die bezahlte Freizeit zum Zweck der **Erholung**. Die Erholung des Arbeitnehmers dient zum Vorteil beider Vertragsteile, einerseits dem Arbeitnehmer, um sich vollständig zu erholen und zu regenerieren, und andererseits dem Arbeitgeber, der ein Interesse an einem erholten Arbeitnehmer hat. Deshalb ist der Urlaub auch nicht tageweise, sondern im Idealfall im Ganzen zu konsumieren.

1378 Der **Urlaubsanspruch** gem UrlG entsteht grundsätzlich mit **Beginn des Arbeitsjahres**. Das Arbeitsjahr beginnt mit **Eintrittsstichtag** in den Betrieb des Arbeitgebers. Im ersten Halbjahr gebührt der Urlaubsanspruch aliquot im Verhältnis zur bereits geleisteten Dienstzeit. Nach der Vollendung von sechs Monaten steht jedoch der Jahresurlaubsanspruch in voller Höhe zu. Gem § 2 UrlG gebührt dem Arbeitnehmer für jedes Arbeitsjahr ein ununterbrochener bezahlter Urlaub von 30 Werktagen. Dieser Anspruch erhöht sich nach Vollendung des 25. Jahres auf 36 Werktage. In der Praxis wird der Urlaub jedoch in Arbeitstagen gewährt. Im Rahmen einer Fünf-Tage-Woche beträgt der Anspruch daher 25 Werktage. Dieser Anspruch erhöht sich nach Vollendung des 25. Jahres auf 30 Werktage. Das ist die Umstellung auf ein System, in dem in Arbeitstagen gerechnet wird. Das ist laut OGH-Judikatur zulässig. Alle Zeiten, die der Arbeitnehmer beim selben Arbeitgeber zurückgelegt hat, werden für die Erfüllung der Wartezeiten zusammengerechnet. Dabei bleiben Unterbrechungen, die nicht länger als drei Monate dauern, unbeachtlich.

Für die **Bemessung des Urlaubsausmaßes** sind darüber hinaus anzurechnen: 1379

- die in einem anderen Arbeitsverhältnis im Inland zugebrachte **Dienstzeit**, sofern sie mindestens je sechs Monate gedauert hat;
- **Schulzeiten** im Ausmaß von höchstens vier Jahren;
- und **Hochschulstudien** im Höchstausmaß von fünf Jahren;
- ebenso Zeiten, für welche eine Haftentschädigung gem des Opferfürsorgegesetzes (OFG) gebührt;
- Zeiten der Tätigkeit als **Entwicklungshelfer** gem den Bestimmungen des Entwicklungshilfegesetzes (EntwHiG); und
- Zeiten einer im Inland zugebrachten **selbständigen Erwerbstätigkeit**, sofern sie mindestens je sechs Monate gedauert hat.

Allerdings sind Zeiten nach den Absätzen 2 Z 1, 5 und 6 des UrlG 1380 nur bis zum **Höchstausmaß von fünf Jahren** anzurechnen, Zeiten nach Z 2 darüber hinaus bis zu einem Höchstausmaß von weiteren zwei Jahren (§ 3 Abs 3 UrlG).

Der **Verbrauch des Urlaubes**, also der Urlaubsantritt, ist im **Einvernehmen** zwischen Arbeitgeber und Arbeitnehmer zu regeln. Dabei sind die Interessen sowohl des Arbeitgebers als auch des Arbeitnehmers zu berücksichtigen. 1381

Der Urlaub kann in **zwei Teilen** verbraucht werden, doch muss ein 1382 Teil mindestens sechs Werktage betragen. Im **Konfliktfall** kann der **Betriebsrat** in Anspruch genommen werden. Kommt eine Einigung zwischen Arbeitgeber und Arbeitnehmer nicht zustande, so sind die Verhandlungen unter Beiziehung des Betriebsrates fortzusetzen.

Ganz besonders wichtig ist die **Verjährungsbestimmung** des § 4 1383 Abs 5 UrlG. Der Urlaubsanspruch verjährt nach Ablauf von zwei Jahren ab dem Ende des Urlaubsjahres, in dem er entstanden ist.

e Dienstfreistellung aus wichtigem Grund

Unter **Dienstfreistellungen** versteht das österreichische Arbeitsrecht 1384 Abwesenheit unter Aufrechterhaltung des Entgeltanspruches. Darunter fallen insbesondere kurzfristige Verhinderungen aus wichtigem Grund. Für Angestellte ist die kurzfristige Verhinderung aus wichtigem Grund im **§ 8 Abs 3 AngG** geregelt. Eine ähnliche Bestimmung für Arbeiter findet sich im **§ 1154b Abs 5 ABGB**. Abweichende und ergänzende Regelungen können durch Kollektivvertrag getroffen werden (§ 1154b Abs 6 ABGB).

f Pflegefreistellung

1385 Die sogenannte **Pflegefreistellung** ist ein Entgeltfortzahlungsfall, der dann schlagend wird, wenn ein im gemeinsamen Haushalt mit dem Arbeitnehmer lebender Angehöriger notwendiger Pflege bedarf (s §§ 16 ff UrlG). Die Pflegefreistellung wird in zwei Fällen gewährt:

- wegen der notwendigen Pflege eines im gemeinsamen Haushalt lebenden, erkrankten nahen Angehörigen, oder
- wegen der notwendigen Betreuung des Kindes des Arbeitnehmers (Wahl- oder Pflegekindes) infolge Ausfalles einer Person, die das Kind sonst ständig betreut hat.

4 Gleichbehandlung im Arbeitsrecht

a Vorbemerkungen

1386 Gleichbehandlungsrechtliche Aspekte stehen in einer Vielzahl arbeitsrechtlicher Streitigkeiten im Mittelpunkt. Dieses Konfliktpotential ergibt sich unter anderem auch daraus, dass mit **Gleichbehandlungsfragen** so gut wie immer **Gerechtigkeitsfragen** verknüpft sind. Obgleich die Rechtsordnung vorzüglich das Funktionieren der rechtlichen Beziehungen der Rechtssubjekte untereinander zum Ziel hat und nicht die Idee der Gerechtigkeit an sich, ist kein anderes Rechtsgebiet so stark mit Gerechtigkeitsaspekten besetzt wie das Gleichbehandlungsrecht. Der praktische Umgang mit dem Thema Gleichbehandlung, gleich aus welcher faktischen oder rechtlichen Perspektive auch immer, ist nicht durch punktuell absolute Kategorien determiniert, sondern vielmehr Gegenstand relationsbezogener Abwägungen. Das bedeutet, dass es nicht Ziel des Gleichbehandlungsrechts ist, unter dem Postulat „Jedem das Gleiche“ Gleiches zu gewähren, sondern vielmehr **sach- und gruppenbezogen relative Gleichheit** – und damit auch relative Gerechtigkeit – zu schaffen und für den Fall der Ungleichbehandlung eine entsprechende objektiv sachliche Rechtfertigung einzufordern.

b Normative Grundlagen

1387 Das arbeitsrechtliche Gleichbehandlungsrecht hat folgende normative Grundlagen:

ba Europäisches Gleichbehandlungsrecht

Auf der Basis des europäischen Primärrechts hat die Europäische Kommission folgende Richtlinien erlassen: 1388

- **AntirassismusRL** (2000/43/EG, ABl 2000 L 180/22);
- **RahmenRL für die Verwirklichung der Gleichbehandlung in Beschäftigung und Beruf** (RahmenRL Beschäftigung 2000/78/EG, ABl 2000 L 303/16);
- **Gender-RL** (2002/73/EG, ABl 2002 L 269/15);
- **RL zur Gleichstellung der Geschlechter auch außerhalb der Arbeitswelt** (2004/113/EG, ABl 2004 L 373/37);
- **RL zur Verwirklichung der Chancengleichheit von Männern und Frauen in Beschäftigungsfragen** (2006/54/EG, ABl 2006 L 204/23);
- **RL 2010/41/EU des Europäischen Parlaments und des Rates vom 7. Juli 2010 zur Verwirklichung des Grundsatzes der Gleichbehandlung von Männern und Frauen, die eine selbständige Erwerbstätigkeit ausüben**, und zur Aufhebung der RL 86/613/EWG des Rates.

bb Verfassungsrechtliches Gleichbehandlungsrecht

Gleichbehandlungsrechtliche Aspekte finden ihren primären positivrechtlichen Niederschlag bereits in der österreichischen Bundesverfassung und im Staatsgrundgesetz über die allgemeinen Rechte der Staatsbürger aus dem Jahre 1867. So postuliert **Art 7 Abs 1 B-VG**, dass alle Staatsbürger vor dem Gesetz gleich seien. **Art 2 StGG** bestimmt ebenso, dass alle Staatsbürger vor dem Gesetz gleich seien. 1389

bc Einfachgesetzliches Gleichbehandlungsrecht

Auf innerstaatlicher Ebene erfolgt die Umsetzung der RL im Rahmen verschiedener Gesetze. 1390

- **Gleichbehandlungsgesetz** (GlBG, BGBl I 2004/66 idF BGBl I 2015/34);
- **Bundes-Gleichbehandlungsgesetz** (B-GlBG, BGBl 1993/100 idF BGBl I 2015/65).

Daneben bestehen noch spezielle Einrichtungen, die der Umsetzung des Gleichbehandlungsrechts dienen sollen. Dazu gehören beispielsweise die **Gleichbehandlungskommission** (Bundesgesetz über die Gleichbehandlungskommission und die Gleichbehandlungsanwaltschaft, BGBl 1979/108 idF BGBl I 2011/7). 1391

Die innerstaatlichen Gleichbehandlungsgesetze setzen das RL-Recht innerstaatlich um. Diskriminierungen sollen nicht nur im aufrechten Arbeitsverhältnis vermieden werden, sondern bereits im vorvertraglichen Stadium, also bei der Anbahnung des Arbeitsverhältnisses (s 1392 insb § 3 GIBG).

1393 Im Jahre 2011 erfolgte durch das **„Bundesgesetz, mit dem das Gleichbehandlungsgesetz, das Gesetz über die Gleichbehandlungskommission und die Gleichbehandlungsanwaltschaft, das Behinderteneinstellungsgesetz und das Bundes-Behindertengleichstellungsgesetz geändert werden“** (BGBl I 2011/7) eine umfangreiche Novelle.

1394 Nachstehende **Ziele** (vgl auch ErläutRV 938 BlgNR 14. GP 1) verfolgt die Novelle:

- Verbesserung der **Einkommenstransparenz**
- **Erhöhung des Schutzniveaus gegen Diskriminierungen** beim Zugang zu Gütern und Dienstleistungen
- Verbesserung des Instrumentariums zur **Durchsetzung des Gleichbehandlungsgrundsatzes**.

bd Judizielles Gleichbehandlungsrecht (arbeitsrechtlicher Gleichbehandlungsgrundsatz

1395 Der **arbeitsrechtliche Gleichbehandlungsgrundsatz** wurde von der höchstgerichtlichen Judikatur entwickelt. Im Rahmen des Gleichbehandlungsgrundsatzes ist zwischen **sachlichen und unsachlichen Differenzierungen** zu unterscheiden. In seinem Kern besagt der arbeitsrechtliche Gleichbehandlungsgrundsatz, dass es dem Arbeitgeber bei der Gestaltung von Arbeitsverhältnissen verboten ist, einzelne oder eine deutliche Minderheit der Arbeitnehmer eines Betriebes willkürlich und/oder sachfremd zu benachteiligen und schlechter zu stellen. Das bedeutet im Umkehrschluss, dass es dem Arbeitgeber erlaubt ist, sachliche Differenzierungen auch dann vorzunehmen, wenn sie Einzelne oder eine Minderheit gegenüber einer Mehrheit benachteiligen.

1396 **Unsachliche Differenzierungen** sind auch dann zulässig, wenn Einzelne und eine Minderheit unsachlich gegenüber einer Mehrheit bevorzugt werden.

c Unmittelbare und mittelbare Diskriminierung

1397 Im europäischen Recht gibt es neben dem Tatbestand der **unmittelbaren Diskriminierung** auch den Tatbestand der **mittelbaren Diskriminierung**. Diese Begriffe und deren Legaldefinition wurden von den innerstaatlichen Antidiskriminierungsnormen übernommen.

ca Unmittelbare Diskriminierung

Von einer **unmittelbaren Diskriminierung** wird dann gesprochen, wenn eine Person auf Grund ihres Geschlechts in einer vergleichbaren Situation eine weniger günstige Behandlung erfährt, als eine andere Person erfährt, erfahren hat, oder erfahren würde. 1398

cb Mittelbare Diskriminierung

Während die unmittelbare Diskriminierung die leicht erkennbare Benachteiligung an sich verhindern will, „fahndet" die **mittelbare Diskriminierung** nach versteckten Schlechterstellungen, die sich hinter scheinbar neutralen Vorschriften verbergen können. 1399

Eine mittelbare Diskriminierung liegt dann vor, wenn dem Anschein nach **neutrale Vorschriften,** Kriterien oder Verfahren Personen, die einem Geschlecht angehören, in besonderer Weise gegenüber Personen des anderen Geschlechts benachteiligen können, es sei denn, die betreffenden Vorschriften, Kriterien oder Verfahren sind durch ein rechtmäßiges Ziel sachlich gerechtfertigt und die Mittel zur Erreichung des Ziels angemessen und erforderlich. 1400

Oft betreffen **mittelbare Diskriminierungen Frauen,** wenn sich hinter einer neutralen Vorschrift, die nur teilzeitbeschäftigte Mitarbeiter betrifft, Schlechterstellungen verbergen. So eine Schlechterstellung könnte dann vorliegen, wenn teilzeitbeschäftigte Kräfte bestimmte Entgeltgenüsse beziehungsweise betriebliche Vorsorgeansprüche nicht erhalten. Das mag scheinbar verständlich klingen, da Teilzeitkräfte nicht in demselben Umfang dem Unternehmen zur Verfügung stehen wie vollzeitbeschäftige Kräfte. Sollte sich aber herausstellen, dass teilzeitbeschäftigte Kräfte mehrheitlich oder überwiegend Frauen sind, kann sich dahinter eine Diskriminierung auf Grund des Geschlechts verbergen. In diesem Falle spricht man von einer mittelbaren Diskriminierung auf Grund des Geschlechts. 1401

Das **Erkennen von mittelbaren Diskriminierungen** ist schwierig und erfordert eine ausgeprägte Sensibilität für das Thema sowie eine umfangreiche Kenntnis der Judikatur des EuGH. Die Argumentation im Bereich der mittelbaren Diskriminierung ist meist komplex. Nicht hinter jeder Vorschrift muss sich allerdings eine mittelbare Diskriminierung verbergen, da in vielen Fällen eine sachliche Rechtfertigung vorliegen kann. Die mittelbare Diskriminierung betrifft in den meisten Fällen Entgeltfragen. 1402

d Ungleichbehandlung durch Diskriminierung

1403 Ziel aller Gleichbehandlungsnormen (Antidiskriminierungsnormen) ist es, ein **diskriminierungsfreies Umfeld** zu schaffen. Der sozialpolitische Grundgedanke geht dabei viel weiter als beispielsweise beim Schadenersatzrecht, das primär den Einzelschaden ausgleichen will, aber nicht primär ein „schadenfreies Umfeld" schaffen will.

1404 Auf Grund der Fülle der gleichbehandlungsrechtlichen Normen ist eine dogmatisch saubere Trennung bei der **Falllösung** immer hilfreich: Zuerst ist zu prüfen, ob es sich um ein **allgemeines gleichheitsrechtliches Problem** handelt, oder aber ein **konkretes Diskriminierungsverbot** auf Grund Europäischen Rechts bzw innerstaatlichen Umsetzungsrechts vorliegt. Zu den europarechtlich determinierten Diskriminierungsverboten zählen die Diskriminierung auf Grund:

- Geschlecht;
- Religion;
- Ethnische Zugehörigkeit;
- Sexuelle Ausrichtung;
- Weltanschauung (Politisches Bekenntnis);
- Alter.

1405 Die **Diskriminierung auf Grund des Geschlechts** kann als die Mutter aller Diskriminierungstatbestände bezeichnet werden. Ausgehend von dieser Basis haben sich im Laufe der Zeit weitere Diskriminierungstatbestände entwickelt. Wohingegen die ursprüngliche GleichbehandlungsRL 76/207/EWG, die durch die GenderRL 2002/73/EG abgeändert worden ist, vorzüglich die Gleichbehandlung von Männern und Frauen hinsichtlich des Zugangs zur Beschäftigung, zur Berufsbildung und zum beruflichen Aufstieg sowie im Bezug auf die Arbeitsbedingungen zum Inhalt hat, liegt der Fokus der RL 2000/78/EG auf der Schaffung eines allgemeinen Rahmens zur Bekämpfung der Diskriminierung wegen der Religion oder der Weltanschauung, einer Behinderung, des Alters oder der sexuellen Ausrichtung.

J Beendigung von Arbeitsverhältnissen

1 Beendigungsarten

Das österreichische Arbeitsrecht kennt folgende **Beendigungsarten**: 1406

- Auflösung während der Probezeit;
- Zeitablauf;
- einvernehmliche Auflösung;
- Kündigung:
  durch Arbeitgeber;
  durch Arbeitnehmer;
- Beendigung ohne Einhaltung einer Frist:
  vorzeitiger berechtigter Austritt durch den Arbeitnehmer;
  berechtigte Entlassung durch den Arbeitgeber;
- Tod des Arbeitnehmers.

2 Pensionierung

Keine Beendigungsart ist jedoch die **Pensionierung**. Sie kann ledig- 1407
lich ein Motiv oder ein wirtschaftlicher Beweggrund sein. Die Beendigungsform aus diesem Motiv oder Beweggrund ist aber entweder die Arbeitnehmerkündigung oder eine einvernehmliche Auflösung. Es kann aber auch eine Arbeitgeberkündigung vom Motiv des Pensionsanspruches des Arbeitnehmers getragen sein. Es besteht kein Anspruch des Arbeitgebers auf Beendigung des Arbeitsverhältnisses auf Grund eines Anspruches auf den Bezug einer normalen Alterspension.

3 Probezeit

Die **Auflösung während der Probezeit** ist jederzeit und ohne Angabe 1408
von Gründen möglich. Sie erfolgt durch einseitige rechtsgestaltende Erklärung und beendet das Probedienstverhältnis mit sofortiger Wirkung. Allerdings ist dieser einfache Auflösungsmodus nur während der Probezeit möglich. Die Probezeit ist ein gesetzlich exakt definierter arbeitsrechtlicher Tatbestand (s § 19 Abs 2 AngG).

4 Zeitablauf

1409 Unter **Beendigung durch Zeitablauf** versteht man das befristete Arbeitsverhältnis (im Gegensatz zum unbefristeten Arbeitsverhältnis). Die Beendigung des Arbeitsverhältnisses durch Zeitablauf ist in der österreichischen Rechtspraxis mit dem Stigma der Arbeitnehmerfeindlichkeit behaftet. Tatsache ist jedoch, dass das befristete Arbeitsverhältnis zu einem bestimmten Zeitpunkt endet, ohne dass es einer Kündigung bedarf.

1410 Diese Beendigung muss **objektiven Kriterien** entsprechen, das heißt, der Endtermin muss entweder durch ein feststehendes Datum determiniert sein oder auf eine Art und Weise bestimmbar sein, die die Feststellung des Endtermins auf objektiver Basis einfach und klar ermöglicht.

1411 An die **objektive Bestimmbarkeit** nicht kalendermäßig erfolgter Befristungen legt die Rechtsprechung hohe Maßstäbe. So kann ein befristetes Arbeitsverhältnis zum Zeitpunkt des Herbstbeginnes enden. Die Bindung kann aber auch für die Dauer der Saison vereinbart werden, sodass das Saisonende den Endtermin darstellt.

1412 Eng verbunden mit dem objektiv bestimmbaren und unvorhersehbar festzulegenden Ende des befristeten Arbeitsverhältnisses ist die sogenannte **auflösende Bedingung**. Eine auflösende Bedingung (auch **Resolutivbedingung** genannt) beendet ein Dauerschuldverhältnis zum Zeitpunkt des Bedingungseintrittes. Der Eintritt der auflösenden Bedingung soll daher nicht ausschließlich vom Willen des Arbeitgebers abhängig sein.

5 Kettenarbeitsverträge

1413 Ein besonderes Problem sind mehrfach aneinandergereihte befristete Arbeitsverhältnisse. Die Rechtsprechung spricht bei solchen Konstellationen von **Kettenarbeitsverhältnissen**.

1414 Solche Kettenarbeitsverhältnisse sind nur dann zulässig, wenn sie **sachlich und wirtschaftlich gerechtfertigt** sind. Die Rechtsprechung anerkennt die mehrfache Aneinanderreihung befristeter Arbeitsverhältnisse bei Saisonarbeit (zum Beispiel Tourneezirkus), bei Schauspielern und Profi-Fußballern oder Turnusärzten in Ausbildung. Auch besondere persönliche Verhältnisse wie zum Beispiel eine weitere Erprobungsnotwendigkeit auf Grund bisheriger Unterdurchschnittlichkeit der Arbeitsleistung rechtfertigt eine weitere Befristung des Arbeitsverhältnisses.

Die **ArbeitsvertragsbefristungsRL** 1999/70/EG (ABl 1999 L 175/43) will befristete Arbeitsverhältnisse und die mehrfache Aneinanderreihung befristeter Arbeitsverhältnisse in sozialpolitisch verträgliche Bahnen lenken und gestattet die Aneinanderreihung befristeter Arbeitsverhältnisse unter bestimmten Voraussetzungen. 1415

6 Einvernehmliche Auflösung

Die **einvernehmliche Auflösung** ist die formal einfachste Möglichkeit, ein Arbeitsverhältnis zu beenden. Sie wird auch als Beendigungs- oder Auflösungsvertrag bezeichnet. Rechtsdogmatisch betrachtet handelt es sich um einen **Novationsvertrag** (s § ABGB). Die Vertragsteile vereinbaren im Einvernehmen einen Endtermin. Dabei ist der Arbeitnehmer darüber zu belehren, dass er **Beratung durch den Betriebsrat** in Anspruch nehmen kann (§ 104 ArbVG). 1416

7 Sonderregelungen für Schwangere, Mütter, Väter und Lehrlinge

Während der Dauer des besonderen Kündigungs- und Entlassungsschutzes nach dem Mutterschutz- beziehungsweise dem Väterkarenzgesetz (MSchG/VKG) muss eine **einvernehmliche Auflösung** schriftlich erfolgen. Bei minderjährigen Arbeitnehmern (bis zum vollendeten 18. Lebensjahr) bedarf es zusätzlich einer Bescheinigung über eine erfolgte Rechtsbelehrung der zuständigen Arbeiterkammer oder des Arbeits- und Sozialgerichts. 1417

8 Kündigung

a Allgemeines

Die **Kündigung** ist eine einseitige, empfangsbedürftige Willenserklärung. Sie zielt darauf ab, das auf unbestimmte Zeit geschlossene Arbeitsverhältnis zu einem bestimmten zukünftigen Zeitpunkt zu beenden. Die Kündigungserklärung hat somit rechtsgestaltende Wirkung, das heißt, sie ermöglicht die einseitige Veränderung der Rechtslage. 1418

Die Kündigung ist empfangsbedürftig. Das bedeutet, dass sie dem Erklärungsempfänger (zum Beispiel Arbeitgeber) zugehen muss. Dieser 1419

Zugang muss sich in der Sphäre des Erklärungsempfängers zutragen.

1420 Im österreichischen Arbeitsrecht besteht grundsätzlich **Kündigungsfreiheit** als Bestandteil der allgemeinen Privatautonomie (Vertragsfreiheit). Diese Freiheit ist arbeitgeberseitig durch den sogenannten **Kündigungsschutz** eingeschränkt. Darüber hinaus haben sich Arbeitgeber und Arbeitnehmer an die vertraglichen, kollektivvertraglichen oder gesetzlichen Kündigungsfristen und Kündigungstermine zu halten.

1421 Die Kündigung besteht immer aus einer **Kündigungsfrist** und einem **Kündigungstermin**. Dies ist aus der Perspektive der Rechtssicherheit zweckmäßig.

1422 Es besteht auch die Möglichkeit, die Kündigung **schlüssig (konkludent)** zu erklären. Das bedeutet, dass die Worte „Kündigung" oder „kündigen" in der Erklärung nicht vorkommen müssen. Es muss aus der Erklärung allerdings zweifelsfrei hervorgehen, dass der erklärende Arbeitnehmer oder Arbeitgeber das Arbeitsverhältnis lösen will.

1423 Die Kündigung ist auch **bedingungsfeindlich**. Das bedeutet, dass auflösende oder aufschiebende Bedingungen nicht zulässig sind. Diese machen die Kündigung unwirksam. Im Rahmen der **Änderungskündigung** spielt die Bedingung schon eine Rolle. Das ist allerdings eine weitgehende Ausnahme. Man versteht unter einer Änderungskündigung die Kündigung zu der Bedingung, dass der andere Vertragspartner einer gleichzeitig vorgeschlagenen (verlangten) Vertragsänderung zustimmt.

b Kündigungsfristen und Kündigungstermine nach dem Angestelltengesetz

1424 Die Fristen bestimmt **§ 20 AngG**. Ist das Dienstverhältnis ohne Zeitbestimmung eingegangen oder fortgesetzt worden und beträgt die vereinbarte oder tatsächlich geleistete Arbeitszeit bezogen auf den Monat mindestens ein Fünftel der 4,3fachen der durch Gesetz oder Kollektivvertrag vorgesehenen wöchentlichen Normalarbeitszeit, so kann es durch Kündigung gelöst werden.

1425 Mangels einer für den Angestellten **günstigeren Vereinbarung** kann der Dienstgeber das Dienstverhältnis mit Ablauf eines jeden Kalendervierteljahres durch vorgängige Kündigung lösen.

1426 Die **Kündigungsfrist** beträgt sechs Wochen und erhöht sich nach dem vollendeten zweiten Dienstjahr auf zwei Monate, nach dem vollendeten fünften Dienstjahr auf drei, nach dem vollendeten fünfzehnten Dienstjahr auf vier und nach dem vollendeten fünfundzwanzigsten Dienstjahr auf fünf Monate.

1427 Die Kündigungsfrist kann durch **Vereinbarung** nicht unter die im Vorabsatz bestimmte Dauer herabgesetzt werden. Jedoch kann vereinbart werden, dass die Kündigungsfrist am Fünfzehnten oder am

Letzten eines Kalendermonats endet. Mangels einer für ihn günstigeren Vereinbarung kann der Angestellte das Dienstverhältnis mit dem letzten Tage eines Kalendermonats unter Einhaltung einer einmonatigen Kündigungsfrist lösen. Diese Kündigungsfrist kann durch Vereinbarung bis zu einem halben Jahr ausgedehnt werden, doch darf die vom Dienstgeber einzuhaltende Frist nicht kürzer sein als die mit dem Angestellten vereinbarte Kündigungsfrist.

Abweichende Regelungen können in Kollektivverträgen oder Be- 1428
triebsvereinbarungen bzw auch im Einzelarbeitsvertrag oder in arbeitsrechtlichen Sondergesetzen enthalten sein.

c Die Kündigung nach dem Arbeitsverfassungsgesetz

Im österreichischen Arbeitsrecht bedarf die Aufkündigung eines Ein- 1429
zelarbeitsvertrages keines Grundes. Dieser **Grundsatz** wird durch eine Vielzahl von **Ausnahmen** durchbrochen. So verlangt das VBG die Angabe eines Kündigungsgrundes bereits zum Zeitpunkt des Ausspruches der Kündigung. Die Behauptung eines Grundes wird spätestens zu dem Zeitpunkt notwendig, zu dem eine angefochtene Kündigung für den Gekündigten nachteilig im Sinn des § 105 ArbVG ist.

Die Möglichkeiten, die das ArbVG im Rahmen des allgemeinen 1430
Kündigungsschutzes bietet, verlagern die „Begründung" der Kündigung lediglich zu einem zeitlich **späteren Zeitpunkt**.

Im **Kündigungsvorverfahren** geht es um die Frage, welches for- 1431
male Prozedere der Betriebsinhaber als Arbeitgeber einzuhalten hat, bevor er rechtswirksam die Kündigung des Einzelarbeitsvertrages gegenüber dem Arbeitnehmer aussprechen kann. Zentrale Norm ist **§ 105 ArbVG**. Diese Norm bestimmt, dass der Betriebsinhaber vor jeder Kündigung eines Arbeitnehmers den Betriebsrat zu verständigen hat, der zur Kündigungsabsicht innerhalb **einer Woche** (BGBl I 2010/101) Stellung nehmen kann.

Der Betriebsinhaber hat auf Verlangen des **Betriebsrates** inner- 1432
halb der einwöchigen Frist mit dem Betriebsrat über die Kündigung zu **beraten**. Eine vor Ablauf dieser Frist ausgesprochene Kündigung ist rechtsunwirksam, es sei denn, dass der Betriebsrat eine Stellungnahme bereits abgegeben hat.

Die betriebsrätliche Stellungnahme kann folgende rechtliche Ausgestaltungen haben:

ca Ausdrückliche Zustimmung des Betriebsrates

Der Arbeitnehmer kann innerhalb einer Woche nach Zugang der 1433
Kündigung diese Kündigung bei Gericht anfechten, jedoch nur wegen eines verpönten Motivs. Die Anfechtung aus dem Rechtsgrund der

Sozialwidrigkeit ist in diesem Fall nicht möglich. Man spricht hier von einem **Sperrrecht des Betriebsrates** (§ 105 Abs 6 ArbVG).

cb Ausdrücklicher Widerspruch des Betriebsrates

1434 Der Betriebsrat kann auf Verlangen des gekündigten Arbeitnehmers binnen einer Woche nach Verständigung vom Ausspruch der Kündigung diese beim Gericht anfechten, wenn er der Kündigungsabsicht ausdrücklich **widersprochen** hat.

1435 Kommt der Betriebsrat dem Verlangen des Arbeitnehmers nicht nach, so kann dieser innerhalb von **zwei Wochen** nach Ablauf der für den Betriebsrat geltenden Frist die Kündigung selbst beim Gericht anfechten.

1436 Hat der Betriebsrat gegen eine Kündigung gem § 105 Abs 3 Z 2 lit b ArbVG (wenn einer Weiterbeschäftigung **betriebliche Erfordernisse** entgegenstehen) ausdrücklich Widerspruch erhoben, so ist die Kündigung des Arbeitnehmers sozial ungerechtfertigt, wenn ein Vergleich sozialer Gesichtspunkte für den Gekündigten eine größere soziale Härte als für andere Arbeitnehmer des gleichen Betriebes und derselben Tätigkeitssparte, deren Arbeit der Gekündigte zu leisten fähig und willens ist, ergibt (**Sozialvergleich**).

cc Keine Stellungnahme

1437 Gibt der Betriebsrat **keine Stellungnahme** ab, kann der Arbeitnehmer innerhalb einer Woche nach Zugang der Kündigung diese bei Gericht anfechten. In diesem Fall findet ein Sozialvergleich nicht statt.

d Kündigungsschutz

1438 Eine Kündigung kann grundsätzlich wegen eines **verpönten Motivs** oder wegen **Sozialwidrigkeit** gerichtlich angefochten werden. Das österreichische Arbeitsrecht kennt aber eine **Vielzahl weiterer Kündigungsschutztatbestände** in verschiedenen Materiengesetzen.

da Motivkündigung

1439 Das ArbVG (§ 105 Abs 3 Z 1 lit a bis j ArbVG) kennt **zehn verpönte Motive**:

- wegen des Beitritts oder der **Mitgliedschaft** des Arbeitnehmers zu einer Gewerkschaft;
- wegen seiner Tätigkeit in einer **Gewerkschaft**;
- wegen der Einberufung der **Betriebsversammlung** durch den Arbeitnehmer;

- wegen seiner Tätigkeit als Mitglied des **Wahlvorstandes** einer Wahlkommission oder als Wahlzeuge;
- wegen seiner Bewerbung um eine **Mitgliedschaft zum Betriebsrat** oder wegen einer früheren Tätigkeit im Betriebsrat;
- wegen seiner Tätigkeit als Mitglied der **Schlichtungsstelle**;
- wegen seiner Tätigkeit als **Sicherheitsvertrauensperson, Sicherheitsfachkraft oder Arbeitsmediziner oder als Fach- oder Hilfspersonal von Sicherheitsfachkräften oder Arbeitsmedizinern**;
- wegen der bevorstehenden Einberufung zum **Präsenz- oder Ausbildungsdienst** oder Zuweisung zum **Zivildienst**;
- wegen der **offenbar nicht unberechtigten Geltendmachung vom Arbeitgeber infrage gestellter Ansprüche aus dem Arbeitsverhältnis**;
- wegen seiner Tätigkeit als **Sprecher gem § 177 Abs 1 ArbVG**.

Jedes dieser Motive berechtigt den gekündigten Arbeitnehmer zur Anfechtung wegen eines verpönten Motivs.

db Sozial ungerechtfertigte Kündigung

Der zweite Anfechtungskomplex beschäftigt sich mit sozial unge- **1440** rechtfertigten Kündigungen. In der juristischen Sprachpraxis hat sich allerdings der Begriff der **Sozialwidrigkeit** herausgebildet.

Eine Anfechtung wegen Sozialwidrigkeit setzt die **sechsmonatige** **1441** **Zugehörigkeit** des gekündigten Arbeitnehmers zum Betrieb oder zum Unternehmen, dem der Betrieb angehört, voraus. § 105 Abs 3 Z 2 ArbVG definiert eine Kündigung als sozial ungerechtfertigt, wenn wesentliche Interessen des Arbeitnehmers beeinträchtigt sind.

Sozial gerechtfertigt ist die Kündigung dann, wenn der Betriebs- **1442** inhaber den Nachweis erbringt, dass die Kündigung

- durch **Umstände, die in der Person des Arbeitnehmers** gelegen sind und die betrieblichen Interessen nachteilig berühren oder
- durch **betriebliche Erfordernisse**, die einer Weiterbeschäftigung des Arbeitnehmers entgegenstehen

begründet ist.

Das bedeutet, dass das Feststellen einer Sozialwidrigkeit im juris- **1443** tischen Sinn ein **Abwägungsprozess zwischen den Interessen des Arbeitnehmers einerseits und den Interessen des Betriebsinhabers** andererseits ist.

Die Interessen **älterer Arbeitnehmer** (50 plus) oder von Arbeit- **1444** nehmern, die **langjährig im Betrieb beschäftigt sind**, werden im Rahmen der Interessenabwägung besonders berücksichtigt.

e Das gerichtliche Anfechtungsverfahren

1445 Im Kündigungsprozess selbst hat zuerst der gekündigte Arbeitnehmer entweder ein **verpöntes Motiv oder Sozialwidrigkeit oder Motiv und Sozialwidrigkeit zu behaupten**. Grundsätzlich müssen von einer Prozesspartei aufgestellte Behauptungen auch bewiesen werden, wenn der Prozesspartei die Beweisführung über die Behauptung obliegt.

1446 Hinsichtlich der Sozialwidrigkeit einer Kündigung ist dem gekündigten Arbeitnehmer die **Behauptungs- und Beweislast** aufgebürdet. Hinsichtlich der verpönten Motivkündigung ist dem gekündigten Arbeitnehmer lediglich die **Glaubhaftmachung** aufgebürdet (§ 105 Abs 5 ArbVG). Im Fall der Motivkündigung ist die Anfechtungsklage dann abzuweisen, wenn bei Abwägung aller Umstände eine höhere Wahrscheinlichkeit dafür spricht, dass ein anderes, vom Arbeitgeber glaubhaft gemachtes Motiv für die Kündigung ausschlaggebend war. Daraus kann man ableiten, dass der „Gegenbeweis" des Arbeitgebers und Betriebsinhabers auch durch eine erfolgreiche Glaubhaftmachung hinreichend geführt ist.

1447 Die **personenbezogenen Gründe** stützen sich meist auf Verletzung der Vertragspflichten durch den Arbeitnehmer, mangelhafte Arbeitsleistungen, mangelndes Engagement, Stören des Arbeitsablaufes, häufige Krankheit des Arbeitnehmers oder persönliche Differenzen zwischen dem Arbeitnehmer und seinen Kollegen und zwischen dem Arbeitnehmer und dem Arbeitgeber.

1448 **Betriebliche Kündigungsgründe** stützen sich zumeist auf Rationalisierungsmaßnahmen, Kostensenkungsmaßnahmen, schlechte Auftragslagen, Reorganisation oder dringenden Sanierungsbedarf.

Die jeweiligen Interessen sind nach objektiven Kriterien und nicht nach subjektiven Beurteilungen einander gegenüberzustellen.

Nach ähnlichen Kriterien können auch **Entlassungen** angefochten werden.

f Besonderer Kündigungsschutz

1449 Unter dem Begriff des **besonderen Kündigungsschutzes** versteht das österreichische Arbeitsrecht unterschiedliche Gruppen von Schutzbestimmungen, die gegenüber dem allgemeinen Kündigungsschutz einen stärkeren Schutz vor einer Kündigung zum Ziel haben. Dazu zählen Vertragsbedienstete, Lehrlinge und Hausbesorger, Belegschaftsfunktionäre und Gleichgestellte, dem MSchG und dem VKG unterliegende Arbeitnehmer, Zivil- und Präsenzdiener und Gleichgestellte sowie Behinderte und Opferbefürsorgte. Teilweise konkurrieren arbeitsrechtliche Schutztatbestände mit behördlichen Bestimmungen.

K Grundzüge des kollektiven Arbeitsrechts

Das **kollektive Arbeitsrecht** ist die konkrete Ausgestaltung der kollektiven Rechtsgestaltung im österreichischen Arbeitsrecht. Die kollektive Rechtsgestaltung obliegt den sogenannten **„kollektiven Mächten"**; das sind die vom **Arbeitsverfassungsgesetz** (ArbVG) ermächtigten **Interessenverbände** der Arbeitgeber und der Arbeitnehmer. 1450

Zum Verständnis der kollektiven Rechtsgestaltung reicht es nicht, nur das KollV-wesen zu sehen. Das kollektive Arbeitsrecht umfasst vielmehr folgende Bereiche: 1451

- **Berufsverfassungsrecht**;
- Berufsverbandsrecht;
- Recht der gesetzlichen Interessenvertretungen;
- KollV-recht (überbetriebliche kollektive Rechtsgestaltung);
- Arbeitskampfrecht und Schlichtungsrecht;
- **Betriebsverfassungsrecht**;
- Betriebsratsorganisation;
- Aufgaben und Befugnisse der durch Belegschaftsorgane vertretenen Belegschaften;
- Betriebsvereinbarungsrecht (betriebliche kollektive Rechtsgestaltung).

1 Berufsverbandsrecht

Das **Berufsverbandsrecht** beschäftigt sich mit den freien Berufsvereinigungen. Diese werden auch als Koalitionen bezeichnet. Freie Berufsvereinigungen sind im Gegensatz zu gesetzlichen Interessenvertretungen durch folgende Wesensmerkmale gekennzeichnet (§ 4 Abs 2 ArbVG): 1452

- Freiwilligkeit des Zusammenschlusses;
- Vertretung der Arbeitnehmerinteressen oder Arbeitgeberinteressen;
- Gegnerfreiheit;
- Gegnerunabhängigkeit.

Typisch für freie Berufsvereinigungen ist weiter die **Überbetrieblichkeit**, die **Kollektivvertragsfähigkeit** als auch die **Rechtspersönlichkeit**. 1453

Arbeitnehmerkoalitionen werden auch als **Gewerkschaften** bezeichnet. Solche freien Berufsvereinigungen bekennen sich im Regelfall auch zum Arbeitskampf als legitimes Mittel zur Interessenwahrnehmung. Die verfassungsrechtliche Grundlage findet sich in Art 12 Staatsgrundgesetz. Aber auch unionsrechtliche Grundlagen spielen nunmehr eine Rolle, wie beispielsweise die Charta der Grundrechte der EU (Art 12 und Art 28). 1454

1455 Tatsächlich gibt es aber nur eine faktisch bedeutsame freie Berufsvereinigung in Österreich. Es handelt sich dabei um den **österreichischen Gewerkschaftsbund (ÖGB)**. Er ist ein **Verein** im Sinn des Vereinsgesetzes 2002. Der ÖGB ist in sieben Fachgewerkschaften gegliedert, die wiederum Sektionen unterhalten.

1456 Die **Organe des ÖGB** sind der Bundeskongress (höchstes Organ), die Fachgewerkschaft, der Bundesvorstand, der Vorstand, die Kontrollkommission und die Landesvorstände. Kollektivverträge werden im Regelfall immer im Namen des ÖGB abgeschlossen, die Detailverhandlungen erfolgen jedoch durch die Fachgewerkschaften, welche auch kollektivvertragsfähig sind. Daneben gibt es einige kleinere Arbeitnehmerberufsverbände, wie beispielsweise den pharmazeutischen Reichsverband, der österreichische Berufsverband der Sozialarbeiter, der Landarbeiterbund und einige Organisationen im Bereich des öffentlichen Dienstes.

1457 Arbeitgeberseitig gibt es keinen allgemeinen Interessenverband. Die Arbeitgeberinteressenvertretung wird von der **Wirtschaftskammerorganisation** dominiert.

2 Gesetzliche Interessenvertretungen

1458 Das ArbVG bezieht sich zwar auf gesetzliche Interessenvertretungen, definiert sie aber nicht näher. Die österreichische Rechtswirklichkeit erschließt jedoch folgende wesentliche **Begriffsmerkmale**:

- gesetzliche Interessenvertretungen sind durch **Gesetz** errichtet;
- sie sind **körperschaftlich** organisiert;
- sie haben eine eigene **Rechtspersönlichkeit**;
- der Grundsatz der **Zwangsmitgliedschaft** herrscht vor;
- die Finanzierung erfolgt durch ein **Umlagensystem**;
- Unter **staatlicher Aufsicht** genießen diese gesetzlichen Interessenvertretungen einen **eigenen Wirkungsbereich**;
- Im Rahmen der staatlichen Ordnung gibt es auch einen **übertragenen Wirkungsbereich**.

1459 Die wichtigsten gesetzlichen Interessenvertretungen sind **arbeitnehmerseitig die Arbeiterkammer** Organisationen **arbeitgeberseitig die Wirtschaftskammerorganisation**.

1460 Weitere **gesetzliche Interessenvertretungen** bestehen für

- Rechtsanwälte;
- Notare und Notariatskandidaten;
- Apotheker;
- Wirtschaftstreuhänder;
- Tierärzte;
- Ziviltechniker;

- Ärzte;
- Dentisten;
- Hebammen;
- Landarbeiter.

3 Arbeitskampfrecht

Das **Arbeitskampfrecht** oder auch **Streikrecht** ist in Österreich nicht grundsätzlich kodifiziert, sondern nur in verschiedenen Einzelregelungen punktuell angesprochen. Auf Grund der in Österreich stark ausgeprägten „Sozialpartnerschaft" sind Arbeitskämpfe selten; im Gegensatz zu beispielsweise Deutschland oder Italien. Das Arbeitskampfrecht ist daher primär ein Gelehrtenrecht, das von vereinzelten oberstgerichtlichen Entscheidungen ergänzt wird. 1461

Die herrschende Definition des Arbeitskampfes beschreibt eine **planmäßige Störung des Arbeitsfriedens durch kollektive Maßnahmen, mit denen Druck ausgeübt werden soll, um ein bestimmtes Ziel zu erreichen**. Wichtig ist in der Praxis freilich die rechtliche Beurteilung des Arbeitskampfes. 1462

Grundsätzlich wird zwischen der kollektiven Gesamtaktion und der individuellen Kampfteilnahme unterschieden. Die Rechtmäßigkeit der Gesamtaktion hat nicht immer die individualrechtliche Rechtmäßigkeit der Teilnahme am Arbeitskampf zur Folge. Grundsätzlich ist davon auszugehen, dass die Teilnahme eines Arbeitnehmers an einem Streik einen Bruch des Arbeitsvertrages darstellt. 1463

Damit stellt sich die Frage, ob die vorsätzliche Verweigerung der geschuldeten Arbeitsleistung einen **Entlassungsgrund** darstellt. Konkret geht es um die Vorwerfbarkeit, also um die Frage, ob dem am Streik teilnehmenden Arbeitnehmer der Verstoß gegen die Vertragspflichten persönlich vorwerfbar ist. Aus der Sicht von § 1295 ABGB könnte eine Vorwerfbarkeit dann vorliegen, wenn ein grobes Missverhältnis zwischen den durch die Handlung verletzten und durch sie geförderten Interessen besteht. Das bedeutet vereinfacht gesagt, ob ein **auffallendes Missverhältnis zwischen dem Handeln des Arbeitnehmers und seinen Konsequenzen** (Schaden für den Arbeitgeber) und dem angestrebten Kampfziel besteht. Eine Streikteilnahme wegen einer Nichtigkeit wird dann unverhältnismäßig sein, wenn wegen dem angestrebten Bagatelle-Ziel ein kleinerer Betrieb (zB Autowerkstatt) mehrere Tage hindurch stillgelegt ist. 1464

Im Detail ist die Dogmatik komplex. Es ist immer eine einzelfallbezogene Beurteilung erforderlich. Hilfreich ist hier auch das aus dem deutschen Arbeitsrecht kommende **„Ultima-Ratio-Prinzip"**. Das bedeutet, dass der Streik dann rechtmäßig sein kann, wenn einerseits 1465 der Grundsatz der Verhältnismäßigkeit wie schon gezeigt gegeben ist und andererseits der Arbeitskampf das allerletzte Mittel nach Ausschöpfung aller sonstigen Konfliktlösungsmöglichkeiten ist. Die österreichische Arbeitsrechtspraxis löst auch solche Fragen im Endergebnis meist sozialpartnerschaftlich.

4 Kollektivverträge

1466 **Kollektivverträge** (KollV) sind Vereinbarungen, die zwischen Körperschaften der Arbeitgeber und der Arbeitnehmer abgeschlossen werden (§ 2 ArbVG). Zentrales Anknüpfungsmoment ist die **Kollektivvertragsfähigkeit**. Ob einem Verband oder einer Interessensvertretung Kollektivvertragsfähigkeit zukommt (dh ob sie für ihren Bereich überhaupt selbst Kollektivverträge abschließen dürfen), ergibt sich aus §§ 4 ff ArbVG: Gesetzliche Interessensvertretungen der Arbeitgeber und Arbeitnehmer (Kammern) und juristische Personen des öffentlichen Rechts genießen grundsätzlich Kollektivvertragsfähigkeit, dasselbe gilt für Vereine mit maßgebender wirtschaftlicher Bedeutung (zB das Rote Kreuz).

1467 Freiwilligen Berufsvereinigungen (Gewerkschaften, Industriellenvereinigung) kann die **Kollektivvertragsfähigkeit** durch das Bundeseinigungsamt zu- und auch wieder **aberkannt** werden.

1468 An die **Fähigkeit zum Abschluss von KollV** werden besondere Anforderungen gestellt: Es muss ein ausreichend organisierter Berufsverband vorhanden sein, und vor allem muss die Gegnerfreiheit und Gegnerunabhängigkeit gewährleistet sein (dh nur Arbeitgeber- oder nur Arbeitnehmer-Vertretung).

1469 KollV sind grundsätzlich auf **Arbeitsverhältnisse** anwendbar, die auf einem privatrechtlichen Vertrag beruhen. Davon gibt es wichtige Ausnahmen (§ 1 Abs 2 ArbVG), beispielsweise für Land- und Forstarbeiter und für Arbeitsverhältnisse zum Bund, zu den Ländern und Gemeinden sowie zu den von diesen Gebietskörperschaften verwalteten Betrieben und Unternehmungen, sofern für diese auf Grund eines Gesetzes Vorschriften angewendet werden, „die den wesentlichen Inhalt eines Arbeitsvertrages zwingend festlegen“. Also sind einerseits auf öffentlich-rechtliche Dienstverhältnisse zum Bund oder zu den Ländern (Beamte) Kollektivverträge nicht anwendbar, da diese nicht auf einem privatrechtlichen Vertrag beruhen. Andererseits sind auch privatrechtliche Dienstverhältnisse in verstaatlichten Betrieben bzw in Unternehmungen, die mehrheitlich vom Bund oder einem Land geführt werden (Vertragsbedienstete), de facto vom Geltungsbereich der Kollektivverträge ausgenommen, da für diese Betriebe meist gesetzliche Vorschriften existieren, die die Gestaltung der Arbeitsverhältnisse regeln. Ein Beispiel dafür sind die Dienst-, Besoldungs- und Disziplinarordnungen der ÖBB.

Der Zweck bei Abschluss eines Kollektivvertrags liegt in der Herbeiführung eines **überbetrieblichen Interessensausgleichs** und in der Überwindung des typischerweise vorhandenen Ungleichgewichts zwischen Arbeitgeber und Arbeitnehmer, insofern sind KollV wichtige Instrumente der Lohnpolitik und des sozialen Friedens. 1470

Was durch KollV überhaupt geregelt werden kann/darf, steht in § 2 Abs 2 ArbVG. Grundsätzlich ist das Spektrum sehr weit gefasst. Der KollV weist eine **Doppelnatur** auf: Er ist Norm und Vertrag zugleich. Der **schuldrechtliche Teil** (§ 2 Abs 2 Z 1 ArbVG) regelt nur die Rechtsbeziehungen direkt zwischen den Kollektivvertragsparteien und begründet keine unmittelbaren Rechte und Pflichten für die Kollektivvertragsunterworfenen. 1471

Der viel umfangreichere und bedeutendere **normative Teil** (§ 2 Abs 2 Z 2 bis 7 ArbVG) entfaltet gesetzesgleiche Wirkung; er regelt vor allem „die gegenseitigen aus dem Arbeitsverhältnis entspringenden Rechte und Pflichten der Arbeitgeber und der Arbeitnehmer“: Entgelt, Arbeitszeit, Urlaub, Arbeitsunfähigkeit, Beendigung des Arbeitsverhältnisses, Sozialpläne usw sowie die Änderung kollektivvertraglicher Rechtsansprüche ausgeschiedener Arbeitnehmer (Betriebspensionen). Der Gesetzgeber kann aber noch weitere Angelegenheiten für die Regelung durch Kollektivvertrag vorsehen. Es darf aber nicht jeder denkmögliche Inhalt vereinbart werden, sondern nur Bestimmungen, die mit dem Arbeitsverhältnis in einem typischen Zusammenhang stehen und wesentliche bzw regelmäßig wiederkehrende Inhalte eines Arbeitsverhältnisses darstellen. Nicht zulässig ist zB die Normierung von Regelungen betreffend die Entgeltsverwendung für den einzelnen Arbeitnehmer. Ebenso sind Schiedsgerichtsklauseln ungültig, welche verbindlich die Anrufung eines Schiedsgerichts bei Streitigkeiten aus dem Arbeitsverhältnis vorsehen, da diese nicht zu den typischen Inhalten eines Arbeitsvertrags zählen und Schutznormen umgangen werden würden. Die in einem KollV normierten Bestimmungen dürfen durch Betriebsvereinbarung oder Arbeitsvertrag nicht aufgehoben oder beschränkt werden. Sie sind grundsätzlich zugunsten des Arbeitnehmers **einseitig zwingend**, manchmal aber auch **absolut zwingend**. Der normative Teil wird innerhalb seines Geltungsbereichs unmittelbar für Einzelverträge anwendbar, seine Bestimmungen wirken wie ein Gesetz gestaltend auf jeden Arbeitsvertrag. 1472

Kollektivvertragsangehörig sind prinzipiell „die Arbeitgeber und die Arbeitnehmer, die zur Zeit des Abschlusses des Kollektivvertrages Mitglieder der am KollV beteiligten Parteien waren oder später werden“ (§ 8 Abs 1 ArbVG). In der österreichischen KollV-Landschaft entfaltet die sog „Außenseiterwirkung“ zentrale Bedeutung: Auch für Arbeitnehmer-Außenseiter (also Arbeitnehmer, die nicht KV-unterwor- 1473 fen sind) ist nach § 12 ArbVG der entsprechende KollV anwendbar, wenn zumindest der Arbeitgeber KollV-angehörig ist. In praktischer Hinsicht hat dies zur Folge, dass es in der Regel ausreichend ist, zur Prüfung der KollV-Anwendbarkeit auf den Arbeitgeber zu achten.

1474 Der KollV ist ausnahmslos **schriftlich** abzuschließen. Er muss beim Ministerium für Arbeit hinterlegt werden, wo er in ein Register aufgenommen wird; nach der Kundmachung des Abschlusses im Amtsblatt muss der KollV in den betreffenden Betrieben aufgelegt werden. Beim Arbeits- und Sozialgericht können KollV eingesehen werden.

1475 Auch nach dem Erlöschen eines Kollektivvertrages (zB durch Zeitablauf) bleiben seine Rechtswirkungen für die betroffenen Rechtsverhältnisse so lange aufrecht, bis ein neuer KollV wirksam wird bzw bis mit dem betroffenen Arbeitnehmer eine neue Einzelvereinbarung abgeschlossen wurde (**Nachwirkung** nach § 13 ArbVG). Der Zweck dieser Regelung liegt darin, dass es für die Arbeitgeber-Seite somit unattraktiv wird, durch möglichst langes „Hinauszögern" der Verhandlungen eine KollV-lose Zeit herbeizuführen.

5 Betriebsrat

1476 Der **Betriebsrat** stellt das zentrale Vertretungsorgan der Belegschaft gegenüber dem Betriebsinhaber dar. Aber auch belegschaftsintern ist er der Ansprechpartner für die Anliegen der Belegschaft. Wichtig sind folgende Definitionen:

a Betrieb

1477 Laut Betriebsverfassungsrecht ist ein **Betrieb** jede Arbeitsstätte, wenn sie eine organisatorische Einheit bildet, innerhalb derer mit technischen oder immateriellen Mitteln die Erzielung bestimmter Arbeitsergebnisse (mit oder ohne Erwerbsabsicht) fortgesetzt verfolgt wird (§ 34 Abs 1 ArbVG). Somit sind auch reine Dienstleistungsbetriebe umfasst. Wesenselemente eines Betriebes sind ein Betriebsinhaber, eigene Betriebsmittel, Beschäftigte und eine Tätigkeit, die dauernd verfolgt wird.

b Betriebsinhaber

1478 Das Betriebsverfassungsrecht geht vom **Betriebsinhaber** als Vertragspartner und Gegenpart der Belegschaft aus, nicht vom Arbeitgeber.

c Arbeitnehmer

Nach § 36 Abs 1 ArbVG sind **Arbeitnehmer** alle im Rahmen eines Betriebes beschäftigten Personen einschließlich der Lehrlinge und Heimarbeiter. „Beschäftigte" bedeutet hier die in persönlicher Abhängigkeit Beschäftigten, also sind arbeitnehmerähnliche Personen (Werkvertragsnehmer) nicht erfasst. Der Begriff bedeutet aber zusätzlich auch, dass auf den Wesensgehalt der Beschäftigung abgestellt wird, der Rechtstitel (Vorliegen eines gültigen Arbeitsvertrages) ist nicht ausschlaggebend. Auch Schwarzarbeiter sind somit Beschäftigte im Sinne der Betriebsverfassung. 1479

d Ausnahmen vom Arbeitnehmerbegriff

Ausgenommen vom Arbeitnehmerbegriff des ArbVG sind nach § 36 Abs 2 ArbVG ua die **Entscheidungsträger juristischer Personen** (Geschäftsführer, Vorstandsmitglieder), leitende Angestellte, Freiwilligenarbeit aus karitativen oder sozialen Motiven (sofern ohne Arbeitsvertrag) und kurzfristig zu Ausbildungszwecken Beschäftigte (Praktikanten). 1480

e Belegschaft

Das Betriebsverfassungsrecht bezweckt die Wahrnehmung der kollektiven Interessen der Arbeitnehmer. Somit müssen diese begrifflich und als rechtliches Kollektiv erfasst werden. Arbeitsverfassungsrechtlich bilden die Arbeitnehmer in ihrer **Gesamtheit die Belegschaft** (§ 36 ArbVG). Diese ist als solche rechtsfähig, jedoch beschränkt sich ihre Rechtsfähigkeit auf die betriebsverfassungsrechtlichen Befugnisse. 1481

f Betriebsrat und Wahlverfahren

Die **Zahl der Mandate des Betriebsrates** bestimmt sich nach der Zahl der Arbeitnehmer des Betriebes. Grundsätzlich kann ab einer Beschäftigung von fünf Arbeitnehmern ein Betriebsrat gebildet werden; die genaue Berechnung der Mitgliederzahl ist in der Betriebsrats-Wahlordnung aus 1974 festgelegt. Das Wahlverfahren orientiert sich in der Grundstruktur an den allgemeinen politischen Wahlen. Aktiv wahlberechtigt sind grundsätzlich alle volljährigen Arbeitnehmer eines Betriebes, für die passive Wahlberechtigung ist zusätzlich noch eine Betriebszugehörigkeit von mindestens sechs Monaten Voraussetzung. Bestimmte nahe Angehörige des Betriebsinhabers oder von 1482

Organpersonen sind nicht passiv wahlberechtigt (§ 53 Abs 3 ArbVG). Die gewöhnliche Tätigkeitsdauer des Betriebsrates beträgt vier Jahre.

1483 Die **Wahl** kann bei gesetzwidrigem Vorgehen **anfechtbar** (§ 59 ArbVG) oder nichtig (§ 60 ArbVG) sein. Anfechtbarkeit ist gegeben, wenn wesentliche Verfahrensbestimmungen oder leitende Wahlgrundsätze verletzt wurden (zB Fehlen einer Wahlzelle am Wahlort; Wahl von zu vielen Betriebsrat-Mitgliedern); Nichtigkeit liegt vor, wenn die elementarsten Grundsätze einer Wahl missachtet wurden (zB nur eine telefonische Befragung anstatt einer Abstimmung, wer Betriebsrat-Mitglied werden soll). Wenn die Wahl nicht binnen eines Monats angefochten wird, gilt ein Mangel als saniert; Nichtigkeit kann jedoch jederzeit aufgegriffen werden und hat zur Folge, dass alle Handlungen des „Betriebsrates" ab der Wahl rechtsunwirksam sind.

1484 Zur **Handlungsfähigkeit** des Betriebsrates muss sich dieser konstituieren und die vorgesehenen Organe (Funktionäre) bestellen. Die Mitglieder des Betriebsrats üben ihre Tätigkeit ehrenamtlich und weisungsfrei aus (§ 115 ArbVG) und genießen einen besonderen Kündigungs- und Entlassungsschutz (§§ 120 ff ArbVG). Ihnen ist die zur Erfüllung ihres Amtes notwendige Freizeit unter Fortzahlung des Entgelts zu gewähren, ab 150 Arbeitnehmern kann zumindest ein Betriebsrat-Mitglied von der Arbeitsleistung freigestellt werden.

g Befugnisse des Betriebsrates

1485 Die **Befugnisse** des Betriebsrates sind mannigfaltig und großteils in den §§ 89 ff ArbVG geregelt. Es befinden sich darunter Ermessens- und auch Pflichtbefugnisse, wobei die Intensität der Befugnisse von schlichten Informations- und Anhörungsrechten bis zu echten Mitbestimmungsrechten reicht. Beispiele für allgemeine Beteiligungsrechte sind: das Recht auf Überwachung der Einhaltung von Rechtsvorschriften insbesondere in den Belangen des Arbeitnehmerschutzes, der Sozialversicherung und der Berufsausbildung (§ 89 ArbVG), das Interventionsrecht (Erstattung von Verbesserungsvorschlägen, § 90 ArbVG), das allgemeine Recht auf Auskunftserteilung gegenüber dem Betriebsinhaber nach § 91 ArbVG sowie das allgemeine Beratungsrecht (Quartalsberatung) nach § 92 ArbVG.

h Mitbestimmung des Betriebsrates

1486 Echte **Mitbestimmungsrechte** (wenn also betriebliche Entscheidungen von vornherein unter gleichberechtigter Mitentscheidung des Betriebsrats erfolgen) werden gewöhnlich in **fünf Fallgruppen** unterschieden:

ha Zwingende Mitbestimmung ohne Rechtskontrolle

Es ist **zwingend eine Mitwirkung** des Betriebsrates vorgesehen, sohin ist Konsens bei der Einführung gewisser Maßnahmen notwendig. Die Entscheidung des Betriebsrates ist endgültig, es ist keine gerichtliche Überprüfung derselben oder eine Zwangsschlichtung möglich (zB § 96 ArbVG: Einführung einer betrieblichen Disziplinarordnung, von qualifizierten Personalfragebögen und von bestimmten Kontrollmaßnahmen). 1487

hb Zwingende Mitbestimmung mit Rechtskontrolle

In diesem Fall kann im Unterschied zum vorherigen Fall die Entscheidung des Betriebsrates durch das **Arbeits- und Sozialgericht überprüft** werden (zB § 101 ArbVG: dauerhafte Versetzung mit Verschlechterung der Arbeitsbedingungen). 1488

hc Notwendige erzwingbare Mitbestimmung

Wenn der Betriebsrat die Zustimmung unterlässt bzw Einspruch erhebt, kann in dieser Angelegenheit von einer **unparteiischen Stelle** (behördliche Schlichtungsstelle) eine Entscheidung über diese Maßnahme getroffen werden, die Zustimmung des Betriebsrats kann somit ersetzt werden. Die Entscheidung der Schlichtungsstelle gilt als Betriebsvereinbarung. Eine Rechtskontrolle des Verhaltens des Betriebsrats ist aber ausgeschlossen. Eine ersatzweise einzelvertragliche Regelung der Materie ist nicht möglich (zB § 96 a ArbVG: Einführung von EDV-Systemen der Ermittlung und Verarbeitung personenbezogener Daten der Arbeitnehmer, die über die allgemeinen Angaben hinausgehen). 1489

hd Erzwingbare Mitbestimmung

Hier ist zwar die **Mitwirkung des Betriebsrats vorgesehen,** seine fehlende Zustimmung oder sein Einspruch kann aber die Maßnahme nicht endgültig verhindern. Der Betriebsinhaber kann entweder eine Zwangsschlichtung begehren oder die Maßnahme im Wege einer Weisung oder durch Einzelverträge regeln (zB § 97 Abs 1 Z1 bis 6 a iVm § 97 Abs 2: Abschluss von bestimmten Betriebsvereinbarungen). 1490

he Fakultative Mitbestimmung

Es ist keine Rechtskontrolle des Verhaltens des Betriebsrats und keine Zwangsschlichtung vorgesehen; die Maßnahme kann letztendlich auch ohne Einbindung des Betriebsrats durchgeführt werden 1491

(Zustimmungs- bzw Einspruchsprinzip). Die Hauptbedeutung liegt in der mit dieser Mitbestimmung letztendlich verknüpften Rechtsetzungsbefugnis, sie wirkt somit legitimierend (zB § 97 Abs 1 Z 7 bis 26 ArbVG: Abschluss von bestimmten Betriebsvereinbarungen).

6 Betriebsvereinbarungen

1492 Die **Betriebsvereinbarung** (im Folgenden kurz: BV) ist ein Vertrag zwischen der Belegschaft (vertreten durch den Betriebsrat) und dem Betriebsinhaber. Sie ist Bestandteil des kollektiven Regelungssystems, weshalb Vereinbarungen, die nur bestimmte konkret bezeichnete Arbeitsverhältnisse betreffen, keine BV sein können. Wenn auf Seite des Betriebsinhabers eine Veränderung eintritt (Verkauf, Änderung der Rechtsform etc), so hat dies auf den Bestand der BV keinen Einfluss, da sie ja mit dem Betrieb als solchem verbunden ist.

a Formvorschriften

1493 Die **Formvorschriften** finden sich in den §§ 29 ff ArbVG. Die Schriftform ist für das wirksame Zustandekommen einer gültigen BV essentiell; damit die normative Wirkung (also die zwingende Wirkung auf die Einzeldienstverträge des Betriebes) eintreten kann, muss die BV im Betrieb auch kundgemacht werden. Darüber hinaus muss der Betriebsinhaber die BV nach ihrem Wirksamwerden an die gesetzlichen Interessenvertretungen der Arbeitgeber und der Arbeitnehmer übersenden.

b Inhalt der Betriebsvereinbarung

1494 Zulässiger Inhalt einer BV können **nur Materien sein, die durch KollV oder Gesetz explizit dafür vorgesehen** sind. De facto befinden sich die Regelungen, die zulässige Inhalte von BV normieren, in den §§ 96 Abs 1, 96 a Abs 1, 97 Abs 1 ArbVG.

1495 Alle anderen Verträge, auch wenn sie ausdrücklich als „Betriebsvereinbarung" bezeichnet werden, sind unzulässig und können auch nicht die spezifischen Wirkungen entfalten, die das ArbVG dafür vorgesehen hat. Sie werden als **„freie BVen"** bezeichnet.

1496 Es ist aber auch denkbar, dass die KollV-Parteien ihre vom Gesetzgeber verliehene Befugnis „weitergeben" und dass im KollV dem Betriebsinhaber und dem Betriebsrat die Möglichkeit für zusätzliche BV eingeräumt wird. Die zwingende Wirkung von BV ist in § 31 Abs 3

ArbVG festgelegt, wobei diese einseitig zwingend ist: Wenn ein Einzeldienstvertrag eine für den konkreten Arbeitnehmer günstigere Regelung enthält, bleibt diese wirksam **(Günstigkeitsprinzip)**, sonst wird sie verdrängt.

Man unterscheidet grundsätzlich zwei Arten von BV, fakultative und erzwingbare BV (analog zu den Mitbestimmungsrechten des Betriebsrates). Fakultative BV sind in § 97 Abs 1 Z 7 bis 26 und in § 96 Abs 1 ArbVG geregelt, deren Abschluss ist im Gesetz bloß freiwillig vorgesehen. Inhaltlich umfasst dies ua Richtlinien zur Vergabe von Dienstwohnungen; Maßnahmen zur Arbeitssicherheit; Grundsätze betreffend den Urlaubsverbrauch; Erstattung von Auslagen und Aufwandsentschädigungen; vorübergehende Kurzarbeit; Gewinnbeteiligung; Betriebspensionen. **1497**

c Erzwingbare Betriebsvereinbarungen

Erzwingbare BV finden sich in § 97 Abs 1 Z 1 bis 6 a ArbVG und in § 96a Abs 1 ArbVG. In diesem Falle kann einer der Betriebspartner den Abschluss einer BV im Wege eines **Zwangsschlichtungsverfahrens** durchsetzen. Unter anderem sind folgende BV möglich: Erlassung einer Dienstordnung; Auswahl einer Mitarbeitervorsorgekasse; Festsetzung der Arbeitszeiten; Sozialpläne bei Betriebsübergängen. Unterschiede bestehen nicht nur hinsichtlich der Art des Zustandekommens, sondern auch hinsichtlich der Beendigung. Bei fakultativen BV kann eine Kündigungsmöglichkeit entweder direkt in der BV autonom geregelt werden, andernfalls gelten die Kündigungsmodalitäten des § 32 Abs 1 ArbVG. Bei erzwingbaren BV ist eine Kündigung gänzlich verboten und kann nur über einen Antrag an die Schlichtungsstelle erzwungen werden. Ganz grundsätzlich ist bei einer Kündigung zu beachten, dass der normative Teil einer BV (dh derjenige Teil, der die Regelungen betreffend die Einzelarbeitsverträge enthält) bestimmten Nachwirkungen unterliegt, er bleibt mit gewissen Einschränkungen bis zum Abschluss einer neuen BV anwendbar. **1498**

d „Freie" Betriebsvereinbarungen

In der Praxis sind Vereinbarungen zwischen Betriebsrat und Betriebsinhaber durchaus geläufig, die die oben genannten Zulässigkeits- oder Formerfordernisse nicht erfüllen (oft als „freie BV" bezeichnet). Ihre **rechtliche Behandlung ist strittig**, doch es existiert dazu eine gefestigte Judikatur: Unzulässige BV sind grundsätzlich nichtig und entfalten keine zwingende Wirkung (OGH 24.2.2000, 8 ObA 338/99k). Ob einer solchen Vereinbarung Rechtswirkungen zukommen, richtet **1499** sich daher nach dem allgemeinen Vertragsrecht.

1500 Wenn eine **unzulässige „BV" im Betrieb tatsächlich realisiert wird**, gelangt man häufig zum Ergebnis, dass ihr Inhalt nach allgemeinen Rechtsgeschäftsregeln zum Inhalt der Einzelarbeitsverträge werden kann (OGH 22.10.1997, 9 ObA 151/97i).

7 Tendenzbetrieb

1501 Die durch das ArbVG umfassend geregelte Beteiligung der Arbeitnehmer an der Entscheidungsfindung in Betrieben und Unternehmen wird durch die Sonderbestimmungen über **Tendenzbetriebe** durchbrochen. Die Durchbrechung bedeutet, dass einzelne Mitwirkungsrechte der Arbeitnehmerschaft in Betrieben mit besonderer Zweckbestimmung, sogenannten Tendenzbetrieben, nicht angewendet werden.

1502 Solche Tendenzbetriebe sind beispielsweise Betriebe und Unternehmen, die unmittelbar politischen, koalitionspolitischen, konfessionellen, wissenschaftlichen, erzieherischen oder karitativen Zwecken dienen.

a Bestimmungen des ArbVG, die in Tendenzbetrieben nicht anzuwenden sind

1503 Folgende Bestimmungen sind in Tendenzbetrieben nicht anzuwenden:

- § 110 ArbVG (Mitwirkung im Aufsichtsrat);
- § 111 ArbVG (Einspruch gegen die Wirtschaftsführung);
- § 112 ArbVG (staatliche Wirtschaftskommission).

b Bestimmungen des ArbVG, die in Tendenzbetrieben bedingt anzuwenden sind

1504 Dazu zählen die §§ 108 und 109 Abs 1 und 2 ArbVG. Die §§ 108 und 109 Abs 1 und 2 ArbVG sind anzuwenden, soweit nicht die besondere Zweckbestimmung betroffen ist. § 109 ist jedenfalls anzuwenden, soweit es sich um Betriebsänderungen im Sinn des § 109 Abs 1 Z 1 a, 5 und 6 ArbVG handelt. § 108 ArbVG betrifft wirtschaftliche Informations-, Interventions- und Beratungsrechte. § 109 ArbVG betrifft die Mitwirkung des Betriebsrates bei Betriebsänderungen.

1505 Der Passus „(...) soweit nicht die besondere Zweckbestimmung betroffen ist (...)" bedeutet, dass Informations-, Interventions- und Beratungsrechte wie auch die Mitwirkung bei Betriebsänderungen in den

Fällen, in denen es um die besondere Zweckbestimmung des Betriebs oder Unternehmens geht, nicht anzuwenden sind.

c Bedingungen des ArbVG, die in Tendenzbetrieben jedenfalls anzuwenden sind

Nachstehende Bestimmungen sind in Tendenzbetrieben aber jeden- 1506
falls anzuwenden:

- § 109 Abs 1 Z 1 a ArbVG (die Auflösung von Arbeitsverhältnissen, die eine Meldepflicht nach § 45 a Abs 1 Z 1 bis 3 des AMFG auslösen);
- § 109 Abs 1 Z 5 ArbVG (Einführung neuer Arbeitsmethoden); und
- § 109 Abs 1 Z 6 ArbVG (Einführung von Rationalisierungs- und Automatisierungsmaßnahmen von erheblicher Bedeutung).

Stichwortverzeichnis

Die Zahlen verweisen auf die Randzahlen.

Hinweise in Kursivdruckschrift kennzeichnen die Hauptfundstelle.

A

Abberufung
- GmbH-Geschäftsführer 685 f
- Vorstand 717

Aberkennung
- Gebrauchsmusterschutz 1175 f
- Halbleiterschutz 1186
- Musterschutz 1090, 1092
- Patentschutz 1146, *1150 f*

Abfertigung 370

Abfindung
- GesbR 612/1
- OG 623, 646

Abfindungsguthaben
- GesbR 612/1
- OG 646

Abgabenschuld,
- Verkürzung 092

ABGB 35 ff

Abgestimmte Verhaltensweisen 1187

Abgrenzung
- Asset deal/share deal 549 ff
- Baurecht/Superädifikat 178
- Bewegliche/unbewegliche Sache 103 f
- Bürgschaft/Garantievertrag 469
- Derivativer/originärer Eigentumserwerb 144 ff
- Dienstbarkeit/Reallast 176
- Dienst-/Werkvertrag 437
- Echter/unechter Besitz 123 f
- Gattungs-/Speziessache 112
- Gesellschafts-/Dienstleistungsvertrag 432
- Gewährleistung/Verzug 297
- Handlungsvollmacht/Prokura 557 ff
- Haupt-/Neben-/Gesamtsache 107 ff
- Herrenlose/nicht herrenlose Sache 102
- Juristische Person des privaten Rechts/des öffentlichen Rechts 55
- Konstitutive/deklarative Wirkung 540/3
- Leistung an Zahlungs Statt/Leistung zahlungshalber 367 f
- Materielles/formelles Recht 17 f
- Muster-/Gebrauchsmusterrecht 1073
- Nennwert/Kurswert, Aktie 917
- Öffentliche/private Sache 101
- Öffentliches/privates Recht 14 f
- Pfandrecht/Sicherungsabtretung 170
- Pfandrecht/Sicherungseigentum 169
- Rechtmäßiger/unrechtmäßiger Besitz 118 ff
- Redlicher/unredlicher Besitz 121 f
- Sach-/Rechtsbesitz 116 f
- Schätzbare/unschätzbare Sache 111
- Schein-/Umgehungsgeschäft 200
- Stellvertreter/Bote/Vermittler 67
- Teilbare/unteilbare Sache 105 f
- Unmittelbarer/mittelbarer Inhaber 114
- Verbrauchbare/unverbrauchbare Sache 110
- Vollmacht/Auftrag/Ermächtigung 75
- Wechsel/Scheck 869 ff
- Wertpapier/Beweisurkunde 755
- Wertpapier/einfache Legitimationsurkunde 756
- Willens-/Wissenserklärung 203
- Zwingendes/dispositives Recht 19 ff

Abhängigerklärung 1118

Abhängiges Urheberrecht 1242

Abkommen von Locarno 1082, 1094

Ablöse
- Mietrecht 400

Abschichtungsguthaben
- OG 646

Ablöseverbot 1278

Abschlussverbot 263

Abschlussvertreter 565

Abschnittsverkauf 1017

Absicherung gegen Abberufung
– GmbH-Geschäftsführer 686
Absolut zwingendes Recht 20, 1278
Absolute Frist
– Schadenersatzanspruch 507
Absolute Nichtigkeit 260
Absolutes Fixgeschäft 289
Absolutes Recht 24
Abspaltung 732
Abstimmung per Brief 721
Abstraktes Rechtsgeschäft 215
Abstraktes Wertpapier 766 f
Abtretung *333 ff*, 421, 761, 781 ff, 833, 893
– GmbH-Geschäftsanteil 705 f
Abtretungsverbot 338/1
Abwerben
– Beschäftigte/Kunden 963
Abwicklung s Liquidation
Abwicklungsgesellschaft 649
Abzahlungsgeschäft 419
Actio pro socio 596/1, *607/3*, 631/1
Actio negatoria 162
Actio publiciana 132
Adressatenkreis
– Rechtsquellen 5
AG *712 ff*, 907 ff
– Abschlussprüfer 716
– Aktie 715
– Anwendungsbereich 712
– Aufsichtsrat 716, 718 ff
– Begriff 712
– Einheitsgründung 713 ff
– Europäische 595, *733/1 ff*
– Firma 545/1
– Grundkapital 715
– Gründung 713 ff
– Hauptversammlung 721 ff
– Kapitalerhöhung 724 ff
– Kapitalherabsetzung 727
– Kapitalmaßnahmen 723 ff
– Organe 717 ff
– Rechtspersönlichkeit 712
– Satzung 714
– Stufengründung 713
– Strukturmaßnahmen 728 ff
– Unternehmereigenschaft 532, 712
– Vorstand 717
Agio 716
Ähnlichkeitsprüfung
– Markenrecht 1061
AIF s Alternative Investmentfonds
Akkreditiv 799
Aktie 715, 758, 765, 768, 770, 898, 903, *907 ff*, 916
Aktienbuch 721/2, 908
Aktienfonds 929
Aktiengesellschaft s AG
Aktive Stellvertretung 63
Aktivlegitimation
– Unterlassungsklage
  – UWG 1025
Akzept 829 ff
Akzeptbürge 855
Akzeptverbot
– Scheck 866, 870
Akzessorietät
– Bürgschaft 461 f
– Pfandrecht 166
Aliudleistung 297
Alleineigentum 136
Allfinanzaufsicht 906
Allgemeine Geschäftsbedingungen *227 ff*, 261
– Frachtgeschäft 583
– Speditionsgeschäft 580 ff
Allgemeine Österreichische Spediteurbedingungen 580 ff
Allgemeines Unternehmensrecht 525/2
Alternative Investmentfonds 928 f
Alternativverhalten, rechtmäßiges 495
Amtshaftung 15, *506*
Amtspartei 1025, 1234
Analogieschluss 32
Analogieverbot 32
Änderung
– Vertragsverhältnis 327 ff
Anerkenntnis 327, 331 f
Anfechtung
– Arbeitsrecht 1445
– Generalversammlungsbeschluss 686, *701*, 703
– Hauptversammlungsbeschluss 722/1
– Vertrag
  – Irrtum *239 ff*, 431
  – List 242 ff
  – Zwang 245 ff
Angabe
– Irreführung 981 ff
Angebot 218 ff
Angeld *390 f*, 393
Angestellte 1289
Ankündigung
– Ausverkauf 1015 f

Anlage
– behördlich genehmigte 517
Anlehnende Werbung 961
Anleihe 758, 763
Anmelderprinzip
– Patentrecht 1120
Anmeldung
– Firmenbucheintragung 542 f
– Gebrauchsmuster 1164 ff
– Halbleiter 1180
– Marke 1055 ff
  – Bösgläubige 1053, 1069
  – Irreführende 992
  – Wettbewerbswidrigkeit 979
– Muster 1082 ff
– Patent 1110 ff
– Unternehmenszusammenschluss 1221 ff
Anmerkung
– Grundbuch 190
Annahme
– Anbot 218, *223 ff*
– Anweisung 793
Annahmeerklärung
– Anweisung 793
Annahmepflicht 292
Annahmeverzug 279, *292 ff*
Anonymes Sparbuch 894
Anreißen 972
Anscheinsvollmacht 81
Ansporntheorie 1098
Anspruchsberechtigter
– Muster 1080 f
– Patent 1119 ff
Anspruchsgrundlage 25/1
Anstellung
– Geschäftsführer 684
Antragsprinzip
– Grundbuch 195
Anweisung 786 ff
– auf Kredit 792
– auf Schuld 791 f
– Unternehmerische 796 ff
Anwendungsbereich
– AG 712
– EWIV 675
– Genossenschaft 734
– GesbR 597/1
– GmbH 678
– KG 655
– OG 616/2
– Privatstiftung 737, 739
– SE 733/2
– SCE 736/1
– Verein 742
Anzahlung 391
Anzapfen 978
Arbeiter 1289, 1292
Arbeitgeber 1362
– Pflichten
  – Dienstfreistellung 1384
  – Entgeltzahlungspflicht 1365
  – Entgelt 1365
  – Entgeltfortzahlung 1374
  – Fürsorgepflicht 1363
  – Urlaub 1376
Arbeitnehmer 1479
– Geschenkannahme 1360
– Pflichten
  – Arbeitsleistung (geschuldete) 1338
  – Arbeitspflicht (höchstpersönliche) 1337
  – Ausnahme 1480
  – Älterer Arbeitnehmer 1444
  – Arbeitnehmer 1081, *1289 ff*
  – Erfindung 1122 ff
  – Nebenbeschäftigung 1359
  – Verschwiegenheit 1358
  – Vorstellungskosten 1318, 1320
  – Weisung 1284, 1357
  – Wettbewerbsverbot 1361
  – Wettbewerbsklausel 1361
Arbeitsgemeinschaft s ARGE
Arbeitsgesellschafter
– GesbR *601/3*, 603, 606/1
– OG 621, 625, 630, 633/3
Arbeitskampf 1461
Arbeitsort 1340
Arbeitsrecht 37, 1265 ff
– Flucht 1269
Arbeitsverhältnis
– Prekär 1297
Arbeitsvertrag 434 f, 1295 ff, 1282
– Anbahnung 1314
– Beendigung 1406
– Freier Dienstvertrag 436, 1305
– Kriterien 1304
– Pensionierung 1407
– Probezeit 1408
– Pflichten 1334
– Zeitablauf 1409
Arbeitszeit 1341
– Gleitende 1346

– Normal 1345
– Ruhepausen 1350
– Saldenaufzeichnung 1353
– Überstunden 1349
– Überwachung 1351
– Zeiterfassungssysteme 1354
ARGE 597/1
Ärgernis erregendes Muster 1076, 1084, 1091
Ärgernis erregendes Zeichen 1058
Art des Bezugs
– Angabe 989
Arten
– Aktie 908 ff
– Akzept 831 f
– Besitz 116 ff
– Dienstbarkeit 174 f
– Eigentum 136 ff
– Genossenschaft 735
– Grundbuchseintragung 187 ff
– Haftung 487 ff
– Investmentfonds 929
– Juristische Person 54 f
– Kapitalmaßnahmen 723 ff
– Kartell 1195 ff
– Kompensation 362 f
– Kündigung 356 f
– Mängel
  – Gewährleistung 298 ff
– Marke 1051 ff
– Patent 1107
– Pfandrecht 164, 167 f
– Rechtsgeschäft 204 ff
– Sache 100 ff
– Stellvertretung 63, 68 ff
– Strukturmaßnahmen 728 ff
– Unternehmer 526 ff
– Verschulden 497 ff
– Vertrag 385 ff
– Vertragsbedingung 380 ff
– Vollmacht 76 ff
– Wechsel 809 f
– Willenserklärung 201
– Zession 335 f
Arthandlungsvollmacht 562
Arzneimittel
– irreführende Bezeichnung 992
Asset Deal 549 ff
Atypische stille Gesellschaft 673
Aufgaben
– Aufsichtsrat
  – AG 720
  – Genossenschaft 736
  – GmbH 694
  – GmbH-Geschäftsführer 689
– Vorstand 717
Aufhebung
– Verbindlichkeit 360
Auflösung
– Einvernehmliche 353 f
– GesbR 615 f
– GmbH 711
– OG 643/1 ff, *648 ff*
Auflösungsklage
– OG 643/1 f
Auflösungskündigung
– GmbH 710
– OG 643/1 f
Aufrechnung *360 ff*, 776
– Erklärung 364
– Verbot 365
– Zweck 361
Aufsandungserklärung 188
Aufsichtsperson
– Haftung 51
Aufsichtsrat
– AG 718 ff
– Aufgaben 720
– Ausschuss 718
– Bestellung 719
– Genossenschaft 736
– GmbH 693 f
– Privatstiftung 741
Aufspaltung 732
Auftrag 75, *446 ff*
Auftragnehmermuster 1081
Aufwendungen
– Ersatz
  – Auftrag 449
  – GesbR 607/4
  – Geschäftsführung ohne Auftrag 522 ff
  – Kommissionsgeschäft 578
  – OG 634
  – Vorstellungskosten 1369
Ausbeutung 959 ff
Auseinandersetzungsguthaben
– GesbR 612/1
– OG 646
Ausfallsbürgschaft 464, 466
Ausgleich 850, 853
Ausgleichsfunktion
– Schadenersatzrecht 479
Ausgleichspflicht

– GesbR 612/1
– KG 662
– OG 646, 653
Aushändigung
– Quittierter Scheck 880
– Quittierter Wechsel 845
Auskunftspflicht
– GmbH-Geschäftsführer 691
Auskunftsrecht
– Aktionär 722
Auslandsberührung 39
– UWG-Verstoß 1032/1
Auslandsscheck
– Vorlegungsfrist 878
Auslegung
– Grammatikalische 28
– Historische 31
– Konkurrierende Normen 32/1
– Systematische 29
– Teleologische 30
– Willenserklärung 202
Auslobung 201, 206
Ausnahmen
– Gebrauchsmusterschutz 1163
– Kartellverbot 1208 ff
– Patentierbarkeit 1106
– Zugabenverbot 1008
Ausnützen
– Guter Ruf
  – Mitbewerber 961
– Wirtschaftliche Macht 977
Ausscheiden
– Gesellschafter
  – GesbR 609 ff
  – OG 643, *644 ff*
  – GmbH 708 ff
Ausschließliche Lizenz 1144/1
Ausschließungsklage
– OG 644/1
Ausschluss
– Gesellschafter
  – GesbR 609
  – OG 644/1
  – GmbH 709 f
– Gewährleistung 311 ff
  – Verbrauchergeschäft 315
– Haftung
  – Unternehmensübergang 552 f, 565 f
  – Verbrauchergeschäft 500
Ausschuss
– AG-Aufsichtsrat 718
Außenverhältnis
– GesbR 608 ff
– KG 664 ff
– OG 635 ff
Außerordentliche Kündigung 357
Außerrechtlicher Zugang 2
Aussonderungsrecht 171
Ausspannung 963
Ausstattung 1038
Ausstellerunterschrift
– Scheck 873
– Wechsel 817
Ausstellungsort
– Scheck 873
– Wechsel 817
Ausstellungstag
– Scheck 873
– Wechsel 817
Austausch, Gewährleistung *301 ff*, 318
Austauschanspruch
– nachträgliche Unmöglichkeit 277
Austritt
– Erbe
  – GesbR 613/1
– Gesellschafter
  – GesbR 609
  – OG 644
– Vorzeitiger 357
Austrittskündigung
– GmbH 710
– OG 644
Ausverkauf 1015 ff
Auszeichnung, Anmaßung 1014
Automatische Patenterteilung 1115

B

Bagatellkartell 1212
Bankakzept 815
Bankgarantie 469, 590
Bankgeschäft 458
Bankier 871, 873
Bareinlage
– AG 716
– GesbR 598/1
– GmbH 681
– OG 618/2
Bartergeschäft 430
Bauführung
– Eigentumserwerb 153 f
Baugesetze 12 ff
Baurecht 177 f
Bauvertrag 439

Bauwerk
- Haftung 516
Bearbeitung
- Computerprogramm 1260
- Urheberrecht 1242
Bedienungsanleitung
- unzureichende 511 f
Bedingte Kapitalerhöhung 725
Bedingtes Akzept 832
Bedingtes Registrierungshindernis
- Markenanmeldung 1059
Bedingung
- Vertrag 379 ff
Bedungene Einlage
- KG 657, 662 f
Beendigung
- Gebrauchsmusterschutz 1173/1 ff
- GesbR 615 ff
- Gesellschaftsverhältnis
  - GesbR 609 ff
  - GmbH 705 ff
  - OG 644 ff
- GmbH 711
- Haftung
  - Gesellschafter, OG 642 ff
- Handelsvertretervertrag 570
- Handlungsvollmacht 563
- KG 649 ff, 665
- Markenschutz 1068 ff
- Mietverhältnis 401
- Musterschutz 1090 ff
- OG 648 ff
- Patentrecht 1146 ff
- Prokura 560
- Vertrag 347 ff
- Vollmacht 82 ff
Befreiung von Gesellschaftsschulden
- OG 646
Befreiungszweck
- Aufrechnung 361
Befriedigungsrecht
- Kommissionär 578
Befriedigungszweck
- Aufrechnung 361
Befristeter Vertrag 372
Begehungsgefahr
- UWG 1023
Begriff
- AG 712
- Aktie 907
- Anweisung 786
- Erfindung 1100 ff
- EWIV 674
- Firma 544
- Firmenbuch 539
- Frachtführer 583
- Gebrauchsmuster 1157 ff
- Gemeinnützige Stiftung 746
- Gemeinnütziger Fonds 747
- Genossenschaft 734
- Gesellschaftsrecht 592
- GmbH 676
- Grundbuch 180
- Halbleiter 1178
- Handelsmakler 571
- Handelsrecht 37, *525*
- Handelsvertreter 565
- Juristische Person 52 f
- Kartell 1194
- KG 654
- Kommanditist 654
- Kommissionär 576
- Komplementär 654
- Lagerhalter 587
- Marke 1045 ff
- Medienvielfalt 1231
- Muster 1075
- OG 616/3
- Privatgeschäft 208
- Privatstiftung 739
- Protest 851 ff
- Rechtsgeschäft 198 ff
- SCE 736/1
- Schaden 481 ff
- Scheck 865 f
- Schuldrecht 197
- SE 733/2
- Spediteur 580
- Topographie 1179
- Unternehmensbezogenes Geschäft 211, *572 f*
- Unternehmensrecht 37, *525*
- Urheber 1246 f
- Verbrauchergeschäft 209 f
- Verbraucherrecht 37
- Verein 742
- Verjährung 373
- Vollmacht 73 f
- Wechsel 808
- Wertpapier 748 f
- Zugabe 1005
Behebbarer Mangel 300
Beherberger
- Haftung 456

Behinderung 974 ff
Behördlich genehmigte Anlage 517
Beitragspflicht
– GesbR 601 ff
– OG 621 ff
Bekannte Marke 1065
Belästigende Werbung 973
Belästigung 980/1 f
Belastungsverbot 134/1
Belegschaft 1481
Belohnungstheorie
– Patentrecht 1097
Bemühungspflicht
– Handelsvertreter 569
Benachrichtigungspflicht
– Handelsvertreter 569
– Kommissionär 579
Benützbarkeit
– Mietgegenstand 402
Benützungsentgelt
– Verwendungsanspruch 520
Benützungszwang beschränkter
– Markenrecht 1069
Beratungsmodell, neues 591
Berechtigte Sicherheitserwartung 511
Berechtigungsschein 1009
Bereicherungsrecht 518 ff
Bereichsausnahmen
– Kartellverbot 1213 ff
Berichtspflicht
– GmbH-Geschäftsführer 691
Berner Übereinkunft zum Schutz von Werken der Literatur und Kunst 1264
Berufsgruppen 1290
Berufung
– Gebrauchsmusterrecht 1176
– Markenrecht 1070
– Musterrecht 1085, 1093
– Patentrecht 1151
Beschaffenheitsangabe 989, 1066
Beschäftigungspflicht 1302
Bescheid 4
Beschleunigtes Verfahren
– Gebrauchsmusterrecht 1168
Beschluss
– Gesellschafter
  – AG 722/1
  – GesbR 603
  – GmbH 695 ff
  – OG 630 f
Beschlussfähigkeit
– Generalversammlung 697
– Hauptversammlung 722/1
Beschlussmehrheit
– Generalversammlung 699
– GesbR 603
– Hauptversammlung 722/1
– OG 630
Beschränkte Lizenz 1144/1
Beschränktes dingliches Recht 163 ff
Beschränkung
– Eigentum 134 f
– Handlungsvollmacht 562
– Kartellrecht 1205
– Prokura 559
Beschwerde
– Abweisung
– Musteranmeldung 1085
– Einspruch
  – Patenterteilung 1116
– Zurückweisung
  – Markenanmeldung 1060
  – Patentanmeldung 1112
Beschwerdeabteilung
– Patentamt 1085, 1112
Beseitigungsanspruch
– Musterrecht 1089
– Patentrecht 1137
– Urheberrecht 1254
Besitz 115 ff
– Arten 116 ff
– Erwerb 127 f
– Schutz 129 ff
Besitz
– Auszeichnungen
  – Angabe 989
Besitzstörungsverfahren 129 ff
Besondere Vorliebe 257
Besorgungsgehilfe 504
Bestandteile
– Scheck 872 f
– Wechsel 817
Bestandvertrag 398 ff
Bestätigung
– Markenregistereintragung 1062
Bestechungsverbot 1010
Bestellschein 531
Bestellung
– Aufsichtsrat
  – AG 716, 719
  – Genossenschaft 736
  – GmbH 682, 694
  – Privatstiftung 741
– GmbH-Geschäftsführer 682 f

– Vorstand
  – AG 717
  – Genossenschaft 736
  – Privatstiftung 741
Bestimmtheit
– Angebot 219
Bestimmtheitsgrundsatz *630/1*, 647
Beteiligung
– AG 715
– GesbR 600, 601/1
– GmbH 680
– OG 620, 623
Beteiligungsfonds-Genussschein 931 f
Betriebsgeheimnis
– Verletzung 1011
Betrieb 1477
– Erfordernisse 1442
Betriebsinhaber 1478
Betriebsrat 1433, 1476
– Befugnisse 1485
– Mitbestimmung 1486
  – Erzwingbare Mitbestimmung 1490
  – Fakultative Mitbestimmung 1491
  – Notwendige erzwingbare Mitbestimmungen 1489
  – Zwingende Mitbestimmung ohne Rechtskontrolle 1487
  – Zwingende Mitbestimmung mit Rechtskontrolle 1488
– Wahlverfahren 1482
Betriebsvereinbarungen 1281, 1486, 1492, 1493, 1494
– Freie 1499
Bevollmächtigungsvertrag 446 ff
Bewegliche Sache 103 f
Bewegliches System 1303
Beweisbarkeit, erleichterte
– Wertpapier 751
Beweisfunktion 807
Beweislast
– bei Ausschluss der leichten Fahrlässigkeit 500
– Rechtmäßiges Alternativverhalten 495
– Verschuldenshaftung 489
Beweislastumkehr 320, *489*, 692, 997
Beweisurkunde *755*, 765, 804 f
Bewerbungsgespräch 1321
– Fragen 1321
Bezogener
– Scheck 873
– Wechsel 810
Bezugnahme
– Mitbewerber 964 ff
Bezugsquelle
– Angabe 989
Bezugsrecht
– Kapitalerhöhung 703, *725*
Bildende Kunst, Werk 1237 f, *1240*
Bildmarke 1051
Bildnisschutz 1245
Billigkeitshaftung 51
Bindungswille 220
Bindungswirkung
– Angebot 221
Biologisches Material 1101
Biowerbung 989
Bittleihe 123, *406*
Blankoakzept 827
Blankoindossament 762, 802, *836*, 880
Blankowechsel 826 ff
Bodenschatz 102
Bodmereibrief 795
Börse 897/2
Bösgläubige Markenanmeldung 1053, 1069
Bote 67
Boykott 976
Branchenfremdes Unternehmen, Wettbewerb 947
Bringschuld 283
Bucheinsicht
– GesbR 605
– GmbH 703
– KG 660
– OG 632 f
Buchgeld 416
Buchpreisbindung 1214
Buchstabenmarke 1052
Bundesgesetzblatt 4, 6
Bundeskartellanwalt 1188, 1191, 1222
Bundesrat 13
Bundesstaatliches Prinzip 12
Bundesverfassung
– Baugesetze 12
– Gesamtänderung 12
Bundeswettbewerbsbehörde 1188 f, 1222
Bürge und Zahler 464
Bürgschaft *460 ff*, 590, 855 ff
– Sonderformen 465 ff

C

Clausula rebus sic stantibus 389
Codex Theresianus 33
Computerprogramm 1237, 1244, *1256 ff*
Consulting 591
Crowdfunding 589
Crowdinvesting 589

D

Darlehensvertrag 397, *407 ff*
Datenbankwerk 1244
Datowechsel 817
Dauer
– Bindungswirkung 221
– Schutz
  – Gebrauchsmuster 1173
  – Halbleiter 1181 f
  – Marke 1063
  – Muster 1087
  – Patent 1133
  – Werke, Urheberrecht 1255
Dauerschuldverhältnis 217, 1299
– positive Vertragsverletzung 323
Debitor zessus 337
Deckungspflicht
– Genossenschaft 735
Deckungsverhältnis *788*, 793
Deckungswechsel 816
Defensivmarke 1053
Deklarative Wirkung
– Firmenbucheintragung
  – Prokura 558
Deklaratorisches Anerkenntnis 332
Deklaratorisches Wertpapier *770*, 907
Dekompilierung 1261
Delegiertenversammlung 736
Deliktische Haftung 489, 573
Deliktsfähigkeit
– Juristische Person 59 ff
– Natürliche Person 42, *50 f*
Delkrederehaftung 579
Delkredereprovision 579
Demokratisches Prinzip 12
Depot 458
Depotbank 900, 908/1, 927 f
Depotbestätigung 721/2
Depotgeschäft 900
Depotwechsel 816
Depotzwang 908/1
Derivativer Eigentumserwerb 144 f
Derogation 38
Designschutz 1073 f
Destinatar
– Privatstiftung 739
Dezeptivzeichen 1058
Dienstbarkeit 172 ff
Diensterfindung 1122 ff
Dienstleistungsvertrag 388, *433 ff*
Dienstnehmer, Verschulden 499
Dienstnehmererfindung *1122 ff*, 1258
Dienstnehmerhaftung 499
Dienstpflicht 435
Dienstvertrag 434 ff
– freier 436
Differenzanspruch
– nachträgliche Unmöglichkeit 278
Differenzhaftung
– GmbH 681
Dingliche Einwendung *776*, 780
Diskontgeschäft 814
Dispositives Recht *22*, 314, 387, 596/2, 616/3
Diskriminierung 1316, 1397
– Mittelbare 1399
– Unmittelbare 1398
Dissens 223
Dividende *899*, 907
Dokumentenakkreditiv 800
Domain-Grabbing 980
Domain-Name
– Schutz 999
Doppelerfindung 1120 f
Doppelschutzverbot 1076, *1079*, 1084, 1091
Doppelvertretung 89
Dreipersonales Schuldverhältnis 786
Drittelparität 693, 719
Drittfinanzierter Kauf 420
Drittgläubigeranspruch
– OG 641
Drittorganschaft s Fremdorganschaft
Drohung 245 ff
Druckwerktitel
– Schutz 999, *1001*
Dualistisches System 733/4, 736/2
Duldungsvollmacht *81*, 60873
Durchbrechung
– Intabulationsprinzip 158, 193
Durchführung
– Unternehmenszusammenschluss 1227 f

E

EAGV 13

Echte stille Gesellschaft 673
Echter Besitz 124
Echtes Factoring 589
E-Commerce-Gesetz 232
Effekten 758, *897/1 ff*
Effektengiro 900/1, 908/1
Effektive Kapitalerhöhung 725
EGKSV 13
EGV 13
Ehegattenbürgschaft 468
Ehegattengesellschaft 597/1
Eigenart
– Muster 1077/1
– Topographie 1179 ff
Eigene Aktie 915
Eigener Wechsel 809
Eigenkapital ersetzende Gesellschafterleistungen 704
Eigentum 133 ff
– Arten 136 ff
– Beschränkung 134 ff
– Erwerb 143 ff
– Schutz 159 ff
Eigentümergemeinschaft 141/1
Eigentümerpartnerschaft 140, 141/2
Eigentumsblatt 181, *183*
Eigentumsfreiheitsklage 162
Eigentumsklage 160 f
Eigentumstheorie 772
– Patentrecht 1096
Eigentumsvorbehalt *171*, 418
Einantwortung 158
Einberufung
– Generalversammlung 697
– Hauptversammlung 721
Einbringung 681, 550/1
Einbringung in das beschränkte Eigentum 598/3, *618/5*
Einbringung in das Eigentum 598/2, *618/3*
Einbringung zum Gebrauch 598/3, 612/1, *618/4* 646
Einfache Kreditkarte 888/1
Einfache Lizenz 1144/1
Einfaches Legitimationspapier *755 f*, 807
Eingeschränkte Drittorganschaft 736
Eingetragene Erwerbsgesellschaft 616
Eingetragene Personengesellschaft 594, 616
Eingriffshaftung 134, 487, *517*
Einheitspatent 1154/1
Einkaufsausweis 1009
Einkommensfonds 929
Einlage
– AG 716
– GesbR 598/1, 601
– GmbH 681
– KG 657
– OG 618/2 ff, 622 f
– Stille Gesellschaft 673
Einlagenrückgewähr
– KG 667
– verdeckte 702
Einlagepflicht 704
Einlagezahl 181
Einlösungsrückgriff
– Verjährungsfrist 860
Einlösungsverhältnis 788
Einmalausweis 1009
Einpersonen-GmbH 690
Einrede des nicht erfüllten Vertrages 284
Einseitig verpflichtendes Rechtsgeschäft 207
Einseitige Aufrechnung 362
Einseitiger Vertragsrücktritt 354
Einseitiges Rechtsgeschäft 206
Einsichtnahme
– Firmenbuch 539
– Grundbuch 191
Einsichtsrecht
– Aufsichtsrat
  – AG 720
  – Privatstiftung 741
– GesbR 605
– GmbH-Gesellschafter 703
– Handelsvertreter 568
– Kommanditist 660
– OG 632 f
Einspruch
– Patenterteilung 1114 f
Einstimmigkeitsprinzip
– GesbR 603
– GmbH 689
– OG 630
Einstweilige Verfügung
– UWG 1030
Eintragung
– Firmenbuch 540 ff
– in Verzeichnisse 957/1
– Grundbuch 187 ff
Eintragungsgrundsatz 193
Eintritt, Gesellschafter

– GesbR 609 ff
– KG 668
– OG 647 f
Eintrittsklausel, OG 645
Einverleibung 145, 187 f
Einvernehmliche Auflösung 353 f
Einvernehmliche Aufrechnung 363
Einwendung
– Anweisung 793
– Wertpapiererwerb 776, 780, 783
Einwendungsdurchgriff 420
Einzelgeschäftsführung
– GesbR 602/2
– OG 629/1
Einzelunternehmer
– Firma 545/1 f
Einzelprokura 558
Einzelrechtsnachfolge 98
Einzelvertretung
– GesbR 608/2 ff
– GmbH 690
– OG 636
Einzelvollmacht 77
Einziehung
– Aktie 727
Eisenbahn
– Haftung 509
Elektronische Signatur 271, 460
Emissionskonsortium 597/1, 919
Empfehlungskartell 1203, *1206 f*
En-bloc-Abstimmung 719
Enteignung 157
Entgangener Gewinn *484 f*, 573, 1029
Entgelt 1367
– Auftrag 447
– Darlehensvertrag 408
– Diensterfindung 1128 ff
– Entgeltfortzahlung 1374, 1375
– Entgeltlichkeitsvermutung 573
– Entgeltpflicht
  – Arbeitgeber 435
– Kostenvoranschlag 440
– Markenrecht 1067
– Musterrecht 1089
– Patentrecht 1139
– Sonderzahlungen 1373
– Unentgeltlichkeit 1366
– Urheberrecht 1254
– Verwendungsanspruch 520
– Werkvertrag 439
– Zeitlohn 1370
Entlassung 357
Entnahmerecht
– GesbR 606/2
– KG 663
– OG 633/5
Entsagung 370 f
Entschädigungsbürge 465
Entscheidung, EU 13
Entschuldbare Fehlleistung 499
Entsendungsrecht
– Aufsichtsrat 694, 719
Entstehung
– AG 716
– GesbR 597/2 f
– GmbH 682
– juristische Person 56 f
– OG 617
– Privatstiftung 739
Entstehungsquellen, Recht 4
Entwurf Horten 33 f
Entwurf von Martini 34
Entziehung
– Geschäftsführungsbefugnis
  – GesbR 602/4
  – OG 629/3
– Vertretungsbefugnis
  – GesbR 608/7
  – OG 637/1
Erbenhaftung
– Unternehmenserwerb 555 f
– OG 645
Erbrecht 24
Erbschaftskauf 471
Erfinder 1119
Erfinderehre
– Recht 1171
– Schutz 1119
Erfinderischer Schritt
– Gebrauchsmusterrecht 1157, *1160*
Erfindung 1100 ff, 1157 ff
Erfindungshöhe
– Patentrecht 1105
Erfüllung
– Schuld
  – Wertpapier 784
– Vertrag 348 ff
Erfüllungsgehilfe 447, *503*
Erfüllungsübernahme 341
Ergänzender Handelsbrauch 573
Ergebnisbeteiligung
– GesbR 606/1
– KG 661
– OG 633/1 f

Erkenntnisquellen, Recht 4
Erklärungsirrtum 236 f
Erlagscheinwerbung 957
Erlass
– Wertpapierschuld 784
Erleichterte Beweisbarkeit
– Wertpapier 751
Erleichterte Übertragbarkeit
– Wertpapier 752
Erleichterung
– Güterumlauf 754
Erlöschen
– Anweisung 794
– Patent 1146 f
– Pfandrecht 166
– Scheck 880
– Vollmacht 82 ff
– Wechsel 843
– Wertpapier 784 f
Ermächtigung 75
Ermächtigungsnormen 1343
Erneuerungsschein 899
Ernstlichkeit, mangelnde 199
Errichtung
– OG 617
Ersatz
– Aufwendungen
  – Auftrag 449
  – Geschäftsführung ohne Auftrag 522 ff
  – Kommissionsgeschäft 578
  – OG 632
Ersitzung 126, 148, 193
Erstrückgriff, Verjährungsfrist 860
Erwerb
– Besitz 127 f
– Dienstbarkeit 173
– Eigene Aktie 915
– Eigentum 143 ff
– Gutgläubiger 99, *147 f*
  – Aktie 908 f
  – Forderung *753*, 772, 775, 778, 782, 784
  – Sparbuch 893
– Mitgliedschaft, GmbH 705
– Pfandrecht 165, 470
EU
– Rechtsquellen 13
Eurocheque 887 f
Europäische Genossenschaft s SCE
Europäische Gesellschaft s SE
Europäisches Gesellschaftsrecht 595, 674 f, 733/1 ff, 736/1 f
Europäisches Harmonisierungsamt für den Binnenmarkt 1072
Europäische wirtschaftliche Interessenvereinigung s EWIV
EVÜ 39
EWIV 674 f
– Anwendungsbereich 675
– Firma 545
– Unternehmereigenschaft 532
Exekution zur Sicherstellung 863

F

Fachsprache
– Wörter
  – Markenschutz 1043
Factoring 421, 589
Fahrlässigkeit
– Grobe 84, 293, 485, *498*, 500, 778, 828, 1029
– Leichte *498*, 500, 505, 573, 1029
Fallgruppen
– § 1 UWG 953 ff
Fälligkeit
– Aufrechnung 362
Falschlieferung 575
Fälschung
– Scheck 881
– Wechsel 824
Falsus procurator *86*, 823 f
Familienrecht 24
Faustpfand 164, 166
Fehlbezeichnung 237
Fehlerhafter Hauptversammlungsbeschluss 722
Fehlleistung, entschuldbare 499
Fernabsatz 230 ff
– Verbrauchergeschäft 230
– Informationspflichten 230/3
Fernkommunikationsmittel
– Verbrauchergeschäft 230 ff
Fernabstimmung 721
Fernteilnahme 721
Feststellungsantrag
– Gebrauchsmusterrecht 1177
– Kartellrecht 1211
– Patentrecht 1143
Filialvertretung
– OG 637
Filmkunst
– Werk 1237 f, 1241

Finanzierungsmodelle 589 f
Finanzmarktaufsichtsbehörde 906
Finanzwechsel 815
Finderlohn 155
Firma *544 ff*, 1033, 1035, 1064
- AG 545/2
- Begriff 544
- Einzelunternehmer 545/1 f
- Europäische Gesellschaft 545/2
- Europäische Genossenschaft 545/2
- EWIV 545/2
- Freier Beruf 545/3
- Genossenschaft 545/2
- GmbH 545/2
- Grundsätze 547
- KG 545/1 f
- OG 545/1 f, 616/3
- Privatstiftung 545/2
- Rechtsformzusatz 545/2
- Schutz 548, 1001 f
- Unternehmer kraft Eintragung 535

Firmenausschließlichkeit 547
Firmenbeständigkeit 547
Firmenbildung 545 ff
Firmenbuch 537 ff
- Einsichtnahme 539
- Eintragung
  - AG 540, 716
  - Deklarative 540/3
  - Eintragungspflicht 530, 540, 597/3
  - Eintragungsrecht 530, 533, 540
  - GesbR 530, 540, 597/3
  - GmbH 540, 682
  - GmbH-Geschäftsführer 688
  - KG 540, 656, 665, 669
  - Konstitutive 540/3
  - OG 530, 540, 617
  - Privatstiftung 540, 739
  - Prokura 558, 560
  - Publizitätswirkung 541
  - Unternehmereigenschaft 540/1
  - Unternehmer kraft Eintragung 535
  - Verfahren 542 f
- Führung, Zuständigkeit 537
- Gliederung 538
- Negative Publizität 541
- Positive Publizität 541
- Verfahren 542 f
- Zweck 537

Firmeneinheit 547
Firmengrundsätze 547 f
Firmenöffentlichkeit 547
Firmenschutz 548
Firmenwahrheit 545, 547
Firmenwert 547
Fixgeschäft 289
Fonds, gemeinnütziger 747
Förderungsauftrag
- Genossenschaft 734

Form
- Akzept 830
- Annahme 224
- Bürgschaftsvertrag 460
- Gesellschaftsvertrag
  - AG 714
  - GesbR 597/2
  - GmbH 679
  - OG 617
- GmbH-Beschluss 700
- Rücktritt, Haustürgeschäft 252
- Übertragung, GmbH-Geschäftsanteil 706
- Vereinbarung, Diensterfindung 1125
- Vertrag 269 ff
- Vollmachtserteilung 74, 81
- Wechselbürgschaft 856
- Willenserklärung 201

Formale Dokumentenstrenge 800
Formelle Prüfungspflicht 779
Formelle Publizität
- Grundbuch 191

Formelle Rückgriffsvoraussetzungen
- Scheck 871, *886*
- Wechsel 851 ff

Formelle Wechselstrenge 811
Formelles Recht 18
Formfreiheit 269 ff
Formmarke 1052/1
Formungültiger Wechsel/Scheck
- Umdeutung 798

Fortfaitierung 589
Fortfall
- Geschäftsgrundlage 236

Fortsetzungsbeschluss
- OG 643/1, *644/1*, 650

Fortsetzungsklausel
- OG 645

Frachtbrief 585, 804
Frachtbriefdoppel 585, 805
Frachtgeschäft 583 ff
Frachtvertrag 445, 581, *584*, 804
Franchisenehmer 566

Franchisevertrag 397, 410, *413*
Frei gewordene Erfindung 1126
Freiaktie 913
Freie Erfindung
– Arbeitnehmer 1125
Freier Beruf 529, 531, 545/3, 572, 597/1, 616/3
Freier Dienstvertrag 436
Freies Werk 1252
Freihaltebedürfnis *1000*, 1043
Freistellungsverordnung 1210
Freizeichen *1059*, 1069
Fremdgeschäftsführer 683, 685
Fremdorganschaft 683
– eingeschränkte 736
– GesbR 608/6
– OG 652
Fremdwährungswechsel 817
Frist
– Besitzstörungsverfahren 131
– Ersatzanspruch, Produkthaftung 514
– Gewährleistung 306 ff
– Hypothekenübernahme 342
– Kündigung 356, 401, 644
– Rücktritt, Haustürgeschäft 251 f
– Verjährung *375*, 507, 869, 1024, 1130, 1141
– Vertragsanfechtung
  – Irrtum 241
  – Laesio enormis 258
  – List 244
  – Zwang 248
– Vorlegung, Scheck 878 f
Fristentheorie 642
Fruchtgenuss 175, 403
Fund 155
Funktion
– Indossament 795, *835*
– Marke 1048 ff
– Patentrecht 1096 ff
– Schadenersatzrecht 479 ff
– Wechsel 812 ff
– Wertpapier, wirtschaftliche 757 ff
Funktionsperiode
– AG-Aufsichtsrat 719
Fürsorgepflicht 435
Fusion 728 ff

G

Garantie 324 ff
Garantiefunktion
– Indossament 795, *835*, 875
Garantievertrag 469
Garderobemarke 756
Gastwirtehaftung 456
Gattungssache 112
Gattungsvollmacht 78
Gebietskartell 1199
Geborenes Orderpapier 762
Gebräuche im Geschäftsverkehr 2, 573
Gebrauchsmusterblatt, Österreichisches s Österreichisches Gebrauchsmusterblatt
Gebrauchsmusterrecht 942, 1073, 1122, *1155 ff*
– Beendigung 1174 ff
– Begriff, Gebrauchsmuster 1157 ff
– Registrierungsverfahren 1164 ff
– Schutzumfang 1170 ff
– Übertragung 1170
– Zweck 1156
Gebrauchsmusterregister 1168, 1171
Gebrauchsmusterschrift 1168, 1171
Gebrauchsmusterurkunde 1168, 1171
Gebrauchsüberlassungsvertrag 388, *397 ff*
Gebrauchsvorbehalt 1069
Gefährdungshaftung 487, *508 ff*
Gefälligkeitsakzept 815
Gegen die öffentliche Ordnung verstoßendes Muster 1076, 1084, 1091, 1163
Gegenseitigkeit
– Aufrechnung 362
Geheimer Vorbehalt 199
Geheimhaltung
– Diensterfindung 1127
Geheimmuster 1082
Gehilfe 433, 438, 447, *502 ff*
Gehilfenhaftung 59, *502 ff*
Geistiges Eigentum
– Schutz 1237
Gekorenes Orderpapier 762
Geld, Vermischung 152
Geldbußen-System
– KartG 1188, 1236
Geldersatz
– Gewährleistung 318
Geldschuld 283/1, 286
Geldwäscheparagraph 895
Gelegenheitsgesellschaft 597/1
Geltungswille 199
Gemeinnützige Stiftung 746

Gemeinnütziger Fonds 747
GemeinschaftsgeschmacksmusterVO 1095/1 f
Gemeinschaftsmarkengericht 1072
GemeinschaftsmarkenVO 1072
Gemeinschaftsrecht 13
Gemischte Firma 545
Gemischte Gesamtvertretung 636
Gemischter Fonds 929
Genehmigtes Kapital 725
Generalhandlungsvollmacht 562
Generalklausel, UWG 944, *949 ff*
Generalversammlung
– Genossenschaft 736
– GmbH 695 ff
  – Einberufung 697
  – Stimmrecht 698
  – Umlaufbeschluss 695, 699
– Verein 743
Generalvollmacht 79
Generelle Rechtsquellen 5
Genossenschaft 734 ff
– Anwendungsbereich 734
– Begriff 734
– Firma 545/1 f
– mit beschränkter Haftung 735
– mit Geschäftsanteilshaftung 735
– mit unbeschränkter Haftung 735
– Organe 736
– Rechtspersönlichkeit 735
– Unternehmereigenschaft 532, 735
– Verschmelzung 728
Genugtuung, volle 485
Genussschein 931
– nach § 174 (3) AktG 931 f
Geographische Angabe 948, 989, 1047, 1066
Gepäckschein 756
Gerichtliche Hinterlegung 294, *359*
Gerichtliche Pfändung 165
Gerichtliche Schriftform 272
Geringfügiger Mangel 300
Geruchsmarke 1045
Gesamtänderung
– Bundesverfassung 12
Gesamtgeschäftsführung
– Genossenschaft 736
– GesbR 602/2
– GmbH 689
– OG 629/1
Gesamthandeigentum 142
Gesamthandforderung
– GesbR *598/4*, 609/1
Gesamthandschaft
– OG 616/3, *618/6*
Gesamtprokura 558
Gesamtrechtsnachfolge *98*, 610, 614/3, 644/2, 672/1, 729, 731, 733
Gesamtsache 98, *109*
Gesamtschuld *344*, 573
Gesamtschuldner 344
– Scheckrecht 848
– Wechselrecht 884
Gesamtvertretung
– GesbR 608/2, 608/5
– Genossenschaft 736
– GmbH 690
– OG 636
Gesatztes Recht 6
GesbR 596 ff
– Abfindung 612/1
– Abwicklung 615/2
– Actio pro socio 607/3
– Aktivvertretung 608/5
– Anwendungsbereich 597/1
– Arbeitsgesellschafter *601/3*, 603, 606/1
– Auffangfunktion 596/1, *607 ff*
– Auflösung 613/1, 615/1
– Aufwendungsersatz 607/4
– Auseinandersetzung 612 f
– Ausschluss 609
– Austritt 609
– Außengesellschaft *596/4*, 597/4, 608, 608/4, 615/1
– Außenverhältnis 608 ff
– Beendigung 615 ff
– Beitragspflicht 601 ff
– Eigengeschäft 608/10
– Einlagenleistung 598/1, 601
– Einsichtsrecht 605
– Eintritt 609
– Einzelgeschäftsführung 602/2
– Einzelvertretung 608/2 ff
– Entnahmerecht 606/2
– Entziehung
  – Geschäftsführung 602/4
  – Vertretung 608/7
– Ergebnisermittlung 606
– Ergebniszuweisung 606/1
– Firmenbucheintragung 530, 540, 597/3
– Förderungspflicht 607
– Fortsetzung mit Erben 613 ff

– Fremdorganschaft 608/6
– Gesamtgeschäftsführung 602/2
– Gesamtrechtsnachfoge 610, 614, 614/3
– Geschäftsführung 602 ff
– Geschäftsübernahme 615/1
– Gesellschafter 597
– Gesellschafterbeschluss 603
– Gesellschafternachfolge 609 ff
– Gesellschafterwechsel 609
– Gesellschaftsanteil 600 f
– Gesellschaftsforderung *598/4*, 609/1
– Gesellschaftsname 596/4, *597/4*
– Gesellschaftsvermögen 598 ff
– Gesellschaftsvertrag 597/2
– Gewinnausschüttung 606/2
– Gleichbehandlung 607/2
– Gründung 597 ff
– Haftung *608/8 ff*, 611 ff
– Innengesellschaft 596/4
– Innenverhältnis 599 ff
– Interessenwahrung 607
– Kapitalanteil 601/1
– Kontrollrecht 605
– Liquidation 615/2
– Miteigentum 598/2
– Mitwirkungspflicht 593/1, 601/2, 607
– Nachschuss 607/4
– Name 596/4, *597/4*
– Nebengeschäft 604 f
– Passivvertretung 608/5
– Rechnungslegung 602/1, 606
– Rechnungslegungspflicht 530, 540
– Rechtspersönlichkeit 596/3
– Rechtsübergang 610 ff
– Reform 596
– Selbstorganschaft 608/1
– Tod 613/1
– Treuepflicht 607/1
– Umwandlung 614 ff
– unternehmenstragend *596/4*, 604/1, 608/4
– Vermögensordnung 598 ff
– Vertretung 603, 608/2 ff
– Verzinsung 607/4
– Wettbewerbsverbot 604 f
– Zweck 597/1

Geschäftsabzeichen
– Schutz 999

Geschäftsanteil
– GmbH 680, 705 ff
  – Übertragung 705
  – Vinkulierter 706

Geschäftsanteilsschein 765
Geschäftsaufsicht 850, 853
Geschäftsbezeichnung 544, 1036
Geschäftsbrief 531
Geschäftsfähigkeit
– Juristische Person 58
– Natürliche Person 42 ff
– Stellvertretung 72
– Wechsel- 818, *820*

Geschäftsführer
– GmbH 683 ff
  – Abberufung 685 f
  – Anstellung 684
  – Bestellung 683
  – Fremdgeschäftsführer *683*, 685
  – Gesellschafter-Geschäftsführer *683*, 685 f
  – Geschäftsführung 689
  – Haftung 692
  – Insichgeschäft 690
  – Rechnungslegung 691
  – Rücktritt 687
  – Vertretung 690
  – Wettbewerbsverbot 691

Geschäftsführung
– AG 717
– GesbR 602 ff
– GmbH 689
– im Notfall 521 f
– KG 658
– nützliche 521, *523*
– OG 629 ff
– ohne Auftrag 521 ff
– Privatstiftung 741
– SE 733/4
– Stille Gesellschaft 673
– unnütze 524
– Verein 743

Geschäftsgeheimnis
– Verletzung 1011

Geschäftsgrundlage
– Fortfall 236

Geschäftsirrtum 238 f
Geschäftspraktiken 947/1
– aggressive 980/1 ff
– RL gegen unlautere 991

Geschäftsübernahme
– GesbR 615/1
– OG 616/3, 644/2

Geschäftsunfähigkeit 43 ff
– Bürgschaft 462

– Erwerb
  – Inhaberpapier 776
Geschichte
– Privatrecht 33 ff
Geschlossener Fonds 929
Gesellschaft bürgerlichen Rechts s GesbR
Gesellschaft mit beschränkter Haftung s GmbH
Gesellschafter
– GesbR 597
– GmbH
  – Ausschluss 709 ff
  – Erwerb der Mitgliedschaft 705 f
  – Rechte 702 f
  – Pflichten 704
  – Verlust der Mitgliedschaft 708 ff
– KG 654
– OG 616/3
Gesellschafterbeschluss
– AG 722/1
– GesbR 603
– GmbH 695 ff
  – Anfechtung 686, *701*, 703
  – Beschlussgegenstände 696
  – Beschlussmehrheiten 699
  – Niederschrift 700
– OG 630 f
Gesellschafter-Geschäftsführer *683*, 685 f
Gesellschafterwechsel
– GesbR 609
– GmbH 705 ff
– KG 671 f
– OG 643 ff
Gesellschaftsforderung
– GesbR *598/4*, 609/1
Gesellschaftsrecht 592 ff
Gesellschaftsschulden
– Haftung
  – AG 712
  – GesbR *608/8 ff*, 611 ff
  – GmbH 676
  – KG 654, *665 ff*
  – OG 616/3, *638 ff*, 645
  – Stille Gesellschaft 673
Gesellschaftsvermögen
– GesbR 598 ff
– GmbH 680
– OG 618 ff
Gesellschaftsvertrag 388, 432
– GesbR 597/2
– GmbH 679
– OG 617
Gesetzbuch
– Josephinisches 33 f
– Westgalizisches 34
Gesetzeslücke 32
Gesetzesverstoß 263
Gesetzliche Stellvertretung 68 f
Gesetzliche Vertragsübernahme 346
Gesetzliche Zession 335
Gesetzlicher Vertreter 68 f
Gesetzliches Pfandrecht 165
– Frachtführer 586
– Kommissionär 578
– Spediteur 582
Gesetzliches Schuldverhältnis 197, *477 ff*
Gesetzmäßigkeitsprüfung
– Gebrauchsmusteranmeldung 1166
– Markenanmeldung *1057*, 1060
– Musteranmeldung 1084
Gesetzwidrigkeit 22, *262 ff*
Gewährleistung 295 ff
– Ausschluss 311 ff
– Fristen 306 ff
– Leasingvertrag 412
– Mängelarten 298 ff
– Rechtsfolgen 301 ff
– Schadenersatz 316 ff
– Warenkauf 575
Gewaltentrennendes Prinzip 12
Gewerbliche Anwendbarkeit, Erfindung
– Gebrauchsmusterrecht 1157, *1162*
– Patentrecht 1103
Gewerblicher Rechtsschutz 941
Gewillkürte Form 274
Gewinn
– Entgangener *484 f*, 573, 1029
– Herausgabe
  – Musterrecht 1089
  – Patentrecht 1139
  – Urheberrecht 1254
– Verbraucher 958
Gewinnabsicht 946
Gewinnausschüttung, verdeckte 702
Gewinnbeteiligung
– GesbR 606/1
– KG 661
– OG 633/1 ff
Gewinnschuldverschreibung 922
Gewohnheitsrecht 7
Gezogener Wechsel 810

Gläubigerverzug 279, *292 ff*, 575
Gläubigerwechsel 333
Gleichartigkeit
– Aufrechnung 362
Gleichbehandlung *607/2*, 627, 1386
Gleichbehandlungsgesetz 1315
Gleichheit
– Markenrecht 1069
Globalaktie 916
Glücksvertrag 388, *471 ff*
GmbH 676 ff
– Anfechtung 686, 701, 703
– Anwendungsbereich 678
– Aufsichtsrat 682, 693 f
– Bareinlage 681
– Beendigung 711
– Begriff 676
– Differenzhaftung 681
– Erwerb der Mitgliedschaft 705 ff
– Firma 545/1 f
– Firmenbucheintragung 682
– Fremdgeschäftsführer *683*, 685
– Generalversammlung 695 ff
– Geschäftsanteil 680
– Geschäftsführer 682 ff
– Geschäftsführung 689
– Gesellschafter-Geschäftsführer *683*, 685 f
– Gesellschaftsvermögen 680
– Gesellschaftsvertrag 679
– GmbH-Light 677, *681/1*
– Gründung 679 ff
– Gründungsprivilegierung 677, *681/2*
– Haftung 692
– Hälfteklausel 681
– Handelndenhaftung 682
– Insichgeschäft 690
– Kapitalaufbringung 680 ff
– Karenzierung 709
– Mitgliedschaft, Erwerb/Verlust 705 ff
– Notgeschäftsführer 683, 685
– Organe 683 ff
– Prokura 689
– Rechnungslegung 691, 693
– Rechtspersönlichkeit 676
– Rechtsstellung, Gesellschafter 702 ff
– Sacheinlage 681
– Sonderrecht 686
– Stammeinlage 679 f
– Stammkapital 680 f
– Umlaufbeschluss 695, 699
– Unternehmereigenschaft 532, 676
– Verlust der Mitgliedschaft 708 ff
– Vertretung 690
– Vorgesellschaft 682/1
– Weisungsrecht, Generalversammlung 689
GmbH-Light 677, 681/1
GmbH & Co KG 546, 655
Goodwill 547
Grammatikalische Auslegung 28
Gratisaktie 913
Grenzüberschreitende Verschmelzung 730/1
Grobe Fahrlässigkeit 84, 293, 485, *498*, 500, 778, 828, 1029
Grober Undank 431
Grobes Verschulden 500
Grundbegriffe 1 ff
Grundbuch 95, 108, 145, 148, 158, 165 f, *179 ff*, 426, 474
– Aufbau 181 ff
– Begriff 180
– Eintragungen 187 ff
– Prinzipien 191 ff
Grunddienstbarkeit 174
Grundkapital *715*, 909
– Erhöhung 723 ff
– Herabsetzung 723, *727*
Grundsätze
– Auslegung 25/1 ff
– Bürgschaft 461
– Firmenrecht 547
– Grundbuch 191 ff
– Kapitalaufbringung
  – GmbH 681
– Pfandrecht 166
– Sachenrecht 95 ff
Grundstücksverzeichnis 186
Gründung
– AG 713 ff
  – Qualifizierte 716
– GesbR 597 ff
– GmbH 679 ff
– Juristische Person 56 f
– KG 656
– OG 617
– Privatstiftung 740
– SCE 736/2
– SE 733/3
– Verein 742
Gründungsbericht
– AG 716
Gründungsprivilegierung 681/2

Gründungsverträge
- EU 13
Gruppenfreistellungsverordnung 1210
Gültigkeit
- Aufrechnung 362
Günstigkeitsprinzip 1285
- Gruppenvergleich 1286 f
Gute Sitten
- ABGB 196, 260, 262, *266*, 493, 1163, 1220
- UWG 949 ff
Gutgläubiger Eigentumserwerb 147 f
Gutgläubiger Forderungserwerb 753, 772, 775, 778, 782
Gutgläubiger Pfandrechtserwerb 165
Gutsbestandsblatt 181 f
Gutschrift
- Scheckeinlösung 882

H

Haager Musterabkommen 1095
Haftsumme, KG 657, *665 ff*
Haftung
- Amts- 15, *506*
- Aufsichtsperson 51
- Bauwerk 516
- Billigkeits- 51
- Deliktische 489
- Dienstnehmer- 499
- Differenz-
  - GmbH 681
- Eingriffs- 134, 487, 517
- Erbe
  - GesbR 613/2
  - OG 645
- Falsus procurator 86, 823 f
- Frachtgeschäft 586
- Gastwirt 456
- Gefährdungs- 508 ff
- Gehilfen- 59, *502 ff*
- Genossenschafter 735
- Gesellschafter
  - GesbR *608/8 ff*, 611 ff
  - GmbH 676
  - KG 665 ff
  - OG 616/3, *638 ff*, 645
- GmbH-Geschäftsführer 692
- Handelnden- 682
- Kommissionsgeschäft 579
- Leute- 505
- Organ- 506
- Pfand-
  - ungeteilte 166
- Produkt- 510 ff
- Prospekt- 905
- Schadenersatzrecht 487 ff
- Speditionsgeschäft 582
- Tier 515
- Unternehmenserwerb 531, *551 ff*
- Verbrauchergeschäft 500
- Verein 744
- Verschuldens- 487 ff
- Vertrags- 489
- Wechsel 848
- Wechselbürge 857
- Wegehalter 505
Haftungsausschluss
- Unternehmensübergang 552 f, 555 f
- Verbrauchergeschäft 500
Halbleiterschutzrecht 942, *1178 ff*
Halbleiterschutzregister 1180 f
Hälfteklausel 681
Handeln
- zu Wettbewerbszwecken 945, *947*
- im geschäftlichen Verkehr 945 f
Handelndenhaftung 682/1
Handelsbrauch 2, *573*
Handelsgericht 1018
Handelsmakler 564, *571*
Handelsrechtsreform 525, 616
Handelssitte 2
Handelsvertreter 564 ff
- Begriff 565
- Pflichten 569
- Rechte 568
Handelsvertretervertrag 450 f, 567
- Beendigung 570
Handelswechsel 813
Handkauf 417
Handlungsfähigkeit
- Juristische Person 58 ff
- Natürliche Person 42
Handlungsvollmacht 80, 557, *561 ff*
Handwerkerverträge 231/4
Hauptbuch
- Firmenbuch 538
- Grundbuch 181
Hauptsache 108
Hauptversammlung 721 ff
- Abstimmung per Brief 721
- außerordentliche 721
- Beschlussvorschlag 721/1
- Beschlussfähigkeit 722/1
- Beschlussmehrheiten 722/1

– Einberufung 721/1
– Fernabstimmung 721
– Fernteilnahme 721
– Notarielle Beurkundung 722/1
– ordentliche 721
– Präsenzversammlung 721
– Satellitenversammlung 721
– Tagesordnung 721/1
– Teilnehmerverzeichnis 722
– Übertragung 721
– Vertretung 721/2
– Vollmacht 721/2
– Vollversammlung 721/1
– Vorbereitung 721/1
– Vorsitz 722
Hauptvertrag 389 ff
Haustürgeschäft 230 ff, 249 ff
Hemmung
– Verjährung 377
Herabsetzung
– Mitbewerber 964
– Unternehmen *994 ff*, 1027
Herausgabe
– Bereicherung
 – Markenrecht 1067
Herausgabepflicht
– GesbR 607/4
– Kommissionär 579
– OG 634
Herkunftsangabe 948, 989, 1047
Herkunftsfunktion
– Markenrecht 1048
Herrenlose Sache 102
Herrschaftsrecht 24
Herstellungsart
– Angabe 989
Hilfseinrichtung
– Grundbuch 186
Hilfsperson 433, 438
Hinterlegung 294, *359*, 575
Historische Auslegung 31
Historischer Abriss
– Privatrecht 33 ff
Höchstbetragshypothek 167
Hoffnungskauf 471
Höhe
– Schadenersatz 490
Holschuld 283
Horizontale Beschränkung 1205
Hyperlink 1026
Hypothek *164 ff*, 925
– Höchstbetrags- 167
– Simultan- 168
Hypothekenpfandbrief 764
Hypothekenübernahme 342

I

Ideeller Schaden 486
Identitätsprüfung
– Sparbucheinzahlung 895
Illatio quoad dominium 598/2, *618/3*
Illatio quoad sortem 598/3, *618/5*
Illatio quoad usum 598/3, 612/1, *618/4* 646
Immaterialgüterrecht 24, *942*
Immaterieller Schaden 486
Immission
– behördlich genehmigte Anlage 134, 517
Immobilienkauf
– Rücktrittsrecht
 – Verbraucher 255
Immobilienmiete
– Rücktrittsrecht
 – Verbraucher 255
Importeur
– Haftung 510 ff
Individualmarke 1054
Individuelle Rechtsquellen 5
Indossament 762, 777, 795, 797, *834 ff*, 870, 875
Indossamentenkette 779, 795, *834*
Industrieobligation 802
Industrielle Revolution 1272
Informationspflichten, Fernabsatz 230/3
Inhaberaktie 760, 908
Inhaberpapier
– Begriff 760
– Übertragung 775 f, 908/1
Inhaberscheck 760, *874*
Inhaberschuldverschreibung *760*, 802
Inhaltsfreiheit 387
Inhaltsverbot
– Vertrag 264
Inhaltswille 199
Inkassoindossament 837
Inlandsscheck
– Vorlegungsfrist 878
Innehabung 113 f
Innenverhältnis
– GesbR 599 ff
– KG 657 ff
– OG 619 ff

Innere Priorität
- Gebrauchsmuster 1165
- Patent 1109
Insichgeschäft *89 f*, 690
Insolvenzwarenverkauf 989
Intabulation 145, *187 f*
Intabulationsprinzip 193
Internationaler Markenschutz 1071 f
Internationaler Musterschutz 1094 f
Internationales Büro für den Schutz des geistigen Eigentums 1095
Internationales Factoring 589
Internationales Patentrecht 1152 ff
Internationales Privatrecht 39
Internet
- Bezahlung 888/3
- Verbrauchergeschäft 230 ff
Internetwerbung 973
Interpretation 25/1 ff
- Grammatikalische 28
- Historische 31
- Systematische 29
- Teleologische 30
- Willenserklärung 202
Interpretierender Handelsbrauch 573
Inventurverkauf 1017
Investitionsfunktion, Marke 1050/1
Investmentanteilsschein 927 ff
Investmentfonds 927 ff
Investmentzertifikat 764, 898, 903, *927*, 930
Irreführende Marke 1069
Irreführung 981 ff
Irreführungseignung
- Angabe 984
Irreführungsrichtlinie 991
Irreführungsverbot 545
Irrtum *234 ff*, 330
Irrtumsanfechtung *239 ff*, 431
Ius variandi *848*, 884

J

Josephinisches Gesetzbuch 33 f
Judikatschuld
- Verjährung 375
Junge Aktie 914
Juristische Person 52 ff
- Arten 54 f
- Begriff 52 f
- Deliktsfähigkeit 59 ff
- des öffentlichen Rechts 55 f
- des privaten Rechts 55, 57
- GesbR 596/3
- Geschäftsfähigkeit *58*, 70
- Gesellschaftsrecht 596/3, 618, 676, 712, 735, 739
- GmbH 676
- Gründung 56 f
- OG 618

K

Kaduzierung 709
Kalkulationsirrtum 236
Kalkulationskartell 1200
Kapital
- GmbH 680 f
Kapitalanteil
- GesbR 601/1
- KG 657, 662
- OG 620, *623 f*
Kapitalaufbringung
- GesbR 598/1
- GmbH 680 ff
- OG 618/1
Kapitalberichtigung *726*, 913
Kapitalerhöhung *724 ff*, 914
Kapitalgesellschaft 594, 676 ff
Kapitalherabsetzung 727
Kapitalkonto
- OG 624
Kapitalmarkt 897/1
Kapitalmaßnahmen
- AG 723 ff
Kartell
- Arten 1195 ff
- Begriff 1189, 1203
- Genehmigung 1208
Kartellgericht 1192, 1224, 1225, 1228
Kartellrecht 940, *1187 ff*
- Ausnahmen 1208 ff
- Europäisches 1187
- Österreichisches 1198 ff
- Rechtsdurchsetzung 1232 ff
- Verpflichtungszusagen 1233
- Zwangsgelder 1234
Kartellverbot
- Ausnahmen 1208 ff
- Bereichsausnahmen 1213 ff
- Legalausnahmen 1209
Kassenobligation 898
Katalog, Verbrauchergeschäft 230 ff
Katastralgemeinde 181
Katastralzahl 182

Kauf 414 ff
- auf Probe 423
- Drittfinanzierter 420
- Erbschafts- 471
- Hand- 417
- Hoffnungs- 471
- Kredit- 171, 418
- nach Probe 424
- Raten- 419
- Warenkauf 574 f
- zur Probe 425
Kaufvertrag 414 ff
Kaufzwang
- physischer 980/7
- psychischer 980/8
Kausale Tradition
- Wertpapier *775*, 777
Kausales Rechtsgeschäft 214
Kausales Wertpapier 766, *768*
Kausalitätsprinzip 491
Kautionswechsel 816
KEG 616, 654/1
Kellereigentum *104*, 178
Kennzeichenrecht 1033
Kernanlage/Kernmaterial
- Haftung 509
Kernbereichslehre 630/1, 647
KG 654 ff
- Anwendungsbereich 655
- Außenverhältnis 664 ff
- Bedungene Einlage 657, 662 f
- Beendigung 649 ff, 665
- Begriff 654
- Einlagenrückgewähr 667
- Eintritt 668
- Entnahmerecht 663
- Ergebnisbeteiligung 661
- Firma 545/1 ff
- Geschäftsführung 658
- Gesellschafterwechsel 671 f
- Gründung 656
- Haftsumme 657, 665 ff
- Haftung 665 ff
- Innenverhältnis 657 ff
- Kapitalanteil 657, 662
- Kontrollrecht 660
- Pflichteinlage 657, 662 f
- Prokura 664
- Rechtspersönlichkeit 616/3, 654
- Tod 671
- Vertretung 664
- Wettbewerbsverbot 659
- Zwischenschulden 670 f
Kettenarbeitsvertrag 1413
Kind
- Deliktsfähigkeit 51
- Geschäftsfähigkeit 44
Klage auf Mitwirkung
- OG 629/3, 644/1
Klangmarke 1045
Klassifikation von Nizza 1055
Kleines Patent 1155
Knebelungsvertrag 266
Kollektivvertrag 1270, 1280, 1466
- Diensterfindung 1125
- Nachwirkung 1475
- Rosinentheorie 1287
Kollektives Arbeitsrecht
- Berufsverfassungsrecht 1451
- Betriebsverfassungsrecht 1451
- Berufsverbandsrecht 1452 ff
- Wirtschaftskammer 1457
Kollusion 88, 637
Kombinierte Marke 1051
Kommandit-Erwerbsgesellschaft s KEG
Kommanditgesellschaft s KG
Kommanditist 654
Kommissionsagent 566, 576
Kommissionsgeschäft 453, *576 ff*
Kommissionsvertrag 450, 453, 577
Kommunalobligation 926
Kommunalschuldverschreibung 898, 903
Kompensation 360 ff
Komplementär 654
Konditionenkartell 1197
Konfusion 369
Konkurrierende Normen 32/1
Konkurs 461, 560, 570, 615/1, 643/1, 644/1, 649 ff, 665, 692, 711, 735, 850, 853
Konkursverschleppung 692
Konnexe Forderung
- Speditionsgeschäft 582
Konossement 795, *803*
Konsens 223
Konsensualvertrag 385
Konstitutives Wertpapier 769
Konstruktionsmangel 511 f
Konsulent 436
Kontokorrent 573
Kontrahierungszwang 196
Kontrollbank, Österreichische s Österreichische Kontrollbank

Kontrollrecht
- GesbR 605
- GmbH 703
- KG 660
- OG 632 f
Konventionalstrafe 390, *394*
Kopierschutz
- Beseitigung 962
Koppelungsangebot 1007
Körperschaft 594
Körperliche Sache 93
Kostenvoranschlag 440 ff
- Überschreitung 442
- Entgelt 440
- mit Gewähr 441
- ohne Gewähr 441 f
Kraftfahrzeug
- Haftung 509
Kraftloserklärung *785*, 892
Kränkung 486
Kreationstheorie 772
Krediteröffnungsvertrag 408/1
Kreditfunktion
- Wechsel 815
Kreditkarte 888 ff
- einfache 888/1
- Missbrauch 888/3
- qualifizierte 888/2
Kreditkauf *171*, 418
Kreditkonsortium 596
Kreditmittel 754
Kreditschädigung 998
Kreditverkehrsfunktion
- Wertpapier 757
Kreditvertrag 408/1
- verbundener 420
Kreditwechsel 815
Kriterien
- Verschuldenshaftung 488 ff
Kritisierende vergleichende Werbung 965
Kronzeugenregelung 1193
Kumulative Kausalität 492
Kundenfang 967 ff
Kündigung 355 ff, 1418
- Arbeitsrecht
  - Kündigungsfristen und Kündigungstermine 1424
  - Kündigung nach dem Arbeitsverfassungsgesetz 1429
  - Kündigungsvorverfahren 1431
  - Motiv 1439
  - Schutz 1438
  - Sozial ungerechtfertigte 1440
- Außerordentliche *357*, 408, 643
- Betriebsrat 1433, 1476
  - Ausdrückliche Zustimmung 1433
  - Ausdrücklicher Widerspruch 1434
  - Keine Stellungnahme 1437
- Gesellschafter
  - GesbR 613/1
  - OG 643/1 f, 649 f
  - GmbH 710
- Geschäftsführung
  - GesbR 602/4
  - OG 619/1, 629/4
- Mietverhältnis 401
- Ordentliche 356
Kündigungsfrist s Kündigung
Kündigungstermin s Kündigung
Kündigungsschutz s Kündigung
- besonderer 1449
Kuponbogen 899
Kurswert
- Aktie 917

L

Ladeschein 585, 759, 762, 795, *803*
Laesio enormis s Verkürzung über die Hälfte
Lagerempfangsschein 807
Lagergeschäft 457, *587*
Lagerschein 587, 754, 759, 763, 795, *806*
Lagervertrag 587
Laienwerber 980/11
Land- und Forstwirt 529, 531, 572, 616/3
Landtag 6, 13
Lastenblatt 181, *184*
Leasingvertrag 397, *410 ff*, 589
Lebensmittel
- irreführende Bezeichnung 992
Leerübertragung
- Markenrecht 1064
Legalausnahmen
- Kartellverbot 1209 ff
Legalitätsprinzip
- Grundbuch 195
Legalzession 335, 463, 550
Legitimationsfunktion
- Indossament 795, *835*, 875
Legitimationspapier, einfaches *755 f*, 807

Leibrente 176, 471, *474 f*, 642/2
Leichte Fahrlässigkeit *498*, 500, 505, 573, 1029
Leihvertrag 397, *405 f*
Leistung an Zahlungs Statt 366 ff
Leistung zahlungshalber 367 f
Leistungserbringung 348 f
Leistungskondiktion 519
Leistungsschutzrecht, verwandtes 1245
Leistungsstörung 275 ff
Leistungsverzug 282 ff
Leutehaftung 505
Liberationsfunktion 756, 807
Lieferschein 797
Liegenschaft
– Verwaltung 141 f
Liquidation
– GesbR 615/2
– GmbH 711
– OG 629/1, 636, *651 ff*
List 242 ff
Literatur
– Werk 1237 ff
Lizenz 1144 ff, 1170
Lizenzvertrag 1144
Löschung
– Markenrecht 1068 ff
Losungswort 895 f
Lücke, planwidrige 32
Luftfahrzeug
– Haftung 509

M

Machthaber 59, 61
Madrider Markenabkommen 1071
Mahnung
– Bürgschaft 461
Makler 452, 564, *571*
Maklervertrag 450, *452*, 571
Managementvertrag 591
Mandatsverfahren 863
Mangel
– Gewährleistung 298 ff
– Verborgener 575
– Warenkauf 575
– Willens- 233 ff
Mangelfolgeschaden 316, *319 f*
Mangelnde Ernstlichkeit 199
Mangelschaden 316 ff
Mantel
– Effekten 899
Markenanzeiger, Österreichischer s Österreichischer Markenanzeiger
Markenrecht 942, *1033 ff*
– Arten
  – Marke 1051 ff
– Beginn 1063
– Begriff
  – Marke 1045 ff
– Benützungszwang, beschränkter 1069
– Funktion
  – Marke 1039, *1048 ff*
– Internationales 1071 f
– Leerübertragung 1064
– Löschung 1068 ff
– Registrierungsverfahren 1055 ff
– Schutzdauer 1063
– Schutzumfang 1065 ff
– Übergang 1064
Markenregister 1046, 1055, 1062 ff
Marktbeherrschende Stellung 1218 f
Marktschreierische Reklame 988
Marktverstopfung 969
Mäßigungsrecht, richterliches 393 f, 467
Materielle Publizität
– Grundbuch 192
Materielle Rückgriffsvoraussetzungen
– Scheck 885
– Wechsel 849 f
Materielles Recht 17
Medienbereich
– Unternehmenszusammenschluss 1229 ff
Medienvielfalt
– Begriff 1231
Mehrakzept 831
Mehrdeutigkeit
– Angabe 984
Mehrseitig verpflichtendes Rechtsgeschäft 207
Mehrseitiges Rechtsgeschäft 205
Mehrstimmrechtsaktie 722/1, 911
Menge
– Vorräte
  – Angabe 989
Mentalreservation 199
Mietgegenstand
– Benützbarkeit 402
Mietrecht 37, 399 ff
Mietvertrag 399
Mietzins 400
Mikrochip 1178 ff

Minderheitsrechte
– GmbH 703
– WEG 141
Minderjähriger
– Deliktsfähigkeit
  – Mündiger 50
  – Unmündiger 51
– Geschäftsfähigkeit
  – Mündiger 46
  – Unmündiger 45
Mindestinhalt
– AG-Satzung 714
– GmbH-Gesellschaftsvertrag 679
– Vereinsstatuten 742
Missbrauch
– Blankowechsel 828
– Domain-Name 999
– Druckwerktitel 999, 1001
– Firma 1001 f
– Geschäftsabzeichen 999
– Kreditkarte 888/3
– Marktbeherrschende Stellung 1219
– Name 999, 1001 f
– Unternehmenskennzeichen 999 ff
– Vertretungsmacht *87 f*, 823
– Vorlage 1012
Miteigentum 106, *137 ff*, 598/2
Mitgliedschaftspapier 765
Mitteilungspflicht
– Diensterfindung 1126
Miturheber 1246
Mitverschulden 501
Modifiziertes Akzept 832
Modus *96*, 165, 173, 775
Mogelpackung 993
Monistisches System 733/4, 736/2
Monopol 196
Moralordnung 2
Motivirrtum *236*, 431
Münchner Europäisches Patentübereinkommen 1154
Mündiger Minderjähriger
– Deliktsfähigkeit 50
– Geschäftsfähigkeit 46
Musteranzeiger, Österreichischer s Österreichischer Musteranzeiger
MusterharmonisierungsRL 1095/1 f
Musterrecht 942, *1073 ff*
– Anspruchberechtigter, Musterschutz 1080 f
– Beendigung
  – Musterschutz 1090 ff
– Begriff
  – Muster 1075 ff
– Eigenart 1077/1
– Internationales 1094 f
– Löschung 1068 ff
– Registrierungsverfahren 1082 ff
– Schutzumfang 1088 f
– Übertragung 1080 f
Musterzertifikat 1086

N

Nachahmung 959 ff
Nachbarrecht 134
Nachbürge 464 f
Nachfolgeklausel
– GesbR 613/1 ff
– OG 645
Nachgiebiges Recht 22
Nachhaftungsbegrenzung
– GesbR 611/2
– OG 642 ff
– Unternehmensübergang 551/1
Nachschuss
– Genossenschaft 735
– GesbR 607/4
– GmbH 704
– OG 628
Nachsichtwechsel *817*, 854
Nachträgliche Unmöglichkeit 276 ff
– Vom Gläubiger zu vertretende 279
– Vom Schuldner zu vertretende 277 f
– Weder vom Gläubiger noch vom Schuldner zu vertretende 280 f
Nachweisstichtag 721/2
Name 1033 f, 1066
– GesbR 596/4, *597/4*
– Privatstiftung 739
– Schutz 999, *1001 f*
Namensaktie 762, *908/1*
– unechte 908/2
Namenspapier 761
Namensscheck 762
Namenssparbuch 761, *893*
Nationalrat 13
Naturalobligation *273*, 362, 373, 431, 473
Naturalrestitution 482
Natürliche Person 41 ff
– Deliktsfähigkeit 50 f
– Geschäftsfähigkeit 43 ff
Naturrechtstheorie, Patentrecht 1096
Nebenleistungsaktie 912

Nebensache 107 f
Nebenvereinbarung
- Kaufvertrag 422 ff
Negative Publizität
- Firmenbuch 541
Nennbetragsaktie 909
Nennwert
- Aktie 909
Neuheit
- Erfindung 1104
- Gebrauchsmuster 1158
- Muster 1077, 1084, 1095/2
Neuheitsschonfrist
- Gebrauchsmusterrecht 1159
- Musterrecht 1095/2
Nicht herrenlose Sache 102
Nichterfüllungsschaden 288, 575
Nichtigerklärung
- Gebrauchsmusterrecht 1174, 1176
- Halbleiterrecht 1185
- Musterrecht 1090 f
- Patentrecht 1146, 1149, 1151
Nichtigkeit
- Indossament
  - Scheck 870
- Scheckbürgschaft 870
- Vertrag 259 ff
Nichtigkeitsabteilung
- Patentamt 1070, 1093, 1151, 1176
Nichtigkeitsklage 722/1
Niederschrift
- Generalversammlungsbeschluss 700
- Hauptversammlungsbeschluss 722/1
Nominelle Kapitalerhöhung 726
Normen
- Absolut zwingend 1278
- Relativ zwingend 1279
- Dispositive 1283
Notariatsakt
- AG-Satzung 714
- GmbH-Gesellschaftsvertrag 679
- Schenkung 431
- Übertragung
  - GmbH-Geschäftsanteil 706
Notarielle Beurkundung
- GmbH-Beschluss 700
- Hauptversammlungsbeschluss 722/1
- Übernahme, Aktie 716
Notarielle Schriftform 272
Notgeschäftsführer 683, 685
Notstand 496
Notwehr 496
Novation 327, *329*
Nutzwert 141/2
Nützliche Geschäftsführung 521, *523*

O

Oberster Patent- und Markensenat 1070, 1093, 1151, 1176
Objektiv richtige Angabe
- Irreführung 985
Objektiv unrichtige Aussage
- Irreführung 986
Objektiver Schuldnerverzug 285 f
Objektives Recht 16 ff
Oblat 218
Obligatorische Volksabstimmung 12
Obligatorischer Aufsichtsrat
- GmbH 693
Obsorge 69
OEG 616
Offenbarungsgrundsatz
- Gebrauchsmusterrecht 1164
- Patentrecht 1110
Offenbarungstheorie
- Patentrecht 1099
Offene Gesellschaft s OG
Offene Erwerbsgesellschaft s OEG
Offene Handelsgesellschaft s OHG
Offener Fonds 929
Offenlegung
- Stellvertretung 65
Offenlegungsgrundsatz 65
Öffentliche Sache 101
Öffentliches Gut 101
Öffentliches Recht 14 f
Öffentliches Register
- Firmenbuch 539
- Grundbuch 180
Öffentlichkeitsgrundsatz
- Grundbuch 191
Öffentlich-rechtliche Beschränkung
- Eigentum 135
Offerent 218
Offerte 218
OG 616 ff
- Abfindung 623, 643, 646
- Actio pro socio 631/1
- Anwendungsbereich 616/2
- Arbeitsgesellschafter 621, 625, 630, 633/3
- Auflösung 643/1 ff, *648 ff*

- Aufwendungen
  - Ersatz 634
- Auseinandersetzung 646
- Ausgleichspflicht 646, 653
- Ausscheiden 642/1, 643, *644 ff*
- Ausschluss 644/1
- Austritt 644
- Außenverhältnis 635 ff
- Beendigung 648 ff
- Befreiung von Gesellschaftsschulden 646
- Begriff 616/3
- Beitrag 621
- Bestimmtheitsgrundsatz *630/1*, 647
- Beteiligung 620, 623
- Einbringung
  - quo ad dominium 618/3
  - quo ad sortem 618/5
  - quo ad usum 618/4
- Einlage 618/2 ff, 622 f
- Eintritt 647 f
- Eintrittsklausel 645
- Entgelt 633/4
- Entnahmerecht 633/5
- Entstehung 617, 639
- Erbenhaftung 645
- Ergebnisbeteiligung 633/1 f
- Errichtung 617
- Firma 545/1 ff, 616/3
- Firmenbucheintragung 530, 540, 617
- Fortsetzungsbeschluss 643/1, *644/1*, 650
- Fortsetzungsklausel 645
- Fremdorganschaft 652
- Gesamthandschaft 616/3, *618/6*
- Geschäftsführung 629 ff, 652
- Geschäftsübernahme 616/3, 644/2
- Gesellschafter 616/3
- Gesellschafterbeschluss 630 f
- Gesellschafterwechsel 643 ff
- Gesellschaftsanteil 420 ff
- Gesellschaftsschulden, Haftung 616/3, *638 ff*, 645
- Gesellschaftsvermögen 618 ff
- Gewinnbeteiligung 633/1 f
- Gleichbehandlung 627
- Gründung 617
- Haftung 616/3, *638 ff*, 645
- Herausgabepflicht 634
- Innenverhältnis 619 ff
- Kapitalanteil 620, *623 f*
- Kapitalkonto 624
- Kernbereichslehre 630/1
- Kontrollrecht 632 f
- Liquidation 629/1, 636, 648, *651 ff*
- Mitwirkungspflicht 626 f
- Nachfolgeklausel 645
- Nachhaftung 642 ff
- Nachschuss 628
- Privatkonto 624
- Prokura 629/2, 636
- Rechnungslegung 633
- Rechnungslegungspflicht 530
- Rechtsfähigkeit 616/3, 618
- Selbstorganschaft 616/3, 636
- Sozialanspruch 616/3, 618/6, 641
- Tod 645
- Treuepflicht 627, 641
- Unternehmereigenschaft 528, 534, 540/1, 616/3
- Verlustbeteiligung 633/1 f
- Vertretung 636 ff, 652
- Verzinsungspflicht 634/1
- Vollbeendigung 648, 653
- Vorschussleistung 634
- Wettbewerbsverbot 631 f
- Widerspruchsrecht 629/1
- Zweck 616/3

OGAW s Organismen zur gemeinsamen Veranlagung in Wertpapieren
OHG 616
Optionsanleihe 924
Optionsschein 924
Ordentliche Kapitalerhöhung 725
Ordentliche Kapitalherabsetzung 727
Ordentliche Kündigung 356
- Gesellschafter
  - OG 644

Orderklausel *762*, 795
Orderlagerschein *587*, 762
Orderpapier
- Begriff 762
- Übertragung 777 ff, 908

Orderscheck 875
Orderschuldverschreibung 802
Ordnungsprinzip 20
Organismen zur gemeinsamen Veranlagung in Wertpapieren 928 f
Organe
- AG 717 ff
- Genossenschaft 736
- GmbH 683 ff
- Privatstiftung 741

- SCE 736/2
- SE 733/4
- Verein 743

Organhaftung 506
Organschaftliche Stellvertretung 70
Originärer Eigentumserwerb 146
Österreichische Kontrollbank 900/1, 904, 908/1
Österreichischer Markenanzeiger 1062
Österreichischer Musteranzeiger 1086
Österreichisches Gebrauchsmusterblatt 1168
Österreichischer Gewerkschaftsbund 1455
- Gesetzliche Interessenvertretungen 1458
- Gewerkschaften 1454

Österreichisches Patentamt
- Gebrauchsmusterrecht 1164, 1167, 1171
- Halbleiterschutzrecht 1180
- Markenrecht 1060, 1070, 1072
- Musterrecht 1082, 1086, 1091
- Patentrecht 1108, 1113, 1114 f, 1143

Österreichisches Patentblatt 1119, 1180

P

Pacht 403
Parallelimportverbot 1065
Partielle Gesamtrechtsnachfolge 614/3, 731
Partizipationskapital 935
Partizipationsschein 898, *934 ff*
Passive Stellvertretung *63*, 608/5, 636, 690
Passivlegitimation
- Unterlassungsklage
  - UWG 1026

Patentamt, Österreichisches s Österreichisches Patentamt
Patentblatt, Österreichisches s Österreichisches Patentblatt
Patentierbarkeit 1103
- Ausnahmen 1106

Patentrecht 942, *1096 ff*
- Anspruchsberechtigter 1119 ff
- Beendigung 1146 ff
- Biologisches Material 1101
- Einspruch 1116
- Erfindungsbegriff 1100 ff
- Erteilungsverfahren 1108 ff
- Funktion 1096 ff
- Internationales 1152 ff
- Schutzumfang 1131 ff
- Übertragung 1135
- Veröffentlichung 1113

Patentregister 1115, 1119
Patentschrift 1115
Patenturkunde 1115
Patentverletzung 1131 ff
Patronatserklärung 590
Pausch und Bogen 313
Person
- Juristische 52 ff
- Natürliche 41 ff

Personalservitut 174 f
Personenfirma 545
Personengesellschaft 594, 596 ff
Personenhandelsgesellschaft 616
Personenmehrheit
- Schuldnerseite 343 f

Personenverband 54
Personenverzeichnis
- Grundbuch *186*, 191

Persönliche Dienstbarkeit 174 f
Persönliche Einwendung
- GesbR 608/11
- OG 640
- Wertpapierübertragung 776, 780

Persönliche Leistungserbringung 349
Persönliche Reklame 964
Persönlichkeitsrecht 24, 374, 493
Pfandbestellungsvertrag *165*, 459, 470
Pfandbrief 898, 903, *925*
Pfandhaftung, ungeteilte 166
Pfandindossament 838
Pfandrecht 164 ff
- Erwerb *165*, 470
- Frachtführer 586
- Gegenstand 164
- Gesetzliches *165*, 578, 582, 586
- Grundsätze 166
- Kommissionär 578
- Spediteur 582

Pfändung, gerichtliche 165
Pfandvertrag 470
Pfandverwertung 166, 573
Pflichteinlage
- KG 657, 662 f

Pflichten
- Frachtführer 586
- GmbH-Geschäftsführer 691

– GmbH-Gesellschafter 704
– Handelsvertreter 569
– Kommissionär 579
– Spediteur 582
– Vorvertragliche 396
Positive Publizität
– Firmenbuch 541
Positive Vertragsverletzung 321 ff
Positiver Schaden 484 f
Positives Recht 6
Potestativbedingung 382
Präjudizierung
– Wechselregress 854
Präsenzversammlung 721
Präventivcharakter
– Rechtsnorm 10
Präventivfunktion
– Schadenersatzrecht 480
Praxisgemeinschaft 597/1
Preisausschreiben 1008
Preisauszeichnung 989
Preisbemessungsangabe 989
Preisbindung 1202
Preisgefahr 293
Preiskartell 1196
Preisminderung
– Gewährleistung 301, *303*
Prekarium 123, *406*
Primärmarkt 897/1
Primärrecht, EU 13
Priorität
– Gebrauchsmusterrecht 1165
– Markenrecht 1056
– Musterrecht 1083
– Patentrecht 1109
– Pfandrecht 166
Prioritätsprinzip
– Grundbuch 194
Privatanklagedelikt
– UWG 1031
Privatautonomie 196
Private Sache 101
Privatgeschäft 208
Privatkonto
– OG 624
Privatrecht 14 f
– Grundzüge 33 ff
– Geschichte 33 ff
– Internationales 39
Privatrechtliche Beschränkung
– Eigentum 134
Privatstiftung 737 ff
– Anwendungsbereich 737, 739
– Begriff 739
– Firma 545/1 f, 739
– Geschäftsführung 741
– Gründung 740
– Organe 741
– Rechtspersönlichkeit 739
– Unternehmereigenschaft 528, 534, 739
– Vertretung 741
Probezeit
– Kauf auf Probe 423
Produkt, fehlerhaftes 510 ff
Produkthaftung 510 ff
Programm
– Schutz 1179
Prokura 80, 531, *557 ff*, 629/2, 636, 664
Prokuraindossament 837
Prolongation 840
Prolongationswechsel 840
Prospekt 901 ff
Prospektkontrollor 904 f
Prospektpflicht 901 ff
Prospektpflichtiges Wertpapier 903
Protest
– mangels Annahme *852*, 854
– mangels Zahlung *852*, 854
– Scheck 886
– Wechsel 811, *851 ff*
Provision
– Handelsvertreter 568
– Kommissionär 578
– Spediteur 582
Prüfung
– Unternehmenszusammenschluss 1124 f
Prüfungspflicht, formelle
– Orderpapier 779
Psychische Qualen 486
Psychischer Kaufzwang 972
Publikums-KG 655
Publizität
– Firmenbuch 541
– Grundbuch 191 f
– Pfandrecht 166
– Sachenrecht 95

Q

Qualen, psychische 486
Qualifizierte Kapitalmehrheit
– AG 722/1
Qualifizierte Kreditkarte 888/2

Qualifizierte Schickschuld 283/1
Qualifizierte Stundung 840
Qualifizierter Besitz 125 f
Quasi-Gesamtrechtsnachfolge 610
Quittung 352, 755, 880
Quotenkartell 1198

R

Rabatt 1008
Ratenbrief 419
Ratengeschäft 395
Ratenkauf 419
Raubkopie 1178
Realer Schaden 482
Reallast *176*, 474
Realofferte 220
Realservitut 174
Realteilung 139
Realvertrag *386*, 405, 407, 431, 455
Recherchenbericht
– Gebrauchsmusterrecht 1167 f
Rechnungslegung
– Auftrag 448
– GesbR 602/1, 606
– GmbH 691, 693
– Markenrecht 1067
– Musterrecht 1089
– OG 633
– Patentrecht 1140
– UGB 529 f
– Verein 743
Rechnungsprüfer 743
Recht
– Absolut zwingendes 20, *1278 ff*
– Absolutes 24
– an fremder Sache 166
– Bau- 177 f
– Bereicherungs- 518 ff
– Beschränktes dingliches 163 ff
– der Erfinderehre 1171
– des Schöpfers 1124
– Dingliches 93
– Dispositives 22, 314, 387, 596/2, 616/3
– Formelles 18
– Gebrauchsmuster- 942, 1073, 1122, *1155 ff*
– Gesatztes 6
– Gewohnheits- 7
– Immaterialgüter- 24, *942*
– Kartell- 940, *1187 ff*
– Marken- 942, *1033 ff*
– Materielles 17
– Muster- 942, *1073 ff*
– Nachgiebiges 22
– Objektives 16 ff
– Öffentliches 14 f
– Patent- 942, *1096 ff*
– Pfand- 164 ff
– Positives 6
– Privates 14 f
– Relativ zwingendes 21, 1279
– Relatives 25
– Richter- 8
– Sachen- 24, 91 ff
– Schadenersatz- 477 ff
– Subjektives 23 ff
– Unverjährbares 374
– Vertrags- 196 ff
– Wechsel- 61 ff, 808 ff
– Wertpapier- 748 ff
– Zwingendes *19 ff*, 253, 257, 514
Rechte
– Frachtführer 586
– GmbH-Gesellschafter 702
– Handelsvertreter 568
– Kommissionär 578
– Spediteur 582
Rechtfertigungsgrund 496
Rechtmäßiger Besitz 118
Rechtmäßiges Alternativverhalten 495
Rechtsbesitz 117
Rechtsbruch 953 ff
Rechtsdurchsetzung
– Kartellrecht 1232 ff
Rechtsfähigkeit
– GesbR 596/3
– Natürliche Person 41
– OG 616/3
– Ungeborenes 41
Rechtsfolge 9
– Gebrauchsmusterrechtsverletzung 1172
– Halbleiterrechtsverletzung 1184
– Mangel 301 ff
– Markenrechtsverletzung 1067
– Musterrechtsverletzung 1089
– Patentrechtsverletzung 1136 ff
– UWG-Verstoß 1018 ff
Rechtsformzusatz, zwingender 545/2
Rechtsgeschäft
– Arten 204 ff
– Begriff 198 ff
– Stellvertretungsfeindliches 66

Rechtsgeschäftliche Stellvertretung 71 ff
Rechtsgrund
– Fehlen 518 ff
Rechtsmangel 299
Rechtsmittel
– Gebrauchsmusterrecht 1177
– Markenrecht 1060, 1070
– Musterrecht 1085, 1093
– Patentrecht 1112, 1151
Rechtsnorm 9
Rechtsobjekt 91 ff
Rechtsordnung 1
– Stufenbau der 11, 13, 1275
Rechtspersönlichkeit
– AG 712
– Gemeinnützige Stiftung 746
– Gemeinnütziger Fonds 747
– Genossenschaft 735
– GesbR 596/3
– GmbH 676
– OG 616/3
– Privatstiftung 739
– SE 733/2
– SCE 736/2
– Verein 742
Rechtsquellen 3 ff
– Auslegung 26 ff
– EU 13
– Generelle 5
– Individuelle 5
– Österreich 6 ff
– Privatrecht 33 ff
Rechtsscheintheorie 773
Rechtssetzungshoheit
– österreichische Parlamente 13
Rechtssicherheit 10
Rechtsstaatliches Prinzip 12
Rechtssubjekt 40 ff
Rechtswidrigkeit 488, *493 ff*
Rechtswidrigkeitszusammenhang 494
Record-Date 721/2
Redlicher Besitz 121
Regiegemeinschaft 597/1
Registrierungsverfahren
– Gebrauchsmusterrecht 1164 ff
– Halbleiterschutzrecht 1180
– Markenrecht 1055 ff
– Musterrecht 1082 ff
– Patentrecht 1108 ff
Regress s Rückgriff
Reine Stundung 841
Reiseveranstaltungsvertrag 444
Reklame s Werbung
Rektapapier
– Begriff 761
– Übertragung 781 ff
Rektascheck 761, *876*
Rektawechsel 761, *833*
Relativ zwingendes Recht 21
Relative Nichtigkeit 261
Relatives Fixgeschäft 289
Relatives Recht 25
Religionsordnung 2
Remittent
– Scheck 872
– Wechsel *810*, 817
Rente 474
Rentenfonds 929
Reparaturschein 756
Republikanisches Prinzip 12
Resolutivbedingung 381
Retentionsrecht 161
– Unternehmensrecht 573
Reugeld 390, 392 f
Richterliches Mäßigungsrecht 393 f, 467
Richterrecht 8
Richtlinie, EU 13
Richtwertsystem 400
Rückbürge 464 f
Rückgriff
– GesbR 608/10
– Gewährleistung 304
– Kumulative Kausalität 492
– OG 641
– Scheck 883 ff
– Schuldnermehrheit 344
– Wechsel 848 ff
Rückgriffsbürge 855
Rücktritt
– GmbH-Geschäftsführer 687
– Vertrag 353 f
– Verbundener Kreditvertrag 420
Rücktrittsrecht
– Verbraucher
  – Fernabsatz 231
  – Haustürgeschäft 250 ff
Rückverkaufsrecht 428
Rückzahlungssperre 704
Rügeobliegenheit, unternehmerische 575

S

Sachbesitz 116

Sache 92 ff
– Arten 100 ff
– Bewegliche 103 f
– Gattungs- 112
– Gesamt- 98, *109*
– Haupt- 108
– Herrenlose 102
– Körperliche 93
– Neben- 107 f
– Nicht herrenlose 102
– Öffentliche 101
– Private 101
– Schätzbare 111
– Spezies- 112
– Teilbare 105 f
– Unbewegliche 103
– Unkörperliche 94
– Unschätzbare 111
– Unteilbare 105 f
– Unverbrauchbare 110
– Verbrauchbare 110
Sacheinlage
– AG 716
– GesbR 598/1
– GmbH 681
– OG 618/2
Sachfirma 545
Sachenrecht 24, *91 ff*
Sachenrechtliches Wertpapier 764
Sachmangel 298
Sachpatent 1107
Sachwalter 48
Saisonschlussverkauf 1017
Sammelurkunde 900/1, 918, 930
Sammelverwahrung 900 f
Sammelwerk 1244
Sanktionsfunktion
– Schadenersatzrecht 480/1
Satellitenversammlung 721
SCE 736/1 f
– Anwendungsbereich 736/1
– Begriff 736/2
– Firma 545/1 f
– Gründung 736/2
– Rechtspersönlichkeit 736/2
– Unternehmereigenschaft 736/2
Schaden 478 ff
– Begriff 481 ff
– Ideeller/Immaterieller 486
– Mangel- 316 ff
– Mangelfolge- 316, *319 f*
– Nichterfüllungs- 288
– Positiver 484 f
– Realer 482
– Vermögens- 483 ff
– Verspätungs- *287*
– Vertrauens- 268
Schadenersatz 478 ff
– Gewährleistung 316 ff
– Kartellrecht 1236/1
– Mangel-/Mangelfolgeschaden 316 ff
– Markenrecht 1067
– Musterrecht 1089
– Patentrecht 1139
– Positive Vertragsverletzung 322
– Unnütze Geschäftsführung 524
– Urheberrecht 1254
– UWG 1029
– Wettbewerbsverbot
  – Verletzung 631/1
– Zession 339
Schadensteilung 501
Schadlosbürgschaft 466
Schätzbare Sache 111
Schatzfund 156
Scheck 754, 757, 762 f, 767, 864, *865 ff*
– Bestandteile 872 f
– Bürgschaft 870, 884
– Funktion 867 f
– Karte 887 f
– Klausel 873
– Protest 886
– Regress 883 ff
– Übertragung 874 ff
– Vorlegung/Zahlung 877 ff
Scheingeschäft 200
Scheinunternehmer kraft eigenen Verhaltens 536
Scheinvertreter 85 f
Schenkung 414, *431*
Scherzerklärung 199
Schickschuld 283
Schlechterfüllung 321 ff
Schlichte Schuldänderung 327 f
Schlüssige Vollmachtserteilung 81
Schlüssige Willenserklärung 201
Schmerzen 486
Schneeballsystem 1013
Schöpfer
– Muster 1080
Schriftform *271 f*, 460
Schuldänderung, schlichte 327 f
Schuldbeitritt 343
Schuldnermehrheit 343 f

Schuldnerverzug 282 ff
– Objektiver 285 f
– Subjektiver 287 f
Schuldnerwechsel 340 ff
Schuldrecht 196 ff
Schuldrechtliches Wertpapier 763
Schuldschein 755
– Rückgabe 352
Schuldübernahme 340 ff
Schuldverhältnis
– Gesetzliches 197, *477 ff*
– Vertragliches 197 ff
Schuldverschreibung 898, 903, *918 ff*
Schutz
– Besitz 129 ff
– Eigentum 159 ff
– Erfinder 1119
– Erfinderehre 1119
– Firma 548, 1001 f
– Gebrauchsmuster 1170 ff
– Halbleiter 1181 ff
– Marke 1065 ff
– Muster 1088 f
– Name 999, *1001 f*
– Patent 1131 ff
– Titel, Druckwerk 999, 1001
– Urheber 1218 ff
– Urheberschaft 1253
Schutzdauer
– Gebrauchsmuster 1173
– Halbleiter 1181 f
– Marke 1063
– Muster 1087, 1095/2 f
– Patent 1133
– Werk
  – Urheberrecht 1255
Schutzgesetz 493
Schwarmfinanzierung 589
Schweigen 226
Schwellenwerte
– Kartellrecht 1221
SE 595, *733/1 ff*
– Anwendungsbereich 733/1
– Begriff 733/2
– Firma 545/1 f
– Gründung 733/3
– Organe 733/4
– Rechtspersönlichkeit 733/2
– Unternehmereigenschaft 733/2
Sekundärmacht 897/1
Sekundärrecht, EU 13
Selbständigkeit
– Wechselerklärung 821
Selbstbehalt
– Produkthaftung 513
Selbsteintrittsrecht
– Kommissionär 578
– Spediteur 582
Selbsthilfe *130*, 496
Selbsthilfeverkauf 575
Selbstkontrahieren 89
Selbstorganschaft
– GesbR 608/6
– OG 636
Servitut 172 ff
– Arten 174 f
– Erwerb 173
Share Deal 549 ff
Sicherheitserwartung, berechtigte 511
Sicherstellung
– Bauvertrag 439
– Miteigentum 138
– OG
  – Nachhaftungsbegrenzung 642/2
– Pfandbrief 925
– Wechselmandatsverfahren 863
Sicherungsabtretung 170
Sicherungseigentum 169
Sicherungsfunktion
– Wechsel 816
Sicherungsmodell, neues 590
Sicherungsvertrag 388, *459 ff*
Sicherungszweck
– Aufrechnung 361
Sichtwechsel *817*, 854
Signatur, elektronische *271*, 460
Simultanhypothek 168
Sittenordnung 2
Sittenwidrigkeit
– Gewährleistungsausschluss 314
– Vertrag 22, 200, 260, 262, *266*
Societas Cooperativa Europaea s SCE
Societas Europaea s SE
Solawechsel 809
Solidarische Haftung 464, *492*, 692, 735
– GesbR 608/8
– OG 638
Solidarschuld *344*, 573
Sondergesetze
– Gefährdungshaftung 509
Sonderprivatrecht 37 f, 525
Sonderrecht
– GmbH 686

Sondertatbestände
- UWG 944
Sonderverwahrung 900
Sorgfaltspflicht
- Frachtführer 586
- GmbH-Geschäftsführer 692
- Handelsvertreter 569
- Kommissionär 579
- Unternehmer 573
Sozialanspruch
- OG 618/6, 641
Sozialversicherungsbeiträge
- Verkürzung 692
Spaltung 728, *731*
- zur Aufnahme 732
- zur Neugründung 732
Sparbuch 758, 763, *890 ff*
Spareinlage 890 ff
Sparkasse 594
- Unternehmereigenschaft 532
- Verschmelzung 728
Sparkonto 891
Sparurkunde 890 ff
Spediteurbedingungen s Allgemeine Österreichische Spediteurbedingungen
Speditionsgeschäft 580 ff
Speditionsvertrag 445, *581*
Sperrminorität *699*, 722/1
Spezialhandlungsvollmacht 562
Spezialität
- Pfandrecht 166
- Sachenrecht 98
Speziessache 112
Sphärentheorie 443/1
Spiel 471 ff
Sprungregress *848*, 884
Staatliche Zwangsgewalt 1
Stammaktie 910
Stammeinlage 680 f
- Gründungsprivilegierte 681/2
Stammkapital 680
Stammpatent 1117
Stand der Technik
- Gebrauchsmusterrecht 1158
- Patentrecht 1100, 1104
Starkes Zeichen 1041
Stellvertretendes commodum 281
Stellvertretung 62 ff
- Aktive 63
- Gesetzliche 68 ff
- Mittelbare 65
- Organschaftliche 70
- Passive 63
- Rechtsgeschäftliche 71 ff
Stellvertretungsfeindliches Rechtsgeschäft 66
Stiftung
- Gemeinnützige 746 f
- Privat- 737 ff
Stiftungserklärung 740
Stiftungsprüfer 741
Stiftungszusatzurkunde 740
Stille Gesellschaft 540, 673
Stille Zession 338
Stillschweigen s Schweigen
Stimmrecht 907
- Aktionär
  - Hauptversammlung 722/1
- GesbR 601/1, 603
- GmbH-Gesellschafter
  - Generalversammlung 698, 703
- OG 623, 630
Stimmrechtslose Vorzugsaktie 911
Stornogebühr 392
Strafgerichtliche Verfolgung
- Markenrecht 1067
- Musterrecht 1089
- Patentrecht 1142
- UWG 1031 f
Streifbandverwahrung 900
Streitanmerkung 190
Streitschlichtungseinrichtung, Verein 743
Strukturmaßnahmen, AG 728 ff
Stückaktie 909
Stufenbau der Rechtsordnung *11*, 13, *1275*
Stundung 776
- Qualifizierte 840
- Reine 841
Subjektiver Schuldnerverzug 287 f
Subjektives Recht 23 ff
Subsidiarität
- Bürgschaft 461
- UWG 943 f
Subsumtion 25/1
Sui-generis-Schutz 1244
Superädifikat *104*, 178
Suspensivbedingung 380
Synallagmatischer Vertrag 207
Systematische Auslegung 29

T

Tagesausweis 1009
Tagwechsel 817
Talon 899
Tatbestand 9
Tauschbörse 430
Täuschungshandlung 956 ff
Tauschvertrag 414, *430*, 575
Teilakzept 831
Teilbare Sache 105 f
Teilhaber
– Patent 1134
Teilleistung *291*, 350
Teilnahmerecht
– Generalversammlung 703
– Hauptversammlung 721/2
Teilschuld 344
Teilverzug 290 f
Telefaxwerbung 973
Telefon
– Verbrauchergeschäft 230 ff
Telefonwerbung 973
Telekom-Kontroll-Kommission 271
Teleologische Auslegung 30
Tendenzbetrieb 1501
Terminverlust 390, *395*
Territorialitätsprinzip
– Patentrecht 1152
Testament 201
Textform 721/2
Thesaurierungsfonds 929
Tier 93
– Haftung 515
Time-sharing-Vertrag 404
Titel *96*, 165, 173, 775, 777, 1037
– Druckwerk, Schutz 999, *1001*
Tod
– Gesellschafter
  – GesbR 613/1
  – GmbH 707
  – KG 671
  – OG 645
– Vertragspartei 384
Topographie 1179
Transportfunktion
– Indossament 795, *835*, 875
– Volle
  – Inhaberpapier 760
Transportversicherungspolizze 795
Trasant 810
Trassat 810
Tratte 810
Treuebruch 1011
Treuepflicht 435
Treuhänder 67
TRIPS-Abkommen 948, 1264
Trödelvertrag 450, *453*
Typenzwang
– Sachenrecht 97
Typische stille Gesellschaft 673

U

Übernahme
– Erfüllung 341
– Fremde Werbemittel 961
– Hypothek 342
– Schuld 340 ff
– Vertrag 345 f
Überrumpelung 249 ff
Überschreitung
– Vertretungsbefugnis *85*, 87 f, 823
Übersetzung
– Urheberrecht 1242
Übertragbarkeit, erleichterte
– Wertpapier 752
Übertragung
– Gebrauchsmusterrecht 1170
– Geschäftsführung
  – GesbR 602/1
  – OG 629/4
– Inhaberaktie 908
– Inhaberpapier 775 f
– Mitgliedschaft
  – GesbR 609
  – GmbH 705 f
  – KG 672
  – OG 620/1, *643 ff*
– Markenrecht 1064
– Musterrecht 1080 f
– Namensaktie 908/1
– Orderpapier 777 ff
– Patentrecht 1135
– Rektapapier 781 ff
– Scheck 874 ff
– Sparbuch 893
– Urheberrecht 1250
– Wechsel 833 ff
– Wertpapier 774 ff
Ultra alterum tantum 573
Umdeutung
– formungültiger Wechsel/Scheck 798
Umgangssprache
– Wörter
  – Markenschutz 1043

Umgehungsgeschäft 200
Umlageverfahren 735
Umlaufbeschluss 695, 699
Umsatzgeschäft 530
Umschreibung
– Marke 1064
Umtauschrecht 429
Umwandlung
– Errichtende 728, *733*
– Formwechselnde 728, *733*
– Gebrauchsmuster- in Patentanmeldung 1169
– GesbR 614 ff
– Übertragende 728, *733*
– Verschmelzende 728, *733*
Unbedingtes Registrierungshindernis
– Markenanmeldung 1058
Unbehebbarer Mangel 300
Unbeschränkte Lizenz 1144/1
Unbestellte Zusendung 220
Unbewegliche Sache 103
Unechte Gesamtvertretung 636
Unechte Namensaktie 908/2
Unechte stille Gesellschaft 673
Unechter Besitz 123
Unechtes Factoring 589
Ungedeckter Scheck 866
Ungerechtfertigte Bereicherung 518 ff
Ungeteilte Pfandhaftung 166
Unkenntnis
– kundgemachtes Gesetz 6
Unkörperliche Sache 94
Unmöglichkeit
– Nachträgliche 276 ff
– Ursprüngliche 267 f
Unmündiger Minderjähriger
– Deliktsfähigkeit 51
– Geschäftsfähigkeit 45
Unnütze Geschäftsführung 521, *524*
Unrechtmäßiger Besitz 119
Unredlicher Besitz 122
Unschätzbare Sache 111
Unsicherheitseinrede 284, 408/1
Unteilbare Sache 105 f
Unterbrechung
– Verjährung 378
Unterbringung 49
Untergang
– Leasinggegenstand 412
– Sache 280
– Verbrieftes Recht 784
Unterlassen 491
Unterlassungsanspruch
– Firmenbuchrecht 548
– Markenrecht 1067
– Musterrecht 1089
– Patentrecht 1136
– Urheberecht 1254
– UWG 1019 ff
Unternehmen 210, 527 ff
Unternehmensbezogenes Geschäft 211, 286, *572 ff*
Unternehmensgröße 530
– Angabe 989
Unternehmenskennzeichen
– Missbrauch 999 ff
– Verkehrsgeltung 1000
Unternehmensrecht 37, 525 ff
Unternehmensübergang 549 ff
– Asset Deal 549 ff
– Haftung 531, *551 ff*
– Nachhaftungsbegrenzung 551/1
– Share Deal 549 ff
– Sicherheiten 550/4
– Übernahme von Rechtsverhältnissen 550 ff
– unter Lebenden 550 ff
– von Todes wegen 555 f
– Widerspruchsrecht 550/3 f
Unternehmenszusammenschluss 1220 ff
– Anmeldung 1221 ff
– Durchführung 1227 f
– Medienbereich 1229 ff
– Prüfung 1224 ff
Unternehmer
– KSchG 210
– UGB 526 ff
– Unternehmerische Wertpapiere 795 ff
Unternehmereigenschaft
– AG 532, 712
– Art der Tätigkeit 529
– EWIV 532
– Firmenbucheintragung 531
– Genossenschaft 532, 735
– GesbR *596/4*, 604/1, 608/4
– GmbH 532, 676
– OG 528, 534, 540/1, 616/3
– Privatstiftung 528, 534, 739
– SCE 532, 736/2
– SE 532, 733/2
– Sparkasse 532
– Unternehmensgröße 530
– Verein 532, 742

– Versicherungsverein auf Gegenseitigkeit 532
Unternehmerische Anweisung 796 ff
Unternehmerischer Verpflichtungsschein 799, *801 f*
Unternehmerische Orderpapiere 762
Unternehmerisches Wertpapier 795 ff
Unternehmer kraft Betrieb eines Unternehmens 527 ff
Unternehmer kraft Eintragung 535
Unternehmer kraft Rechtsform *532 ff*, 676, 712, 733/2, 735, 736/2, 739, 742
Unterpariemission 909
Untersagung
– Kartell 1225
Unterscheidungsfunktion 1048
Unterscheidungskraft
– Unternehmenskennzeichen 1000
– Zeichen 1040 ff
Unterschrift
– Scheckaussteller 873
– Wechselaussteller 817
Unterschriftenmangel 776
Untersuchungsobliegenheit
– Warenkauf 575
Unverbrauchbare Sache 110
Unverjährbares Recht 374
Unwesentlicher Irrtum 240
Unwesentlicher Mangel 300
Urheberbezeichnung 1253
Urheberrecht 942, *1237 ff*
– Internationales 1262 ff
– Schutz 1248 ff
– Schutzgegenstand 1238 ff
– Übertragung 1250
– Zweck 1237
– Zweitvertretungsrecht 1248
Urkundensammlung
– Firmenbuch 538
– Grundbuch 185
Urkundenuntergang 785
Urlaub 1376
– Pflegefreistellung1385
– Urlaubsanspruch 21
Ursprungsangabe 989
Ursprungsbezeichnung 989, 1047
Urteilsveröffentlichung
– Musterrecht 1089
– Patentrecht 1138
– Urheberrecht 1254
– UWG 1027 f

V

Valutaverhältnis *788*, 793
Veräußerungsverbot 134/1
Veräußerungsvertrag 388, *414 ff*
Verbandsklage 573
Verbandsmarke 1054
Verbesserung
– Gewährleistung *301 ff*, 318
Verbindlichkeit
– Allgemeine Geschäftsbedingungen 227 ff
– Angebot 222
Verbot
– Aufrechnung 365
– Belastung 134/1
– Irreführung 545
– Parallelimport 1065
– ultra alterum tantum 573
– Veräußerung 134/1
– Verpfändung 164
– Verwendung fremder Namen 545/1
Verbotenes Spiel 473
Verbrauchbare Sache 110
Verbraucher 210
Verbrauchergeschäft
– Abzahlungsgeschäft 419
– Allgemeine Geschäftsbedingungen 229
– Angeld/Reugeld 393
– Begriff 209 f
– Bürgschaftsvertrag 467
– Drittfinanzierter Kauf 420
– E-Commerce-Gesetz 232
– Fernabsatz 230 ff
– Formerfordernis 274
– Garantie 326
– Gewährleistung 305, 309 f, 315
– Haftung 500
– Haustürgeschäft 230/1, 249 ff
– Immobilienkauf 255
– Kostenvoranschlag 440 f
– Kreditvertrag 409
– Kündigung 358
– Reiseveranstaltungsvertrag 444
– Rücktrittsrecht 252 ff
– Terminverlust 395
– Überrumpelung 249 ff
– Vertragskontrolle 229
– Vollmacht 84
Verbraucherkredit 409
Verbraucherleitbild
– Irreführungseignung 984

Verbraucherrecht 37
Verdeckte Einlagenrückgewähr 702
Verdeckte Gewinnausschüttung 702
Verdeckte Kapitalgesellschaft 546, 655, 704
Verdecktes Scheingeschäft 200
Verein 742 ff
- Anwendungsbereich 742
- Begriff 742
- Geschäftsführung 743
- Gründung 742
- Haftung 744
- Organe 743
- Rechnungslegung 743
- Rechtspersönlichkeit 742
- Unternehmereigenschaft 742
- Vertretung 743
Vereinbarung
- Diensterfindung 1125 f
- Zwischenstaatliche 39
Vereinfachte Kapitalherabsetzung 727
Vereinigung 369
Vereinsbildungsanzeige 742
Vereinsregister 745
Vereinsstatuten 742
Verfahren
- Besitzstörung 129 ff
- Firmenbucheintragung 542 f
- Patenterteilung 1108 ff
- Registrierung
  - Gebrauchsmuster 1164 ff
  - Marke 1055 ff
  - Muster 1082 ff
- Wechselmandats- 811, 814, *863 f*
Verfahrensgebrauchsmuster 1172
Verfahrenspatent *1107*, 1132
Verfall, Wechsel 839 ff
Verfallzeit
- Scheck 872
- Wechsel 817
Verfälschung
- Scheck 881
- Wechsel 825
Verfügungsgeschäft 213
Vergaberecht und UWG 947
Vergleich 327, *330*
Vergleichende Werbung 965 f
Vergütung
- Diensterfindung 1128 ff
Verhaltensanordnung, zwingende 2
Verhaltenskartell 1203
Verjährung 373 ff
- Anspruch, OG 642 f
- Beginn 376
- Bereicherungsanspruch 518
- Diensterfindung
  - Anspruch 1130
- Frachtgeschäft
  - Anspruch 586
- Frist *375*, 507, 869, 1024, 1130, 1141
- Haftung
  - GmbH-Geschäftsführer 692
- Hemmung 377
- Patentrecht
  - Anspruch 1141
- Mehrere Verbindlichkeiten 351
- Regress
  - Gewährleistung 304
- Schadenersatzanspruch *507*, 1029
- Unterbrechung 378
- Unterlassungsanspruch
  - UWG 1024
- Wechselforderung 860
Verkaufszweck
- Angabe 989
Verkehrsgeltung
- Zeichen 1000, 1044
Verkehrssicherungspflichten 493
Verkleidete Wechselbürgschaft 858 f
Verkürzung über die Hälfte *256 ff*, 330, 573
Verlagsvertrag 445
Verlust
- Mitgliedschaft
  - GmbH 705 ff
- Sparbuch 892, 897
- Wertpapierurkunde 785
Verlustbeteiligung
- GesbR 606/1
- KG 661
- OG 633/1 ff
Vermischung
- Geld 152
Vermittler 67
Vermittlungsvertreter 565
Vermögensanlage
- Wertpapier 889 ff
Vermögensgesamtheit 54
Vermögensschaden 483 ff
Vernichtung
- Wertpapierurkunde 785
Veröffentlichung
- Firmenbucheintragung 543

- Gebrauchsmuster 1168
- Gesatztes Recht 6
- Halbleiter 1180
- Marke 1062
- Muster 1086
- Patentschrift 1115
- Prospekt 904

Verordnung
- EU 13

Verpflichtungsgeschäft *212*, 775
Verpflichtungsschein, unternehmerischer 801 f
Verpflichtungszusagen
- Kartellrecht 1233

Verrechnungsscheck 882
Verrechnungszweck
- Aufrechnung 361

Versäumung
- Vorlegungsfrist
  - Scheck 879

Verschlechterungsverbot 328
Verschmelzung 728 ff
- durch Aufnahme 730
- durch Neugründung 730
- Grenzüberschreitende 730/1

Verschulden 488, *497 ff*, 1022
Verschuldenshaftung 488 ff
Versicherungsmakler 571
Versicherungsverein auf Gegenseitigkeit 594
- Firmenbucheintragung 533, 540
- Unternehmereigenschaft 532
- Verschmelzung 728

Versicherungsvertrag 471, *476*
Verspätungsschaden 287
Vertikale Beschränkung 1205
Vertrag
- Arten 385 ff
- Bedingung 379 ff
- Beendigung 347 ff
- Formgebote 269 ff
- von Amsterdam 13
- von Maastricht 13

Vertragliche Zession 336
Vertragliches Schuldverhältnis 197 ff
Vertragsbruch 953, 955
Vertragsende 347 ff
Vertragsfreiheit 196
Vertragshaftung 489, 573
Vertragshändler 566
Vertragskartell 1195
Vertragsrecht 196 ff
Vertragsstrafe 394
Vertragstheorie 773
Vertragstypen 385 ff
Vertragsübernahme 345 f
Vertragsverletzung, positive 321 ff
Vertragsvoraussetzung 218 ff
Vertragswidrige Ausfüllung, Blankowechsel 828
Vertragszwang s Kontrahierungszwang
Vertrauensfunktion
- Markenrecht 1049

Vertrauensgrundsatz
- Grundbuch 148, *192*

Vertrauensschaden 86, *268*
Vertretbares Wertpapier 898
Vertreter 62 ff
- Gesetzlicher 68 f
- Obsorge durch andere Personen 69
- Organschaftlicher 58, 70
- Wechselrecht 822 f

Vertretung
- GesbR 608/2 ff
- GmbH 690
- KG 664
- OG 636 ff
- Privatstiftung 741
- SE 733/4
- Verein 743
- Wechselunterzeichnung 822 f

Vertretungsmacht 64
- Nahe Angehörige 48/2

Vertriebsbindung 1201
Verursachung 488, *491*
Verursachungsprinzip 491
Vervielfältigung
- Computerprogramm 1260
- Urheberrecht 1251

Verwahrung
- Effekten 900

Verwahrungsvertrag 388, *454 ff*
- Wertpapier 587

Verwalter
- WEG 141/1

Verwaltungsbehörde 15, 18, 23
Verwaltungsgerichtshof 1060
Verwaltungsrecht
- Miteigentum 138
  - Wohnungseigentum 141

Verwaltungsstrafrechtliche Verantwortlichkeit
- juristische Person 60

Verwaltungsübertretung

– UWG 1032
Verwaistes Werk 1251/1
Verwandtes Leistungsschutzrecht 1245
Verwässerungsschutz 725
Verweisungsrecht 39
Verwendungsanspruch 518, *520*
Verwertungsrecht
– Urheberrecht 1248
  – Beschränkung 1251
Verzicht 370 f
– Diensterfindung 1129
– Gebrauchsmusterschutz 1174
– Kontrollrecht 605, 632
– Widerruf, Handlungsvollmacht 563
– Musterschutz 1090
Verwirkung
– Unterlassungsanspruch 1067
Verzug
– Fixgeschäft 289
– Gläubiger 279, *292 ff*
– Schuldner 282 ff
– Teil- 290 f
– Warenkauf 575
– Zinsen 286
Viehmangel 306
Vier-Augen-Prinzip
– Verein 743
Vierpersonenverhältnis
– Speditionsgeschäft 581
Vinkulierte Aktie 719, 912
Vinkulierter Geschäftsanteil 706
Vinkulierung 590
Volksabstimmung, obligatorische 12
Vollausschüttungsgebot 702
Volle Genugtuung 485
Volle Transportfunktion 760
Volljähriger
– Geschäftsfähigkeit 47 f
Vollmacht *73 ff*, 206
– Abgrenzungen 75
– Arten 76 ff
– Begriff 73
– Erlöschen 82 ff
– Erteilung 71 ff
– Form 74
– GesbR 602/3
– Missbrauch 87 f
– Stimmrecht, Generalversammlung 698
– Überschreitung 85 f
– Unternehmensrecht *557 ff*
– Vorsorgevollmacht 48/1 f
Vollmachtsindossament 837
Vollversammlung 697, 721/1
Vorbenützungsrecht
– Patent 1121
Vorbereitungsgeschäft 210, 572
Vorbeugende Unterlassungsklage
– UWG 1023
Vordatierung
– Scheck 873
Vorgesellschaft 682/1
Vorkaufsrecht 426
Vorlagenmissbrauch 1012
Vorlegungserklärung 886
Vorlegungsfrist
– Wechsel 811
– Scheck 878 f
Vorleistungspflicht 284
Vorliebe, besondere 257
Vormerkung
– Grundbuch 189
Vorprüfung
– Patent 1111
Vorrang
– Gemeinschaftsrecht 13
Vorratsmarke 1053
Vorrecht
– Anmaßung 1014
Vorsatz 293, 485, 492, *497*, 500, 775, 778
Vorschussleistung
– GesbR 607/4
– Begriff 634
Vorsorgevollmacht 48/1 f
Vorspannangebot 968
Vorstand
– AG 717
– Genossenschaft 736
– Privatstiftung 741
– Verein 743
Vorvertrag *389*
Vorvertragliche Pflichten 396
Vorzeitiger Austritt 357
Vorzugsaktie 911

W

Wachstumsfonds 929
Wandelschuldverschreibung 725, *923*
Wandlung
– Gewährleistung 301, *303*
Warenkauf 574 f
Warenprobe 1008
Warenverzeichnis 1082, 1084

Warenwechsel 813
Warnpflicht
– Werkvertrag 443
Washingtoner Vertrag
– Patentrecht 1154
Wasserrecht 174
Wechsel 754, 757, 762 f, 763, 767, 769, *808 ff*
– Arten 809 f
– Bestandteile 817
– Funktion 812 ff
– Übertragung 833 ff
– Verfall 839 ff
– Verjährung 860
– Zahlung 842 ff
Wechselbereicherung 861 f
Wechselbürgschaft 855 ff
Wechselfähigkeit 818 ff
Wechselgeschäftsfähigkeit 818, *820*
Wechselklausel 817
Wechselmandatsverfahren 811, 814, *863 f*
Wechselprotest 811, *851 ff*
Wechselrechtsfähigkeit 818 f
Wechselregress 848 ff
Wechselstrenge, formelle 811
Wechselunterzeichnung
– Vertretung 822 f
Wechselverjährung 860
Wechselwidmungserklärung 827
Wechselzahlungsauftrag 863
Wegehalter 505
Wegerecht 174
Wegfall der Geschäftsgrundlage 236
Weiderecht 174
Weisung
– Arbeitgeber 434, 436
Weisungsfreiheit
– Vorstand 717
Weisungsrecht
– Generalversammlung
  – Genossenschaft 736
  – GmbH 689
Weitergabe
– Anweisung 790
Welturheberrechtsabkommen 1264
Werbefunktion
– Markenrecht 1050
Werbegeschenk 969
Werbung
– Anlehnende 961
– Belästigende 973
– Bio- 989
– Erlagschein- 957
– Irreführende 981 ff
– Marktschreierische 988
– Persönliche 964
– Vergleichende 965 f
Werk
– Urheberrecht 1238 ff
Werklieferungsvertrag 575 f
Werknutzungsbewilligung 1250
Werknutzungsrecht *1250*, 1259
Werkvertrag *437 ff, 1309*
Wertpapier 748 ff
– Abgrenzungen 755 f
– Abstraktes 766 f
– Begriff 748 f
– Deklaratorisches *770*, 907
– der Kapital- und Vermögensanlage 889 ff
– des Güterumlaufes 759
– des Kapitalmarktes 758
– Echtes 892
– Einteilung 757 ff
– Erlöschen 784 f
– Kausales 766, *768*
– Konstitutives 769
– Prospektpflichtiges 903
– Sachenrechtliches 764
– Schuldrechtliches 763
– Theorien 771 ff
– Übertragung 774 ff
– Unternehmerisches 795 ff
– Vertretbares 898 ff
– Zweck/wirtschaftliche Bedeutung 750 ff
Wertpapiersammelbank 900/1, 908/1
Werturteil 982
Wesentlicher Irrtum 240
Wesentlicher Mangel 300
Westgalizisches Gesetzbuch 34
Wettbewerbskommission 1190
Wettbewerbsrecht 938 ff, *943 ff*
– im engeren Sinn 939
– im weiteren Sinn 940
Wettbewerbsverbot
– GesbR 604 f
– GmbH 691
– KG 659
– OG 631 f
Wettbewerbsverstoß, Kartellrecht 1236/1
Wette 471 ff

Wichtiger Grund
– außerordentliche Kündigung 357
Widerruf
– Anweisung 794
– Schenkung 431
– Prokura 560, 629/2, 689
Widerspruchsrecht
– Geschäftsführung, OG 629/1
– Gesellschafternachfolge, GesbR 610/2
– Unternehmensübergang 550/3 f
Widerspruchsverfahren 1068/1
Wiederherstellung
– früherer Zustand 482
Wiederholbarkeit
– Erfindung 1102
Wiederholungsgefahr
– UWG 1021
Wiederkaufsrecht 427
Willensbetätigung 225
Willenserklärung 198 ff
– Auslegung 202
– Schlüssige 201
Willensmangel 233 ff
Wirkung
– Anweisung 791 ff
– Firmenbucheintragung 529, 533
Wirkungsbeginn
– gesatztes Recht 6
Wirkungslosigkeit
– Produkt 511
Wirtschaftliche Bedeutung
– Scheck 867 f
– Wechsel 812 ff
– Wertpapier 754
Wirtschaftliche Einheit
– Verbundener Kreditvertrag 420
Wirtschaftskammer
– Musteranmeldung 1082
Wissenserklärung 203
Wohnrecht 175
Wohnungseigentum 140 ff
Wort-Bild-Marke 1051
Wortdarstellung
– Angabe 983
Wortinterpretation 28
Wortmarke 1051
Wucher 265

Z

Zahl
– Markenschutz 1042
Zahlung
– Scheck 877 ff
– Wechsel 842 ff
Zahlungsdienstegesetz 888/4
Zahlungseinstellung 850
Zahlungsfunktion
– Scheck 867
– Wechsel 813
– Wertpapier 757
Zahlungsklausel
– Scheck 873
– Wechsel 817
Zahlungsmittel 754
Zahlungsort
– Scheck 873
– Wechsel 817
Zahlungsverzug 573
Zahlungsverzugsgesetz 573
Zedent 333 ff
Zeichnung
– Aktie 716
Zeitablauf
– Gebrauchsmusterschutz 1173/1
– Halbleiterschutz 1182
– Markenschutz 1063
– Musterschutz 1090
– Patentschutz 1147
– Urheberrechtsschutz 1255
– Vertrag 372
Zession *333 ff*, 421, 761, 781 ff, 833, 893
Zessionsverbot 338/1
Zielschuldverhältnis 216
Ziffer
– Markenschutz 1042
Ziffernmarke 1052
Zinsen
– Verzug 286, 573
Zivilteilung 106, 139, 615
Zufallsbedingung 383
Zugabe 1003 ff
Zugang
– Außerrechtlicher 2
– Willenserklärung 201
Zugehör 103
Zug-um-Zug-Leistung *284*, 417
Zurückbehaltungsrecht 161
– Unternehmensrecht 573
Zurücknahme
– Patent 1146, 1148, 1151
Zusatzpatent 1117
Zuschlag 158

Zusendung, unbestellte 220
Zustimmung
– Schuldbeitritt 343
– Schuldübernahme 340
– Zession 337
Zuwachs
– Eigentumserwerb 149 ff
Zwang 245 ff
Zwangsgelder
– Kartellrecht 1234
Zwangsgewalt, staatliche 1
Zwangslizenz 1145, 1148
Zwangsstrafe
– Firmenbuchrecht 548
Zwangsvollstreckung, fruchtlose 850
Zweck
– Aufrechnung 361
– Firmenbuch 537
– GesbR 597/1
– KG 654
– OG 616/3
– Patentrecht 1096 ff
– Schadenersatzrecht 479 f
– Urheberrecht 1237
– Wertpapier 750 ff
Zweitvertretungsrecht 1248
Zwingende Verhaltensanordnung 2
Zwingender Rechtsformzusatz 545/2
Zwingendes Recht *19 ff*, 253, 257, 514
Zwischenschulden 670 f
Zwischenstaatliche Vereinbarung 39